정치적 자유주의 [증보판]

Political Liberalism

POLITICAL LIBERALISM,
Expanded Edition by John Rawls

This Korean edition was published by Dong Myeong Sa in 2016 by arrangement with Columbia University Press through KCC(Korea Copyright Center Inc.), Seoul.

정치적 자유주의 [증보판]

Political Liberalism

저자소개

존 롤즈 John Rawls(1921~2002)는 자유주의적 전통에 있는 미국의 철학자이다. 미국 프린스턴 대학에서 철학박사 학위를 받았으며, 코넬 대학 교수, 메사추세츠 공대(MIT) 교수, 하버드 대학 철학과 교수 및 명예교수였다. 하버드 대학에서 미국 지성의 상징인 제임스 브라이언트 코난드 대학 교수로도 임명된 바 있다. 그의 『정의론』(*A Theory of Justice*, 1971), 『정치적 자유주의』(*Political Liberalism*, 1993), 『만민법』(*The Law of Peoples*, 1999)은 다른 많은 저술들과 함께 현대 정치철학 논의에 심대한 영향을 미쳤다. 특히 『정의론』은 영어권 세계에서 정치철학을 부활시켰다는 평가를 받고 있다. 그의 저술은 철학, 정치학, 법학, 경제학 등 광범위한 학문 분야에서 정치적, 사회적 및 경제적 정의에 관한 현대적 토론을 불러일으켰다. 그는 20세기의 가장 심대한 영향을 미친 정치 및 도덕 철학자로 평가받고 있다.

역자소개

장동진(張東震 Dong-Jin Jang)은 연세대학교 정치외교학과를 졸업하고, 동 대학원에서 정치학 석사학위를, 미국 텍사스 주립대학(The University of Texas at Austin) 정치학과(Department of Government)에서 정치철학 전공으로 박사학위를 받았다. 현재 연세대 정치외교학과 명예교수이다. 한국정치사상학회장, 연세대학교 사회과학연구소장, 그리고 연세대학교 사회과학대학장과 행정대학원장을 역임하였다. 정의론과 현대자유주의 정치철학에 관심을 가지고 연구하고 있다. 지은 책으로 『현대자유주의 정치철학의 이해』, 『심의민주주의: 공적 이성과 공동선』 외 다수의 공저가 있다. 옮긴 책으로는 존 롤즈(John Rawls)의 『정치적 자유주의』와 『만민법』(공역), Robert Dahl의 『민주주의』(공역) 등이 있다.

정치적 자유주의 [증보판]

초판 발행 2016년 3월 1일
3쇄 인쇄 2025년 2월 21일

지은이 John Rawls
옮긴이 장동진
펴낸이 최국주
펴낸곳 동명사
출판등록 1950년 11월 1일(제1-76호)
주소 (우 10881) 경기도 파주시 회동길 50(문발동)
전화 031-955-7200(대표)~2, 7203(편집부), 7204(물류)
팩스 031-955-7205
전자우편 webmaster@dmsbook.com
홈페이지 www.dmsbook.com

ISBN 978-89-411-8156-9 93340
값 27,000원

[증보판] 역자 서문

『정치적 자유주의』 증보판*Political Liberalism*, expanded edition(2005)의 번역을 마무리하면서 몇몇 깊은 소회의 감정이 일어난다.

『정치적 자유주의』는 『정의론』*A Theory of Justice*(1971), Revised Edition(1999), 『만민법』*The Law of Peoples*(1999)과 함께 롤즈의 3대 저서라고 할 수 있으며 현대 정치철학의 논의에 심대한 영향을 미쳤다. 『정치적 자유주의』는 처음 1993년에 양장본 형태로, 1996년 종이표지 일반보급판으로, 그리고 2005년에 증보판 형태로 출판되었다. 『정치적 자유주의』의 1996년의 일반보급판은 1993년의 판본에 원래의 「서문」Introduction에 이어 「일반보급판 서문」Introduction to the Paperback Edition을 추가하고, Part I, II, III에 걸치는 Lecture I–VIII 원문의 내용과 페이지는 그대로 유지하면서, 마지막의 Lecture VIII에 이어 Lecture IX 「하버마스에 대한 응답」Reply to Habermas(372~434)을 새로이 추가하였다. 2005년의 증보판에는 일반보급판의 내용과 형식을 그대로 유지하면서, Lecture IX 「하버마스에 대한 응답」Reply to Habermas(372~434)에 이어, 제4부 「공적 이성의 재조명」Part Four The Idea of Public Reason Revisited(435~490)을 추가하였다. 「공적 이성의 재조명」은 동일한 형태와 내용으로 *The Law of Peoples*만민법의 뒷부분(129~180)에 독립된 논문의 형태로 수록되어 있다.

역자가 *Political Liberalism*의 1993년 판본을 번역하여 1998년 동명사를 통하여 출판한 이래 10년이나 지났다. 이번의 증보판 번역은 원래 1993

년의 『정치적 자유주의』에서는 수록되어 있지 않았던, “Introduction to the Paperback Edition,” “Reply to Habermas,” “The Idea of Public Reason Revisited”를 추가 번역하고, 기존의 1993년 판 번역에서 미진한 번역은 물론 발견된 잘못된 번역을 수정하여 보완하였다. 특히 “The Idea of Public Reason Revisited”는 역자가 다른 두 역자김기호, 김만권와 함께 『만민법』 번역(2000, 수정보완 2009)을 통하여 몇 차례 수정을 거친 번역본을 다시 점검하여 또 다시 약간의 수정을 거쳤으며, 앞으로 동명사를 통하여 다시 출판될 『만민법』의 말미의 「공적 이성의 재조명」과 번역상의 차이가 거의 없을 것이다.

이 증보판 번역의 1차적 작업은 2015년 4월부터 시작하여 10월 말경에 끝나게 되었다. 이후에도 출판인쇄 예정본에 대한 수정 확인 작업이 1차(2016.1. 4~19), 2차(1.22~2.1), 3차(2.5~15)에 걸쳐 진행되었다. 정치적 자유주의의 증보판 번역은 1993년 판본의 번역과정까지 고려한다면, 번역문과 원문을 일일이 대조하면서 수정 확인하는 작업이 6~7차례 이상 이루어진 과정의 결실이다. 특히 정치적 자유주의를 번역함에 있어서 롤즈의 복잡하고 긴 문장으로 표현된 난해하고 정교한 내용을 우리말로 좀 더 명료하게 전달하기 위하여 불가피하게 원래의 문장들을 끊어서 번역할 수밖에 없었던 점을 널리 양해를 구한다.

사실 *Political Liberalism*정치적 자유주의를 1993년 여름 우연한 기회에 만나게 된 것은 커다란 행운이었다. 그 이후 대학원 강의 교재로 채택하여 대학원생들과 정독을 통한 토론을 하면서 번역을 꼭 해야 되겠다고 결심하였다. 역자는 그 결실로 동명사를 통하여 1998년에 번역본이 출간되었을 당시에는 굉장한 뿌듯함을 느꼈다. 그렇지만 시간이 지나면서, 불분명하고 미진한 번역과 함께 일부 잘못된 번역이 점차 발견되고 또 지적됨에 따라 편치 않은 마음과 독자들에 대한 송구스러움이 늘 마음 한구석에 자리 잡은 지도 10년 이상이나 지났다. 당시에는 정치적 자유주의의 훌륭한 발상을 한국 학계와 대학 교육에 남보다 앞서 전달하고 싶은 과욕과 부족한 지적 역량으로 졸속한 번역을 부끄러운 줄도 모르고 출판하기에 이르렀다. 이후 다시 한번 번역을 가다듬을 시간과 기회를 찾으려고 하였지만, 학기 마다 진행되는 강의와 함께 학문적으로는 그렇게 중요하지도 않은 일들이 일상에서 시간을 다투어 앞서 다가오는 것을 핑계로 10년 이상의 세월이 지난 것 같다. 다행히 올해 봄부터 작심을 하고 상기의 추가 번역과 함께 1998년 번역 문장 하나하나를 점검하고 수정할 기회를 가지게 된 것은 다행이며, 현재로서는 그간의 독자들에게 진 마음의 빚을 덜 수 있을 것 같아 다소 위안이 된다. 그렇지만, 앞으로도 여전히 미진한 번역과 잘못된 번역이 발견될 수 있으리라는 점을 부인할 수는 없을 것 같다. 그때는 또 어쩔 수 없이 여전히 부끄러움과 송구스러운 마음은 지울 수 없을 것이다.

사실 이 증보판 번역을 마무리함에 있어, 고마움과 함께 마음의 빚을 지고 있는 사람들을 언급하지 않을 수 없다. 우선, 『정치적 자유주의』를 역자에게 처음 만나게 해준 연세대 대학원의 정치학과에서 역자의 강의를 들었던 조성준 군이 떠오른다. 그가 1993년 여름 방학 기간 중 미국에 들렀다가 *Political Liberalism*을 구입하여 역자에게 전달해 줌으로써 역자가 미국 유학기간 동안에는 읽고 배울 기회를 가지지 못하였던 저술을 만나게 되었다. 다른 하나는 *Political Liberalism*(1993)를 중심으로 하여 진행되었던 역자의 대학원 강의를 통하여 『정치적 자유주의』(1998년 번역본)의 기초번역에 참여하였던 대학원생들의 도움을 다시 열거하지 않을 수 없다. 당시 대학원 강의를 직접 수강하지는 않았지만 박사 후 연구를 시작하였던 오문환 박사, 그리고 대학원 강의를 통해 참여하게 된 남찬섭, 김기호, 김동수, 김강석, 최은정, 김만권, 김희정, 김철현, 그리고 당시 교정을 도와주었던 안성윤을 들 수 있다. 이들의 대부분은 박사 학위를 취득하여 학계에서 활동하고 있으며, 일부는 사회에 나가 활동하고 있다. 이들의 정성어린 기초 번역이 토대가 되지 않았다면, 문장은 물론 그 내용이 난해한 정치적 자유주의의 번역을 시작조차 할 수 없었을 것이다. 이들을 공동번역자로 열거하는 것이 마땅함에도 불구하고 그러지 못한 점을 널리 양해를 구할 뿐이다.

정치적 자유주의의 핵심 내용은 『정의론』에서 불분명하였던 정치철학과 도덕철학의 경계를 명확히 구분하여 정치적 정의관을 수립하는 것이라고 할 수 있다. 정치적 자유주의를 통하여 제시되는 정치적 정의관은 헌법적 본질과 기본적 정의 문제로 이루어지는 정치적인 것의 영역과 시민사회에 상존하는 종교적, 도덕적 및 철학적 교리로 이루어지는 포괄적 교리들로 대표되는 도덕적 영역의 구분이다. 포괄적 교리들은 서로 상충하지만 상당한 타당성을 지니게 될 때, 합당한 다원주의의 현실을 구성하게 되며, 이러한 합당한 다원주의 현실은 자유민주사회의 정치적 안정성을 어떻게 유지할 것인가의 문제를 제기하게 만든다. 롤즈의 정치적 자유주의는 합당한 다원주의의 상충적 긴장을 해결하기 위해 정치적인 것의 고유한 영역을 설정하고 도덕적이고 진리적인 것과 구분되는 자유로운 정치적 정의원칙을 수립하여 사회의 기본구조를 운영함으로써, 현대 자유민주사회의 안정성의 문제를 해결하려고 한다.

이러한 이론적 시도는 『정의론』의 주요 개념들을 그대로 계승하고 또한 새로운 개념들을 추가한다. 특히 원초적 입장의 개념과 정의의 두 원칙은 약간 수정되어 표현되긴 하지만, 그 근본 골간은 유지되고 있다. 그렇지만, 정치적 구성주의, 합리성과 대조되는 합당성의 강조, 그리고 정치적 인간의 두 가지 도덕적 능력으로 표현되는 가치관 형성 능력과 정의감의 능력, 종교적, 도덕적 및 철학적 교리로 표현되는 포괄적 교리comprehensive doctrines, 무엇보다도 공적 이성public reason의 개념의 등장을 볼 수 있다. 이러한 정치적 정의관의 중심적 정의원칙은 『정의론』에서의 정의의 두 원칙이 약간 변형된 형태로 표현되고 있다. 특히 정의의 두 번째 원칙에서는, 『정의론』에서와는 달리, 공정한 기회평등의 원칙이 차등원칙에 앞서 표현되고 있다. 그렇지만 전체적으로 제1원칙의 기본적 자유의 평등(또는 자유의 우선성)이 유지되고, 제2원칙이 공정한 기회평등의 원칙과 차등원칙으로 이루어지고 있다는 점에는 큰 차이가 없다.

이 증보판 번역을 마무리함에, 연세대 대학원 정치학과에서 정치사상을 전공하고 있는 김선길 군과 김범석 군의 도움에 감사한다. 이들은 교정 확인 작업에서의 헌신적인 도움과 함께, 역자가 무지한 주요 개념이나 역사적 사례의 유래를 인터넷을 통하여 즉각 즉각 해결해 주었다. 또한 아마추어 바리스타이긴 하지만 김범석 군이 제조한 커피, 그리고 위당관 건물 내의 청경관의 '따뜻한 아메리카노'의 도움이 없었으면, 난해한 내용과 함께 복잡한 문장으로 구성된 롤즈의 정치철학을 이해하여 번역해 낼 수 없었을 것이다. 끝으로 이 훌륭한 저서가 우리말로 번역될 수 있도록 판권문제를 기꺼이 해결해 준 동명사의 최국주 사장님, 김급태 상무님, 그리고 교정과 편집에 각별한 도움을 주신 김봉섭 차장님, 윤영옥 차장님과 편집부 여러분에게 깊은 감사를 드린다. 여러 차례 확인을 거치고 최대한의 노력을 기울였지만, 또 역자가 아둔하여 깨닫지 못한 다른 미진한 번역과 오역에 대하여 독자의 관대한 이해를 바란다.

2016. 2. 15.

연세대 연희관 119호실

역자 장동진

제2부 정치적 자유주의: 세 가지 주요 개념들

제3부 제도적 틀

제4부 공적 이성의 재조명

서문

이 저술의 내용은 다음과 같다. 처음의 세 강의는 내가 1980년 4월에 컬럼비아 대학교Columbia University에서 했던 세 강의의 근간들을 다소간 다루고 있다. 그리고 이 강의들은 상당히 수정되어 그 해 9월에 “도덕이론에서의 칸트적 구성주의Kantian Constructivism in Moral Theory”라는 제목으로 『철학저널』Journal of Philosophy에 발표되었다. 그 이래 10년이나 더 지나서 이 논문들은 다시 고쳐지고 수정 되었다. 내 생각에 이 글들이 예전보다는 훨씬 명료해졌다고 여겨진다. 그러나 완전히 명료해졌다고 말할 수는 없을 것 같다. 내가 장章들이라고 부를 수도 있는 것을 굳이 계속해서 강의들이라고 부르려고 하는 이유는 우선 이 글들이 모두 강의로서 시작되었고, 아마도 성공적이진 않겠지만, 다소간 대화의 형태를 보존하고 싶어서이다.

처음 그 원래 세 강의들이 이루어졌을 당시, 나는 이들을 다음 세 개의 추가강의와 함께 출판하려고 하였다. 첫 번째가 “주제로서의 기본구조Basic Structure as Subject”(1978)이다. 이것은 이미 강의가 되었고 또한 인쇄된 바 있다. 그리고 다른 두 개의 강의는 “기본적 자유와 그 우선성Basic Liberties and Their Priority”(1982)과 “사회적 화합과 기본적 가치들Social Unity and Primary Goods”(1982)이다. 당시 이것들은 초고가 정리되었거나 거의 완성단계에 있었다. 그러나 이 세 개의 추가 강의가 최종적으로 마무리 되었을 때, 이들 세 강의 자체는, 그들 자체간이든 아니면 그 이전의 세 강의와 관련하여서이든, 내가 원했던 일종의 통일성을 결여하고 있었다.[1] 그리고 나서, 나는 또 다시 내가 지금 지칭하고 있는 정치적 자유주의political liberalism[2]에 관한 세 개의 강의를 추가로 저술하였다. 정치적 자유주의의 개념은 "형이상학적이 아니고 정치적인Political not Metaphysical"(1985)이라는 논문에서 비롯되는데, 이 논문의 상당 부분의 내용은 이 저서의 첫 번째 강의에 수용되어 있다. 그 이후 "중첩적 합의Overlapping Consensus"(1987), "선의 개념들Ideas of the Good"(1988), 그리고 "정치적인 것의 영역Domain of the Political"(1989)을 쓰게 되었다. 이 마지막 세 개의 논문은 상당부분 재작업을 거치고 결합되어, 이 저서에서 처음으로 대두되는 "공적 이성Public Reason"과 함께 제2부의 세 강의를 이루고 있다.

처음의 여섯 강의는 다음과 같이 관련되어 있다: 처음의 세 강의는 실천이성의 입장에서 정치적 자유주의의 일반적인 철학적 배경을, 특히 강의 Ⅱ의 §§1, 3, 7, 8절과 강의 Ⅲ 전체에서, 설정하고 있다. 반면에 뒤따라 이어지는 세 강의에서는 좀 더 상세하게 정치적 자유주의의 몇몇 주요 개념들을 제시하고 있다. 즉 중첩적 합의overlapping consensus의 개념, 옳음의 우선성the priority of right의 개념과 이의 선善 개념들ideas of the good과의 관계, 그리고 공적 이성public reason의 개념을 다루고 있다. 이제 이 강의들은 강의들 상호간의 관계에서나 『정의론』*A Theory of Justice*[3]의 정신 및 내용과 관련하여 소기의 통일성을 이루게 되었다. 즉 이 강의들의 중심 주제인 정치적 자유주의의 개념the idea of political liberalism에 부합하는 통일성을 이루게 된 것이다.

---

1 이 추가 강의 중 첫 두 강의는 변경되지 않고 이 저서의 강의 Ⅶ과 Ⅷ로 그대로 재 인쇄되었다.

2 이 용어는 "Overlapping Consensus," *Oxford Journal of Legal Studies* 7(February 1987) : 23f. 와 "The Priority of Right and Ideas of the Good," *Philosophy and Public Affairs* 17(Summer 1988) : 271, 273, 275에서 사용되었다.

3 *A Theory of Justice*(Cambridge, Mass.: Harvard University Press, 1971).

이 마지막 말을 설명하면 다음과 같다: 『정의론』의 목적들이 해당 저서의 서문(2~3문단)에서 개괄적으로 설명되었다. 다시 상세히 설명한다면, 나는 현대 도덕철학의 상당 기간 동안 영어 사용권에서 지배적인 체계적 사고는 특정 형태의 공리주의였다는 점에 주목하여 시작하였다. 이에 대한 하나의 이유는 공리주의는 흄Hume과 스미스Adam Smith로부터 에지워드Edgeworth와 시즈위크Sidgwick에 이르는 뛰어난 저술가들에 의해 오랜 전통을 계승하여 왔으며, 무엇보다도 이들에 의해 그 범위와 깊이에 있어서 아주 인상적인 일군의 사상을 형성하여 왔다는 점에 있다. 이 사상을 비판하였던 사람들은 대부분 협소한 측면에서밖에 비판을 하지 못했다. 이들은 공리의 원칙the principle of utility의 문제점을 지적하고 또한 이 원칙의 함의와 우리의 일상적인 도덕적 신념과의 명백한 불일치를 지적하였다. 그렇지만, 나는 이러한 비판들은 공리주의를 성공적으로 반대할 수 있는 실현 가능한 체계적인 도덕관a workable and systematic moral conception을 형성하는 데 실패하였다고 생각했다. 그 결과는 우리들에게 공리주의와 합리적 직관주의rational intuitionism 간의 선택을 종종 종용하고, 그리고 나서 임시적인 특별한 조치로 여겨지는 직관주의적 제약에 의한 한계 및 범위 내에서 공리의 원칙의 변형을 해결책으로 받아들이게끔 한 것 같다.

『정의론』의 목적들은 (다시 풀어서 설명한다면) 전통적인 사회계약의 기본원칙을 일반화하고 보다 높은 수준의 추상화로 승화시키는 것이었다. 나는 이 사회계약의 원칙이 흔히 이것에 치명적이라고 여겨졌던 보다 명백한 반대를 극복할 수 있다는 것을 보여 주고자 했다. 나는 이 관점—내가 "공정으로서의 정의justice as fairness"라 부르는—의 주요 구조적 특징들을 보다 명료하게 부각시키고자 하였으며, 동시에 이를 공리주의보다 우수한 정의에 대한 대안적인 체계적 설명으로 발전시키고자 하였다. 나는 이 대안적 관점이, 전통적인 도덕관들 중에서, 우리의 숙고된 정의에 대한 신념에 가장 유사하게 근접하고 동시에 민주적 사회의 제도적 구성에 가장 적절한 근거를 형성할 수 있다고 생각하였다.

그러나 이 강의들의 목적들은 아주 다르다. 『정의론』의 목적들에 관한 나의 설명을 유의하여 보면, 사회계약론의 전통이 도덕철학의 일부로 간주되어 도덕철학과 정치철학간의 구분이 이루어져 있지 않다는 점이다. 『정의론』에서는 정의 일반의 도덕적 원칙이 그 범위에 있어 정치적 정의관과 구분이 엄격하게 이루어져 있지 않다. 즉 포괄적인 철학적 및 도덕적 교리들과 정치적인 것의 영역에 국한된 관점들 이 양자 간에 아무런 대조가 이루어지고 있지 않다. 그렇지만, 이 저서의 강의들에서는 이러한 구분과 관련된 개념들이 근본을 이룬다.

실로 이 강의들의 목적과 내용은 『정의론』과는 큰 변화를 보여줄 것이라 여겨진다. 틀림없이, 내가 언급한 바와 같이, 중요한 차이들이 있을 것이다. 그러나 차이의 성격과 범위를 이해하기 위해서는, 이 차이들이 공정으로서의 정의관에 내재하는 심각한 문제를 해결하기 위한 것에서 비롯된다는 점에 유의해야만 한다. 그 심각한 문제는, 말하자면, 『정의론』의 제Ⅲ부의 안정성의 설명the account of stability이 전체적인 견해와 양립하지 못한다는 사실로부터 유래된다. 나는 이 모든 차이들은 그 불일치를 극복 하고자 한 결과들이라고 생각한다. 그렇지 않다면, 이 강의들은 『정의론』의 구조와 내용을 본질적으로 차이 없이 그대로 수용하였을 것이다.[4]

설명하자면 다음과 같다: 내가 생각하였던 심각한 문제는 『정의론』에서 보여지는 것처럼 비현실적인 개념의 질서정연한 사회a well-ordered society와 관계된다. 공정으로서의 정의와 관련된 질서정연한 사회의 본질

4 물론, 『정의론』에서 공정으로서의 정의의 구조와 내용이 제시되었던 방법에는 상당히 잘못된 점이 있으며 수정이 가해질 필요가 있다. 이러한 점들의 일부가 여기에서 논의되고 있으나 이러한 문제들을 교정하는 것이 이 강의들의 관심사는 아니다.

적 특징은 그 사회의 모든 시민들이 내가 지금 포괄적인 철학적 교리라고 부르고자 하는 것에 입각하여 이 (공정으로서의 정의의) 관점을 지지한다는 점에 있다. 그들은, 정의의 두 원칙이 이 포괄적 교리에 근거하고 있기 때문에, 이 원칙들을 받아들인다. 마찬가지로, 공리주의와 관련된 질서정연한 사회의 시민들은 일반적으로 포괄적인 철학적 교리로서 그러한 견해를 지지하고, 이에 근거하여 공리주의 원칙을 받아들일 것이다. 비록 정치적 정의관과 포괄적인 철학적 교리와의 구분이 『정의론』에서는 논의되지 않았지만, 일단 이 문제가 제기된다면, 『정의론』의 책의 내용이 공정으로서의 정의와 공리주의 모두를 포괄적 또는 부분적으로 포괄적인 교리로 간주하고 있다는 점은 명백하다고 생각한다.

그런데 심각한 문제는 바로 다음과 같다. 현대 민주사회의 특징은 단순히 포괄적인 종교적, 철학적 및 도덕적 교리들의 다원주의에 있는 것이 아니라, 양립할 수 없지만 합당한 포괄적인 교리들로 이루어지는 다원주의a pluralism of incompatible yet reasonable comprehensive doctrines에 있다는 점이다. 이러한 합당한 교리들 중 어떠한 것도 시민들 모두에 의하여 일반적으로 인정되고 있는 것은 아니다. 또한 이들 중의 어떤 하나나 또는 다른 합당한 교리가 가까운 장래에 시민 모두 또는 거의 모든 시민들로부터 인정받을 것이라는 것도 기대할 수 없다. 정치적 자유주의는, 정치적 목적상, 합당하지만 양립 불가능한 포괄적 교리들로 이루어진 다원성이 입헌 민주정체의 자유로운 제도의 틀 내에서 행사되는 인간 이성의 정상적인 결과라는 점을 가정하고 있다. 정치적 자유주의는 또한 합당한 포괄적 교리가 민주정체의 본질적인 것들을 거부하지 않을 것이라고 가정하고 있다. 물론 사회에는 합당하지 않거나 비합리적인, 그리고 심지어는 광신적인 포괄적 교리들이 있을 수 있다. 이런 경우에 문제는 바로 이러한 교리들을 봉쇄하여 이들로 하여금 사회의 화합과 정의를 파괴하지 못하도록 하는 것에 있다.

합당하지만 양립 불가능한 포괄적 교리들로 이루어지는 다원성의 현실—합당한 다원주의의 현실the fact of reasonable pluralism—은 『정의론』에서 사용되었던 것과 같은 공정으로서의 정의의 질서 정연한 사회의 개념이 비현실적이라는 것을 보여준다. 그 이유는 그것이 예견 가능한 최선의 조건하에서도 자신의 원칙을 현실화하는 문제와 일관성을 유지할 수 없기 때문이다. 따라서 제Ⅲ부의 질서정연한 사회의 안정성에 관한 설명도 또한 비현실적이며 재조명되어야 한다. 이 문제는 1980년에 시작되는 이후의 논문들에 대한 단초를 마련하게 된다. 『정의론』의 모호성은 이제 제거되고, 공정으로서의 정의는 처음부터 정치적 정의관으로 제시되고 있다(Ⅰ: 2).

놀랍게도, 이러한 변화는 또 다시 다른 많은 변화들을 제기하고, 이전에는 필요치 않았던 일련의 새로운 개념들을 요구하고 있다.[5] 안정성의 문제가 도덕철학의 역사에서 별로 대단한 역할을 하지 않았기 때문에, 이러한 종류의 불일치가 그토록 광범위한 수정을 요구하게 되리라는 것이 이상하게 느껴질 수도 있을 것이라고 내가 말하는 것조차도 놀라운 일이다. 그렇지만, 안정성의 문제는 정치철학에서 근본적인 것이며, 거기에서 (『정의론』에서 나타난) 불일치는 기본적인 재조정이 이루어져야 할 것이다. 그래서 아마도 이미 언급한 개념들—포괄적 교리에 대조되는 정치적 정의관, 중첩적 합의 및 공적 이성의 개념들—이외에도, 다른 개념들이 또한 필요하다는 것은 놀라운 일이 아니다. 여기에서 나는 정치적 인간관(Ⅰ: 5) 및 단순한 다원주의에 대조되는 합당한 다원주의의 개념들을 언급하고 있다. 나아가서, 정치적 구성주의의 개념은 이러한 문제들과 연결되어 있으며, 아래에서 논하는 도덕적 판단의 진리성the truth of moral judg-

5 명백한 예외의 하나는 중첩적 합의의 개념(the idea of an overlapping consensus)이다. 그렇지만 『정의론』 pp. 387f.에서의 그 의미는 아주 다르다.

ments에 관한 질문들을 제기하고 있다.[6]

이러한 설명들을 통해 이끌어낼 수 있는 주요 결론—잠시 다시 언급하는 결론—은 정치적 자유의 문제인식이 다음과 같다는 점이다: 합당하지만 양립 불가능한 종교적, 철학적 및 도덕적 교리들로 심원하게 나누어진 자유롭고 평등한 시민들 상호간에 안정된 정의로운 사회를 상당기간 동안 지속시키는 것이 어떻게 가능한가? 다른 말로 표현하면 다음과 같다: 심원하게 상반되지만 그러나 합당한 포괄적 교리들이 함께 생존할 수 있고, 그리고 이들 모두가 입헌적 정체政體의 정치적 정의관을 인정하는 것이 어떻게 가능한가? 이러한 중첩적 합의의 지지를 유도해 낼 수 있는 정치관의 구조와 내용은 무엇인가? 이러한 것들이 정치적 자유주의가 답하고자 하는 질문들에 속한다.

예비적으로, 정치적 자유주의에 관하여 몇 마디 언급하고자 한다. 사람들은 세속적인 철학적 교리a secular philosophical doctrine, 즉 이성에 입각하지만 포괄적인 성격의 교리를 발견하고자 하는 소위 계몽주의적 기획the so-called Enlightenment project에 관계된 언급을 종종 듣게 된다. 그러한 기획은 현대 세상에 적합할 수 있으며, 그렇다고 생각되었다. 왜냐하면 이제는 종교적 권위와 기독교 신앙의 시대가 더 이상 지배하고 있지 않다고들 주장되고 있기 때문이다.

그러한 계몽주의적 기획이 있는지 또는 과거에 존속하였는지에 관해서는 여기에서 더 이상 고려할 필요가 없다. 왜냐하면 어떠한 경우에도

---

6 후기 논문들에 나타나는 변화들은 공동체주의자들 및 다른 사람들에 의하여 제기되었던 비판에 대한 답변들이라고 자주 말해지고 있다. 나는 이러한 말들에 대한 근거가 있다고 믿지 않는다. 물론, 이러한 믿음에 대하여 내가 옳은지 여부는, 그 변화들이 새로이 수정된 안정성의 설명에 어떻게 부합하고 있는지에 대한 분석적 견해를 통해, 해당 변화들이 만족스럽게 설명될 수 있는 지의 여부에 의해 결정될 것이다. 이것은 단순히 내가 그렇다고 말해서 해결될 수 있는 것이 아니라는 점은 확실하다.

내가 생각하고 있는 정치적 자유주의와 이의 한 형태인 공정으로서의 정의는 그러한 야심이 없기 때문이다. 내가 말한 바와 같이, 정치적 자유주의는 단순히 다원주의가 아닌 합당한 다원주의의 현실을 당연하게 받아들이고 있다. 그리고 이를 넘어서 정치적 자유주의는 현존하는 주요 합당한 포괄적 교리들 중에서 일부는 종교적 교리들이라는 점을 가정하고 있다. 합당한 것의 관점the conception of the reasonable(Ⅱ: 3)은 이러한 다원주의를 허용하기 위하여 규정되고 있다. 정치적 자유주의의 문제는 합당한 교리들 간의 다원성—언제나 자유민주정체의 문화의 특징—이 지지 할 수 있는 입헌 민주정체를 위한 정치적 정의관을 고안해내는 것이다. 그 의도는 위의 포괄적 교리들을 대체하고자 하는 것도 아니고 이 포괄적 교리들에 어떤 진리의 근거를 제공하고자 하는 것도 아니다. 사실상, 그 의도가 망상적인 것처럼 여겨질 수도 있으나 그것이 문제의 핵심은 아니다. 오히려, 그렇게 하는 것은 정치적 자유주의의 본래의 작업이 아니다.

정치적 자유주의의 외견적인 복잡성의 일부—말하자면, 보다 더 개진되는 일군의 생각들을 소개하는데서 나타났던—는 합당한 다원주의의 현실을 받아들이는 데서부터 유래한다. 왜냐하면, 일단 합당한 다원주의의 현실을 받아들이게 되면, 이상적인 중첩적 합의에서는 각 시민은 어떻든 서로 연관되어 있는 포괄적 교리와 중심적인 정치관the focal political conception 양자 모두를 수용하게 됨을 가정하게 되기 때문이다. 어떤 경우에는 정치관이 단순히 어떤 시민의 포괄적 교리의 결과이거나 또는 연속선상에 있게 되며; 다른 경우에는 정치관이 현실적 세계의 상황을 전제로 한 수긍할 수 있는 하나의 축약an acceptable approximation으로서 관계되어질 수 있다(Ⅳ: 8). 어떤 경우에서이든, 정치관은 모든 사람에 의해 공유되지만 합당한 교리들은 공유되지 않기 때문에, 우리들은, 한편으로 근본적인 정치적 문제들에 관하여 시민들이 일반적으로 수긍할 수 있는 정당화의 공적 근거a public basis of justification, 그리고 다른 한편으로 많은 포괄적 교리에 속하고 이것을 지지하는 자들에게만 수긍할 수 있는 정당화의 많은 비非 공적인 근거the many nonpublic bases of justification, 즉 정당화의 공적 근거와 정당화의 비공적 근거 양자를 구분해야만 할 것이다.

유사하게, 많은 평행적인 구분들이 있게 될 것이다. 왜냐하면 정치적 정의관의 요소들은 포괄적 교리 내에 존재하는 유사한 요소들과는 분리되어야만 할 것이기 때문이다. 이제 우리가 어디에 와 있는지 추적해야 할 필요가 있다. 그래서 정치관에 있어서 선의 개념들은 적절하게 정치적인 것이어야 하며, 보다 광범위한 관점에 있는 선들과는 구별되어야만 할 것이다. 이와 동일한 입장이 자유롭고 평등한 정치적 인간관the political conception of persons에도 적용된다.

민주적 문화의 합당한 다원주의의 현실을 전제한다면, 정치적 자유주의의 목적은 근본적인 정치적 문제에 관하여 정당화의 합당한 공적 근거의 가능성의 조건들을 찾아내는 것이다. 가능하다면, 그것은 그러한 근거의 내용과 이것이 수긍할만하다는 이유를 보여 주어야 한다. 이렇게 하는 데 있어, 그것은 공적인 관점the public point of view을 수많은 비공적 관점들nonpublic points of view(그렇지만 사적인 것은 아닌 not private)과 구분해야만 할 필요가 있다. 아니면, 대안으로 공적 이성과 많은 비공적 이성들 간의 구별을 해야만 하며, 공적 이성이 왜 지금 그런 형태를 취하고 있는 이유를 설명해야만 한다(Ⅵ). 더욱이, 정치적 자유주의는 합당한 포괄적 교리들 서로에 대해서도 (설명을 요하는 그런 방법으로) 공평한 입장을 유지해야만 한다.

이러한 공평한 입장은 여러 방법으로 나타날 수 있다. 한 예로, 정치적 자유주의는 어떠한 합당한 견해를 공격하거나 또는 비판하지 않는다. 이것의 일부로서, 이 공평성은 도덕적 판단의 진리성에 관한 어떠한 형태의 이론도 비판하지 않을 뿐만 아니라 거부하지도 않는다.[7] 이러한 점에서, 정치적 자유주의는 그러한 진리의 판단들이 특정의 포괄적인 도덕적 교리의 관점으로부터 이루어지고 있다는 것을 단순히 가정하고 있다. 이러한 교리들은, 모든 점을 고려하여 볼 때, 하나의 판단에 해당 된다: 다시 말해, 이 교리들은 (각 교리들이 정하는 바에 따라) 관계된 모든 도덕적 및 정치적 가치들 그리고 모든 유관된 사실들로 간주되는 것(만)을 고려하는 하나의 판단이라고 할 수 있다. 모든 점을 고려하여 볼 때, 어떠한 도덕적 판단이 맞느냐 하는 것은 정치적 자유주의에는 문제가 되지 않는다. 왜냐하면 정치적 자유주의는 자신의 한정된 관점으로부터 모든 문제에 접근하기 때문이다. 그렇지만 정치적 자유주의 자체의 입장을 강화하기 위하여 여기에서 무언가 언급해야만 하는 경우들이 있다. 이것이 Ⅲ: 8과 Ⅴ: 8에서 시도되고 있다.

나아가서, 정치적 자유주의는 자신의 정의관을 진리로서 언급하기보다는 오히려 합당한reasonable 것으로 지칭하고 있다. 이것은 단순한 말에만 그치는 것이 아니라 두 가지를 제시하고 있다. 첫째, 정치적 자유주의는 모든 가치를 포함하는 것이 아니라 다만 정치적 가치의 표명에 국한하는 보다 제한적 관점의 정치관을 의미하면서, 동시에 정당화의 공적 근거를 제공해 준다. 두 번째, 정치적 자유주의는 정치관의 원칙들과 이상들이 실천이성의 원칙들에 근거하고 있으며, 이 실천이성의 원칙들은 그 자체 또한 실천이성의 관점들인 사회관 및 인간관과 조화를 이루고 있다는 것을 의미한다. 이러한 관점들이 실천이성의 원칙들이 적용되는 틀을 설정하고 있다. 이 모든 것의 의미는 강의 Ⅲ에서(도덕적인 것에 대조되는) 정치적 구성주의political constructivism의 설명에서 나타난다.

정치적 구성주의의 개념은 공정으로서의 정의에서 원초적 입장이나

---

7 Ⅵ: 4.1을 보라. "The Idea of an Overlapping Consensus"에 있는 상응하는 절들을 축어로 반복하고 있다.

또는 이와 유사한 구도를 잘 아는 이들에게는 별로 생소하지 않을 것이다. 정치적 정의의 원칙들은 구성의 절차의 결과이다. 이 구성의 절차를 통하여 합리적 인간들(또는 그 대표들)이, 합당한 조건에 부응하여, 사회의 기본구조를 규제하는 원칙들을 채택하게 된다. 적합한 구성절차를 통하여 창출되는 원칙들, 즉 실천이성의 필수적 원칙과 관점들을 적절히 표현해내는 이 원칙들을 나는 합당한reasonable 것으로 생각한다. 이러한 원칙들이 지지하는 판단들 역시 합당하다고 할 수 있다. 시민들이 합당한 정치적 정의관을 공유할 때, 이들 시민들은 근본적인 정치적 문제에 대한 공적 토론을 진행하여 합당하게 해결할 수 있는 기반을 가지게 된다. 물론, 모든 문제를 모두 다루고 해결할 수는 없겠지만, 헌법적 본질들과 기본적 정의의 문제들에 관련된 대부분의 경우에서 공적 토의를 통한 합당한 해결을 기대할 수 있기를 희망한다.

정치적 자유주의에서의 이원주의 입장 즉 정치관의 관점과 여러 형태의 포괄적 교리의 관점간의 이원주의는 철학에서 유래하는 이원주의는 아니다. 오히려, 이것은 합당한 다원주의의 특징을 지니는 민주적 정치문화의 특수한 성격에서 연유한다. 나는 이 특수한 성격은 적어도 상당 부분 고대세계와 비교하여 구분되는 현대세계에서의 정치철학의 상이한 문제들을 설명해 주고 있다고 생각한다. 이것을 설명하기 위하여 나는 하나의 추론—추론 그 이상이라고 말할 수는 없는 것 같다—, 즉 고대와 현대 각각의 특징적 문제들을 설명해주는 역사적 맥락에 관한 추론을 언급하고자 한다.

도덕철학이, 말하자면 소크라테스와 함께 시작될 당시, 고대의 종교는 하나의 공적 사회 관습으로서 시민적 축제 및 공적 축전의 시민종교였다고 할 수 있다. 더욱이, 이러한 시민적 종교문화는 성경the Bible이나 코란the Koran 또는 힌두교의 베다the Vedas of Hinduism와 같은 그러한 신성한 경전에 기초한 것은 아니었다. 그리스인들은 호머Homer를 찬양하였으며, 호머의 시는 자신들 교육의 기본적 부분이었지만, 일리아드the Illiad와 오딧세이the Odyssey는 결코 신성한 경전은 아니었다. 사람들이 예측된 방법으로 참여하고 예의범절들을 존중하는 한, 사람들이 믿는 세부적인 것들은 그렇게 중요하게 간주되지 않았다. 문제는 일상사를 행하고 신뢰성 있는 사회의 성원이 되는 것이었다. 즉 훌륭한 시민으로서 사회적 요청이 있을 때, 시민적 의무—배심원으로서 일하거나 또는 전쟁 시에 함대에서 노를 젓는 것—를 수행할 자세가 되어 있는 것을 의미하였다. 이것은 기독교적 의미에서의 구원의 종교가 아니었으며, 은총의 필요한 수단을 베푸는 성직자들의 계급도 없었다. 사실상, 영원불멸성immortality이나 영원한 구제eternal salvation 등과 같은 사고가 고대 문화에서는 중심적 위치를 차지하지 않았다.[8]

말하자면, 그리스 도덕철학은 호머의 서사시가 이들 서사시에 나타나는 신 및 영웅들과 함께 중심적 역할을 차지하는 정치 공동체의 시민 종교의 역사적 및 문화적 맥락에서 배태되었다. 이 종교는 호머의 신과 영웅들에 의해 표현되는 것(선)에 대항하는 최고선the highest good과 같은 대안적 개념을 포함하지 않고 있다. 영웅들은 귀족태생이며; 이들은 성공과 명예, 권력과 부, 사회적 지위와 명성을 공개적으로 추구한다. 이들은 가족, 친구 및 부양자들에게 무관심한 것은 아니지만, 이러한 요구들은 보다 저차원의 위치를 차지하고 있었다. 신들에 관하여 말하자면, 도덕적으로 말해 별로 차이가 나지 않았다. 불멸불사immortal이긴 해도, 이들의 삶은 상대적인 관점에서 행복하고 안전한 것으로 나타나고 있다.

그래서 과거시대의 전사계급의 생활방식에 나타나는 특징적인 호머적 이상the Homeric ideal을 거부함에 있어, 그리스 철학은 인간생활의 최

---

8 이 절에서 나는 Walter Burkert, *Greek Religion*(Cambridge, Mass.: Harvard University Press, 1985), pp. 254~60, 273~75의 입장을 따르고 있다.

고선the highest good의 개념, 즉 기원전 5세기의 아테네인들의 새로운 상이한 사회의 시민들이 수긍할 수 있는 개념들을 고안해내야만 했다. 도덕철학은 언제나 자유롭고 훈련된 이성의 작용이었다. 이것은 종교에 기초하는 것은 아니었으며, 계시revelation에 의존하는 것은 더욱 아니었다. 마찬가지로 시민 종교가 도덕철학에 대한 하나의 지침도 아니고, 또한 경쟁자도 아니었다. 도덕철학의 초점은 최고선의 개념을 매력적 이상 즉 우리의 진정한 행복의 합당한 추구의 대상으로서 간주 하였으며, 시민적 종교가 별로 답하지 못했던 문제를 제기하였다.[9]

현대로 접어들면서, 세 가지 역사적 발전들이 도덕철학과 정치철학의 성격에 크게 영향을 미쳤다.

첫 번째는 16세기의 종교개혁이다. 이 종교개혁은 중세의 종교적 통일성을 파편화시켜서 종교적 다원주의로 유도하였다. 이 모든 결과들은 이후의 세기들에 영향을 미쳤다. 이것은 또한 18세기 말까지의 문화의 영구적 특징이 되었던 다른 종류의 다원주의들을 조장케 하였다.

두 번째는 중앙집권적 행정체제를 갖춘 근대국가의 발달을 들 수 있다. 이 근대국가는 처음에는 절대 권력은 아니라 할지라도 막강한 권력을 지닌 군주에 의해 통치되었다. 아니면 적어도 자신들이 할 수 있는 한 절대적이고자 했던 군주들에 의해 통치되었다. 이들 절대지향적인 군주들은 불가피한 경우이거나, 아니면 자신들의 편리에 따라 권한의 일부를 귀족과 부상하는 중산계급에게 허용할 뿐이었다.

세 번째는 17세기에 시작되는 현대과학의 발달이다. 나는 현대과학을 코페르니쿠스Copernicus와 케플러Kepler와 관계된 천문학과 뉴튼적 물리학Newtonian physics의 발달, 그리고 또한 뉴톤과 라이프니쯔에 의한 수학적 분석(미적분학)으로 의미한다는 점을 강조하고 싶다. 이러한 분석의

---

9 이 마지막 두 절에서, 나는 Terence Irwin, *Classical Thought*(New York: Oxford University Press, 1989), esp. chap. 2의 입장을 따르고 있다.

발달이 없었다면, 물리학의 발달도 가능하지 않았을 것이다.

나는 우선 종교에 관하여 고대세계와의 명백한 대조를 언급하고 싶다. 중세 기독교는 시민적 종교가 결여하고 있는 다섯 가지 특징적 양상을 지니고 있었다:

> 그것은 권위주의적 종교로 기울어지고 있었다: 그 권위—교황에 의해 영도되는 교회 그 자체—는, 비록 교황의 최고 권위가 종종 도전을 받긴 하였지만, 14세기와 15세기의 종교회의 기간에서처럼 제도적이고, 중앙집권적이며 거의 절대적이었다.
>
> 그것은 구원, 영생에의 길, 그리고 교회가 가르쳤던 것처럼 진실한 믿음을 요하는 구원의 종교였다.
>
> 따라서, 그것은 믿어야만 되는 교의를 지닌 교조적 종교였다.
>
> 그것은 은총의 수단, 즉 구원에 통상적으로 요구되는 본질적인 수단을 베풀 수 있는 유일한 권위를 가진 성직자들의 종교였다.
>
> 끝으로, 그것은 전 세계도 부족할 정도로 영토적 한계를 인정하지 않는 팽창주의적인 개종의 종교였다.

종교개혁은 막대한 결과를 초래하였다. 중세종교와 같은 권위주의적, 구원주의적, 팽창주의적인 종교가 분열 될 때, 이것은 불가피하게 같은 사회 내에서 (또 다른) 경쟁적인 권위주의적, 구원주의적 종교가 출현하는 것을 의미하게 된다. 이 경쟁적 종교는 물론 이것이 분리되고자 하는 본래의 종교와는 어느 면에서는 차이가 있지만, 그러나 상당 기간 동안 많은 동질적 특징을 지니게 될 수밖에 없다. 루터Luther와 칼빈Calvin도 로마 교회가 그랬던 것처럼 교조적이고 비관용적이었다.

그렇게 명백하지는 않지만, 고대 세계와의 두 번째 차이는 철학과 관계된다. 종교전쟁 기간에는 사람들은 최고선의 본질이라든가 또는 신성법의 도덕적 의무의 근거에 관하여 별 의심을 하지 않았다. 이러한 것들에 대해 이들은, 그들의 도덕적 신학이 완전한 지침을 주었던 것처럼, 믿음의 확신에 의해 알고 있다고 생각하였다. 그런데 문제는 오히려 다음과 같은 것이었다: 상이한 믿음을 가진 자들 사이에 사회는 어떻게 가능한가? 생각하건대, 종교적 관용의 근거는 무엇인가? 많은 사람들에게는 그러한 것이 없다고 여겨졌다. 왜냐하면 그것은 바로 제일의 존재들에 관하여 이단을 묵인하고 종교적 불화의 재앙을 인정하는 것이 되기 때문이었다. 심지어는 초창기의 관용의 주창자들조차도 기독교 세계의 분열을 재앙으로 간주하였다. 그러나 이러한 재앙은 끊임없는 종교적 시민전쟁에 대한 대안의 관점에서 수용될 수밖에 없었다.

그래서 정치적 자유주의의 (그리고 보다 일반적인 의미에서 자유주의의) 역사적 기원은 종교개혁과 그 영향이라고 할 수 있다. 이것은 16세기와 17세기의 종교적 관용에 대한 오랜 논쟁과 관련되어 있다.[10]

양심의 자유와 사상의 자유에 대한 현대적 이해는 그 당시에 시작되었던 것이다. 헤겔이 이해하였듯이, 다원주의가 종교적 자유를 가능하게 하였는데, 이것은 루터의 의도도 칼빈의 의도도 아니었다.[11] 물론, 다른 논쟁들도 또한 매우 중요한 의미를 지닌다. 예를 들면, 기본적 권리와 자유를 보호하기 위한 입헌적 장치의 적절한 원칙들을 통하여 절대군주의 권력을 제한하는 문제에 관한 논쟁을 들 수 있다.

그렇지만 이러한 논쟁과 이를 해결하기 위해 제시된 원칙들의 중요성에도 불구하고, 종교적 분립의 사실은 여전히 남아 있다. 이러한 이유로 정치적 자유주의는 합당한 다원주의의 사실을 종교적 및 비종교적 교리

---

10 슈클라(Judith Shklar)는 그녀의 *Ordinary Vices*(Cambridge, Mass.: Harvard University Press, 1984)에서 두려움의 자유주의(the Liberalism of fear)에 관하여 언급하고 있다, 이것은 몽테뉴(Montaigne)와 몽테스키외(Montesquieu)에 의해 대표되고, 또 이 저서에서 종교적 전쟁의 잔인성에서 배태되는 것으로 묘사하고 있다. p. 5를 보라.

11 *Grundlinien der Philosophie des Rechts*(1821), § 270, 긴 논평의 거의 끝부분을 보라.

들을 포함하는 포괄적 교리들이 존재하는 다원주의로 가정하고 있다. 이러한 다원주의는 재앙으로서가 아니라 오히려 지속적인 자유제도 하에서 인간 이성의 행사를 통해 나타나는 자연스러운 결과로 간주되고 있다. 합당한 다원주의를 하나의 재앙으로 간주하는 것은 자유의 조건하에서 이성의 활용 그 자체를 하나의 재앙으로 간주하는 것과 같다. 사실상, 자유적 입헌주의의 성공은 새로운 사회의 가능성을 발견하려는 시도에서 나타났다고 할 수 있다: 합당한 조화와 안정을 이룰 수 있는 다원주의적 사회의 가능성을 추구하는 데서 유래하였다.[12] 자유주의적 제도를 가진 사회에서 성공적이고 평화적인 관용의 실천이 대두되기 전에는 이러한 가능성을 확인할 방법이 없었다. 그리고 수세기 동안 지속되어 온 불관용의 전통이 확인해 주는 것처럼, 사회적 화합과 조화는 하나의 일반적이며 포괄적인 종교적, 철학적 또는 도덕적 교리에 대한 합의를 요하는 것으로 믿는 것이 오히려 자연스러울 수 있다. (이 경우에는) 오히려 불관용intolerance이 바로 사회의 질서와 안정의 조건으로 받아들여졌다. 그러나 이러한 불관용에 대한 믿음의 약화가 자유적 제도의 길을 터놓게 된다. 정의로운 사회를 유지함에 있어 신뢰와 확신으로 오랜 기간 동안 결실있게 함께 협력하여 왔던 자들에 대한 비난을 인정한다는 것이 불가능하지는 않다고 할지라도 곤란하기 때문에, 신앙의 자유의 원칙the doctrine of free faith이 아마도 발달하게 되었을 것이다.

그런데, 내가 앞에서 밝혔듯이, 정치적 자유주의 문제인식은 다음과 같다: 합당한 종교적, 철학적 및 도덕적 교리들로 심각히 분열되어 있는 자유롭고 평등한 시민들 상호간에 상당 기간 동안 안정되고 정의로운 사회를 유지시키는 것이 어떻게 가능한가? 이것은 바로 정치적 정의의 문제이지, 최고선에 관한 문제는 아니다. 현대인들에게는 가치the good란 바로

---

12 흄(Hume)은 이 문제에 관하여 "Liberty of the Press"(1741)의 6에서 언급하고 있다. 또한 A. G. Dickens, *The English Reformation*(London: Fontana Press, 1967), pp. 440f.를 보라.

자신들의 종교 내에서 해결될 수 있는 문제이며; 현대인 상호간의 심각한 분열로 인해, 가능하고 정의로운 사회의 본질적 조건은 자신들 종교 내에서는 해결될 수 없는 것이다. 이러한 조건들을 이해하는 것이 바로 문제의 중심으로 접근하게 한다. 이 문제의 일부는 다음과 같다: 자유롭고 평등하지만 심각한 교리적 갈등으로 분열되어 있는 시민들 상호간에 사회적 협동을 가능케 하는 공정한 조건들은 무엇인가? 만약 어떤 필수적인 정치관이 실로 가능하다면, 그 구조와 내용은 무엇인가? 이것은 고대세계에서 나타났던 것과 같은 유형의 정의의 문제는 아니다. 고대세계에서 알지 못하였던 것은 구원주의적, 교의적 및 팽창주의적인 종교들 간의 충돌이었다. 이것이 바로 우리의 역사적 경험에 새로이 대두되는 현상, 즉 종교개혁에 의해 표현된 가능성이었다. 물론, 기독교 정신은 이미 사람들을 정복하는 것을 가능하게 하였다. 이것은 단순히 사람들의 토지와 부, 그리고 이들에 대한 권력과 지배를 행사하는 것뿐만 아니라, 이들의 영혼을 구제하기 위한 것이었다. 종교개혁은 이 가능성을 안으로 되돌려서 자신에게로 향하게 하는 결과를 가져왔다.

이러한 충돌에서 새로운 것은 이것이 바로 사람들의 가치관에 타협을 허용치 않는 초월적 요소를 도입하게 되었다는 점이다. 이 초월적 요소는 도덕적 갈등이 상황과 소모적 소진을 통해서만 완화되거나, 아니면 평등한 양심의 자유와 사상의 자유를 통해 해결될 수 있는 방향으로 몰아간다. 이 후자의 입장이 공고화되고 공적으로 인정되지 않는다면, 어떠한 합당한 정의관 구성도 가능하지 않게 된다. 정치적 자유주의는 화해 불가능한 잠재적 갈등의 절대적 깊이를 깊이 인정함으로써 시작되고 있다.

정치적 자유주의와 현대의 도덕철학 간의 관계에 관하여 논하여 보자. 도덕철학은 물론 종교개혁 이후의 종교적 상황에 영향을 받아 발달하였다. 하지만 18세기까지 선도적 저자들은 종교적 권위와는 독립되고 일상적이며 합당한 양심적 개인에 적용될 수 있는 도덕지식의 근거를 확립하고자 하였다. 이것이 이루어지게 되면, 이들은 완전한 범위의 개념과 원칙들을 개발하고, 이것들에 입각하여 도덕적 삶의 필요조건들을 규정하려고 하였다. 이를 위해, 이들은 다음과 같은 도덕인식론과 도덕심리학moral epistemology and psychology의 기본 문제들을 연구하기 시작하였다:

> 우리가 어떻게 행동해야 하는가에 대한 지식과 자각은 소수의 몇 사람, 또는 특별한 소수(예를 들자면, 성직자들)에게만 직접적으로 접근 가능한 것인가? 아니면, 그것은 정상적으로 합당하고 양심적인 일상인들에게도 접근 가능한 것인가?
> 다시, 우리에게 요구되는 도덕적 질서는 외재적 근원, 예를 들자면 신의 지능 내에 존재하는 가치질서로부터 유래하는 것인가? 아니면 그것이 인간본성 그 자체(이 성이나 감정 또는 양자의 조화)로부터 발생하여, 사회 내에 함께 생활할 수 있도록 하는 특정의 조건과 결부되는 것인가?
> 끝으로, 우리들이 우리의 의무와 책무의 요건들에 우리 자신들을 부합하도록 설득되거나 순응해야만 하는 이유가, 예를 들자면 신이나 국가의 제재와 같은 어떤 외부적 동기에 의한 것인가? 아니면 우리들은, 외부적 위협과 유발동인이 없이도, 우리가 마땅히 해야 하는 행동을 하게끔 하는 충분한 동기를 우리 자신의 천성에 가지고 있는 것인가?[13]

이러한 각각의 질문들은 신학으로부터 처음 나오게 되었다. 우리가 보통 공부하는 저자들 중에서, 흄Hume과 칸트Kant 양자 모두, 각자 다른 방법이긴 하지만, 위의 세 가지 질문 각각에서 제시되는 두 번째 대안을

---

13 위의 마지막 두 절은 J. B. Schneewind, *Moral Philosophy from Montaigne to Kant: An Anthology*, 2 vols(Cambridge: Cambridge University Press, 1990)를 따르고 있다. 1권의 서론, p. 18을 보라. 나는 이 책 두 권과 슈네윈드(Schneewind)의 많은 글들, 그 중에서도 특히 “National Law, Skepticism, and the Method of Ethics,” *Journal of the History of Ideas* 52(1991): 289~308에 상당한 도움을 받고 있다.

지지하고 있다. 이들은 도덕적 질서는 인간 본성 그 자체 즉 이성이나 감정과 같은 인간 본성 그 자체로부터, 그리고 동시에 사회의 생활조건으로부터, 어떠한 형태로 발생하게 된다고 믿고 있다. 이들은 또한 우리가 어떻게 행동해야 하는지에 대한 지식과 자각은 정상적으로 이성적이고 양심적인 모든 사람들이 직접적으로 접근할 수 있는 것으로 생각하였다. 그리고 끝으로, 적어도 신이나 국가에 의한 보상과 처벌의 형태로 나타나는 외부적 제재의 필요 없이, 우리가 마땅히 해야 하는 행동을 하도록 하는 충분한 동기가 우리의 본성에 내재하고 있는 존재로 되어 있다고 이들은 믿고 있다. 사실상, 흄과 칸트 두 사람 모두는 소수만이 도덕적 지식을 가질 수 있고, 모든 사람들 또는 대부분의 사람들은 그러한 제재의 수단을 통하여 옳은 일을 행하도록 해야한다는 견해로부터 취할 수 있는 바를 최대한 지향하고 있다.[14] 이 점에서 이들의 믿음은 정치적 자유주의에 상반되는 포괄적인 것으로 내가 언급하는 것에 속한다.

정치적 자유주의는 포괄적 자유주의가 아니다. 정치적 자유주의는 위의 세 가지 질문에 관하여 일반적 입장을 취하지 않고, 오히려 이 질문들이 상이한 포괄적 견해에 의한 고유한 방법으로 해결되도록 남겨 두고 있다. 그렇지만, 정치적 자유주의는 입헌적 민주정체를 위한 정치적 정의관과 관련하여 각각의 경우에 있어 제2의 대안을 지지하고 있다. 이러한 근본적 경우에 있어 이러한 대안들에 대한 긍정은 정치적 구성주의 부분(강의 Ⅲ)에서 다루어지고 있다. 도덕철학의 일반적 문제들은, 이들이 배경적 문화와 이의 포괄적 교리들이 입헌정체를 유지시키게 되는 방식에 영향을 미치는 경우를 제외하고는, 정치적 자유주의의 관심사가 아니다. 정치적 자유주의는 자신의 정치철학의 형태를 자신만의 고유한 주제를 가지고 있는 것으로 간주한다: 해결의 전망이 보이지 않는 심원한 교리적

---

14 슈네윈드는 *Moral Philosophy*, p. 29에서 칸트(Kant)의 이러한 입장에 관하여 말하고 있다. 그러나 나는 이것이 흄에게도 해당된다고 믿는다.

갈등이 존재하는 조건하에서 정의롭고 자유로운 사회는 어떻게 가능한가? 포괄적 교리들 간에 공평성을 유지하기 위해, 정치적 자유주의는 이 교리들이 분열된 입장을 취하는 도덕적 주제the moral topics에 관하여 구체적으로 언급하지 않는다. 종종 이러한 입장 자체가 어려움을 제기하는 것처럼 보일 수 있다. 이러한 문제가 대두될 때, 예를 들자면 Ⅴ: 8에서처럼, 이러한 문제에 대한 답변을 시도하겠다.

종교개혁과 자유주의의 근원으로서의 관용에 대한 오랜 논쟁에 관한 나의 강조가 현대의 정치적 생활의 문제의 입장에서 다루어진 것 같다. 우리의 가장 기본적인 문제들 중에서 인종race, 인종문화성ethnicity, 성gender의 문제들이 있다. 이러한 문제들이 상이한 정의의 원칙들을 요하는 전혀 다른 성격의 것으로 여겨질 수 있다. 『정의론』은 이러한 문제들에 관하여 다루고 있지 않다.

이미 언급하였듯이, 『정의론』에서의 작업은 기존의 주도적인 전통적 관점보다 훨씬 만족스러운 정치적 및 사회적 정의관에 대한 설명을 제공하기 위하여 시작되고 있다. 이를 위해 이 작업은 자체를—이 작업이 사실상 다루고 있는 문제들이 명료히 제시하듯이—현대의 민주적 국가의 도덕적 및 정치적 구조에 관한 역사적 논쟁의 중심을 차지하였던 일군의 고전적 문제들에 국한시키고 있다. 그래서 이 작업은 기본적인 종교적 및 정치적 자유 그리고 시민사회에서 시민의 기본권들의 근거를 다루고 있다. 이것은 이동의 자유와 공정한 기회평등, 개인적 재산의 권리, 법치의 보호를 포함한다. 그리고 이 작업은 또한 시민들이 자유롭고 평등한 존재로 간주되는 사회에서 경제적 및 사회적 불평등과 관계된 정의의 문제를 다루고 있다. 그러나 『정의론』은 회사와 작업장에서의 민주주의의 요구들에 대한 문제뿐만 아니라 국가 간(또는 내가 선호하는 표현인 만민들) 상호간의 정의의 문제를 대부분 다루고 있지 않다. 『정의론』은 단지 보상적 정의와 환경보호나 야생의 보존 정도를 겨우 언급할 뿐이다. 다른 주요 문제들, 예를 들자면, 비록 특정의 형태에서는 가족은 정당하다고 나는 생각하긴 하지만, 가족의 정의 및 가족 내의 정의justice of and in the family 문제와 같은 것이 생략되었다. 기저에 깔려있는 가정은 오랜 기간 동안 지속되어 온 몇몇 고전적 문제들에 초점을 맞추어 입안된 정의관은 잇따른 문제들을 해결하기 위하여 옳거나, 아니면 적어도 지침을 제공할 수 있어야만 한다는 점이다. 이러한 것이 몇몇의 중요하고 지속적인 고전적 문제들에 초점을 맞추는 근본이유이다.

물론, 그렇게 하여 도달된 정의관이 결함이 있는 것으로 판명될 수도 있다. 이것이 『정의론』에 대한 비판의 많은 부분의 근저에 깔려 있다. 이 비판은 『정의론』이 대표하는 그러한 종류의 자유주의가 본질적으로 오류를 범하고 있다고 주장한다. 그 이유로서 『정의론』이 추상적인 인간관에 의존하고, 개인주의적이며 비사회적인 인간본성의 개념을 사용하고 있다는 것을 들거나, 아니면 성과 가족의 문제를 다룰 수 없게끔 하는 작동불가능한 공적인 것the public과 사적인 것the private의 구분을 채택하고 있는 점을 들고 있다. 인간관과 인간본성에 대한 반대의 상당부분은 원초적 입장을 I: 4에서 설명하고 있는 대표의 장치로 간주하지 않는 것에서 부터 연유한다고 나는 생각한다. 이 강의들에서는 보여주려고 시도하고 있지 않지만, 성과 가족의 문제들을 논의하는 데 있어 소위 말하는 난점들이 극복될 수 있다고 나도 또한 생각하고 있다.

그래서 나는 일단 우리가 기본적인 역사적 질문들에 적합한 관점과 원칙들을 획득하게 된다면, 이러한 관점과 원칙들은 우리 자신들의 문제에도 또한 널리 적용될 수 있어야만 한다고 생각한다. 링컨Lincoln 대통령이 노예제도를 비난하는데 호소하였던 독립선언서the Declaration of Independence의 평등과 동일한 평등의 개념으로 여성의 불평등과 억압을 비난

할 수 있을 것이다. 나는 이것이 과거의 원칙들이 변화된 상황 하에서 요구하는 바를 이해하고 또한 이 원칙들이 현재의 제도에서도 존중되어야만 한다는 주장과 관계된 문제라고 생각한다. 이러한 이유로 『정의론』은 다른 기본적인 경우에서도 또한 적용될 수 있는 일군의 합당한 관점과 원칙들을 형성하고자 하는 데 있어 특정한 주요 역사적 문제들에 초점을 맞추었다.

결론적으로, 위의 논의에서 나는 공정으로서의 정의를 어떻게 정치적 자유주의의 한 형태로 이해하고 있는지, 그리고 왜 공정으로서의 정의관 내의 변화가 필요한지를 보여주려고 하였다. 이러한 설명들은 그러한 변화를 불가피하게 요구하는 심각한 내적 문제를 강조하고 있다. 그렇지만, 나는 그러한 변화들이 실제로 어떻게 그리고 왜 일어났는지에 관한 설명을 하려는 것은 아니다. 내가 채택하였던 경로를 취한 이유를 내가 정말로 알고 있다고 생각하지 않는다. 내가 말하고 싶어하는 어떠한 이야기도 사실상 하나의 허구, 즉 내가 단순히 믿고 싶어하는 것일 수 있다.

내가 처음 사용하였던 정치적 정의관과 중첩적 합의와 같은 개념들은 잘못 이해되어 내가 처음에 당혹하게 생각하였던 반대들로 연결되기에 이르렀다: 어떻게 정치적 정의관과 중첩적 합의와 같은 그러한 개념들이 오해될 수 있었던가? 나는 『정의론』의 일관성을 유지하는 문제의 심각성을 과소평가하였으며, 정치적 자유주의를 설득력 있게 설명하기 위하여 본질적으로 필요한 몇몇의 누락된 부분을 당연한 것으로 여기고 있었다. 이 누락된 사항 중에서 중심적인 것들은 다음과 같다:

1. 독립적인 자유로운 입장의 견해(a freestanding view)로서 공정으로서의 정의관의 개념과 안정성(stability)의 설명에 해당하는 것으로서 중첩적 합의(an overlapping consensus)의 개념;

2. 합당한 포괄적 교리(a reasonable comprehensive doctrine)의 개념과 함께, 단순한 다원주의(simple pluralism)와 합당한 다원주의(reasonable pluralism) 간의 구분; 그리고
3. 실천이성에서 권리와 정의의 원칙들의 근거를 이끌어내기 위한, 정치적(도덕적인 것에 상반하여) 구성주의의 개념[the conception of the political(as opposed to moral) constructivism]의 형성에 도입되는 합당한 것(the reasonable)과 합리적인 것(the rational)에 대한 보다 충분한 설명.

이러한 사항들을 적소에 위치시킴으로써, 모호한 점들이 해소될 것으로 생각한다. 나는 많은 도움을 얻고 있는데, 이들의 대부분은 각주 전반을 통하여 언급되고 있다. 위에서 언급한 누락사항들에 관해 유익한 토론을 나누었던 많은 사람들과 함께 많은 것을 배웠던 사람들에게, 특별한 도움을 받았다는 사실을 밝힌다.

정치적 구성주의와 보다 일반적으로 구성주의에 관하여 시작할 때부터 수많은 유익한 토론에 대하여 스캔론T.M. Scanlon에게 감사한다. 이러한 토론의 덕분으로 강의 Ⅲ에서 제시되는 이 견해가 1980년에 처음 묘사되었던 것보다 이제 훨씬 명료하게 되었다. 그리고 합당한 것과 합리적인 것의 구분에 관한 토론, 그리고 정치적 정의관의 목적들에 적합한 합당한 것을 어떻게 규정할 것인가(Ⅱ: 1~3)에 관한 토론에 대해서도 또한 스캔론에게 감사를 표한다.

1987~1991년 기간 동안 뉴욕 대학교New York University에서 진행되었던 세미나들에 참석하는 동안 이루어진 수많은 대화, 그리고 독립적인 자유로운 입장의 견해로서 공정으로서의 정의관(Ⅰ: 5)과 관련하여 1988년 6월에 나폴리Napoli의 산타 루치아 호텔Santa Lucia Hotel의 손님이 별로 없는 바에서 이루어진 희미한 불빛의 한밤의 대화에 대하여 드워킨Ronald

Dworkin과 네이글Thomas Nagel에게 감사를 표한다.

보다 단순한 포괄적 교리에 상반되는 것으로서 합당한 포괄적 교리의 개념의 필요성에 관하여(Ⅱ: 3), 그리고 1988년의 5월과 6월에 있었던 이 문제에 관한 유익한 토론에 관하여 힌쉬Wilfried Hinsch에게 감사를 표한다.

합당한 다원주의와 단순한 다원주의의 구분(Ⅰ: 6.2)의 중요성을 강조하였던 코헨Joshua Cohen에게 감사를 표한다. 그리고 1989~1990년에 합당한 것의 개념에 관한 유용한 토론에 관해서도 그에게 감사하며, 이 모든 것이 90년 5월의 그의 논문에 집약되어 있다.

강의 Ⅲ의 초기의 글에 의문을 제기하고 비판하였던 1991년 여름의 두 개의 장문의 편지에 대하여 버즈Tyler Burge에게 감사를 표한다. 그는 내가 칸트의 도덕적 구성주의와 나의 정치적 구성주의 모두가 도덕적 자율성이거나 또는 정치적 자율성에 대한 설명을 제공하는 방식에 있어 명료한 설명을 하는 데 실패하였을 뿐만 아니라, 정치적 구성주의와 합리적 직관주의를 구분하는 데 있어 정치적 정의관의 한계를 일탈하였다고 나를 설득하였다. 이러한 심각한 결함들을 교정하기 위한 노력의 일환으로, 나는 §§1, 2와 5를 완전히 새롭게 썼다.

위의 날짜들이 보여주듯이, 나는 불과 지난 몇 년 동안에 정치적 자유주의의 명료한 이해—또는 내가 그렇다고 생각하는—에 도달하게 되었다. 이전의 많은 논문들이 여기에서 동일하거나 아니면 유사한 제목으로, 그리고 상당히 같은 내용으로 나타나긴 하지만, 이들 모두는 상당히 조정이 되어 내가 이제 생각하기에 일관성 있는 하나의 견해를 표현하게 되었다.

나는 각주에서 다른 많은 도움에 대한 감사를 표하려고 하였다. 그렇지만 다음의 도움들은 시간이 상당히 지나고, 또 이런 저런 이유로 동일한 방법으로 적절히 감사의 표현이 이루어질 수 없게 되었다.

나는 드레벤Burton Dreben에게 감사를 표한다. 정치적 자유주의의 개념이 내 마음에서 막 형성되기 시작할 무렵인 1970년대 후반에 시작되는 이 강의들의 문제를 그와 길게 논의해 온 바 있다. 그의 확고한 격려와 통렬한 탈무드적 비판은 나에게 막대한 좋은 영향을 미쳤다. 그에 대한 고마움은 이루 말할 수 없을 정도이다.

고인故人이 된 작스David Sachs에게도 감사한다. 그와는 우리가 처음 만났던 1946년 이후 줄곧 이 작품이 다루는 문제들, 특히 도덕심리학에 관계된 문제들에 관하여 토론을 하였다. 이 저서의 주제들에 관하여, 1980년대에 세 번이나 보스턴에서 긴 토론을 한 바 있는 데, 내게는 매우 값진 토론이었다. 1982년 봄과 여름에 우리들은 1980년에 컬럼비아에서 하였던 강의들에서 발견됐던 여러가지 난점들을 토론하였다. 1983년 여름에 그는 내가 "Basic Structure as Subject"라는 논문을 상당히 개선할 수 있도록, 뿐만 아니라, "The Basic Liberties and Their Priority"의 §6 부분을 훨씬 나은 내용으로 준비할 수 있도록 도와주었다. 이 글들은 사회적 단체들의 사회적 연합a social union of social unions으로서의 사회의 개념을 다루고 있다. 이 양자 모두를 좀 더 훗날에 사용하기를 희망한다. 1986년 여름에는 하트H.L.A. Hart를 기념하기 위하여 그 이전 5월에 옥스퍼드에서 행하였던 강의를 개작하였다. 이 개정된 저작은 *Oxford Journal of Legal Studies*에 1987년 2월에 게재되었다. 그리고 이의 상당부분이 이 책 강의 Ⅳ에 다시 게재되었다.

고故 슈클라Judith Shklar에게도 우리가 삼십년 전에 만난 이래의 수많은 토론에 대하여 감사를 느끼고 있다. 그녀의 학생이 결코 아니었음에도 불구하고 학생이 배우듯이 그녀로부터 배웠으며, 나는 그러한 것에 훨씬 능숙하다. 이 작품에 관하여, 그녀는 이 작품이 추구해야 할 방향을 지적해 주는 데 각별한 도움을 주었다. 이 책의 수많은 곳에서 결정적으로 중요한 역사적 해석의 문제에 있어서, 나는 그녀에게 항상 의존하였다. 우리의 최종적 토론은 그러한 문제들을 다루었다.

셰플러Samuel Scheffler에게도 감사를 표한다. 그는 1977년 가을에 나에게 "Moral Independence and the Original Position"이라는 짧은 논문을 보내주었다. 그 논문에서 그는 개인적 정체성personal identity과 도덕이론moral theory 간의 관계를 다루었던 "The Independence of Moral Theory"(1975)라는 나의 논문의 세 번째 부분과 그리고 다른 한편『정의론』에서 공리주의를 논박하는 나의 주장 간에 심각한 문제가 있다고 주장하였다.[15] 나는 이 일을 기억하고 있는데, 그 당시 (그해 나는 휴가중이었다) 나는『정의론』의 견해가 수정될 필요가 있는지 그리고 어느 정도까지 수정되어야 하는지에 대하여 생각을 시작하던 때였다. 다른 주제를 탐구하지 않고 이 문제를 탐구하기 위한 결정은 궁극적으로 1980년의 컬럼비아 강의들과 후의 논문들을 통하여 정치적 자유주의의 개념을 정교화 하는 작업으로 진전되었다.

켈리Erin Kelly에게도 감사를 표하고 싶다. 그녀는 지난 2년여 간 원고의 초안을 읽고 내용이 불분명한 곳을 지적하여 주고 글이 명료해질 수 있도록 제안해 주었다. 그녀는 주장을 재구성하여 더 강력한 힘을 실을 수 있는 방법을 지적해 주었으며; 질문을 하고 이의를 제기하여 나로 하여금 글 전반을 통하여 재구성하도록 하였다. 그녀의 논평을 통하여 수정된 사항을 모두 열거하는 것은 거의 불가능할 정도이며, 이러한 논평은 종종 아주 중요한 내용변화를 가져오게 만들기도 하였다. 이것들의 아주 기본적인 것은 각주를 통하여 감사를 표하려고 하였다. 이 저술의 장점들은, 있는 그대로, 상당한 정도로 그녀의 노력에 연유한다고 할 수 있다.

---

15 셰플러(Scheffler)의 논문은 후에 *Philosophical Studies* 35(1979): 397~403에 게재되었다.

끝으로, 나는 다음 사람들에게 이 저술의 원고에 대한 서면논평에 감사를 표하고 싶다.

톰슨Demis Thompson은 여러 쪽에 걸친 매우 귀중한 제안을 하였다. 그러나 아쉽게도 이 중의 몇몇만이 내 글에서 개정과 수정을 통하여 반영되었다. 나는 이러한 개정 및 수정작업의 일부들이 어디에서 이루어지고 있는지, 그리고 그의 논평이 어디에서 반영되는지를 각주를 통하여 밝히고 있다.

내가 내키지 않게 느꼈던 미켈만Frank Michelman의 날카로운 많은 논평들에 대해서는 이 시점에서 광범위하고도 본질적인 변화 없이는 유용하게 반응할 수 없었다. 단 한 곳(Ⅶ: 6.4)에서만, 나는 그의 관심을 표명할 수 있었다.

아우디Robert Audi, 그리나월트Greenawalt, 그리고 와이쓰만Paul Weithman은 나에게 강의 Ⅵ에 관한 유익한 제안들을 보내주었다. 이 중의 일부를 수용하려고 하였는데, 몇몇은 마지막 순간에 채택되기도 하였다.

번스타인Alyssa Bernstein, 포거Thomas Pogge, 그리고 쉬프린Seana Shiffrin은 광범위한 서면 논평을 하여 주었는데, 불행하게도 이 모두를 고려할 수 없었다. 이들의 논평들이 마땅히 다루어져야 하는 데도 불구하고 여기에서 다루어지지 못한 점을 유감스럽게 생각하고 있다. 나는 또한 "Basic Liberties and Their Priority"(1982) 논문을 수정하지 않고 그대로 재게재함에 있어, 마틴Rex Martin의 저서 *Rawls and Rights*, 특히 2, 3, 6, 7장에 나타난 그의 면밀한 비판에 대하여 답변하지 못한 점도 또한 유감스럽게 생각하고 있다.[16]

끝으로, 나를 도와 교정쇄와 페이지조판을 교정하고 편집하는 어려운 일들을 담당한 나의 부인 마드Mard와 딸 리즈Liz, 그리고 렌필드Mi-

16 *Rawls and Rights*(Lawrence: University of Kansas Press, 1985).

chelle Renfield와 존스Mathew Jones에게 감사를 표한다.

존 롤즈

1992년 10월

이 일반보급판 서문을 통해 나는 이 저서의 주요 발상들에 대한 독자들을 위한 안내a Reader's Guide를 제시하고자 한다.[1] 『정치적 자유주의』 *Political Liberalism*=PL의 주요 목적은 [『정의론』*A Theory of Justice*=*Theory*(1971)에서 설정된] 공정으로서의 정의justice as fairness[2]의 질서정연한 사회가, 합당한 다원주의의 현실the fact of reasonable pluralism(원문저서 3ff., 36ff.)[3]에 조율되어 정치적 정의관a political conception of justice에 의해 규제되려면, 어떻게 이해되어야 하는지를 설명하고자 하는 것이다. 나는 공정으로

---

1 나는 이 두 번째 서문을 통해 나에게 도움을 준 여러 사람들에게 감사를 표하고 싶다: 레닝(Percy Lehning)에게는 이 저서를 어떻게 접근해야 할지 또 나의 출발의 잘못된 점 몇 군데를 고쳐준데 대해 감사하며; 다니엘스(Norman Daniels)는 정치적 자유주의에서 안정성의 역할(the role of stability)에 관해 유익한 학문적 대화를 나눈데 대해; 켈리(Erin Kelly), 스캔론(T. M. Scanlon), 그리고 톰슨(Dennis Thompson)은 수많은 가치있는 제안들을 하였는데, 나는 기꺼이 이것들을 수용하였다; 끝으로, 드레븐(Burton Dreben)과는 아주 오랜 대화를 나누었는데, 나는 그에게 많은 도움을 받았다. 특히 최종 원고를 어떻게 구성하고 개선해야 할 것인지에 관해 열거할 수 없을 정도의 수많은 생각과 비판들에 감사를 표하고 싶다. 이들의 도움과 노력이 없었다면, 그리고 아래에서 언급하고 있는 다른 사람들이 도움이 없었다면, 아마도 이 서문을 쓸 수 없었을지 모른다.

2 나는 이 구절을 이탤릭체로 표기하고자 한다. 그 이유는 **공정으로서의 정의**는 특수한 정의관에 대한 명칭이며 또 항상 그렇게 이해하는 것이 마땅하기 때문이다. 나는 **교리**(*doctrine*)를 모든 종류의 포괄적 견해를 지칭하는 용어로, 그리고 **관점**(*conception*)을 정치관 및 그 구성부분으로서 시민으로서의 인간관을 표현할 때 사용하려 한다. 그리고 **발상**(idea, 개념 또는 관념)은 일반적 용어로 사용하고자 하며, 맥락에 따라 이렇게 저렇게 지칭될 수 있다. 『정의론』과 『정치적 자유주의』에 직접 관련된 참고사항에 관한 언급은 괄호를 통해 저서내의 강의제목(lecture), 절(section) 또는 페이지 번호(page numbers)를 명기하였다.

3 이것은 합당한 종교적, 철학적, 도덕적인 포괄적 교리들 간의 다원주의 현실을 지칭하는 것으로 자유제도를 전제로 하였을 때 나타나는 정상적인 민주적 문화의 조건으로 이해 될 수 있다.

서의 정의관을 하나의 예로 사용하여, 정치적 정의관의 발상과 함께 정치적인 것의 영역the domain of the political의 개념으로 시작하고자 한다. 이러한 개념들과 함께 이 개념들이 모든 종류의 포괄적comprehensive[4] 교리들과 구분된다는 점이, 생각하건대, 정치적 자유주의의 가장 핵심적인 발상들이라 할 수 있다. 『정치적 자유주의』의 제1부의 전부와 제2부의 「강의 V」는 이러한 개념들과 다른 필요한 개념들에 대한 정의를 제시하고 있다. 『정치적 자유주의』의 또 다른 목적은 상당한 수의 포괄적 정치적 정의관들을 포함하고 있는 질서정연한 자유사회가 어떻게 이해되어야 하는지를 논하는 것이다. 이 경우에 합당한 다원주의의 현실the fact of reasonable pluralism은 물론이고 일군의 합당하지만 상이한 자유적인 정치적 정의관이 존재하는데, 나의 질문은 이 두 가지 조건을 전제로 하여 사회적 화합의 가장 합당한 기반은 무엇인가 하는 것이다. 이러한 문제들이 「강의 Ⅳ」와 「Ⅵ」에서 나타나듯이, 제2부에서 그 주요 발상들이 다루어지고 있다. 나는 민주정체에서 시민citizenship의 개념과 그리고 이 개념이 정치적 정당성과 공적 이성의 개념과 어떻게 결부되었는지에 초점을 맞출 것이다. 나는 정치적인 것의 영역과 정치적 정의관의 개념들이 규범적이며 그 자체로서 타당성을 지닌 도덕적 개념이라고 강조하고 싶다. 즉 이 개념들의 "내용이 특정한 이상, 원칙 및 기준들에 의해 부여되고, 그리고 이러한 규범들norms은 특정한 가치, 이 경우에서는 정치적 가치들political values들을 표명해 주고 있다."(원문 11n). 나는 또한 『정의론』과 『정치적 자유주의』 모두에서 공정으로서의 정의justice as fairness의 지위에 주목하고자 한다.

1. 이러한 문제들에 대한 논의에 들어가기 전에, 나는 『정치적 자유

---

4 포괄적 교리는 다음과 같이 정의된다(원서 본문 13쪽): 포괄적 교리는 정치적 정의관가 구분된다. 왜냐하면, 포괄적 교리는 모든 주제에 적용되며 그 덕목은 인생 모든 부분을 관할하기 때문이다.

주의』가 제기하는 철학적 질문을 명시적으로 밝히지 않게 되면, 정치적 자유주의를 읽는 데 장애가 될 수 있다는 점을 언급하고 싶다. 『정의론』을 읽는 데에는 이러한 장애가 없다. 『정의론』은 로크, 루소, 칸트의 계약론의 발상으로부터 하나의 정의이론을 만들어 내려고 하였다. 이 정의이론은 이 이론에 흔히 치명적인 것으로 생각될 수 있는 이견으로부터 더 이상 노정시키지 않고 다만 오랫동안 지배적 지위를 누렸던 공리주의 전통보다 우월하다는 것을 입증하려고 하였다. 『정의론』은 우리의 숙고된 판단의 정의개념과 가장 유사한 형태로, 그리고 그렇게 함으로써 민주사회에 가장 적합한 도덕적 기반을 제시할 수 있는 그러한 정의이론의 구조적 특징을 구현해 보려고 하였다(원문 p. viii). 이러한 문제인식은, 학문적이긴 하지만, 일반적으로 알려진 철학적 질문이다.

『정치적 자유주의』가 우선적으로 제기하는 철학적 질문을 확인하는 데 따르는 난점은 이 철학적 질문이 「강의 I」의 서두에서 명료하게 설명이 되고 있지 않다는 점이다. 강의 서두에서 다음과 같은 질문을 던지고 있다(원문 p. 4): “합당한 종교적, 철학적, 도덕적 교리들로 심각하게 분열된 자유롭고 평등한 시민들 간에, 정의롭고 안정된 사회를 상당기간 유지시키는 것이 어떻게 가능한가?” 만약에 문제가 이러한 사회가 어떻게 정당한 이유로for the right reasons 안정적일 수 있을까 하는 것이라면(원문 143ff.)[5]—이것은 항상 안정성의 발상과 관계되는 것인데—그렇다면 칸트와 밀의 자유주의와 같은 상충적인 포괄적 자유주의들comprehensive liberalisms에는 어떤 근본적인 문제가 있다는 말인가? 칸트와 밀의 자유주의는 사전에(그렇게 가정해 본다면) 정당한 민주정체를, 상이한 이유로 그렇게 한다고 할 지라도, 이미 지지하고 있는 것으로 이해된다. 사실상, 이

---

5 “정당한 이유로 인한 안정성”(stability for the right reasons)의 구절은 『정치적 자유주의』의 본문에는 나타나지 않는다. 그러나 “안정성” 개념은 맥락에 따라, 『정의론』과 『정치적 자유주의』 모두에서 그러한 의미로 통상 이해되어야 한다.

문제는 그래도 아주 쉬운 경우로 여겨진다. 그래서 해당 질문을 다음과 같이 보다 예리하게 만들 필요가 있다: "종교적 권위, 구체적으로 예를 들자면, 교회나 성경의 권위에 기반하는 종교적 교리를 확신하는 사람들이 동시에 정당한 민주정체를 지지하는 합당한 정치적 관점을 지지하는 것이 어떻게 가능할까?"

문제의 핵심은 합당한 포괄적 교리들 모두가 자유적인 포괄적 교리liberal comprehensive doctrines가 아니라는 점에 있으며, 그래서 해당 질문은 이들 합당한 포괄적 교리들이 자유적인 정치관과 정당한 이유로 여전히 양립할 수 있는가 하는 것이다. 이렇게 하기 위해서, 나는 이들 합당한 교리들이 단순히 **잠정적 타협***modus vivendi*의 형태로 민주정체를 받아들여야 한다는 것이 충분하지 않다는 점을 주장하려고 한다. 오히려, 이들 포괄적 교리들이 합당한 중첩적 합의a reasonable overlapping consensus의 성원으로서 이 민주정체를 받아들여야만 한다고 주장한다(Ⅳ: 3). 신앙과 같은 종교적 교리를 지닌 시민과 관련하여 다음 질문을 던져 보자: "신앙을 지닌 시민들이 민주사회의 진정한 성원이 되는 것이 어떻게 가능한가? 보다 구체적으로, 만약 이들이 그 자체로 본질적인 정치적 이상과 가치를 지닌 자유적인 정치적 정의관a liberal political conception of justice을 충족하는 제도적 구조를 지지하게 된다면, 그리고 이들이 단순히 정치적 및 사회적 세력의 역학관계의 견지에서 이 제도적 구조에 편승해 살아가려 하는 것이 아니라면, 신앙을 지닌 시민들이 어떻게 민주사회의 진정한 성원이 될 수 있는가?"

이에 대한 답을 대략적으로 제시하기 위해, 『정치적 자유주의』의 원래 서문에서 다음과 같은 점들을 언급하고 있다. 정치적 자유주의는 계몽주의적 자유주의Enlightenment liberalism의 형태가 아니다. 즉 정치적 자유주의는 포괄적 성격을 지닌 자유적이며 종종 세속적인 교리의 형태로서의 자유주의가 아니다. 포괄적이고 세속적 교리로서의 자유주의 역시 인간 이성에 근거하고 있으며 기독교 시대의 종교적 권위가 더 이상 지배적이지 않다고 이야기 되는 지금 현대에서 적합한 것으로 여겨지는 교리라고 할 수 있다. 정치적 자유주의는 그러한 목적을 지니고 있지 않다. 정치적 자유주의는 포괄적 교리들 간의 합당한 다원주의의 현실을 당연한 것으로 받아들이며, 여기에는 이러한 합당한 교리들의 일부가 비자유적이며 종교적인 것일 수 있다. 정치적 자유주의의 문제인식은 입헌민주정체에 적용되는 정치적 관점의 정의관을 제시하려는 것이다. 이 정치적 정의관은 종교적 및 비종교적, 또는 자유적 및 비자유적 교리를 막론하고, 복수의 합당한 포괄적 교리들이 자유롭게 지지할 수 있고, 그래서 자유민주 정체의 덕목과 함께 자유롭게 생활하고 또 이를 이해하게 되는 정의관이라 할 수 있다. 강조하여 말한다면, 이 정치적 정의관은 종교적 또는 비종교적인 포괄적 교리들을 대체하려고 하는 것이 아니며, 오히려 이 양자 간의 동등한 구분을 염두에 둔 것으로서, 양자 모두에게 수용될 수 있을 것으로 희망한다. 이러한 언급들이 다른 말로 표현되거나 요약의 형태로 설명되고 있다(원문 p. xviii).

부가하여, 원문페이지(xxi−xxvi)에서는 『정치적 자유주의』가 고대와 현대의 정치철학간의 대조점이 무엇인가를 보여주고 있다. 고대인들에게는 가장 중심적인 문제는 선의 교리the doctrine of the good의 문제였으며, 현대인에게는 가장 중심적인 문제는 정의관the conception of justice이였다. 『정치적 자유주의』는 왜 이러한 차이가 나는가를 추론해 본다. 고대인들에게는 종교라는 것은 시민적 종교civic religion였으며, 선의 교리a doctrine of the good를 고안해 내는 것은 철학이 담당하였다. 현대인들에게 종교란 기독교의 구원의 종교였다. 이 점에 대해 카톨릭과 신교들 간에 종교개혁에서 충돌한 바 있으며, 이 구원의 종교는 이미 선의 교리—구원의 선the good of salvation—를 포함하고 있었다. 그러나 교회냐 성경이냐 하는 상충하는 권위의 문제로 인해, 이들 간에는 해결의 기미를 찾을 수 없게 되었다. 그 이유는 이들 간의 경쟁적인 초월적 요소들은 타협의 여지를 허용하지 않았기 때문이다. 이들의 도덕적 투쟁은 상황 및 소진상태를 통하거나, 아니면 평등한 양심의 자유와 사상의 자유equal liberty of conscience and freedom of thought에 의해서만 완화될 수 있을 뿐이었다. 상황과 소모적인 소진상태는 **잠정적 타협***modus vivendi*에 이르도록 하며, 평등한 양심의 자유와 사상의 자유는, Ⅳ: 6~7에서 제시하는 것처럼, 때로는 보다 희망적인 헌법적 합의constitutional consensus의 가능성이나, 보다 나아가서 중첩적 합의overlapping consensus에 이르도록 할 수 있을 것이다.

그래서, 반복하자면, 정치적 자유주의의 문제인식은 (자유적인) 입헌 민주정체에 적합한 정치적 관점의 정치적 정의를 고안해 내려고 하는 것이다. 이 자유 민주정체는 종교적 및 비종교적, 또는 자유적 및 비자유적인 복수의 합당한 포괄적 교리들이 정당한 이유로 지지할 수 있을 것으로 여겨진다. 근본적 문제는 합당한 다원주의 하에서는 구원의 종교적 선가치은 모든 시민의 공통적인 선이 될 수 없기 때문에, 정치관은 마땅히, 이 종교적 선 대신에, 자유와 평등과 같은 정치적 개념과 함께, 시민들이 자신의 자유를 현명하고 효과적으로 활용할 수 있도록 하게 하는 충분한 다목적적 수단all purpose-means[기본적 가치 primary goods(Ⅳ: 3~4)]의 보장을 수용해야 하는 것이다. 이러한 문제들은 아주 오래된 질문들인데, 일부 사람들에게는 이러한 질문들이 철학적이라기보다 정치적인 것으로 여겨질 수 있다. 이러한 질문들의 본질을 인지하고 있다면 어떻게 말해도 문제가 되지 않는다. 그러나 나는 이 질문들을 철학적인 것으로 간주한다. 왜냐하면 정치적 정의관은 규범적이고 도덕적인 관점이며, 그래서 정치적인 것의 영역뿐만 아니라 모든 다른 정치적 관점 역시도 규범적이고 도덕적이기 때문이다. 『정치적 자유주의』는, 정치적인 것의 관점에서, 입헌민주정체의 주요 도덕적 및 철학적 개념들을 논의하고 있다: 자유롭고 평등한 시민, 정치권력 행사의 정당성, 합당한 중첩적 합의, 시민성의 의무와 함께 공적 이성, 정당한 이유에 의한 안정성의 개념들을 논의한다. 『정치적 자유주의』는 또한 현대 민주사회의 시민들에게 유용한 사회적 화합의 가장 합당한 근거를 모색하려 한다. 요약컨대, 『정치적 자유주의』는 종교적 및 비종교적, 자유적 및 비자유적인, 복수의 합당한 교리들이 존재하는 상황 하에서, 질서정연하고 안정된 민주정부가 가능한지 여부, 그리고 나아가서 사실상 이것이 어떻게 일관성 있게 고안될 수 있는지의 문제를 다룬다.

2. 이러한 배경을 전제로 하여, 나는 이제 독자들을 위한 안내the Reader's Guide의 문제로 논의를 옮기고자 한다. 『정의론』 제Ⅲ부에서, 공정으로서의 정의의 질서정연한 사회가 가능하며 어느 정도 실현될 수 있다고 가정하였다. 그리고 나서 그러한 사회가 안정적일 수 있는지의 질문을 제기한다. 『정의론』에서 자연과 인간심리의 법칙들은 해당 질서정연한 사회의 성원으로 자란 시민들로 하여금 세대에 걸쳐 자신들의 정치적 및 사회적 제도들을 유지할 수 있을 정도로 충분히 강력하게 정의감을 습득할 수 있게 만들 것이라고 주장한 바 있다. 그 전반적인 주장은 도덕적 학습 및 안정성의 단계를 개략적으로 설명하는 8장과 9장에서 두드러지게 나타난다. 항상 설명하였듯이, 안정성은 정당한 이유에 의한 안정성을 의미한다. 이것은 시민들의 행동을 뒷받침 하는 근거들은 이들이 수용하는 정의의 입장—이 경우에는 공정으로서의 정의라는 포괄적 교리the comprehensive doctrine of justice as fairness[6]—에 의해 제시되는 논거들을 포함하는 것

6 하나의 포괄적 도덕적 교리로서, 『정의론』은 공정으로서의 정의가 공정으로서의 도덕적 옳음(도덕성)의 일부(part of rightness as fairness)로 간주되고 있다는 점을 시사한다.

을 의미한다. 이 근거들은 시민들의 효과적인 정의감을 나타내는 것이다.

그렇지만, 『정의론』에서 공정으로서의 정의의 원칙들이 입헌민주정체를 필수적으로 요구하고, 그리고 동시에 합당한 다원주의의 현실은 이러한 자유로운 제도의 맥락에서 발생하는 한 사회의 문화의 아주 오랜 동안의 자연스러운 산물이기 때문에(원문 p. xvi), 『정의론』에서의 주장은 사실상 해당 정의원칙들이 그 (전제의) 실현성을 배제하고 있는 그러한 전제에 입각하고 있다. 이것은 공정으로서의 정의의 질서정연한 사회에서 시민들이 동일한 포괄적 교리를 견지하고 있다는 전제를 의미하게 된다. 그리고 이것은 칸트의 포괄적 자유주의의 측면을 함유하게 되며, 공정으로서 정의의 원칙들은 여기에 속하게 될 수 있다. 그러나 합당한 다원주의의 현실을 전제하게 되면, 이 포괄적 자유주의의 입장은 시민들이 일반적으로 가지게 되는 것은 아니다. 이 포괄적 자유주의는 종교적 교리나, 특정 형태의 공리주의와 별반 차이가 없게 되는 것이다.

이러한 상황에서, 어떤 정치적 정의관이, 상충적인 종교적 및 비종교적이지만 합당한 포괄적 교리들을 확신하고 있는 시민들이, 서로 동의할 수 있는 공적인 정치적 토론을 지도할 수 있는 원칙과 이상들의 공통적 기반을 제공할 수 있는가? 복수의 상충적인 포괄적 교리들 간에 합당하게 정당한 **잠정적 타협***modus vivendi*이 어떻게 가능한지를 살펴보는 것은 그렇게 어렵지 않다. 우리들은, 역사적 상황들이 그렇게 나타난 것처럼, 적어도 당분간 세력의 역학관계가 모든 당사자들이 현재의 협정들을 지지하도록 해준다고 단순하게 생각할 수 있다. 그렇지만, 두 개의 구원의 종교가 충돌할 때, 잠정적 타협의 범위를 능가하는 갈등에 대해서는 어떠한 해결책이 있을 수 있을까? 나는(위 §1에서) 때로는 잠정적 타협이 합당한 교리들 간의 중첩적 합의로 진전될 수도 있음을 언급한 바 있다(원문 Ⅳ: 6~7). 원문 Ⅳ: 3에서 설명하고 있듯이, 중첩적 합의의 개념은 그 목적과 동기에서 도덕적 성격을 지니고 있으며, 그 합의가 포괄적 교리들의 분포에도 안정적일 수 있다는 것을 의미한다. 이것이 바로 정당한 이유에 근거한 안정이라고 할 수 있으며(원문 143ff.), 이 정당한 이유에 의한 안정성이 바로 중첩적 합의를 잠정적 타협에 의한 합의의 개념과 구별하게 만든다.

3. 그래서 『정치적 자유주의』의 주목적은 합당한 다원주의의 현실을 고려 할 수 있도록 『정의론』에서의 질서정연한 사회의 개념을 재구성하는 것을 보여주는 것이다. 이렇게 하기 위해 『정치적 자유주의』는 『정의론』에서 제시된 공정으로서 정의의 교리the doctrine of justice as fairness를 사회의 기본구조에 적용되는 정치적 정의관으로 변형시키려고 하고 있다.[7] 공정으로서의 정의를 정치적 정의관으로 변형시키는 것은 공정으로서의 정의라는 포괄적 교리를 형성하는 부분적인 구성적 발상들을 정치적 개념들로 변형시키는 작업을 필요로 한다.[8] 이러한 구성적인 개념들의 일부는 『정의론』에서 종교적, 철학적, 또는 도덕적인 성격을 지닌 것으로 여겨질 수 있으며, 사실상 실제로 그렇게 여겨지는 것도 사실이다. 왜냐하면 『정의론』에서는 포괄적 교리들과 정치적 관점과의 구분이 이루어지고 있지 않기 때문이다. 이러한 변형은 『정치적 자유주의』의 제1부 전체와 제2부

---

7 기본구조라 함은 기본적으로 사회의 주요 정치적, 헌법적, 사회적 및 경제적 제도들은 물론 이 기본 제도들이 서로 결합 되어 장기간에 걸쳐 하나의 통일적인 사회적 협동의 체계를 이루는 양상을 의미한다.

8 공정으로서의 정의의 교리의 내용 상당 부분을 변화시킬 필요는 없다. 예를 들어, 정의의 두 원칙 및 기본구조의 의미와 내용은 대체적으로 차이가 없지만, 이들이 속하게 되는 기본적 틀에는 차이가 있다. 즉, 다른 한편, 위 본문의 뒷부분에서 언급하겠지만, 『정치적 자유주의』는 정치적 자율성과 도덕적 자율성 간의 구분을 강조하며(원문 Ⅱ: 6), 정치적 정의관은 단지 전자의 자율성만을 수용하고 있다는 점을 강조하고 있다는 부분에 유의할 필요가 있다. 이 구분은 『정의론』에서는 나타나고 있지 않다. 『정의론』에서의 자율성 개념은 칸트의 포괄적 자유적 교리에 기초하여, 칸트적 형식으로 표현된 도덕적 자율성으로 해석되어 있다(『정의론』 원문, §§40, 78, 86).

의 강의 V에서 이루어지고 있다. 정치적 정의관은 이것이 어떠한 포괄적 교리로부터 도출된 것도 아니며 또한 이의 일부로서 제시된 것이 아니기 때문에, 나는 이를 자유로운 독립적freestanding 관점(원문 pp. 10, 12)이라 부르고 있다. 이러한 정의관이 하나의 도덕적 관점이 되기 위해서는, 반드시 그 자체의 본질적인 규범적 및 도덕적 이상을 지녀야 하는 것이다.

그러한 하나의 이상은 다음과 같은 방식으로 제시될 수 있다. 시민들은 다음과 같이 합당한 존재가 될 수 있을 것이다. 이들이 서로를 세대에 걸쳐 사회적 협동의 체제에서 자유롭고 평등한 존재로 간주하고, 서로 간에 (원칙들과 이상들에 의해 규정된) 사회적 협동의 공정한 조건들을 제시할 준비가 되어 있고, 나아가서 자기 자신들의 이익을 희생해서라도, 다른 사람들도 동일한 협동의 조건들을 수용할 것이란 전제하에, 그러한 협동의 조건에 따라 행동하기를 동의할 때, 시민들은 합당하다 할 수 있다. 이러한 협동의 조건들이 공정한 조건이 되기 위해서는, 이러한 조건들을 제시하는 시민들은, 이러한 조건들이 제시되는 대상인 다른 시민들 역시 이 조건들을 합당하게 수용할 것이라는 점을, 합당하게 생각해야만 하는 것이다. "합당하게reasonably"라는 용어가 이 공식의 양 끝 부분 모두에서 나타나고 있다는 점에 유의할 필요가 있다: 공정한 조건을 제시함에 있어, 이를 제시하는 시민들 또한 이 조건들을 합당하게 수용할 수 있으리라는 점을 우리는 합당하게 생각할 수 있어야만 한다. 그리고 이들은 자유롭고 평등한 존재로서 이를 수용할 수 있어야만 한다. 이들이 그렇게 하는 것이 억압적이거나 또는 조작이 되거나, 아니면 열등한 정치적 및 사회적 지위의 압력 때문에 이루어 져서는 안 되는 것이다. 나는 이것을 상호성의 기준the criterion of reciprocity으로 설명한다(원문, 49f, 54).[9] 그래서, 정치적 권리와 의무는 도덕적 권리이며 의무라고 할 수 있다. 왜냐하

---

9 "합당하게"라는 용어가 양쪽 끝 모두에서 나타난다고 강조함에 있어, 말하자면, 상호성의 기준이 『정치적 자유주의』에서, 그럴 필요가 있는 것처럼, 보다 충분하게 설명되고 있다.

면, 이것들은 정치적 관점의 일부인데, 정치적 관점은, 비록 그 자체가 포괄적 교리는 아니지만, 그 자체의 고유한 본질적 이상을 지닌 규범적(도덕적) 관점이기 때문이다.[10]

포괄적 교리의 도덕적 가치들과 정치적 관점의 (도덕적인) 정치적 가치들 간의 차이의 한 예로, 자율성의 가치를 생각해 보자. 이 자율성의 가치는 적어도 두 가지 형태를 띨 수 있다. 하나는 정치적 자율성political autonomy이다. 이것은 시민들의 법적 독립성 및 정치적 인격political integrity의 보장, 나아가서 정치적 권력의 행사에 있어 다른 시민들과 동등하게 이것들을 공유하는 것을 의미한다. 다른 형태는 도덕적 자율성moral autonomy이다. 이것은 우리들의 깊은 목적과 이상들을 비판적으로 검토하는 우리 생활의 특정한 양식과 반성의 형태로 표현된다. 이러한 도덕적 자율성은 밀의 개인성의 이상Mill's ideal of individuality[11]에서, 또는 사람들이 칸트의 자율성의 교리Kant's doctrine of autonomy[12]를 최대한 준수하고자 할 때 표현된다. 도덕적 가치로서 자율성은 민주적 사상의 역사에서 중요한 위치를 점해 왔지만, 합당한 정치적 원칙들에 필요한 상호성의 기준을 충족시키지는 못하였으며, 그래서 정치적 정의관의 일부가 될 수는 없었다. 신앙을 지닌 많은 시민들이 도덕적 자율성을 자신들의 생활의 방식으로 받아들이는 것을 거부하기도 한다.

공정으로서의 정의의 포괄적 교리로부터 공정으로서의 정의의 정치적 관점으로 전환함에 있어, 완전한 도덕적 행위자moral agency의 능력을 지닌 존재로서 도덕적 인격성을 소유하고 있는 인간의 개념은 시민의 개념으로 전환하게 된다. 도덕적이면서 정치적인 철학적 교리들의 입장에서는, 도덕적 행위자의 개념은, 행위자들의 지적, 도덕적 및 정서적 능력과

---

10 예를 들어, 원문 p. 145에서 기술된 세 번째 견해(the third view)를 참조하라.

11 *On Liberty*, ch. 3, 특히 1~9 문단을 참조하라.

12 칸트의 자율성 교리에 관한 각주 8에서 설명한 바를 기억해 보라.

함께, 논의되고 있다. 인간 존재들은 자신들의 도덕적 권리를 행사할 수 있는 능력이 있으며 도덕적 의무를 수행할 수 있는 존재로서, 나아가서 해당 교리가 규정하는 각각의 도덕적 덕목에 적합한 모든 도덕적 동기들에 구속되는 존재로서 간주된다. 대조하여, 『정치적 자유주의』에서는, 해당 인격체는 오히려 자유롭고 평등한 시민으로서 간주된다. 이 시민의 존재는 정치적 권리와 의무를 지닌 시민지위와 함께 다른 시민들과 정치적 관계에 있는 현대 민주주의의 정치적 인간의 모습이라 할 수 있다. 이 시민은 물론 도덕적 존재이다. 그 이유는 우리가 살펴 본 것처럼 정치적 정의관이 하나의 도덕적 관점이기 때문이다(원문 11n). 그렇지만, 권리와 의무의 종류, 그리고 고려되는 가치들의 종류는 더 제한되어 있다.

시민지위citizenship의 근본적인 정치적 관계는 두 가지 특수한 특징을 지닌다: 첫째, 그것은 출생에 의해서만 진입하고 죽음에 의해서만 탈출[13] 할 수 있는 성격을 지닌 사회의 기본구조 내에서의 시민들의 관계이다(원문 p. 12); 둘째, 이것은 하나의 집단체로서 궁극적인 정치적 권력을 행사하는 자유롭고 평등한 시민들의 관계이다. 이 두 가지 특징은 곧 바로, 헌법적 본질constitutional essentials과 기본적 정의basic justice문제가 중요한 쟁점이 될 때, 위에서 설명한 것처럼 상호 연관된 시민들이 어떻게 자신들의 입헌정체의 구조를 존중하고 입헌정체 하에서 시행되는 규정과 법들을 준수하게 될 수 있는지에 관한 질문을 제기하게 만든다. 합당한 다원주의의 현실은 보다 예리하게 이 질문을 제기한다. 그 이유는 합당한 다원주의의 현실은 종교적 및 비종교적인 자신들의 포괄적 교리로부터 발생하는 시민들 간의 차이들이 화해불가능하고 또한 초월적인 요소들을 함유하고 있는 것을 의미하기 때문이다. 그렇다면, 어떤 이상과 원칙들에 의해, 궁극적인 정치적 권력을 동등하게 공유하고 있는 시민들이 해당 권력을 행

13 죽음에 의해서만 탈출할 수 있다는 점에 대한 논란과 관련하여, 원문 p. 136, n. 4를 참조하라.

사하여 이들 각자가 자신들의 정치적 결정들을 상호간에 합당하게 정당화 할 수 있을까?

그 답은 상호성의 기준the criterion of reciprocity에 의해 제시될 수 있다: 우리의 정치적 권력의 행사는, 우리의 정치적 행위에 대해 제시하는 이유들이 다른 시민들에 의해 그 정치적 행위들을 정당화할 수 있는 것으로 합당하게 인정이 될 수 있다는 점을 우리들이 진정으로 믿게 될 때에만, 그 적당성이 인정된다.[14] 이 상호성의 기준은 두 가지 수준에서 적용 된다: 하나는 헌법구조 자체에 적용되며, 다른 하나는 헌법구조와 부합하는 특정한 규정과 법률에 적용된다. 정치적 관점들이 합당하기 위해서는 이 원칙을 충족하는 헌법들만을 정당화 할 수 있어야만 한다. 이것은 자유주의적 정당성의 원칙the liberal principle of legitimacy이라 불릴 수 있는 것을 제시하는 데(원문 p. 137), 이 원칙은 헌법과 이 헌법 하에 시행되는 규정들의 정당성에 적용되기 때문이다.[15]

정치적 역할을 수행하기 위해, 시민들은 이 정치적 역할에 적합한 지적이고 도덕적 능력을 소유한 존재로 간주되고 있다. 그러한 능력으로 정치적 관점에 의해 제시되는 정치적 정의감의 능력a capacity for a sense of political justice과 개인적 교리로서의 가치관individual doctrines of the good을 형성하고,[16] 준수하고, 변경할 수 있는 능력을 들 수 있다. 그리고 시민들은 정의로운 정치적 사회를 유지함에 있어 필요한 협동을 할 수 있게 하

---

14 엄격히 말해, 여기에는 이론의 여지가 없다는 점을 주지시키고 싶다. 위 본문의 앞선 구절은 시민들이 특정한 관계에 있고 그리고 특정한 질문들을 숙고하는 등등의 제도적 맥락을 단순히 설명하고 있을 뿐이다. 그리고 나서 그러한 맥락으로부터 상호성의 기준을 준수해야 할 의무가 시민들에게 발생하게 된다고 설명하고 있다. 이것은 원문 pp. 49f에서 규정되고 있는 인격체들의 합당성(reasonableness)의 개념으로부터 발생하는 의무이다. 유사한 종류의 추론은 스캔론(T. M. Scanlon)의 "Promises and Practices," *Philosophy and Public Affairs* 19: 3(Summer 1990)에서도 나타난다. 물론, 구체적인 사례와 예들은 완전히 다르다.

15 마지막 두 문단은 원문 pp. 135ff.에서 요약되어 있다.

16 여기에서의 이 용어는 앞의 각주 2를 따른다. 『정의론』과 『정치적 자유주의』 모두(포괄적) 가치관을 언급하고 있다. 지금 부터는, 그것은 하나의 (포괄적) 교리로서 지칭된다.

는 정치적 덕목the political virtues의 능력을 지닌 것으로 간주된다(이것을 넘어서는 다른 덕목들과 도덕적 동기들에 대한 시민들의 능력은 물론 부인되는 것은 아니다).

4. 『정의론』에서는 발견되지 않는 두 개의 개념은 합당한 다원주의의 현실에 대처하기 위해 필요한 개념들인데, 합당한 중첩적 합의a reasonable overlapping consensus(원문 15, 39ff., Ⅳ: 3)의 개념과 공적 이성public reason(Ⅵ; 4, 7, 8)의 개념이다. 이 두 개념 없이는 우리는, 정치적 정의관에 의해 규제되는 질서정연한 사회의 공적 이성을 구체화하는데 있어, 정치적 정의관이 지니는(또는 이후에 보겠지만, 이 부류의 정치적 정의관이 지니는) 역할을 제대로 이해하기 쉽지 않을 것이다. 이러한 개념적 과제를 수행함에 있어, 공정으로서 정의(이제 변형된 형태로)가 그 주요 예로 사용될 것이다.

나는 중첩적 합의의 개념에 대해 여태 가끔 언급하였던 이상으로 여기에서 더 설명하지는 않으려 한다. 대신 나는 중첩적 합의와 관계된 두 가지 점을 주지시키고자 한다. 하나는 이것이 합당한 다원주의 현실과 관계된다는 점이다. 합당한 다원주의의 현실은—적어도 나에게는—정치적 정의관의 개념으로 연결되며, 그래서 정치적 자유주의의 발상으로 발전하게 된다. 왜냐하면, 포괄적인 자유주의적인 철학적 교리a comprehensive liberal philosophical doctrine로 직접 종교적 및 비종교적 교리들을 대처하기보다는, 중첩적 합의의 발상은 비자유적인 교리들이 지지할 수 있는 자유주의적인 정치적 관점을 형성하는 데 있기 때문이다. 이 정치적 관점을 발견하기 위해 우리는 이미 알려진 포괄적 교리들 간의 균형적 입장 또는 평균적 입장을 취할 목적으로 이들 포괄적 교리들을 바라보려고 하지 않는다. 또한 정치적 관점을 이들 포괄적 교리에 맞게끔 조정함으로써 사회에 실제로 존재하고 있는 상당한 수의 포괄적 교리들과의 타협을 모색하려고 하지도 않는다. 그렇게 하는 것은 잘못된 합의의 개념에 호소하는 것이며, 정치적 관점을 잘못된 방향으로 정치적으로 오도하는 것이다(원문 39ff.).[17] 오히려, 우리는 상호성의 기준에 의해 표현되는 그 자체의 본질적인 (도덕적) 정치적 이상을 지닌 자유로운 독립적 입장의 정치적 관점 a freestanding political conception을 형성하려고 한다. 우리는 이렇게 함으로써 합당한 포괄적 교리들이 해당 정치적 관점을 정당한 이유로 지지하고, 나아가서 합당한 중첩적 합의에 속하게 될 수 있기를 희망하는 것이다.

합당한 중첩적 합의에 관한 다른 한 가지 점은 『정치적 자유주의』는 그러한 중첩적 합의가 결국은 합당한 정치적 정의관을 중심으로 형성되리라는 점을 굳이 증명한다거나 보여주려고 시도하는 것이 아니라는 점이다. 『정치적 자유주의』가 하는 최상은, 자신만의 고유한 근거에 입각하여 포괄적 교리들을 반대하지 않고 동시에 정당한 이유에 입각한 중첩적 합의의 가능성을 배제하지 않는, 자유로운 입장의 자유주의적인 정치적 관점을 제시하려는 것이다. 『정치적 자유주의』는 합의에 이르게 되는 것으로 여겨지는 특정한 역사적 사건과 과정, 그리고 실제 발생할 수도 있는 다른 합의들을 주목하지만(원문 Ⅳ: 6~7), 정치사회학의 이러한 상식적인 사실들을 관찰하는 것이 증명 자체를 말하려고 하는 것은 아니다.

상충적인 포괄적 교리들에 부가하여, 『정치적 자유주의』는 어떤 실제적인 정치사회에서 일정한 수의 상이한 자유주의적인 정치적 정의관이 그 사회의 정치적 토론에서 서로 경쟁할 수 있다는 점을 인정한다(원문 6f.) 이것은 정치적 자유주의의 또 다른 목적으로 연결 된다: 말하자면, 합당한 다원주의의 현실뿐만 아니라 같은 동일한 가족계열에 속한다고 할 수 있는 일군의 합당한 자유주의적인 정치적 정의관을 전제할 때,

---

17 또한 원문 IX: 2: 389을 참조하라.

질서정연한 자유적 정치사회가 어떻게 형성될 수 있는가. 자유주의적 관점들의 정의는 다음 세 가지 조건에 의해 제시될 수 있다.[18](원문 p. 6): 첫째, (민주적 정체들에서는 다소 익숙한 종류의) 특정한 권리, 자유 및 기회들의 구체화; 둘째, 이 자유들에 대한 특별한 우선성; 그리고 셋째, 사회적 지위를 불문하고, 모든 시민들에게, 자신의 자유와 기회들을 현명하고 효과적으로 활용할 수 있게 하는 적정한 전목적 수단all purpose means[19]을 보장하는 조치들. 내가 여기에서 말하고 있는 것은 자유주의적인 정치적 관점liberal political conceptions이며, 자유주의적인 포괄적 교리liberal comprehensive doctrines가 아니라는 점을 주목할 필요가 있다.

공정으로서의 정의—이의 정의의 두 원칙, 물론 이것은 차등원칙을 포함한다—는 내가 생각하건대, 가장 합당한 관점이라고 할 수 있다. 그 이유는 공정으로서의 정의가 위의 세 가지 조건들을 가장 잘 충족시키고 있기 때문이다.[20] 그렇지만, 나는 공정으로서의 정의를 가장 합당한 것으로 간주하긴 하지만(비록 나에게 동의하지 않는 것으로 여겨지는 많은 합당한 사람들이 있을 수도 있지만), 나는 다른 관점들 역시 자유주의적 관점의 정의定義를 충족시킬 수 있다는 점을 부인하지는 않는다. 사실상, 내

---

18 『정치적 자유주의』의 원문은 다음과 같이 그 특징들을 언급하고 있다: 조건들(*conditions*)이라는 용어가 특징들(*features*) 보다는 훨씬 나은 것 같다. 그 이유는, 이것들이 내가 생각하고 있는 자유주의적 정치적 정의관을 정의하고 있기 때문이다.

19 이 용어는 V: 4에서 정의되고 있는 기본적 가치(primary goods)를 지칭한다.

20 이것은 공정으로서의 정의에서 특정한 수정이 가해져야만 한다는 점을 부인하는 것은 아니다. 예를 들어, 강의 VIII은 하트(H. L. A. Hart)의 비판을 고려하여 기본적 자유들에 대한 설명을 수정하고 있다. 강의 V:3-4는 애로우(K. J. Arrow), 센(Amartya Sen), 코헨(Joshua Cohen), 그리고 스캔론(T. M. Scanlon)의 비판들에 부응하기 위해 기본적 가치들의 개념 설명을 수정하였다. 그리고 나는 네이글(Thomas Nagel)과 파르핏(Derek Parfit), 그리고 잉글리쉬(Jane English)에 의해 제시되었듯이, 정당한 저축의 원칙과 그 도출에 관해 수정을 가하고자 한다. 나는 이러 저러한 변경들에도 불구하고 공정으로서의 정의는 실질적으로 본래의 의미대로 보존될 수 있을 것으로 생각한다. 그 이유는 그 기본적 이상과 원칙들이 그대로 남아 있고, 단지 이것들의 표현이 보다 나은 형태로 이루어졌기 때문이다. 그리고 이것들은 계속적으로 수정되고 조정될 것이다.

가 그러한 정의定義를 충족시킬 수 있는 다른 합당한 관점이 있을 수 있다는 점을 부인한다면, 간단히 말하자면 내 스스로가 합당하지 않게 되는 것이다. 예를 들자면, 다른 관점들이 차등원칙the difference principle을 대체할 수 있는 원칙, 즉 충분한 수준의 적정한 전목적적 수단들을 모든 사람에게 보장하는 조건에 해당하는 사회적 복리social well-being를 증진시키는 원칙을 다른 관점들 역시 충족시킬 수 있는 것이다. 상호성의 기준the criterion of reciprocity을 충족하고 판단의 부담the burdens of judgment(원문 Ⅱ: 2)을 수용할 수 있다면 어떠한 관점도 그 후보가 될 수 있다. 이러한 판단의 부담들은『정치적 자유주의』에서는 두 가지 역할을 한다. 이 판단의 부담들은 합당한 것의 개념the idea of the reasonable에 근거하는 양심의 자유liberty of conscience와 사상의 자유freedom of thought에 대한 기반의 일부가 되고 있다. 그리고 또한 이 판단의 부담들은 우리들로 하여금 상이하고 불가양립적인 자유주의적 정치적 관점들이 존재할 수 있다는 점을 수용하게 만든다.

『정치적 자유주의』는 또한 현대 자유민주정체의 시민들에게 해당 될 수 있는 사회적 화합의 가장 합당한 기반이 무엇인지에 관심을 두고 있다. 그렇지만, 이러한 관심이 가능한 최대로 추구되고 있지 못하는 것은 사실이다. 사회적 화합의 이러한 기반은 다음과 같다.[21]

a. 사회의 기본구조가 한 가족 군에 속한다고 할 수 있는 자유주의적 정의관 중의 하나(또는 이들의 혼합 형태)에 의해 유효하게 관리되어야 한다. 해당 정의관은 그 가족 군이 포함하고 있는 가장 합당한 관점이어야 한다.

b. 사회의 모든 합당한 포괄적 교리들은 이 가족 군에 속하는 합당한 관점들의 하

---

21 이러한 정의(定義)와 함께 제시된 화합의 기반은『정치적 자유주의』에서 구체적으로 명시화되지 못하였다. 나는 이것에 대해 여기에서 비로서 최초로, 그리고 "하버마스에 대한 응답"(Reply to Habermas), XI: 2: 1에서 명시적으로 언급한다.

나라면 이를 지지할 수 있어야 하며, 이러한 교리들을 수용하고 있는 시민들은 해당 가족 군에 속하는 합당한 정의관의 각각을 부인하는 자들에 대하여 지속적인 다수를 유지할 수 있어야 한다.

c. 헌법적 본질(constitutional essentials)과 기본적 정의(basic justice)의 문제가 쟁점이 되었을 때, 공적인 정치적 토론은, 항상 또는 거의 항상, 한 가족 군에 속하는 합당한 자유주의적 정의관 중의 하나에 의해 규정된 근거들에 입각하여 합당하게 결정될 수 있어야 한다. 이 합당한 정의관은 물론 각 시민들이 가장(보다) 합당한 것으로 간주하는 것이어야 한다.

이러한 정의定義가 몇 가지 면에서 차이가 있을 수 있다는 점은 명백하다. 예를 들어, 이 화합의 기반은 사회가 가장 합당한 정의관에 의해 유효하게 관리되고, 또한 시민들이 이 정의관에 관해 광범위하고 일반적인 반성적 평형wide and general reflective equilibrium 상태를 유지하고 있다면, 이상적으로 가장 합당한 것이라고 할 수 있다. 실질적으로, 사람들이 사실상 생각할 수 있는 가장 합당한 화합의 기반은 모든 시민들이 지금 자신들을 규제하고 있는 정의관이 합당하다는 데 동의하고 또 일부 시민들이 그 정의관이 가장 합당한 것이라고 생각하기에 이르는 그러한 것이어야 한다. 이것이 정치사회가 바로 정당한 이유에 입각하여 충분히 안정적이 될 수 있는 기반이다: 해당 정치관이 모든 시민들에 의해 적어도 가장 합당한 것으로, 그리고 통상 우리가 최선으로 기대할 수 있는 정치적 목적으로 이제 존중될 수 있게 되는 것이다.

5. 나는 이제 공적 이성public reason의 개념과 그 이상을 다루고, 본문 Ⅵ: 4, 7, 8에서 설명한 바를 보완하고자 한다. 독자들은 공적 이성의 적용 대상이 되는 문제들과 공개토론들의 종류에 신중하게 유의할 필요

가 있으며(원문 pp. 213~16, 252ff.)—예를 들어, 헌법적 본질과 기본적 정의 문제가 쟁점이 될 때 정치적 정당 및 공직을 추구하는 사람들의 토론들—이것들을 배경적 문화의 수많은 장소들[22]과 구분할 필요가 있는데, 이 장소들에서도 정치적 문제들이 논의되고 있으며, 사람들 자신의 포괄적 교리들의 입장에서 논의되는 경우가 흔하다.[23] 이 공적 이성의 이상은 시민들이 헌법적 본질들과 기본적 정의의 문제들에 관한 공적인 정치적 토론들을 자신들이 진행함에 있어, 각자가 진정으로 합당한 정치적 정의관으로 간주하는 바의 틀 내에서 수행하는 것을 의미하며, 이 합당한 정치적 정의관은 바로 자유롭고 평등한 다른 시민들 역시 합당하게 지지할 수 있을 것으로 기대되는 그러한 정치적 가치들을 표현하고 있는 것이라 할 수 있다(원문 pp. 226, 241). 그렇게 하여, 우리들 각자는 상호성의 기준이 충족될 수 있는 그러한 방식으로 우리가 호소할 수 있는 원칙들과 기준들을 갖추어야만 한다. 나는 여태 그러한 정치적 원칙들과 지침들을 확인할 수 있는 하나의 방법이 그러한 것들이 『정치적 자유주의』에서는 원초적 입장original position이라고 하는 것에서 합의될 수 있음을 보여준다는 점을 제시하여 왔다. 한 가족군에 속한다고 할 수 있는 그러한 방식과 그러한 원칙들이 있긴 하지만, 이들 모두는 상호성의 기준 하에 속해야만 한다는 것은 피할 수 없는 문제이다(원문 226ff.).

공적 이성에서 표현된 것처럼, 상호성 기준의 역할을 보다 명확히 밝히기 위해서, 나는 그 역할이 입헌민주정체에서의 정치적 관계의 성격을 시민적 우정civic friendship의 관계로서 규정하는 것이라는 점을 언급하고

22 정치적 자유주의에서의 공적 이성과 하버마스의 공적 영역(public sphere)의 개념은 동일한 것이 아니다. 원문 IX: 1: 382n을 참조하라.

23 헌법적 본질들(constitutional essentials)은 어떠한 정치적 권리와 자유들이, 말하자면, 성문화된 헌법에 합당하게 수용되어야 하는가와 관계된 문제들인데, 이 경우 해당 헌법은 최고법원 또는 이와 유사한 지위에 있는 법원에 의해 해석될 수 있다는 점을 가정하고 있다. 기본적 정의(basic justice)의 문제는 사회의 기본구조와 관계되는 데, 기본적인 경제 및 사회정의 문제들과 헌법에서는 명시적으로 언급되지 않은 여타 문제들과 관계된다.

자 한다. 그 이유는 이 상호성의 기준은, 시민들이 자신들의 공적 추론에서 이것을 따르게 되면, 자신들의 근본적 제도들의 형태를 형성하게 될 것이기 때문이다.[24] 예를 들어—나는 쉬운 사례를 인용하고자 한다—만약 우리가 일부 시민들의 종교적 자유가 거부되는 것이 마땅하다고 주장하려 한다면, 우리들은 이들이 이해할 수 있는 이유들뿐만 아니라—세르베투스Servetus가 칼뱅Calvin이 왜 굳이 그를 화형에 처하려 했는지를 이해할 수 있었던 것처럼—자유롭고 평등한 존재로서 이들이 또한 합당하게 수긍할 수 있을 것으로 우리들 자신들도 합당하게 기대할 수 있는 이유들을 제시해야만 한다. 상호성의 기준은 기본적 자유들이 거부되었을 때에는 언제나 위배되었다고 통상적으로 말할 수 있다. 상호성의 기준을 충족하고 동시에 누군가를 노예로 소유하거나, 투표권에 재산적 제한 조건을 부과하거나, 또는 여성에게는 참정권을 거부하는 그러한 행위를 정당화 할 수 있는 그 어떠한 이유들이 있을 수 있겠는가?

공적 추론에 임하고 있을 때, 우리는 또한 우리 자신의 포괄적 교리들의 이유들을 수용할 수 있을까? 나는 이제 다음과 같이 생각하게 되고, 그래서 여기에서 본문 Ⅵ: 8을 수정하려고 한다. 즉 합당한 그러한 포괄적 교리들은 언제든지 공적 이성으로 수용될 수 있는데, 단지 그 조건은, 적절한 과정을 거쳐, 포괄적 교리들이 지지를 얻기 위해 제시되는 것이 무엇이든지 간에 합당한 정치관에 의해 주어지는 공적 이성들public reasons이 이를 지지할 수 있도록 충분하게 제시되어야만 한다는 것이다.[25]

---

24 공적 이성의 개념은 실제 정치적 의미에서 민주주의의 불안정성 또는 취약성에 대한 두려움을 우선적으로 완화시키기 위하여 제시된다고 때때로 이야기 되고 있다. 그러한 이견은 부정확한 것이며, 공적이성은 자신의 상호성의 기준과 함께 민주주의의 공적 이상으로 그 정치적 관계를 규정하고 나아가서 우리가 그 안정성 또는 취약성을 논하고 있는 민주주의의 성격에 관한 의미를 지닌다는 점을 간과하고 있다. 이러한 질문들은 실제적인 정치적 의미에서의 안정성과 취약성의 문제 보다 더 우선적인 성격을 지닌다. 그렇지만, 물론 어떠한 민주주의의 관점도 이러한 실제적인 문제들을 단순히 무시할 수는 없을 것이다.

25 이것은 『정치적 자유주의』의 VI: 8의 내용 보다 훨씬 수용적이다. 『정치적 자유주의』의 VI: 8

나는 이것을 단서 조항the proviso[26]으로 지칭하고 있으며, 이것은 내가 말하는 공적 이성의 광범위한 견해the wide view of public reason를 구체화하고 있다. 이것은 원문 249ff.에서 논의하고 있는 세 가지 사례에 의해 충족되고 있다. 특별한 역사적 중요성을 지니고 있는 것으로 노예폐지론자들the Abolitionists과 시민권리 운동의 사례the civil rights movement를 들 수 있다. 나는 이 사례들이 본문 Ⅵ: 8에서 내가 공적 이성의 수용적 견해the inclusive view of public reason로 부르는 바를 위배하지 않았다고 말한 바 있다. 노예폐지론자들과 킹King의 포괄적 교리 모두 공적 이성에 해당되는 것으로 주장되었다. 그 이유는 이 양자의 교리 모두 부당한 정치사회의 현실에서 호소되었으며, 이들의 정의의 주장들은 자유정체의 헌법적 가치들과 부합하는 것이었다. 나는 또한 시민들의 포괄적 교리에 내재하는 이러한 이성들의 기반에 호소하는 것은 사회를 보다 정의롭게 만들 수 있게 하는데 도움이 될 것이라고 믿을 만한 이유가 있다고 말한 바 있다. 나는 이제 단서 조항을 벗어나는 한 이러한 조건들을 고려할 필요가 없으며 이들을 버려야 한다고 생각한다. 시민들이 자신들의 주장들을 공적 이성들에 입각하여 적절한 절차를 거쳐 정당화 하는 단서 조항은 필요한 바를 확실하게 보장한다.[27] 단서 조항은 다른 시민들에게 우리가 특정 정치관

에서 수용적 견해(the inclusive view)로 지칭되는 부분에서 포괄적 교리의 도입에 관한 일부 조건들을 구체적으로 설명하고 있다. (내가 부르고 있는) 광범위한 견해(the wide view)는 나에게서 비롯된 것은 아니며, 켈리(Erin Kelly)(summer 1993)에 의해 나에게 제시되었다. 유사한 견해가 솔럼(Lawrence Solum)에게서 발견되는데, 그의 완전한 설명은 "Constructing an Ideal of Public Reason," *San Diego Law Review* 30: 4(Fall 1993)이며, pp. 747~751에서 요약이 되어 있다. 보다 최근의 설명은 *Pacific Philosophical Quarterly* 75: 3과 4(Sept.~Dec. 1994)에 제시되고 있다.

26 이 단서 조항을 충족시키는 것에 관해 많은 질문들이 제기될 수 있다. 하나는 언제 충족되어야 하는지의 문제로서, 동일한 날에 아니면 이후의 어떤 날에? 또한, 그 단서 조항을 준수해야 할 의무가 있는 당사자는 누구인가? 이러한 많은 질문들이 제기될 수 있는데 -나는 단지 일부만 여기에서 지적해 본다. 톰슨(Thompson)이 촉구했던 것처럼, 그 단서가 어떻게 적절하게 충족될 수 있는지가 명백하게 확립되어야만 할 것이다.

27 나는 노예폐지론자들과 킹(King)이 사실상 단서조항을 충족했는지 여부에 대해서는 알지 못

을 지지하게 되는 우리 자신들의 포괄적 교리들에 내재하고 있는 뿌리들을 보여 줄 수 있다는 더 큰 장점이 있다. 이것이야 말로 합당한 중첩적 합의의 현실에서 안정성을 증가시킬 수 있을 것이다. 이것은 광범위한 견해를 보여 주는 것이며 본문 Ⅵ: 8에서의 예들과 부합하게 된다.

공적 이성은 어떤 특정한 정치적 정의관에 의해 구체화되는 것은 아니며, 공정으로서 정의 하나 만에 의해 주어지는 것은 아니라는 점이 확실하다고 하는 것은 매우 중요하다. 오히려, 그 내용—공적 이성이 호소하게 될 수 있는 원칙들, 이상들, 그리고 기준들—은 한 가족 군에 속한다고 할 수 있는 합당한 정치적 정의관들의 것들이며, 이 가족군은 시간에 걸쳐 변화한다고 할 수 있다. 이러한 정치관들은 물론 원래 상호 양립할 수 있는 것은 아니며, 이들은 상호간에 토론을 거친 결과로 수정될 수도 있다. 수세대에 걸친 사회적 변화는 또한 상이한 정치적 문제들과 관계되는 새로운 집단들을 대두하게 만든다. 인종문화성, 젠더 및 인종과 관계된 새로운 문제들을 제기하는 견해들은 명백한 예들이며, 이러한 견해들로부터 나타나게 되는 정치관들은 현존하는 정치적 관점들에 대해 토론하게 될 것이다. 공적 이성의 내용은 고정된 것은 아니며, 어느 특정한 하나의 합당한 정치관에 의해 규정되는 것은 더욱 아니다.

공적 이성의 광범위한 견해에 대한 하나의 반론은 이것 역시 너무 제약적이라는 주장이다. 그렇지만, 이 주장을 성립시키기 위해서는, 우리는 먼저 헌법적 본질 사항이나 기본적 정의 사안들과 같은 긴요한 문제들이 기존의 어떠한 합당한 정치관들에 의해 표현되는 정치적 가치들을 통해서는 합당하게 해결될 수 없으며, 또한 그러한 긴요한 문제들이 고안 가

한다. 그러나 그들이 실제 충족했는지의 여부의 문제 보다는, 그들이 충족할 수 있었을 것으로 생각한다. 그리고, 만약 그들이 공적 이성의 개념을 알고 그 이상을 공유하고 있었다면, 이들은 아마도 그렇게 충족하려고 하였을 것으로 생각한다. 나는 이점에 대해 와이쓰만(Paul Weithman)에게 감사한다.

능한 어떠한 정치관에 의해서도 합당하게 해결될 수 없다는 점을 밝혀야 할 것이다. 『정치적 자유주의』는 이러한 경우가 결코 발생하지 않을 것이라고 주장하지는 않는다. 다만 그러한 경우가 아주 드물게 일어날 수 있다는 점을 시사할 뿐이다. 공적 이성이 모든, 거의 모든 정치적 문제들을 정치적 가치들의 합당한 배열을 통하여 해결할 수 있는지의 여부는 실제적 사례와는 무관하게 추상적으로 결정될 수 있는 문제는 아니다. 우리들은 그러한 정치적 문제들을 어떻게 간주하여야 하는지를 명료히 하기 위하여 그러한 사례들을 아주 면밀하게 살펴 볼 필요가 있다. 그 이유는 일종의 사례에 관하여 어떻게 생각하여야 하는 문제는 일반적 고려 하나에만 좌우되는 문제는 아니며, 우리가 구체적인 사례들에 관해 숙고하기 전에 아마도 상상도 해 보지도 않았던 유관한 정치적 가치들을 우리가 형성할 수 있는 문제에도 좌우될 수 있기 때문이다.

공적 이성은, 미리 앞서 문제들을 해결해 놓는 것처럼 보여 질 수 있기 때문에, 또한 매우 제약적인 것처럼 여겨질 수 있다. 그렇지만, 그 자체로는, 법이나 정책의 구체적인 문제들을 결정하거나 해결하는 것은 아니다. 오히려, 공적 이성은 공적 근거들을 구체화하여 그러한 문제들이 정치적으로 결정될 수 있도록 하는 것이다. 예를 들어, 학교에서의 기도의 문제를 들어 보자. 어떤 사람은 이에 대한 자유주의적 입장은 공립학교에서는 이것이 허용되어서는 안 된다고 생각할 수 있다. 그런데 왜 그러한가? 우리는 이 문제를 해결하기 위해 호소할 수 있는 가능한 모든 정치적 가치들을 고려해야만 하며, 어느 편에 결정적 근거들이 해당되는 지를 생각해야만 한다. 저 유명한 1785년의 버지니아 주 하원Virginia House of Delegates에서 헨리Patrick Henry와 매디슨James Madison 간에 이루어졌던 성공회the Anglican Church의 설립에 관한, 그리고 학교에서의 종교 문제와 관계된 토론의 사례는 거의 전적으로 정치적 가치들 만에 준거하여 주장되었다.[28]

아마도 다른 사람들은, 공적 이성은 (합의를 하지 못하는) 교착상태 stand-off[29]로 이르게 만들고 시민들 간에 견해의 합의를 이루는데 실패할 수 있기 때문에, 공적 이성이 너무 제한적이라고 생각할 수 있다. 공적 이성은 모든 사례들을 해결할 수 있을 정도의 충분한 이유들을 제공해 주지 못하기 때문에, 너무 제한적이라고 주장된다. 그렇지만, 이것은 도덕적 및 정치적 추론에서 뿐만 아니라, 과학과 상식을 포함하는 모든 형태의 추론에서 나타나는 문제이다. 그러나 공적 이론과 관계되는 적절한 비

---

28 제퍼슨의 "종교적 자유의 보장에 관한 법안"(Bill for Establishing Religious Freedom)은 1786년 버지니아 주 하원(the Virginia House of Delegates)에서 채택되었는데, 이에 대한 가장 심각한 반대는 당시 유명했던 헨리(Patrick Henry)에 의해 제시되었다. 종교적 국교제도(religious establishment) 유지를 옹호하는 헨리의 주장은 다음과 같은 견해에 근거하고 있었다. 즉 "기독교적 지식은 인간의 도덕들을 올바르게 하고, 인간의 악을 억제하고, 그리고 사회의 평화를 유지시키는 자연적 성향이 있는데, 이것은 학식 있는 교사들을 위한 적정한 규정 없이는 효과적으로 실현될 수 없다"는 것이다. Thomas J, Curry, *The First Freedoms*(New York: Oxford University Press, 1986)를 버지니아 사례에 관한 4장과 함께 참조하라. 헨리는 기독교적 지식 그 자체를 옹호하려 한 것 같지는 않다. 오히려 기독교적 지식이 기본적인 정치적 가치들, 즉 시민들의 훌륭하고 평화적인 행위를 달성할 수 있는 효과적인 방법으로 생각한 것 같다. 그래서 나는 그가 "악"(vices)을, 적어도 부분적으로, 정치적 자유주의(원문 194f)에서 언급되어 있고, 또 다른 관점들의 민주주의에 의해 표현되는 정치적 덕목들을 위반하는 그러한 행위를 의미하는 것으로 이해한다. 정치적 정의의 필요한 제약들을 모두 만족시키는 기도문들이 작성될 수 있는지 여부와 같은 아주 명백한 곤란한 문제를 제쳐두고, 헨리의 법안에 대한 매디슨의 반대는 종교적 국교제도가 시민사회를 질서 있게 유지해 주는데 필요한 지의 여부에 크게 의존하고 있다-그는 그렇지 않다고 결론짓고 있다. 매디슨의 반대는 또한 종교적 국교제도가 사회는 물론 종교 자체의 통합성에 미쳤던 역사적 결과에도 의존하고 있었다. 매디슨(Madison)의 "Memorial and Remonstrance"(1785) in *The Mind of the Founder*, ed. Marvin Meyers(New York: Bobbs-Merrill, 1973), pp. 7~16, 그리고 또한 Curry, pp. 142ff.를 참조하라. 그는 종교적 국교제도가 없었던 식민지들의 번영을 인용하였는데, 특히 펜실바니아(Pennsylvania)와 로드 아일랜드(Rhode Island), 적대적인 로마 제국에 반대한 초기 기독교 정신의 힘, 그리고 과거 종교적 국교제도의 부패들을 언급하였다. 주장 형성에 약간 주의를 기울여 본다면, 이러한 주장의 전부는 아니라 하더라도 많은 부분들이 공적 이성의 정치적 가치들의 입장에서 표현될 수 있다. 학교에서의 기도문제의 예에서의 특별한 관심은, 공적 이성의 개념이 구체적인 정치제도 또는 정책의 문제에 관한 견해가 아니며, 공적 이성은 그러한 구체적인 정치제도 및 정책들이 해당 사안을 결정해야 하는 전체 시민집단에게 어떻게 논증이 되고 또 정당화되어야 하는지에 관한 입장이라는 것을 보여 주고자 하는 것이다.

29 나는 이 용어를 퀸(Paul Quinn)으로부터 취했다. 이 개념은 『정치적 자유주의』 VI: 7. 1~2에 나타난다.

교는 특정한 정치적 결정이 내려져야 하는 그러한 사례들에 해당되어야 한다. 이러한 정치적 결정들은 법을 제정하는 입법자들 및 사건을 결정하는 재판관들에서 찾아 볼 수 있다. 여기에는 일정한 행위의 정치적 규칙이 제정되어야만 하며, 모든 사람들이 그 규칙에 이르는 과정을 합당하게 지지할 수 있어야만 할 것이다. 공적 이성은 시민성의 의무를 지닌 시민의 직무를 판결의 의무를 지닌 재판관의 직무와 유사한 것으로 간주한다. 마치 재판관들이 판결을 함에 있어 법 규정 해석의 선례 및 인정된 규준에 입각한 법적 근거들과 함께 다른 유관된 근거들에 의해 결정을 내리는 것과 마찬가지로, 시민들은, 헌법적 본질과 기본적 정의 문제가 쟁점이 될 때, 공적 이성에 의해 추론하고 상호성의 기준에 따라야만 하는 것이다.

그래서 (합의에 이르지 못하는) 교착상태로 여겨지는 경우, 즉 법적 주장들이 쌍방 간에 팽팽히 균형을 유지하는 것으로 여겨지는 경우에는, 재판관들은 자신들의 정치적 견해에 입각하여 해당 사안을 단순하게 결정할 수는 없다. 만약 그렇게 한다면 그것은 재판관들이 자신의 직무를 위반하는 것이다. 똑같은 주장이 공적 이성에도 해당 된다: 만약, (합의에 이르지 못하는 팽팽한) 교착상태가 발생할 경우, 시민들이 자신들의 포괄적 교리의 견해에 입각한 본연적 이유들grounding reasons[30]에 호소한다면, 곧 바로 상호성의 원칙을 위반하게 된다. 헌법적 본질과 기본적 정의 문제를 결정하는 이유들은 모든 시민들이 합당하게 지지할 수 있을 것으로 우리가 합당하게 기대하는 그러한 것들 그 이상은 아니다. 특히 종교적 자유, 투표권, 또는 공정한 기회에 대한 권리들이 거부되는 사람들이 합당하게 기대하리라고 우리가 합당하게 생각할 수 있는 이유들 그 이상은 아

---

30 나는 본연적 이유들(grounding reasons)이라는 용어를 사용한다. 그 이유는 이러한 이유들에 호소하는 많은 사람들이 이 용어를, 종교적, 철학적 또는 도덕적(포괄적 교리의) 관점에서, 공적 이상들과 정치적 정의관들의 이상 및 원칙들의 본연적 근거(proper grounds), 또는 진정한 기반(the true basis)으로 이해하기 때문이다.

니다. 공적 이성의 관점에서 본다면, 시민들은 자신들이 진정으로 가장 합당한 것으로 생각하는 정치적 가치들의 배열을 고려하여 투표해야만 할 뿐이다. 그렇지 않다면, 우리들은 상호성의 기준을 충족시킬 수 있는 방식으로 정치적 권력을 행사하는데 실패하게 된다.

그렇지만, 낙태와 같은 논쟁적인 문제들은 상이한 정치적 관점들 간에 팽팽한 교착상태에 이르게 될 수 있으며, 시민들은 단지 해당 사안에 대해 단순히 투표로 결정할 수밖에 없다.[31] 사실상, 이것은 늘 상 있는 경우이다: 견해들 간의 만장일치는 기대하기가 어렵다. 합당한 정치적 정의관들도 동일한 결론에 항상 도달하는 것은 아니며(원문 24ff.), 동일한 정치관을 가지고 있는 시민들 간에도 항상 구체적 쟁점들에 대해 동의를 하는 것은 아니다. 그렇지만, 투표의 결과는, 합당하게 정의로운 입헌정체의

---

31 일부 사람들은 각주 32(원문 243f.에 있는)를 임신 첫 1/3 기간에서 낙태할 권리를 옹호하는 주장으로 아주 자연스럽게 이해하여 왔다. 나는 그것을 의도하였던 것은 아니다.(그것은 나의 의견을 표현한 것뿐이다. 그러나 그 개인적 의견(an opinion)이 바로 주장(an argument)이 되는 것은 아니다.) 해당 각주의 목적이 그 각주가 첨부된 본문에서의 다음 진술을 예시하고 확인하는 것에 국한된다는 점을 모호한 상태로 남겨두었다는 것은 나의 실수라고 할 수 있다: "공적 이성을 위반하는 유일한 포괄적 교리들은 [해당 쟁점에 관계된] 정치적 가치들의 합당한 균형 [또는 배열]을 지지할 수 없는 것들이다." 내가 의미하는 바를 설명하기 위해, 나는 까다로운 쟁점인 낙태의 권리와 관련하여 세 가지 정치적 가치들(물론, 그 더 많이 있을 수 있다)을 사용하였다. 아마도 낙태의 권리문제에 정치적 가치들을 적용한다는 것이 적절하지 않은 것으로 여겨질 수도 있다. 나는 그러한 정치적 가치들을 보다 상세하게 해석한다면, 즉 공적 이성에서 적절하게 발전시킨다면, 합당한 주장을 만들 수 있을 것으로 생각한다. 나는 가장 합당하다거나 가장 결정적인 주장을 말하려고 하는 것은 아니다. 나는 그러한 주장이 설사 존재한다 하더라도, 어떤 모습일지 알지 못한다.(그러한 보다 상세한 해석의 한 예로, 톰슨(Judith Jarvis Thompson)의 "Abortion: Whose Right?" *Boston Review* 20: 3 [Summer 1993]을 참조하라. 그렇지만, 나는 그것에 추가 설명을 하고 싶을 뿐이다.) 예시의 목적을 위해, 이제 다음 사항을 가정해 보자. 낙태의 권리를 옹호할 수 있는 공적 이성의 합당한 주장이 있지만, 이와 동등하게 낙태의 권리를 부인 할 수 있는 공적 이성의 정치적 가치들의 합당한 균형이나 배열을 찾아볼 수 없다고 가정해 보자. 그러하다면 이 경우, 아니 이러한 경우에만, 낙태의 권리를 부인하는 포괄적 교리는 공적 이성을 위반하게 된다. 그렇지만, 그 포괄적 교리가 공적 이성의 광범위한 견해의 단서 조항을 다른 견해들과 비교하여 보다 낫게, 또는 적어도 다른 견해들과 같은 정도로 충족시킬 수 있다면, 그것은 자신의 사례를 공적 이성에서 다루고 있는 것이다. 포괄적 교리는 그저 단순히 부당하지(unreasonable) 않은데도 불구하고, 하나 또는 몇 가지 쟁점에서 합당하지 못하게 될 수 있다.

모든 시민들이 공적 이성의 개념에 입각하여 진지하게 투표를 한다면, 합당한 것으로 간주되어야 한다. 이것은 그 결과가 진리라거나 맞다는 것을 의미하는 것은 아니다. 그러나 당분간은 그 결과가 합당한 것으로 받아들여지고, 다수결 원칙에 의해 시민들을 구속할 수 있게 만든다. 물론, 일부 시민들은 그러한 결정을 거부할 수도 있을 것이다. 예를 들자면, 카톨릭 신자들이 낙태에 대한 권리를 부여하는 결정을 거부할 수도 있다. 이들은 낙태의 권리를 부인하기 위하여 공적 이성에 입각하여 주장을 제시하지만 다수를 획득하는데 실패할 수도 있다.[32] 그렇지만, 이들은 자신들의 경우에서는 낙태의 권리를 행사할 필요는 없다. 이들은 낙태의 권리를 정당한 법에 예속되어야 하는 문제로 인정할 수 있으며, 그래서 그 권리를 강제로 거부하지는 않는다. 강제로 거부한다면 합당하지 않게 될 것이다(원문 60ff.): 그것은 자신의 포괄적 교리를 강제적으로 부과하려 하는 것을 의미하게 되며, 이것은 공적 이성을 준수하는 다수의 시민들이 수용할 수 없을 것이다. 확실히, 카톨릭 신도들은, 공적 이성과 부합하게, 낙태의 권리에 대한 반대 입장을 계속 주장할 수도 있다. 교회의 비공적 이성이 자신의 신도들로 하여금 교회의 교리를 준수하도록 요구하는 것은 공적 이성을 이들이 존중하는 것과 완전하게 양립할 수가 있다.[33] 나는

---

32 그러한 주장에 관하여, "The Consistent Ethics: What Sort of Framework?" *Origins* 16 (Oct. 30, 1986), pp. 345, 347~50에 제시된 추기경 버나딘(Cardinal Bernadin)의 견해를 참조하라. 그 추기경이 제시한 공공질서(public order)의 개념은 다음과 같은 세 가지의 정치적 가치들을 함유하고 있다: 공공 평화(public peace), 인권의 본질적 보호, 법의 공동체에서의 도덕적 행위에 대한 통상적으로 인정된 기준들. 나아가서, 그는 모든 도덕적 명령들이 금지적인 시민적 규정들로 전환되어야 하는 것은 아니라는 점을 인정하며, 인간 생명과 기본적 인권을 보호하는 것이 정치적 및 사회적 질서에서 본질적인 것이라고 생각한다. 낙태의 권리를 부인하는 것이 이러한 세 가지의 정치적 가치들에 입각하여 정당화될 수 있기를 그는 희망하고 있다. 나는 그의 주장을 평가하고자 하는 것은 아니다. 다만, 그의 주장은 명백히 공적 이성의 형태로 제시되고 있음을 말하고자 할 뿐이다. 그 주장이 그 자체로 합당한 지의 여부나 또는 다른 측면에서의 주장들 보다 더 합당한가의 여부는 또 다른 문제이다. 공적 이성에 의한 다른 추론에서와 마찬가지로, 해당 추론들은 오류가 있거나 잘못 제시될 수도 있는 문제이다.

33 내가 아는 한, 이러한 견해는 *We Hold These Truths*(New York: Sheed and Ward, 1960), pp.

이 문제에 대하여 더 이상 논의하지 않겠다. 그 이유는 나의 목적은 공적 이성의 이상은 견해들 간의 일반적 합의에 이르게 되지 못하는 경우가 흔하며, 또 그렇게 되어서도 안 된다는 점을 다만 강조하는 것에 있기 때문이다. 시민들은 오히려 갈등과 주장으로부터 배우기도 하며 이득을 얻게 되며, 이들의 주장들이 공적 이성을 준수할 때, 시민들은 사회의 공적 문화를 교육하고 심화시키게 된다.

6. 위의 4절에서 자유주의적 관점은 세 가지 점에서 자유와 평등의 두 기본 가치들을 결합하고 배열한다는 점을 살펴보았다. 첫 두 가지 점은 기본적 권리와 자유들, 그리고 그 우선성을 언급하고 있다. 세 번째 점은 모든 시민들로 하여금 자신의 자유들을 현명하고 효과적으로 사용할 수 있도록 하게 하는 전목적적 수단들을 충분히 보장하는 것이다. 이 세 번째 특징은 물론 상호성의 조건을 충족해야만 하고, 그래서, 이 상호성의 조건이 규정하는 것처럼, 사회 및 경제적 불평등이 과도해지는 것을 방지하는 기본구조를 요구한다. 아래에서 열거되고 있는 (a)에서 (e)에 이르는 제도나 또는 유사한 제도적 장치 없이는, 합당한 정치적 자유주의 입장들은 이러한 과도한 불평등이 심화될 수밖에 없을 것이라고 주장한다. 이것은 아주 상식적인 정치사회학political sociology의 적용이라 할 수 있다.

세 곳에서, 『정치적 자유주의』는 그러한 적용을 간단히 다루고 있다. 그것은 제2부, 강의 Ⅳ에서 그렇게 하고 있다. Ⅳ: 6에서 어떻게 헌법적 합

157f.에 있는 피임에 관해 교회가 취해야 하는 입장에 대한 머레이 신부(Father John Courtney Murray)의 견지와 유사하다. 또한 *More Than Words*(New York: St. Martin's, 1993), pp. 32~51에 있는 자신의 1984년의 노토르담 강의(Nortre Dame lecture)에서 표명한 낙태에 대한 꾸오모(Mario Cuomo)의 연설을 참조하라. 나는 여기에서 그리고 앞선 두 개의 각주에서 다루었던 쟁점들에 관한 이들의 논의와 명료한 설명, 그리고 머레이 신부의 견해를 알려준 데 대하여 그리핀(Leslie Griffin)과 와이쓰만(Paul Weithman)에게 감사한다.

의constitutional consensus가 비교적 초기에 발생하는지를 다룬다. 이 초기 단계에서는 양심의 자유liberty of conscience와 같은 헌법적 원칙들이 **잠정적 타협***a modus vivendi*의 일부로서 마지못해 채택되었다. 다음 Ⅳ: 7에서 어떻게 헌법적 합의가 중첩적 합의로 변하게 되는지를 검토하고 있다. 그리고 Ⅵ: 8에서 합당한 정치관을 지지하는 합당한 포괄적 교리가 정당한 입헌정체로의 변화를 촉진할 것이라는 기대로 도입될 수도 있다. 헌법적 합의와 중첩적 합의의 본질적 차이는 전자는 다양한 자유들을 보장하는 특정한 헌법적 원칙들에 대한 합의라는 점에 있다. 이러한 원칙들—양심의 자유와 같은—은 후에 미국의 독립선언서the Declaration of Independence와 프랑스 혁명의 인간의 권리 선언the French Revolution's Declaration of the Rights of Man에서 수용된 원칙으로 확장되기에 이른다.

이러한 보장된 자유들은 그 자체로만 본다면 완전히 형식적인 것이라고 비판을 받는 것은 어느 정도 적절하다고도 할 수 있다(Ⅷ: 7).[34] 이 원칙들 그 자체로는 하나의 빈곤한 형태의 자유주의라고 할 수 있다. 사실상 자유주의liberalism라기 보다는 자유지상주의libertarianism라고 할 수 있다.[35] 후자는 자유주의가 자유와 평등을 결합시키려는 방식으로 이 양자를 결합시키려고 하지 않는다. 자유지상주의는 상호성의 기준을 결하고 있으며, 이 기준에 의해 평가해 본다면, 과도한 사회경제적 불평등을 허용하고 있다. 이 경우에, 우리는 정당한 이유에 입각한 안정성을 기대할 수 없게 된다. 이 안정성은 순전히 형식적인 입헌정체에서는 항상 결여되게 마련이다. 이러한 안정성을 보장하는 데 요구되는 제도들의 예시는 다음과 같다:

---

34 헤겔, 마르크스주의자들, 그리고 사회주의적 저자들이 이러한 반대를 하는 것은 아주 맞다고 할 수 있다.

35 또한 VII: 4, 9를 참조하라.

a. 선거의 공적 자금지원과 정책의 문제들에 대한 공적 정보제공의 보장 방법들(Ⅷ: 12–13). 이러한 제도적 장치들(그리고 아래의 제도적 장치들)에 관한 진술은 대표들과 공직자들이 특수한 사회경제적 이해관계와 완전히 독립할 수 있도록 하는데 필요한 것이 무엇인지, 또한 이들이 지식과 정보를 제공하여, 이에 입각하여 공적 이성을 행사하는 시민들이 정책들을 형성하고 이를 현명하게 평가할 수 있도록 하는데 필요한 바가 무엇인지에 관하여 언급하고 있다.

b. 특별히 교육과 훈련에 있어서, 특정한 공정한 기회평등. 이러한 기회들이 보장되지 않는다면, 사회의 모든 부분들이 공적 이성의 토론에 참여할 수 없거나 또는 사회적 및 경제적 정책들에 기여할 수 없을 것이다.

c. 자유주의의 세 번째 조건을 충족하는 수입과 부의 적정한 분배: 시민들로 하여금 자신들의 기본적 자유들을 현명하고 효과적으로 행사할 수 있도록 하는데 필요한 전목적적 수단들은 이들에게 보장되어야만 한다.[36] 이러한 조건이 없다면, 부와 소득을 가진 자들이 보다 적은 부와 소득을 가진 자들을 지배하게 되고 점점 더 정치적 권력을 자신들에게 유리하게 장악하게 될 가능성이 높다.

d. 일반정부나 지방정부, 또는 여타의 사회 및 경제적 정책을 통한 최후적인 고용인으로서의 사회(society as employer of the last resort). 장기적인 사회적 안전감과 의미있는 작업과 직업에 대한 기회보장이 결여된다면, 시민들의 자존감의 훼손뿐만 아니라, 자신들이 단순히 사회에 어쩔 수 없이 사로잡혀 있는 존재가 아닌 진정한 사회의 성원이라는 시민들의 의식을 훼손하게 될 것이다. 이러한 상황은 자기증오, 통절 및 분개로 발전하게 될 것이다.

e. 모든 시민들에 대한 기본적 건강의료(basic health care) 보장.

---

36 이 조건은 의, 식, 주의 조건을 해결하거나 단순히 기본적 필요를 충족하는 수준을 훨씬 넘는다. 기본적 자유들(basic freedoms)은 기본적 자유적 권리들과 기회(basic liberties and opportunities)들의 목록에 의해 정의될 수 있으며, 또한 정치적 자유들과 정치적 과정에 대한 공정한 접근의 보장을 포함한다.

이러한 제도들은 물론 공정으로서의 정의원칙들을 완전하게 충족시킬 수 있는 것은 아니다. 그러나 우리들은 이러한 원칙들이 필요로 하는 바를 논의하는 것이 아니라, 기본적 구조에 적합한 본질적인 선결요건들을 열거하고 있는 것이다. 이 기본구조 내에서 공적 이성의 이상이, 시민들에 의해 성실히 준수되었을 때, 기본적 자유들을 보호하고 사회 및 경제적 불평등이 극심해지는 것을 방지할 수 있게 될 것이다. 공적 이성의 이상이 공적인 정치적 심의의 형태를 함유하고 있기 때문에, 이러한 제도적 장치들, 가장 분명하게는 처음 3개의 제도적 장치들은 이러한 공적 심의가 가능하고 유의미한 결실을 얻게 할 수 있도록 하는데 필요하게 된다. 공적 심의의 중요성에 대한 신뢰는 합당한 입헌정체를 위해서 본질적이며, 특정한 제도들과 제도적 규정들은 이러한 공적 심의에 대한 신뢰를 지지하고 장려할 수 있도록 구체적으로 명시되어야 할 필요가 있다. 공적 이성의 발상은 공적 심의를 구현할 수 있는 사회의 근본적 기초들의 구조와 내용을 어떻게 규정할 것이냐를 제안하는 것이다.

나는 이 절을 공적 이성에 의한 화해의 한계에 관한 논평으로 마무리 지으려 한다. 갈등의 세 가지 중요 종류가 있다: 시민들의 상충적인 포괄적 교리들로부터 유래하는 갈등, 시민들의 상이한 신분, 계급적 위치 및 직업, 또는 이들의 인종문화성, 사회적 성gender 및 인종으로부터 유래하는 갈등, 끝으로 판단의 부담the burdens of judgment으로부터 유래하는 갈등이 있다. 정치적 자유주의는 첫 번째 종류의 갈등을 완화할 수는 있지만, 완전히 제거할 수는 없다. 그 이유는 포괄적 교리들은, 정치적으로 말한다면, 근본적으로 화해 불가능한 것으로 상호간에 불일치의 상태로 남게 되기 때문이다. 그렇긴 하지만, 합당하게 정의로운 입헌정체의 정의의 원칙들은 두 번째 종류의 갈등에는 우리들을 화해시킬 수 있을 것으로 기대한다. 그 이유는, 우리가 일단 정의의 원칙들을 수용하거나, 이 정의원칙들을 적어도 합당한 것으로 (비록 가장 합당한 것은 아니라 할지라도) 인정하고, 그리고 우리의 정치적 및 사회적 제도들이 이 정의원칙에 부응하고 있다는 것을 알게 된다면, 두 번째 종류의 갈등은 더 이상 발생하지 않을 것이며, 설사 발생한다 하더라도 그렇게 격렬하지는 않을 것이다. 나는 이러한 종류의 갈등의 근원들은 정치적 정의원칙들이 상호성의 기준을 충족시키고 있는 합당하게 정의로운 입헌정체에서는 상당히 제거될 수 있을 것으로 생각한다.[37] 『정치적 자유주의』는 이러한 갈등들을 심각하게 다루지 않고, (『정의론』에서 제시된 것처럼) 공정으로서 정의에 의해, 또는 일부 다른 합당한 정의관들에 의해 해결될 것으로 맡겨둔다. 그렇지만, 판단의 부담으로부터 유래하는 갈등들은 항상 남아 있게 되고, 합의의 가능한 범위를 제한한다.

7. 『정의론』과 『정치적 자유주의』 양자 모두 합당하게 정의롭고 질서정연한 민주적 사회가 어떻게 가능할 수 있는지, 그리고 왜 공정으로서의 정의가 정치적 및 사회적 세계에 있는 정치관들 중에서 특별한 위치를 차지해야만 하는지에 대해 언급하려고 하는 점은 같다. 물론, 정의롭고 질서정연한 민주적 사회가 가능하지 않으며, 심지어는 그것은 아주 명백하다는 결론을 수용할 준비가 되어 있는 사람들이 많이 있는 것 같다. 이것을 받아들이는 것이 성숙의 일부인가, 아니면 순진성의 불가피한 상실의 일부인가? 그러나 이 결론이 우리가 그렇게 쉽게 받아들일 수 있는 결론인가? 우리가 그렇게 생각하는 것의 효과는 무엇이며, 그리고 정치세계,

37 나는 또한 그러한 입헌정체는 문화와 민족성(국가의 개념과 구분되는 민족성의 개념)의 차이를 역시 잘 해결할 수 있을 것으로 생각한다. 나는 여기에서 그녀 자신의 저서 *Liberal Nationalism*(Princeton: Princeton University Press 1993), 특히 제3장에서 제시된 타미르(Yael Tamir)의 견해를 따른다.

심지어 전체로서의 이 세상에 대한 우리의 견해에 미치는 결과는 무엇인가?

철학은, 모두 가치가 있고 의미가 있는, 일반성과 추상성의 수많은 다양한 수준에서 정치적 문제들을 탐구할 수 있다. 철학은 전쟁 중 공중에서부터 일반적 폭탄이나 아니면 핵무기이든 민간인을 공격하는 것이 왜 잘못인지에 관한 질문을 제기할 수 있다. 보다 일반적으로, 철학은 헌법적 제도적 장치의 정당한 형태는 물론, 어떠한 종류의 문제들이 입헌정치에 적합하게 해당되는지에 관하여 질문을 제기할 수 있다. 여전히 보다 일반적으로, 철학은 정당하고 질서정연한 입헌민주주의가 가능한지, 그리고 무엇이 그것을 가능하게 만드는 지에 관한 질문을 제기할 수 있다. 나는 보다 일반적인 질문들이 보다 철학적이라고 말하려는 것은 아니며, 그러한 질문들이 보다 중요하다고 말하려고 하는 것은 더욱더 아니다. 이런 모든 질문들과, 그리고 이들 질문들에 대한 답변을 찾을 수 있다면, 그러한 답변들은 상호간에 의미를 지니게 되고 함께 작동하여 철학의 지식의 배가에 일조하게 되는 것이다.

정의로운 민주사회가 가능한지 그리고 정당한 이유에 입각하여 안정적일 수 있는 지의 질문에 우리가 제시하는 답변은 전체로서의 세상에 관한 우리의 배경적 사상과 태도들에 영향을 미치게 된다. 그리고 그러한 답변은 우리가 실제 정치에 임하기 전에 이러한 사상들과 태도에 영향을 미치고, 우리가 어떻게 실제 정치에 참여하여야 하는지를 제한하거나 고무하기도 한다. 일반적인 철학적 문제들에 대한 토론은 일상적 정치의 재료가 될 수는 없지만, 그러한 현실이 이러한 철학적 질문들을 무의미하게 만들 수는 없다. 그 이유는 그러한 질문들에 관해 사고하는 바가 공적 문화와 정치행위의 기반이 되는 태도를 형성할 수 있기 때문이다.[38] 우리가

38 나는 여기에서 왈쩌(Michael Walzer)가 *New York Review of Books*, February 2, 1989, pp. 42f. 에서 바버(Benjamin Barber)의 *The Conquest of Politics*를 검토한 그의 입장에 동의한다.

정의롭고 질서정연한 민주사회가 불가능하다는 입장을 상식적 지식으로 당연히 받아들인다면, 그러한 태도의 질과 논조는 그러한 지식을 반영하게 될 것이다. 바이마르Weimar의 입헌정체의 몰락의 원인은 독일의 전통적 엘리트의 그 누구도 그 헌법을 지지하지 않았거나, 또는 그것이 잘 작동할 수 있도록 자발적으로 협력하지 않았다는 점에 있다. 그들은 더욱이 적정한 자유주의적 의회체제가 가능하다는 것을 믿으려 하지도 않았다. 그 시간은 지나가 버렸다. 그 정치체제는 먼저 1930년부터 1932년 기간에 일련의 권위주의적 내각정부들로 떨어지게 되었다. 그리고 이러한 권위주의적 내각정부들이 대중적 지지를 상실하게 되면서 점점 더 약화되기에 이르게 되자, 힌덴부르그 대통령President Hindenburg은 결국 히틀러에게 의존하도록 설득되기에 이르렀다. 당시 히틀러는 그러한 지지를 획득하고 있었으며, 보수주의자들은 그를 통제할 수 있을 것으로 생각하였다.[39] 다른 사람들은 다른 예들을 선호할 수도 있다.

극도의 폭력과 파괴성의 증대로 얼룩지고, 유태인 대학살의 광적인 죄악으로 절정에 달했던 금세기의 전쟁들은 정치적 관계가 권력과 강제만으로 다스려져야만 하는지의 여부에 대한 질문을 날카롭게 제기한다. 만약 권력을 정당한 사회의 목적에 예속시킬 수 있는 합당하게 정의로운 사회가 가능하지 않고, 또 사람들이, 치유할 수 없을 정도로 냉소적이고 자기중심적이진 않다고 하더라도, 대체적으로 도덕적 감각이 없다고 한다면, 우리는 인간이 도대체 지구상에 사는 것이 의미가 있는지에 대해 칸트에게 물을 수 있을 것이다.[40] 우리는 합당하게 정의로운 정치사회가 가

---

39 슈미트(Carl Schmitt)의 *The Crisis of Parliamentary Democracy*, trans. Ellen Kennedy (Cambridge: MIT Press, 1988)을 참조하라. 특히 제2판 서문(1926)과 2장을 참조하라. 바이마르(Weimar)에 관하여, Detlev Peukert, *The Weimar Republic*, trans. Allen Lane (Boston: Penguin, 1991), 특히 11~14장, 그리고 Klaus Fischer, *Nazi Germany*(New York: Continuum, 1995), 7장과 결론, pp. 258~163에서 이루어지고 있는 유용한 논의들을 참조하라.

40 "만약 정의가 사라진다면, 인간이 이 지구상에 사는 것이 더 이상 의미가 없을 것이다."(*Rechtlehre*, in remark E following § 49, Ak: VI: 332).

능하다는 가정으로 시작해야만 한다. 그리고 그것이 가능하도록 하기 위해서, 인간은 도덕적 본성을 지녀야만 하는 것이다. 물론 그 도덕적 본성은, 완전한 도덕적 본성을 말하는 것은 아니지만, 적어도 합당한 정치적 관점의 정당성과 정의관을 이해할 수 있고, 그에 따라 행동하고, 그에 의해 충분히 영향을 받을 수 있는 그러한 도덕적 본성을 말하는 것이다. 이것은 합당한 정치적 정당성과 정의관의 이상과 원칙에 의해 운영되는 정치사회를 유지할 수 있게 하는 것이다. 『정의론』과 『정치적 자유주의』는 민주정체에 적합한 보다 합당한 정의관들이 무엇이 있을 수 있는지를 대략 그려보고, 가장 합당한 정의관에 해당하는 후보를 제시하려고 한다. 이 두 저서는 또한 그러한 보다 합당한 관점들을 구성해 낼 수 있는(『정치적 자유주의』 Ⅲ) 시민들은 어떻게 개념화되어야 하는지, 그리고 장기간에 걸쳐 합당하게 정의로운 정치사회를 유지시킬 수 있게 하는 시민들의 도덕심리학moral psychology은 무엇이어야만 하는지의 문제를 논한다.[41] 이러한 문제들에 대한 논의 초점은 의심할 여지없이 수많은 독자들에게 이러한 본문들의 추상적이고 탈속적인 것으로 여겨지는 바를 부분적으로 설명할 것이다. 나는 이점에 대해 사과는 하지 않겠다.

존 롤즈

1995년 12월

41 이 도덕심리학에 관하여, 『정의론』 제Ⅲ부, 특히 8장, 그리고 『정치적 자유주의』: Ⅱ: 1~3을 참조하라.

제1부

정치적 자유주의 :
기본 요소들

강의 I

근본 개념들

정치적 자유주의는 다음 강의들의 제목인데 매우 친숙한 것처럼 들린다. 그렇지만 나는 이 정치적 자유주의를, 내가 생각하기에, 독자들이 가정하는 것과는 아주 다른 의미로 사용하고자 한다. 그러려면, 아마도 나는 정치적 자유주의의 정의定義로부터 시작해야 하며, 왜 내가 이를 "정치적political"이라고 부르는지 그 이유를 설명해야 할 것 같다. 그러나 처음부터 정의를 내린다는 것이 그렇게 유용할 것 같지는 않다. 대신, 나는 민주사회에서의 정치적 정의에 관한 첫 번째의 근본적 질문으로 시작하려고 한다. 즉 자유롭고 평등한, 그리고 전 생애를 통하여 사회의 완전한 협동적 성원으로 간주되는 시민 상호간에, 세대에 걸친 사회적 협동의 공정한 조건을 규정하는 가장 적합한 정의관은 무엇인가?

우리는 이 첫 번째의 근본적 질문을 두 번째 즉 일반적으로 이해되는 관용의 문제와 결부시키고자 한다. 민주사회의 정치문화는 항상 상반되며 화해 불가능한 종교적, 철학적 및 도덕적 교리들로 이루어지는 다원성의 특징을 지니게 된다. 이들 교리 중의 일부는 완전히 합당하다고 할 수 있으며, 정치적 자유주의는 합당한 교리들 간의 다원성을 지속되는 자유제도의 배경 하에 인간이성의 능력들이 작용하여 불가피하게 나타나는 장기적인 결과로 이해하고 있다. 그래서 두 번째 질문은 합당한 다원주의를 자유제도의 불가피한 결과로 이해하고 받아들인다면, 무엇이 관용의 근거들인가 하는 것이다. 이 두 질문을 결합하면 다음과 같다: 합당한 종교적, 철학적 및 도덕적 교리들로 심각하게 분열된 자유롭고 평등한 시민들 간에, 정의롭고 안정된 사회를 상당기간 유지시키는 것이 어떻게 가능한가?

가장 다루기 힘든 난제들은 솔직히 말해 최상의 문제들, 말하자면 종교, 이 세상에 관한 철학적 견해, 그리고 상이한 가치관들과 같은 것이라고 정치적 자유주의는 생각하고 있다. 이러한 문제들에 있어 심원하게 분열되어 있다면, 자유롭고 평등한 시민상호간에 정의로운 협동이 가능하다는 것조차 놀라운 일이라는 것을 깨닫게 될 것이다. 사실상, 이것(정의로운 협동)이 매우 드문 일이라는 것을 역사적 경험이 보여주고 있다. 제기된 이 문제가 매우 평상적인 익숙한 문제라면, 정치적 자유주의는 이를 해결하는 방법으로 다소 비非평상적인 해결안을 제시하려고 생각한다. 이 해결안을 설명하기 위해서는 일군의 개념들이 필요하다. 이 강의에서 나는 이들 중에서 좀 더 중심적인 것을 설정하고, 끝(§8)에서 정의를 내리려고 한다.

§1. 두 가지 근본적 질문을 제시하며

1. 첫 번째의 근본적 질문에 초점을 맞추어 보면, 과거 2세기 상당기간에 걸쳐서 나타나는 민주적 사상의 진행은 다음 사실을 더욱 명백하게 해 준다. 즉 만약 입헌적 민주정체의 기본적 제도들이 자유롭고 평등

한 시민 상호간에 적용되는 공정한 협동의 조건들을 만족시켜야 한다면, 이 기본적 제도들이 어떻게 구성되어야 하는지에 대한 기본적 합의가 현재로는 존재하지 않는다는 것이다. 이점은 자유와 평등이라는 두 가치의 주장 모두에 응답하기 위하여 이 두 가치가 시민들의 기본적 권리와 자유에 어떻게 하면 최선으로 표현될 수 있는가에 대한 심원한 사고들의 경쟁적 논쟁에서 찾아볼 수 있다. 우리는 이러한 불일치를 민주적 사상 자체의 전통내의 갈등, 즉 로크Locke와 관련된 전통과 루소Rousseau와 관련된 전통간의 갈등으로 생각할 수 있다. 로크적 전통은 꽁스땅Constant이 명명한 "현대인의 자유the liberties of the moderns" 즉 사상과 양심의 자유, 인간과 재산의 기본권들 및 법치에 더 큰 비중을 부여하고 있다. 이와 대조적으로, 루소적 전통은 꽁스땅이 "고대인의 자유the liberties of the ancients"로 명명하는 정치적 자유의 평등과 공공생활의 가치에 더 큰 비중을 부여하고 있다.[1] 익숙히 알려져 있는 이 정형화된 비교는 생각을 정리하는데 도움을 줄 수 있다.

우리의 첫 번째 질문에 답하기 위한 방법의 일환으로서, 공정으로서의 정의justice as fairness[2]는 이 두 경쟁적 전통 간에 대한 판결을 시도하려 한다. 우선, 어떻게 기본적 제도들이 자유와 평등의 가치를 실현할 수 있는가에 관한 지침으로 기능할 수 있는 정의의 두 원칙을 제안하고; 두 번째로 이 원칙들이 익히 알려져 있는 다른 정의원칙들보다 자유롭고 평등한 시민들로 간주되는 민주시민의 개념에 보다 부합하는 것으로 간주될 수 있는 관점을 구체화하려고 한다. 즉 보여주어야 할 점은 어떠한 기본적인 정치적 및 사회적 제도들의 특정한 구성이, 시민들이 자유롭고 평등한

---

1 폰태나(Biancamaria Fontana)가 번역하고 편집한 Benjamin Constant, *Political Writings* (Cambridge: Cambridge University Press, 1988)의 "Liberty of the Ancients Compared with that of the Moderns,"(1919)를 보라. 고대와 현대세계의 정치철학의 문제에 관한 차이를 소개하는 데 나타나는 해당 토론은 꽁스땅의 구분의 중요성을 보여준다.

2 이 정의관은『정의론』에서 제시되었다.

존재로 간주될 때, 자유와 평등의 가치를 실현하는 데 보다 적합할 것인가 하는 것이다. 정의의 두 원칙(위에서 언급한)은 다음과 같다:[3]

a. 각자는 평등한 기본권과 자유에 입각한 완전한 적정구조에 대한 동등한 주장을 할 수 있는 권리를 가진다. 이 구조는 모든 사람에게 해당되는 동일한 구조와 양립할 수 있어야 한다. 그리고 이 구조에서는 평등한 정치적 자유들, 그리고 다만 그러한 자유들만이 그 공정한 가치를 보장받을 수 있도록 되어야 한다.

b. 사회적 및 경제적 불평등은 다음 두 조건을 만족시켜야만 한다: 첫째, 이들 불평등은 공정한 기회평등의 조건하에서 모든 사람에게 개방된 직위와 직책에 결부되어야 하며; 둘째, 이들 불평등은 사회의 최소수혜자들에게 최대한의 이익을 가져올 수 있어야 한다.

이 각각의 원칙들은 기본권, 자유 및 기회들뿐만 아니라, 평등의 주장들과 관계된 특정의 영역에서 제도들을 규제한다. 그리고 제2원칙의 두 번째 부분은 이러한 제도적 보장의 가치를 강조한다.[4] 제1원칙이 제2원칙에 우선하면서, 이 두 원칙은 공히 위의 가치들을 실현시키는 기본적 제도를 규제하고 있다.

2. 이 원칙들의 의미와 적용을 명료히 하기 위해서는 많은 설명이 더

---

3 이 원칙들의 표현은『정의론』에 나타난 것과는 다르며, "The Basic Liberties and Their Priority," *Tanner Lectures on Human Values*, vol. Ⅲ(Salt Lake City: University of Utah Press, 1982), p. 5에 나타난 표현을 따르고 있다. 이러한 변경의 이유는 이 강의의 pp. 46~55에서 논의되고 있다. 이것들은『정의론』에서 발견되는 기본적 자유의 설명의 수정에 매우 중요하며, *University of Chicago Law Review* 40(Spring 1973): 535~55에서 하트(H.L.A. Hart)의 비평적 글을 통하여 제기된 강력한 이견에 답하기 위한 것이었다. 이 책에서는 강의 Ⅷ, pp. 291, 331~34를 각각 보라.

4 이 보장의 가치는 기본적 가치의 지표에 의해 구체화되고 있다. 이것이 어떻게 이루어지고 있는지는 II: 5에서 언급되고 있으며; V: 3~4에서 보다 상세히 논의되고 있다.

필요할 것이다. 여기 이 강의들에서는 그러한 문제가 우리의 관심사가 아니기 때문에, 나는 다만 몇 마디의 논평만을 언급하려고 한다. 첫째, 나는 이 두 원칙들이 자유주의적인 정치적 정의관의 내용을 구현하는 것으로 간주하고 있다. 이러한 정치관의 내용은 다음의 세 가지 특징을 지닌다: 첫째, (입헌적 민주정체로부터 익숙한 종류의) 특정의 기본권, 자유 및 기회들을 구체적으로 열거하는 것; 두 번째, 특별히 일반적 가치the general good와 완전주의적 가치perfectionist values의 주장들과 관련하여, 이러한 기본권, 자유 및 기회들에 특별한 우선성을 부여하는 것; 그리고 세 번째, 자신의 자유 및 기회들을 효과적으로 활용할 수 있도록 모든 시민들에게 적절한 전목적적 수단all-purpose means을 보장해 주는 조치들이 그 특징이다. 이러한 요소들이 상이하게 이해되어서 상이한 여러 자유주의 입장이 나타날 수도 있다.

나아가서, 이 두 원칙은 세 가지 점에서 평등주의적 형태의 자유주의를 표명하고 있다. 이 세 가지 요소들은 a) 단순히 형식적이 아닌 정치적 자유의 공정한 가치의 보장; b) 공정한 (그리고 또 다시 단순히 형식적이 아닌) 기회의 평등; 그리고 끝으로 c) 소위 말하는 차등원칙the so called difference principle, 즉 직책과 직위에 관계된 사회경제적 불평등은 그 불평등의 수준이 어떠한 것이든, 즉 크든 작든 간에, 사회의 최소수혜자 계층에 최대의 이득을 가져 올 수 있도록 조정되어야만 한다고 하는 원칙으로 이루어지고 있다.[5] 이 모든 요소들이 『정의론』에서와 마찬가지로 이 책

---

5 차등원칙에 대한 의도적 해석과 관련하여 발생하는 일련의 질문들이 있다. 예를 들자면, 사회의 최소수혜자 계층이란 것이 사회에서 발생한 현상을 묘사함으로써 성립될 수 있는 것이지 엄격한 지표(*Naming and Necessity*, Cambridge, Mass.: Harvard University Press, 1972에서 나타난 Saul Kripke 의 용어를 빌린다면)에 의해 지칭될 수 있는 성질의 것이 아니라는 것이다. 나아가서, 차등원칙은 최소수혜자 계층의 기대를 무한정으로 상향 극대화하는 세대에 걸친 지속적인 경제적 성장을 요하는 것은 아니다. (또한) 이 원칙은 (실제)자본축적이 제로인 정의로운 정체적 상태에 있는 밀(Mill)의 사회개념과 양립할 수 있다. 차등원칙이 요하는 것은, 불평등이 얼마나 크든지 간에, 그리고 사람들이 자신의 더 큰 보상을 위해 얼마나 열심히

에 수록되어 있으며, 또한 이들 요소들을 옹호하는 주장의 근거들이 마찬가지로 수록되어 있다. 그래서 나는 여기에서 나타나는 전 강좌를 통하여 예전과 동일한 평등주의적 정의관을 미리 가정하고 있다. 그리고 비록 수시로 수정된 점을 언급하고 있긴 하지만, 어떠한 것도 이러한 평등주의적인 성격에 영향을 미치지 않는다.[6] 그렇지만, 이 책의 논제는 정치적 자유주의와 이를 형성하는 개념들이다. 따라서 논의의 상당 부분은 보다 일반적으로 자유주의적 관점들을 다루고 있다. 그래서 예를 들어 (강의 VI에서의) 공적 이성의 개념the idea of public reason을 논의할 때처럼, 모든 변형된 형태의 자유주의적 관점들을 허용하고 있다.

끝으로, 사람들이 예상할 수도 있겠지만, 원칙들의 중요한 측면들이 주어진 간단한 설명에서 생략되고 있다. 특히, 시민의 기본적 필요가 충족되어야 할 것을 요구하는 축차적 우선 원칙a lexically prior principle이 평등한 기본적 권리와 자유를 다루는 제1원칙에 쉽게 선행할 수도 있다. 물론, 그 조건은 적어도 시민의 기본적 필요citizens' basic needs의 충족이 시민들로 하여금 이러한 기본적 권리와 자유를 이해하고 효과적으로 행사할 수 있게 해주는 데 필요한 경우에 한해서일 것이다. 이러한 원칙적 입장이 제1원칙을 적용하는 데 있어 가정되어야만 한다는 것은 당연하다.[7]

일하든지 간에, 현존하는 불평등이 최소수혜자 계층의 이익개선에 가장 효과적으로 기여할 수 있도록 조정되어야 한다는 것이다. 이러한 간단한 설명들은 그렇게 분명하지는 않다. 이들은 이 강좌의 중심 관심사가 아닌 복잡한 문제들을 단순히 지적하고 있을 따름이다.

6 정치적 자유주의의 개념들을 정리하는 나의 작업이 『정의론』의 평등주의적 관점을 포기하는 것으로 일부의 사람들이 생각하기 때문에 나는 이와 같은 언급을 하고 있다. 나는 어떠한 수정도 이러한 변화를 포함하는 것으로 전혀 생각하지 않으며, 동시에 그러 한 추측이 근거가 없다고 생각한다.

7 이러한 원칙에 대한 설명뿐만 아니라, 중요한 수정을 지닌 두 원칙에 관한 4부분에서의 보다 유익한 상세한 설명에 관하여, 페퍼(Rodney Peffer)의 *Marxism, Morality, and Social Justice*(Princeton: Princeton University Press, 1989), p. 14를 보라. 나는 페퍼의 설명의 대부분에 동의를 한다. 그러나 그의 3(b)에 대해서는 동의를 하지 않는데, 여기에서는 그가 사회주의적 형태의 경제조직(a socialist form of economic organization)을 요구하는 것 같이 여겨진다. 여기에서의 곤란한 점은 사회주의 그 자체가 문제가 아니다. 다만, 나는 정치적 정의의 제

그러나 나는 이러한 문제와 다른 여타의 문제들을 여기에서 더 이상 깊게 다루지 않겠다.

3. 나는 대신 첫 번째의 문제로 돌아가서 다시 질문하고자 한다: 정치철학이 민주적 자유와 평등을 안전하게 보장할 수 있는 가장 적합한 일군의 제도를 고안하는 것과 같은 근본적 문제를 해결하기 위한 공유된 기반을 어떻게 찾을 수 있겠는가? 아마도 할 수 있는 최선의 방안은 불일치의 범위the range of disagreement를 축소하는 것일 것이라고 생각한다. 그렇지만 확고한 신념들조차도 점차적으로 변한다: 종교적 관용이 이미 수용 되었으며, 그리고 박해를 찬성하는 주장들도 이제 더 이상 공공연히 표명되고 있지 않는 실정이다. 유사하게, 우리의 남북전쟁을 야기 시켰던 노예제도도 본질적으로 부정의한 것으로 거절되기에 이르렀다. 그리고 노예제도의 여파가 사회정책과 공언되지 않은 우리의 태도 속에 얼마나 남아 있든지 간에, 아무도 노예제도를 옹호하려고 하지 않는다. 우리는 종교적 관용 및 노예제도의 거부와 같은 정착된 신념들을 수집해서, 이러한 신념에 내재해 있는 근본적 생각과 원리들을 구성하여 일관된 정치적 정의관을 수립하고자 한다. 이러한 신념들은 잠정적으로 고정된 관점들이라고 할 수 있다. 이것들에 대하여 어떤 합당한 관점을 통해 설명이 이루어져야 할 것으로 여겨진다. 그러면 우선, 우리는 공적 문화 그 자체를 묵시적으로 인정된 근본적 생각과 원리들로 이루어진 공유된 자산으로 간주하는 것으로부터 시작하고자 한다. 우리는 이러한 생각들과 원리들을 우리의 가장 확고한 신념들에 부합하는 정치적 정의관으로 선명하게 결합

1원칙들에 사회주의가 필요하다는 것을 포함시키려 하지 않을 뿐이다. 나는 이러한 정의원칙들이(『정의론』에서 했던 것처럼), 당면한 사회의 전통과 상황에 따라서 사람들이 특정 형태의 사회주의가 정당화될 수 있는 지의 문제에 관하여 판단할 수 있다는 입장에서, 근본적 가치들을 설정하고 있는 것으로 간주한다.

할 수 있도록 구성하고자 한다. 우리는 이것을 다음과 같이 표현하고자 한다. 어떤 정치적 정의관이 수긍될 수 있기 위해서는, 내가 다른 곳에서 "반성적 평형상태reflective equilibrium"[8]라고 명명하였던 적절한 숙고를 통하여, 모든 수준의 일반성에서 우리의 숙고된 신념들과 부합해야만 하는 것이다.

공적 정치문화는 아주 깊은 수준에서 들여다보면 두 가지의 마음 상태로 이루어져 있을지 모른다. 사실상, 이 공적 정치문화는 자유와 평등에 대한 가장 적절한 이해와 관계되는 그러한 지속적인 논쟁을 보면 그렇게 되어 있음에 틀림없다. 이것은 다음과 같은 점을 시사하고 있다. 우리가 만약 공적 합의를 이끌어 낼 수 있는 기저를 발견해내는 데 성공하려면, 일상적으로 익숙히 알려진 생각들과 원리들을 정치적 정의관으로 구성해내는 방법을 발견해야만 할 것이다. 이 정치적 정의관은 이전과는 다소 다른 방식으로 그러한 생각들과 원리들을 표현해 주게 될 것이다. 공정으로서의 정의는 모든 생각들과 원리들이 조직적으로 결합되고 연결될 수 있는 근본적인 구성적 개념a fundamental organizing idea을 사용함으로써 이것을 시도하고 있다. 이 구성적 개념은 사회의 개념을 전 생애를 통하여 사회의 충분한 협동적 구성원으로서 간주되는 자유롭고 평등한 개인들 간의 공정한 사회적 협동의 체계로 간주하고 있다. 이것이 첫 번째의 근본적 질문에 대한 답변의 근거를 제공해 주며, 이 논의는 아래의 §3에서 다루어지고 있다.

---

8 『정의론』의 pp. 20f., 48~51, 그리고 120f.를 보라. 반성적 평형상태의 특징의 하나는 이것이 모든 수준의 일반성에서 우리의 숙고된 신념을 포함하는 것이다. 개별 수준은 어떠한 것도, 예를 들자면, 추상적 원리의 수준이라든가 아니면 특수한 경우에 있어서 특수한 판단의 수준이라든가 하는 것은 어떠한 것도 근본적인 것으로 간주되지 않는다. 이들은 모두 시초적인 타당성이 있을지 모른다. 또한 협의와 광의의 반성적 평형상태의 중요한 구분이 있다. 이것은 pp. 49~50(이 용어들이 사용되지 않고 있긴 하지만)에서 반성적 평형상태의 제1유형과 제2유형의 구분에서 시사되고 있다. 협의와 광의의 용어들은 "Independence of Moral Theory," *Proceedings of the American Philosophical Association* 49(1974)의 §1에서 처음 사용되었다.

4. 이제 공정으로서의 정의가 그 목적을 달성하고 공적으로 수용될 수 있는 정치관이 발견되었다고 가정해 보자. 그러면 이 정치관은 공적으로 인정된 관점을 제공하게 된다. 이것에 근거하여 모든 시민들은 자신들의 정치적 및 사회적 제도가 정당한지를 상호간에 검토할 수 있을 것이다. 이 정치관은 시민들로 하여금 그 관점 자체에 의하여 정선된 타당하고 충분한 이유들로서 이들 간에 공적으로 인정된 바에 입각하여 이러한 검토를 할 수 있도록 해 줄 것이다. 사회의 주요 제도들은 물론, 이들 제도들이 유기적으로 결합되어 하나의 사회협동의 체계로 어떻게 구성되는지에 대해서는, 시민들의 사회적 직위나 보다 특수한 개별적 이익들을 불문하고, 개개 시민에 의해 동일한 방식으로 평가될 수 있을 것이다.

그런데, 공정으로서의 정의의 목적은 실천적이다: 공정으로서의 정의는 그 자체를 이성적으로 인정되고, 사려의 근거가 있는 자발적인 정치적 합의의 기반으로서 시민들이 공유할 수 있는 정의관으로 제시하고 있다. 이것은 시민들이 공유하는 공적인 정치적 이성을 나타낸다. 그러나 그러한 공유된 이성에 도달하기 위해서 정의관은 가능한 한 시민들이 가지고 있는 서로 상충되고 갈등적인 입장의 철학적 및 종교적 교리들과는 독립적이어야만 할 것이다. 그러한 관점을 형성하는 데 있어, 정치적 자유주의는 관용의 원칙을 철학 자체에 적용시키고 있다. 이전의 수세기 동안 공언된 사회의 기반이었던 종교적 교리들은 점차적으로 모든 시민들이 종교적 견해와 상관없이 지지할 수 있는 입헌적 정부의 원칙들에 양도를 하게 되었다. 포괄적인 종교적 및 도덕적 교리들도 마찬가지로 시민들에 의해 일반적으로 지지될 수는 없게 되었다. 그리고 또한 이러한 포괄적인 교리들이, 설사 이전에는 그럴 수 있었다 할지라도, 공언된 사회의 기반으로서 더 이상 기능할 수 없을 것이다.

그래서 정치적 자유주의는 정치적 정의관을 모색하고 있다. 바라건대, 정치적 정의관은 이것에 의해 규제되는 사회에서 합당한 종교적, 철학적 및 도덕적 교리들 간의 중첩적 합의를 이끌어낼 수 있을 것으로 생각한다.[9] 이 합당한 교리들의 지지를 획득하는 것은 우리의 두 번째의 질문 즉 종교적, 철학적 및 도덕적 교리들로 심원하게 분열된 시민들 간에 어떻게 정의롭고 안정된 민주사회를 유지할 수 있는가의 문제에 대한 답변의 근거를 제공해 주게 될 것이다. 이 목적을 위해 근본적인 정치적 쟁점을 토론함에 있어 우리들이 습관적으로 사용하는 포괄적인 철학적 및 도덕적 견해들은 공공생활에 있어서는 양보되어야만 하는 것이 정상적으로 본다면 바람직하다고 할 수 있다. 공적 이성public reason—헌법적 본질과 기본적 정의의 문제들에 관한 공공토론에서 시민의 이성적 사고—은 이제 모든 시민들이 지지할 수 있는 원칙과 가치들로 이루어진 정치관에 의해서 최선으로 지도될 수 있게 된다(Ⅵ). 바로 이러한 정치관이란 말하자면 정치적인 것이지 형이상학적인 것은 아니다.[10]

그런데 정치적 자유주의는 독립적인 자유로운 입장의 견해로서 하나의 정치적 정의관의 구성을 목표로 한다. 정치적 자유주의는 해당 정치관 그 자체가 의미하는 바를 넘어서는, 어떠한 특정 형태의 형이상학적 또는 인식론적 교리들을 제공하지 않는다. 정치적 가치들에 대한 설명으로서, 독립적인 자유로운 입장의 정치관은, 말하자면, 개인, 가족 또는 협회에 적용되는 다른 가치들이 있다는 것을 부인하지도 않는다. 동시에 정치적 가치가 다른 가치들로부터 분리된다거나 또는 절연되어 있다고도 말하지 않는다. 내가 이미 말했듯이, 하나의 목표가 있는데, 이것은 정치적 영역을 규정하고, 정치적 정의관에 의해 구성되는 제도가 중첩적 합의를 획득할 수 있는 그러한 정의관을 구체화하는 것이다. 이 경우에, 시민 당사자들은 사상과 양심의 자유의 행사 한도 내에서, 자신들이 가지고 있는

---

9 중첩적 합의의 개념은 §2.3에서 정의되고 있으며, § 6.3~4에서 보다 더 논의되고 있다.
10 여기에서의 본문의 내용은 "political not metaphysical"의 구절을 정의하는 기능을 한다.

포괄적 교리들에 유의하여, 해당 정치관을 자신들의 여타의 가치들로부터 도출 되었거나, 또는 일치하거나, 아니면 적어도 상충하지 않는 것으로 간주하게 된다.

§2. 정치적 정의관의 개념

1. 지금까지 나는 정치적 정의관의 개념을 그 의미를 설명하지 않고 사용해왔다. 지금까지 내가 말한 바를 통하여, 아마도 이것이 의미하는 바와 왜 정치적 자유주의가 그러한 생각들을 채택하는지를 헤아려 본 사람도 있을 것이다. 그렇지만 보다 명시적인 설명이 필요하다: 정치적 정의관은 세 가지 주요 특징을 가지는데, 그 각각은 공정으로서의 정의에 의해 구체화되었다. 이 견해에 대해 약간은 알고 있으리라 생각하지만 충분히 알고 있지 못하리라고 가정한다.

우선 첫 번째는 정치관의 주제와 관계된다. 물론 그러한 정치관이 기본적으로 하나의 도덕관이긴 하지만,[11] 이것은 특정의 주제 즉 정치적, 사회적 및 경제적 제도들에 적용하기 위해 고안되는 도덕관이다. 특히 이것은 내가 사회의 "기본구조basic structure"라고 부르는 것에 적용된다. 사회의 기본구조는 우리의 현재의 목적에서 본다면 현대의 입헌민주정체로 간주된다(나는 "입헌민주정체constitutional democracy"와 "민주적 정체democratic regime", 그리고 이와 유사한 표현들을 특별히 언급하지 않는 한 상호 교환 가능한 의미로 사용한다). 나는 기본구조를 사회의 주요 정치적, 사회적 및 경제적 제도들은 물론 이들이 서로 연결되어 세대 간에 걸친 하나의 통일된 사회적 협동의 체계로 구성되어 있는 양태로 의미한

---

11 어떤 관점이 도덕적이라고 함에 있어, 나는 다른 것들 중에서 특히 그 내용이 특정의 이상, 원칙 및 기준들에 의해 주어지는 것을 의미하며, 그리고 이 규범들이 특정의 가치, 이 경우에는 정치적 가치를 표명해주고 있다는 것을 뜻한다.

다.[12] 그렇기 때문에, 정치적 정의관의 최초의 초점은 이러한 기본구조의 틀이며, 나아가서 이것에 적용되는 원칙, 기준 및 법칙들뿐만 아니라, 동시에 이러한 규범들이 이러한 이상을 실현하는 당사자인 사회의 성원들의 성격과 태도에 어떻게 반영되어야 하는가에 맞추어져 있다.

더욱이, 나는 기본구조란 폐쇄적 사회의 것으로 가정하고 있다: 즉, 우리는 기본구조를 자체 독립적self-contained이고 다른 사회와의 관련이 없는 것으로 간주한다. 그 성원들은 출생에by birth 의해서만 가입하게 되고, 죽음에by death 의해서만 탈퇴하게 된다. 이러한 사실은 우리들로 하여금 이 성원들이 출생에 의해서 자신들의 생애를 살아갈 사회에 진입하는 것이라고 말할 수 있게 한다. 사회가 폐쇄적이라고 하는 것은 상당한 추상화라고 할 수 있다. 이러한 추상화는 초점을 빗나가게 하는 자질구레한 것들로부터 자유롭게 우리들로 하여금 몇 가지 주요 문제들에 초점을 맞출 수 있게 해준다는 이유로서만 정당화될 수 있다. 어떤 점에서는 정치적 정의관은 (상이한 체제의) 정치사회 인민들 간의 정의로운 관계, 말하자면 만민법the law of peoples에 대해서도 언급해야만 할 것이다. 이 책의 강의들에서는 만민법이 어떻게 구성될 수 있는지에 대해서는 논의하지 않고 있으며, 폐쇄적 사회에 우선적으로 적용되는 공정으로서의 정의관으로부터 출발하고 있다.[13]

2. 두 번째 특징은 표현의 양식과 관계 된다: 정치적 정의관은 독립적인 자유로운 입장의 견해로 제시되고 있다. 우리는 정치적 정의관이 하나 또는 그 이상의 포괄적 교리들에 준거하여 정당화할 것을 원하지만,

---

12 『정의론』의 §2와 색인, 그리고 이 책의 pp. 257~88에 있는 "The Basic Structure as Subject"를 보라.

13 나의 "Law of Peoples"(an Oxford Amnesty Lecture)를 보라. 이 논문은 다른 Amnesty Lectures와 함께 1993년에 Basic Books 출판사에서 출판되었다.

그 정치관이 사회의 기본구조에 적용되는 그러한 교리로서 제시되는 것도 아니며, 또한 그 교리로부터 도출되는 것도 아니다. 만약 그렇다면 사회의 기본구조는 그 포괄적 교리가 적용되는 단순한 또 하나의 주제에 불과하게 된다. 이 점을 강조하는 것은 매우 중요하다: 이것은 정치관이 어떻게 제시되느냐 하는 것과 이 정치관이 포괄적 교리의 일부분이거나, 또는 포괄적 교리 내에서 도출될 수 있는 것으로 간주하는 것과 구별해야만 하는 것을 의미한다. 나는 모든 시민들이 포괄적 교리를 가지고 있으며, 시민들이 수용하는 정치관은 이 포괄적 교리와 어떠한 방법으로든지 연결되어 있다는 점을 가정하고 있다. 그러나 정치관의 고유한 특징은 이것이 독립적인 자유로운 입장의 견해로서, 보다 광범위한 배경과 분리되거나 이에 아무 근거를 두지 않고 설명되고 있다는 점이다. 현대 용어로 표현한다면, 정치관은 일종의 중심적 구성단위module 즉 본질적인 구성부분이다. 이 본질적 구성부분은 특정 정치관에 의해 규제되고 있는 사회에서 지속적으로 존재하는 다양하고 합당한 포괄적 교리들에게 적합하고 맞추어지고 또 이들의 지지를 받을 수 있을 것이다. 이는 정치관이 예속되거나 지지를 받을 수 있는 그러한 교리들이 무엇인지에 대하여 언급하지도 않거나, 알지도 않거나, 또한 위험한 추측을 하지 않고서도 제시될 수 있음을 의미한다.

이 점에서 정치적 정의관은 많은 도덕적 교리들과 구별된다. 왜냐하면 도덕적 교리들은 일반적이고 포괄적인 견해들로 널리 간주되고 있기 때문이다. 공리주의가 아주 익히 알려진 예라고 할 수 있다: 공리의 원칙the principle of utility은, 어떻게 이해되든 간에, 개인행위와 인간관계로부터 사회전체의 조직뿐만 아니라 만민법the law of peoples에 이르는 모든 종류의 주제에 해당되는 것으로 통상 이야기되고 있다.[14] 대조적으로, 정치관

14 "Basic Structure as Subject," p. 260f.를 보라.

은 기본적 구조에만 작용되는 합당한 관점을 정교화 하려고 할 뿐이며, 가능한 한 어떠한 교리들에 대한 보다 광범위한 공약을 하지 않으려 한다.

이러한 대조는 정치적 정의관과 여타의 도덕관과의 차이를 범위의 문제로 간주한다면 보다 명백해지게 될 것이다: 즉 하나의 관점이 적용되는 주제의 범위와 보다 광범위한 영역이 요구하는 내용간의 문제이다. 어떤 도덕관이, 그것이 광범위한 주제에 적용되고 그리고 모든 주제에 보편적으로 적용되는 것이 그 한계라면, 일반적general이라고 할 수 있다. 어떤 도덕관이, 인간생활에 있어 무엇이 가치 있는지, 그리고 개인적 인격의 이상들, 또한 우정과 가족 및 협회의 관계들에 대한 이상들, 그밖에도 우리의 행동을 지도할 수 있는 것을 포함하고, 그 한계가 우리의 인생 전반에 걸칠 때, 우리는 이것을 포괄적comprehensive이라고 할 수 있다. 어떤 관점이, 어느 정도 분명하게 표현된 하나의 체계 내에서 모든 인정된 가치와 덕목들을 다룰 때, 완전히 포괄적fully comprehensive이라고 할 수 있다. 반면에, 어떤 관점이, 다수의 그러나 결코 모든 것이 아닌 비정치적 가치들과 덕목들을 포함하고 비교적 막연하게 표현되었을 때, 이를 다만 부분적으로 포괄적partially comprehensive이라고 할 수 있다. 많은 종교적 및 철학적 교리들은 일반적이고 동시에 포괄적이기를 지향하고 있다.

3. 정치적 정의관의 세 번째 특징은 그 내용이 민주사회의 공적 정치문화에 내재하고 있는 것으로 여겨지는 몇 가지 근본적 개념들에 입각하여 표현된다는 점이다. 이 공적 문화는 입헌정체의 정치제도는 물론(사법제도의 해석들을 포함하는) 이들에 대한 해석의 공적 전통뿐만 아니라 공통의 지식이라고 할 수 있는 역사적 서적과 문서들을 포함한다. 모든 종류의 포괄적 교리들—종교적, 철학적 및 도덕적—은 우리가 시민사회의 "배경적 문화background culture"라 부를 수 있는 것에 속한다. 이것은

사회적인 것의 문화이지, 정치적인 것의 문화는 아니다. 이것은 일상생활의 문화이며, 또한 일상생활과 관련된 많은 협회many associations의 문화이다: 예를 들어 몇 가지만 언급한다면, 교회와 대학들, 학술 및 과학적 탐구의 협회들, 클럽과 팀 등을 들 수 있다. 민주적 사회에는 민주적 사상의 전통이 있다. 이 민주적 사상의 내용은 일반적으로 교육을 받은 시민의 상식에 비추어 적어도 익숙하거나 알 수가 있는 것이다. 사회의 주요 제도들, 그리고 이들이 용인하는 해석의 형태들은 암묵적으로 공유하는 생각들과 원칙들의 축적으로 간주된다.

그래서 공정으로서의 정의는 특정 형태의 정치적 전통 내에서부터 출발하여, 세대와 세대를 걸치는 기간 동안의 공정한 협동의 체계로서의 사회를 그 근본적 개념[15]으로 받아들이고 있다(§3). 이 중심적인 구성적 개념은 두 개의 동반적인 근본개념들과 함께 개발되었다: 하나는 자유롭고 평등한 개인들로서의 시민의 개념(협동에 관계된 사람들)이며(§§3.3과 5); 다른 하나는 정치적 정의관에 의해 효과적으로 규제되고 있는 사회로서 질서정연한 사회의 개념이다(§6).[16] 우리는 또한 이러한 개념들이 중첩

---

15 나는 "ideas"를 보다 일반적인 용어로 사용하는데, 개념들(concepts)과 관점들(conceptions) 모두를 포함하는 개념으로 사용한다는 것을 언급하고 싶다. 이 두 개념은 『정의론』, pp. 5f.에서와 마찬가지로 구별된다. 대강 말한다면, 개념이란 용어(a term)의 의미라고 할 수 있는 반면, 특정의 관점은 이 외에도 이 개념을 적용하는데 필요한 원칙들을 포함한다. 예를 들어 보면 다음과 같다: 정의의 개념은, 제도에 적용하여 보면, 말하자면, 제도는 기본 권리와 의무를 할당하는 데 있어 사람들 사이에 아무런 자의적인 구분을 하지 않으며, 그리고 그 제도의 규칙들은 경쟁적인 주장들 간에 적절한 균형을 유지한다는 것을 의미한다. 반면에, 이것 이외에도, 관점은 어떤 구분이 자의적인지, 그리고 경쟁적인 주장간의 균형이 언제 적당한지를 결정하는 원칙과 기준들을 포함한다. 사람들은 정의의 개념의 의미에는 동의할 수 있지만, 그러나 이들이 관련된 문제들을 결정하기 위한 원칙들과 기준들에 대한 상이한 입장 때문에 여전히 다툴 수가 있다. 정의의 개념을 정의관으로 발전시키는 것은 이러한 필요한 원칙과 기준을 정교하게 만드는 것이다. 그래서, 또 다른 예를 들어 보면, §4.3에서 나는 법과 정치철학에서의 인간의 개념(the concept of the person)을 논의하고 있는 반면, §5에서는 민주적 시민으로서의 인간관(a conception of the person)의 필요 요소들을 더 제시하고 있다. 개념과 관점의 이러한 구분을 나는 하트(H. L. A. Hart)의 *The Concept of Law*(Oxford: Clarendon Press, 1961), pp. 155~59로부터 채택하였다.

16 두 개의 또 다른 근본적 개념들은 §2.1에서 논의되고 있는 기본구조(the basic structure)와 §4

적 합의an overlapping consensus의 지지를 이 끌어낼 수 있는 정치적 정의관으로 형성될 수 있다고 가정하고 있다(Ⅳ). 이러한 합의는 모든 합당하지만 상반되는 종교적, 철학적 및 도덕적 교리들로 이루어지고 있다. 이러한 교리들은 수 세대에 걸쳐 지속될 가능성이 있고, 어느 정도로 정의로운 입헌정체에서 상당한 추종자들을 획득할 가능성이 있다. 이 정의로운 입헌정체에서는 정의의 기준이 바로 정치관 그 자체인 것이다.[17] 공정으로서의 정의관(또는 일부 유사한 입장)이 여기에서 설명되고 있는 중첩적 합의의 지지를 획득할 수 있을 지 여부는 심사숙고를 요하는 문제이다. 다만, 이것을 만들어 내고 지지를 이끌어 낼 수 있도록 제시함으로써만 지적 근거가 있는 추론에 도달할 수 있을 것이다.

§3. 공정한 협동의 체계로서의 사회의 개념

1. 지금까지 지적해온 바와 같이, 자체 내에 다른 기본적 개념들이 체계적으로 연결되어져 있는 공정으로서 정의의 근본적인 구성개념은 세대와 세대에 걸친 공정한 협동의 체계로서의 사회의 개념이다. 우리는 이러한 개념에 대한 설명으로 시작하려 한다. 이 개념은 민주적 사회의 공적 문화 속에 내재해 있을 것으로 생각한다. 자신들의 정치사상은 물론 정치적 문제들에 대한 토론에서, 시민들은 적절한 사회적 질서를 고정된 자연적 질서로 보거나 혹은 종교적이거나 귀족적 가치에 의해 정당화된 제도적 위계질서로 간주하지 않는다.

에서 논의되고 있는 원초적 입장(the original position)의 개념이다. 이 두 개념은 교육받은 자의 상식에서도 친숙치 않은 개념들이지만 그러나 공정으로서의 정의(justice as fairness)를 일관성 있고 명료하게 제시할 목적으로 도입되었다.

17 중첩적 합의의 개념 또는 이의 아마도 보다 나은 용어는『정의론』, pp. 387f.에서 소개되었다. 거기에서는 어느 정도 정의로운 민주적 사회에서의 시민 불복종(civil disobedience)의 합당성에 관한 조건들을 완화시키기 위한 방법으로 제시되었다. 본 강의들의 이 부분과 뒷 부분에서 나는 중첩적 합의의 개념을 상이한 의미와 보다 광범위한 맥락으로 사용할 것이다.

여기에서 다음의 점을 강조하는 것은 중요하다. 즉 다른 관점들, 예를 들면, 개인적 도덕성의 관점, 또는 한 단체의 구성원의 관점, 또는 종교적 철학적 교리들의 관점에서 사물을 보게 되면, 세상의 다양한 측면은 물론 자신과 세상간의 관련성이 상이하게 이해될 수 있을 것이다. 이러한 다른 관점들은, 일반적으로, 헌법적 본질과 정의의 기본적 문제들에 관한 정치적 토론에 도입될 수 있는 문제는 아니다.

2. 우리는 다음의 세 가지 요소를 주목함으로써 사회적 협동의 개념을 더욱 명확하게 할 수 있다.

a. 협동은 단지 사회적으로 조정된 행동, 예를 들자면, 어떤 중앙집권적 권위가 발한 명령들에 의해 조정된 행동과는 다르다. 협동은 협동하는 사람들이 자신들의 행동을 적절하게 규제하는 것으로서 받아들이고 간주하는 공인된 규칙과 절차에 의해서 이루어진다.

b. 협동은 협동의 공정한 조건(fair terms of cooperation)의 개념을 포함한다: 이것은, 다른 모든 사람들이 똑같이 받아들인다는 것을 전제로, 각 참가자들이 합당하게 받아들일 수 있는 조건을 의미한다. 공정한 협동의 관계는 상호성(reciprocity)의 개념을 구체화한다: 협동에 참가하고 동시에 규칙과 절차가 요하는 바에 따라 자신의 역할을 수행하는 모든 사람은 적합한 비교기준(a suitable benchmark of comparison)에 따라서 적절한 방식으로 이익을 얻어야 하는 것이다. 정치적 정의관은 공정한 협동의 조건을 규정한다. 정의의 우선적인 주제가 사회의 기본구조이기 때문에, 이러한 공정한 조건은 다음과 같은 것을 규정하는 원칙들에 의해 표현된다. 즉 이 원칙들은 정치적 정의관의 주요 제도 내에서 기본적 권리와 의무를 규정하고 또한 장기간에 걸쳐 배경적 정의의 제도적 장치들(the arrangements of background justice)을 규제함으로써, 모든 사람의 노력에 의해 생산된

이익들이 공정히 분배되고 한 세대로부터 다음 세대까지 공유될 수 있게끔 한다.

c. 사회적 협동의 개념은 각 참여자의 합리적 이익 또는 선(good 또는 가치)의 개념을 요한다. 이러한 선의 개념은, 협동에 종사하는 사람들이 개인이든 가족이든, 혹은 단체 또는 만민의 정부이든 간에, 해당 협동의 체계를 자신들의 관점에서 바라 보았을 때, 달성하려고 하는 바를 구체화 시켜준다.

위의 b에서 소개된 상호성의 개념the idea of reciprocity에 대한 몇 가지 점들은 논평이 요구된다. 하나는 상호성의 개념이 공평성의 개념the idea of impartiality과 상호이익the idea of mutual advantage 사이에 위치해 있다는 것이다. 공평성의 개념은 (일반선the general good에 의해 움직여지는) 이타적인 성격을 띤다. 한편 상호이익의 개념은 각 개인의 현재 또는 기대되는 미래 상황과 관련하여 모든 사람의 입장이 유리해지는 것으로 이해된다.[18] 공정으로서의 정의에서 이해되는 것처럼, 상호성이라는 것은 정의의 원칙에 의하여 표현된 시민간의 관계이다. 이 정의의 원칙은 사회세계a social world와 관련하여 규정된 적절한 평등의 기준에 입각하여 판단해 볼 때 모든 사람이 이득을 볼 수 있도록 사회세계를 규제하는 역할을 한다. 이것은 상호성이 공적인 정치적 정의관에 의해서 표현된 질서정연한 사회(§6)의 시민들 사이의 관계라는 확장된 의미를 이끌어낸다. 따라서 기준점으로서 평등한 분배에 묵시적 근거를 두고 있는 차등원칙을 포함하는 정의의 두 원칙(§1.1)은 시민들 사이의 상호성의 개념을 정식화하고 있는 셈이다.

---

18 이 생각은 배리(Brian Barry)의 *Theories of Justice*(Berkely: University of California Press, 1989)에 대한 자신의 논평에서 기벗(Allan Gibbard)에 의해 표현된 것이다. 배리는 공정으로서의 정의가 공정성과 상호이익 사이(between impartiality and mutual advantage)를 불안하게 헤매고 있는 것으로 생각하고 있으나, 기벗은 공정으로서의 정의가 상호성 위에(between on reciprocity) 앉아 서성거린다고 생각했다. 나는 이것에 대하여 기벗이 옳다고 생각한다. 그의 "Constructing Justice," *Philosophy and Public Affairs* 20(Summer 1991): 266f.를 보라.

마지막으로, 상호성의 개념이 상호이익의 개념이 아니라는 점은 다음의 관찰로부터 분명해진다. 우리는 상당부분 부와 운의 결과로서 소유가 매우 불평등하게 되는 사회로부터 정의의 두 원칙에 의해 규제되는 질서정연한 사회로 사람들을 옮겨 놓는다고 가정해 보자. 만약 이들이 이전의 자신의 위치에서 문제를 판단한다면, 이 변화에 의해 모든 사람이 이득을 얻게 될 것이라는 보장은 없다. 많은 부를 소유한 사람은 몹시 손해를 보게 될 것이며, 역사적으로 그들은 그러한 변화에 대하여 저항해왔다. 이런 식으로 해석된 상호이익의 시험을 통과할 수 있는 합당한 정의관은 없다. 그러나 이것이 핵심은 아니다. 목적은 질서정연한 사회에서 자유롭고 평등한 시민들 간의 상호성의 개념을 구체화하는 것이다. 그러한 사회에서 소위 공약의 부담the so-called strains of commitment은 (한편) 그 사회의 정의의 요구조건과 (다른 한편) 이의 정당한 제도가 허용하는 시민들의 합법적 이익 간에 발생하는 긴장이라고 할 수 있다. 이러한 부담에서 중요한 것은 (한편) 정치적 정의관과 (다른 한편) 허용할 수 있는 포괄적인 교리들 사이의 긴장이다. 이러한 부담들은 이전에 부정의에 의하여 취득한 이익the benefits of previous injustice을 보호하기 위한 욕망으로부터 발생하지는 않는다. 이러한 부담은 이행의 과정the process of transition에 속하는 것이며, 이것과 관련된 문제들은 비이상적 이론nonideal theory에 의해 대답되어지는 문제이며, 질서정연한 사회를 위한 정의원칙에 의하여 답해지는 것은 아니다.[19]

3. 이제 인간the person의 근본적 개념을 고려해 보자.[20] 물론 우리의

---

19 부캐넌(Allan Buchanan)은 이러한 점들에 대하여 그의 저서, *Marx and Justice*(Totowa, N.J.: Rowman and Littlefield, 1982), pp. 145~49 에서 소개적인 논의를 하고 있다.

20 내가 여기에서 이해하고 있는 인간관(a conception of the person)은 하나의 규범적 관점(a normative conception)이라는 것을 강조하고 싶다. 이것은 이 인간관이 법적, 정치적, 도덕적 또는 실제로 철학적이거나 종교적이라고 할지라도, 그 인간관이 예속되어 있는 전체적인 견해에 의

관점에 따라 특별히 중요한 것으로 추출해 낼 수 있는 인간본성의 수많은 측면들이 있다. 이것은 "정치적 인간homo politicus"과 "경제적 인간homo oeconomicus", "유희적 인간homo ludens"과 "도구적 인간homo faber"이라는 표현들을 보면 알 수 있는 문제이다. 공정으로서의 정의에 대한 우리의 설명은 사회라는 것이 세대 간을 넘어서는 장기간에 걸친 공정한 협동체계로 간주되어야 한다는 발상에서 시작하기 때문에, 우리는 이러한 발상과 조화될 수 있는 인간관을 채택한다. 고대세계에서부터 출발하여 본다면, 인간의 개념은 철학과 법 모두에서 사회생활에 참여할 수 있거나 또는 역할을 할 수 있고, 또 그래서 다양한 사회적 권리와 의무를 행사하고 존중하는 그러한 어떤 존재의 개념으로 이해되어져 왔다. 그래서 우리는 인간은 일생을 통하여 정상적이고 충분히 협동적인 사회의 구성원 즉 시민이 될 수 있는 어떤 존재라고 말하는 것이다. 우리는 "일생을 통하여 over a complete life"라는 구절을 덧붙였다. 그 이유는 사회는 단순히 폐쇄적일 뿐만 아니라(§2.1) 어느 정도 완결적이고 자족적인 협동의 체계로 간주될 수 있기 때문이다. 이러한 사회는 그 자체 내에 출생에서부터 죽음에 이르기까지의 인생의 모든 필요를 제공하고 모든 활동을 할 수 있는 공간을 제공해 주는 성격을 지닌다. 사회는 또한 영속적으로 존재하는 것으로 간주 된다: 사회라는 것은 자신, 그 제도와 문화를 세대에 걸쳐 생산해내고 또한 재생산해낸다. 사회라는 것이 자신의 이러한 일들을 최종적으로 마무리 지을 것이라고 기대할 수 있는 시점은 없다.

존한다는 것을 의미한다. 지금의 이 경우의 인간관은 하나의 도덕적 관점(a moral conception)이라고 할 수 있다. 이 인간관은 사상, 사려 및 책임감의 기본적 단위로서 일상적인 인간관(everyday conception of person)으로부터 출발하고 있다. 이것은 정치적 정의관에 맞추어 조정된 것이지 포괄적 교리에 부합하여 조정된 것은 아니다. 이것은 사실상 정치적 인간관이며, 공정으로서의 정의의 목적을 전제로 하여 민주적 시민성의 기반에 적합한 관점인 것이다. 규범적 관점으로서의 이 정치적 인간관은 자연과학 및 사회적 이론에 의해 제시되는 인간 본성에 관한 설명과는 구별되어야 한다. 이 인간관은 공정으로서의 정의에서 다른 역할을 하고 있다. 이 마지막 부분에 관한 논의로는 Ⅱ: 8을 보라.

우리가 민주적 사상의 전통 내에서 시작하고 있기 때문에, 우리는 역시 시민을 자유롭고 평등한 인격체로서 생각한다. 이 기본적 생각은 이들의 두 가지 도덕적 능력(정의감과 선관의 능력)과 이성(두 가지 도덕적 능력들과 연관된 판단, 사고 및 추론)의 능력들에 비추어 볼 때, 이 인격체들은 자유롭다는 것이다. 사회의 충분한 협동적 성원이 되는 데 요구되는 이러한 최소한 정도의 능력을 지닌다는 것이 이러한 인격체들을 평등하게 만드는 것이다.[21]

상세히 논하여 보자: 개인들은 공정한 사회적 협동의 체계 내에서 완전한 참여자가 될 수 있기 때문에, 우리는 위에서 언급한 사회적 협동의 개념 내에 있는 요소들과 연결된 두 가지 도덕적 능력을 이들에게 부여하고 있는 것이다: 다시 말하자면, 이 두 가지 능력은 정의감의 능력과 선관의 능력이다. 정의감은 사회적 협동의 공정한 조건을 규정하는 공적 정의관을 이해하고 적용하며 이에 입각하여 행동하는 능력이다. 정치관의 성격을 공적 정당화의 기반을 규정하는 것으로 전제한다면, 정의감이라는 것은, 역시 욕망desire이라고 할 수는 없겠지만, 타인과의 관계에서 자신들이 공적으로 지지할 수 있는 조건에 입각하여 행동하려는 자발적 의지willingness를 표현한다고 할 수 있다(II: 1). 선관의 능력(가치관 형성능력)이라는 것은 자신의 합리적 이익이나 선관을 형성하고, 수정하며 합리적으로 추구할 수 있는 능력이라고 할 수 있다.

이러한 두 가지 도덕적 능력을 가지는 것에 덧붙여서, 개인들은 또한 주어진 시점에서 자신들이 달성하고자 하는 한정적 선관a determinate conception of the good을 가지고 있다. 이러한 선관을 협소한 의미로 이해해서는 안 될 것이며, 오히려 인생에서 무엇이 가치가 있는 지에 대한 관점을 포함하는 것으로 이해되어야 한다. 그래서 선관이라는 것은 궁극적 목적

---

21 『정의론』, §77을 보라. 여기에서 이러한 평등의 기반이 논의되고 있다.

들로 이루어지는 어느 정도의 한정적 체계a more or less determinate scheme of final ends로 이루어지는 것이 정상적이라고 할 수 있다. 이 궁극적 목적들이란 그 자체로서 우리가 추구 하고자 하는 목적들이거나 또는 타자와의 연루관계 및 다양한 단체와 협회들에 대한 충정관계들을 실현하고자 할 때 나타나는 목적들이라고 할 수 있다. 이러한 연루관계와 충정은 헌신과 애정을 불러일으키며, 그리하여 이러한 정서의 대상들이 되는 인간들 및 협회의 번영 역시 우리의 선관의 일부분이 된다. 우리는 또한 이러한 관점을 통하여 세계—종교적, 철학적 및 도덕적—와 우리의 관계에 대한 견해를 결부시키기도 한다. 이 견해에 준거하여 우리의 목적과 애정의 가치와 중요성이 이해된다. 마지막으로, 개인들의 선관은 고정된 것이 아니라 개인들이 성숙해짐에 따라 형성되고 발전되는 것이며, 인생과정을 통하여 다소간 급진적으로 변할 수도 있다.

4. 우리가 공정한 협동체계로서의 사회의 개념에서 시작했기 때문에, 우리는 시민으로서의 개인들이 사회의 협동적 성원이 될 수 있도록 하는 모든 능력을 갖추고 있는 것으로 가정하고 있다. 이 가정은 우리에게 정치적 정의의 근본적인 질문은 무엇인가에 대한 견해를 분명하고 산만하지 않게 달성하기 위해 만들어진 것이다: 다시 말하자면, 자유롭고 평등한, 그리고 일생을 통하여 정상적이고 완전하게 협동하는 사회의 구성원으로 간주되는 시민들 사이에 사회적 협동의 조건들을 규정하기 위하여 가장 적합한 정의관은 무엇인가?

이것을 근본적인 질문으로 채택하는 것이 어느 누구도 질병이나 사고로부터 고통 받지 않는다는 것을 말하려는 의미는 물론 아니다. 이러한 불행은 사람의 정상적인 과정 속에서 예상되는 것들이며, 이러한 우발성에 대한 대비는 마련되어야만 할 것이다. 그러나 우리의 목적에서 볼 때,

나는 이러한 일시적 무능력과 또한 영구적 무능력이나 정신적 착란이 너무 극심하여 일상적인 의미에서 사회의 협동적 성원이 되는 것을 가로막는 문제들에 관해서는 당분간 논외로 하고자 한다. 그래서 우리가 공적 정치문화에 내재해 있는 인간의 개념으로 시작하는 동안, 우리는 주된 질문에 우선 초점을 맞추기 위하여 다양한 방식으로 이 개념을 이상화시키고 단순화시키고자 한다.

우리가 뒤에 논의할 수 있는 다른 질문들, 그리고 우리가 이것들에 어떻게 대답할 것인가 하는 문제는 우리들로 하여금 이미 도달된 답변들을 수정하도록 요구할 수도 있다. 이 전후교정의 절차는 예측될 수 있는 문제이다. 우리는 이 다른 질문들을 확장의 문제로 생각할 수도 있다. 그리하여 미래세대에 대한 우리의 의무를 포함하는 것은 공정으로서의 정의를 확장하는 문제라고 할 수 있는데, 정당한 저축의 문제the problem of just savings가 이에 속한다.[22] 또 다른 문제는 어떻게 공정으로서의 정의를 확장하여 만민법the law of peoples을 포함시킬 것인가 하는 것이다. 다시 말하자면, 이것은 국제법과 정치사회들 사이의 관계에 적용할 수 있는 개념들과 원칙들의 문제이다.[23] 더욱이, 우리가 (위에서 언급해왔던 것처럼) 개인들이 일생을 통하여 정상적이고 완전하게 협동하는 사회의 구성원이고, 그래서 개인들은 이 역할을 수행하는 데 필요한 능력을 가지고 있다고 가정했기 때문에, 이러한 조건을 일시적으로나 (질병이나 사고 때문에) 또는 영구적으로 충족시키지 못한 사람들에게 우리가 담당해야 할 의무

---

22 『정의론』, §44에 있는 설명은 결함이 있다. 더 나은 접근법은 내가 믿는 바로는 1972년 2월에 네이글(Tomas Nagel)과 파핏(Derek Parfit)에 의해 나에게 제시해준 발상에 기초하고 있다. 같은 발상이 뒤에 독립적으로 잉글리시(Jain English)에 의해 그녀의 글 "Justice Between Generations," *Philosophical Studies* 31(1977): 98 에서 제안되었다. 이 더 나은 설명은 이 책에 포함되어 있는 "The Basic Structure as Subject"에서 언급되고 있다. Ⅶ: 6와 n.12를 보라. 나는, 동기부여 가정(the motivation assumption)을 변경시키지 않고 그대로 놓아두었던, 이 나은 해결책을 단순히 간과하고 있었다.

23 『정의론』, §58을 보라.

는 무엇인가라는 질문이 남게 된다. 이 문제는 다양한 경우들을 포함하게 된다.[24] 마지막으로, 동물과 나머지 자연의 세계에게 지고 있는 의무가 무엇인가에 대한 문제가 있다.

우리가 궁극적으로 이러한 모든 질문에 대하여 답하고 싶긴 하지만, 하나의 정치관으로서 공정으로서의 정의의 범위 내에서 이것이 가능할 것인지는 매우 의심스럽다. 나는 공정으로서의 정의가 처음 두 가지의 확장의 문제에 대하여 합당한 답변을 할 수 있다고 생각한다: 미래 세대의 문제와 만민법 문제, 그리고 세 번째 문제의 일부에 대해, 즉 우리가 정상적인 의료보장이라고 부를 수 있는 것에 대한 제공의 문제에 관하여 답할 수 있을 것이다. 공정으로서의 정의가 실패할 수 있는 문제들에 관하여 언급하자면, 몇 가지 가능성들이 있다. 하나는 정치적 정의의 개념이 모든 것을 포함 할 수는 없으며, 그렇게 기대해서도 안 된다는 점이다. 아니면 그 문제가 사실상 정치적 정의의 문제가 될 수도 있다. 그러나 공정으로서의 정의가 다른 경우에 대하여 아무리 잘 대처한다고 할지라도 이 문제에서는 적합하지가 않다는 것이다. 이것이 얼마나 심각한 결점일 것인지의 문제는 이 경우 자체가 검토될 수 있을 때까지 기다릴 수밖에 없다. 아마도 확장의 문제가 어떻게 진행될 것인가를 통찰할 수 있는 혜안을 우리가 단순히 결여하고 있을 수도 있다. 어떤 경우에도, 우리는 공정으로서의 정의 또는 어떠한 정의관이 모든 경우의 옳고 그름을 다룰 수 있을 것으로 기대해서는 안 된다. 정치적 정의는 항상 다른 덕목에 의해서 보충될 필요가 있다.

이 강의들에서 나는 이러한 확장의 문제를 제쳐두고 위에서 내가 정치적 정의의 근본적 질문이라 불렀던 것에 대하여 초점을 맞추고 있다. 이렇게 하는 것은 이 강의들이 지적하고 있는 (서문에서 설명하였던 것처

24 V: 3.5과 거기에서 언급되고 있는 다니엘즈(Norman Daniels)의 저술들을 참고하라.

럼) 『정의론』의 결함이 바로 이 근본적인 질문에 대한 『정의론』의 답변 자체에 내재해 있기 때문이다. 그리고 이러한 질문이 사실상 근본적이라고 하는 것은 다음과 같은 역사적 사실을 통하여 제시된다. 즉 정치적 정의 문제는 17, 18세기의 귀족주의에 대한 자유주의적 비판, 19, 20세기의 자유주의적 입헌민주주의에 대한 사회주의적 비판, 한편으로는 사유재산에 대한 주장과 다른 한편으로는 "복지국가welfare state"로 불러지게 되는 것과 결부된 사회정책의 정당성(효과성effectiveness에 대조되는 것으로서)에 관하여 금세기에 이루어진 자유주의와 보수주의 간의 충돌의 초점이 되어 왔다. 이 정치적 정의가 바로 우리의 논의의 최초 경계선을 고정시키는 문제가 된다.

§4. 원초적 입장의 개념

1. 이제 나는 원초적 입장의 개념을 다루고자 한다.[25] 이 개념은 사회를 자유롭고 평등한 시민들 사이의 공정한 협동체계로 이해하였을 때, 정의에 대한 전통적 이해 가운데 어떤 것이, 혹은 그 이해의 변종 가운데 어떤 것이 자유와 평등을 구현하기 위해 가장 적절한 원칙들을 구체화할 수 있는지를 해결하기 위해 도입한 것이다. 우리가 어떤 정의관이 이러한 일을 할 수 있는지를 알고자 한다는 것을 전제한다면, 왜 원초적 입장의 개념을 도입해야 하며, 또 이것이 이 질문에 대답하는 데 어떻게 도움을 주는가 하는 의문들이 뒤따른다.

사회적 협동의 개념을 다시 생각해 보자. 공정한 협동의 조건은 어떻게 결정되어야 하는가? 이 공정한 협동의 조건은 서로 협동하는 개인들과는 구별되는 외부의 특정 권위에 의해 단순히 주어지는 것인가? 예

25 『정의론』, §§3~4와 chap. 3, 그리고 색인을 참조하라.

를 들어, 이는 신의 법에 의해 주어지는 것인가? 아니면 개인들이 독립적인 도덕적 질서에 대한 자신의 지식에 준거하여 이와 같은 조건들이 공정한 것으로 확인되는 것인가? 예를 들어, 이 협동 조건들이 자연법이 요구하는 것으로, 혹은 합리적 직관에 의해 알려지는 가치의 영역에 의하여 인정되는 것인가? 아니면 이 공정한 조건들이 상호이익으로 간주하는 것에 입각하여 당사자들 간에 약속을 함으로써 확립되는 것들인가? 우리가 어떤 대답을 내리느냐에 따라, 우리는 상이한 사회적 협동관을 가지게 된다.

공정으로서의 정의는 사회계약론의 사상을 새롭게 해석하여 최종적 해답의 형태를 취한다: 공정한 사회적 협동의 조건은 해당 협동에 참여하는 사람들 즉 자신의 삶을 영위하게 되는 특정 사회에 태어난 자유롭고 평등한 시민들이 합의하는 것으로 이해된다. 그렇지만 여타의 유효한 합의와 마찬가지로 이들이 합의하는 것도 적절한 조건하에서 이루어져야 할 것이다. 특히 그 조건들은 자유롭고 평등한 개인들에게 공정한 지위를 부여해야하며, 특정 개인에게 다른 사람보다 더 유리한 협상 위치를 부여해서는 안 된다. 더욱이, 강압이나 위협, 기만과 사기와 같은 것은 배제되어야 한다.

2. 지금까지의 논의는 괜찮다고 할 수 있다. 전술한 고려 점들은 일상생활에 비추어 본다면 친숙한 것들이다. 그러나 일상생활에서의 합의들은 기본구조의 배경적 제도 내에 내재해 있는 어느 정도 명백히 규정된 상황 속에서 이루어진다. 그렇지만 우리의 과제는 합의의 개념을 확장하여 이러한 배경구조 자체에 적용하는 것이다. 여기에서 우리는 사회적이든 아니든 간에 계약의 개념을 활용하는 정치적 정의관을 형성하는 데 있어 난점에 봉착하게 된다. 그 난점은 다음과 같다: 우리는 모든 경우를 포

함하는 배경구조의 특수한 양상과 상황들을 제거하여 이에 의해서 영향을 받지 않을 수 있는 특정한 관점을 발견해야 한다는 것이다. 이 관점에 의해 자유롭고 평등한 것으로 간주되는 개인들 사이에 공정한 합의가 이루어질 수 있는 것이다.

내가 "무지의 장막veil of ignorance"이라고 명명한 특징들을 지닌 원초적 입장이 바로 이러한 관점이다.[26] 원초적 입장이 특정 사회세계의 우연성으로부터 추상화되어야 하고 그 영향을 받지 않아야 하는 이유는 자유롭고 평등한 개인들 사이의 정치적 정의의 원칙에 대한 공정한 합의의 조건이 누적적인 사회적, 역사적 및 자연적 경향에 따른 모든 사회의 배경적 제도에 필연적으로 발생하게 되는 유리한 협상 고지의 가능성을 반드시 제거하여야 하기 때문이다. 이러한 과거로부터 연유하는 우연적 유리점들 및 우발적 영향력이 현재로부터 미래에 이르는 기본구조 자체의 제도를 규제하는 원칙에 대한 합의에는 영향을 미쳐서는 안 되는 것이다.

3. 여기에서 우리는 두 번째 난점에 직면하게 된다. 그렇지만 이 난점은 명백하다. 이를 설명하자면 다음과 같다: 지금까지 우리가 말한 것으로부터 본다면, 원초적 입장이 대표의 장치a device of representation로 간주되어야 하고 따라서 당사자들 간에 도달한 합의는 가설적임과 동시에 비역사적인hypothetical and nonhistorical 것으로 간주되어야 한다는 것은 명백한 일이다. 그러나 그렇다면 가설적 합의는 구속력이 없기 때문에, 원초적 입장의 중요성은 무엇인가 하는 의문이 뒤따른다. 그 대답은 지금까지 말한 것에 묵시적으로 포함되어 있다: 그 대답은 대표의 장치로서 원초적 입장이 갖는 다양한 특징의 역할에 의해 주어지는 것이다.

만약 이해 당사자들이 공정한 조건 하에서 합의에 도달해야 하는 자

---

26 무지의 장막에 대해서는, ibid., §§4과 24, 그리고 색인을 참조하라.

유롭고 평등한 시민들의 대표로서 간주된다면, 그들은 대칭적 위치에 놓여 있을 필요가 있게 된다. 게다가, 우리의 숙고된 신념considered convictions의 하나가 다음과 같을 것이라고 생각한다. 즉 우리가 특정한 사회적 위치를 점하고 있다는 사실이 우리가 그러한 위치에 있는 사람들에게 유리한 정의관을 제안하거나, 또는 이를 다른 사람들이 받아들이기를 기대할 만한 훌륭한 이유가 되지 못한다는 것이다. 마찬가지로, 우리가 특정한 종교적, 철학적 또는 도덕적으로 포괄적인 교리와 이와 결부된 선관을 받아들인다는 사실만으로는 우리가 그러한 신조를 가진 이들에게 유리한 정의관을 타인들에게 제안하거나 수용하도록 기대할 만한 훌륭한 이유가 되지 못한다. 이 신념을 원초적 입장에 적용하자면, 이해 당사자들은 자신들이 대표하는 사람들의 사회적 지위나, 각자가 대표하는 사람들의 특정한 포괄적 교리에 대해서 알 수 없어야 한다는 것이다.[27] 이와 똑

---

27 이해 당사자들이 사람들의 포괄적 교리에 대해서 알 수 없도록 한다는 것은 무지의 장막을 얇지 않고 두껍게 만드는 한 가지 방법이다(이 대조는 "Kantian Constructivism," 1980, pp. 547f.에서 논의되고 있다). 많은 사람들이 정당화의 작업을 하지 않고 두꺼운 무지의 장막(a thick veil of ignorance)을 생각하였으며, 그 근거들에 대하여, 특히 포괄적 교리의 중대성을 전제로 하여, 의문을 제기하였다. 우리는 할 수 있는 한 원초적 입장의 특성에 대해서 정당화해야 하거나 아니면 적어도 설명해야 하기 때문에, 다음 사항을 고려해 보자. 시작할 때 언급한 우리의 문제를 다시 제기해 보자. 우리는 민주주의 사회를 위한 정치적 정의관을 추구하였다. 여기서 민주적 사회란 자유롭고 평등한 시민들 간의 공정한 협동의 체계로 간주되는 사회이다. 그리고 자유롭고 평등한 시민은 정치적으로 자율적인 존재들로서(Ⅱ:6) 공정한 협동의 조건을 규정하는 공적으로 인정된 정의의 원칙들을 기꺼이 수용하려고 하는 존재이다. 그렇지만 당면한 사회는 모두 완벽하게 합당한 다양한 포괄적 교리들이 공존하는 사회이다. 이것은 다원주의 그 자체의 사실(the fact of pluralism as such)과는 대조되는 합당한 다원주의의 사실(the fact of reasonable pluralism)이라고 할 수 있다(§6.2과 Ⅱ: 3). 자 그런데 만약 모든 시민들이 자유롭게 정치적 정의관을 지지해야 한다면, 이 정의관은 합당한 포괄적 교리이긴 하지만 상이하고 상반된 교리를 신봉하는 시민들의 지지를 획득할 수 있어야만 할 것이다. 이 경우에 우리는 합당한 교리들 간의 중첩적 합의(an overlapping consensus)를 이루게 된다. 이것은 우리가 사람들의 포괄적 교리가 정치적 정의관의 내용과 어떻게 연결되어 있는 지의 문제를 논하지 않고, 이 정의관의 내용을 민주사회의 공적 정치문화로부터 유래하는 여러가지의 근본적 생각들로 간주한다는 점들을 시사해 준다. 우리는 사람들의 포괄적 교리들을 무지의 장막 뒤에 위치시킴으로써 이 관점을 정형화하는 것이다. 이것은 우리들로 하여금 정치적 정의관을 발견할 수 있도록 해 준다. 이 정의관은 중첩적 합의의 초점이 될 수 있으며, 이것에 의하여 합당한 다원주의의 사실로 특징 지워지는 사회에서 공적 정당화의 기반으로 기능할

같은 생각을 인종과 인종문화 집단, 성별과 사회적 성역할sex and gender, 체력이나 지성과 같은 다양한 타고난 특성 등에 확장할 수 있다. 이 모든 정보는 일반적인 범주 내에 존재하는 것들이다. 우리는 이러한 정보에 대한 제한을 이해 당사자들이 무지의 베일에 가려져 있다는 말로써 형상적으로 표현하는 것이다. 그러므로 원초적 입장은 단순히 대표의 장치에 불과하다. 즉, 이것은 각기 자유롭고 평등한 시민의 본질적 이해관계에 대해 책임을 지는 이해 당사자들이 공정한 상황에 놓여 있고, 또한 그들이 타당한 이유로서 개진할 수 있는 바에 적절한 제한을 가하는 공정한 조건하에서 합의에 이르는 것을 묘사하고 있다.[28]

4. 그런데, 위에서 언급한 난점들 양자兩者 모두 원초적 입장을 대표의 장치로 이해함으로써 극복된다. 즉 이 원초적 입장은 우리가—지금 여기에서—다음과 같은 공정한 협동의 조건으로 간주되는 것을 구현하고 있다. 이 공정한 조건하에서 자유롭고 평등한 시민의 대표들은 사회의 기본구조와 관련하여 사회적 협동의 규정하게 된다. 그리고 이것은 또

수 있게 되는 것이다. 이의 어느 것도 자유로운 독립적 입장의 견해로서 정치적 정의관의 설명을 문제 삼지 않는다(§§1.4과 2.2). 그러나 이것은 우리가 두꺼운 무지의 장막의 합리적 근거를 설명하기 위하여, 합당한 다원주의의 사실과 합당한 포괄적 교리간의 중첩적 합의의 개념에 호소하는 것을 의미한다. 나는 이 문제를 명시적으로 논의할 필요성을 제기한 힌쉬(Wilfried Hinsch)에게 감사를 표하고 싶다. 위에서 나는 이 주제와 관련해 가치있지만 미간행 논문인, 그의 "The Veil of Ignorance and the Idea of an Overlapping Consensus," Bad Homburg, July 1992의 일반적 생각을 따랐다.

28 원초적 입장은 칸트의 도덕적 구성주의와 정치적 구성주의 양자 모두의 기본 특성을 구현하고 있다. 즉 합당한 것과 합리적인 것의 구별, 합리적인 것에 우선하는 합당한 것에 대한 주장 등을 구현하고 있다. 여기에서 이 구별의 적절성은 『정의론』에서는 합리적인 것이 아니라 합당한(혹은 때로는 적합한 혹은 적절한) 조건이 정의의 원칙들을 옹호하는 주장에 대한 제약조건이라고 다소 일관되게 주장되고 있다는 점이다(pp. 18f., 20f., 120f., 130f., 138, 446, 516f., 578, 584f.). 이와 같은 제약조건들은 원초적 입장에서 구현되었으며, 이해 당사자들에게 부과되었다. 즉, 그들의 판단은 합당한 조건에 종속된다-그것도 절대적으로 종속된다. 이 조건의 구현으로 말미암아 원초적 입장은 공정한 것이다. 뒤에 살펴보겠지만, 합당한 것이 합리적인 것에 우선한다는 사실로 말미암아 옳음의 우선성(the priority of right)이 보장된다(V).

한 다른 어떤 정치관 보다 특정한 정치관을 선호하는 당사자들이 제시할 수 있는 이유들에 대한 제약조건들로서 수긍할만한 것으로 간주할 수 있는 바를 구현하고 있다. 이렇기 때문에 합의당사자들이 채택하는 정의관은 우리가—지금 여기에서—최선의 이유로 공정하고 지지를 받을 수 있는 것으로 간주하는 정의관을 밝혀 줄 수 있게 된다.

그 발상은 원초적 입장을 활용하여 자유와 평등을 구현하는 것은 물론, 시민의 대표인 이해 당사자들이 어떤 합의를 할 수 있는지가 아주 명백해 질 수 있도록 하기 위해 제시되는 이유들에 대한 제약조건들을 동시에 설정하는 것이다. 분명히 그렇겠지만, 가령 채택 대상이 될 수 있는 각각의 정의관에 대한 찬성과 반대의 이유들이 있다면, 한 정의관을 나머지 다른 정의관보다 선호하게 되는 이유들에 대한 단순한 전반적 비교평가도 또한 있을 수 있다. 대표의 장치로서 원초적 입장의 개념은 공적 숙고public reflection와 자기 명료화self-clarification를 위한 수단으로 기능한다. 만약 사회를 자유롭고 평등한 시민들 사이에서 여러 세대에 걸쳐 유지되는 협동의 체계로 간주할 때 정의가 요구하는 바에 대한 분명하고 흔들리지 않는 관점을 일단 획득할 수 있게 된다면, 이 원초적 입장은 우리가 지금 생각하고 있는 것을 구체화하는 데에 도움을 주는 것이다. 원초적 입장은 매개적 개념으로 기능하고 있다. 이를 통하여 우리의 모든 숙고된 신념들이, 그 일반성의 수준이 무엇이든지 간에—이것들이 당사자들의 지위를 설정하는 공정한 조건들이나, 또는 추론에 대한 합당한 제약에 관계되든, 아니면 제일 원칙이나 법칙, 또는 특정한 상황이나 행위에 관한 판단에 관계되든지 간에—상호간에 의미를 지닐 수 있도록 제시될 수 있다. 이것은 우리들로 하여금 모든 우리의 판단들 간에 보다 높은 일관성을 확립할 수 있도록 해 준다. 그리고 이러한 보다 심도 있는 자기이해를 통하여 상호간에 보다 광범위한 합의에 도달할 수 있게 된다.

5. 우리가 원초적 입장과 같은 개념을 도입한 이유는 자유롭고 평등한 존재로 간주되는 시민들 사이의 지속적이고 공정한 협동체계로서의 사회라는 근본적 개념으로부터 기본 구조에 적용되는 정치적 정의관을 정교하게 구성하는 데 있어 더 나은 방법이 없어 보이기 때문이다. 만일 우리가 사회를 여러 세대에 걸쳐 계속되는 것으로서, 그리고 이전 세대로부터 공적 문화와 기존의 정치 및 사회적 제도를 (그 실질적 자본과 천연자원의 매장과 함께) 계승하는 것으로 생각한다면 이 점은 특히 분명해진다. 그렇지만 이 개념을 사용하는 데에는 몇 가지 위험도 있다. 대표의 장치로서의 원초적 입장의 추상성으로 말미암아 오해가 야기된다. 특히, 당사자에 대한 묘사는 특수한 형이상학적 인간관을 전제하고 있는 것으로 여겨질 수 있다. 예를 들어, 인간의 본질적 성격이 궁극적 목적과 연루관계를 포함하는 인간의 우연적 속성 그리고 나아가 전체로서의 자신들의 선관이나 인격과 무관하며 이에 선행한다는 이해와 같은 것을 들 수 있다.[29]

나는 이것이 원초적 입장을 대표의 장치로서 이해하지 않는 데에서 야기된 착각이라고 생각한다. 원초적 입장의 가장 두드러진 특징인 무지의 장막을 예로 들면, 여기에는 자아의 본성에 대한 특수한 형이상학적 의미는 없다. 이것은 자아가 (무지의 장막을 통하여) 합의당사자들이 알 수 없도록 되어 있는 사람들의 현실적 사실들에 존재론적으로 선행하여 존재한다는 의미를 함축하고 있는 것은 아니다. 말하자면, 우리는 언제라도 정보에 대한 나열된 제한들에 부합하여 정의의 원칙에 대한 추론을 함

---

29 샌델(Michael Sandel)의 중요 저작인 *Liberalism and the Limits of Justice*(Cambridge University Press, 1982)를 참조하라. 이러한 형이상학적 인간관은 이 책의 서론에서 『정의론』에 관하여 부여 되었으며, 이 책의 상당부분에서 다양한 관점으로 비판이 가해졌다. 나는 킴리카(Will Kymlica)의 *Liberalism, Community, and Culture*(Oxford: Clarendon Press, 1989)의 제4장에 있는 답변이 전체적으로는 만족스럽지만, 포괄적 교리로서의 자유주의에 반대되는 정치적 자유주의에 조응할 수 있도록 적절한 조정이 이루어져야 한다고 생각한다.

으로써 간단히 이 입장에 들어갈 수 있다. 우리가 이러한 방식으로 원초적 입장에 진입하는 것을 묘사할 때, 우리의 추론은 자아의 본질에 관한 어떤 특수한 형이상학적 교리를 채택하도록 하는 것은 아니다. 이것은 마치 어떤 연극 속에서 우리들이 역할을 할 때, 예를 들자면 맥베드Macbeth나 맥베드 왕비Lady Macbeth로서의 역할을 행하는 것이 우리가 정말로 정치권력에 대한 결사적 투쟁에 가담한 진짜의 왕이나 왕비라고 생각하는 것이 아닌 것과 마찬가지의 논리이다. 마찬가지 논리가 일반적으로 역할놀이role playing 게임에서도 유효한 것이다. 우리는 다음과 같은 점을 염두에 두어야만 한다. 즉 우리는 공정한 사회적 협동의 체계로서 사회의 개념이 어떻게 제시될 수 있는지를 보여주고자 하는 것이다. 그 목적은 자유롭고 평등한 협동 당사자들이 만약 시민이라고 간주된다면 이들에 가장 적합한 기본적 권리와 자유 그리고 평등의 형태를 규정하는 원칙을 발견하고자 하는 것이다.

6. 지금까지 원초적 입장의 개념을 살펴보았다. 이제 오해를 피하기 위해 다음과 같은 사실을 덧붙이고자 한다. 세 가지 관점을 구별하는 것은 중요하다. 이 세 가지 관점은 원초적 입장에서 당사자의 관점, 질서정연한 사회에서 시민의 관점, 마지막으로 우리 자신들의 관점—공정으로서의 정의를 정교화 하고, 정치적 정의관으로서 이를 검토해 보려는 너와 나의—이다.

앞의 두 가지 관점은 공정으로서의 정의관에 속하는 것이며, 그 근본적 개념에 준거하여 구체화된다. 그러나 질서정연한 사회관과 자유롭고 평등한 시민관이 우리의 사회세계 속에서 구현될 수 있는 것으로 생각할 수 있는 반면에, 정의의 원칙에 합의함으로써 사회적 협동을 위한 공정한 조건을 규정하는 합리적 대표자로서의 당사자는 단지 원초적 입장의 한 부분일 뿐이다. 이 입장은 여러분과 내가 공정으로서의 정의를 구체적으로 드러내기 위해 설정한 것이며, 따라서 당사자들의 성격도 우리에 의해 좌우된다. 즉 이들은 단지 우리의 대표의 장치 속에 존재하는 인공적인 생명체the artificial creatures에 불과하다. 만일 (원초적 입장의) 합의당사자들의 숙고와 우리가 이들에게 부여하는 속성을 실제 개인 혹은 질서 정연한 사회의 시민의 도덕적 심리를 설명하는 것으로 받아들인다면, 이는 공정으로서의 정의를 심각하게 오해하는 것이다.[30] 합리적 자율성rational autonomy(Ⅱ: 5)을 완전한 자율성full autonomy(Ⅱ: 6)으로 혼동하여서는 안 된다. 후자는 정치적 이상이며 질서정연한 사회의 보다 완전한 이상의 일부이다. 합리적 자율성은 그와 같은 이상이 전혀 아니다. 그러나 원초적 입장에서 (합당한 것the reasonable과 대조되는) 합리적인 것the rational의 개념을 구현하기 위한 한 방법일 뿐이다.

세 번째 관점—여러분과 나의 관점—은 이로부터 공정으로서의 정의는 물론, 나아가 여타의 정치관이 평가될 수 있는 관점이다. 여기서 시금석은 반성적 평형reflective equilibrium이다. 즉 전체적으로 해당 견해가 정치적 정의에 대한 우리의 보다 견고한 숙고된 신념들을 얼마나 잘 표명해 내고 있는가 하는 문제이다. 이것은, 일단 필요한 모든 조정과 수정이 이루어지게 되면, 적절한 검토를 거친 후 모든 일반성의 수준에서 그 적합성이 숙고되는 과정을 거치게 될 것이다. 이 기준을 충족시키는 정의관은, 우리가 현재 확신할 수 있는 한, 우리에게는 가장 합당한 관점이라고 할 수 있다.

---

30 많은 사람들이 이와 같은 오해를 하였다. 나는 이 오해를 더욱 분명하게 확인하려고 하였으며, 이에 대한 설명은 "Fairness to Goodness," *Philosophical Review* 84(October 1975): 542f.에서 개진하였다.

§5. 정치적 인간관

1. 앞에서 나의 이론에 형이상학적 인간개념이 전제되어 있다고 사람들이 생각하게 되는 것은 원초적 입장의 개념과 그 입장에 처한 당사자들에 관한 서술로 인한 것이라는 점은 이미 언급하였다. 나의 이론에 형이상학적 인간개념이 전제되어 있다는 해석은 잘못된 것임을 지적하였다. 그렇지만 나의 의도가 어떠하든 형이상학적 개념이 여전히 내포되어 있을 수도 있으므로 단순히 나의 이론은 형이상학적 개념에 근거한 것이 아니라고 말하는 것으로는 충분하지 않다. 나의 이론에 형이상학적 인간개념이 전제되어 있다는 주장이 오류임을 증명하기 위해서는, 그 주장들을 보다 상세히 고찰하여 그것들이 아무런 근거가 없는 것임을 논하는 것이 요구된다. 여기서 그와 같은 작업을 하기는 어렵다.[31]

31 이 작업이 어려운 이유 중의 하나는 형이상학적 교리(a metaphysical doctrine)가 무엇인가에 관한 일반적으로 인정된 이해방식이 없다는 점이다. 일부 사람들은, 호프만(Paul Hoffman)이 나에게 제시했던 바와 같이, 특정한 형이상학적 교리에 의존하지 않고, 예컨대 특정한 형이상학적 인간관을 전제하거나 명시적으로 사용치 않으면서 정치적 정의관을 발전시키려 하는 것은 그 자체가 이미 형이상학적 명제를 전제한 것이라고 말할 수도 있을 것이다. 즉 정치적 정의관을 발전시키는 데에는 어떠한 형이상학적 교리도 필요하지 않다는 것도 또한 형이상학적 명제를 전제하고 있다고 말할 수 있는 것이다. 또한, 숙고와 책임성의 기본단위로서의 일상적 인간관(ordinary conception of persons) 속에 이미 인간본성을 도덕적 또는 정치적 행위자(agent)로서 개념화하는 형이상학적 명제가 전제되어 있거나 어느 정도 내포되어 있다고 사람들은 말할 수도 있을 것이다. 회피의 교훈(the precept of avoidance)을 좇아, 나는 이러한 주장들을 부인하고 싶지는 않다. 내가 말해야 할 것은 다음과 같다. 만일 우리가 공정으로서의 정의를 제시하는 것을 살펴보고 그것이 어떻게 설정될 수 있는가, 그리고 공정으로서의 정의가 채택하는 개념과 관점들에 주목한다면, 다른 형이상학적 교리와 대조되고 구분 되는 것으로서 인간본성에 관한 특정한 형이상학적 교리는 그 어떠한 것도 공정으로서의 정의의 전제에 나타나지 않으며 그 주장에도 필요하지 않을 것이다. 형이상학적 전제가 설사 포함된다고 하더라도 그것들은 매우 일반적인 것이어서 철학이 전통적으로 관심을 가져온 형이상학적 견해들—데카르트, 라이프니쯔, 또는 칸트적, 혹은 현실주의적, 관념론적, 또는 유물론적 형이상학적 입장—과 구분할 수 없을 정도의 것일 것이다. 형이상학적 전제가 이처럼 일반적인 것이 될 경우, 그것은 정치적 정의관의 구조와 내용이 어떤 식이든 간에 문제가 되지 않을 것이다. 나는 이 문제에 관한 논의와 관련하여 브루드니(Daniel Brudney)와 호프만(Paul Hoffman)에게 감사한다.

그렇지만 원초적 입장을 설정하면서(§3.3) 염두에 두었던 정치적 인간관에 관해서는 간략히 설명을 제시할 수는 있다. 인간을 정치적인 존재로 개념화하는 것이 무슨 뜻인가를 이해하기 위해서는, 자유로운 개인으로서의 시민들이 원초적 입장에서 어떻게 대표되는가를 생각해 볼 필요가 있다. 시민들을 자유로운 존재로서 대표화 한 것이 아마도 형이상학적 인간관이 전제되어 있다고 그릇된 해석을 내리게 만든 한 원인이 된 것 같다. 어쨌든, 시민들은 세 가지 측면에서 자신들을 자유로운 존재로 생각하는 것으로 간주되고 있다. 그래서 그 세 가지 측면의 각각을 살펴보고, 나아가서 인간관이 어떻게 해서 정치적인 것이 되는지를 설명해 보겠다.

2. 첫째, 시민들은 자기 자신에 대해서 뿐만 아니라 서로에 대해서 각자는 선관(가치관conception of the good)을 형성할 수 있는 도덕적 능력을 지닌 존재로 생각한다는 점에서 자유롭다고 할 수 있다. 이것은 이들 시민들이, 자신의 정치관의 일부로서, 특정한 시점에서 자신이 갖게 되는 특정한 선관을 추구할 수밖에 없는 존재로 간주한다는 사실을 말하려고 하는 것은 아니다. 오히려, 시민으로서 이들은 특정한 선관을 합당하고 합리적인 근거에 따라 수정하고 변경할 수 있는 존재로 간주된다는 의미이며, 인간은 선관에 관해 수정이나 변경을 원할 때에는 그렇게 할 수 있다는 것이다. 자유로운 인간으로서의 시민은 궁극적 목적의 체계를 지닌 그러한 특정의 선관에 예속되지 않거나 동일시되지 않는 자신의 존재를 주장할 권리가 있는 것이다. 선관을 형성하고, 수정하고, 합리적으로 추구할 수 있는 이들 시민의 도덕적 능력을 전제한다면, 자유로운 인격체로서의 이들의 공적 정체성public identity은 이들의 한정적 선관이 시간에 의해 변한다고 해서 영향을 받는 것은 아니다.

예컨대, 어떤 시민이 개종을 하거나 또는 기성종교의 신앙에 더 이상 믿음을 갖지 않게 되었다고 해서, 그 시민이 정치적 정의의 질문들에 관련되는 한, 과거에 그가 가졌던 인격체와 다른 인간이 되었다고 할 수는 없다. 즉 그 시민들은 공적 또는 제도적 정체성institutional identity, 혹은 기본법의 문제로서의 이들의 정체성에 관한 지위에 상실된 것이 아무것도 없는 것이다. 그 시민은 그가 과거에 가졌던 종교적 신앙에 관련된 것에서는 예외가 있을지 몰라도 일반적으로는 과거와 마찬가지로 기본적 권리와 의무를 그대로 유지하고, 동일한 소유권도 가지며, 과거와 마찬가지의 요구들을 할 수 있다. 물론 우리는 기본권과 (사회적으로) 인정되는 요구들이 종교적 신앙과 사회계급에 따라 결정되는 사회를 상상할 수 있다(역사는 그러한 사회의 예를 풍부하게 제시한다). 그러한 사회는 상이한 정치적 인간관을 가지고 있는 것이다. 그리고 이 사회는 평등한 시민관a conception of equal citizenship을 결여하고 있다. 그 이유는 이 평등한 시민관은 자유롭고 평등한 시민들로 구성된 민주주의 사회관과 함께 할 수 있기 때문이다.

공적 혹은 제도적 정체성을 첫 번째 의미의 정체성이라 한다면, 이에 더하여 두 번째 의미의 정체성을 생각해 볼 수 있다. 이것은 시민들이 가진 보다 내면적인 목적과 헌신commitments에 관련된 것이다. 이 두 번째 의미의 정체성을 비제도적 정체성non-institutional identity 혹은 도덕적 정체성moral identity이라 부르고자 한다.[32] 시민들은 보통 정치적인 것과 비정치적인 성격의 목적 및 신념들을 동시에 가지고 있다. 시민들은 정치적 정의의 가치들을 수용하며, 이들 가치들이 정치제도 및 사회정책을 통하여 구현되기를 바란다. 또한 시민들은 공적인 부문 이외의 삶의 영역에서는 다른 가치들이나 자신들이 소속한 협회의 목적들을 추구하기도 한다. 시

32 나는 이 문단과 다음 문단에서 서술된 바와 같은 인간의 도덕적 정체성(peoples' moral identity)을 특징짓는 두 가지 종류의 목적을 구분함에 있어서는 켈리(Erin Kelly)의 논의에서 도움을 얻었다.

민들은 도덕적 정체성의 이와 같은 두 가지 측면을 조정하고 서로를 조화시켜야 한다. 때로는 시민들은, 개인적인 삶의 영역이나 협회의 내부적 생활의 영역에서는, 그들이 정치적인 영역에서 갖게 되는 것과는 매우 상이한 성격의 궁극적인 목적이나 애착을 가질 수도 있다. 시민들은 특정 시점에서 애착, 헌신 및 충정을 지닌다. 이들은 이러한 것들로부터 한 발짝 물러서서 객관적으로 그것들을 평가하고 싶지 않거나, 사실상 그렇게 할 수도 없으며 해서도 안 된다고 생각할 수 있다. 그들은 특정한 종교적, 철학적, 도덕적 신념으로부터 물러서거나 특정한 애착이나 헌신으로부터 물러선다는 것은 상상조차 할 수 없는 것이라고 생각할 수도 있다.

이러한 두 가지 종류의 헌신과 애착—정치적인 것과 비정치적인 것—은 도덕적 정체성을 구체화 하며, 시민들이 사회세계에서 실행하며 성취하고자 노력하는 삶의 방식에 구체적인 형식을 부여하게 된다. 만일 우리가 갑자기 그러한 헌신과 애착을 상실하게 된다면, 우리들은 방향을 잃게 되고 삶을 영위할 수 없게 될지도 모른다. 그러한 경우, 사실상 삶을 영위하는데 의미를 상실할 수도 있다.[33] 그러나 우리의 선관은 시간에 따라 변화할 수 있으며, 실제로도 변화하는 경우가 많다. 또한 그 변화가 서서히 일어나는 경우도 있지만, 다소 갑작스럽게 일어날 수도 있다. 그 변화가 갑작스럽게 일어난 경우, 우리들은 우리가 더 이상 동일한 사람이 아니라고들 말하기도 한다. 우리들은 이 말이 무엇을 의미하는 지를 알고 있다. 이 말은 궁극적인 목적과 헌신에 있어서의 심원하고 광범위한 변화, 또는 전환을 염두에 둔 말이기도 하며, 또한 도덕적(종교적인 것을 포함하여) 정체성의 변화를 염두에 둔 말이기도 하다. 타르수스의 사울Saul of Tarsus은 다마스커스Damascus로 가는 도상途上에서 사도 바울Paul

33 헌신(commitments)의 이러한 역할은 윌리암스(Bernard Williams)에 의해 종종 강조되고 있다. 예컨대, "Persons, Character and Morality," in *Moral Luck*(Cambridge: Cambridge University Press, 1981), pp. 10~14를 참조하라.

the Apostle로 변신하였다. 그러나 바울의 그러한 변화가 공적인 혹은 제도적인 정체성의 변화를 의미하는 것은 아니다. 또한 정신철학philosophy of mind 분야의 일부 저자들이 이해하는 바와 같이 개인적 정체성이 변화한 것을 의미하는 것도 아니다.[34] 게다가, 중첩적 합의overlapping consensus에 의해 지지되는 질서정연한 사회에서, 시민들의 비제도적 혹은 도덕적 정체성의 일부로서 시민들의 (보다 일반적인) 정치적 가치들과 헌신들은 대체로 동일하다고 할 수 있다.

---

34 이 문맥에서 나는 **정체성**(identity)이라는 용어를 사용하긴 하였지만, 나의 생각으로는 "우리들의 자아관"(our conception of ourselves)라는 용어 또는 "우리가 되고자 원하는 종류의 인간"(the kind of person we want to be)이라는 용어를 사용하는 것이 오해의 소지를 더 줄일 수 있을 것으로 생각된다. 이 용어들을 사용하게 되면, 중요한 도덕적 요소(important moral elements)에 관련된 질문을 시간과 공간상의 상이한 변화를 통한 내용, 즉 동일성이나 정체성, 지속성 또는 사물에 관련된 질문으로부터 구분할 수 있게 된다. 이렇게 말함에 있어 나는 다음과 같은 점을 가정하고 있다. 개인적 정체성(personal identity)에 대한 답변은 여러가지 다양한 기준을 구체화하려는 시도라고 할 수 있다(예를 들자면, 기억력과 같은 심리적 기준과 육체의 지속성, 또는 이 육체의 부분적 지속성). 이 다양한 기준에 입각하여, 상이한 시점에서 발생하는 두 가지 상이한 심리적 상태나 행위를 시간을 통하여 지속하는 동일한 사람의 심리상태 혹은 행위라고 말할 수 있을 것이다. 또한, 개인적 정체성에 관한 답변은 이 지속적인 개인이 어떤 존재로 생각될 수 있는가를 명확히 하려는 시도라고 할 수 있다. 이러한 지속적인 개인은, 예를 들자면 데카르트나 라이프니쯔의 실체로든 아니면 칸트의 초월적 자아로든, 혹은 어떤 다른 종류, 예컨대 물질적 또는 신체적 종류의 지속성으로 표현되기도 한다. 페리(John Perry)가 편집한 *Personal Identity*(Berkeley: University of California Press, 1975)의 특히 서문 pp. 1~30을 참조하라. 또한, 슈메이커(Sydney Shoemaker)의 *Personal Identity*(Oxford: Basil Blackwell, 1984)도 참조하라. 이 두 글에는 개인적 정체성에 관한 다양한 관점들이 설명되어 있다. 개인적 정체성에 관한 논의에서는 때로 근본적 목적의 지속성이 간과되는 경우가 있다. 예컨대, 기억의 지속성을 강조한 그라이스(H.P. Grice)의 견해(페리의 책에 실린 논문 참조)가 그러하다. 하지만 파핏(Derek Parfit)의 *Reasons and Persons*(Oxford: Clarendon Press, 1984), pt. Ⅲ에서처럼, 근본적 목적의 지속성이 기본적인 것이라고 일단 간주되면, 개인의 비공적 혹은 도덕적 정체성의 문제(a person's nonpublic or moral identity)와 개인적 정체성(personal identity) 문제는 그리 분명하게 구분되지 않게 된다. 개인적 정체성의 문제는 매우 근본적인 문제를 제기하는데, 이에 관해서는 과거나 오늘날이나 철학적 견해들이 대립해 왔으며 앞으로도 그럴 것이다. 이러한 이유 때문에 이와 같은 근본적인 문제를 가능한 한 피할 수 있도록 정치적 정의관을 형성하는 것이 중요하다. 그렇다고 하더라도 본문에서 언급된 예에서 나는 공적인 삶의 목적에 비추어 볼 때 사울(Saul of Tarsus)과 바울(St. Paul the Apostle)은 동일한 인간이라고 가정한다. 종교적 개종은 인간의 공적 혹은 제도적 정체성에 있어서는 큰 문제가 되지 않는다.

3. 시민들이 스스로를 자유로운 존재라고 생각하는 두 번째 측면은, 그들이 스스로를 타당한 주장의 자기확증적 원천self-authenticating sources of valid claims으로 간주한다는 의미에서다. 즉 시민들은 자신들의 선관(이 선관들이 공적인 정의관에 의해 허용된 범위 내에 있을 경우)을 추진하기 위해 사회제도에 대한 주장을 할 수 있는 자격을 지닌 존재로 자신들을 간주한다는 것이다. 시민들은 이러한 주장들을, 정치적 정의관에 의해 구체화된 의무와 책무duties and obligations, 예컨대 사회로부터 부과된 의무와 책무 등으로부터 도출된 것과는 별도로, 그 자체로서 중요성을 지니고 있는 것으로 간주한다. 자신의 선관 및 자신의 삶에 있어서 스스로가 지지하는 도덕적 교리에 입각한 의무와 책무에 근거한 것으로 시민들이 간주하는 주장들은, 이 책에서의 논의에 비추어 볼 때, 자기확증적인 것self-authenticating으로 간주될 수 있다. 시민들의 주장을 자기확증적이라고 생각하는 것은 입헌민주주의에 적용되는 정치적 정의관에서는 타당성이 있다. 왜냐하면 시민들이 가진 선관과 그들이 지지하는 도덕적 교리가 공적 정의관과 모순되지 않는 한, 이들로부터 도출된 의무와 책무는 정치적 견지에서 볼 때 자기확증적인 것이기 때문이다.

시민들이 자신들을 자유로운 존재로 간주하는 방식을 서술하려면, 우리는 시민들이 정치적 정의의 문제가 제기될 때 그들 스스로를 어떻게 생각하는가를 서술하게 된다. 시민들이 그들 스스로를 자유로운 존재로 생각한다는 것이 특정한 정치관과 관련되어 있다는 점은, 사람들을 타당한 주장의 자기확증적인 원천으로 간주하지 않는 정치관과 비교해 보면, 분명해진다. 이러한 정치관에서는 사람들의 주장은, 그것이 사회에 대한 부과된 의무와 책무로부터, 혹은 종교적 또는 귀족적 가치들에 의해 정당화되는 사회적 위계질서 내에서 자신들의 귀속적 역할로부터 도출된 것이 아닌 한, 아무런 중요성도 갖지 못한다.

극단적인 예를 들어 본다면, 노예를 들 수 있다. 노예들은 의무나 책무를 가질 수 있는 존재로 인정되지 않았기 때문에, 그들은 주장의 원천으로서 뿐만 아니라 의무와 책무에 기초한 주장의 원천으로서 조차도 간주되지 않았다. 노예에 대한 가혹한 처우를 금지한 법률들도 노예 스스로의 청구에 의해 입법된 것들이 아니라 노예 소유주들의 주장 또는 사회의 일반이익(여기에 노예의 이익은 포함되지 않는다)에 기초한 주장에 의해 입법된 것들이다. 노예들은 말하자면 사회적으로는 죽은 존재였던 것이다. 그들은 결코 인간으로 간주되지 않았다.[35] 이러한 노예제도와의 대조를 통하여, 도덕적 능력과 선관을 지닌 존재의 입장에서 자유로운 인격체로서의 시민관을 형성하는 것이 특정한 정치적 정의관과 조화되는 이유를 보다 확실히 이해하였을 것이다.

4. 시민들이 자유로운 존재로 간주되는 세 번째 측면은 그들이 자신들이 설정한 목적에 대해 책임을 질 수 있는 존재로 간주되며, 이러한 책임성이 그들의 여러가지 주장을 평가하는 방식에 영향을 미친다는 의미에서이다.[36] 매우 개괄적으로 이야기 하자면, 정의로운 배경제도가 주어져 있고 각자에게 기본적 가치의 공정한 지표가 주어지는 것을 전제하여(정의원칙들에 의해 요구되는 대로), 시민들은 합당하게 자신들이 무엇을 준비할 수 있는가에 입각하여 자신들이 설정한 목적과 열망을 조정할 수 있는 존재로 간주된다. 더욱이 이들은 정의의 문제에서 자신들이 요구할 수 있는 주장들을 정의의 원칙이 허용하는 종류의 사안에 한정시킬 수 있는 능력을 지닌 존재로 간주된다.

---

35 사회적 죽음(social death)이라는 개념에 관해서는, Orlando Patterson, *Slavery and Social Death*(Cambridge, Mass.: Harvard University Press, 1982), 특히 pp. 5~9, 38~45, 337을 참조하라.

36 본문 V: 3~4, 특히 3.6을 보라.

그런데 시민들은 자신들이 제기하는 주장의 비중이 자신들의 필요나 욕망(시민으로서의 자신들의 필요에 상반되는 것으로서)의 강도와 심리적 강도에 의해 주어진다는 것이 아니라는 점을 알고 있는 것이다. 이것은 심지어는 자신들의 필요와 욕망이 자신들의 관점에서 보아 합리적일 경우에도 마찬가지라는 점도 인식할 수 있는 존재이다. 그 절차는 이전과 마찬가지이다: 우리는 공정한 협동체계a fair system of cooperation로서의 사회라는 기본적 개념으로부터 출발하고 있다. 이 기본개념이 정치적 정의관으로 발전하게 되면, 이것은 시민들이 일생을 통하여 사회적 협동에 참여할 수 있는 인간으로 간주됨으로써 그들도 또한 그들의 목적에 대해 책임을 질 수 있는 존재로 간주된다는 것을 의미한다. 즉, 이들은 자신들이 공헌할 수 있다고 합당하게 예상할 수 있는 것에 대한 대가로 자신들이 합당하게 획득할 수 있을 것으로 기대되는 수단을 활용하여 자신들의 목적을 조정하여 추구할 수 있는 존재로 간주된다. 목적에 대한 책임성이라는 개념idea of responsibility for ends은 공적인 정치문화에 내재해 있으며, 그러한 정치문화의 실천에서 식별할 수가 있는 것이다. 정치적 인간관은 이러한 책임성의 개념을 보다 명확히 하며, 그것을 공정한 협동체계로서의 사회라는 개념에 접합시키고 있다.

5. 요약하여, 이 절과 앞의 두 절에서 언급한 세 가지 주요점을 다시 간략히 언급해 보기로 하자.

첫째, §3에서 인간은 자유롭고 평등한 존재로 간주되었다. 이것은 인간이 도덕적 인간성의 두 가지 능력 즉 정의감의 능력과 선관의 능력을 필요한 정도로 가지고 있다는 점에서였다. 이 두 가지 능력을 우리는 협동이라는 개념의 두 가지 주요 구성요소 즉 공정한 협동조건의 개념, 그리고 참여자 개인들의 합리적 이익 곧 선이라는 개념과 결부시켰다.

둘째, 이 절(§5)에서 우리는 인간이 자유로운 존재로 간주될 수 있는 세 가지 측면에 대해 살펴 보았다. 입헌 민주정체의 공적인 정치문화에서 시민들은 이 세 가지 측면에서 자신들을 자유로운 존재로 생각한다는 점을 언급하였다.

셋째, 어떠한 정치적 정의관이 기본제도에서 자유와 평등의 가치를 실현하는 데 가장 적절한가라는 질문은 시민들을 자유롭고 평등한 존재로 간주하는 바로 그러한 전통 내부에서 오랫동안 심각한 논쟁거리가 되어왔다. 그렇기 때문에 공정으로서의 정의의 목적은 다음과 같이 시작하여 이 질문에 답하고자 한다. 즉 공정한 협동의 조건이 자유롭고 평등한 존재로 간주되는 시민들에 의해 합의될 수 있는 그러한 공정한 협동체계로서의 사회의 개념으로부터 출발하고자 한다. §4에서, 일단 사회의 기본구조를 정의의 일차적인 주제로 받아들이게 되면, 위의 질문에 답하려는 이러한 방식의 접근이 대표의 장치로서의 원초적 입장이라는 개념에 이르게 되는 이유를 살펴보았다.

§6. 질서정연한 사회의 개념

1. 나는 공정으로서의 정의에서 세대를 넘어선 공정한 협동체계로서의 사회라는 근본적 개념이 두 가지 동반적 개념과 연결되어 발전되었다고 말한 바 있다. 이 두 가지 동반적 개념은 자유롭고 평등한 인간으로서 시민의 개념과 공적인 정치적 정의관에 의해 효율적으로 규제되는 사회로서 질서정연한 사회의 개념이다. 첫 번째의 동반적 개념은 이제까지 토의되어져 왔기에 나는 지금 두 번째에 대하여 논의하겠다.

사회가 질서정연하다고 말하는 것은 세 가지 의미를 전달하고 있다: 첫째(그리고 공적으로 인정된 정의관의 개념에 의해 함축된), 그것은 동일한 정의의 원칙들을 모든 사람들이 받아들이고, 모든 사람들이 다른 사람들도 모두 그것을 받아들인다는 것을 알고 있는 사회이다. 둘째(그러한 정의관의 효과적 규제의 개념에 의해 함축된), 그것의 기본구조—즉 이의 주요 정치적 및 사회적 제도들은 물론, 이 제도들이 하나의 협동적 체계로서 결합되는 방식—은 이러한 정의원칙들을 만족시킨다고 공적으로 알려져 있거나 그렇게 믿을 만한 좋은 이유를 가지고 있다는 점이다. 셋째, 이 사회의 시민들은 정상적인 효과적 정의감을 가지고 있어서 이들이 정당하다고 생각하는 사회의 기본제도에 일반적으로 순응한다는 것이다. 그러한 사회에서 공적으로 인정된 정의관은 하나의 공유된 관점을 확립하게 된다. 그리고 이 관점에 의하여 사회에 대한 시민들의 주장이 조정될 수 있게 된다.

이것은 고도로 이상화된 개념이다. 그러나 입헌적 민주주의를 질서정연하게 만들 수 없는 정의관은 어떠한 것도 민주적 관점으로서는 부적절하다. 이것은 다음과 같은 잘 알려진 이유로 발생할 수가 있다. 즉 그 내용이, 공적으로 인정되게 되면, 자멸적이 되는 경우에 발생할 수 있다. 이것은 또한 다음과 같은 이유로도 발생 가능하다. 즉 코헨Cohen에 의한 한 구분(합당한 다원주의와 다원주의 사실 자체reasonable pluralism and pluralism as such의 구분)을 채택하여 설명한다면, 합당한 다원주의의 사실에 의해 특징지어지는 민주적 사회의 성격 때문에 발생할 수도 있는 것이다.[37] 그래서 정의관은 합당한 포괄적인 교리들을 인정하는 합당한 시민들의 지지를 얻지 못하게 되면 실패할 수도 있다. 또는 내가 앞으로 자

---

37 나는 이 점에 대한 소개적인 논의에 대하여 코헨(Joshua Cohen)에게 감사한다. 그리고 합당한 다원주의와 다원주의 그 자체간의 구별의 중요성을 주장하는데 대해서도 감사한다. 이것들은 곧 뒤따르는 §6.2와 이후의 Ⅱ: 3의 구절들에서 구체화되고 있다. 그는 이러한 문제들을 다음의 글에서 더 자세하게 설명하고 있다, "Moral Pluralism and Political Consensus," in *The Idea of Democracy*, edited by David Copp, Jean Hampton, and John Roemer (Cambridge: Cambridge University Press, 1993)를 참조하라.

주 말하겠지만, 어떤 정의관은 합당한 중첩적 합의의 지지를 얻을 수 없게 될 수도 있다. 이 중첩적 합의의 지지를 얻을 수 있어야 하는 것이 바로 적절한 정치적 정의관에 요구되는 필요한 사항이다.

2. 이것(중첩적 합의의 지지)을 요구하는 이유는 민주적인 사회의 정치문화가 (내가 가정하기로는) 다음과 같이 이해되는 세 가지 일반적인 사실을 통해 그 특징을 찾아 볼 수 있다는 점에 기인한다.

첫째는 현대 민주주의 사회에서 발견되는 합당한 포괄적인 종교적, 철학적, 도덕적 교리들의 다양성이 곧 사라져갈 수 있는 단순한 역사적 조건들이 아니라는 것이다. 이것은 민주주의의 공적 문화의 영구적 특징이다. 자유로운 제도들의 기본적 권리들과 자유들에 의해 보장되는 정치적 및 사회적 조건하에서, 만약 상충하며 화해 불가능한—그리고 심지어는, 합당한—포괄적인 교리들의 다양성이 이미 존재하는 것이 아니라 하더라도, 그러한 다양성은 발생할 것이며 지속될 것이다.

이러한 합당한 다원주의의 사실the fact of reasonable pluralism은 다원주의 사실 그 자체the fact of pluralism as such와는 구별되어야만 한다. 합당한 다원주의의 사실은 자유로운 제도들이 단순히 다양한 교리 및 견해들을 생성하는 경향이 있다는 사실을 의미하는 것은 아니다. 이러한 단순한 다양성은 사람들의 다양한 이익들과 이들 자신의 협소한 견해에 집착하려는 경향을 살펴보면 예측해 볼 수 있다. 오히려 합당한 다원주의는 형성되는 견해들 사이에 다양하고 합당한 포괄적 교리들이 존재하고 있다는 사실을 의미한다. 이것들은 합당한 시민들이 수용하고 있는 교리들이며, 정치적 자유주의가 역점을 두어야만 할 교리들이다. 그것들은 단순히 자기이익과 계급이익이나, 아니면 국지적 입장으로부터 정치세계를 바라보는 사람들이 (어느 정도) 이해할 수 있는 그러한 경향의 결론은 아니다. 대신에, 그것들은 자유로운 제도들의 구조 내에서 행사되는 자유로운 실천이성의 소산이라고 부분적 의미에서 말할 수 있다. 그래서 비록 역사적 교리들이 물론 자유로운 이성만의 소산이 아니긴 하지만, 합당한 다원주의의 사실은 인간 생활의 불운한 조건은 아닌 것이다. 두 번째 단계에서, 합당한 포괄적인 교리들의 지지를 얻을 수 있는 정치적 정의관을 형성함에 있어서, 우리는 이 정치관을 세상의 야만적인 힘이 아니라 자유로운 인간의 이성의 불가피한 결과물에 조정시키려 하는 것이다.[38]

그리고 두 번째 연관된 일반적 사실은 어떤 하나의 포괄적인 종교적, 철학적 또는 도덕적 교리에 대한 공유된 이해의 지속은 국가권력의 강압적 사용을 통해서만 유지될 수 있다는 점이다. 우리가 만약 정치사회를 유일하고 동일한 포괄적인 교리의 수용을 통하여 결속된 공동체로서 생각한다면, 이러한 정치공동체에서는 국가권력의 강압적 사용이 필요하게 된다. 가톨릭적 신념의 수용을 통하여 어느 정도 결속되어 있던 중세의 사회에서 종교재판소the Inquisition는 우연이 아니었다. 이교도에 대한 억압은 공유된 종교적 믿음을 보존하기 위해 필요한 것이었다. 생각하건대 동일한 논리가, 종교적이든 비종교적이든 간에, 합당한 포괄적인 철학적 및 도덕적 교리에도 적용된다. 공리주의의 합당한 형태나 또는 칸트나 밀의 합당한 자유주의에 입각하여 결속된 사회도 마찬가지로 그러한 상태를 유지하기 위하여 국가권력의 강제력을 필요로 할 수 있다.[39] 이것을 "억압

---

38 Ⅱ: 2~3에서는 판단의 부담(the burdens of judgment)에 관한 설명과 합당한 포괄적 교리에 관한 논의가 있다. 이것은 그러한 교리들이 존재하는 데 필요한 최소한의 필요한 조건들을 제시해 준다. 이러한 조건들은 물론 정치적 자유주의의 목적에 적합한 것이어야 할 것이다. 이렇게 정의된 모든 합당한 교리들이 다른 목적을 위해서나 다른 관점에서도 동등하게 합당하다는 것을 시사하는 것은 아니다. 시민들이 이러한 보다 더 확장된 문제에 대해 다른 의견을 가질 수 있다는 것은 자명하다.

39 이 설명은 매우 역설적으로 보일 수 있다. 만약 누군가 칸트와 밀의 교리에 어긋나지 않는다면 국가권력의 강제가 사용될 수 없다고 반대한다면, 나는 즉시 동의 한다. 그러나 이 주장은 텍스트와 모순되지는 않는다. 텍스트의 내용은 모든 사람이 인정하는 하나의 합당한 자유주의적 교리가 존재하는 사회가 만약 가설상 존재한다면, 이 사회는 오래 지속할 수 없을 것이라

의 사실the fact of oppression"이라고 부르자.[40]

마지막으로, 세 번째 일반적 사실은 지속적이고 안정적인 민주정체, 즉 경쟁적인 교리적 표명들과 적대적인 사회계급으로 인해 분열되지 않는 체제는 적어도 정치적으로 활동적인 상당한 다수의 시민들에 의해 기꺼이 그리고 자유롭게 지지될 수 있어야만 한다는 점이다. 첫 번째 일반적 사실과 함께, 이것은 다음과 같은 점을 의미한다. 즉 어떤 정치적 정의관이 입헌정체를 정당화하는 공적 기반으로 기능하기 위해서는, 해당 정치적 정의관이 매우 다르고 상반되긴 하지만 합당한 포괄적인 교리들에 의해 지지될 수 있어야만 한다는 점이다.[41]

3. 모든 시민들이 수용하는 합당한 종교적, 철학적 또는 도덕적 교리가 없기 때문에, 어떤 질서정연한 민주적 사회에서 수용될 수 있는 정의관은 내가 "정치적인 것의 영역the domain of the political"이라 부르는 것과 그 가치들에 국한된 관점이어야만 할 것이다. 따라서, 질서정연한 민주적 사회의 개념은 형성되어지는 것임에 틀림없다. 그래서 나는 시민들의 전반적인 견해가 두 부분으로 이루어진다고 가정한다. 한 부분은 공적으로 인정되는 정의관, 또는 이와 일치하는 것으로 간주될 수 있는 부분이다. 다른 하나는 정치적 정의관이 특정의 형태로 연결되어 있는 (완전 또는 부

는 점이다. 합당하지 않은 교리와 제도적 권위의 개념을 강조하는 종교와 관련해서는 우리는 텍스트가 옳다고 생각할 수 있다. 그리고 우리는 다른 포괄적 견해에 대하여 예외가 있다고 잘못 생각할 수도 있다. 텍스트의 요점은 다음과 같다: 예외는 없다. 나는 이러한 견해에 대해 선스타인(Cass Sunstein)의 논평에 빚지고 있다.

40 나는 이 명칭을 시에(Sanford Shieh)에게서 빌려왔다.

41 완결짓기 위해, 나는 네 번째의 일반적 사실을 추가한다. 이것은 우리가 공적 문화를 이야기함에 있어 줄곧 사용하여 온 것이다. 이것은 다음과 같다. 상당한 기간 동안에 걸쳐 합당하게 작용해 왔던 어떤 민주적 사회의 정치문화는 적어도 묵시적으로라도 특정의 근본적인 직관적 개념들(certain fundamental intuitive ideas)을 포함하고 있는 것이 일반적인 사실이라는 점이다. 이 직관적 개념들에 근거하여 입헌정체에 적합한 정치적 정의관을 만들어내는 것이 가능한 것이다. 이 사실은 우리가 정치적 정의관의 일반적 특징을 구체화 하고, 그러한 견해로서 공정으로서의 정의를 정교히 하고자 할 때 중요하다.

분적으로) 포괄적인 교리이다. 이것이 어떻게 관련되어져 있는가는 뒤에 나오는 Ⅳ: 8에서 다루고 있다. 여기에서 강조하고자 하는 점은 다음과 같다. 내가 지금까지 말해 왔듯이, 모두가 인정하는 공적 정치관이 자신들의 보다 포괄적인 견해와 어떤 방식으로 연관되어 있는가에 대해서는 시민들 각자가 개별적으로 자신을 위해 스스로 결정한다는 점이다.

이러한 이해와 더불어, 나는 질서정연한 민주적 사회가 필요한 (그러나 확실히 충분하지는 않지만) 현실주의와 안정성의 조건을 어떻게 충족시키는가를 간략하게 언급하고자 한다. 그러한 사회는 정치적 정의관에 의하여 질서정연하게 운영될 수가 있다. 물론 이는 첫째, 합당하지만 상반된 포괄적 교리들을 수용하는 시민들이 중첩적 합의에 예속되어야만 이루어질 수가 있다. 즉 이것은 이들 시민들이 그러한 정의관을 기본적 제도에 관한 정치적 판단의 내용을 부여해 주는 근거로 일반적으로 지지하는 것을 의미한다. 두 번째, 합당하지 않은 포괄적 교리들(이러한 것들이 언제든지 존재한다고 가정한다)이 사회의 본질적 정의를 근본적으로 훼손할 정도로 횡행해서는 안 된다는 점이다. 이러한 조건들은 모든 시민들이 동일한 포괄적인 교리를 수용해야 한다는 비현실적인—사실상 이상주의적인—요건을 부과하지 않는다. 그러나 다만 정치적 자유주의에서와 같이, 동일한 공적 정의관을 수용하도록 요구할 뿐이다.

4. 중첩적 합의의 개념the idea of overlapping consensus은 일반적인 정치에서 사용되는 합의의 개념을 전제한다면 쉽게 잘못 이해될 수 있다. 이것의 의미는 다음과 같다: 우리는 입헌민주정체를 합당하게 정의롭고 실행가능하며 수호할 가치가 있는 체제로 가정한다. 그렇지만 합당한 다원주의의 사실을 전제한다면, 이 입헌민주정체가 안정성을 이룰 수 있는 충분한 폭넓은 지지를 획득할 수 있도록 이에 대한 변론을 우리는 어떻게

형성할 수 있는가?

이 목적을 위해, 우리는 실제로 존재하는 포괄적인 교리들을 들여다보고 이들 간에 일종의 힘의 균형을 모색하는 정치관을 이끌어내고자 하는 것은 아니다. 설명하자면, 다음과 같다: 기본적 가치primary goods의 목록을 설정하는 데 있어,[42] 말하자면, 우리는 두 가지 방법으로 진행할 수 있다. 한 가지 방법은 사회에서 실제로 발견되는 다양한 포괄적인 교리들을 살펴보고, 그러한 교리들 간의 중력중심doctrines' center of gravity에 근접할 수 있도록 그러한 가치들재화들의 지표를 규정하는 것이다: 풀어서 말하자면, 그러한 견해들을 인정하는 사람들이 제도적 요구와 보호 그리고 전목적적 수단들에 입각하여 필요할 것으로 생각되는 것에 대한 일종의 평균점을 찾는 것이다. 이렇게 하는 것이 아마도 이 지표가 현존하는 교리들과 결부된 선관(가치관)을 개진하는 데 필요한 기본적 요소를 제공하고, 그리하여 중첩적 합의의 보장 가능성을 향상시킬 수 있도록 하는 최선의 방법인 것처럼 여겨질 수 있다.

이것은 공정으로서의 정의가 전개되는 방식은 아니다. 그렇게 하는 것은 잘못된 방법으로 중첩적 합의를 정치적으로 만들려고 하는 일이다. 오히려, 중첩적 합의는 공정한 협동체계로서의 사회라는 근본적 개념과 이의 동반적 개념들로부터 시작하는 독립적인 자유로운 견해(§1.4)로서의 정치관을 형성하려 하는 것이다. 희망사항은 이 개념이 내부로부터 도달한 기본적 가치의 지표를 통해 합당한 중첩적 합의의 초점이 될 수 있다는 것이다. 우리는 지금 존재하거나, 존재하여 왔거나, 존재할지도 모르는 포괄적인 교리들을 젖혀두고자 한다. 이 생각의 초점은 기본적 가치가 그러한 교리들과 결부된 포괄적인 가치관들 간에 공정한 균형점을 모색함으로써 이들에게 공정할 것이라고 하는 것에 있지 않다. 기본적 가치(의

42 기본적 가치의 개념은 II: 5.3에서 소개되고 있으며, 좀 더 자세한 논의는 V: 3~4에서 이루어지고 있다.

지표)가 이러한 포괄적 가치관들을 지닌 인격체로서의 자유롭고 평등한 시민의 존재에 오히려 공정할 것이라는 점에 있다.

그런데 문제는 입헌적 정체에 적합한 정치적 정의관을 어떻게 형성할 것인가 하는 것이다. 즉 이 정의관이 자신의 포괄적 교리들과 첨예하게 상충하지 않는다는 점을 전제로 할 때, 이러한 입헌적 정체를 지지하거나 지지하도록 유도되는 그러한 사람들이 또한 인정할 수 있는 정치적 정의관을 형성하는 것이 문제가 된다. 이것은 독립적인 자유로운 입장의 견해로서의 정치적 정의관의 개념으로 연결된다. 이 개념은 민주적 사회의 근본적 개념들로부터 시작하고 있으며, 어떤 특별한 보다 광범위한 교리를 전제하고 있지 않다. 우리는 이 정치관이 그 자체에 대한 주장을 획득하는 데 어떠한 교리적 장애를 부여하지 않는다. 이렇게 하여 이 정의관이 합당하고 지속적인 중첩적 합의에 의해 지속될 수 있도록 하려는 것이다.

§7. 공동체도 아니고 협회도 아니다

1. 질서정연한 민주적 사회는 공동체가 아니며, 보다 일반적으로 말해서, 협회도 아니다.[43] 민주적 사회와 협회 사이에는 두 가지 차이점이 있다. 첫째는 우리가 민주적 사회를, 다른 정치적 사회와 마찬가지로, 완결적이고 폐쇄적인 사회체계로 가정하여 왔다는 점이다. 그것은 자기충족적이고 인간 생활의 모든 주요한 목적들을 위한 공간을 가지고 있다는 점에서 완결적이다. 이것은 내가 지금까지 말해왔듯이(§2.1), 출생에 의해서

---

43 정의(definition)상, 공동체를 하나의 특별한 협회, 예를 들자면 교회와 같이 포괄적 교리에 의해 결합된 협회로 생각하여 보자. (교회와 같이 포괄적 교리에 의해 결합되지 못한) 다른 협회의 구성원들은 종종 공유된 목적을 가지고 있긴 하지만, 이들이 하나의 포괄적 교리를 형성하지 못하여 심지어는 단순히 도구적 수준에 머물러 있을 수도 있다.

민주적 사회로 진입하고, 사망에 의해서만 탈퇴할 수 있다는 점에서 역시 폐쇄적이다. 우리는 사회에 존재하기 이전에는 어떠한 사전적 자기 정체성identity을 가지지 않는다: 이것은 우리가 마치 다른 곳으로부터 온 존재와 같은 것이 아니라, 오히려 우리가 이 사회적 위치 속에서 이 사회에서 성장하는 우리 자신을 발견한다는 것이다. 이것은 마치 우리의 행 또는 불행이 그러하듯이, 사회에서 비롯되는 이익과 불이익이 있는 그러한 사회 지위에 속에 있는 우리 자신을 발견하게 된다는 것이다. 우리는 질서정연한 사회에 적합한 정의관이 획득될 때까지, 당분간 다른 사회와의 관계들의 문제를 완전히 젖혀두는 것은 물론 만민들peoples 상호간의 정의의 모든 문제를 연기하고자 한다. 그래서 우리가 협회에 가입하는 것처럼 이성의 연령에 도달하여 사회에 가입하는 것으로 여겨지는 것이 아니라, 우리가 전 생애를 영위하게 되는 사회에 태어남으로써 진입하는 것으로 간주한다.

자 그러면, 사회세계the social world를 형성하기 위하여 고안되는 정의의 원칙들에 관하여 생각하여 보자. 이 사회세계에서는 우리의 포괄적 견해와 이와 관련된 가치관뿐만 아니라 우리 자신의 성격과 인간으로서의 자신들에 대한 관점이 처음으로 획득되어 진다. 그리고 이러한 사회세계에서 우리의 도덕적 능력들이 도대체 실현되어야만 하는 것이라면, 그러한 것들이 실현될 수 있어야만 한다. 이러한 원칙들은 시민사회의 배경적 제도들내에서 이러한 기본적 자유와 기회들에 우선성을 부여함으로써 우리들을 우선적으로 자유롭고 평등한 시민이 되게 하고, 그리고 그러한 신분을 가진 개인으로서의 우리의 역할을 이해하게 할 수 있게 해준다.

2. 질서정연한 민주적 사회와 협회간의 두 번째 기본적 차이는 그러한 민주적 사회가 개인들 혹은 협회들이 하는 것처럼 궁극적 목적과 목

표final ends and aims를 갖고 있지 않다는 점에 있다. 여기에서 나는 목적과 목표를 포괄적 교리들에서 특별한 위치를 차지하고 있는 것들로 의미하고 있다. 대조적으로, 헌법적으로 규정된 사회의 목적, 예를 들어 헌법전문에 나타나는 그러한 것들—보다 완벽한 정의, 자유의 축복들, 공동방위—은 정치적 정의관과 이의 공적 이성에 속해야만 할 것들이다. 이것은 시민들이 선행적인 사회적 목적들antecedent social ends이 있다는 것을 생각하지 않는다는 것을 의미한다. 이 선행적 사회적 목적들은 일부 사람들이 다른 사람들보다 사회에 더 가치가 있거나 아니면 가치가 적은 것으로 간주하고, 이에 따라 상이한 기본적 권리들과 특권들을 할당하는 것을 정당화시키는 역할을 하게 된다. 지나간 많은 사회들은 선행적 사회적 목적들에 관해 다르게 생각해 왔다. 즉 그들은 궁극적 목적으로서 종교와 제국, 지배와 영광을 추구했다. 그리고 개인과 계급의 권리와 신분은 그러한 목적들을 달성하는 데 있어 이들의 역할에 근거하여 설정되었다. 이 점에서 이 사회들은 자신들을 협회로 간주해 왔던 것이다.

대조적으로, 자신의 정치관을 지닌 민주적 사회는 자신을 전혀 협회로 보고 있지 않다. 민주적 사회는, 사회 내에 존재하는 협회가 일반적으로 하는 것처럼, 전체로서 사회나 또는 이미 그 구성원이 된 자들의 목적에 부응할 수 있는 구성원들의 잠재적 기여의 가치에 따라 이들(이 경우 그 사회에 태어난 자들)에게 상이한 조건을 제공할 수 없게 되어 있다. 이것을 행하는 것이 협회의 경우에는 허용될 수도 있는데, 그 이유는 이 경우에는 장래 또는 기존의 구성원들이 이미 자유롭고 평등한 시민의 지위를 보장받고 있으며, 사회의 배경적 정의의 제도들이 그들에게 다른 대안들(사회적 목적에 부응하는 잠재적 기여에 입각한 상이한 조건 제공과는 다른)도 개방되어 있음을 보장하여 주기 때문이다.[44]

---

44 이 절에서 이루어지고 있는 사회와 협회간의 구별은 *On Human Conduct*(Oxford: Clarendon Press, 1975)의 중심적인 논문에서 제시되고 있는 오크숏(Michael Oakshott)에 의한 실천적

3. 질서정연한 민주적 사회가 협회는 아니지만, 공동체community 또한 아니다. 여기서 공동체란 우리는 공유된 포괄적인 종교적, 철학적, 또는 도덕적 교리에 의해 지배되고 있는 사회를 의미한다. 이러한 사실은 질서정연한 사회의 공적 이성의 개념에 매우 중요한 것이다. 민주주의를 공동체(위에서 규정한 것과 같은)로 생각하는 것은 정치적 정의관에 입각한 공적 이성의 제한된 범위를 간과하는 것이다. 이것은 입헌정체가 가장 기본적인 민주적 원칙들을 위배하지 않고 할 수 있는 화합unity의 종류를 오해하는 것이다. 전체적 진리에 대한 갈망은 공적 이성으로 정당화할 수 없는 보다 광범위하고 심원한 화합을 지향하도록 우리를 유혹한다.

그러나 그것은 또한 민주적인 사회를 하나의 협회로 간주하고 민주적 사회의 공적 이성이 비정치적 목적과 가치들을 포함하는 것으로 가정하는 실수를 범하고 있다. 이렇게 하는 것은 사회적 세계를 형성함에 있어 기본적 제도의 우선적이고 근본적인 역할을 간과하는 것이다. 이 사회적 세계 내에서만 우리들은 관심 및 양육과 교육을 통하여, 그리고 조그만 행운도 없이 자유롭고 평등한 시민으로 발전할 수 있다. 이러한 사회적 세계의 정의로운 배경은 정치관의 내용에 의해 주어지게 된다. 이렇게

협회(a practical association)와 목적적 협회(a purposive association) 간의 구별과 많은 방식에서 유사하다. *Law, Morality and the Relations of States*(Princeton: Princeton University Press, 1983)에서 계발적 취지로 이러한 구별을 설명하고 사용한 바딘(Terry Vardin)은 동의하지 않을지 모른다. 그는『정의론』이 사회를 협동의 체계로서 설명하기 때문에,『정의론』이 목적적 협회로서 사회를 간주한다고 생각한다. 하지만 이것은 결정적인 것은 아니라고 생각한다. 오히려 결정적인 것은 어떤 유형의 인간으로 협동하고 있으며, 이들의 협동이 무엇을 달성하려고 하는가가 보다 중요하다. 텍스트에 따르면, 민주적 사회를 특징짓는 것은 자유롭고 평등한 시민으로서 사람들이 협동하고 있다는 점과 그들의 협동이 (이상적인 경우에서) 달성하고자 하는 것은 정의의 원칙을 실현하고, 시민으로서 자신들의 필요를 충족시킬 수 있는 모든 수단을 시민들에게 제공하는 배경적 제도를 가진 정당한 기본구조라는 것이다. 이들의 협동은 서로 간에 정치적 정의를 보장해 준다. 한편, 협회에서는 사람들은 협회에 그들을 가입케 하는 목적이 어떠한 것이든지 간에 이를 달성하기 위하여 협회의 구성원으로서 협력한다. 협회에 가입케 하는 목적은 협회에 따라 상이할 것이다. 시민으로서 이들은 그들이 공통으로 공유하는 정의의 목적을 달성하기 위해 협동하는 반면, 협회의 구성원으로서 이들은 자신들의 상이한 포괄적인 가치관에 속하는 목적들을 실현하기 위해 협력한다.

함으로써 모든 시민들은 공적 이성에 의해 그 역할을 이해하고, 그 정치적 가치들을 공유할 수 있게 되는 것이다.

§8. 추상적 관점의 사용에 관하여

1. 내가 소위 정치적 자유주의라 불러온 것을 설명하기 위하여, 나는 민주적 사회의 공적 정치문화 속에 내재해 있는 친숙하고도 기본적인 개념들을 가지고 시작하였다. 이 기본적인 개념들을 이용하여 일군一群의 관점들을 형성하였다. 이 관점들에 입각하여 정치적 자유주의가 공식화될 수 있고 이해될 수 있게 될 것이다. 이러한 기본적 개념들 중에서 첫째는 정치적 정의관 자체이다(§2). 그리고 다음은 세 가지 근본적 개념들이 있다. 이 세 가지 근본적 개념들은 시대를 넘어선 공정한 사회적 협동체계로서의 사회관(§3)과 이것에 수반되는 두 가지 개념인 자유롭고 평등한 정치적 인간관(§5)과 질서정연한 사회관이다(§6). 우리는 또한 공정으로서 정의를 제시하기 위해 두 가지 개념을 사용하였다. 즉 기본적 구조(§2)와 원초적 입장의 관점(§4)이다. 끝으로, 질서정연한 사회를 가능한 사회세계로 제시하기 위하여, 이러한 개념들에다 중첩적 합의의 개념과 합당한 포괄적 교리의 개념을 덧붙였다(§6). 합당한 다원주의는 이 마지막 합당한 포괄적 개념과 관련하여 규정되고 있다. 사회적 화합의 성격은 합당한 포괄적인 교리들 간의 안정적인 중첩적 합의에 의해 제시된다(Ⅳ: 1). 뒤의 강의에서 다른 기본적 개념들이 정치적 자유주의의 내용을 채우기 위하여 도입되고 있다. 예를 들자면, 정치적인 것의 영역의 개념(Ⅳ)이나 공적 이성의 개념(Ⅵ)과 같은 것 들이다.

이러한 관점들과 이들의 관계에 대한 이해를 전제로 하여, 나는 정치적 자유주의가 표명하는 결합된 질문[45]을 상기시키면서 다음과 같이 말

하고자 한다: 다음 세 가지 조건들은 자신들이 수용하고 있는 합당한 포괄적인 교리들에 의해 심원하게 분열된 자유롭고 평등한 시민들 사이에서 공정하고 안정적인 협동체계가 될 수 있는 사회를 만들기 위해 충분한 것으로 여겨진다. 첫째, 사회의 기본구조는 정치적 정의관에 의해 규제된다. 둘째, 이 정치관은 합당한 포괄적 교리들 간의 중첩적 합의의 초점이 된다. 그리고 셋째, 헌법적 본질들과 기본적 정의의 문제들이 쟁점이 되었을 때, 공적 토론은 정치적 정의관에 입각하여 진행된다. 이 간략한 요약이 정치적 자유주의의 특징을 설명해주고, 이 정치적 자유주의가 입헌적 민주주의의 이상을 어떻게 이해하는가를 보여준다.[46]

2. 사람들은 너무 많은 추상적 관점들의 사용에 대해 이의를 제기할 수도 있을 것이다. 이런 종류의 관점들에 우리가 이르게 되는 이유를 살펴보는 것은 유익할 수가 있다. 정치철학에서 추상화의 작업은 심원한 정치적 갈등들에 의해 시작되었다.[47] 단지 공론가들과 몽상가들은 정치적 가치들의 심원한 갈등과 이것들과 비정치적 가치들 사이에서 오는 갈등을 깨닫지 못하고 있는 것이다. 심원하고도 오랫동안 지속된 논쟁은 합당한

---

45 이 질문은 §1 앞에 있는 간결한 서문에서 언급되었다.

46 텍스트에서 언급하는 세 가지 조건은 필요조건이 아니라 충분조건으로서 이해될 수 있다. 이것들이 정치적 정의관으로 보다는, 예를 들어, 작동 가능하지만 그러나 아주 일반적인 일군의 원칙들이나 또는 확립된 헌법의 규칙과 같은 일군의 규칙으로 약화될 가능성이 있는지에 관한 논의는 Ⅳ: 3.5에서 이루어지고 있다. 거기에서 나는 내가 중첩적 합의의 깊이와 폭, 그리고 구체성으로 언급하고 있는 바를 다루고 있으며, 그리고 이 세 가지 조건이 이상적인 경우를 표현하고 있다는 점을 유의시키고 있다.

47 여기에서 나는 *The Journal of Philosophy* 83(1986): 457~68에 게재된 코헨(Joshua Cohen)의 Micheal Walzer's *Spheres of Justice*(New York: Basic Book, 1983)에 대한 논평에 의존하고 있다. 특히 이 저널의 pp. 463~67과 pp. 467f.에 있는 코헨이 왈쩌의 "단순한 공동체주의자의 딜레마"(Walzer's "simple communitarian dilemma")라고 부르는 것에 대한 토론을 참조하라. 여기에서 그는 정치철학이 어떻게 시작되어야 하는가에 대한 왈쩌의 견해가 플라톤, 칸트, 시즈위크의 견해와 본질적으로 다르지 않다고 주장한다. 다만 그 차이점은 왈쩌가 정치철학이라는 것은, 말하자면, 우리의 공유된 이해의 문제로 귀결되어야만 한다고 주장하는 데에 있다.

정당화의 개념을 인식론적이거나 형이상학적 문제가 아닌 실천적 문제로서 대두하게 하는 무대를 마련하였다(§1). 왈쩌Walzer가 말할지도 모르지만, 공유된 정치적 이해가 깨어졌을 때 그리고 마찬가지로 우리 스스로의 내부에서 분열되었을 때, 우리는 정치철학에 호소하게 된다. 스티픈스Alexander Stephens가 자연권의 추상화에 대한 링컨의 호소를 거절하고 다음과 같은 말로 답변한 것을 상상한다면 우리는 이것을 인정하게 된다: 북부는 노예제도에 대한 남부의 공유된 정치적 이해를 존중해야만 한다.[48] 물론, 이에 대한 대답은 정치철학의 문제로 연결될 것이다.

정치철학은 일부 사람들이 생각해왔듯이 사회와 세계로부터 물러나지는 않는다. 그리고 정치사상 및 정치실천의 어떠한 전통으로부터 분리되어서 정치철학 자체의 고유한 이성의 방법들로 무엇이 진리인가를 발견하려고 한다는 주장도 하지 않는다. 정치적 정의관이 우리의 숙고된 정의의 신념들을 일반성의 모든 수준, 즉 가장 일반적인 것에서부터 가장 특수한 것에 이르는 일반성의 수준에서 질서 있게 정리하지 않는다면, 어떠한 정치적 정의관도 우리에게 비중을 지니기는 어려울 것이다. 이것을 할 수 있도록 하는 것이 바로 원초적 입장의 한 역할이다.

정치철학이 우리의 숙고된 신념을 강제할 수 없는 것과 마찬가지로 논리의 원칙들the principles of logic도 우리의 숙고된 신념을 강제할 수는 없다. 만약 우리가 강제된다고 느낀다면, 이것은 다음과 같은 이유 때문이다. 즉 우리가 현안의 문제에 대해 심사숙고할 때, 가치, 원칙 및 기준들이 공식화되고 정리되어져 이들을 우리가 인정하거나 또는 인정해야만 하는 것들로 자유롭게 받아들여지기 때문이다. 우리는 이 인정의 범위를

48 1860년 11~12월의 서신교환 중 링컨측에 대한 것은 *Collected Works*, vol. Ⅳ, pp. 146, 160f.를 보라. 이 서신교환은 니콜레이(Nicolay)와 헤이(Hay)에 의해 재 인쇄되고 토론되었다. Nicolay and Hay, *Abraham Lincoln*(New York: Century Co, 1971)(1st ed. 1886, 1890), pp. 270~75; 그리고 Allan Nevins, *The Emergence of Lincoln*(New York: Chales Scribner's, 1950), vol. Ⅱ, pp. 466f.를 보라.

확장하기 위하여 원초적 입장을 사용할 수 있다. 우리가 강제된다고 느끼는 것은 아마도 그러한 원칙들과 기준들의 결과 즉 우리의 자유로운 인정의 함의에 우리가 놀라게 되기 때문일 것이다. 그렇지만 우리는 보다 특수한 판단들을 재확인하고, 자체의 이상과 원칙들을 담지하고 있는 제안된 정의관을 수정할 수가 있다. 이러한 작업은 모든 일반성의 수준에서 판단들이 적절한 숙고를 통하여 최종적으로 정렬될 때까지 지속된다. 추상적 관점들과 일반적 원칙들이 우리의 보다 특수한 판단들을 항상 능가하는 것으로 간주하는 것은 잘못된 것이다. 우리의 실천적 생각의 이 두 측면(일반적 원칙과 특수한 판단의 측면)(중간영역에 존재하는 일반성의 매개적 단계는 제외하고)은 상호 보완적이며, 또한 일관된 견해를 형성할 수 있도록 상호간 조정되어야만 한다.

그런데 추상화의 작업은 불필요한 것은 아니다: 즉 추상 자체를 위한 추상이 아니라는 것이다. 오히려 이것은 저수준의 일반성lesser generality에 대한 공유된 이해가 깨어졌을 때, 공적 토론을 지속하는 방법이 된다. 우리는 갈등이 더욱 깊어질수록 이 갈등의 뿌리에 관한 분명하고 정리된 견해를 얻기 위하여 추상의 수준을 높일 수밖에 없다는 점을 알아야만 한다.[49] 민주적 전통 속에서, 평등의 발판을 위한 관용의 본질과 협동의 기반에 관한 갈등이 지속되어 왔기 때문에, 우리는 이 갈등이 매우 깊어졌다고 생각할 수 있다. 그러므로 이러한 갈등들을 아주 익숙한 기본적인 생각과 결부시키기 위해, 우리는 공적 정치문화 속에 내재해 있는 근본적 개념들을 찾아보고, 적절한 숙고를 통해 어떻게 시민들 스스로가 자신들의 사회를 세대를 넘어서는 공정한 협동체계로 고안해 내기를 원

---

49 이 생각은 다음의 두 책에 대한 스캔론(T.M. Scanlon)의 논평에서 함축적으로 나타나고 있다. 햄프셔(Stuart Hampshire)의 *Morality and Conflict*(Cambridge, Mass.: Harvard University Press, 1983)과 왈쩌(Micheal Walzer)의 *Spheres of Justice* 이 두 책에 대한 스캔론의 논평은 *London Review of Books*, September 5, 1985, pp. 17f.에 있다. 이 생각은 지면상의 이유로 단축되기 전의 해당 논평의 초고에서 보다 충분히 설명되고 있다.

하는지를 밝혀내고자 한다. 이러한 맥락에서 보자면, 위의 근본적 개념들과 결부된, 말하자면 추상적이라고 할 수 있는, 이상화된 사회관과 인간관을 형성하는 것은 합당한 정치적 정의관을 찾는 데 본질적인 것이다.

강의 II

시민들의 능력과 그들의 대표

강의 I을 시작할 때, 나는 정치적 자유주의가 두 가지의 근본적인 질문을 다룬다고 말한 바 있다. 첫 번째 질문은 다음과 같다: 자유롭고 평등한 존재로 간주되는 시민들 간의 사회적 협동을 위한 공정한 조건을 구체화하는 데 가장 적절한 정의관은 무엇인가? 그리고 두 번째 질문은 이렇게 표현 된다: 합당한 다원주의의 사실the fact of reasonable pluralism을 지속되는 자유로운 제도 내에서 인간이성의 능력들이 작동하여 나타나는 불가피한 결과로 받아들인다면, 일반적으로 이해되는 관용의 근거들은 무엇인가? 이 두 가지의 질문을 결합해서 다음과 같은 하나의 질문으로 만들어 낼 수 있다: 합당한 종교적, 철학적, 도덕적 교리에 의해서 심원하게 분열되어 있는 자유롭고 평등한 시민들 간에 정의롭고 안정적인 사회가 오랜 시간에 걸쳐 지속하는 것이 어떻게 가능한가?

잇따르는 강의들은 다음과 같은 대답의 세부적인 사항들을 채워나갈 것이다. 즉 그러한 사회의 기본구조는 적어도 시민들이 수용하고 있는 합당한 포괄적 교리들 간의 중첩적 합의의 초점인 정치적 정의관에 의해서 효과적으로 규제된다는 것이다. 이것이 바로 이 공유된 정치관으로 하여금 헌법적 본질들과 기본적 정의의 문제가 쟁점이 될 때 정치적 문제들에 관한 논쟁에서 공적 이성의 기초로서 기능할 수 있게 해 주는 것이다(I: 8.1).

합리적인 것the rational과 합당한 것the reasonable, 그리고 합당한 포괄적 교리의 개념들은, 중첩적 합의에는 너무나 중요한 개념들인데, 위의 문제에 대한 답변에서 중심적인 역할을 한다. 지금까지 나는 별다른 설명 없이 이러한 개념들을 사용해 왔다. 나는 이러한 결함을 이제 보완해야만 할 것 같다. 왜냐하면 이것들은 아주 난해한 개념들이고, 특히 합당한 것의 개념은 개인에 적용되든 제도에 적용되든, 혹은 교리에 적용되든 매우 모호하고 불분명하기 때문이다. 나는 평등한 존재들 간의 사회적 협동에 관계된 개인의 덕목으로서 합당한 것의 두 가지 기본적인 측면에 천착함으로써 이 결점을 완화시키고자 한다. 그리고 나서 이 두 가지 측면으로부터 합당한 것의 내용을 발전시키고자 한다. 그 다음 나는 이렇게 하는 것이 어떻게 합당한 다원주의라는 특징을 지닌 사회에서 관용의 기초를 제공하는지를 검토하려 한다. 이것이 끝나면(§§1~3), 합당한 것과 합리적인 것이라는 시민들의 도덕적 능력이 대표의 장치로서 원초적 입장에 어떻게 정형화되는지를 논의할 것이다.

§1. 합당한 것과 합리적인 것

1. 합당한 것과 합리적인 것을 구별시키는 것은 무엇인가? 일상적 담화에서 우리는 어떤 차이를 인식하고, 상식적인 예를 들어 쉽게 그것을 끄집어 낼 수도 있다. 우리는 이렇게 말하곤 한다: "그들의 제안은 그들의 강력한 협상의 입장strong bargaining position을 고려한다면 완벽하게 합

리적이었다. 하지만 그럼에도 불구하고 아주 부당하고unreasonable, 심지어 어처구니가 없기outrageous까지 하였다." 나는 합당한 것을 직접적으로 정의하기 보다는, 개인의 덕목으로서 그것의 기본적인 측면의 두 가지를 구체화하려 한다.[1]

사람들은 다음과 같은 경우에 한 가지 기본적 측면에서 합당하다고 할 수 있다. 말하자면 평등한 존재들 사이에서, 다른 사람들도 그렇게 할 것이라는 확신을 전제로 하여, 공정한 협동의 조건으로서 원칙과 기준을 제시하고 그것을 기꺼이 준수할 태도가 되어 있을 때, 한 가지 기본적 측면에서 합당하다. 그들은 그러한 규범을 모든 사람들이 받아들일 것이기 때문에 합당하며, 그래서 이들에게 정당화될 수 있는 것으로 간주하는 것이다. 그리고 그들은 다른 사람들이 제안하는 공정한 조건을 논의할 준비가 되어 있다.[2] 합당한 것은 공정한 협동체계로서의 사회의 개념의 한

---

1 내가 생각하기에 합당한 것과 합리적인 것의 차이는 칸트에까지 거슬러 올라간다: 그것은 그의 *Foundations*와 다른 저작들에 있는 정언명령(the categorical imperative)과 가언명령(the hypothetical imperative)의 차이에서 표현된다. 정언명령은 순수 실천이성(pure practical reason)을 표현하고, 가언명령은 경험적 실천이성(empirical practical reason)을 표현한다. 정치적 정의관의 목적들을 위해서, 나는 합당한 것에 좀 더 엄격한 의미를 부여하여, 그것을 첫째로, 공정한 협동의 조건을 기꺼이 제시하고 그것을 존중하고자 하는 마음자세와 연관시키고, 둘째로, 기꺼이 판단의 부담을 인식하고 그 결과를 받아들이려는 마음자세와 연관시키고자 한다. 합당한 것과 합리적인 것의 구분은 얼마 전에 시블리(W. M. Sibley)에 의하여 "The Rational Versus the Reasonable," *Philosophical Review*(October 1953): 554~60에서 일반적인 방법으로 유익하게 논의되었다. 나의 논의는 위 논문 p. 560에서 그가 요약한 기본적인 차이와 일치한다: 사람들이 합리적이라는 것을 안다고 할 때, 그들이 추구하는 목적을 우리는 알 수 없으며, 오직 그들이 영리하게 목적을 추구한다는 것만을 안다. 다른 사람들이 관련될 경우 사람들이 합당하다는 것을 우리가 안다고 할 때, 우리는 자기와 타인이 공통으로 추론할 수 있는 원칙에 의하여 이들이 자신의 행동을 기꺼이 통제할 것이라는 점을 우리가 알고 있다는 것을 의미한다. 그리고 합당한 사람은 다른 사람의 복지에 영향을 미칠 그들의 행위의 결과를 고려한다. 합당해지려는 경향은 합리적인 것으로부터 도출되는 것도 아니고, 그에 반대되는 것도 아니다. 그러나 그것은 도덕적으로 행동하고자 하는 성향과 관련이 있기 때문에 이기주의와 양립할 수 없다. 합당한 것에 대한 시불리(Sibley)의 설명은 더 광범위하지만 텍스트에서 사용되는 합당한 것의 두 가지 기본적인 측면에 의하여 표현되는 설명과는 모순되지 않는다.

2 합당한 것의 두 가지 측면은 모두(이 절과 다음의 두 절에서 논의되는) 스캔론(T.M. Scanton)의 도덕적 동기의 원칙(principle of moral motivation)과 긴밀히 연결되어 있다고 나는 생각한다. 이 원칙은 *Utilitarianism and Beyond*, edited by Amartya Sen and Bernard

요소이며, 이 사회의 공정한 (협동의) 조건들은 모두가 수긍할 수 있게 합당해야 한다는 것은 상호성reciprocity 개념의 한 부분이 된다. 내가 말했듯이(I: 3.2), 상호성의 개념은 공평성의 개념the idea of impartiality과 상호이익의 개념the idea of mutual advantage 사이에 위치해 있다. 공평성은 이타적(일반적 선the general good에 의하여 움직이는)이라고 할 수 있으며, 상호이익은 현실로서 누군가의 현재 입장 혹은 예상되는 상황과 관련하여 모두가 이득을 보게 되는 것으로 이해될 수 있다.

합당한 개인은, 말하자면, 일반적 선 그 자체에 의하여 움직이지 않는다. 그러나 합당한 개인들은 자유롭고 평등한 이들이 모두가 받아들일 수 있는 그런 조건하에서 서로 협동할 수 있는 사회세계 그 자체를 열망하고 있다. 그들은 그러한 세계 내에서 상호성이 유지되어 각 개인이 다른 사람들과 함께 혜택을 누릴 수 있어야 한다고 주장한다.

대조적으로, 사람들이 협동체계에 가담하려고 계획하지만, 필요한

Williams(Cambridge: Cambridge University Press, 1982)에 있는 "Contractualism and Utilitarianism"에서 논의되고 있는 것처럼 그의 계약론(contractualism)의 세 가지 기본원칙 중 하나이다. 그 연관성을 여기서 보여주려는 것은 아니다. 단지 스캔론(Scanlon)의 원칙이 심리학적 동기의 원칙(a psychological principle of motivation)(실상 그렇다 하더라도) 이상이라는 것을 말하려는 것이다. 왜냐하면 그것은 왜 어느 누군가가 도대체 도덕성을 염려해야만 하는가와 같은 그러한 근본적인 문제를 다루기 때문이다. 그 원칙은 이렇게 답하고 있다. 우리들은 다른 사람들이 합당하게—즉 유사한 동기를 지닌 다른 사람들이 합당하게 거절할 수 없는 원칙을 발견하려는 욕구를 전제로 하여, 합당하게—거절할 수 없는 근거를 들어 우리의 행동을 다른 사람들에게 정당화시킬 수 있기를 희망하는 기본적 욕구를 가지고 있다는 것이다. pp. 104f, 115f.를 보라. 개인의 덕목으로서의 합당한 것의 두 가지 측면은 이러한 욕구의 서로 연결된 두 가지 표현과 연관된 것으로 볼 수 있다. 합당한 것의 두 가지 측면과 스캔론의 원칙의 연관성을 인정하는 것은 이러한 형태의 동기를 공정으로서의 정의가 출발하는 합당한 인간관(the conception of reasonable persons)에 포함시키는 것을 의미한다. 이렇게 하는 것이 이 동기를 설명하거나, 혹은 그것이 어떻게 일어나는지를 설명하는 것은 아니다. 뒤의 §7에서 논의되는 도덕심리학은 안정성을 설명하는 제한된 목적을 수행하기 위하여 기능할 것이다. 그리고 『정의론』의 p. 478을 보라. 그와 유사한 것이 (정의)원칙들의 도덕성의 도덕적 발전의 끝부분에 나온다. 그 요점은 공정으로서의 정의를 세우는 데 있어서 우리는 스캔론이 기본으로 채택하는 그런 종류의 동기에 의존한다는 것이다. 아래 §7에서 나는 다른 사람들이 합당하게 거부할 수 없는 근거에서 우리의 행동을 그들에게 정당화하고자 하는 욕구를 관점 의존적 욕구(a conception-dependent desire)로 규정한다.

공적인 겉치레로서의 경우를 제외하고는, 공정한 협동의 원칙을 구체화하는데 요구되는 일반원칙이나 기준을 존중하지도, 심지어 제안하려고 하지도 않을 경우, 이들은 이 동일한 기본적인 측면에서 합당하지 않게 된다. 그들은 여건이 허락한다면 자신의 이해관계에 따라 그러한 조건들을 위반할 준비도 되어 있는 것이다.

2. 합당하고 동시에 합리적인 행위자는 정치적 및 사회적 생활에서 책임의 단위가 되는 것이 정상적이며, 합당한 원칙과 기준을 어기면 책임을 지게 된다. 그렇지만 합리적인 것은 합당한 것과는 구별되는 독특한 개념이며, 그 자신의 고유한 목적과 이익을 추구하는 데 있어서 판단과 숙고의 능력을 지닌 개별적인 단일적 행위자a single, unified agent(개인 또는 법인)에 적용된다. 합리적인 것은 이러한 목적과 이익들이 어떻게 채택되고 수용되는지 뿐만 아니라 이것들에게 어떻게 우선성이 부여되는가에 적용된다. 그것은 또한 수단의 선택에도 적용된다. 이 경우 다음과 같은 익히 알려진 원칙에 의해 인도 된다: 목적에 가장 효율적인 수단을 채택하거나, 또는 다른 사항이 같다면 보다 가능성이 높은 대안을 선택하는 것이다.

그렇지만 합리적인 행위자는 수단-목적 계산에 국한되는 것은 아니다. 이들은 최종의 목적들을 저울질 할 수 있다. 즉 이 최종의 목적을 전반적인 인생의 계획에 비추어 그 중요성을 저울질 해 보거나, 이러한 궁극적 목적들 상호간의 일관성과 상호 보완성을 어떻게 잘 유지시킬 것인가를 놓고 검토할 수가 있다. 또한 합리적 행위자는 단순히 자기 이익에만 전념하는 그러한 존재도 아니다. 그들의 이익들이 항상 그들 자신에게만 혜택이 되는 이익들은 아니다. 모든 이익이라는 것이 우선적으로 한 개인 자신(행위자)의 이익이지만, 그러나 모든 이익이 그것을 소유하는 행위자에게만 혜택이 되는 것은 아니다. 사실상, 합리적 행위자는 사람들에 대한 모든 종류의 애정뿐만 아니라, 자연과 국가에 대한 사랑을 포함한 공동체 및 특정 지역들에 대한 애착도 가질 수 있다. 그리고 그들은 다양한 방식으로 자신들의 목적을 선택하고 그 우선순위를 정할 수 있는 것이다.

합리적 행위자가 결여하고 있는 것은 다음과 같은 사항이다. 즉 공정한 협동 그 자체에 참여하고자 하고, 또한 평등한 인격체로서 다른 사람들이 인정하리라고 합당하게 기대할 수 있는 조건으로 협동에 참여 하고자 하는 욕망에 내재하는 특정한 형태의 도덕적 감수성moral sensibility의 결여이다. 나는 합당한 것the reasonable이 도덕적 감수성의 전부라고 가정하지는 않는다. 그러나 그것은 공정한 사회적 협동의 개념과 연결되는 부분을 포함하고 있다.[3] 합리적 행위자는 그들의 이익이 그들 자신에게만 이익이 될 때 거의 정신병 환자에 가깝게 되는 사람이라고 할 수 있다.

3. 공정으로서의 정의에서 합당한 것과 합리적인 것은 서로 구분되고 독립적인 두 가지의 기본개념으로 생각된다. 그것들은 한 가지로부터 다른 한 가지를 유추한다는 것을 생각해 볼 수가 없다는 점에서 서로 구분된다. 특히 합리적인 것으로부터 합당한 것을 유추하는 것은 생각할 수도 없다. 도덕사상사에서 일부의 사람들이 이것을 시도했었다. 그들은 합리적인 것이 더 기초적인 것이라고 생각했다. 왜냐하면 어느 누가 위와 같은 친숙한 원칙들에 의해 구체화된 바로 그러한 (또는 하나의) 합리성의

---

3 합리적 인간(rational people)은 칸트가 *Religion*, AK, Ⅵ: 26에서 말하는 "도덕적 인격에 대한 성향"(the predisposition to moral personality)을 결여하고 있다. 또는, 지금의 경우에서는 합당할 수 있는 능력에 깔려있는 특정한 형태의 도덕적 감수성을 결여하고 있다. 칸트의 단순히 합리적인 행위자는 (그의 용어를 빌자면) 인간성(humanity)과 동물성(animality)에 대한 성향들만을 지니고 있다. 이 행위자는 도덕률의 의미와 그 개념의 내용을 이해한다. 그러나 그것에 의하여 움직이지는 않는다: 그런 행위자에게 이 도덕적인 것은 단지 신기한 생각일 뿐이다.

개념(왜냐하면 합리성의 개념에는 여러 개가 있기 때문이다)을 인정하지 않을 수 있겠는가? 합당한 것이 합리적인 것으로부터 도출될 수 있다면, 즉 적절하게 구체화된 상황 속에서 단순히 합리적 행위자의 선호나 결정 또는 합의로부터 어떤 특정한 정의원칙을 도출할 수 있다면, 합당한 것은 마침내 굳건한 토대를 가지게 된다고 그들은 생각했다. 도덕적 회의주의자에게 이러한 대답을 해 왔다.[4]

공정으로서의 정의는 이러한 생각을 거부한다. 그것은 합리적인 것으로부터 합당한 것을 도출하려고 시도하지 않는다. 사실, 그러한 시도는 합당한 것이 기본적인 것이 아니며, 합리적인 것과는 다른 방식으로 어떤 기초를 필요로 한다는 것을 시사할 수도 있다. 오히려, 공정한 협동의 개념 내에서는 합당한 것과 합리적인 것은 보완적인 개념이다. 각각은 이런 근본적 개념의 요소이며, 그리고 각 개념은 각자의 독특한 도덕적 능력과 연결되어 있다. 즉 각각 정의감의 능력 및 선관의 능력과 연결되어 있다. 그것들은, 현안의 사회적 협동의 종류와 당사자의 성격 그리고 이들 상호간의 위치를 고려하여, 서로 나란히 작동하여 공정한 협동의 조건의 개념을 구체화한다.[5]

상호보완적인 개념으로서, 합당한 것과 합리적인 것은 어느 쪽도 상대편이 없이 홀로 존재할 수 없다. 단순히 합당하기만 한 행위자는 공정한 협동에 의하여 추진하고자 하는 자신만의 목적을 가지지 못할 것이다. 또 단순히 합리적이기만 한 행위자는 정의감을 결여하여, 타인의 주장의 독립적 타당성을 인정하지 못할 것이다.[6] 단지 철학의 결과로서, 혹은 합

---

4 고티에(David Gauthier)의 *Morals by Agreement*(Oxford: Clarendon Press, 1986)는 이러한 발상의 좋은 예이다.

5 그들이 어떻게 나란히 작동하는지는 원초적 입장의 설계에서 보여 질 수 있다.

6 이것은, 특별한 충성심이나 귀속감이 전제된다면, 이들이 다른 사람의 주장을 인정할 수 있으리라는 점을 부인하는 것은 아니다. 그러나 이러한 인정은 그러한 유대 관계와 독립하여 타당성을 지닌다고 할 수 없을 것이다.

리적인 것이 큰 지위를 차지하는 하나의 주제로서 (경제학이나 사회적 결정 이론에서처럼) 누군가가 합리적인 것이 인식 가능하다는 생각으로, 합당한 것을 합리적인 것으로부터 도출할 필요가 있다고 생각할 수도 있다. 어떤 그럴듯한 유추가 있다면, 합리적 행위자가 어떤 적절한 조건에 예속되고, 이 조건들이 합당한 것을 표현하는 그런 상황에다가 합리적 행위자를 위치시켜야만 한다는 그러한 유추는 가능할 것처럼 여겨진다. 1: 4에서 본 것처럼, 사회의 기본적 구조 내에서 사회적 협동과 같은 근본적인 경우에 있어서, 합당하고 합리적인 행위자로서의 시민의 대표자들은 합당하게, 즉 누구도 나머지 사람들에 대해 협상의 우월한 지위를 누릴 수 없도록, 공정하거나 대칭적으로 위치를 부여 받아야만 한다. 이 마지막 것은 무지의 장막the veil of ignorance에 의하여 이루어질 수 있다. 공정으로서의 정의를 합리적인 것으로부터 합당한 것을 유추하려는 시도로 보는 것은 원초적 입장을 잘못 해석하는 것이다.[7]

합당한 것이 합리적인 것으로부터 도출될 수 없다는 것을 증명할 수는 없을지도 모른다. 이러한 종류의 부정적 입장은 단순한 추측에 불과하다. 이러한 부정적 입장이 할 수 있는 최상의 것은 결국 합리적인 것으로부터 합당한 것을 유추하려는 중대한 시도(고티에의 시도가 그 한 예이다)가 성공하지 못하며, 그것이 성공하는 것처럼 보인다고 해도, 어느 지점에서는 합당한 것 자체를 표현하는 조건에 의존하고 있다는 것을 보여주게 될 것이다. 건전하다면, 이러한 종류의 (부정적) 언급들은 철학에서 근본적인 수준의 질문들은 통상 결론적인 주장conclusive argument에 의하

---

7 여기서 나는 『정의론』 p. 16에서 말한 것을 수정한다. 거기서 나는 정의론이 합리적 선택이론의 일부라고 말했다. 우리가 방금 말한 것으로부터 보면 이것은 분명히 부정확하다. 내가 말했어야 하는 것은 당사자와 그들의 추론에 대한 설명이, 단지 직관적인 방식이긴 하겠지만, 합리적 선택이론을 사용하고 있다고 하는 점이다. 이 이론은 그 자체로서 합당한 정의의 원칙을 설명하려고 하는 정치적 정의관의 일부이다. 합리성의 개념을 유일한 규범적 개념으로 간주하여 그러한 원칙들을 도출해 내려는 생각은 없다. 나는 『정의론』 전체의 내용은 이 해석을 지지한다고 믿는다.

여 해결되지 않는다는 점을 시사한다. 어떤 사람들에게는 명확하고 기본적인 개념으로 받아들여지는 것이 다른 사람들에게는 이해할 수 없는 것이 될 수도 있다. 그 문제를 해결하는 방법은 어떠한 견해가 완전하게 형성되었을 때 가장 일관되고 설득력 있는 설명을 제공해줄 수 있는가를 적절한 숙고를 통해 고려해 보는 것이다. 물론, 이것에 대한 판단은 다를 수 있다.

4. 합당한 것과 합리적인 것의 보다 기본적인 차이점은 합당한 것은 공적이고 합리적인 것은 그렇지 않다는 것이다.[8] 이것은 다음을 의미한다. 우리가 평등한 존재로서 다른 사람과의 공적인 세계에 들어가고 그들과의 공정한 협동의 조건을 기꺼이 제시하고 받아들이게 된다는 것은 바로 합당한 것에 의하여 이루어진다. 원칙들로서 제시되는 이러한 조건들은 우리가 상호간에 우리의 사회적 관계의 기초로서 공유하고 공적으로 인정하는 근거들을 구체화한다. 우리가 합당한 존재인 한, 우리는 공적인 사회적 세계를 위한 틀을 고안해내게 될 것이다. 즉 다른 사람들도 똑같이 할 것이라는 믿음을 전제로 해서, 모든 사람들이 인정하고 그에 따라 행동할 것이라고 기대하는 것이 합당하다고 생각할 수 있는 그런 틀을 기꺼이 만들어 낼 것이다. 만약 우리가 다른 사람들을 믿을 수 없다면, 그런 원칙에 따라 행동하는 것은 비합리적이거나 자기희생적이 된다. 만약 확립된 공적인 세계가 없게 된다면, 비록 합당한 것이, 홉스의 표현을 빌리자면, 양심의 내면적 법정에서는in foro interno 구속력이 있을지 모르겠지만, 합당한 것은 중지될 것이며 우리는 합리적인 것에 크게 의존할 수밖에 없게 될지 모른다.

마지막으로, 우리가 살펴 본 바와 같이, 합당한 것은 (이의 상호성의

---

8 프리만(Samuel Freeman)은 그의 유익한 논의인 "Reason and Agreement in Social Contract Views," *Philosophy and Public Affairs* 19(Spring 1990): 141~47에서 이 점을 강조하고 있다.

개념과 함께) 이타적인 것(단순히 타인의 이익만을 위한 비편파적 행위)이 아니며, 또한 자기 자신 만에 대한 관심(그리고 자신의 목적과 애착에 따라 움직이는)도 아니다. 합당한 사회에서는, 기본적인 문제에 있어 평등한 존재들의 사회에서 가장 쉽게 예를 들 수 있는데, 모든 사람은 추진하고 싶은 자신만의 합리적 목적을 가지고 있고, 또 다른 사람들이 합당하게 받아들일 것으로 기대할 수 있는 공정한 조건을 기꺼이 제시할 입장에 있다. 이렇게 되면 모든 사람들은 혜택을 입게 되고, 모든 이들이 자신을 위해 할 수 있는 바를 증진시킬 수 있게 될 것이다. 이 합당한 사회는 성인saint들의 사회도 아니며, 자기중심적인 사람들의 사회도 아니다. 이것은 평범한 인간세계의 한 부분이며, 우리가 생각하는 그런 엄청난 덕의 세계도 아니다. 이것은 합당한 사회가 없는 우리 자신을 생각해 보면 알 수 있다. 그렇지만 공정한 협동의 조건을 제안하고, 승인하고, 그에 따라 행동하게끔 하는 능력에 내재하는 도덕적 힘은 그 자체로서 여전히 본질적인 사회적 덕이라고 할 수 있다.

§2. 판단의 부담

1. 그런데 합당한 것의 첫 번째 기본적인 측면은, 다른 사람들이 그렇게 한다면, 기꺼이 공정한 협동의 조건을 제안하고 준수하려고 하는 자발성이다. 두 번째 기본적인 측면은, 내가 지금 논의하듯이, 판단의 부담을 기꺼이 인식하고, 입헌정체에서 정치권력의 정당한 행사를 지향하는 데 있어서 공적 이성의 사용의 결과를 기꺼이 받아들이는 자발성이다.

첫 번째 강의(I: 6)에서 우리가 입헌정체의 공적 문화에 관한 두 가지의 일반적 사실을 언급했던 것을 상기해 보자: 하나는 합당한 다원주의의 사실이고, 다른 하나는 이러한 다원성이 국가 권력의 억압적 사용에 의해서만 극복될 수 있다는 사실이다. 이러한 사실들은 설명이 필요하다. 왜 자유로운 제도가 합당한 다원주의에 이르게 되며, 왜 국가 권력이 그것을 억압할 수 있도록 허용해야만 하는가? 우리들 상호간에 우리의 양심적인 추론의 시도가 왜 합당한 합의에 이르지 못하는가? 자연과학에서는 적어도 종국에는 이러한 합의에 이르는 것처럼 보인다.

물론, 이에 대한 다양한 설명이 있다. 말하자면, 대부분의 사람들은 그들 자신의 보다 협소한 이익을 증진시켜 주는 견해를 지지하며, 그들의 이익은 서로 다르기 때문에, 그들의 견해도 서로 다르다고 생각해 볼 수 있다. 아니면 아마도 사람들은 가끔 비합리적이고 그다지 명석하지 못하기 때문에, 이것이 논리적 실수와 결합되어 상충되는 의견에 이르기까지 하는 것 같다. 우리는 합당한 불일치reasonable disagreement가 어떻게 가능한지 알고 싶다. 왜냐하면 우리는 항상 처음에는 이상적인 이론 내에서 작업을 하기 때문이다. 그래서 우리는 이렇게 질문을 해 본다: 합당한 불일치는 어떻게 일어나는 것일까?

2. 한 가지 설명은 다음과 같다. 합당한 불일치는 합당한 개인들 사이의 불일치라고 말해 보자: 즉 입헌정체에서 자유롭고 평등한 시민이 되기에 충분한 정도로 두 가지 도덕적 능력을 실현시키고, 그리고 공정한 협동의 조건을 존중하고 사회의 협동적 구성원이 되고자 하는 지속적인 욕망이 있는 사람들 사이의 불일치이다. 이들의 도덕적 능력을 전제한다면, 이들은 공통의 인간이성, 즉 유사한 사유 및 판단 능력을 공유한다: 이들은 유추할 수 있고, 증거의 비중을 가릴 수 있고, 경쟁적인 생각들을 비교 평가할 수 있다.

합당한 불일치의 개념은 그렇게 정의된 합당한 개인들 사이의 불일치의 원천과 원인에 대한 설명을 포함한다. 이러한 원천들을 나는 판단의 부담the burdens of judgment이라고 부른다.[9] 이런 부담에 대한 설명은 불일치하는 사람들의 합당성과 충분히 양립가능하고 그것을 해치지 않는 것이어야 한다. 그렇다면 무엇이 잘못되었는가? 옳은 설명은 합당한 개인들 사이의 합당한 불일치의 원천—판단의 부담—이 바로 일상적인 정치적 생활 속에서 우리의 이성과 판단능력을 올바르게(그리고 양심적으로) 행사하는 것과 관계된 수많은 위험들이라는 것이다.

우리는 합당하고 합리적인 존재로서 서로 다른 종류의 판단을 내릴 수밖에 없다. 우리는 합리적 존재로서 우리의 다양한 목적들의 비중을 따져 보고, 우리의 일상생활에서 이 목적들의 적절한 위치를 평가해야만 한다. 이렇게 할 때, 우리는 합리성에 대한 올바른 판단을 내리는 데 있어 심대한 곤란들에 직면하게 된다. 다른 한편으로, 합당한 존재로서 우리는 사람들의 주장의 설득력을 우리(나)의 주장뿐만 아니라 우리들 상호간에 비추어 보거나, 또는 우리의 공통된 관행과 제도들에 입각하여 평가해야만 한다. 그러나 이 모든 것들은 신뢰할 만한 합당한 판단을 내리는 데 있어 어려움들을 불러일으킨다. 그 외에도, 우리의 신념과 사상체계에 적용되는 '합당한 것'이 있고 또 우리의 이론적인(그리고 도덕적 이거나 실천적이 아닌) 능력의 사용을 평가하는 것으로서의 '합당한 것'도 있다. 여기에서도 우리는 동일한 종류의 어려움들에 부딪힌다. 우리는 이러한 각각의 특징적 부담을 지닌 이 세 가지 종류의 판단을 유념할 필요가 있다.

3. 아래의 마지막 두 가지 원천을 제외하고, 내가 언급하는 원천들은 도덕적이고 실천적인 용도에 있어서 합당한 것과 합리적인 것에 고유한 것은 아니다. (a)에서 (d)까지의 항목들은 주로 이성의 이론적인 사용

9 판단의 부담의 개념(the idea of the burdens of judgment)은 법률적 판례에서의 증명의 부담의 개념(the idea of the burden of proof)과 혼돈되어서는 안 된다. 증명의 부담은 원고나 피고에게 주어진다.

에 적용된다. 또한 내가 제시하는 항목이 모든 것을 다 포함하는 완결적인 것도 아니다. 단지 보다 명확한 원천들만을 다룰 뿐이다.

a. 특정 경우와 관련이 있는 증거—경험적이고 과학적인—는 서로 상충하고, 복잡하며, 그래서 평가하기 힘들다.
b. 적실성이 있다고 생각되는 몇몇 고려점들에 대해 우리가 완전히 동의하는 경우에도, 그 비중에 대해서 의견이 일치하지 않을 수 있으며, 그래서 상이한 판단에 도달할 수 있다.
c. 도덕적 및 정치적인 개념들뿐만 아니라, 우리의 모든 개념들은 어느 정도까지는 모호하여 곤란한 경우에 직면하게 될 수 있다. 그리고 이런 불확정성(indeterminacy)은 합당한 개인들이 상이한 입장을 취할 수 있는 특정의 범위(분명하게 규정할 수 없지만) 내에서 이루어지는 판단과 해석(그리고 해석에 대한 판단)에 의존할 수밖에 없다는 것을 의미한다.
d. 어느 정도까지는(얼마까지라고 말할 수는 없지만), 우리가 증거를 검토하고, 도덕적 및 정치적 가치들을 형량 평가하는 방식은 우리의 총체적 경험과 지금까지의 전체적 인생경로에 의해 형성된다. 그리고 우리의 총체적 경험은 항상 다를 수밖에 없다. 그래서 수많은 직책과 지위, 다양한 노동의 분업, 수많은 사회집단과 인종문화적 다양성을 지닌 현대 사회에서, 시민들의 총체적 경험은 본질적으로 분절되기 때문에, 중대한 복잡성을 지닌 경우의 대부분은 아니라 하더라도 이러한 문제의 많은 경우에서, 최소한 어느 정도까지는 그들의 판단은 여러 갈래로 분화될 수밖에 없다.
e. 하나의 주제의 양 측면에 대하여 상이한 힘을 지닌 상이한 종류의 규범적인 사고가 존재하는 것은 흔한 일이다. 그래서 전체적인 판단을 내리는 것은 어렵다.[10]

10 이 원천은 물론 포괄적 교리체계 내부로부터 기술될 수도 있다. 이것은 네이글(Nagel)이 다음과 같이 말한 경우와 유사하다. 그는 두 가지 또는 그 이상의 양립할 수 없는 행동의 경로에 대하여 결정적이고 충분한 (규범적인) 이유들이 기반하고 있는 것으로 여겨지는 기본적인 가치의 갈등들이 존재하는데, 그렇지만 어떤 결정이 내려질 수밖에 없다고 말한다. 더욱이, 이

f. 마지막으로, 벌린(Berlin)의 견해(I: 6.2)를 언급할 때 살펴 본 것처럼(V: 6.2), 어떠한 사회제도의 체계라도 그것이 수용할 수 있는 가치들에서는 제한되어 있다. 그래서 실현 가능한 도덕적 및 정치적 가치들의 전체적 범위에서 부터 어떤 선택이 이루어질 수밖에 없다. 그 이유는, 말하자면, 어떠한 제도의 체계이건 하나의 제한된 사회공간을 가질 수밖에 없기 때문이다. 신봉되는 가치들 중에서 선택을 해야 할 경우, 또는 우리가 몇 가지 가치에 한정하고 이 가치의 각각을 다른 사람들이 요구하는 관점들을 고려하여 제한해야만 할 때, 우리는 그 우선순위를 정하고 조정하는 데 있어서 큰 어려움에 부딪힌다. 많은 힘든 결정은 명확한 해답이 없는 것처럼 여겨질 수 있다.

4. 판단의 합의에 도달하는 데 있어서의 어려움의 몇 가지 원천들에 대한 설명은 이 정도로 해두자. 이 원천들은 충분히 합당한 판단을 할 수 있는 것들과 양립할 수 있는 것들이다. 물론, 이러한 여섯 가지 원천들—이런 판단의 부담들—을 언급할 때, 우리는 편견이나 자기이익 혹은 집단이익, 맹목성과 옹고집이 정치적 생활에서 우리가 너무도 익숙히 알고 있는 역할을 한다는 것을 부인하지 않는다. 그러나 이러한 합당하지 않은 불일치의 근원sources of unreasonable disagreement은 모든 사람이 충분히 합당할 수 있는 것과 양립할 수 있는 근원과는 첨예하게 대립된다.

이유들은 균형 있게 비교검토된 것이 아니며 그래서 어떤 경로가 채택되는지가 크게 문제가 된다고 그는 말한다. 그러한 경우에 가치들이 상호 비교불가능하기 때문에, 심지어 균형적인 비교검토의 결여는 문제가 되지 않는다: 가치들은 각각 가치가 발생하게 되는 몇몇 환원불가능한 상이한 관점들 중의 하나에 의하여 구체화된다. 구체적으로 관점들은 의무, 권리, 효용, 완전주의적 목표, 그리고 개인적 헌신들을 구체화한다. 다른 식으로 표현하면, 이 가치들은 서로 다른 기초들을 가지고 있고, 이 사실은 이 가치들의 서로 다른 형식적 특징에 반영되어 있다. 이런 기본적 갈등은 네이글(Nagel)이 가치의 파편화(the fragmentation of value)라고 간주하는 것을 보여준다. *Mortal Questions*(Cambridge: Cambridge University Press, 1979), pp. 128~41에 있는 이러한 제목의 글을 보라. 네이글의 논의가 틀렸다는 것은 아니다. 다만, 정치관은 가능한 논란이 되는 철학적 주제를 피하고, 모든 사람에게 개방된 평범한 사실에 의존하는 이성의 부담에 대한 설명을 제시하고자 하는 것이다. 그것만으로도 단지 (e)를 주장하고자 하는 우리의 목적에는 충분하다.

종교적 및 철학적 교리들은 세계관과 서로에 대한 우리의 인생관을 표현해 준다. 이것은, 전체적으로 보면, 몇 개로 나누어져서 집단적으로 나타난다. 우리의 개인적이고 협회적인 관점, 지적 친화성intellectual affinity 및 정서적 친밀성affective attachments은, 특히 자유 사회에서는 너무도 다양해서, 종교적 및 철학적 교리들이 지속적이고 이성적인 정치적 합의의 기초로서 기능할 수 없게 만든다. 서로 다른 세계관은 서로 다른 관점에서 합당하게 형성될 수 있으며, 다양성은 부분적으로는 우리의 독특한 관점으로부터 나온다. 우리의 모든 차이는 단순히 무지와 외고집, 혹은 권력과 지위나 경제적 이득의 성취에 대한 경쟁심에 근거하고 있다고 가정하는 것은 비현실적—더 나쁘게 말하면, 상호불신과 적대감을 불러 일으키는 것—이다.

이러한 설명들은 다음과 같이 말해지는 다섯 번째의 일반적 사실[11]에 이르게 된다: 상당수의 우리의 가장 중요한 판단들은, 충분한 이성의 능력을 갖춘 양심적인 개인이 자유로운 토론 후에도 똑같은 결론에 도달할 것이라는 것을 기대할 수 없는 조건하에서, 이루어지게 된다는 것이다. 상충적인 합당한 판단들의 일부는(특히 중요한 것은 사람들의 포괄적 교리에 속하는 판단들인데) 진리일 수도 있고, 다른 판단들은 거짓일 수도 있다. 생각하기에 따라서는, 모두가 다 거짓일 수도 있다. 이런 판단의 부담은 민주적 관용의 개념에 가장 중요한 의미를 지닌다.

§3. 합당한 포괄적 교리들

1. 합당하다는 것의 두 번째 기본적인 측면은 판단의 부담의 결과를 인식하고 그것을 기꺼이 수용하려고 하는 것이라고 말하여 왔다. 나는 여

11 처음의 네 가지 일반적 사실은 I: 6에 제시되어 있다.

기서 이러한 측면이 합당한 개인들이 생각하기에 다른 사람들에게 정당화될 수 있는 것의 범위를 어떻게 제한하는가 하는 문제뿐만 아니라, 이것이 어떻게 관용의 형태에 이르고 공적 이성의 개념을 지지하는가를 밝힐 것이다(Ⅵ).

먼저 합당한 개인들은 합당한 포괄적 교리만을 인정한다고 가정하자.[12] 이제 그런 교리에 대한 정의가 필요하다. 그것은 세 가지의 주된 특징을 가지고 있다: 첫 번째는 합당한 교리는 이론이성의 행사an exercise of theoretical reason라는 것이다. 그것은 어느 정도 일관되게 인간생활의 주요한 종교적, 철학적, 도덕적 측면들을 망라한다. 그것은 인식된 가치들을 조직화하고 그 성격을 규정하여 이 가치들이 서로 양립 가능하도록 배열하여 하나의 인지 가능한 세계관을 표현한다. 각각의 교리는, 예를 들자면 어떤 가치에 특정한 우선성과 비중을 두는 방식을 통하여, 다른 교리들과 구별시킴으로써 자신의 세계관을 표현한다. 어떤 가치가 특별히 중요한 것으로 간주되는지를 선별함에 있어서 그리고 이들 가치가 서로 상충될 때 이들을 조정함에 있어서, 합당한 포괄적 교리는 또한 실천이성의 행사an exercise of practical reason라고 할 수 있다. 이론이성과 실천이성(적절한 것으로서 합리적인 것을 포함하는)은 모두 이러한 공식화 작업에 함께 사용된다. 마지막으로, 세 번째 특징은 하나의 합당한 포괄적 관점이 반드시 고정되어 불변할 필요는 없다는 점이다. 그것은 통상 사상과 교리의 전통에 속해 있거나 이에 기초하고 있다. 오랜 시간 동안 안정적이고, 그리고 갑작스럽고 설명할 수 없는 변화에 좌우되지 않는다고 하더라도, 그것은 자체의 관점에서 충분한 좋은 이유라고 생각되는 그러한 관점에

---

12 서문에서 말한 것처럼, 정치적 자유주의가 자신을 정형화함에 있어서 합당한 포괄적 교리의 개념을 사용해야만 하는 것에 대해, 나는 힌쉬(Wilfried Hinsch)에게 감사한다. 나의 *Gesammelte Aufsätze*, 1978~1989(Frankfurt am Main: Suhrkamp, 1992)의 번역에서 그가 쓴 서문의 §Ⅲ에 있는 그의 설명을 보라.

입각하여 천천히 진화해 나가는 경향이 있다.

합당한 포괄적 교리에 대한 이러한 설명이 이렇게 느슨한 것은 의도적인 것이다. 우리는 합당한 것 자체의 명확한 측면에 기초한 강력한 근거 없이는 특정의 교리들을 부당한 것으로 취급하여 제외시키는 것을 거부한다. 그렇지 않다면 우리의 설명은 자의적이고 배타적이 될 위험을 가지게 된다. 정치적 자유주의는 많은 친숙하고 전통적인 교리들—종교적, 철학적 및 도덕적—을 합당한 것으로 간주한다. 비록 이들 교리들이 어떤 가치에 과도한 비중을 두고 다른 것의 중요성을 인정하지 않는다고 생각하는 경우에서처럼, 우리가 이것들을 우리 자신을 위해 심각하게 향유할 수 없는 경우에도, 합당한 것으로 간주한다. 그렇지만, 정치적 자유주의의 목적을 위해서 더 탄탄한 기준이 필요한 것은 아니다.[13]

2. 판단의 부담의 명확한 결과는 합당한 개인들이 모두 똑같은 포괄적 교리를 인정하지는 않는다는 것이다. 더욱이, 그들은 자신들을 포함한 모든 개인들이 비슷하게 그런 부담에 예속되어 있고, 모두가 진리라고 할 수 없는(사실 어느 것도 진리가 아닐 수도 있다) 수많은 포괄적 교리들이 인정되고 있다는 것도 알고 있다. 어떤 합당한 개인이 수용하고 있는 교리는 여타의 교리들과 함께 존재하는 하나의 포괄적 교리에 불과하다. 물론 그것을 인정하는 데 있어서, 개인은 경우에 따라서 그것이 진리라거나 또는 합당하다고 믿는 것이다.

그래서 일반적으로 본다면 수많은 합당한 포괄적 교리 중에서 한 가

13 포괄적 교리들은, 배경적 문화에서 자신의 입장을 제시할 때, 합당성과 진리에 대한 훨씬 더 탄탄한 기준을 요구할 것은 확실하다. 이 『정치적 자유주의』의 텍스트에 있는 기준에 의하면 우리가 합당하다고 간주하는 것이 옳다고 생각될 수 있는 많은 교리들이 배경적 문화 속에서는 단순히 부당하고, 진리가 아니라고 간주될 수도 있다. 그 기준은 정치적 자유주의의 목적에 적합한 최소한의 조건을 제시해주는 것으로 간주해야 한다. 나는 이 점에 대해서는 켈리(Erin Kelly)의 도움을 받았다.

지를 인정하는 것이 합당하지가 않다고 할 수 없다.[14] 우리 자신의 교리가, 일반적으로 사람들에게, 이 교리의 장점에 대한 이들의 견해를 넘어서 이들에게 어떠한 특별한 요구를 하지 않으며 할 수도 없다는 것을 우리는 인정하고 있다. 우리와 다른 교리를 수용하고 있는 사람들도 부당한 것이 아니라 합당하다는 것을 우리는 인정한다. 수많은 합당한 교리들이 있기 때문에, 합당한 것의 개념은 우리가 실제로는 그렇게 할 수도 있겠지만 우리 또는 다른 사람으로 하여금 어떤 특정한 합당한 교리를 믿도록 요구하지는 않는다: 우리가 어떤 교리의 합당성을 인정하는 범위를 넘어서는 조치를 취하면서 동시에 그것에 대한 우리의 신념을 확언한다고 해서 우리의 입장이 합당하지 않다고는 할 수 없다.

3. 이를 넘어서 합당한 개인들은, 그들 자신의 교리와는 다르지만 어떤 부당하지 않은 포괄적 교리를 억압하기 위하여, 단지 정치권력을 소유하고 있다고 해서, 정치권력을 사용하는 것은 부당하다고 생각할 것이다. 이렇게 말하는 이유는, 합당한 다원주의의 사실을 전제로 할 때, 포괄적 교리에 적용되는 정당화의 공적이고 공유된 기초가 민주적 사회의 정치문화 속에 결여되어 있기 때문이다. 그러나 그러한 기초는, 합당한 공중이 납득할 수 있는 방식으로, 단순한 포괄적 신념 사실 자체와 진정한 포괄적 신념 사이의 차이를 구별하기 위하여 필요하다.[15]

많은 교리들이 합당한 것으로 간주될 수 있기 때문에, 근원적인 정

---

14 물론, 특정한 사례에 있어서 부당한 방식으로, 예를 들면 맹목적으로 또는 변덕스럽게, 하나의 합당한 교리를 인정할 수도 있다. 그것이 그 교리를 부당한 것으로 만들지는 않는다. 합당한 교리는 어떤 합당한 방식으로 인정될 수 있는 것이다.

15 이 부분에서 나는 Thomas Nagel, "Moral Conflicts and Political Legitimacy," *Philosophy and Public Affairs* 17(Summer 1987): 227~37에서 도움을 받았다. 이 점들은 거기서 아주 정교하게 다루어지고 있으며, 그리고 그의 책 *Partiality and Equality*(Oxford: Oxford University Press, 1991), chap. 14에서 약간 수정되었다. 나는 또한 Joshua Cohen, "Moral Pluralism and Political Consensus"에서도 많은 도움을 받았다.

치적 문제가 쟁점이 되었을 때, 자신들은 진리로 간주하고 다른 사람들은 그렇지 않게 여기는 어떤 포괄적 교리를 주장하는 사람들은, 다른 사람들에게는 단지 그들이 그렇게 할 정치적 권력을 가지고 있기 때문에, 그들 자신의 믿음만을 고집하는 것처럼 여겨질 수 있다. 물론 자신의 믿음을 주장하는 사람들은 자신의 믿음만이 진리라고 주장한다: 그들은 말하기를 그것이 그들의 믿음이라서가 아니라 그들의 믿음이 진리이기 때문에 그 믿음을 다른 사람에게 부과한다는 것이다.[16] 그러나 이것은 누구나 동등하게 할 수 있는 주장이다. 또한 이것은 일반적으로 시민들에게 좋은 것으로 받아들여질 수 없는 주장이다. 그래서 우리가 합당한 다른 사람에게 그렇게 주장한다면, 우리 자신을 합당하지 않은 것으로 생각해야 한다. 그리고 우리가 국가권력 즉 평등한 시민들의 집단적 권력을 사용하려 할 때, 우리는 사실상 나머지 사람들로 하여금 자신들의 관점이 부당한 것은 아니라고 해서 그 관점을 채택하는 것을 방지해야 하는 것이다**역자**: 포괄적 교리가 부당하지 않다고 해서, 그것이 곧바로 정치권력의 행사의 근거가 될 수는 없다.

결론적으로 말하면 다음과 같다: 합당한 개인은 판단의 부담이 다른 사람에게 합당하게 정당화될 수 있는 것이 무엇인지에 대한 한계를 설정한다는 것을 알고 있다. 그래서 그들은 양심의 자유와 사상의 자유를 인정한다. 우리가 국가권력을 소유하거나 다른 사람과 공유하고 있다고 해서, 부당하지 않은 포괄적 교리를 억압하기 위해 정치권력을 사용하는 것은 부당하다.

---

16 양장본 판에서(in the hardcover edition) 나는 보수엣(Bossuet)이 다음과 같이 말한 것으로 인용하였다: "나는 당신을 벌할 수 있다. 왜냐 하면 나는 옳고 당신은 틀렸기 때문이다." 그러나 나는 (나중에) 이 구절이 스미쓰(Preserved Smith)의 저서 *History of Modern Culture* (New York: Henry Holt, 1932~34), p. 556 of Vol. II에서 제시된 단지 보수엣의 생각에 대한 스미쓰의 해석이었을 뿐이라는 것을 알게 되었다. 나는 나의 실수를 깨닫게 해 준 번스타인(Alyssa Bernstein)에게 감사한다.

4. 이 결론을 확인하기 위하여, 또 다른 관점에서 그 경우를 보고 이렇게 말하여 보자: 자유롭고 평등한 시민은 사회의 집단적인 정치적이고 강제적 권력에서 동등한 지분을 가지고 있고, 모든 사람은 동등하게 판단의 부담에 예속된다. 이렇게 되면, 어떠한 시민이나 시민의 협회가 그 개인이나 협회의 포괄적 교리가 명하는 대로, 헌법적 본질들이나 기본적 정의의 문제들을 결정하기 위하여 국가의 경찰력을 행사할 권리를 가져야만 할 이유가 없게 된다. 이것은 이렇게 표현할 수 있다. 즉 원초적 입장에서 동등하게 대표될 때, 어떠한 시민의 대표도 다른 사람이나 협회에 그렇게 할 수 있는 정치적 권위를 부여할 수 없다는 것이다. 그러한 권위는 공적 이성에서는 근거가 없다. 대신에 제시될 수 있는 것은 앞의 추론과 부합할 수 있는 관용과 사상의 자유에 입각한 형태이다.

여기에서 합당하다는 것은 인식론적인 개념an epistemological idea이 아니라는 사실을 주목하라(비록 그것이 인식론적인 요소를 가지고 있다고 할지라도). 오히려, 그것은 공적 이성의 개념을 포함하는 민주적 시민의 정치적 이상의 일부분이다. 이 이상의 내용은 합당한 존재로 간주되는 자유롭고 평등한 시민들이 자신들의 합당한 포괄적 견해들과 관련하여 상호간에 서로 요구할 수 있는 바를 함유하고 있다. 이 경우에 그들은 원초적 입장에서 자신들의 대표로서 당사자들이 허용하는 것과 상반되는 어떤 것도 요구할 수 없게 된다. 나중에 언급하겠지만(Ⅵ: 4.4), 이것은 공적 이성의 지침과 절차가 원초적 입장에서 선택되는 것으로 간주되고, 정치적 정의관에 속한다는 것을 의미한다. 앞서 언급했듯이(§1.4), 합리적인 것과 대비되는 합당한 것은 타인들 간의 공적인 세계the public world of others를 다룬다.[17] 대표의 장치로서 원초적 입장은 그것이 어떻게 그렇게

17 원초적 입장의 당사자에 의해 제시되는 것으로 이해될 때, 공적 이성의 지침은 합당한 것의 첫 번째 측면에 속하는 것으로 볼 수 있다: 그것들은, 다른 사람들도 그렇게 할 것이라는 전제하

하는지를 보여주는 데 도움을 준다.

5. 나는 두 가지 논평을 더 언급하려고 한다. 첫 번째는 판단의 부담에 대한 설명에 의해 시사되는 것처럼 보일 수 있는 회의주의the skepticism에 관한 것이다. 합당한 교리들 간의 중첩적 합의가 가능하기 위해서는 회의주의를 피해야 하기 때문에, 판단의 부담에 대한 설명은 회의적 주장으로 진행되어서는 안 된다. 그러한 주장들은 지식의 조건들, 말하자면 객체들로 이루어진 외부세계the external world of objects에 대한 철학적 분석을 제공한다. 탐구의 일반적 방식을 검토한 후에, 그 주장들은 다음과 같은 결론에 도달한다. 즉 지식의 필요조건 중 한 가지나 그 이상이 절대로 만족될 수 없기 때문에 우리는 그러한 객체들을 알 수 없다는 것이다. 데카르트Descartes와 흄Hume은 이것을 다른 방식으로 말했다.[18]

판단의 부담에 대한 설명은 이러한 일들을 절대로 하지 않는다. 그것은 판단, 특히 훨씬 더 어려운 포괄적 교리에 대한 판단에 있어서 정치적 합의를 이룰 수 있는 상황들의 항목을 나열할 뿐이다. 이러한 판단의 어려움은 역사적 경험 즉 종교적, 철학적, 도덕적 신념에 관한 몇 세기에 걸친 갈등에 의해 증명된다. 정치적 자유주의는 많은 특정 종류의 정치적 및 도덕적 판단이 옳다는 것을 의문시하지 않는다. 그들 중 많은 것을 합당하다고 본다. 신념의 확증이 진실일 수 있다는 것도 의문시 하지 않는다. 무엇보다도, 우리가 자신의 신념에 대해서 주저해야 하고 확신하지 말아야 하며, 하물며 회의적이어야 한다고 주장하지 않는다. 오히려, 우리

에 우리가 기꺼이 준수하고자 하는 공적 이성을 수행하는 데 있어서, 공정한 사회적 협동의 조건으로서 제시된 원칙들이다.

18 철학적 회의주의와 그의 주장들이 의미하는 바를 세밀히 검토하기 위해서는 Barry Stroud, *The Significance of Philosophical Skepticism*(Oxford: Clarenden Press, 1984)를 보라. 데카르트의 관점은 1장에서 논의되며 책 전체를 통하여 단속적으로 나온다. 흄과의 간단한 비교는 데카르트와 흄의 유사성을 보여 주는데, 무어(G.E. Moore)에 대한 논의를 다루는 pp. 105~11에서 발견된다.

는 포괄적 교리의 진리판단의 문제에 대하여 합당하고 작동가능한 정치적 합의를 하는 데 있어 실천적 불가능성the practical impossibility이 존재한다는 것을 인식해야 한다. 특히 정치적 목적, 말하자면 종교적 및 철학적 차이들에 의해 특징지어진 사회에서 평화와 조화를 달성하고자 하는 정치적 목적을 위한 합의일 때 더욱 그러하다역자: 포괄적 교리의 진리판단에 의존하여 정치적 합의를 이끌어 내는 것은 불가능하다. 이러한 결론의 제한된 범위는 특별한 중요성을 지닌다. 입헌정체는 특정의 포괄적 교리에 대한 합의를 요구하지 않는다: 그것의 사회적 화합의 기초는 다른 데 있다.

6. 두 번째 논평은, I: 6.2에서 처음 언급한 바 있는, 다원주의의 사실 그 자체the fact of pluralism as such와 합당한 다원주의의 사실the fact of reasonable pluralism의 중요한 구별과 관계된다. 민주주의가 다원주의의 사실 그 자체에 의하여 특징지어진다는 것은 그렇게 놀라운 일은 아니다. 왜냐하면 항상 부당한 견해들이 수없이 많이 있기 때문이다.[19] 그러나 우리가 이성을 진리에 이르는 것으로 간주하고 진리를 하나로 생각하기를 원하는 경우에는, 많은 합당한 사람들에 의하여 인정되는 많은 합당한 포괄적 교리도 또한 있다는 것은 놀랍게 보일 수도 있다.

자 이제 다원주의의 사실 그 자체와 합당한 다원주의의 사실 간의 이러한 구분이 공정으로서의 정의의 설명에 영향을 미치는지 여부의 문제가 대두된다. 첫 번째 생각은 이렇다: 우리는 그 설명의 두 단계를 염두에 둘 필요가 있다. 첫 번째 단계에서, 우리는 공정으로서의 정의를 하나의 독립적인 자유로운 입장의 견해, 즉 기본적 구조에 우선적으로 적용되

19 하나 혹은 그 이상의 민주적 자유를 거부하는 교리들이 있다는 것은 그 자체가 인생의 영원한 사실이다. 또는 그렇게 여겨진다. 이러한 현실은 그러한 교리들—전쟁이나 질병의 경우와 마찬가지로—을 봉쇄하여 정치적 정의를 전복시킬 수 없도록 하는 실천적 과제를 우리에게 부여한다.

고 정치적 정의와 공적 이성이라는 두 가지의 정치적 가치를 표명하는 정치적 정의관에 대한 설명으로 설정하였다(VI: 4.1). 중첩적 합의의 개념은 안정성의 문제가 논의되는 두 번째 단계까지는 아직 소개 되지 않았기 때문에, 첫 번째 단계에서의 우리의 문제는 두 가지 유형의 다원주의의 구분이 적절한지의 여부이다. 즉 합의당사자들이 다원주의 사실 자체가 통용되고 있다고 가정하는지 아니면 합당한 다원주의가 통용되고 있다고 가정하고 있는지 하는 문제가 대두되지 않겠는가?

그 대답은 아주 중요하다: 똑같은 정의의 원칙이 양쪽 모두에서 선택된다. 합의당사자들은 항상 그들이 위탁을 받고 있는 사람들의 기본적 권리와 자유를 보장해야 한다. 만약 그들이 합당한 다원주의가 통용되고 있다고 가정한다면(I: 6.2), 그들은 이러한 자유들 중 대부분이 있는 그대로 이미 보장되어 있다는 것을 알고 있는 것이다. 그러나 그들이 그러한 사실에 의존할 수 있다고 하더라도, 그들은 공지성publicity의 이유 때문에 정의의 두 원칙 또는 그와 유사한 원칙들을 채택하게 될 것이다. 이외에도, 그들은 원칙들을 택하는 데 있어서 자신들이 대표하는 시민들의 근본적인 이익에 가장 알맞은 것으로 보이는 정치관을 표현해야 할 것이다. 다른 한편으로, 다원주의 그 자체가 통용되고 있다고 가정하면, 그래서 가능할 경우에 양심의 자유와 사상의 자유를 억압할 수 있는 포괄적 교리들이 있을 수 있다고 가정한다면, 앞의 고려점들은 더욱 더 긴급한 일이 될 것이다. 그런데 첫 번째 단계에서는 두 다원주의간의 구별은 공정으로서의 정의의 내용에 영향을 미치지 않는다.

우리는 양쪽 모두 적절하다고 가정할 수 있다. 공정으로서의 정의가 넓은 범위를 가진다고 가정하면, 합의당사자들은 다원주의 그 자체가 통용되고 있다고 가정할 것이다. 공정으로서의 정의의 내용이 비이성의 존재the existence of unreason 즉 부당한 포괄적 교리에 의하여 영향을 받지 않는다고 말하면, 당사자들은 합당한 다원주의가 통용되고 있다고 가정하는 것이다. 각각의 경우에서 똑같은 내용을 가진다는 것은 공정으로서의 정의의 범위가 넓고 그 원칙들이 비이성에 의해서 결정되지 않는다는 것을 보여준다.

7. 두 번째 단계는 어떤가? 중첩적 합의의 개념은 이 단계까지는 소개되지 않는다. 왜냐하면 안정성의 문제는 정의의 원칙이 이미 잠정적으로 선택될 때까지는 대두되지 않기 때문이다. 그러고 나서 우리는 그러한 정의원칙에 의해 규정되는 정의로운 제도가 현실화되었을 때, 충분한 지지를 얻을 수 있는지의 여부를 검토해야 한다. 이제, Ⅰ: 6에서 살펴보았듯이, 민주적 사회를 위한 안정성의 문제는 그것의 정치관이 입헌정체를 지지할 수 있는 합당한 교리들 간의 중첩적 합의의 초점이 될 수 있어야 한다는 것을 필요로 한다. 우리는 어떻게 관용의 원칙과 같은 정치적 정의관이나 또는 이의 부분에 대한 중첩적 합의가 처음으로 일어나는지를 보여줄 필요가 있다.

이것이 어떻게 일어나는지는 Ⅳ: 6~7에서 논의한다. 그리고 그것이 일어날 때, 그런 합의에 대한 정의definition에 의한다면, 해당 정의관은 오랜 시간 동안 지속되고 상당한 지지자들을 유지하고 있는 다원적인 합당한 포괄적 교리들에 의해서 지지되어야 하는 것이다. 해당 정의관에 의해서 인정된 기본적 권리와 자유를 전적으로 억압하거나 또는 부분적으로 억압할 수 있는, 예를 들자면 양심의 자유와 같은 자유를 부분적으로 억압하는 견해들은 사실상 존재할 수가 있다. 그러한 견해들은 언제나 일어날 수가 있다. 그러나 그것들은 체제의 본질적인 정의를 허물어뜨릴 만큼 강한 것은 아닐 수도 있다. 그렇지만 그것은 희망사항이며, 보장 될 수는 있는 문제는 아니다.

공정으로서의 정의의 원칙이 합당한 교리들의 지지를 얻을 수 없고, 그래서 안정성의 문제가 실패한 것으로 나타나게 된다면 어떻게 될 것인가? 우리가 설명했던 것처럼, 공정으로서의 정의는 그렇게 되면 위험에 처하게 된다. 우리는 정의의 원칙 속에서 수용 가능한 변화들이 안정성을 획득할 수 있는지를 살펴보아야만 한다. 아니면 안정성이 어떠한 민주적 관점에서도 통용될 수 있는지를 사실상 살펴보아야만 할 것이다. 이 질문을 여기서 다루지는 않는다. 그러나 일련의 적절한 사고들을 근거로 하여, 공정으로서의 정의 혹은 그와 유사한 관점의 안정성의 문제가 통과된다고 가정한다.

§4. 공지성의 조건: 그 세 가지 수준

1. I: 6에서 정의된 것처럼, 질서정연한 사회는 효과적인 공적 정의관에 의해서 규제된다. 우리는 그런 사회의 이상이 현실적으로 적합하기를 원하기 때문에, 그 질서정연한 사회가 정의의 상황 하에서 존속하리라고 가정한다. 이러한 상황은 두 가지이다: 첫째, 적절한 희소성moderate scarcity이라는 객관적 환경이 있고, 둘째 정의의 주관적 환경the subjective circumstances of justice이 있다. 이 후자의 환경은 일반적으로 다원주의의 사실 그 자체이다. 비록 공정으로서의 정의의 질서정연한 사회에서이긴 하지만, 이 환경은 합당한 다원주의의 사실을 포함한다. 우리는 이 마지막 사실과 그 가능성을 이해하도록 노력해야 한다.

자, 공정으로서의 정의에서 이해되는 공지성의 개념은 세 가지 수준을 가지고 있다. 그것은 다음과 같이 묘사된다.

그 첫 번째는 I: 6에서 이미 언급되었다. 이 수준은 사회가 공적인 정의의 원칙들에 의하여 효과적으로 규제될 때 달성된다: 시민들은 타인들이 마찬가지로 이 원칙을 수용할 것이라는 사실을 인정함과 동시에 알고 있으며, 이러한 지식은 다시 공적으로 인식된다. 나아가서, 사회의 기본구조의 제도들은 정의롭고(그러한 원칙들에 의해 정의된 것처럼), 이성을 가진 모든 사람은 이것을 인식하고 있다. 그들이 그렇게 하는 것은 정치적 정의의 문제들에 대해 일반적으로 적절하다고 받아들여지는 탐구의 방식과 추론의 방식에 의해서 수용되고 있는 공통으로 공유하고 있는 신념들에 입각하여 이루어진다.

공지성의 두 번째 수준은 일반적 신념들general beliefs과 관계된다. 이 일반적 신념에 비추어 정의의 제1원칙들 자체가 인정될 수 있는 것이다. 즉, 이 일반적 신념들은 인간본성과 정치적 및 사회적 제도들이 일반적으로 작동하는 방식에 관한 것들이며, 사실상 이러한 모든 신념들은 정치적 정의에 관계된다. 질서정연한 사회에서의 시민들은 대개 이런 신념에 동의한다. 왜냐하면 그것들은 (첫 번째 수준에서 논의되었던) 탐구와 추론이라는 공적으로 공유된 방법에 의해서 지지될 수 있기 때문이다. Ⅵ: 4에서 논의되듯이, 나는 이런 방법들이 잘 확립되고 논쟁의 여지가 없게 될 때, 상식적으로 아주 익숙한 것으로 여겨지고, 또한 과학 및 사회사상의 절차와 결론들을 수용할 수 있을 것으로 가정한다. 질서정연한 사회에 있는 현재의 공적인 견해들을 반영하는 이런 일반적 신념들이, 간단히 말해, 우리들—즉 공정으로서의 정의를 설정하고 있는 너와 나(Ⅰ: 4.6)—로 하여금 원초적 입장에 있는 당사자들의 입장으로 귀속시키게 하는 것이다.

공지성의 세 번째이자 마지막 수준은 그 자체의 용어로 정의되듯이 공적 정의관의 완전한 정당화의 문제와 관계가 있다. 이 정당화의 문제는 우리—나와 당신—가 공정으로서의 정의를 설정하고 다른 길이 아닌 한 방향으로 나아가는 이유를 숙고할 때, 우리가 말할 수 있는 모든 것을 포함한다. 이 수준에서 나는 이 완전한 정당화가 또한 공적으로 알려지거나, 적어도 공적으로 통용될 수 있는 것이어야 한다고 가정한다. 이 약한 조건(완전한 정당화가 통용될 수 있다는)은 일부의 사람들이 지금까지의 정치적 삶에 대한 철학적 반성을 수행하는 것을 원하지 않을 수도 있는 가능성을 허용한다. 그리고 사실상 아무도 그렇게(철학적 반성을) 하도록 요구받지는 않는다. 그러나 만약 시민들이 그러고 싶다면, 완전한 정당화는 정치문화 속에 존재하고 있다. 즉 이 정치문화의 법체계 및 정치제도, 그리고 이 제도들의 해석의 주요 역사적 전통을 통하여 반영되어 있는 것이다.

2. 소위 "완전한 공지성 조건the full publicity condition"이 충족될 수 있도록 질서정연한 사회가 모든 세 가지 수준의 공지성을 만족시킨다고 규정하자(나는 "완전한"이라는 형용사를 질서정연한 사회의 정의관의 측면에 적용되는 것으로 채택한다). 이 완전한 조건은 너무 강하게 보일지 도 모른다. 하지만 그것은 자유롭고 평등한 존재인 합당하고 합리적인 시민을 위한 정치적 정의관으로서 적절하기 때문에 채택된 것이다. 그 조건은 일반적으로는 포괄적 교리에 대해 덜 강제적으로 요구될 수 있다. 그렇지만, 그것이 포괄적 교리들에 적용되는지 혹은 어느 정도까지 적용되는지는 별 개의 문제로 개방되어 있다.

여기서 정치사회는 두 가지 방식에서 독특하다고 하는 것이 적절한 것 같다. Ⅳ: 4.2에서 논의하듯이, 그 하나는 정치사회가 우리가 폐쇄적이라고 가정했던 사회의 기본구조내의 사람들 간의 관계를 구체화한다는 것이다: 그것(폐쇄적 사회)은 자체의 독립범위를 지니며self-contained, 다른 사회와는 관계를 가지고 있지 않다(Ⅰ: 2.1과 7.1). 우리는 출생에 의하여 거기에 진입하며, 사망에 의해서만 비로소 그곳을 빠져나온다. 정치적인 것의 또 다른 하나의 독특한 측면은, 정치권력이 항상 강제적 권력이긴 하지만, 입헌정체에서 정치권력은 공공의 권력, 하나의 집단체로서의 자유롭고 평등한 시민들의 권력이라는 점이다. 덧붙여서, 기본구조의 제도는 심대한 장기적 사회적 효과를 미치며, 근본적으로 시민의 성격과 목표, 즉 그들의 현재 모습은 물론 그들이 되고자 갈망하는 그런 종류의 사람을 형성시킨다.

그렇다면, 자유롭고 평등한 시민들 사이의 사회적 협동의 공정한 조건은 완전한 공지성의 요구 사항을 충족시켜야 한다고 보는 것이 적절하다. 왜냐하면 만약 기본구조가 강제적 제재에 의존한다면, 그것이 아무리 드물고 신중하게 적용되더라도, 그 제도의 근거들은 공중의 면밀한 검토를 통과해야만 한다. 정치적 정의관이 이러한 조건을 만족시키고 기본적인 사회제도와 개인적 행위들이 완전히 정당화될 수 있을 때, 시민들은 이 공공연한 언명 자체가 공적인 이해를 강화시키지 악화시키지는 않는다고 자신하는 자신의 믿음과 행동에 대한 이유를 상호간에 제시할 수 있게 된다.[20] 정치적 질서는 역사적으로 우연적이거나 또는 정착된 미혹delusions에 의존하는 것 같지는 않다. 또한 정치적 질서는 제도가 어떻게 작동하는지에 대하여 우리를 오도하는 그 제도들의 기만적 외양the deceptive appearances of institutions에 근거하고 있는 다른 잘못된 믿음에 의존하고 있는 것 같지도 않다. 물론 이것이 확실한 것은 아니다. 그러나 공지성은, 실제적인 조치들이 허용하는 한, 시민들이 자신들의 성격과 목적과 같은 자신들에 대한 관점을 형성시키는 기본구조의 광범위한 영향력을 알고 있고 받아들일 수 있는 입장에 있다는 것을 보장해 준다. 앞으로 보게 되겠지만, 시민들이 이러한 입장에 있어야 한다는 것은, 정치적으로 말하면, 자신들의 자유를 완전하게 자율적인 것으로 실현시킬 수 있게 하

---

20 『정의론』, pp. 478, 582를 보라.

는 조건이다. 그것은 시민들의 공적인 정치적 생활에 있어서 아무 것도 숨길 필요가 없다는 것을 의미한다.[21]

3. 이제, 첫 번째 수준의 공지성 조건이 원초적 입장에서 쉽게 형성되는 것을 보자: 우리는 대표자로서의 당사자들이 합의하는 원칙이 공적인 정치적 정의관으로서 기능해야 한다는 것을 염두에 두고 이들이 정의관을 평가할 것을 단순히 요구한다. 정의원칙들이 공적으로 인정되지 않는다거나, 혹은 그 근거가 되는 일반적 사실들이 상식적으로 알려져 있지 않거나 믿어지지 않는 조건하에 잘 작동할 수 있다면, 그러한 원칙들은 거부되어야 한다.

예를 들어, 나중에 신학적 저술가들scholastic writers에 의해서 논의되는 순수한 형법의 교리the doctrine of pure penal law를 생각해 보자.[22] 이 교리는 자연법natural law과 주권자의 정통적 권위에 기반한 주권자의 법the

21 본문은 아무 것도 숨겨져 있지 않다고 말하는 것이 아니라 다만 아무 것도 숨겨질 필요가 없다고 말하고 있다. 아무것도 숨겨져 있지 않다는 것을 보장할 수는 없다. 왜냐하면 우리가 모르거나 아마도 알 수 없는 것이 항상 많이 있고, 제도의 출현에 의하여 우리가 잘못 인도될 수 있는 많은 방식들이 있기 때문이다. 그러나 아마도 아무 것도 숨겨질 필요가 없다는 것은 확신할 수 있다. 모든 사람들이 정의로운 것으로 올바르게 인정하는 자유로운 사회에서는, 사회가 적절히 운영되고 시민들이 이를 기꺼이 수용할 수 있도록 하기 위한 이데올로기의 환상과 착각을 필요로 하지 않는다. 이러한 의미에서 질서정연한 사회는 이념적인 혹은 허위적 의식이 결여될 수 있는 사회이다.

22 이것은 비토리아(Vitoria, 1530)로부터 수아레즈(Suarez, 1612)에 이르는 스페인의 신학자들의 저술들에서 많이 논의가 된 오래된 학문적 교리이다. 이 교리의 더 깊은 철학적 중요성은 이 교리가 법을 결정하는 데 있어서 신의 지적 능력(God's intellect)을 일차적인 것으로 보는 사람과 신의 의지(God's will)를 일차적인 것으로 보는 사람들 사이의 입장 차이를 반영하고 있다는 점이다. Thomas E. Davitt, SJ, *The Nature of Law*(St. Louis: Herder, 1951)를 보라. 이 순수 형법의 개념(the idea of pure penal law)은 스페인에서 국왕(the Crown)에 의해 부과되는 판매세와 산림세에 대한 저항을 정당화하기 위한 하나의 방편으로서 가난한 사람들 사이에서 널리 퍼져 있었다. 이 국왕에 의한 조세부과는 무어인의 축출(the expulsion of the Moors)에 뒤따르는 손실을 메꾸기 위해 추진되었다. William Daniel, SJ, *The Purely Penal Law Theory*(Rome: Gregorian University Press, 1968), chap. 4를 보라. 이러한 것들을 참조하게 된 것은 와이쓰만(Paul Weithman)과 쉬프린(Seana Shiffrin)의 덕분이다.

law of the soverign과의 차이를 구별하고 있다. 자연법을 어기는 것은 도덕적 잘못이다. 그러나 법제정자의 의도와 당면한 법의 종류에 따라서, 주권자의 법이 요구하는 바를 행하지 않는 것은 잘못이 되지 않을 수 있다. 어느 정도의 준수의무가 없는 법은 없지만, 이 경우에는 그 준수의무는, 만약 어떤 사람이 체포된다면, 그 주권자의 처벌에 저항하지 않으면 된다는 점에 있다는 것이다. 보통 형법의 교리가 세법에 적용되는 것으로 공적으로 인정되는 나라에서는, 말하자면, 공정한 체계의 소득세제income taxation를 갖는 것은 어려울 것이다. 사람들은 수입을 숨기고 세금을 내지 않는 것에 대해 아무런 잘못이라고 생각하지 않을 것이다. 이것은 정부의 형사권penal power에 무거운 부담을 안기고 공적인 의미의 공정성을 손상시킨다. 이런 종류의 예는 합의당사자들이 제안된 원칙들의 공적인 인식의 결과를 어떻게 따져보아야 하는지, 그리고 자신들이 채택하는 정의의 원칙들이 이러한 평가들에 어떻게 좌우될 것인지를 보여준다.

두 번째 수준의 완전한 공지성의 모델화도 역시 직접적이다: 사실 그것은 무지의 장막에 의하여 형성된다. 이 수준은 단순히 정의관들을 따져보는 데 있어서 합의당사자들이 사용하는 일반적 신념들 또한 공적으로 알려져야 한다는 것이다. 당사자들의 추론은 공적 정의관에 대한 기초를 대표하는 것이기 때문에, 질서정연한 사회의 시민들은 어떠한 일반적 신념들이 인정된 정의의 원칙들을 지지하는데 주장되고 또한 해당 정의원칙들의 완전한 공적 정당화에 해당되는지를 알고 있어야 한다. 이것은 다음과 같은 점을 미리 가정한다. 즉 원초적 입장이 설정될 때, 우리는 그 합의당사자들은, 그들의 공적인 지식의 일부로서, 일반적으로 시민들에 의해 공유되는 일반적 신념으로부터만 추론해야 한다는 것을 미리 규정하고 있는 것이다. 이러한 신념들은 정의의 원칙들에 대해 이들이 선택할 때 기반이 되고 있는 일반적 사실들이다. 그리고(I: 4.4)에서 보았듯이,

무지의 장막은 이러한 신념들을 근거로서 받아들인다.[23]

당신과 나의 관점—그 자체의 조건으로 공정으로서의 정의의 완전한 정당화의 관점—에 관해 말하자면, 이 관점을 우리는 공정으로서 정의의 질서정연한 사회에서 완전히 자율적인 시민의 사고와 판단을 묘사함으로써 만들어 냈다. 그 이유는 우리들이 할 수 있는 일이라면 그들도 할 수 있기 때문이다. 그들(완전한 자율적 시민들)은 우리가 만약 우리의 정의관을 전적으로 존중한다면 그 민주적 사회의 모습이 어떤 모습일지에 대한 하나의 이상적인 묘사를 반영한다.

4. 마지막 두 가지 언급을 해보자: 첫째, 앞서 두 번째 수준의 공지성이 무지의 장막에 의해서 어떻게 설정되는가를 논의하는 데 있어, 나는 합의당사자들이 공적 지식의 일부로서 시민들이 공유하고 있는 일반적인 신념들로부터만 추론해야 한다고 말한 바 있다. 여기서 다음 의문이 대두된다: 당사자들에게 모든 진리적 신념들을 고려하도록 허용하지 않고 이런 방식으로 제한하는 이유는 무엇인가? 그들(합의당사자들)이 단지 허위적이거나 일관성이 없는 교리들을 거부한다고 할지라도, 일부 포괄적인 종교적, 철학적, 도덕적 교리들은 틀림없이 진리일 수가 있다. 왜 가장 합당한 정치적 정의관이 단순히 진리의 일부가 아닌 전체적 진리에 입각한

---

23 이 규정은 "Kantian Constructivism in Moral Theory," *Journal of Philosophy* 77(September 1990): 565f.에서 논의되었다. 그것은 정의의 원칙이 인간 본성에 대한 이론과 사회제도에 대한 지식이 변한다면 시간이 지남에 따라 변화하는가 하는 문제를 제기한다. 그러한 변화의 가능성은 공정으로서의 정의의 본질을 설명하기 위해 언급된 단순한 가능성일 뿐이라고 나는 대답했었다. 또 계속해서 나는 "개인과 질서정연한 사회의 이상들의 가능성에 영향을 주지 않는, 일반적으로 인간 본성에 관한 이론과 사회 이론에서의 변화는 원초적 입장에 있는 당사자들의 합의에 영향을 미치지 않는다고 말했다. 세상의 일반적 성격(the general nature of the world)에 관하여 우리가 아는 바를 전제한다면, 이러한 이상들이, 우리의 특수한 사회적 및 역사적 환경에 상반되기 때문에, 가능하지 않다는 것을 우리에게 납득시켜 줄 수 있는 어떤 새로운 지식을 상상하는 것은 현실적으로 어렵다. 인간의 지식에서 일어날 수 있는 그런 진보는 우리의 도덕관에 영향을 미치지 않는다." 여기서 "우리의 도덕관"(our moral conception)은 우리의 공적 정의관(public conception of justice)을 의미한다.

정의관이 아니란 말인가? 하물며, 특정 시점에 우연히 공적인 인정을 받게 된 상식적인 근거의 신념들에 의존해야만 한단 말인가? 이것이 공적 이성의 개념에 이의를 제기하는 주된 이유이다. 나는 이 문제를 Ⅵ에서 논의하겠다.

두 번째로 언급할 것은 공지성의 개념이 정치적 정의관의 협소한 역할이 아니라 광범위한 역할에 속한다는 것이다.[24] 협소한 역할은 어느 정도 효율적인 사회적 협동의 조건을 성취하는 것, 예를 들면 경쟁적인 주장들 사이의 다툼을 해결할 기준을 구체화시키는 것이나 사회제도를 조정하고 공고화하는 규칙들을 세우는 것 등에 국한된다. 공적인 규범은 자기중심적 혹은 집단 중심적 경향을 억제하는 것으로 간주되고, 보다 확장된 동정심less limited sympathies을 권장하는 것을 목표로 한다. 어떤 정치관이나 도덕적 교리라 하더라도 이러한 요구조건들을 어떤 형태로든 인정하고 있다.

그러나 그러한 요건들은 공지성 조건과 관계되지 않는다. 일단 이 공지성 조건이 부여되면, 정치관은 공적 문화의 일부분으로서 광범위한 역할을 띠게 된다. 그것(정치관)의 제1원칙들은 정치적 및 사회적 제도 속에, 그리고 이들에 대한 해석의 공적 전통 속에 구현될 뿐만 아니라, 시민의 권리, 자유 및 기회의 도출은 또한 자유롭고 평등한 시민관을 포함하게 된다. 이런 식으로 시민들은 이 정치관을 인식하고 배우게 되는 것이다. 만약에 그렇지 않다면, 그들은 자신들이 절대로 향유할 수 없을 것으로 여기는 방법을 스스로 부여받게 된다. 완전한 공지성 조건을 실현하는 것은 시민정신의 이상이 습득될 수 있고 그런 종류의 사람이 되고자 하는 효과적인 욕망을 이끌어낼 수 있는 사회적 세계를 실현하는 것이다. 교육자로서의 이런 정치관은 광범위한 역할의 특징을 제시해준다.

---

24 “협소한”(narrow)과 “광범위한”(wide)의 개념은 J. L. Mackie, *Ethics*(New York: Penguin, 1977), pp. 106f., 134ff.에서 이루어진 유사한 구분에 의해 제시되고 있다.

§5. 합리적 자율성: 정치적이 아니라 인위적인

1. 나는 이제 합리적 자율성과 완전한 자율성의 차이와 이런 관점들이 원초적 입장에서 어떻게 형성되는지에 대하여 논하고자 한다. 우리가 할 일은 시민들의 숙고의 묘사와 함께 원초적 입장의 당사자에게 부여된 조건들이 어떻게 이런 관점들을 형성시키는가, 그리고 시민들이 어떻게 그들 자신을 자유롭고 평등한 존재로 간주하는가를 설명하려고 하는 것이다.

I: 5에서 보았듯이, 시민들은 세 가지 점에서 그들 자신을 자유롭고 평등한 존재로 간주한다: 첫째, 선관을 형성하고, 수정하고, 그리고 합리적으로 추구할 도덕적 능력을 가지고 있다는 점이며, 둘째, 타당한 주장의 자기 확증적 원천self-authenticating sources of valid claims이 된다는 점이며, 셋째, 자신들의 목적들에 대한 책임을 질 수 있다는 점이다. 이런 의미에서 자유롭다는 것은 시민들에게 합리적 자율성과 완전한 자율성 양자 모두를 가능하게 해 준다. 내가 첫 번째로 다루려고 하는 합리적 자율성rational autonomy은 사람들의 지적 및 도덕적 능력에 의존하고 있다. 그것은 선관을 형성하고, 수정하고, 추구할 수 있는 능력, 그리고 그것에 따라서 숙고할 수 있는 능력의 행사를 통하여 나타난다. 그것은 또한 다른 사람들과 합의 관계(합당한 제약조건을 지닌다면)에 들어갈 수 있는 능력을 통하여서도 나타난다.

그래서 합리적 자율성은 원초적 입장을 하나의 순수한 절차적 정의pure procedural justice의 경우로 고안함으로써 형성된다. 즉 당사자들이 그들에게 제시된 대안적 항목들 중에서 선택한 것이라면 어떠한 원칙이라도 정의로운 것으로 받아들여진다. 달리 말해서, 시민들 자신이 (자신들의 대표자를 통해서) 협동의 공정한 조건을 구체화시켜야 한다는 (그리고 반성적 평형상태의 기준은 현재로선 잠시 유보해 두자) 생각을 따른다면, 원초적 입장의 결과는 자유롭고 평등한 시민들을 위한 적절한 정의의 원칙을 낳을 것이라고 우리는 예상한다.

이것은 완전 절차적 정의perfect procedural justice와 대조된다. 완전 절차적 정의에서는 정의로운 (또는 공정한) 것에 대한 이미 주어진 독립적인 기준이 존재하고, 이 기준을 충족시켜 주는 결과를 보장해줄 수 있는 절차가 마련되어 있다. 이것은 익히 알려진 케익을 나누는 예를 통하여 예시될 수 있다: 똑같이 나누는 것이 공정한 것으로 받아들여진다면, 우리는 단순히 케익을 자르는 사람이 마지막 조각을 가질 것을 요구한다(나는 이 예를 정교하게 만드는 데 필요한 가정들을 생략한다). 순수 절차적 정의pure procedural justice의 본질적인 특징은 완전 절차적 정의와는 반대된다. 순수 절차적 정의의 특징은 정의로운 것은 그것이 무엇이든 간에 과정의 결과에 의해 구체화된다는 것이다. 이 결과를 제지할 수 있는 우선적인 그리고 미리 주어진 기준은 없다.[25]

2. 원초적 입장을 순수 절차적 정의의 한 예로 생각하고, 우리는 합의당사자들의 숙고가 시민의 합리적 자율성을 정형화할 수 있도록 이들의 숙고를 기술한다. 이것을 보기 위해, 우리는 당사자들이 합리적으로 자율적일 수 있는 두 가지 방법이 있다고 말하고자 한다. 첫 번째 방법은 공정한 사회협동의 조건을 규정하는 적절한 정의의 원칙들은 바로 합리적 숙고rational deliberation의 과정, 즉 당사자들에 의해 수행되는 것으로 상상되는 과정의 결과로 선정되리라는 것이다. 채택 가능한 다양한 원

25 불완전한 절차적 정의(imperfect procedural justice)의 경우에는 정의로운 결과를 판단할 수 있는 독립적인 기준이 있다. 그러나 모든 경우에 그것을 성취할 수 있다고 확신할 수 있는 과정을 고안해 낼 수는 없다. 다만, 대부분의 경우에 그럴 수 있기를 희망할 뿐이다. 형사재판(a criminal trial)이 한 예이다: 오직 진짜 범인만이 유죄로 밝혀져야만 하나, 잘못된 정의의 집행이 일어날 수가 있다. 이러한 대조에 대한 좀 더 심도 깊은 논의는 『정의론』, pp. 85f.를 보라.

칙들에 찬성하거나 반대하는 이유들에 대한 적절한 비중의 평가는 합의 당사자들에게는 이것들의 비중에 의하여 이루어지게 된다. 그리고 모든 이유들에 대한 비중을 종합적으로 형량 비교하여 합의될 수 있는 원칙들을 결정한다. 순수 절차적 정의는 당사자들이 자신들의 합리적 숙고에서 선행적으로 주어진 어떤 옳음과 정의원칙principles of right and justice을 적용해야만 한다거나, 또는 이에 예속되어 있는 것으로 자신들을 간주하지 않는다는 것을 의미한다. 달리 말하자면, 그들은 합리적 대표자rational representatives로서 자신들의 관점에 외재하는 어떤 독립적인 관점을 인정하지 않는다. 즉 이들은 자신들이 사전적이고 독립적인 정의의 원칙에 의해 제약을 받게 되는 외부적 관점을 인정하지 않는다. 이것은 다음과 같은 생각을 정형화하고 있다. 시민들이 상호간에 공정한 지위를 부여받게 되면, 이들 각자가 자신에게 유리하거나 이익이 되는 것으로 간주하는 바에 입각하여 사회적 협동의 공정한 조건을 구체화 하는 것은 자신들에게 달려 있다는 점이다. 그 조건들은 어떤 외부의 권위, 말하자면 즉 신의 법God's law에 의하여 주어지지 않는다는 점을 상기하라(I: 4): 그것들은 합리적 직관rational intuition을 통하여 알 수 있는 선재하는 독립적인 가치들의 질서에 준거하여 공정한 것으로 인식되는 것도 아니다.

당사자들이 합리적으로 자율적일 수 있는 두 번째 방법은 시민의 대표자로서 그들의 숙고를 인도하는 바로 그 관심의 성격the nature of interests에 있다. 시민들은 두 가지의 도덕적 능력을 가진 것으로 간주되기 때문에, 우리는 이 능력을 개발하고 행사하는 데 있어서 그에 상응하는 고차원적 관심higher order interest을 그들에게 귀속시킨다. 이 관심들이 "고차원적higher order" 관심이라고 말하는 것은, 인간에 대한 근본적 개념이 구체화됨으로 인해, 이 관심들이 기본적이고, 따라서 정상적으로 규제적 성격을 띠고 또한 효과적인 것normally regulative and effective으로 간주되어야 한다는 것을 의미한다. 최소한의 정도마저도 도덕적 능력을 개발할 수 없고 또 행사할 수 없는 사람은 전 생애를 통해 정상적이고 완전한 협동적인 사회의 구성원이 될 수가 없다. 이것으로부터 시민의 대표자로서 당사자들은 자신들의 능력이 적절히 개발되고 완전히 행사 될 수 있도록 해주는 조건을 보장하는 원칙을 채택하게 된다는 것이 뒤따라 나온다.[26]

추가적으로, 우리는 합의당사자들은 특정시점에서 정해진 특정의 가치관을 가진 시민을 표현한다고 가정한다. 이 가치관은 특정의 개인과 제도에 연결된 한정된 궁극적 목적, 귀속감 및 충성심에 의해 구체화되고, 특정의 포괄적인 종교적, 철학적 또는 도덕적 교리에 비추어 해석될 수 있다. 그러나 이 합의당사자들은 이런 한정적 가치관의 내용 혹은 그것을 해석하기 위해 사용된 교리를 모르는 것으로 가정되어 있는 것은 확실하다. 그러나 이들은 자신들을 인도해 줄 세 번째의 고차원적 관심a third higher-order interest을 가지고 있다. 왜냐하면 그들은 전 생애에 걸쳐서 특정의 한정적(그러나 구체화되지 않은) 선관을 보호하고 개진할 수 있도록 해 주는 정의의 원칙을 채택해야만 하기 때문이다. 이 정의원칙들은 마음의 변화는 물론 하나의 포괄적 가치관으로부터 다른 교리로의 전환을 허용할 수 있는 것이어야만 한다.

요약하면, 시민들은 두 가지 면에서 합리적으로 자율적이다. 그들은 정치적 정의관내에서 자신들의 (허용되는) 가치관을 추구할 자유를 가진다. 그리고 그들은 자신들의 도덕적 능력과 관련된 고차원적 관심을 보호하고자 하는 동기가 있다. 그래서 합의당사자들도 두 가지 점에서 합리적으로 자율적이다. 당사자들이, 원초적 입장의 제약 내에서, 자신들이 대표하고 있는 사람들의 이익에 가장 부합하는 것이면 그 정의원칙이 무엇이든지 간에 합의할 수 있다는 점에서 그들은 자유롭다. 그리고 당사자

26 기본적 권리와 자유의 이러한 근거들은 "Basic Liberties and Their Priority," pp. 310~24, 333-40에서 논의되었다.

들은 자신들이 대표하는 사람들의 고차원적 관심을 고려하여 그 이점을 평가하는 데 있어 자유롭다. 그러므로 두 가지 방법 모두에서, 당사자들에 대한 묘사는 시민들의 합리적 자율성을 정형화시키고 있다.

합리적 자율성이 단지 자유의 한 측면이며, 완전한 자율성과는 다르다는 것을 주목하라. 단순히 합리적인 자율적 존재로서의 당사자들은 실상 인위적 인간artificial person에 불과하다. 그렇게 하여 우리는 이들을 원초적 입장이 대표의 장치a device of representative에 정착될 수 있도록 한다. 그래서 이 절의 제목이 "인위적이고 정치적이 아닌Artificial not Political"이라는 이름표가 붙여진 것이다. 여기서 "인위적인"은 보다 고전적 의미에서 어떤 것을 이성의 고안an artifice of reason으로 규정하는 것으로 이해된다. 왜냐하면 그런 것이 원초적 입장이기 때문이다.

3. 그렇지만, 완전한 자율성을 논의하기 이전에, 여기서 무지의 장막에 의하여 제기되는 문제를 언급해야만 할 것 같다(그리고 후에 이 문제를 해결하겠다). 그것은 바로 다음과 같다: 우리가 지금까지 말한 것에 의하면, 그 제약(무지의 장막)에 의해 부과될 정보의 제한은 당사자들이 자신들의 숙고를 인도해 줄 세 가지의 고차원적 관심만을 가지고 있다는 것을 의미한다. 이 관심들은 순수하게 형식적인purely formal 것이다: 예를 들어, 정의감은 당사자에 의해서 합리적으로 채택된 정의의 원칙이 무엇이든지 간에 그것을 이해하고, 적용하고, 그에 따라 행동할 수 있는 능력을 개발하고 행사하는 데 대한 고차원적 관심이다. 이 능력은 정의원칙이 일단 약속되면, 그것이 준수될 수 있으며, 따라서 헛되이 그러는 것이 아니라는 것을 당사자들에게 확증 시킨다: 그러나 그 확증이 그 자체로 특정한 정의의 원칙을 선호하는 것은 아니다. 유사한 숙고들이 다른 두 가지의 고차원적 관심에도 적용된다. 그렇다면 어떻게 당사자들이 자신들이

대표하는 사람들의 한정적 이익들(선관들)을 보호하기 위하여 다른 가능한 대안들보다 더 잘 고안된 특정한 원칙들에 대한 합리적 합의를 이룰 수 있을까?

여기서 우리는 기본적 가치의 개념the idea of primary goods을 도입한다. 우리는 당사자들이 가능한 원칙들 중에서 어떤 것이 위탁자인 개인의 고차원적 관심을 실현하는 데 필수적인 기본적 가치를 가장 잘 보장할 수 있는가를 측정함으로써 대안적 원칙들을 평가한다고 규정한다. 이런 식으로 우리는 이들의 합리적 숙고가 어떤 명확한 결과에 도달할 수 있도록 그 당사자들에게 충분히 구체적인 목표를 부여한다. 기본적 가치를 찾아내기 위해 우리는 두 가지의 도덕적 능력을 개발하고 행사하는 데, 그리고 광범위하게 다른 내용을 가진 선관을 효과적으로 추구하는 데 일반적으로 필요한 사회적 배경의 상황은 물론 일반적인 전목적적 수단all-purpose means에 주의를 돌린다.

V: 3~4에서 기본적 가치는 정의의 첫 번째 원칙에 의하여 담보되는 기본적 권리와 자유, 그리고 이전의 자유, 두 번째 정의원칙의 첫 번째 부분인 공정한 기회평등에 의해 보호되는 직업 선택의 자유, 그리고(두 번째 정의원칙의 두 번째 부분인 차등원칙과 관계되는) 수입과 부, 자존감self-respect의 사회적 기초와 같은 것을 포함하는 것으로 구체화하였다. 그렇다면, 합의당사자들이 정의의 원칙을 평가하기 위하여 기본적 가치를 사용하는 것은 합리적이라고 할 수 있다.

4. 합의당사자의 숙고가 어떻게 시민의 합리적 자율성을 정형화하는가에 대한 설명의 결론은 다음과 같다: 이 자율성은 당사자들이 보호하고자 하는 관심들에 기초하고 있으며, 물론 단순히 어떤 선재하는 독립적인 옳음과 정의의 원칙에 구속되지 않는다고 말한 바 있다. 당사자들

이 단순히 자신들이 대표하는 사람들의 물질적 및 육체적 욕구, 즉 돈이나 부, 음식과 같은 것에 대한 욕구만을 보호하고자 한다면, 원초적 입장이 시민의 합리적 자율성이 아니라 타율성citizens' heteronomy을 정형화한다고 생각할 수 있다. 그러나 당사자들이 기본적 가치에 의존하게 되는 근저에는 이런 가치들이 시민들의 도덕적 능력은 물론 그들의 한정적 선관과 연관된 고차원적 관심을 실현시키는 데 필수적인 전목적적 수단이라는 인식이 깔려 있다(정보에 대한 제한이 당사자들로 하여금 이것을 알 수 있도록 허용하는 한). 당사자들은 시민들이 자신들의 선을 추구하고 자신들을 자유롭고 평등한 존재로 규정해 주는 도덕적 능력을 행사할 수 있도록 정치적 및 사회적 조건들을 보장하고자 노력한다.

시민들이 합의당사자들에게 자신들의 관심이 어떻게 대표되기를 원하는지에 대한 지침을 줄 것이라고 가정한다면, 그리고 이러한 지침들이 우리가 말했던 합의당사자들이 원초적 입장의 제약 하에서 어떻게 숙고할 것인지에 있어서 준수된다면, 그런 지침을 주는 데 있어서 시민들의 동기는 타율적이거나 자기중심적이라고 말할 수 없다. 민주적 문화 속에서 우리는 시민들이 자신들의 도덕적 능력을 개발하기 위하여, 그리고 자신들의 선관을 추구하기 위하여 그들의 기본적 자유와 기회에 관심을 가질 것이라고 기대하고, 실제로 그러기를 원한다. 그렇게 하지 않는다면, 그들은 자존감self-respect의 결여와 인격의 약점을 보여주는 것이라고 우리는 생각한다.

그래서 당사자들의 목표는 그들이 대표하는 시민이 완전한 개인이 되도록, 즉 그들의 도덕적 능력을 적절히 계발하여 충분히 행사하고, 그들이 형성하는 한정적 선관을 추구할 수 있도록 하는 정의의 원칙들에 합의하는 것이다. 정의의 원칙들은 이런 목표에 부합하는 기본적 제도의 체계—사회세계—로 연결되어야 한다.

§6. 완전한 자율성 : 윤리적이 아니라 정치적인

1. 우리는 시민의 합리적 자율성이 시민들의 대표자로서 당사자들이 원초적 입장에서 숙고하는 방식에 의하여 정형화된다는 것을 살펴보았다. 대조적으로, 시민의 완전한 자율성은 원초적 입장의 구조적 측면에 의하여 정형화된다. 즉 당사자들의 위치가 상호간에 어떻게 설정되는가와 함께 그들의 숙고가 예속되는 정보의 제약에 의하여 정형화되는 것이다. 어떻게 이것이 정형화되는지를 보기 위해서는, 완전한 자율성full autonomy의 개념을 생각해 보자.

완전하게 자율적인 사람은 합의당사자들the parties이 아니라 공적 생활에 있는 질서정연한 사회의 시민들citizens of a well-ordered society이라는 점을 유의하라. 이것은 시민들이 그들의 행동에서 정의의 원칙들을 준수할 뿐만 아니라, 정의로운 것으로서 이 원칙들에 따라서 행동한다는 것을 의미한다. 더욱이, 그들은 이 원칙들을 원초적 입장에서 채택되는 것으로 인식한다. 시민들이 완전한 자율성을 성취하는 것은, 그들의 효과적인 정의감이 지지하는 대로, 그리고 그들의 정치생활에서 정의의 원칙들을 인식하고 그것을 지혜롭게 적용하는 데에 있다. 그래서 완전한 자율성은 시민들이 정의원칙들에 따라 행동할 때 시민들에 의하여 실현된다. 이 정의원칙들은 시민들이 자유롭고 평등한 개인으로 공정하게 대표될 때 자신들에게 부여되는 공정한 협동조건을 구체화하는 것이다.

여기서 나는 완전한 자율성이 시민들에 의하여 달성된다는 점을 강조한다: 그것은 정치적인 가치이지 윤리적인 가치가 아니다. 그것은 정치적 정의의 원칙을 수용하고 기본적 권리와 자유의 보호를 향유함으로써 공적 생활에서 실현된다는 것을 의미한다. 그것은 또한 사회의 공적인 문제에 참여하고 오랜 동안 집단적 자기결정collective self-determination에 동참함으로써 실현된다. 이 정치적 생활의 완전한 자율성은 윤리적 가치인 자율성autonomy 및 개인성individuality과는 구별되어야만 한다. 윤리적 가치인 자율성과 개인성은 인생전반, 예를 들자면 칸트와 밀의 포괄적 자유주의the comprehensive liberalisms of Kant and Mill에 의해 표현되는 것처럼, 사회적 삶 및 개인적 삶 모두에 적용될 수 있다. 공정으로서의 정의는 다음과 같은 대조를 강조한다: 공정으로서의 정의는 정치적 자율성은 모두에게 인정하지만 윤리적 자율성의 비중은 시민들 자신의 포괄적 교리들에 비추어 각각의 시민에 의하여 결정되도록 남겨둔다.

2. 분명히 완전한 공지성 조건의 충족(위의 §4에서 기술되었던)은 일반적으로 시민의 완전한 자율성의 달성을 위해 필요하다. 공정으로서의 정의에 대한 완전한 설명과 정당화가 공적으로 가능하게 되는 경우에만, 시민들은 공정한 협동체계로서의 사회의 개념에 따라 그 원칙들을 이해할 수 있게 된다. 이 모든 것은 공정으로서의 정의의 근본적인 개념들이 공적 문화 속에 현존하고 있거나, 아니면 최소한 그것의 주요 제도의 역사 및 해석의 전통 속에 묵시적으로 내재하고 있다는 것을 전제하고 있다.

이제, 위에서 언급한 것처럼, 완전한 자율성의 기본적인 요소는 그것의 구조적인 측면에서 원초적 입장을 통하여 정형화되었다. 앞의 강의로부터(I: 4), 이러한 점들이—지금 여기에서—공정한 조건으로 간주하는 바를 정형화하고 있다는 점을 우리는 알게 된다. 이 공정한 조건하에서 자유롭고 평등한 개인들의 대표는 기본구조의 경우에 사회적 협동의 조건을 구체화하도록 되어 있다. 이 점들은 또한, 기본구조의 특별한 경우를 위하여, 당사자들이 좋은 이유라고 생각하는 것에 근거하여 적절한 제한으로 여겨지는 바를 정형화한다. 이것을 넘어서, 원초적 입장은 또한 당사자들로 하여금, 합당한 다원주의의 사실을 전제할 때, 안정적 일 수 있는 원칙들을 (가능하다면) 선택할 것을 요구한다. 그리하여 합당한 교리들 간의 중첩적 합의의 초점이 될 수 있는 원칙들을 선택하게 되는 것이다.

시민의 완전한 자율성이 자신들이 서로 공정한 입장에 처해서 자기 스스로에게 부과하는 공정한 협동의 조건을 규정하는 것으로 이해되는 공적인 정의의 원칙에 따라 행동하는 것으로 표현되기 때문에, 그들의 완전한 자율성은 원초적 입장이 어떻게 설정되는가에 의하여 형성된다. 완전한 자율성은 합리적으로 자율적인 합의당사자들에게 부과된 합당한 조건에 의하여 형성된다. 시민들은 공적 이성에 따라 인도되는 정치적 정의관에 따라 행동함으로써, 그리고 공적 및 비공적 삶에서 자신의 선가치을 추구함으로써 이 자율성을 실현시키게 된다.

3. 우리는 이제 왜 원초적 입장이 공정하다고 간주되는지를 말해야만 한다. 여기서 우리는 시민들이 자신들을 자유로운 개인들로 간주했던 그 세 가지 방식을 통하여 우리가 설명했던 것처럼, 민주적 사회의 공적인 정치적 전통 속에서 발견되는 평등이라는 근본적 개념the fundamental idea of equality에 호소하려 한다(I: 5). 우리들은 이 개념을 다음과 같이 말한 바 있다. 즉 시민들이 정상적이고 충분히 협동적인 사회의 구성원이 될 수 있게끔 하는 두 가지의 도덕적 능력과 다른 능력을, 최소한으로 요구되는 정도로, 소유하고 있다는 점에서 평등하다고 말한 바 있다. 이 조건을 충족하는 사람이면 모두 동등한 기본적 권리와 자유 및 기회를 가지며, 정의원칙들에 의하여 동등한 보호를 받게 된다.

원초적 입장에서 이러한 평등을 설정하기 위해서, 우리는 이 조건을 충족하는 사람들의 대표자로서 합의당사자들이 대칭적인 입장에 위치해 있다고 말한다. 이 조건은 공정하다. 왜냐하면 (기본적 구조의 경우에 있어서) 사회적 협동의 공정한 조건을 세우는 데 있어서, 개인의 유일한 적절한 특성은 도덕적 능력을 (최소한의 충분한 정도로) 소유하고 전 생애에 걸쳐 사회의 협동적 구성원이 될 정상적 능력을 가지는 것이기 때문이다. 사회적 지위, 타고난 재능, 그리고 역사적 우연과 결부된 특성들뿐만 아니라 개인의 한정적 선관과 결부된 특성들은 정치적으로 말하자면 관계가 없는 것들이다. 그래서 이러한 특성들은 무지의 장막 뒤에 위치시켜 놓는 것이다(I: 4.2~3). 물론, 이러한 특성들 중 어떤 것들은, 이런 저런 공직을 유지하는데 해당되거나, 또는 보다 많은 보상이 주어지는 공직에 대한 적합한 자격으로 주장하는 우리의 요구를 위해, 정의원칙들에 의해 결정된다면 적절할 수도 있다. 그리고 그런 특성들은 사회내의 이런 저런 협회나 사회적 단체의 회원자격과 관련해서는 적절할 수도 있다. 그렇지만, 그것들은 사회의 모든 구성원이 향유하는 동등한 시민의 지위에 대해서는 적절하지 않다.

그러므로 모든 관련된 측면에서 평등한 자들이 평등하게 대표되어야 한다는 격언에 의하여 표현되는 매우 일반적인 숙고된 확신을 받아들인다면, 그 다음에는 자유롭고 평등한 개인들로 간주되는 시민들이 원초적 입장에서 평등하게 대표될 경우에, 공정하게 대표된다고 말하는 것은 공정하다는 생각이 뒤따른다.

4. 위에서 언급하였듯이, 이러한 평등의 개념은 어떤 사람들은 특별한 기질과 능력을 가지고 있어 이에 수반되는 보상으로 보다 큰 책임을 지닌 직책을 담당할 자격이 있다는 사실을 인정하고 있다.[27] 예를 들어, 판사들은 다른 사람들보다 사회의 정치적 정의관들에 대한 더 깊은 이해를 가지고 있음은 물론, 특히 아주 곤란한 경우에 있어서, 원칙을 적용하

---

27 이것들은 V: 3.5에서 기술되었던 "기준선 이상"(above the line)의 변형들이다. 거기서 이야기된 것은 위의 본문의 내용을 더 확장시켜 설명하고 있다.

여 합당한 판단에 이르는 데 있어 더 큰 능력을 가지고 있을 것으로 기대된다. 사법적 덕목들은 획득된 지혜에 달려 있으며 특별한 훈련을 필요로 한다. 그러한 특별한 능력과 지식이 이를 소유한 사람들로 하여금 사법적 책임이 있는 지위에 대해 다른 사람보다 더 자격이 있게 만든다(그것을 달성하는 것이 이들로 하여금 그 직위에 따르는 적절한 보상에 대한 자격을 부여한다). 그러나 그럼에도 불구하고, 평등한 시민이라는 직위를 포함해서 질서정연한 사회에서 모든 사람의 실제 역할과 지위를 전제할 때, 모든 시민들의 정의감은 충분히 동등하게 이들에게 기대되는 것이다. 그러므로 모든 사람은 원초적 입장에서 평등하게 대표된다. 그리고 그렇기 때문에, 모든 사람은 공적인 정의의 원칙들에 의하여 동등한 보호를 받게 되는 것이다.

다음 사항을 더 살펴보자: 질서정연한 사회에서 모든 시민들은 이 사회의 공적인 요구조건에 순응하고, 그래서 모든 사람은 다소간 정치적 정의의 관점으로부터의 비난의 대상이 되지 않는다.[28] 이것은 모든 사람이 동등하게 효과적인 정치적 정의감을 가지고 있다는 규정에서부터 따라 나오는 것이다. 이런 문제에 있어서 개인 간의 일상적인 차이들은 존재하지 않는다. 질서정연한 사회에서는 많은 사회적 및 경제적 불평등이 있다고 가정하고 있기 때문에, 이러한 점들은 개인들이 공적 정의의 요건을 얼마나 철저히 준수하는가에 의해서 설명될 수는 없는 문제이다. 이러한 불평등을 규제하는 정치적 정의관이 어떠한 형태를 띤다 하더라도, 그것이 다음과 같은 법칙이 될 수는 없다: 각자에게는 각자의 정치적 덕목에

28 정치적 및 법률적으로 말한다면, 그것은 비난 받을 일이 아니지만, 도덕적으로 말한다면, 혹은 모든 점들을 고려한다면 비난 받을 수도 있다고 여기서 부가하는 것이 필수적이다. 예를 들면, 인생에서 운이 좋은 사람들, 그리고 정의의 원칙을 인정하고 존중하는 사람은 자신을 비난 받지 않을 것으로 간주한다고 말하는 것은 잘못일 수가 있다. 결국, 아마도 그들은 좀 더 쉽게 공적 정의의 요구조건을 존중할 수 있을 것이다. 우리의 인생을 종교적, 철학적, 도덕적 관점에서 바라보면, 우리 자신은 비난의 대상이 되지 않는다고 생각해서는 절대로 안 된다고 말할 수도 있다.

따라to persons according to political virtue.[29]

§7. 인간의 도덕적 동기의 근거

1. 나는 합당하고 합리적인 존재로서의 시민관의 기본적 요소들을 요약해서 목록을 열거함으로써 시작하려 한다. 이들 중 어떤 것은 익히 알려져 있고, 어떤 것들은 여전히 논의되어야 할 것들이다.

첫째로, 익히 알려진 것들은 다음과 같다: 이것들은 a) 두 가지의 도덕적 능력들인 정의감의 능력과 선관의 능력이다. 도덕적 능력의 행사에 필요한 것으로, 우리는 b) 판단, 사고, 추론과 같은 지적 능력들을 추가한다. 시민들은 또한 c) 어느 주어진 시간에 (합당한) 포괄적 견해에 비추어 해석된 한정적 선관을 가진 것으로 가정된다. 마지막으로, d) 시민들은 일생을 통하여 정상적이고 협동적인 사회의 구성원이 될 수 있는 필요한 능력을 가지고 있는 것으로 가정된다. 이 요소들은 Ⅰ: 3~5에 제시되어 있으며, 우리는 그것들이 실현될 것으로 가정한다. 필수적인 최소한의 정도로 이런 능력을 가지고 있다는 점에서 시민들은 평등하다(§6.3).

이런 요소들 외에, 시민들은 그들의 합당성과 도덕적 감성moral sensibility의 측면으로 내가 취급했던 네 가지의 특별한 특징을 가지고 있다. §1에서 논의되었듯이, a) 다른 사람들이 지지할 것으로 합당하게 기대할 수 있는 공정한 협동의 조건을 기꺼이 제안할 용의뿐만 아니라, 다른 사람들이 똑같이 행동할 것으로 기대할 수 있다는 전제하에 이러한 공정한 협동의 조건을 기꺼이 준수할 용의를 시민들이 가지고 있다는 점이다. 그리고 §2에서 고려했듯이, b) 그들은 판단의 부담을 다른 사람들에게 정당화될 수 있는 것을 제한하는 것으로 인식하고, 오직 합당한 포괄적 교리만을

29 『정의론』, §48을 보라.

인정한다.

이것을 넘어서, 여전히 익히 알고 있는 것으로, 우리는 c) 그들이 단지 정상적이고 완전한 사회의 협동적인 구성원일 뿐만 아니라, 또한 더 나아가 그런 구성원이 되기를 원하며, 그렇게 인정되기를 원한다고 가정한다. 이것은 시민으로서의 그들의 자존감self-respect을 지지해 준다. 마찬가지로, 동등한 기본적 권리와 자유, 정치적 자유의 공정한 가치, 그리고 공정한 기회평등과 같은 기본적 가치를 자존감의 사회적 기초로 간주하는 것을 지지해 준다.[30] 마지막으로, 우리는 d) 시민들은 아래에서 묘사되는 소위 "합당한 도덕적 심리a reasonable moral psychology"를 가지고 있다고 말한다.

2. 위의 합당한 것에 대한 도덕적 감성과 관련된 위의 a)와 b)를 더 정교하게 설명하기 위해, 나는 다음과 같이 세 가지의 욕구desires를 구별하고자 한다.

첫째, 객체 의존적 욕구object-dependent desires: 여기서 욕구의 객체, 혹은 그것을 충족시키는 사건의 상태는 어떠한 도덕관, 혹은 합당하거나 합리적인 원칙을 사용하지 않고서도 기술될 수 있다. 이러한 정의definition는 비도덕적 관점 및 원칙으로부터 도덕적인 것을 구별하는 방법을 미리 전제한다. 그러나 우리가 이렇게 할 수 있는 상호 합의된 방법을 갖고 있거나 우리의 판단이 대개 일치한다고 가정해 보자.

무수히 많은 욕구들이 객체 의존적이다: 그것들은 식욕이나 갈증 또는 수면욕 같은 신체적 욕구들을 포함한다. 그리고 사회생활에 의존하는 욕구, 즉 지위, 권력, 명예 그리고 재산과 부에 대한 욕구들뿐만 아니라, 무수한 종류의 즐거운 행위에 참여하고자 하는 욕구들을 포함한다. 여기

---

30 V: 3을 보라.

에 귀속감과 애정, 많은 종류의 충성심과 헌신 그리고 어떤 소명vocations을 추구하고 그것을 준비하고자 하는 욕구를 첨가하라. 그러나 많은 소명들이 도덕적 묘사를 함유하고 있기 때문에, 그에 상응하는 욕구는 아래에서 논의되는 범주들 중 하나에 속하게 된다.

3. 다음으로, 원칙 의존적인 욕구principle-dependent desires가 있다. 이 욕구가 다른 욕구와 구별되는 것은 그 욕구의 대상이나 목표, 우리가 참여하기를 갈망하는 행위가 그 행위를 규정하는 데 개입되는 합리적이거나 합당한 원칙들을 사용하지 않고서는 묘사될 수 없다는 것이다. 이 원칙들을 이해하고 적용할 수 있는 합리적이거나 합당한 존재, 혹은 그렇게 할 수 있는 합당한 희망을 가진 존재만이 이러한 욕구들을 가질 수 있게 된다.[31]

원칙 의존적 욕구는 문제가 되는 원칙이 합리적이냐 합당하냐에 따라서 두 가지로 구분할 수 있다.

첫째, §1.2에서 언급했던 합리적 원칙들rational principles: 그러한 원칙들은 a) 우리의 목표에 가장 효과적인 수단을 채택하는 것; 그리고 b) 다른 것들이 동일하다면, 더 가능성이 있는 대안을 선택하는 것과 같은 것이다. 여기에 덧붙이자면: c) 보다 큰 선가치을 선호하는 것(이것은 목적들

---

31 원칙의존적인 욕구의 힘이나 비중은 그 욕구가 관련된 원칙에 의하여 전적으로 주어지는 것이지, 욕구 그 자체의 심리적 강도에 의하여 주어지는 것이 아니라는 점을 강조하는 것이 중요하다. 이 강도라는 것이 존재한다고 나는 가정한다. 그리고 이 강도는 사람들이 실제로 어떻게 행동하는지에 관한 설명과 관계가 있을 수 있겠지만, 도덕적으로 어떻게 행동해야 하는지 또는 어떻게 행동했어야 하는지에 관한 설명과는 관계가 없다. 칸트의 용어를 빌자면, 선의지(good will)를 가진 사람은 그의 원칙의존적인 욕구가 이것들과 관련된 원칙의 힘이나 우선성과 완전히 일치하는 정도의 강도를 가지고 있는 존재이다. 이러한 설명은 또한 본문에서 나중에 언급되는 관점의존적인 욕구(conception-dependent desires)에도 적용된다. 이 경우에 관점과 결부된 욕구는 문제의 관점과 연관된 다양한 원칙을 순서화함으로써 이루어지는 위계(hierarchy)를 형성할 것이다. 이 절과 다음 절에서 이런 저런 점들에 대해 가치 있는 논의를 할 수 있었던 것은 코르스가아드(Christine Korsgaard)의 덕분이다.

이 상호 보완될 수 있도록 계획을 세우고 조정하는 데 도움을 줄 수 있다); 그리고 d) 우리의 목적들이 서로 갈등할 때에는 (우선순위에 따라) 그 순서를 정하는 것이다.

이 원칙들은, 이런 관점을 규정하는 가장 좋은 방법에 대한 합의가 없는 것처럼, 목록에 의해서 주어진 것이지 실천적 합리성의 정의a definition of practical rationality로부터 도출된 것이 아니라고 간주하자. 잠정적으로 우리는 거대한 불확실성하에서의 결정과 같은 경우에 있어서는, 합리성에 대한 상이한 관점들이 존재한다는 것을 받아들여야 한다. 우리가 §1에서 보았듯이, 이런 원칙들이 합리적 숙고의 상태에 있는 단일 행위자a single agent를 인도한다는 것이 일반적 생각이다. 이러한 단일 행위자는 개인이나 협회가 될 수도 있거나, 아니면 공동체나 정부가 될 수도 있다.

두 번째의 원칙 의존적 욕구들은 합당한 원칙들reasonable principles과 긴밀히 연결되어 있다: 이 욕구는 다원적인 행위자들(혹은 행위자들의 공동체나 사회)이 상호간의 관계에서 자신들을 어떻게 지도해야 하는가를 규제하는 것들이다. 협동의 공정한 조건을 규정하는 공정성과 정의의 원칙은 그 훌륭한 예이다. 진실성truthfulness 및 충성fidelity과 같은 상식에 의하여 인정되는 도덕적 미덕the moral virtues과 연관된 원칙들도 마찬가지이다.

4. 마지막으로, 관점 의존적 욕구들conception-dependent desires도 또한 있다. 우리에게는 이것들이 가장 중요하다. 그 이유는 명백하다. 이 욕구들은 우리가 그에 따라 행동하기를 원하는 원칙이 어떤 합리적이거나 합당한 관점, 또는 정치적 이상에 속할 뿐만 아니라, 이러한 것들을 표명하는 데 도움을 줄 수 있는 것으로 간주된다고 설명될 수 있다.

예를 들어, 우리는 실천이성에 따라 행위하는 합리적인 사람에 적합한 그런 방식으로 행위하고 싶은 욕구를 가질 수 있다. 이런 사람이 되고 싶다는 것은 이러한 원칙 의존적 욕구를 가지고 있고, 이에 따라 행위하는 것을 포함하며, 이것은 단순히 관습과 습관에 의해 지배되는 객체 의존적 욕구에 따라 행동하는 것만을 포함하는 것은 아니다. 그렇지만 원칙 의존적 욕구를 구체화시키는 원칙들은 문제가 되는 관점들과 적절히 연결될 수밖에 없다. 우리의 미래에 대한 추론은, 말하자면, 과거로부터 미래에 이르는 오랜 기간 동안 지속되는 것으로서의 우리 자신에 대한 관점을 전제하게 된다. 관점 의존적 욕구를 우리가 가지고 있다는 점을 이야기하기 위해서는 우리가 그에 상응하는 관점을 형성할 수 있어야 하며, 또 그 원칙들이 어떻게 그것에 속하고, 그것을 잘 표현하도록 도움을 줄 수 있는지를 살펴볼 수 있어야만 하는 것이다.[32]

명백하게, 우리에게 가장 중요한 문제는 공정으로서의 정의에서 성격이 규정된 시민(덕)성의 이상the ideal of citizenship이다. 이 정의관의 구조와 내용은 원초적 입장을 사용하여 사회의 기본제도를 위한 정의원칙들 및 기준들이 어떻게 자유롭고 평등한 존재로서 합리적이고 합당한 시민관에 속하며 또 그것을 표현하는지를 제시해 준다. 그래서 우리는 그러한 개인을 시민의 이상으로 삼고 있다. 위의 c)에서 말했듯이, 시민들이 정상적이고 완전한 사회의 협동적인 구성원일 뿐 아니라, 더 나아가 그들이 그렇게 되기를 원하고, 그렇게 인식되기를 원한다고 말할 때, 우리는 그들이 그들 자신 속에서 그 시민의 이상을 실현하고, 또한 그것을 인식하고 있다고 말하고 있는 것이다.

여기서 이러한 동기motivation에 대한 설명에서 명백한 비非흄적 성격non-Humean character과 함께, 이러한 설명이 사람들이 가질 수도 있

32 이 주제에 관해서, Thomas Nagel, *The Possibility of Altruism*(Oxford: Clarendon Press, 1970), pt. Ⅱ, pp. 27~76에 있는 유익한 설명을 참조하라. 나는 여기에서 그것에 의존하고 있다. 또 그의 *The View From Nowhere*(New York: Oxford University Press, 1986), pp. 132ff.를 보라.

는 동기를 제한하려는 시도와 어떻게 상반되는가를 주목하라. 일단 우리가—명백한 진리처럼 보이는 것을—다양한 정치적 및 도덕적 이상을 실현하려는 욕구와 함께, 원칙 의존적 욕구와 관점 의존적 욕구가 존재한다는 것을 인정한다면, 가능한 동기들의 부류the class of possible motives는 널리 개방되어 있다. 추론과 판단의 능력이 있다면, 우리는 선에 대한 교리들뿐만 아니라 옳음과 정의에 대한 복잡한 종교적 및 철학적 교리들, 도덕적 및 정치적 교리들도 이해할 수 있다. 우리는 옳음과 좋음이 함께 표현하는 관점과 이상들에 빠져있는 우리 자신을 발견할 수도 있다. 사람들이 사상과 사유에서 감동을 받고 그것에 따라 행위 할 수 있는 것에 어떻게 제한을 부과할 수 있는가?[33]

---

33 예를 들어보자: 스캔론(Scanlon)이 제시한 (다른 사람에게 정당화될 수 있는 방식으로 행동하고자 하는 기본적 욕구) 관점 의존적 욕구(the conception-dependent desire), 혹은 합당하고 평등한 시민에 부응할 만한 가치가 있는 방식으로 행동하고자 하는 관점 의존적 욕구는 어느 정도는 우리의 마음을 움직이는 욕구 중의 하나가 된다고 가정하자. 그 욕구에 대해서 무슨 대답을 하는지, 다른 사람들에게 정당화될 수 있는 방식, 혹은 합당하고 평등한 시민에 부응할 만한 방식으로 행위하는 것이 무엇을 의미하는지를 규명하는 것은 많은 종류의 추론을 요구한다. 일련의 생각과 추론은 관점 의존적 욕구가 요하는 바를 알아내기 위해 필요하다. 이것은 일단 관점의존적인 욕구가 윌리암스(Williams)가 말하는 "개인의 동기적 집합"(a person's motivational set)—나는 그가 이 가능성을 허용할 것으로 믿는다—의 요소로서 받아들여지면, 그가 주장하는 흄적 관점의 동기와 칸트적 관점의 동기(Humean view of motivation and Kant's view)의 구분의 선, 혹은 그와 관계된 것의 구분의 선이 사라지기 시작한다는 것을 의미한다. 이것을 보기 위해서 우리는 칸트의 정언명령의 개념(Kant's idea of the categorical imperative)이 일관된다고 가정하고, 선의지를 가진 개인은 정언명령이 요구하는 대로 행동하고자 하는 관점의존적인 욕구에 의하여 효과적으로 움직이는 사람이라는 것을 말하기만 하면 된다. 물론, 역사적인 흄의 관점은 달랐다. 그의 공식적인 교리는 전적으로 실천적 추론(practical reasoning)의 관점을 결여하고 있는 것처럼 보인다. 또는 잘해야 오직 도구적 추론(instrumental reasoning)의 여지만을 남겨두고 있다. 그러나 이것은 차치하고, 어떻게 원칙 의존적 욕구와 관점 의존적 욕구가 우선적으로 사람의 동기적 집합의 요소가 될 수 있는지를 묻는다면, 본문에서 제시되는 피상적인 대답은 그것들이 공적인 정치문화로부터 습득되는 것이라는 것이다. 이것은 공지성의 이상(the idea of publicity)의 일부분이다. 어떻게 이러한 관점 및 이상들이 공적 문화 자체에 용해되고, 그리고 거기에 머물러 있는가 하는 문제는 아주 오래 논의된 것이지만 다른 이야기이다. 이렇게 언급할 수 있는 것은 코르스가아드(Christine Korsgaard)의 "Skepticism about Practical Reason," *Journal of Philosophy* 83(January 1990): 19~25의 덕분이다. 거기서 그녀는 윌리암스(Bernard Williams)가 그의 논문, "Internal and External Reasons," in *Moral Luck*(Cambridge: Cambridge University Press,

그래서 공정으로서의 정의에 대한 설명은 시민(덕)성의 정치적 이상을 실현하고자 하는 갈망을 시민의 두 가지 도덕적 능력 및 정상적 능력과 연결시키고 있다. 이러한 도덕적 능력 및 정상적 능력은 공적 문화와 함께 그것의 해석의 역사적 전통에 의하여 이러한 시민(덕)성의 이상에 이르도록 하는 교육을 통해 형성된다. 이것은 교육자로서의 정치관의 광범위한 역할을 보여준다(§4.4).

5. 이것은 우리들로 하여금 d)로 유도한다: 시민들은 합당한 도덕적 심리a reasonable moral psychology를 가지고 있다.[34] 우리가 시민에 부여했던 특성들—기꺼이 공정한 협동의 조건을 제시하고 준수하는 것, 판단의 부담을 인식하는 것, 그리고 단지 합당한 포괄적 교리만을 인정하고 완전한 시민이 되고 싶어 하는 것 등—이 그들에게 합당한 도덕적 심리를 부여할 수 있는 기초를 제공한다. 도덕적 심리의 어떤 측면들은 이러한 특성의 결과이다.

그래서 간단히 요약하면 다음과 같다: i) 선관의 능력 외에, 시민들에게는 정의와 공정의 관점을 획득할 수 있는 능력이 있고, 이 관점들이 요구하는 대로 행동하고자 하는 욕구가 있다. ii) 그들이 제도와 사회적 관습이 정의롭거나 또는 공정하다고 믿을 때(이 관점들이 구체화 하듯이), 다른 사람들도 또한 자신들의 몫을 할 것이라는 합당한 확신을 전제로 하여, 그러한 제도적 장치들 내에서 자신들의 역할을 기꺼이 할 준비가 되어 있다. iii) 만약 다른 사람들이 아주 명확한 의도[35]를 가지고 정의롭

1981), pp. 101~13에서 제시한 광범위한 흄적인 동기 설명에 대해 비판을 하고 있다.

34 왜 중첩적 합의가 유토피아적이 아닌가를 설명하는 데 있어서 Ⅳ: 6~7에서 이 심리에 의존하고 있다.

35 이 구절은 『정의론』, p. 463n에서도 설명했듯이, 루소(Rousseau)의 Emile에서 따왔다. 여기서 언급되고 있는 점들이 어떻게 Ⅱ: 1, 3에서 논의된 합당한 것의 두 가지 기본적인 측면들과 연관되는지를 관찰하라.

거나 혹은 공정한 제도들 내에서 자신들의 몫을 하고자 노력한다면, 시민들은 자신들 내에 신뢰와 자신감을 발전시킬 수 있을 것이다. iv) 이 신뢰와 자신감은 협동적 제도적 장치들의 성공이 오랜 기간에 걸쳐 지속되면 될수록 더욱 확고해지고 완전해지게 될 것이다. 그리고 v) 우리의 근본적인 관심들(기본적 권리와 자유)을 보장하기 위하여 고안된 기본제도가 더 견고하게, 그리고 더 적극적으로 인식됨에 따라 또한 이 신뢰와 자신감은 더욱 견고해지고 완전해지게 될 것이다.

§8. 도덕심리학: 심리학적이 아니라 철학적인

1. 이것은 인간의 도덕적 심리에 대한 우리의 대략적 설명을 마무리시킨다. 나는 그것이 공정으로서의 정의라는 정치관으로부터 나온 도덕적 심리라는 것을 강조한다. 그것은 인간 본성에 대한 과학에서 기원하는 것이라기보다는, 오히려 정치적 인간관과 시민(덕)성의 이상을 표현하기 위한 개념과 원칙들로 이루어진 구조이다. 그것이 우리의 목적에 맞는가 하는 문제는 우리가 그것을 배우고 이해할 수 있는지, 우리가 그 원칙 및 이상들을 정치생활에서 적용하고 수용할 수 있는지, 그리고 그것(도덕적 심리학)이 속하는 정치적 정의관이 적절한 숙고 후에도on due reflection 받아들여 질 수 있을 것인지에 달려 있다. 인간의 본성과 그 자연적 심리는 허용적permissive 성격을 띈다: 그것은 실행 가능한 인간관과 시민(덕)성의 이상, 그리고 그것들을 지지해줄 수 있는 도덕적 심리들을 제한할 수 있지만, 우리가 채택해야만 하는 종류들을 명령하지는 않는다.

이것이 바로 우리의 설명이 비과학적이라고 하는 반대의견에 대한 대답이다. 그 설명은 정치생활의 실천적 필요와 그것에 관한 추론된 사고reasoned thought를 충족시켜야 하기 때문에, 우리는 우리가 원한다고 해서 모든 것을 말할 수는 없다. 다른 어떤 정치관과 마찬가지로, 그것이 실천적이 되기 위해서는, 그 요구조건과 시민(덕)성의 이상은 사람들이 이해하고 적용할 수 있고, 충분히 존중하고 싶어질 수 있는 것이어야 한다. 이러한 것들은 실행 가능한 정의관과 그것의 정치적 이상을 형성하는 데 있어 엄격한 충분조건이다. 이 조건들은 자연과학으로서의 인간 심리학의 조건과는 다른 조건이긴 하다.

2. 물론 이상an ideal이라는 것은 인간의 본성에 대한 관점과 사회이론을 미리 전제하기 마련인 것처럼 여겨질 수 있다. 그리고 정치적 정의관의 목적들이 주어져 있을 때, 우리는 다음과 같이 말할 수 있다. 즉 정치적 정의관은 인간성에 대한 일반적 사실은 물론 사회가 허용할 수 있는 가장 합당한 인간관을 구체화하려고 한다. 어려운 점은 역사적 경험의 교훈을 떠나서 그리고 예외적 동기와 능력들(말하자면, 이타주의와 고도의 지능)에 지나치게 의존하지 않으려는 그러한 조그만 지혜를 떠나게 되면, 우리가 의존할 것이 그렇게 많지 않다는 사실이다. 역사는 놀라울 일들로 가득 차 있다. 우리는 입헌적 정부의 이상을 설정해서 이것이 우리에게 영향력이 있고, 사회의 역사에서 성공적으로 실천이 될 수 있는 지를 유의해 보아야 한다.

이러한 한계들 내에서 입헌정체의 정치철학은 두 가지 면에서 자율적이다. 그 하나는 정치적 정의관이 규범적인 사상체계라는 것이다. 근본적 개념들의 계통은 어떤 자연적 기초의 관점에서, 즉 심리학적 혹은 생물학적 개념 계통의 관점에서, 혹은 심지어 사회경제적 개념의 관점에서 분석될 수 있는 것들이 아니다. 우리가 이 규범체계를 배울 수 있고, 거기에 우리의 도덕적 및 정치적 사상과 행동을 표현할 수 있다면, 그것으로 충분하다.

다른 하나의 정치철학의 자율적인 측면은 우리가 그것의 역할과 내용을 과학적으로, 예를 들면 자연적 선택natural selection의 관점에서, 설명할 필요가 없다는 것이다.[36] 만약 자신의 환경 속에서 정치철학이 자명적이 아니고 번성할 수 있다면 그리고 자연이 이를 허용한다면, 그것으로 또한 충분하다. 우리는 이 세상이 허용하는 범위 내에서 우리가 얻을 수 있는 최선의 것을 얻기 위해 노력할 뿐이다.[37]

---

36 기벗(Allan Gibbard)은 그의 *Wise Choices, Apt Feelings*(Cambridge, Mass.: Harvard University Press, 1990)에서 도덕성의 광범위한 특징과 그 내용이 이런 방식으로 설명될 수 있다고 추정한다.

37 나는 이 점에 대한 논의에 코헨(Joshua Cohen)에게 감사한다.

강의 Ⅲ

정치적 구성주의

나는 이 강의에서 정치적 구성주의를 한편으로는 칸트의 도덕적 구성주의Kant's moral constructivism, 다른 한편으로는 도덕 실재론의 한 형태인 합리적 직관주의rational intuitionism와 대비시키며 논의를 전개하고자 한다. 이 강의는 세 부분으로 이루어진다. 1~4절에서는 구성주의의 의미를 수용해서 그것의 구성절차에 대한 일반적인 설명을 하고, 5~7절에서는 구성주의가 객관적인 것이 되는 두 가지 방법을 살펴보며, 8절에서는 정치적 자유주의의 일부분인 정치적 구성주의가 왜 정치적인 것에 국한되는지를 검토할 것이다. 그래서 우리는 정치적 구성주의가 정치적 자유주의에 적절한 객관성의 관점을 제공한다는 점을 살펴보게 될 것이다.

정치적 구성주의는 정치관의 구조와 내용에 관한 하나의 견해이다. 이것은 만약 반성적 평형상태라는 것이 있어 획득된다면, 일단 그것은 정치적 정의의 원칙들(내용)이 특정의 구성 절차(구조)의 산물로서 재현 된다는 것을 의미한다. 원초적 입장(1~4)에 의해 모델화되는 이 절차 속에서 합리적 행위자들은, 시민의 대표로서 합당한 조건에 예속되어, 사회의 기본구조를 규제하는 공적인 정의원칙들을 선택한다. 추론컨대, 이 절차는 실천이성의 모든 적절한 요건들을 구현하며, 정의원칙들이 어떻게, 그 자체가 실천이성의 개념들인 사회관 및 인간관과 조화를 이루어, 실천이성의 원칙들the principles of practical reason로부터 도출되는지를 보여준다.

어떤 구성주의적인 정치관a constructivist political conception의 완전한 의미는 합당한 다원주의라는 사실과의 관련성뿐만 아니라, 그 사회의 근본적인 정치적인 가치들에 대한 중첩적 합의의 가능성을 보장하기 위한 민주적 사회에 대한 필요성이라는 점에 있다. 그러한 정치관이 포괄적인 교리들 간의 중첩적 합의의 초점이 될 수 있는 이유는 다음과 같다. 그것이 시민들의 일반적인 실천이성의 원칙들을 사용함으로써, 공정한 협동체계로서의 사회의 개념과 함께, 자유롭고 평등한 존재로서의 시민들이라는 공적이고 공유된 개념들로부터 정의의 원칙들을 전개시키고 있기 때문이다. 시민들은 그러한 정의의 원칙들을 존중함에 있어서, 정치적으로 말하자면 이들 스스로가 자율적이라는 것을 보여주며, 그래서 어떤 의미에서는 합당한 포괄적 교리와 양립할 수 있게 된다.

§1. 구성주의적 관점이라는 개념

1. 우리는 여기에서 포괄적인 도덕적 교리가 아니라, 구성주의적인 정치적 정의관a constructivist conception of political justice에 관심을 가지고 있다.[1] 개념들을 고정하기 위해서, 나는 먼저 특히 클라크Clarke와 프라이스

---

1 이 논문은 *Journal of Philosophy* 77(September 1980)에 게재된 "Construction and Objectivity"(구성과 객관성)이라는 제목을 붙인 세 번째 강의에 나와 있는 몇 가지 개념들을 더 발전시킨 것이다. 세 강의들의 제목은 "Kantian Constructivism in Moral Theory"(도덕 이론에서 칸트적 구성주의)이다. 서론의 끝부분에서 진술한 것처럼, 이 최종판은 버즈(Tyler Burge)와 교신한 이후에 전체적인 일관성을 유지하기 위해 다른 부분의 몇몇 수정과 함께, 특히 §

Price, 그리고 시즈위크Sidgwick와 로스Ross 등과 같이 영국의 전통에서 발견할 수 있는 합리적 직관주의에 의해서 예증되는 형태로서 도덕 실재론moral realism을 먼저 고찰하고자 한다. §2에서는 칸트의 도덕적 구성주의Kant's moral constructivism를 공정으로서의 정의의 정치적 구성주의와 대비하겠다.

합리적 직관주의는 그것이 정치적 구성주의와 구별되는 네 가지 기본적 특징들에 의해서 규정될 것이다. 나는 이러한 네 가지 특징들을 언술한 이후에 이에 상응하는 대조적인 네 가지 특징들을 설명함으로써 정치적 구성주의를 기술할 것이다.[2]

1, §2, §5을 고친 것이다. 여기에서 나는(1980년의 원본에서 마땅히 했어야만 하는데) 도덕적 구성주의(moral constructivism)와 정치적 구성주의(political constructivism)를 구분한다. 그리고 내가 원했던 것, 즉 구성주의적인 관점의 특징에 대한 명확한 진술을 제시하고, 철저히 정치적 정의관의 한계 내에 머무르고자 한다. 나는 구성주의의 주제에 대해 수많은 유익한 대화를 나눈 네이글(Thomas Nagel)과 스캔론(T.M. Scanlon)에게 많은 빚을 지고 있다. 구성주의 개념은 수학철학(the philosophy of mathematics) 외에서는 많이 논의되지 않았다. 그렇지만 다음과 같은 글들을 언급할 수 있다: 예를 들어, 비록 "구성주의"(constructivism)와 "직관주의"(intuitionism)라는 용어가 사용되지는 않았지만, 직관주의를 반대하는 스캔론의 "Constructivism and Utilitarianism", pp. 117f.를 보라. 여기에 덧붙여서, *Taking Rights Seriously*(Cambridge, Mass: Harvard Univ. Press, 1977) pp. 159~68에 있는 드워킨(Ronald Dworkin)의 "Justice and Rights"(1973)는 공정으로서의 정의가 구성주의적이라는 것을 제시한 최초의 글이다. 그러나 그는 그것을 내가 여기에서 이해하고 있는 것과는 다르게 보고 있다. 오닐(Onora O'Neill)의 *Constructions of Reason*(Cambridge: Cambridge Univ. Press, 1989) 11장을 보라. 배리(B. Barry)의 *Theories of Justices* 중 제1권에서 특히 pp. 264~82, 348~53을 보라. 구성주의에 대한 비판으로 브링크(David Brink)의 *Moral Realism and Foundations of Ethics*(Cambridge: Cambridge Univ. Press, 1989) 부록 4를 보라. 이들 저자들 중 스캔론(Scanlon)과 배리(Barry)만이, 비록 이들의 구성주의가 서로 다르긴 하지만, 내가 이해하는 것과 같은 방식으로 구성주의를 이해하고 있다. 마지막으로, 힐(Thomas Hill)의 *Dignity and Practical Reason in Kent's Moral Theory*(Ithaca: Cornell Univ. Press, 1992)에 있는 논문 "Kantian Constructivism in Ethics"를 보라. 그리고 Stephen Darwall, Allan Gibbard, Peter Railton, "Toward Fin de Siecle Ethics: Some Trends," *Philosophical Review* 101(January 1992), pp. 137~44에 있는 구성주의에 대한 설명을 보라.

2 이러한 네 가지 특징들은 클라크(Samuel Clarke)의 *Boyle Lectures* of 1704~5와 Richard Price의 *Review*, 3rd ed. 1787에 발견된다. 슈네윈드(JJB. Schneewind)의 *Moral Philosophy from Montaigne to Kant*, 2 vols(Cambridge: Cambridge Univ. Press, 1990)의 선집들을 보라. 클라크(Clarke)의 논문은 제1권 pp. 295~306에, 프라이스(Price)는 제2권 pp. 588~603에 있다. 또는, 라파엘(D.D. Raphael)의 *British Moralists* 1650~1800, 2 vols, (Oxford: Clarendon

합리적 직관주의의 첫 번째 특징은 도덕의 제1원칙들과 판단들은, 올바르다면, 도덕적 가치들의 독립적인 질서에 대한 참된 진술이라는 것이다. 게다가 이러한 질서는, 이성의 활동성the activity of reason을 포함하여 어떤 현실적인 (인간)정신의 활동성에 의해서도 설명되지도 않고, 또 의존하지도 않는다는 것이다.

두 번째 특징은 도덕의 제1원칙들은 이론이성theoretical reason에 의해 알려진다는 것이다. 이 특징은 다음과 같은 발상에 의해 제시되고 있다. 도덕적 지식moral knowledge은 일종의 지각과 직관에 의해 부분적으로 획득될 뿐만 아니라, 적절한 반성에 의해 받아들여지는 제1원칙들에 의해 형성된다는 것이다. 그것은 도덕적 지식을 산술 및 기하학에서의 수학적 지식knowledge of mathematics과 구분하는 직관주의자들에 의한 비교를 통해서 강화된다. 도덕적 가치의 질서는 신의 이성God's reason 안에 놓여 있고, 신성의지the divine will를 지도한다고 말해진다.[3]

세 번째 특징은 산만한 인간관the sparse conception of the person과 관련되어 있다. 비록 명시적으로 언급되어 있지 않긴 하지만, 이 특징은 합리적 직관주의가 보다 완전한 인간관a fuller conception of the person을 요구하지 않으며, 그리고 인식자로서의 자아의 개념the idea of the self as knower 이상을 필요로 하지 않는다는 사실로부터 추려질 수가 있다. 그 이유는 제1원칙들의 내용이 인지와 직관으로 획득 가능한 도덕적 가치의 질서를

Press, 1969)에도 있다. 이 책은 이제는 해킷 출판사(Hackett)에 의해서 재발행 되었다. 이 책에서 클라크의 글은 vol. I, §§224~61에, 프라이스의 글은 vol.Ⅱ, §§655~762에 나와 있다. 나는 이들 저자들을 대조의 목적으로 표준적 예로 드는 것이지, 비판을 하려는 것은 아니다.

3 인지(perception)와 직관(intuition)에 대해서는 다음을 보라. 클라크의 것은 pp. 296f., §227을, 프라이스의 것은 pp. 589, 596f., §§672~74, 704를 참조하라. 수학과의 비교에 관해서는 클라크의 것은 pp. 295f., §§226~27을, 프라이스의 것은 pp. 592, §684를 참조하라. 신의 이성내에서의 가치들의 질서에 관해서는 클라크의 것은 pp. 299, §230을, 프라이스의 것은 pp. 598f. §§709~12를 참조하라. 비록 직관주의자들이 자주 도덕적 판단을 자명한 것으로 말하지만, 나는 이 점을 강조하지는 않는다. 그것은 본질적이지 않다.

통해 제시될 수 있기 때문이다. 이 도덕적 가치의 질서는 적절한 반성을 통하여 수용할 수 있는 원칙들에 의해서 조직되고 표현될 때 얻어지게 된다. 그런데 주요한 요건은 우리가 그러한 가치들을 표현하는 제1원칙들을 알 수 있고, 바로 이러한 지식에 의해 감동을 받을 수 있다는 것이다.[4] 여기에는 다음과 같은 기본적인 가정이 내재해 있다. 제1원칙들을 진리로서 인지하는 것은, 제1원칙들을 알 수 있는 어떤 존재 내부에서, 원칙들 그 자체를 위해 그것에 따라 행위하려는 욕구를 야기 시킨다는 것이다. 도덕적인 동기는 특별한 종류의 기원, 즉 제 1원칙들에 대한 직관적인 지식an intuitive knowledge of first principles에 준거하여 정의된다.

그렇지만 합리적 직관주의가 이러한 산만한 인간관을 사용해야만 하는 것은 아니라는 것은 확실하다. 그것은 단지 더 복잡한 인간관과 사회관을 요구하지 않을 뿐이다. 반면에, 구성주의에서는 그러한 복잡한 인간관과 사회관이 구성주의적 절차의 형식과 구조를 제공하기 위해서 요구된다.

마지막으로, 네 번째 특징을 덧붙인다면, 합리적 직관주의는 진리를 전통적인 방식으로 이해한다. 즉 도덕적 판단들이 독립적인 도덕적 가치 질서the independent order of moral values와 관계되고 이와 정확히 부합할 때, 이들 도덕적 판단들을 진리로 간주하는 것이다. 그렇지 않으면 그것들은 거짓이다.

2. 합리적 직관주의의 네 가지 특징에 상응하지만, 구분되는 상이한 정치적 구성주의political constructivism의 네 가지 특징들은 다음과 같다.

첫 번째 특징은, 앞에서 언급한 것처럼, 정치적인 정의원칙들(내용)이

---

4 Clarke, pp. 299, §231; Price, pp. 593, 600~3; §§688, 757~61.

구성절차(구조)의 산물로 표현된다는 점이다. 이 절차에서 시민들의 대표이고 합당한 조건들에 예속되는 합리적인 대표자들은 사회의 기본 구조를 규제하는 원칙들을 선택한다.

두 번째 특징은 구성절차는 본질적으로 실천이성practical reason에 기초해 있지, 이론이성theoretical reason에 기초해 있지 않다는 점이다. 칸트가 구분하는 방식을 따르면, 실천이성은 대상들에 대한 관점—가령, 정치적인 열망의 목표로 간주되는 정의로운 입헌정체관—에 따라서 이러한 대상들을 산출해내는 것the production of objects according to a conception of those objects과 관련되어 있다. 반면, 이론이성은 소여된 대상의 지식the knowledge of given objects과 관련이 있다.[5] 구성절차가 본질적으로 실천이성에 기초해 있다고 말한다고 해서, 이론이성이 어떤 역할을 한다는 것을 부인하는 것이 아니라는 점을 유의할 필요가 있다. 그것(이론이성)은 구성과정에서 일부분을 차지하는 합리적인 사람들의 신념들과 지식을 형성한다. 또한, 이 사람들은 정의원칙들을 선택할 때, 추론, 추리 및 판단이라는 자신들의 일반적인 능력을 사용한다.

정치적 구성주의의 세 번째 특징은 정치적 구성주의가 그것의 구성에 형태와 구조를 제공할 수 있는 보다 복잡한 인간관과 사회관을 사용한다는 점이다. 앞에서 살펴본 것처럼, 정치적 구성주의는 인간을 한 세대에서 다음 세대로 이어지는 공정한 사회적 협동의 체계로 간주되는 정치적 사회에 속하는 존재로 본다. 두 가지의 도덕적 능력, 즉 정의감과 선관의 능력을 소유한 인간들은 이러한 사회협동의 개념과 짝을 이루고 있다. 이러한 모든 규정들과 그 이상의 것이 정의원칙들이 적합한 구성절차에서 유래한다는 생각을 구체화하는 데 필요한 것이다. 직관주의의 산만한 인간관은 이 목적을 충족시키기에는 부적절할 것이다.

---

5 칸트의 구분에 관해, 『실천이성 비판』(*Critique of Practical Reason*), Ak: V: 15f., 65f., 89f.를 보라.

앞에서처럼, 다시 네 번째 특징을 덧붙여 보자: 정치적 구성주의는 합당성의 개념을 구체화하고, 그 개념을 다양한 주제들, 즉 관점 및 원칙들, 판단 및 근거들, 인간 및 제도들에 적용한다. 물론, 각각의 경우에 정치적 구성주의는 문제시되는 주제가 합당한가를 판단할 척도를 역시 상술해야만 할 것이다. 그렇지만 정치적 구성주의는 합리적 직관주의처럼 진리 개념을 사용(또는 부인)하지 않는다. 또한 이러한 진리 개념을 문제 삼지도 않으며, 진리의 개념과 자신의 합당성의 개념을 동일한 것이라고 하지도 않는다. 오히려, 이 정치관은 그 자체 내에, 부분적으로 뒤의 8절에서 고찰되는 이유 때문에, 진리 개념 없이 수행된다. 한 가지 생각할 수 있는 것은 합당성의 개념은 진리의 개념이 할 수 없는 방식으로 합당한 교리들 간의 중첩적 합의를 가능케 한다는 점이다. 그러나 어떤 경우이든, 합당성의 개념이 만약 그것이 진리의 개념을 가지고 있다면, 어떻게 진리의 개념과 연관되는지를 말하는 것은 각각의 포괄적 교리에 달려 있는 것이다.

만약 합당성이 어떻게 이해되고 있는지를 묻는다면, 여기에서 우리의 목적을 위하여 다음과 같이 언술할 수 있다. 합당성의 내용은 합당한 정치관의 내용에 의해 상술된다. 합당성의 개념은, 우리의 목적 상, 사람들이 합당하게 되는 것의 두 가지 측면들(Ⅱ: 1, 3)에 의해 부분적으로 제시된다. 즉 평등한 사람들이 공정한 사회협동의 조건들을 제시하고 준수하려는 자발적 의지와 함께, 판단의 부담을 인식하고 판단의 부담의 결과들을 받아들이려는 자발적 의지이다. 여기에다 실천이성의 원칙들과 정치관이 근거하는 사회관 및 인간관을 추가할 수 있다.[6] 우리는 사람들의 합당성의 두 가지 측면, 그리고 이것들이 어떻게, 왜 구성 절차에 들어가는지를 이해함으로써 합당성의 개념을 이해하게 된다. 우리는 전체적인 관

---

6 참된 판단(a true judgment)에 상반되는 합당한 판단(a reasonable judgment)의 개념은 §8에서 논의된다.

점을 적절한 숙고를 통해 지지할 수 있는가를 살펴봄으로써, 그 관점의 수용여부를 결정한다.

3. 이러한 네 가지 상응하는 특징들은 정치적 구성주의와 도덕실재론의 한 형태인 합리적 직관주의간의 폭넓은 대비를 가능하게 한다. 나는 이 두 입장의 관계를 명확하게 하기 위해서 몇 가지 덧붙이고자 한다.

첫째, 구성주의는 어떤 포괄적인 입장과도 대립하는 것을 피하려 하기 때문에, 정치적 자유주의에 있어서 중요한 점은 정치적 구성주의의 관점이 합리적 직관주의와 모순되지 않는다는 것이다. 이것이 이 경우에 어떻게 가능한지를 보여주기 위해서, I: 4에서 진술한대로 원초적 입장으로부터 도출되는 논증이 올바르다고 가정한다: 그것은 합당하거나 공정한 조건들 하에 있는 합리적인 개인들이 특정의 정의원칙들을 선택하는 것을 보여준다. 합리적 직관주의와 양립하기 위해서, 우리는 구성절차가 도덕적 가치들의 질서를 형성하거나 산출한다고 주장하지 않는다. 왜냐하면 직관주의자는 이 질서가 독립적이며, 말하자면 스스로 구축된다고 말하기 때문이다. 정치적 구성주의는 이 점을 부인하지도 주장하지도 않는다. 오히려, 정치적 구성주의는 단지 다음과 같이 주장할 뿐이다. 자신의 절차가, 사회관 및 인간관과 결합된 실천이성의 원칙들에 의해 표현되는 가치들로부터 어떤 정치적인 정의원칙들에 의해 표현되는 가치들에 이르기까지 진행되는 정치적 가치들의 질서를 구현한다는 것이다.

정치적 자유주의는 다음을 추가한다: 이렇게 구현된 질서는 합당한 다원주의의 사실이라는 특징을 지닌 민주사회에 가장 적합한 질서라는 점이다. 왜냐하면 이것은 중첩적 합의의 초점으로 가장 합당한 정의관을 제공하기 때문이다.

합리적인 직관주의자들도 또한 원초적 입장으로부터의 논증을 수용하고, 그것이 올바른 가치 질서를 드러낸다고 말할 수 있다. 그들은 이러한 문제들에 대해서 정치적 구성주의에 동의할 수 있을 것이다. 합리적 직관주의자들은 그들 자신의 포괄적인 견해의 내부로부터 구성주의적 정치관에 동의하고, 중첩적 합의에 참여할 수 있을 것이다. 공정으로서의 정의는 직관주의자들이 말하고자 하는 다음과 같은 주장을 부인하지 않는다: 말하자면, 구성주의에 의해 제시된 가치의 질서가 스스로 구성되는 독립적인 가치질서(직관주의의 첫 번째 특징에서 서술되었듯이)에 의해 뒷받침된다.

4. 좀 더 명료하게 설명하면 다음과 같다: 구성주의와 합리적 직관주의는 모두 반성적 평형상태라는 개념에 의존한다. 그렇지 않다면, 직관주의는 지각 및 직관들을 상호간에 의미있게 연결시키지도 못할 것이며, 자신의 도덕적 가치의 질서에 대한 설명이 적절한 반성을 거친 우리의 숙고된 판단들considered judgments에 상반되는지도 검토할 수 없을 것이다. 마찬가지로 반성적 평형상태의 개념이 없다면, 구성주의도 역시 도달된 결론들이 그러한 숙고된 판단들과 조화되는지의 여부를 살핌으로써 그 절차의 형성과정을 검사할 수 없게 될 것이다.

그 견해들(구성주의와 합리적 직관주의)의 차이점은 그들이 용인할 수 없고 수정되어야만 하는 결론들을 어떻게 해석하느냐에 있어서 나타난다. 직관주의자가 절차를 올바르다고 하는 이유는 그 절차를 따르게 되면 보통 독립적으로 주어진 올바른 판단을 얻게 된다는 것이다. 반면에, 정치적 구성주의자가 어떤 판단을 올바른 것으로 간주하게 되는 이유는 바로 그 판단(판단은 언제나 참된 정보에 의존한다고 가정하면서)이 올바르게 형성되고 올바르게 수행되는 합당하고 합리적인 구성절차로부터 유래하기 때문이라는 것이다.[7] 그래서 해당 판단이 용인될 수 없다면, 직관주의는 그 절차가 가치들의 독립적인 질서에 대한 잘못된 설명을 반영한다고 말한다. 구성주의자에 의하면, 그 오류는 절차가 사회관 및 인간관과 결합된 실천이성의 원칙들을 모델화하는 방식에 있다고 한다. 왜냐하면 구성주의적인 추측에 따르면, 전체적으로 보아 실천이성의 올바른 모델은 적절한 반성을 통하여 올바른 정의의 원칙들을 산출해 줄 것으로 생각하기 때문이다.[8]

반성적 평형상태에 일단 도달하면, 직관주의자들은 독립적인 가치질서에 대한 그들의 숙고된 판단들이 이제는 참되거나, 거의 그렇다고 말할 것이다. 구성주의자는 구성절차가 이제는 적합한 사회관 및 인간관과 결합되어 실천이성의 원칙들을 올바르게 모델화한다고 말할 것이다. 그렇게 함으로써, 그것은 민주주의 정체에 가장 적합한 가치의 질서를 표현해 내게 된다. 우리가 올바른 절차를 발견하는 방법에 대해서, 구성주의자는 우리의 이성의 능력을 사용하는 반성에 의해서라고 말한다. 그러나 우리는 이성 그 자체를 묘사하기 위해 우리의 이성을 사용하지만 이성은 그 자체에 대해서는 투명하지 않기 때문에, 우리는 우리가 그 밖의 다른 것을 잘못 묘사할 수 있는 것처럼 우리의 이성을 잘못 묘사할 수 있다. 반성적 평형상태에 대한 논쟁은 다른 모든 경우와 마찬가지로 이 경우에도 끊임없이 계속된다.

5. 하나의 정치관, 즉 공적인 정의원칙을 실천이성의 원칙들 및 관점들에 기초한 것으로 간주하는 정치관이 왜 입헌정체에서 심대한 중요성

---

7 이렇게 설명하는 데에는 네이글(Thomas Nagel)의 도움을 받았다.

8 수용할 만한 결과를 산출해 내기 위한 절차를 형성하는데 반복되는 실패는 결과적으로 우리로 하여금 정치적 구성주의를 포기하게 할 수도 있다. 그것은 궁극적으로 보충이 되거나 아니면 거부될 수밖에 없다. 나는 이 점에 대해 유익한 논의를 한 레이든(Anthony Laden), 그리고 관련된 논의점에 대해서 유익한 논의를 해준 에스틀런드(David Estlund)와 카프카(Gregory Kavka)에게서 도움을 받았다.

을 가지는지는 이미 분명해졌다고 생각된다. 그러나 우리는 모든 실타래들을 함께 엮어야 할 것이다.

사회적 협동의 개념을 다시 숙고해 보자. 어떻게 공정한 협동조건이 결정된다는 것인가? 그것들은 단지 협동적 인간들과는 구별되는 어떤 외적인 권위, 예를 들자면 신법에 의해서 단순히 규정된 것인가? 아니면, 이러한 조건들이 사람들에 의해 독립적인 도덕질서에 대한 자신들의 지식에 비추어서 공정한 것으로 수용된다는 것인가? 또는 이러한 조건들이 사람들이 간주하는 바 상호이익의 견지에서 당사자들 스스로가 약속함으로써 성립된다는 것인가?

공정으로서의 정의는 마지막 유형의 대답을 채택한다고 볼 수 있다(I: 4.1). 그 이유는 합당한 다원주의라는 사실을 전제한다면, 시민들은 성전聖典이건, 제도이건 간에, 어떤 도덕적 권위에도 합의할 수 없기 때문이다. 그들은 도덕적 가치의 질서에도, 자연법이라 간주되는 명령에도 동의할 수 없게 된다. 그래서 우리는 공정한 사회적 협동의 조건을 공정하게 위치된 자유롭고 평등한 시민의 대표들이 동의하는 정의의 원칙들에 의해서 주어지는 것이라고 규정하는 구성주의적인 견해를 채택한다. 이러한 견해의 기반들은 시민들이 공유하는 실천이성의 원칙들 및 관점들뿐만이 아니라, 공적인 정치문화의 근본적인 개념들 속에 내재해 있는 것이다. 그러므로 절차가 올바르게 형성된다면, 시민들은 그들의 합당하고 포괄적인 교리와 함께, 구성주의적인 원칙들과 관점들을 받아들일 수 있게 된다. 그럴 때, 정치적인 정의관은 중첩적 합의의 초점으로서 기능할 수 있게 된다.

그래서 단지 구성주의적인 관점—정치적이지만 형이상학적이지 않은—을 승인함으로써만, 시민들은 일반적으로 모든 사람이 용인할 수 있는 원칙들을 발견하게 될 것으로 기대할 수 있다. 이것은 그들이 자신들의 합당한 포괄적 교리들의 보다 깊은 측면들을 부인하지 않고도 가능하다. 시민들 간의 차이들을 전제한다면, 시민들은 (구성주의적 관점 외에) 다른 방식으로는 자유롭고 평등한 타인에게도 수용 가능한 조건으로 공유된 정치적인 삶을 영위할 수 있게 하는 그들의 관점의존적인 욕구conception-dependent desire[9]를 충족할 수 없을 것이다. 공유된 정치적인 삶이라는 이 개념은 포괄적 교리에 속해 있는 도덕적인 가치들, 예를 들자면 칸트의 자율성autonomy 개념이나 밀의 개인성individuality의 개념에 호소하지 않는다. 오히려 모든 합당한 시민들이 공정하게 받아들일 수 있는 조건들에 입각하여 수행되는 공적인 삶의 정치적인 가치에 호소하는 것이다. 이것은 공적인 이성의 개념에 따라 자신들의 근본적인 차이들을 해결하려는 민주시민의 이상으로 연결된다(Ⅳ: 2).

6. 이러한 설명들에, 정치적 자유주의는 원초적 입장으로부터 도출되는 주장에서 표현되는 질서가 정치적 가치들을 질서화 하는 가장 적합한 방식이라는 점을 덧붙인다. 이렇게 하는 것은 우리로 하여금 자율적인 정치적 교리an autonomous political doctrine의 의미를 정치적 정의의 원칙들—공정한 사회적 협동의 조건들—을 표현하거나 나타내는 것으로 말할 수 있게 해 준다. 이 정의의 원칙들은 자유롭고 평등한 존재로서의 적절한 인간관, 그리고 장기간에 걸친 공정한 협동체계로서의 적절한 사회관과 결합된 실천이성의 원칙들을 사용함으로써 이루어지게 된다. 원초적 입장으로부터의 주장은 이러한 사유의 노선을 보여준다. 자율성은 이 견해가 정치적 가치들을 어떻게 질서화 하는가의 문제라고 할 수 있다. 이것을 교리적 자율성doctrinal autonomy이라고 생각하자.

그래서 어떤 견해가, 그것의 재현된 질서 속에서, 정의의 정치적 가치

---

9 관점의존적인 욕구들은 Ⅱ: 7.4 에서 정의되고, 설명된다.

들 및 공적 이성(이 원칙들에 의해 표현되는)이 단순히 외부로부터 부과되는 도덕적인 요구들에 의하여 단순히 표현되지 않게 된다면, 자율적이라고 할 수 있다. 그 정치적 가치들은 우리가 용인할 수 없는 포괄적인 입장들을 가진 다른 시민들에 의해서 우리에게 요구되지도 않는다. 오히려 시민들은 그러한 가치들을 자유롭고 평등한 존재로서의 정치적 시민관, 그리고 공정한 협동체계로서의 정치적 사회관들과 결합된 자신들의 실천이성에 기초해 있는 것으로 이해할 수 있다. 정치적 교리the political doctrine 전체를 승인함에 있어서, 시민인 우리는 정치적으로 말하자면 스스로 자율적인 것이다. 이럴 때, 자율적인 정치관an autonomous political conception은 합당한 다원주의의 특성을 지니는 입헌정체에 적합한 정치적인 가치들의 기초와 질서를 제공하게 된다.

§2. 칸트의 도덕적 구성주의

1. 이제 칸트의 도덕적 구성주의와 공정으로서의 정의라는 정치적 구성주의 간의 네 가지 차이점들을 주목해보자.

첫 번째 차이점은 다음과 같다. 칸트의 교리는 자율성의 이상이 인생전반에 걸쳐 규제적인 역할을 한다는 점에서 포괄적인 도덕적 견해라는 것이다. 이 점은 칸트의 입장을 공정으로서의 정의라는 정치적 자유주의와 양립불가능하게 만든다. 물론 자율성의 이상에 기초해 있는 포괄적인 자유주의a comprehensive liberalism는 하나의 정치관, 즉 그 중에서 공정으로서의 정의를 지지하는 합당한 중첩적 합의에 속할 수 있다. 그러나 포괄적 자유주의 그 자체로는 정당화의 공적인 기초를 제공하는 데 적합하지 않다.

두 번째 차이점은 자율성의 두 번째 의미를 도입하게 되면 분명해진다. 앞에서 살펴본 것처럼, 정치적 자유주의에 있어서 정치적인 견해가 자율적인가의 문제는 그것이 정치적 가치들을 어떻게 질서화 하는가에 달려있다. 만약 정치적인 견해가 정치적인 가치들의 질서를 적합한 정치적인 사회관 및 인간관과 결합된 실천이성의 원칙들에 기초해 있는 것으로 재현하거나 드러낸다면, 그것은 자율적이라고 말할 수 있다. 앞에서 말한 대로, 이것은 교리적 자율성doctrinal autonomy이다. 만약 어떤 견해가 그렇지 않으면, 그 견해는 교리적으로 타율적heteronomous인 것이다.

자율성의 또 다른 보다 심층적인 의미는 도덕적 및 정치적 가치들의 질서가 실천이성의 원칙 및 관점들에 의해 형성되거나, 그 자체가 구성되어야 한다는 것이다. 이를 구성적 자율성constitutive autonomy이라고 하자. 합리적인 직관주의와 대조적으로 구성적 자율성은 소위 독립적인 가치질서가 스스로 형성되는 것이 아니라, 실천적 (인간) 이성 자체의 현실적이거나 이상적인 활동에 의해 구성된다고 말할 수 있다. 내가 믿기로, 이것 또는 이와 유사한 어떤 것은 바로 칸트의 견해이다. 칸트의 구성주의는 보다 심오하며, 가치질서의 그 자체 존재와 구성을 지향한다. 이것이 그의 초월적 관념론transcendental idealism의 한 부분이다. 직관주의자의 소여된 독립적인 가치질서는 칸트가 그의 초월적 관념론에 대립시키는 초월적 실재론the transcendental realism의 한 요소이다.

물론 정치적 자유주의는 칸트의 구성적 자율성을 거부하는 것은 틀림없다. 그렇지만 그의 도덕적 구성주의는 그것이 허용하는 한 정치적 구성주의를 지지할 수 있다.[10] 분명히 정치적 구성주의는, 만약 실천이성의 원칙들이 어디에선가 근원한다고 주장한다면, 실천이성으로 알 수 있는 우리의 도덕적 의식moral consciousness에서 근원한다는 칸트의 견해를 수용한다. 실천이성의 원칙들은 그 밖의 어떤 곳에서도 유래하지 않는다. 칸

10 이것은 합리적 직관주의자들을 지지하는 데 중요한 것과 마찬가지로 정치적 자유주의에도 중요한 것이다.

트는 이론이성과 실천이성 모두가 자기 근원적self-originating임과 동시에 자기 확증적self-authenticating이라는 발상의 역사적인 원천이 된다. 이것을 받아들인다 해도, 여전히 실천이성의 원칙들이 가치질서를 구성하는지의 여부는 별도의 문제로 남는다.

2. 세 번째 차이는 칸트의 견해 내에서 기본적인 인간관과 사회관은 그의 초월적 관념론 내에 근거를 두고 있다는 점을 가정해 볼 수 있다. 나는 물론 이 근거가 이해되어 온 여러가지 방식들이 있다는 점을 제외하고는 이 근거가 무엇인가에 대해서는 논의를 생략한다. 그리고 우리는 그 방식들 중의 하나를 우리의 포괄적인 견해 내에서 참되다고 받아들일 수도 있다. 나는 우리 모두가, 비록 부분적이고 종종 단편적이며 불완전할지라도, 정치적인 영역을 넘어서서 확장되는 포괄적인 견해를 가지고 있다고 상정했다. 그러나 그것은 여기에서의 논의와는 무관하다. 본질적으로 중요한 점은 공정으로서의 정의가 기본적인 구성의 개념으로 정치적인 것으로 간주되는 특정의 근본 개념들을 사용한다는 점이다. 초월적 관념론과 여타의 그러한 형이상학적 교리들은 그러한 근본적 개념들의 형성과 설명에서 어떤 역할도 수행하지 못한다.

이러한 차이점들은 네 번째 차이, 즉 두 견해들의 뚜렷한 목적들과 관련되어 있다. 공정으로서의 정의는, 합당한 다원주의라는 사실을 전제하여, 정치적인 정의의 문제들에 대한 정당화의 공적인 근거를 밝히는 데 목적을 둔다. 정당화는 타인들에게 제시되는 것이므로, 그것은 공통적일 수 있는 것과 공통적으로 주장되는 것으로부터 생겨난다. 그래서 우리는 공적인 정치문화에 내재해 있는 공유된 근본적인 개념들로부터 출발한다. 이것은 이 공유된 근본적 개념들로부터, 판단에 있어 자유로이 추론된 합의를 이끌어 낼 수 있는 정치적 정의관을 만들려는 것이다. 이러한 합의는 합당한 포괄적 교리들 간의 중첩적 합의의 지지를 획득할 수 있다는 점에서 안정적인 것이다. 이러한 조건들은 합당한 정치적 정의관을 구성하는 데 충분하다고 할 수 있다.

칸트의 목적들을 간략하게 기술하는 것은 어렵다. 나는 칸트가 철학의 역할을 변명apologia, 즉 합당한 신념의 변론the defense of reasonable faith으로 간주했다고 믿는다. 이것은 신념과 이성의 양립 가능성을 보여주려는 보다 오래된 신학적인 문제가 아니라, 이론이성과 실천이성을 포함하여 그 자체로서 이성의 정합성과 통일성을 보여주는 것이다. 다시 말하면, 우리가 어떻게 이성을 항소의 최후의 법정, 즉 이성 자신의 권위의 영역 및 한계에 관한 모든 질문들을 해결하는 데 그 자신(이성)만이 적합한 능력을 지닌 것으로 간주할 수 있는가 하는 문제이다.[11] 칸트는 처음 두 개의 『비판서』critiques에서 우리의 자연에 대한 지식, 그리고 도덕법칙을 통한 우리의 자유에 대한 지식, 이 양자를 옹호하려고 시도한다. 그는 또한 자연법natural law과 도덕적 자유moral freedom가 양립 불가능하지 않도록 하는 방법을 고안해 내고자 하였다. 칸트의 변론으로서의 철학관은 이론이성과 실천이성의 통일성과 정합성을 손상하는 어떤 교리도 거절한다. 다시 말하면, 칸트의 철학관은 합리주의rationalism, 경험주의empiricism, 회의주의skepticism가 그러한 경향이 있는 한, 이들을 반대한다. 칸트는 증명의 부담the burden of proof을 바꾸어 놓고 있는 것이다: 이성의 확증은 일상적인 (건전한) 인간이성의 사유와 실천에 그 근거를 두고 있으며, 이로부터 철학적 반성이 시작되어야만 한다. 그러한 사유와 실천이 그 자체에 문제가 나타나지 않는 한, 어떤 변론도 필요하지 않다.

이러한 차이들 중 어떤 것은 공정으로서의 정의를 칸트의 도덕적 구성주의로부터 구별하기에 충분할 정도로 광범위하다. 그렇지만, 그 차이

---

11 나는 이렇게 이해하는데 대해 나이만(Susan Neiman)에게 빚지고 있다.

점들은 연결되어 있다. 네 번째인 목적의 차이는 합당한 다원주의의 사실과 더불어 처음의 세 가지로 연결된다. 그렇지만 공정으로서의 정의는 변론으로서의 철학이라는 칸트의 견해를 다음 정도까지는 수용한다: 즉 합당하게 유리한 조건들이 주어진다면, 공정으로서의 정의는 정의로운 입헌민주정체의 가능성을 옹호하는 것으로서 자신을 이해하고 있다.

§3. 구성주의적 견해로서의 공정으로서의 정의

1. 공정으로서의 정의의 구성주의적인 측면들로 옮겨가기 전에, 예비적 언급을 하고자 한다. 구성주의적 견해들은 도덕철학과 정치철학 내에서 정당한 위치를 차지하고 있긴 하지만, 이들은 또한 수학철학the philosophy of mathematics 내에서의 구성주의적인 개념들과 어떤 친화성을 가지고 있다. 물론 산술과 기하학의 종합적인 선험적 성질에 대한 칸트의 설명은 그러한 견해들의 역사적 기원 중의 하나이다.[12]

이들 간에 유사한 점 하나는 아주 유익하다. 두 경우 모두에서 그 발상은 절차적인 표현장치a procedural representation를 만드는 것이다. 이 장치 속에서 가능한 한 올바른 추론의 모든 기준들—수학적, 도덕적, 또는 정치적—을 결합하고 검토하는 것이다.[13] 판단들은 결과적으로 올바

---

12 특별히 가치 있는 것은 *Mathematics and Philosophy*(Ithaca: Cornell University Press, 1983)에서 재 발행된 파슨스(Charles Parsons)의 "Kant's Philosophy of Arithmetic,"(1969)과 Paul Edwards, ed., *The Encyclopedia of Philosophy*, 8 vols.(New York: Academic Press, 1977)에 실려 있는 파슨스의 논문 "Mathematics, Foundations of"이다. 그리고 Michael Friedman, *Kant and the Exact Sciences*(Cambridge, Mass.: Harvard University Press, 1992)의 1장과 2장도 참고하라.

13 절차는 가능한 한 모든 관련된 척도들을 끼워 넣는 것으로 간주되기 때문에, 그것은 하나의 이상, 말하자면, 이상적인 수학자의 이상, 또는 정언명법적 절차(the categorical imperative procedure)를 올바르게 이해하고 적용하는 합리적이고 합당한 사람의 이상, 또는 그런 이상적인 사람들의 공동체로서 목적의 왕국의 이상(the ideal of a realm of ends)을 구체화하는 것이라고 말할 수 있다. 위에서 우리가 "가능한 한 모든 관련된 척도들"이라고 말한 이유는 그러한 척도를 어떻게 열거하더라도 그것은 최종적인 것이 될 수도 없으며 최종적인 것으로 간주될

른 절차에 정확하게 따르고 참된 전제에만 의존하여 나타난다면, 합당하고 건전하다. 칸트의 도덕적 추론에 대한 설명에서는, 절차적 표현은 순수 실천이성이 우리의 합리적인 준칙들에 부과하는 요구들을 표현하는 정언명령the categorical imperative을 통하여 제시된다. 산술에서 절차는 어떻게 자연수들이 기본적 단위의 개념들로부터 생겨나는지, 즉 선행수로부터 각 수가 발생하는지를 표현해 주는 것이다. 따라서 상이한 수들은 그렇게 발생되는 연속의 과정에서 자신의 위치에 의해서 구별된다. 절차는 숫자에 대한 사실을 구성하는 기본적 속성들을 보여주며, 그래서 그것으로부터 정확하게 도출되는 숫자에 관한 명제들은 올바른 것이다.

2. 정치적 구성주의를 설명하기 위해서 세 가지 질문을 해야 할 필요가 있다.

첫째, 이런 형태의 구성주의에서 구성되는 것은 무엇인가? 그 대답은 정치적 정의관의 내용이다. 공정으로서의 정의에서 이 내용은 원초적 입장에 있는 당사자들이 자신들이 대표하는 사람들의 이익을 증진시키려고 노력할 때 선택하는 정의의 원칙들이다.

두 번째 질문은 이런 것이다. 절차적 대표의 장치로서, 원초적 입장 자체는 구성되는가? 아니다: 그것은 단순히 설정된 것이다it is simply laid out. 우리는 자유롭고 평등하다고 간주되는 합당하고 합리적인 시민들 간의 공정한 협동체계로서의 질서정연한 사회라는 근본개념으로 출발한다. 그리고 우리는 합의당사자들에게 부과하는 합당한 조건들을 나타내는 절차를 제시하는 절차를 설정한다. 합리적인 대표자로서의 당사자들은 그

수도 없기 때문이다. 다시 말하면, 그것들에 대한 어떤 표현도 비판적인 반성에 의해서 검토되도록 언제나 개방되어 있는 문제이다. 심지어 만약 현재 우리가 우리들의 원칙 형성에 완전한 자신감을 갖고 있고, 동시에 이들이 어떻게 중대한 오류에 있는지를 발견할 수 없다 할지라도, 위의 사실은 여전히 그러하다.

러한 사회의 기본구조를 위한 공적인 정의원칙들을 선택하도록 되어 있다. 이렇게 하는 우리의 목적은 정치적인 정의의 원칙들과 기준들에 적용되는 합당성과 합리성의 모든 적절한 기준들을 그 절차에서 표현하는 것이다. 만약 우리가 이것을 적절히 수행한다면, 원초적 입장으로부터의 논증 과정을 통한 올바른 작업은 시민들 간의 정치적 관계들을 규제하는 가장 적합한 정의원칙들을 산출해 낼 것으로 우리는 추측한다. 이런 식으로 질서정연한 사회 내에서 협동하는 존재로서의 정치적 시민관은 정치적인 옳음과 정의의 내용을 형성한다.

3. 이것은 세 번째 질문으로 연결된다. 다시 말하면, 시민관과 질서정연한 사회관이 구성주의적 절차 속에 내재화 된다거나, 그것에 의해서 모델화된다는 것은 무엇을 의미하는가? 그것은 절차의 형태 및 절차의 더욱 특수한 특징들이 그 기초로 간주되는 시민관과 사회관들로부터 산출된다는 것을 의미한다.

구체적으로 설명하면 다음과 같다: 다른 곳에서 우리는 시민들이 두 가지 도덕적 능력들을 지닌다고 말했다. 첫 번째는 정의감의 능력이다. 이것은 그들로 하여금 사회협동의 공정한 조건들을 구체화하는 합당한 정의의 원칙들을 이해하고, 적용하며, 이에 따라 행동하게 한다. 두 번째 도덕적 능력은 선관의 능력이다. 다시 말하면, 그것은, 전 생애를 통하여 우리를 지도해 줄 그런 요소들을 질서화 하는 것과 함께 결부되어 있는 것으로, 우리가 헌신적으로 추구할 만한 가치가 있는 목적과 목표들에 대한 관점이다. 정치적 정의에 적합한 시민들의 선관의 능력은 당사자들의 합리성에 의한 절차 내에서 모델화된다. 대조적으로, 시민들의 정의감의 능력은 무지의 장막에 의해 표현되는 정보에 대한 제한뿐만 아니라, 그들의 대표자들의 위치가 설정되어 있는 합당한 대칭(또는 평등)의 조건과 같은 특징들로 표현되는 절차 내에 모델화되어 있다.

더욱이, 질서정연한 사회의 정치적인 생활을 하는 시민들의 추론에서 드러나는 정의감의 능력 또한 절차 전체에 의해서 모델화된다. 그러한 시민들인 우리는 원초적 입장에 있는 당사자들과 대조적으로 합당하면서 합리적인데, 그 계약 당사자들은—이것은 강조할 만큼 중요하다—대표의 장치 속에 거주하는 인공적인 인간들artificial persons로서 단지 합리적일 뿐이다. 게다가 질서정연한 사회의 개념의 한 요소는 그것의 정치관이 공적이라는 것이다. 이것은 다음과 같은 특징으로 모델화된다. 예를 들어, 합의당사자들은 정의원칙들을 선택할 때, 정의의 원칙의 결과들이 상호간에 인정될 수 있도록 고려하여야 하며, 이것이 어떻게 시민들 자신의 자아관에 영향을 미치고 동시에 이러한 원칙들에 따라 행동하게끔 하는 동기에 영향을 미치는지를 고려하여야만 한다.

결론을 말하자면 다음과 같다: 그런데 모든 것이 구성되는 것은 아니다. 우리는, 말하자면, 출발할 수 있는 약간의 재료를 가져야만 하는 것이다. 보다 더 문자 그대로의 의미에서, 정치적인 옳음과 정의의 내용을 상술하는 실질적인 원칙들만이 구성된다. 절차 자체는 기본적인 사회관 및 인간관, 실천이성의 원칙들, 그리고 정치적 정의관의 공적인 역할을 출발점으로 삼아 단순히 설계되었다.

4. 나는 (두 단락 전에) 질서정연한 사회 내에 있는 시민들의 추론을 특징짓는 정의감의 능력이 절차 전체에 의해 모델화된다고 말했다. 이러한 사실의 중요성을 보여주기 위해, 나는 쇼펜하우어가 칸트의 정언명령에 가했던 비판과 병행하는 반론을 고찰하고자 한다.[14] 쇼펜하우어는 재

14 *On the Basis of Ethics*(1840), part Ⅱ, §7를 참조하라. 이것은 페인(E. F. J. Payne)에 의해서 번역되었는데(New York: Liberal Arts Press, 1965), pp. 89~92를 보라. 나는 이 비판에 대한 나의 이전의 답변이 쇼펜하우어의 반론의 힘을 간과하고 있다고 내게 지적해준 코헨(Joshua

난상황에서 상호원조의 의무(*Grundlegung*『도덕의 형이상학적 기초』에서 네 번째 실례인)에 대해 논증하는 가운데, 필요들을 지니는 유한한 존재로서의 합리적 행위자가 보편법칙이 되기를 일관되게 원하는 것에 칸트가 호소한다고 주장했다. 적어도 어떤 경우에는, 사랑과 동정에 대한 우리의 필요를 고려할 때 우리는, 그러한 경우에 타인들이 언제나 우리의 간청에 무관심한, 그러한 사회세계를 바랄 수는 없다는 것이다. 이것으로부터, 쇼펜하우어는 칸트의 견해가 실제로는 이기주의적이며, 결과적으로 그로부터 단지 은폐된 타율성의 형식a disguised form of heteronomy만이 뒤따라 나온다고 주장했다.

여기에서 나는 이러한 비판에 대항하여 칸트를 옹호하는 데 관심을 가지는 것이 아니라, 공정으로서의 정의에 대한 이러한 병행적 반론이 왜 정당하지 않은지를 지적하는 데에 관심이 있다. 이 목적을 위해, 쇼펜하우어의 반대를 유발시키는 두 가지 사항이 있다는 것을 고찰해 보자. 첫째로, 쇼펜하우어에 의하면, 준칙들이 보편법칙들이 될 때, 칸트는 이 준칙들을 우리의 자연적 성향과 필요natural inclinations and needs를 위한 일반적 결과에 비추어, 즉 이기적으로 간주되는 성향과 필요를 통해, 시험해 보도록 요구하고 있다는 것이다. 둘째로, 쇼펜하우어는 준칙들을 시험하기 위한 절차를 정의하는 규칙들을 외적인 제약이라고 해석하고 있지, 합당한 존재로서 인간들의 본질적인 특성에서 유래된 것으로 해석하지는 않는다. 이러한 제약조건들은, 말하자면, 우리가 지닌 상황의 한계들, 즉 우리가 극복하고 싶어 하는 한계들에 의해 외부로부터 부과된 것으로 보고 있다. 쇼펜하우어는 이러한 두 가지 고찰을 통해서 정언명령은 이기주

Cohen)에게 감사한다. 『정의론』, pp. 147f.과 "Kantian Constructivism, p. 530n.을 보라. 그의 덕분으로, 나는 이 책에 있는 답변이 많이 개선되어 기본적 가치들에 대한 수정된 설명과 연결되고 있다고 생각한다. 나는 또한 다월(Stephen Darwall)의 "A Defense of the Kantian Interpretation," *Ethics* 86(January 1976)에도 도움을 받았다.

의가 교활하게 타협안으로 받아들인 상호성의 원칙a principle of reciprocity이라고 말하게 되었다. 그러한 원칙은 민족국가들nation-states의 동맹에 있어서 적합할지라도, 도덕원칙으로서는 적합하지 않다는 것이다.

5. 이제 이러한 두 가지 점과 관련해서, 공정으로서의 정의에 대한 병행적 반론들을 살펴보자. 첫 번째와 관련하여, 원초적 입장에 있는 당사자들은 그들 각자가 대표하는 개인의 이해관계를 제외하고는 어떠한 직접적인 이해관계도 지니지 않고서 오직 기본적 가치의 입장에서 정의의 원칙들을 평가한다. 덧붙여서, 합의당사자들은 자신이 대표하는 사람들을 위해 고차원적 관심the higher-order interests을 보장하는 데 관심이 있다. 이 고차원적 관심들은 우리의 두 가지 도덕적 능력들을 발전시키고 수행할 때, 그리고 우리의 한정적 가치관이 무엇이든지 간에 그것을 촉진시키는 조건들을 확보할 때, 우리가 지니게 되는 것들이다. 기본적 가치의 목록과 이러한 가치들의 지표는 이러한 고차원적 관심에 근거하여 가능한 한 설명될 것이다. 물론 대표된 자들이 전 생애에 걸쳐 정상적으로 협동하는 사회 구성원들이 되는 데 적합한 능력들을 최소한의 정도로나마 항상 가지고 있다고 가정된다. 그러한 고차원적 관심(이익)들은 합당하고 합리적인 사람들의 필요를 상술하기 위해 취해지기 때문에, 당사자들의 목적들은 이기적인 것이 아니라 전적으로 적합하고 적당한 것이다. 합의당사자들은 자신들이 대표하는 사람들을 위해서 수탁자가 행동할 것으로 기대되는 바를 수행하고 있는 것이다. 더군다나 이것은 자유로운 인간관과 부합할 수가 있다. 즉 시민들은 자신의 대표들에게 자신의 도덕적 능력들을 실현하고 행사할 수 있고, 동시에 자신들의 선관을 추진할 수 있는 조건들뿐만 아니라 사회적 기초와 자존감의 수단들을 보장해 줄 것을 지시할 수 있도록 되어 있다(Ⅱ: 5.4). 이러한 입장은 칸트의 교리에서

준칙들이 아마도 이기적으로 보이는 행위자의 자연적인 필요와 성향들을 어떻게 충족시키는가에 의해서 검증된다는 쇼펜하우어의 믿음과는 대조된다.

두 번째로 들어가서, 원초적 입장의 당사자들에게 부과되는 제약조건들은 구성의 합리적인 행위자인 이들에게는 사실상 외부적인 것이다. 이 구성의 합리적 행위자는 우리의 대표의 장치 속에 거주하는 단순한 인공적인 인물들mere artificial personages에 불과하다. 그럼에도 불구하고, 그러한 제약조건들은 합당성을 표현함은 물론, 그래서 당사자들이 대표하는 질서정연한 사회 구성원들의 도덕적인 능력들 속에 함축되는 형식적인 조건들을 표현한다. 앞에서 살펴본 것처럼, 이러한 능력들은 원초적 입장에 있는 당사자들의 대칭적인 상황은 물론, 무지의 장막 즉 정의원칙들을 지지하는 타당한 이유에 관한 제약들에 당사자들이 예속되어 있다는 것에 의해서 모델화된다(I: 4). 이것은 쇼펜하우어의 두 번째 추정과 대조된다. 쇼펜하우어의 두 번째 추정은 정언명령의 제한조건들이 우리의 한정적 본성의 한계로부터 유래한다고 하며, 이 한정적 본성의 한계는 우리의 자연적 성향에 의해 촉발되는 것이며, 우리는 이것을 극복하기를 희망한다는 것이다. 그렇지만 공정으로서의 정의에서, (합당성에 부합하는) 우리의 도덕적 능력을 발전시키고 수행하는 것은 우리의 고차적인 관심들 중의 하나이다. 그리고 이러한 관심은 자유롭고 평등한 정치적인 인간관과 조화된다. 일단 이것이 이해된다면, 원초적 입장의 제약조건들은 더 이상 외부적인 것으로 간주되지 않는 것이다. 다시 쇼펜하우어의 반론과 평행한 주장은 우리가 II: 6에서 숙고했던 것처럼, 원초적 입장이 시민들의 완전한 (그들의 합리적인 것과는 대조되는) 자율성을 어떻게 모델화하는지에 적용되지 않는다. 완전 자율성은 삶의 전부 또는 대부분을 위한 윤리적인 가치가 아니라 정치적인 가치로 이해된다.

§4. 사회관과 인간관의 역할

1. 나는 정치적 구성주의는 실천이성을 적합한 인간관 및 사회관, 그리고 정의의 원칙들의 공적인 역할과 결합시킴으로써 진행된다고 줄 곧 말해왔다. 구성주의는 단지 실천이성으로부터만 생겨나는 것이 아니라, 사회관 및 인간관을 모델화하는 절차를 요구한다. 그러나 어떤 관점들이 적합하며, 그것들은 어떻게 발생하는가?

일반적인 대답은 다음과 같다. 실천이성의 원칙들—합당한 원칙들과 합리적인 원칙들 모두—과 사회관 및 인간관은 상호보완적이다. 만약 생각하고 추론하고 판단할 수 있는 사람이 존재하지 않는다면, 논리 및 추론 그리고 판단의 원칙들이 사용되지 못하는 것처럼, 실천이성의 원칙들은 합당하고 합리적인 사람들의 사유와 판단 속에서 표현되며, 그들의 사회적이고 정치적인 실천 속에서 그들에 의해 응용된다. 그러한 원칙들은 스스로 적용되는 것이 아니라, 우리가 우리의 의도 및 행위들, 계획 및 결정들을 다른 사람들과의 관계 속에서 형성할 때, 우리에 의해서 사용된다. 그렇기 때문에, 우리는 사회관과 인간관을 "실천이성의 관점들conceptions of practical reason"이라 부를 수 있다: 이 관점들은 추론하는 행위자들의 특징을 기술하고 실천이성의 원칙들이 적용되는 문제들과 질문들의 상황을 상술한다. 그래서 실천이성은 두 가지 측면들을 지닌다. 한편으로는 실천이성과 판단의 원칙들의 측면을 지니며, 다른 한편으로는 그러한 원칙들에 근거하여 행동하는 인간 즉 자연인이나 법인이 될 수 있는 인간의 측면을 지닌다. 사회관과 인간관 없이는, 실천이성의 원칙들은 어떤 중요성이나 유용성 또는 적용성도 가질 수 없다.

비록 사회관과 인간관이 추론하는 행위자들의 특징을 기술하고, 실천적인 질문들의 상황을 상술할지라도, 그러한 관점들은, 실천이성의 원칙들과 더불어 사용되기 때문에, 그들이 행하는 일반적인 형식을 지닌다. 우리가 사람들이 실천이성에 참여하기 위해서 어떤 존재가 되어야 하는가라고 묻는다면, 그 대답은 인간들은 두 가지 도덕적 능력뿐만 아니라 한정적 선관을 가지고 있다고 말하게 된다. 그들이 합당하고 합리적인 존재라는 것은 그들이 두 종류의 실천적 원칙을 이해하고, 적용하고, 그에 따라 행위 할 수 있다는 것을 의미한다. 이것은 또한 그들이 정의감의 능력과 선관의 능력을 가진다는 것을 의미한다. 그리고 이 후자의 능력이 정상적으로 발전되고 작동되기 때문에, 사람들의 선관은 특정 시점에서 한정적이 되는 것으로 가정된다. 말하자면, 이 한정적 선관들은 제반 요소들을 해석하는 포괄적 교리와 결부되어 궁극적 목적들과 애착들의 체계를 표현해 준다.

실천이성의 원칙들이 구성되지 않는 것과 마찬가지로, 이성의 개념으로서의 사회관과 인간관들도 확실하게 구성되지는 않는다. 그러나 우리는 그것들을 조립되고 연결된 것으로 생각할 수 있다. 지금까지 해왔던 것처럼, 우리는 이러한 개념들이 우리의 실천적 사유 속에서 어떻게 드러나는지를 숙고하여, 일반적이고 보다 단순한 것으로부터 보다 특수하고 복합적인 것에 이르도록 이것들을 연관시킬 수 있는 질서를 설정하려고 시도할 수 있다. 이렇게 하여, 기본적 사회 개념은 그 구성원들이 단지 중앙적 권위의 명령에 의해 조정된 활동에 종사하는 것이 아니라, 협동하는 당사자들이 자신들의 행위를 온당하게 규제하는 것으로 인정하고 간주하는 공인된 규칙들과 절차들에 의해 인도되는 활동에 종사하는 사회가 되는 것이다. 우리는 여기에다 협동적인 활동들이 인생의 모든 주된 목적들을 충족시켜 주게 되며, 그리고 그 구성원들은 여러 세대에 걸쳐 경계가 분명한 어떤 영토에 거주한다는 점을 덧붙임으로써, 정치적 사회의 개념을 획득하게 된다(I: 3.2~3). 이 개념은 실천이성에 속할 뿐만 아니라, 적당하고, 적합한 또는 옳은 행위라는 개념을 포함하게 된다.

2. 기본적 사회 개념을 이렇게 개괄할 때 간과하고 있는 것은 옳음과 좋음에 대한 관점이다. 이 옳음과 좋음의 관점에 근거해서 사회의 구성원들은 자신의 행동을 지침 하는 규칙과 절차들을 받아들이게 된다. 공정으로서의 정의에서 간과되고 있는 이러한 관점은 정치적인 사회관 및 인간관과 결합된 실천이성의 원칙들을 사용함으로써 구성된다. 이것은 사회 구성원들이 필요한 정도의 두 가지 도덕적 능력들을 소유함으로써 자유롭고 평등한 시민들로 간주되는 특수한 경우이다. 이것이 평등의 기초이다. 여기에서 도덕적 행위자는 사회의 구성원으로서 자유롭고 평등한 시민이지, 일반적인 도덕적인 행위자는 아니다.

여타의 사회들은 어떤 종교적이거나 철학적인 입장들에 근거한 상이한 견해를 지닌다. 그들의 정의관들은 거의, 우리가 그 용어를 사용했던 바와 같은 의미에서, 구성주의적인 것 같지는 않다. 그리고 그 사회들은 아마도 포괄적이지 정치적이지는 않을 것이다. 여기에서 이에 대한 예를 들 필요는 없지만, 나는 그들의 종교적이며 철학적 교리들이 무엇이든지 간에, 그들 모두는 어떤 방식으로든지 공동선the common good을 증진시킨다고 이해될 수 있는 정의관을 포함하는 옳음과 좋음의 관점을 보유한다고 가정한다. 이러한 관점을 이해하는 것은 틀림없이 가능하므로, 그것이 준수될 때 사회는 구성원 모두와 사회 전체의 선을 고려할 것이다. 공유된 종교적, 철학적 및 여타의 공적인 신념들과 결합된 규칙들과 절차들은 이러한 가능성을 배제하지 않는다. 이런 정의 개념은 다소 약하게 보일 수 있다. 그러나 만약 우리가 저항할 능력이 없는 주체들을 단순히 강요하는 사회보다는, 오히려 참된 책무라고 올바르게 믿어지는 것을 강제하는 합법적 체계를 가진 사회를 가지고자 한다면, 그러한 개념은 필수적이다.[15] 한정적 사회관 및 인간관은 어떠한 정의관과 가치(선)관에서나 본질적인 요소들이 된다.

그래서 우리는 사회관 및 인간관, 그리고 정의의 원칙들의 공적 역할이 실천이성의 개념들이라고 말한다. 이 개념들은 그것들의 적용을 위해 실천이성이 필요로 하는 형태를 가정하고 있을 뿐만 아니라, 실천적인 질문들과 문제들이 야기되는 상황을 제공한다. 즉 사회협동의 본질은 무엇인가? 협동하는 사람들은 자유롭고 평등한가? 아니면 그들의 역할들이 종교와 문화에 의해 정해질 때 상이하고 불평등한가? 사회개념과 인간개념 없이는 옳음the right과 좋음the good에 대한 관점들은 설 곳이 없다. 그것들은 판단과 추론의 개념들 그리고 실천이성의 원칙들처럼 기본적이다.

§5. 객관성의 세 가지 관점

1. 합리적 직관주의, 칸트의 도덕적 구성주의, 그리고 공정으로서의 정의의 정치적 구성주의는, 각각 비록 상이한 방식으로 객관성을 이해하고 있지만, 객관성에 대한 하나의 관점을 가지고 있다. 그들 각각은 다른

---

15 나는 어떤 법률체계가 실행 가능한 것이 되기 위해서는 어떤 내용, 가령 하트(H. L. A. Hart)의 책 *The Concept of Law*, pp. 189~95에서 논의되었던 자연법의 최소한 내용(minimum content of natural law)은 보유해야 한다고 주장한다. 또한 혹자는 소퍼(Philip Soper)가 했던 것처럼, 이보다 더 강력한 주장을 할 수도 있다. 즉 법률체계는 만약 그것이 단순히 강요하는 것이 아니라 도덕적으로 구속되는 책무를 유발하고자 한다면, 그것은 특정한 권리들을 존중해야만 한다는 것이다: 가령, 생명의 안전과 자유, 그리고 사유재산권을 위한 최소한의 권리; 적어도 평등을 지지하는 것으로 이해되는 정의에 대한 권리, 지배자와 피지배자 간의 상호존중을 허용하는 상호관계를 들 수 있으며; 이 모든 것들은 또한 담론의 권리(a right of discourse)와 정의를 집행하기 위한 선한 신념의 공적 요구(a good faith official claim)를 필요로 한다. 소퍼의 *A Theory of Law*(Cambridge, Mass.: Harvard University Press, 1984), pp. 125~47을 참고하라. 나는 사회라는 것은 공동선을 증진시키려는 개념과 일치하는 이런 종류의 조건을 충족시키는 어떤 정의관을 가지고 있다고 가정한다. 그렇지 않다면, 우리는 사회가 아닌 다른 어떤 것을 가지게 될 것이다.

관점들이 잘못된 가정에 기초하고 있다고 생각할지도 모른다. 그렇지만 우리가 살펴볼 것은 직관주의와 칸트의 견해 모두 정치적 구성주의가 그것의 제한된 정치적 목적에 적합한 객관성의 기초를 제공한다는 점을 시인할 수 있다는 것이다. 이 문제를 설명하기 위해 나는 이 절에서 각각의 견해가 객관성의 관점의 본질적인 다섯 가지 요소들을 어떻게 고려하는지를 살펴보려 한다.[16]

첫 번째 본질적인 요소는 다음과 같다. 객관성에 대한 관점은, 토론과 적절한 반성을 거쳐 추론과 증거에 입각하여, 판단의 개념이 충분히 적용되고, 동시에 결론들이 도출될 수 있기에 충분한 공적인 사고의 틀 a public framework of thought을 확립해야만 한다는 점이다. 사실상, 이것은 모든 종류의 탐구, 즉 그것이 도덕적, 정치적 또는 과학적, 또는 상식의 문제이든 간에 요구된다. 그래서 만약 추론과 판단의 개념이 우리의 심리적인 상태를 단순히 말로 표현하는 것과는 상반되는 우리의 도덕적 및 정치적 진술들에 적용될 때에는, 우리는 상호간에 인정된 척도와 증거를 기초로 해서 판단을 내리고, 추론을 도출해 낼 수 있어야 한다. 가령 다른 여타의 방식, 예를 들어 단순한 수사학 또는 설득과 같은 방식이 아닌, 그러한 방식으로 우리의 판단능력들을 자유롭게 행사하여 합의에 도달할 수 있어야 한다.

이러한 첫 번째 본질적 요소의 당연한 귀결로서, 두 번째 요소는 다음과 같다. 사정에 따라서, 객관성의 관점이 합당함이나 참됨을 목표로 삼는 것은 바로 판단(도덕적 또는 다른 면에서)의 규정적 성격이다. 그래서 객관성의 관점은 그 관점에 의해 형성된 올바른 판단 개념을 상술해야 하며, 따라서 그 규범에 종속되어야 한다. 그것은 올바른 판단들을 합리적 직관주의에서처럼 독립적인 가치질서에 부합하는 것으로서의 그러한

16 이런 본질적인 요소들은 폭넓게 인정되고 있다. 내가 여기서 그것들을 언급하는 표현에 새로운 것은 없다.

친숙한 방식으로 생각할 수도 있다. 또는 정치적 구성주의처럼 그것은 올바른 판단들을 합당한 것으로 이해할 수도 있다: 즉 적절한 인간관 및 사회관과 결합된 실천이성의 원칙들을 올바르게 정식화하고 있는 절차로부터 유래한 옳음과 정의의 원칙들에 의해서 규정되는 논거들reasons에 대하여 우위성을 부여함으로써 지지될 수 있는 것으로 간주하는 것이다.

2. 세 번째 본질적인 요소는 객관성의 관점은 자신의 원칙과 기준에 의해 주어지는 논거들의 질서an order of reasons를 상술해야 한다. 그리고 객관성의 관점은 개인이든 법인이든 간에 행위자들에게 이러한 논거들을 부여해 주어야 한다. 이 논거들을 행위자들은 특정의 상황 하에서 비교평가하고 이들을 지침으로 삼게 된다. 그들은 이 논거들에 의해 감동되는지의 여부에 관계없이, 그에 따라 행위해야 한다. 그리고 이렇게 설정된 논거들은, 행위자들이, 자신의 관점에 입각하여, 가지고 있거나 가지고 있는 것으로 생각하는 논거들을 우선하게 된다.

또 다른 하나의 귀결로서, 우리는 네 번째 본질적인 요소를 들 수 있다. 객관성의 관점conception of objectivity은 객관적인 견해the objective point of view—가령, 어떤 적합하게 정의된 합당하고 합리적인 행위자들의 견해에 의해 주어진—를 어떤 특정한 시기의, 어떤 특별한 행위자인 개인이나 법인 또는 어떤 특별한 행위자들의 집단의 관점으로부터 구별해야 한다. 우리가 어떤 것을 생각하는 것이 바로 정의롭거나 합당한 것, 또는 한 집단의 생각이 어떤 것을 그렇게(정의롭거나 합당한 것으로) 여기거나 그렇다고 여기게 만드는 것을, 우리가 결코 가정하지 않는다는 점이 바로 객관성의 개념을 이해하는 한 부분이 된다.

다섯 번째 본질적인 요소는 객관성의 관점이 합당한 행위자들 간의 판단일치에 대한 설명을 할 수 있다는 점이다. 객관성의 관점은 직관주의에서처럼 다음과 같이 말할 수 있다. 합당한 행위자들은 그들로 하여금 독립적인 가치질서the independent order of values를 알도록 하며, 토론과 반성에 의해 그것에 관한 그들의 판단들을 검사하고 조정하며 통합할 수 있도록 하게 하는, 지적이며 도덕적인 능력들을 가지고 있다는 것이다. 또는 대신에, 객관성의 관점은 정치적 구성주의에서처럼, 합당한 인간들이 구성절차로부터 유래하는 옳음과 정의의 원칙들뿐만 아니라 실천이성의 개념들과 원칙들을 배우고 활용할 수 있는 존재로 볼 수도 있다.[17] 이러한 것들을 습득하고 활용함으로써, 합당한 인간들은 그 원칙들과 기준들을 올바르게 적용할 수 있게 된다. 그리고 합당한 인간들이 동일한 (참된) 정보에 의존한다면, 그들은 동일한 (또는 유사한) 결론에 도달할 것이다.

요약하면 다음과 같다: 도덕적인 그리고 정치적인 관점은 그것이 이러한 다섯 가지 본질적인 요소들에 응답하는 사유, 추리 및 판단의 구조를 형성하는 경우에만 객관적이다. 한 관점의 근거들의 질서가 제시되는 방식을 보면, 어떤 행위자 즉 개인 또는 법인의 판단이 잘못될 수 있다는 것을 명백히 알 수 있다. 아무리 진지하고 외견상 올바르게 보인다고 해도, 그리고 참이거나 합당한 것(해당 견해에 의존하는)이라 해도, 추론과 판단 간의 구분은 이루어진다. 합당한 행위자들이 이러한 본질요소들을 인식하고, 이러한 그들의 인식이 판단의 합의에 필요한 배경을 확보하는데 도움이 된다는 점은 바로 합당한 행위자의 규정적 성격이라는 점을 덧붙이자. 다음 절에서 논의되는 여섯 번째 본질적 요소는 우리가 어떤 방식으로 불일치disagreements를 설명할 수 있는지를 요구한다(§7.2).

3. 우리가 논의했던 세 가지 견해들이 상이한 객관성의 관점들을 가진다고 말하는 것은 그들이 이러한 객관성의 본질적인 요소들을 동일

---

17 이것은 우리가 이 절차에 대한 지식을 가지고 있다는 것을 의미하지는 않는다. 오히려 우리는 그것(절차)으로부터 유래하는 원칙들을 사용할 수 있다는 것을 의미한다.

한 방식으로 설명하지 않는다는 것을 의미한다. 합리적 직관주의를 논의해보자. 두 번째 요소에 대하여, 합리적 직관주의는 올바른 도덕적 판단을 독립적인 도덕적 가치질서에 부합하는 것으로 본다. 칸트의 도덕적 구성주의와 정치적 구성주의는 도덕적 판단들을 그런 식으로 객관적이라고 간주하지 않는다. 왜냐하면 둘 다(비록 정치적 구성주의가 그것을 부인하지는 않지만) 독립적인 가치질서를 단언하지 않기 때문이다. 어떤 종류의 합리적 직관주의들은 또한 우선적으로 교리적인 의미에서 타율적이다(§1.6). 그리고 이 점은 합리적 직관주의를 칸트의 구성주의로부터 뿐만 아니라, 공정으로서의 정의의 정치적 구성주의로부터도 구별시킨다. 그렇지만 정치적 구성주의에게는, 이러한 교리적 의미에서의 타율성은 합리적 직관주의 자체의 한 특징이 아니라, 그것의 어떤 변형체들이 가치질서를 이해하거나 드러내는 방법에 대한 한 특징일 뿐이라는 것이다.

그런데 합리적 직관주의는 객관성의 네 번째 요소를 어떻게 충족시키는가? 그것은 행위자의 관점the agent's point of view을 객관적인 관점the objective point of view으로부터 어떻게 구별하고, 그리고 행위자가 잘못되었는지를 어떻게 설명하는가? 여기에서 직관주의는 적절한 숙고를 통하여 수용 가능한 실천이성의 제1원칙들과 관점들에 대한 설명에 의존할 것이다(§1.4). 그래서 행위자의 관점은 그것과 구별된다. 합리적 직관주의는 다음과 같은 입장에 대해 정치적 구성주의에 동조할 수 있을 것이다. 비록 직관주의가 구성주의가 하지 않는 방식으로 도덕적 지각과 직관의 개념에 호소함에도 불구하고, 추론된 토론을 거치지 않고서는 가치질서에 대해 충분히 근거 있는 지식을 지니거나, 그것에 대한 합당한 믿음들을 형성할 수 있는 어떤 방식도 없다는 점이다.

4. 이로부터 합리적 직관주의의 변형체와 정치적 구성주의는—우리

는 우선 양자가 정치적 가치들을 고려한다고 당분간 가정한다—바로 동일한 실천이성의 원칙들과 사회관 및 인간관에 동의할 수 있다는 점이 뒤따라 나온다. 또한 양자는 정치적 정의의 원칙들을 산출하는 원초적 입장으로부터 나오는 구성주의적인 논증을 받아들일 수도 있다. 그들은 각각 행위자의 관점과 객관적인 관점을 구별하는 동일한 틀을 사용할 수도 있을 것이다. 그러나 차이점은 바로 합리적 직관주의가 합당한 판단은 독립적인 가치질서에(근거들의 강력성에 의존하여) 대해서도 맞거나, 아마도 맞을 것이라고 부가하는 데 있다. 정치적 구성주의는 그 점을 단언하지도 부정하지도 않는다. 나중에 살펴보겠지만, 합당성의 개념은 정치적 구성주의의 목적을 위해서 충분하다.

그래서 합리적 직관주의가 시인할 수 있는 점은 정치적 구성주의가 정치적이고 실천적인 목적들에 적합한 일종의 객관성을 지닌다는 것이다. 합리적 직관주의가 반대하는 점은 구성주의가 도덕적 판단들의 진리성에 적합한 관점들, 즉 도덕적 원칙들을 독립적인 가치질서에 비추어 참되다거나 거짓으로 판정하는 관점을 결여하고 있다는 것이다. 정치적 구성주의는 이러한 진리의 개념을 사용하지 않는다. 정치적 구성주의는 이런 종류의 입장을 단언하거나 부인하는 것은 가능한 한 합당하고 포괄적인 모든 교리들에게 수용 가능하도록 형성된 정치적 정의관의 경계를 넘어선다는 점을 덧붙인다. 공정으로서의 정의의 내용(또는 유사한 구성주의적 견해)에 동의하고, 그리고 그것의 합당한 판단들과 진리적 판단들 사이에 관련성을 확언하는 합리적 직관주의자는 또한 그러한 합당한 판단들을 참되다고 간주할 수도 있을 것이다. 그렇게 되면 어떤 논쟁의 여지도 없을 것이다(§8).[18]

칸트의 도덕적 구성주의에 관하여 말한다면(§2), 올바른 도덕적 판단

18 이것은 "Kantian Constructivism in Moral Theory," pp. 507f.와 유사하다.

은 준칙들을 검증하기 위한 정언명법의 절차에 수용되어 있는 합당성과 합리성의 모든 관련된 척도들을 충족시키는 판단이다. 이 테스트 장치를 통과하는 원칙들과 법칙들에 의하여 합당하게 지지되는 판단이라면 이러한 판단은 완전히 합당하고 합리적인 (그리고 분별력이 있는) 사람들에 의하여 올바른 것으로 인정되는 것이다. 이것이 바로 칸트가 이러한 판단들을 보편적으로 소통 가능한 것이라고 말할 때 그가 의미하는 바이다: 합당하고 합리적인 존재로서 우리가 판단들을 타당화시키는 데 적용되는 동등한 절차를 인정하고, 적용하고, 그리고 타인에게 설명할 수 있는 것이다. 이제 객관성의 모든 본질적인 요소들은 규정되었다.

5. 객관적인 관점의 본질적인 요소들의 역할은 무엇인가? 이것들은 무엇을 하는가? 합리성이 공적이지 않지만, 합당성은 공적이라는Ⅱ: 1.4절을 상기해 보라: 우리가 타자들의 공적 세계에 들어가서, 공정한 협동의 조건들을 상술하는 합당한 원칙들을 경우에 따라서 제안하거나 받아들일 준비가 되어 있다는 것은 바로 합당성에 의해서이다. 이러한 원칙들은 적합한 사회관 및 인간관과 결합된 실천이성의 원칙들을 표현하는 구성절차에서 유래한다. 그리고 그러한 원칙들 자체는 우리의 판단들을 합당한 것으로 지지하여 주게 된다. 그 원칙들 모두는 기본적 제도들을 판단하기 위한 정치적인 정의관을 산출하고, 그 제도들을 평가할 수 있는 정치적 가치들을 상술한다. 그래서 객관성의 본질적 요소들은, 만약 그것이 자유롭고 평등한 시민들에게 개방된 공적인 정당화의 기초일 수 있다면, 사유와 판단의 구조에 요구되는 특징들이다. 시민들이 합당한 정치적인 정의관을 공유할 때, 그들은 근본적인 문제들에 대한 공적 토론이 진행될 수 있는 공통 근거를 공유하게 된다.

우리는 본질적 요소들을 차례로 검토해 봄으로써 다음과 같은 점을 알 수 있다. 첫 번째 본질적 요소는 우리가 방금 말했던 것을 대강 포괄한다: 그것은 객관성의 관점이 판단의 개념이 적용되고, 상호인지 할 수 있는 근거들과 증거들에 기초해서 결론들이 도출될 수 있도록 하기에 충분한 공적인 틀을 형성해야 한다고 진술한다. 두 번째 본질적 요소는, 구성주의의 경우에, 우리가 합당한 판단을 내리는 것을 목표로 한다는 것은 바로 판단의 규정적 성격이다. 즉 판단은 적절한 절차에 의해 제시되는 근거들에 우월성을 부여함으로써 지지될 수 있는 판단이어야 한다.

세 번째 본질적 요소는 다음 사항을 요구한다. 그 원칙들에 의해 제시된 근거들의 질서는 행위자들이 적절한 우선권을 부여해야 하는 근거로서 뿐만 아니라, 자신들의 관점에 의해 지니게 되는 근거들과는 구별되는 것으로서 행위자들에게 부과되어야 한다는 것이다. 이것이 요구되지 않는다면, 공적인 정당화의 공유된 기초는 결여될 것이다. 마지막 유추로서, 네 번째 본질적 요소는 객관적 관점과 어떤 특정 개인의 관점 간의 구별을 강조함으로써 세 번째 요소를 강화시킨다. 일반적으로 사고와 판단은 우리의 관점을 객관적인 관점과 조화시키도록 하는 것이 언제나 요구된다. 다시 말하여, 이것은 정당화의 공유된 공적인 기초에 필수적이다.

구성주의에 있어서 객관적인 관점은 언제나 적합하게 규정된 어떤 합당하고 합리적인 인간들의 관점으로 이해된다는 점을 주목해 보자. 칸트의 교리에서는, 그것은 목적의 왕국의 구성원들과 같은 그런 사람들의 관점이다. 이렇게 공유된 관점이 가능한 이유는 그 관점이 공통적인 인간 이성 속에 내재해 있는 원칙들과 기준들을 표현하는 정언명령에 의해 주어지기 때문이다. 유사하게, 공정으로서의 정의에서의 관점은 적절하게 표현되는 자유롭고 평등한 시민들의 관점이다. 말하자면, 네이글Nagel이 "비개인적인 관점the impersonal point of view"[19]이라고 부른 것과는 대조적으로, 도덕적 구성주의와 정치적 구성주의 양자 모두 객관적인 관점은 언제나 어딘가로 부터from somewhere 도출될 수밖에 없다고 말한다. 그 이유는 실천이성에 호소하는 것처럼, 객관적 관점은 합당하고 합리적인 존재로 적합하게 규정된 인격체들인 개인[20] 또는 단체(법인)의 관점을 표현해야 하기 때문이다. 실천이성 자체의 관점과 같은 그런 것은 존재하지 않는다. 이것은 내가 §4에서 인간관 및 사회관의 역할에 대해 말했던 것과 관련된다.

마지막 언급을 해 보자. 나는 앞에서 객관성의 본질적 요소들(§7.2에서 여섯 번째를 포함하여)이 정당화의 공유된 공적인 기초에 필수적이라고 말했다. 이것에다 그것들이 또한 충분조건이라는 점을 덧붙이자. 이것으로, 정치적 자유주의는 정치적 정의관의 목적을 충족시키는 객관성에 대한 설명을 할 수 있게 된다. 상술한대로, 정치적 자유주의는 합당한 판단의 관점을 넘어설 필요가 없으며, 참된 도덕적인 판단 개념을 포괄적인 교리들에게 맡겨도 된다.

§6. 인과론적 지식관과 무관한 객관성

1. 구성주의는 실천이성의 객관성이 인과론적 지식the causal theory of knowledge과 무관하다고 주장한다. 이 점과 앞서의 논의들을 명확히 하기 위해, 나는 반대논변을 고찰할 것이다. 일부 저술가들은 검토된 객관성에 대한 세 가지 관점들 중 어떤 것도 전혀 객관성의 관점이 아니라고 주장할 수도 있다. 그들에 의하면, 판단들 및 믿음들의 객관성은 이것들이

19 Thomas Nagel, *The View from Nowhere*(New York: Oxford University Press, 1986), pp. 138~43 및 다른 부분들을 보라.

20 흄(Hume)의 저서 *The Treatise*, Ⅲ:3. i에 있는 사려 깊은 관망자(judicious spectator)는 그러한 개인의 한 예이다.

인과적 지식론 내에서의 적합한 설명력을 지니느냐에 의존한다는 것이다. 그들에 의하면, 하나의 판단(또는 신념)은, 가령 그 판단이 기초해 있는 우리의 감각 경험에 영향을 미치는, 적절한 종류의 인과과정의 결과(부분적으로)인 경우에만 단지 객관적이라고 한다.

예를 들어, 고양이가 매트 위에 있다는 우리의 지각 판단은 매트 위에 있는 고양이의 존재에 대한 우리의 지각 경험에 영향을 미치는 적절한 인과적 과정의 결과라는 것이다. 그 견해에 의하면, 그러한 지각 경험들에 대한 익히 알려진 상식적인 설명이 있으며, 중간 크기의 물체들에 대한 지각 판단들은 이러한 상식적 설명에 기초하고 있다고 한다. 궁극적으로 인지론적 심리학cognitive psychology은 우리의 보다 더 이론적이고, 고차적인 신념들에 대한 이야기에서도 적용될 수 있어야만 할 것이다. 이론물리학자들의 신념들은 적절한 과정을 따라 그러한 양식으로 설명될 것이다. 심지어 그러한 신념들조차도 객관적이라고 할 수 있다. 그 이유는 물리학자들이 그러한 신념들을 받아들이는 것은 그들이 생각하는 세계의 존재방식과 관련된 적절한 인과적 과정(부분적으로)의 결과임을 보여주는 설명을 할 수 있기 때문이다.[21]

2. 이러한 반론은 객관성의 개념에 대한 심각한 질문들을 제기시킨다. 이것을 내가 논의할 수는 없지만, 다음과 같은 의견을 간략히 진술한

---

21 이 객관성의 관점은 하만(Gilbert Harman)에 의해서 도덕적 판단들에 적용되었다. 그의 책 *The Nature of Morality*(New York: Oxford University Press, 1977) 중 1, 2장은 그것들(도덕적 판단들)이 객관적이지 않다는 것을 주장한다. 퀸(Warren Quinn)의 글, "Truth and Explanation in Ethics," *Ethics* 96(April 1986)은 하만(Harman)의 견해에 대한 광범위한 비판을 담고 있다. 훨씬 동일한 관점이 윌리엄스(Bernard Williams)의 *Ethics and the Limits of Philosophy*(Cambridge, Mass.: Harvard University Press, 1985)에서, 윌리엄스에 의해서 사용되었다. 비판적인 검토를 하려면, 퀸(Quinn)의 "Reflections on the Loss of Moral Knowledge and Williams on Objectivity," *Philosophy and Public Affairs*(Spring 1987)를 참고하라. 나는 퀸(Quinn)의 글 두 편 모두에 빚지고 있다.

다. 정치적 구성주의는 칸트의 견해를 다음과 같은 정도까지 받아들인다: 정치적 구성주의는 이론이성과 실천이성에 각각 적합한 객관성의 상이한 관점들이 있다고 주장한다. 아마도 그 이유는, 우리가 살펴본 바에 의하면, 칸트가 전자(이론이성)는 주어진 대상에 대한 지식에 관계된다고 생각하는 반면에, 후자(실천이성)는 주어진 대상들에 대한 관점에 따라서 대상들을 산출해 내는 것과 관계된다고 보기 때문이다. 합당하고 합리적인 존재인 우리는, 말하자면, 옳음과 정의의 원칙들을 적합하게 구성해야만 하는 것이다. 이 옳음과 정의의 원칙들은 우리가 산출해내고자 하는 대상에 대한 관점들을 규정하며, 이렇게 하여 실천이성에 따라 우리의 공적 행동을 지도하게 된다. 논리학과 수학에 적용되는 적절한 객관성의 관점은 내가 고려하려고 하지 않는 특별한 난점들을 제기한다.[22] 그럼에도 불구하고, 이미 살펴본 것처럼, 실천이성과 수학적 사유간의 비교는 유익하다. 반론에 타협적으로 대처한다면, 그것의 인과적 조건은 이론이성의 판단들에, 또는 적어도 자연과학의 상당 부분에, 그리고 마찬가지로 지각적 판단에 적용되는 적절한 객관성의 관점 중의 일부분임을 인정해보자.[23]

---

22 이러한 난점들에 관해서는, 베나세라프(Paul Benacerraf)의 "Mathematical Truth," *Journal of Philosophy* 70(November 1973)을 보라. 여기에서 다음 사항을 덧붙이고자 한다. 나는 상식적 지식(가령, 우리의 지각적 판단들), 자연과학과 사회이론(경제학과 역사학에서와 같은) 그리고 수학은 아마도 각각 그 각자의 적절한 의미에서 객관적이다(또는 객관적일 수 있다)라고 가정한다는 것이다. 문제는 그것들이 어떻게 객관적인지를 설명하는 것이며, 그리고 적절한 체계적 설명을 제시하는 것이다. 도덕적 및 정치적 추론의 객관성에 대한 어떤 반론의 주장들은, 상식이나 자연과학 또는 수학에 대하여 적용되는 평행적 추론을 채택하여, 이것들이 객관적이지 않다고 주장할 수 있는데, 이것은 잘못된 것임에 틀림없다. 실천이성 추론의 객관성 문제는 일반적인 객관성의 문제를 논쟁하기 위한 것이라면 잘못 선택된 논쟁의 장(ill-chosen battleground)이 될 수 있다.

23 퀸(Quinn)은 자신의 논문, "Reflections on the Loss of Moral Knowledge"(n. 20 above)에서, 심지어 이렇게 많은 것을 인정하는 것에 반대한다. 그는 그것이 일반적으로 물리학이나 과학에 적용되지 않는다고 생각한다. 나는 이 부분에 대한 그의 견해가 옳을지 모른다고 보지만, 여기서 이 점들을 고찰하지는 않겠다.

그럼에도 불구하고, 그 조건(인과적 조건)은 객관성에 대한 모든 관점들에 있어 본질적이지 않으며, 도덕적 및 정치적 추론에 적합한 관점에 대해서도 본질적이지 않다. 이것은 다음과 같은 사실에 의해 보여 진다. 우리는 도덕적이거나 정치적인 판단에서, 그 판단에 대한 근거들이 해당 판단을 적합한 인과적 과정에 관련된 것으로 보여주려 하거나, 또는 그 판단에 대한 설명을 인지적 심리학cognitive psychology내에서 하도록 하는 것을 요구하지 않는다는 사실이다. 오히려, 제시된 근거들이 충분히 강력하다는 것으로 족하다. 우리는 할 수 있는 한에서, 우리의 판단에 대한 근거들을 검토함으로써만 우리의 판단을 설명한다: 그 설명은 우리가 진지하게 확신하는 근거들 속에 있을 뿐이다. 우리의 진지성과 합당성을 문제 삼는 것 이외에 더 이상 무슨 할 말이 있겠는가?

물론, 심지어 합당한 인간들 간에도 정치적 판단이 일치하는 데 많은 장애물들이 있다는 것을 전제한다면, 우리는 언제나 또는 아마도 훨씬 많은 시간이 흘러도, 합의에 도달하지 못할 것이다. 그러나 우리는 적어도 우리의 차이점들을 좁혀서, 그래서 합의에 근접할 수 있도록 해야 한다. 그리고 이것은 우리가 실천이성적 추론의 공유된 원칙들과 기준으로 간주하는 바에 입각하여 이루어질 것이다.

§7. 정치적인 의미에서 언제 객관적인 근거들이 존재하는가?

1. 지금까지 우리는 객관성에 대한 세 가지 상이한 관점들을 살펴보았다. 이렇게 함에 있어, 이러한 관점들이 무엇을 의미하는가는 물론, 그러한 관점들이 우리로 하여금 논거들의 객관적 질서an objective order of reasons내에서 논거가 있다고 말할 수 있도록 하는 것을 어떻게 허용하는가를 검토하였다. 그러나 일각수unicorn에 대한 명확한 개념이 일각수가

존재한다는 것을 보여주지 못하는 것과 마찬가지로, 물론 이것들 중 어떤 것도 그러한 논거들의 질서가 존재한다는 것을 보여주지 못한다. 그렇다면 우리는 정치적인 의미에서, 정치적 정의관이 객관적인 논거들을 언제 산출한다고 말할 수 있는가?

다음과 같이 말해보자. 정치적 확신들(물론, 동시에 도덕적 확신들인)은 다음과 같은 경우에 객관적—실제로 논거들의 질서에 입각하고 있는—이라고 할 수 있다. 만약 합당하고 합리적인 인간들, 즉 실천이성의 능력들을 실행하기에 충분할 만큼 지적이고, 양심적이며, 추론에 있어 일상적인 결함도 드러내지 않는 추론능력을 지니고 있는 이들이, 결과적으로 그러한 정치적 확신들을 지지하거나 확신들에 대한 자신들 간의 차이점들을 의미있게 좁혀 나간다면, 이 확신들은 객관적이 될 수 있다. 물론 여기에는 이러한 사람들이 유관 사실들을 알고 있으며, 적절한 반성을 할 수 있는 우호적 조건들 하에서 해당 문제들에 의미를 지니는 논거들을 충분히 검토하였다는 것이 전제되어 있다.[24](나는 여기에서, 사람들이 인정하는 실천적 관점들은 이미 §5에서 논의된 객관성의 다섯 가지 본질적 요소들을 충족시킨다는 점을 가정한다.) 정치적 확신이 객관적이라고 말하는 것은 합당하고 상호간에 인정 가능한 정치관(이러한 본질적 요소들을 만족시키는)에 의해 명시되고, 그리고 그것이 합당하다는 점을 모든 합당한 사람들에게 확신시키기에 충분한 논거들이 있다고 말하는 것이다. 그러한 논거들의 질서가 실제적으로 획득되는지의 여부는 물론, 그러한 주장들이 일반적으로 합당한지에 대한 여부는, 합당하고 합리적이며 판단부담을 참작하는 사람들에 의해서, 실천이성적 추론의 공유된 실천으로부터 장기간에 걸쳐 나오는 전체적인 성공적 결과에 따라 보여 질 수 있을 뿐이다. 이러한 성공적 결과가 인정된다면, 논거를 인과적인 과정과 관

---

24 나는 실천이성적 추론에 대한 이런 객관성의 관점을 본질적으로 칸트적인 것으로 본다. 이와 유사한 주장은 퀸(Quinn)의 "Reflections," p. 199에서도 찾아볼 수 있다.

련시켜서 유효하게 만들 필요가 있다고 하는 것은 옳음과 정의의 추론들 내에는 어떤 결함도 없다.

2. 나는 정치적 논거들의 객관적인 질서an objective order of political reasons가 있다는 것이 건전한 추론의 다양한 활동들이나, 그것의 공유된 실천 또는 그것의 결과에 달려 있다고 말하는 것이 아니다. 오히려, 합당하고 합리적인 사람들 간의 공유된 실천의 성공이 논거들의 질서가 있다는 우리의 말을 보장하는 것이다. 그 발상은 다음과 같다. 만약 우리가 판단과 추측, 근거와 증거의 개념들뿐만 아니라, 정치적 정의의 논거로 간주되는 사실들을 선정해 내는 원칙들과 기준들을 사용하고 적용하는 것을 배울 수 있다면; 그리고 만약 우리가 상호간에 인정된 기준들에 비추어서, 추론에 의한 판단의 합의에 도달할 수 있다는 것을 알 수 있다면; 또는 합의할 수 없을지라도, 만약 어떤 경우든 우리들 간의 정의롭거나 공정한, 존중할 만하거나 적실한 관계들로 우리가 생각하는 바를 보장해 주기에 충분할 정도로, 우리의 차이점들을 좁힐 수 있다는 점을 발견한다면; 그렇게 되면 이 모든 것은 객관적인 논거들이 있다는 확신을 지지해 주게 된다. 그것들은 그러한 확신을 입증하는 논거들의 종류이다.

장기간에 걸친 성공적 실천의 배경이 주어진다면, 이러한 숙고된 판단의 합의나 차이점들을 좁히는 것은 통상적으로 객관성을 충족시키기에 충분하다. 우리가 이미 살펴본 것처럼, 우리의 확신들에 대한 설명은 종종 일상적으로 평범하다: 우리는 하나의 판단을 주장하고, 실천적 추론의 적절한 원칙들과 기준들을 올바르게 적용했다고 가정하기 때문에, 그 판단을 올바르다고 생각한다. 이것은, 수학자들이 왜 소수들의 무한성an infinity of primes이 있다고 믿는지 질문 받을 때, 그들이 말하는 대답, 이를테면 수학자라면 누구나 그 증명을 알고 있다는 것과 유사한 응답이다.

증명은 그들의 믿음이 기초해 있는 추론을 드러낸다. 인지심리학cognitive psychology에서는 설명의 결여the absence of an explanation 문제는 핵심이 아니다: 증명을 제시하거나 판단에 충분한 논거들을 진술하는 것은 이미 합당하고 합리적인 사람들의 믿음들에 대한 가능한 가장 좋은 설명이다.[25] 적어도 정치적 목적을 위해서는, 더 나은 설명을 위해 그것을 넘어갈 필요도 없고, 더 심오한 설명을 위해 그것의 배후로 갈 필요도 없다.[26]

틀림없이, 우리가 합의에 이를 수 없거나 불일치를 좁힐 수 없을 때, 심리학적인 고찰들이 적실성을 지니게 될 것이다. 이런 이유로 객관성에 대한 여섯 번째 본질적 요소는 판단의 부담과 같은 것들에 의해서 우리의 판단들이 하나로 수렴되지 못함을 설명할 수 있어야 한다는 것이다: 모든 증거를 조사하고 평가하는 어려움들이나, 쟁점에 대한 상반된 입장을 취하는 경쟁적인 논거들에 대해 섬세히 비교평가 하는 것, 이 둘 중 어느 것이나 우리로 하여금 합당한 사람들이 상이한 입장을 취할 수 있다는 것을 예상하게 하여 준다(Ⅱ: 2). 그래서 사실상 상당히 중요한 불일치는, 판단의 부담이 허용한다면, 객관성과 양립할 수가 있게 된다. 그렇지만 불일치는 관련된 사람들 중 한 명 또는 그 이상의 사람들의 합당성이나 합리성 또는 양심의 부족에서도 기인할 수 있다. 그러나 우리가 이 점에 대해 말하려면, 이러한 실패에 대한 증거가 단순히 불일치의 사실 그 자체

25 여기에서 수학과의 유사성은 유익하다. 왜냐하면 이 경우에 우리는 소정의 인과 과정과의 연결의 문제를 어떻게 의미 있게 할 수 있는가를 심지어 알지 않고서도 객관성 문제를 해결할 수 있기 때문이다.

26 칸트주의적인 이런 요지는 네이글(Nagle)이 제안했다. 그는 *The View from Nowhere*, p. 145에서 "우리의 확신에 대한 설명은 논증의 내용과 타당성에 의해서 주어질 수 있다."고 말한다. 그가 이론이성과 실천이성 모두의 일관성과 통일성을 보이려고 했다는 점을 말할 때, 그것은 우리가 앞에서 언급한 칸트주의적인 요지이다. 이성은 호소의 최후의 법정(the final court of appeal)인데, 이성만이 그 자신의 권위의 범위와 한계를 설정하고, 자신의 원칙들과 타당성의 척도를 규정할 수 있는 능력을 지닌다. 우리는 이런 원칙들과 척도들을 이성 외부에 존재하는 어떤 것에 근거 지울 수 없다. 판단과 추론 그리고 다른 나머지의 개념들은 환원 불가능한 것이다. 이러한 개념들로 설명은 끝에 이르는 것이다. 철학자의 임무 중의 하나는 이런 생각에 대한 우리의 실망을 가라앉히는 것이다.

가 아니라는 점을 유의해야 한다. 우리는 그러한 불일치의 원인들이 작동하고 있다고 생각되는 특별한 상황에서 확인할 수 있는 독립적인 논거들을 가지고 있어야만 한다. 이러한 논거들은 또한 우리와 불일치하는 사람들에 의해 원칙적으로 인식 가능한 것이어야만 할 것이다.[27] 이 점에서 심리학이 개입될 수 있다.

3. 마지막으로, 나는 오해를 방지하기 위해, 구성주의에 관해 한 가지 요점을 더 추가하고자 한다. 스캔론Scanlon의 견해를 포함하여 어떤 구성주의적인 견해들도 인간관과 사회관이 구성된다고 말하지 않듯이, 실천적 추론과 판단에 관련된 사실들이 구성된다고 말하지 않는다.[28] 설명하자면 다음과 같다: 우리는 정치적인 추론과 관련된 두 가지 사실들을 구별할 수 있다. 한 종류는 어떤 행위 또는 제도가 이를 테면, 옳거나 그른지, 또는 정의롭거나 정의롭지 못한 것인지에 대한 이유를 제시할 때 인용된다. 이 사실들은 소위 옳음과 그름을 결정짓는 특징들이다. 다른 종류는 정의의 내용, 또는 덕들의 본성the nature of virtues, 또는 정치관 자체에 관한 것이다. 그것들은 구성주의적인 절차의 성질에 의해 주어진다. 첫 번째 종류를 상세히 설명하면, 노예제도가 부당하다고 주장하기 위하여, 우리는 그 제도가 어떤 인간들이 타인들을 그들의 재산으로 소유하고, 따라서 그들의 노동의 생산물을 관리하고 소유하는 것을 승인하게 된다는 사실에 호소한다. 두 번째 종류의 사실을 설명하기 위하여, 우리는 정의의 본성이 노예제도를 부당하다고 비난한다는 사실이나, 또는 정의의 원칙들이 노예제도를 부당하다고 비난한다는 사실에 직접적으로 호소할 수 있다. 공정으로서의 정의라는 정치관에 기본적인 것은, 정치적인 덕

27 네이글은 이 점을 “Moral Conflict and Political Legitimacy,” p. 231에서 다루고 있다.

28 여기에서 나는 1980년의 세 번째 강의에서 이 점을 표현한 방식을 적지 않게 고쳤다. 작스(David Sachs)와 스캔론(T.M. Scanlon)의 유용한 비판과 논평에 대해 감사하게 생각한다.

목들 중에서 관용과 상호존중, 그리고 공정성과 정중성이 있다는 사실이다.[29]

첫 번째 종류와 관련된 사실들에 대해서, 구성주의적인 절차는 다음과 같은 원칙 및 기준들을 산출해 낼 수 있도록 형성된다. 이 원칙과 기준들은 행위, 제도, 인간들뿐만 아니라, 일반적으로 사회적 세계에 관한 어떠한 사실들이 정치적 고려에서 적절한지를 규정해 주는 역할을 한다. 노예제도가 부당하다고 주장할 때 관련된 사실은, 그 제도가 역사적으로 언제 발생했는지, 또는 심지어 그 제도가 경제적으로 효과적인지의 여부가 아니라, 그 제도가 일부 인간들로 하여금 타인들을 그들의 재산으로 소유하게 하는 것을 허용한다는 점에 초점이 있다. 그것은, 말하자면, 거기에 이미 노예 제도라는 사실이 존재하고, 이것은 정의의 원칙들과는 독립적으로 존재한다는 것이다. 사실을 구성한다는 개념은 사리가 맞지 않는 것 같다. 대조적으로, 어떠한 사실들이 논거로 간주될 수 있는지를 확인해 줄 수 있는 원칙들과 법칙들을 산출해내는 구성주의적 절차의 개념은 아주 분명하다. 어떻게 칸트의 정언명령적 절차가 어떤 준칙들은 받아들이고, 어떤 준칙들은 거부하는지를 회상해 보라. 또는 원초적 입장이 정의의 원칙들을 선택하는 방법을 회상해 보라. 합당한 도덕관이나 정치관과는 별도로, 사실들은 단순히 사실들에 불과하다. 요구되는 것은 추론의 틀a framework of reasoning이다. 이 추론의 틀 내에서 적절한 관점에 입각하여 관련된 사실들을 확인하고 논거로서의 이들의 비중을 결정하는 것이다.[30] 그렇게 이해된다면, 구성주의적인 정치관은 우리의 상식적인 진

---

29 이 점에 대해서는 V: 5.4를 보라.

30 나는 위의 고려점들이 스캔론의 계약주의(Scanlon's contractualism)에도 적용된다고 믿는다. 이 점을 이해하기 위해서는, 그가 "계약주의와 공리주의(Contractualism and Utilitarianism)," p. 118에서 말하고 있는 바를 고려해 보라. 즉, 세계 내에는 말하자면 도덕적으로 유관한 속성들이 있긴 하지만, 말하자면, 이러한 속성들이 맥키(John Mackie)가 *Ethics: Inventing Right and Wrong*(London: Penguin, 1977), 1장에서 언급하는 본래적인 행위지침들의 실례를 구성하지는 않는다. 오히려, 그들의 도덕적인 정당화 능력뿐만 아니라 동기와의 관련성은 계약주의적

리의 개념및 사실의 문제와 충돌하지 않게 될 것이다.

두 번째 종류의 연관된 사실들—정의관 자체에 관한 사실들—에 대해서, 우리는 이것들이 구성되는 것이 아니라 구성의 가능성들에 관한 사실들이라고 말한다.[31] 우리는 입헌적 정체에 적합한 정치적 정의관을 시민들 간의 공정한 협동체계로서 질서정연한 사회의 근본적 개념들로부터 출발하여 구성해 낸다. 이렇게 할 때, 이것은 일종의 구성의 가능성a possibility of construction을 의미한다. 이 구성의 가능성은 구성의 근거인 일군의 실천이성의 관점들과 원칙들에 내재해 있는 것이다. 이 구성의 근거는 노예제가 부당하다는 점, 그리고 관용과 상호존중의 덕목들, 공정성과 정중함civility들은 입헌적 정체가 권장할 수 있는 중요한 정치적인 덕목들이라는 점 등이 될 수 있다. 우리는 이러한 가능성들을 소수들의 무한성an infinity of primes이 (구성주의적 산술constructivist arithmetic에서) 구성의 가능성으로 간주되는 방식과 유사하다고 생각할 수 있다. 이러한 유비는 우리로 하여금 구성주의적 입장의 수학을 신봉[32]하게 만드는 것은 아니다. 이것은 우리가 피하고자 하는 바이다. 우리는 단순히 그것을 정치적 구성

개념의 합의, 즉 어느 누구도 합당하게 거부할 수 없는 원칙들의 입장에서 설명될 수 있다. 스캔론의 견해에 의하면, 이러한 원칙들이 없이는, 그러한 도덕적으로 유관한 속성들은 정당화나 동기와의 어떠한 연결점도 찾을 수 없게 된다. 그런 원칙들은 논거들로 간주되는 사실들을 확인하는 데 필요한 것이다. 또한, 이러한 구성주의적 특징이 종종 언술되는 본질적 행위지침의 개념(the concept of intrinsic action-guidingness)의 모호성을 피하게 해 주는 방식을 주목해 보라.

31 여기에서 언급되는 가능성들은 이 절의 앞에서 논의된 객관성에 대한 테스트들을 충족시키는 도덕관 또는 정치관을 특징짓는 것들로 지칭한다. 우리가 관심을 갖는 것은 바로 그러한 관점이다.

32 구성주의의 가능성들이라는 개념(the idea of possibilities of construction)을 이해하기 위해서는, 파슨(Parson)의 논문 “Mathematics, Foundations of” pp. 204 f.(n. 12 above)에 나와 있는 구성주의에 대한 설명을 보아야 한다. 그는 말하기를, “구성주의적 수학은, 마치 수학적 존재와 수학적 진리의 최후의 조정자가 구성의 가능성들인 양, 진행될 것이다.” 여기에서 문제의 가능성들이라는 것은 적절하게 이상화된 절차의 가능성들을 의미한다. 소수들의 무한성에 대한 책에서의 언급은 그것(소수)의 무한성에 대한 구성주의적 증명이 제시될 수 있다는 사실에 의존하고 있다.

주의의 개념을 명확히 하기 위해서 사용할 뿐이다. 이러한 점으로 유비를 이해하면 충분하다. 수학에서 구성주의의 진리the truth of constructivism in mathematics는 별개의 문제이다.

4. 혹자는 물을 수 있다: 노예제도가 부정의하다는 사실을 설명해 줄 근거가 되는 어떤 것을 왜 찾으려고 하는가? 노예제도는 부정의 하기 때문에 노예제도가 부정의하다는 평범한 대답에서 무엇이 잘못되었는가? 우리는 그 정도로 멈출 수 없는가? 왜 구성의 가능성들에 대해 말하는가?[33]

정치적 구성주의는 노예제도가 부정의하다는 진술의 타당성이 기초하는 그 무엇을 찾으려고 하는 것은 아니다. 그렇게 하는 것은 노예제도의 타당성이 어떤 종류의 근거가 필요한 것처럼 생각하는 것과 큰 차이가 없다. 우리는, 비록 확신을 가지고 있긴 하지만, 잠정적으로 어떤 숙고된 판단들을 고정된 관점들로 받아들일 수 있다. 예를 들자면, 노예제도가 부정의하다는 그와 같은 것을 기본적 사실로 간주하는 것이다. 그러나 그러한 사실들이 적절한 숙고를 거쳐 우리에게 수용 가능한 개념들 및 원칙들과 체계적으로 결부될 때에야 비로소 우리는 완전한 정치적 정의관을 가질 수 있게 된다. (정치적 구성주의에서는) 이러한 기본적 사실들은 수없이 흩어진 조각들처럼 여기저기에 놓여있지는 않다. 왜냐하면 '폭정은 부당하다', '착취는 부당하다', '종교적인 박해는 부당하다', 그리고 기타 등등이 있기 때문이다. 우리는 이러한 무한히 많은 사실들을 합당한 구성 절차로부터 도출되는 원칙들에 의해 하나의 정의관으로 조직하고자 한다.

나아가서, 구성주의는 노예제도에 관하여 다음과 같이 말하는 것을 계몽적인 것으로 생각한다. 말하자면, 노예제도는 원초적 입장에서 자유

---

33 나는 이 질문들에 대하여 알브리튼(Rogers Albritton)의 명석한 논의에 도움을 받았다.

롭고 평등한 사람들의 대표자들에 의하여 합의할 수 있는 원칙들을 위배한다거나, 스캔론식으로 표현한다면, 그것은 정치적 생활에서 자발적 합의의 자유롭고 분별력 있는 근거를 모색할 동기가 있는 사람들이 도저히 합당하게 거절할 수 없는 원칙들을 위배한다는 것이다. 여기에서의 핵심은 도덕적 동기의 기본적 형태가 합당한 존재의 두 측면들에 의해 표현되는 욕구(Ⅱ: 1, 3), 즉 타인들이 합당하게 거절할 수 없는 조건에서 우리의 공통적인 정치적 생활을 영위하려는 욕구라는 점이다. 이와 같이 일반적인 특성을 규정하는 것은 다음과 같은 많은 사실들을 연결시키는 것이다: '노예제는 부정의하다, 폭정은 부정의하다, 착취는 부정의하다'와 같은 많은 사실들을 함께 연결한다. 이것이 바로 기본적 사실들이 단절된 것이 아니라고 말할 때 의미하는 바이다. 이 기본적 사실들은, 실천이성의 요건들을 수용하는 절차, 또는 정치적 구성주의가 그렇게 요구하는(항상 우리를 정치적인 것에 제한시키는) 절차로부터 도출되는 원칙들에 의해 결합될 수 있다. 기본적 사실들이 연결될 수 있다는 것은 모든 분리된 사실들 배후에 있는 하나의 사실이 또 있다는 것은 아니다. 그것은 자유롭고 평등한 사람들이 적절하게 대표될 때 수용하는 원칙들에 의해 쉽게 검토되어 표현되는 그러한 관계들의 사실일 뿐이다.

5. 마지막으로, 구성의 가능성들이라는 개념에 이의를 제기하는 사람도 있을 수 있다. 그렇지만 산술의 실천을 전제한다면, 그들은, 예를 들어, 1부터 100까지 세거나, 1부터 1000까지 소수를 세는 계산가능성의 개념에는 아마도 반대하지 않을 것이다. 유사하게, 우리가 구성주의적인 절차를 이해하고, 사용하고, 적용할 수 있다고 전제한다면, 그때 틀림없이 구성주의적인 절차와 결부된 구성의 가능성들이 있다. 그러한 절차라는 명백한 개념이 없다면, 그리고 그 절차 개념을 이해하고 적용할 수 없다

면, 구성의 가능성들이라는 개념은 모호하다. 그러나 그러한 것들이 인정된다면, 그 가능성들은 간단한 문제로 여겨진다. 구성의 가능성들은 구성주의적인 절차가 있다거나, 또는 그것을 우리가 이해하고 적용할 수 있다는 것에 대한 설명으로 제공되지 않는다. 이러한 질문들에 대한 대답이 있다면, 그 대답은 실천이성의 개념들과 우리가 그것들을 이해하는 방식 내에 존재하는 것이다.

대체 왜 구성의 가능성이라는 개념이 도입되는가? 그것은 우리가 정의에 관한 다양한 사실들을 다함께 연결시키기 위해 사용하는 정의관과 조화된다. 어떤 사람이 하나의 구성을 경험하기 이전의 가능성들, 가령 어떤 원칙들이 원초적인 입장에서 동의될 수 있다는 가능성들이 있는 것처럼, 발견될 지도 모르는 정의에 관한 사실들이 있다. 유사하게, 다른 경우에서 가능성들이 없을 수도 있다. 예를 들자면, 노예제도를 인정하는 원칙이 합의될 가능성은 없는 것이다. 그것은 노예제도의 부정의성 injustice과 관련된 사실이다.

§8. 정치적 구성주의의 범위

1. 처음부터, 정치적 구성주의의 범위는 정치적인 것의 영역the domain of the political을 규정하는 정치적 가치들political values에 제한되어 왔었다. 그것은 일반적인 의미에서 도덕적 가치에 대한 설명으로 제안된 것은 아니다. 정치적 구성주의는, 내가 생각하기에 칸트가 주장한 것처럼, 모든 가치질서가 구성주의적인 논증에 의해 제시된다는 것은 물론, 도덕질서 자체가 실천이성의 원칙들에 의해 구성되거나 형성되었다는 것을 의미하지 않는다.

그렇지만 입헌 민주주의의 정치적 가치들은 다음과 같은 의미에서 그 특징을 찾아 볼 수 있다. 이 정치적 가치들은 합당하고 합리적인 존재로서의 자유롭고 평등한 시민들 간에 공정한 협동체계로서의 사회라는 근본적 개념을 사용해서 산출해 낼 수 있다는 것이다. 이 모든 것을 인정한다고 해도, 비록 그럴 가능성은 있겠지만, 다른 종류의 가치들이 역시 적절하게 구성될 수 있다는 결론이 따라 나오는 것은 아니다. 정치적 구성주의는 이것을 긍정도 부정도 하지 않는다. 그렇지 않으면, 구성주의적 관점이 합당한 포괄적 교리들 간의 중첩적 합의의 초점이 될 수 없을 것이다. 왜냐하면 이 문제에 대해 시민들이 상충적 입장을 취할 것이기 때문이다.

정치적 구성주의는 또한 다음과 같은 입장을 취한다. 만약 정의관이 정당하게 진술된 실천이성의 원칙들과 관점들에 올바르게 근거하고 있다면, 그 정의관은 입헌정체에 합당하다는 것이다(§1.5). 나아가서, 만약 그러한 관점이 정치적 목적으로 합당한 교리들 간의 중첩적 합의의 초점이 될 수 있다면, 그것은 정당화의 공적인 기초를 형성하기에 충분하다는 것이다. Ⅳ: 3.3~5에서 논의하겠지만, 그러한 합의는 단순히 잠정적 타협 modus vivendi이 아니라, 그 대상과 내용 모두에 있어서 도덕적이다. 합당한 교리들 간의 중첩적 합의는 수많은 역사적인 조건들 하에서는 가능하지 않을 수 있다. 왜냐하면 합의에 도달하려는 노력들이 합당하지 않고 심지어 비합리적인(그리고 때로는 광적인) 포괄적 교리들에 의해 압도될 수도 있기 때문이다.

2. 대부분은 아니지만 많은 시민들은 그들 자신의 포괄적 교리의 일부분인 형이상학적인 근거를 정치적 관점에 부여하기를 원한다. 그리고 이 교리(나는 가정한다)가 도덕적 판단들에 대한 진리관을 포함하고 있다. 그렇다면 우리가 어떤 정치관의 도덕적 진리성에 관해 말하게 되면,

해당 정치관을 포괄적 교리의 관점에서 평가하고 있다고 말할 수 있다.[34] 심지어 정치적 구성주의가 정치적 문제에 대한 정당화의 충분한 공적인 기초를 제공한다고 우리가 생각할 때조차도, 그리고 우리가 개인으로서 또는 종교단체나 여타의 협회의 구성원으로서 사물을 파악할 때에도, 우리는 정치적 정의관이 자신의 원칙들 및 판단들의 진리성 문제에 관하여 충분한 이야기를 제공한다고 생각하지 않는다. 이러한 확장된 주장들을 정치적 구성주의는 긍정도 부정도 하지 않는다. 앞에서 말했던 것처럼, 여기에서 그것은 언급되지 않는다. 단지 말하고 싶은 것은 합당하고 실행가능한 정치관을 위해서는 사회관 및 인간관과 결합된 실천이성의 원칙들 속에 있는 공적 기초 이상의 어떤 것도 필요치 않다는 것이다.

그래서 정치적 구성주의는 도덕적 판단들의 진리와 그 타당성에 대한 종교적, 철학적, 또는 형이상학적 설명을 비판하지 않는다. 합당성은 정치적 구성주의의 정합성正合性, correctness의 기준이다. 그리고 그것의 정치적 목적들을 전제한다면, 정치적 구성주의는 그것을 넘어서 갈 필요가 없다. 이 점을 이해하기 위해서, 합당성에 관한 Ⅲ: 3의 논의를 다시 끄집어내 보자. 그리고 모든 합당하고 포괄적인 교리들(정치적인 관점에 동의하는 모든 입장들)의 중첩적 합의가 있다는 것, 그리고 사회 내에는 여타의 다른 교리들이 없다는 것을 가정하자. 그럴 경우, 코헨Cohen이 말했던 것처럼 다음과 같은 조건들이 주장된다.[35]

---

34 그렇지만 나는 모든 포괄적인 교리들이 전통적 관점의 진리적인 도덕적 판단이나, 준거와 충족의 개념들(concepts of reference and satisfaction)에 기초한 이의 현대적 변형의 관점을 사용하고 있다고 가정하는 것은 아니다. 대신에, 그들은 또 다른 정합성(正合性, correctness)의 개념, 예를 들자면, 합당성의 개념을 사용할 수가 있다. 이 합당성의 개념이, 완전히 보편적이라고 할 수는 없어도, 정치적인 것의 영역을 넘어서는 주제들의 범위를 포함하는 것으로 확장이 된다면, 하나의 포괄적인 견해에 속할 수 있다. 그래서 계약주의(contractualism)의 한 형태가 자신의 최종적인 올바름의 기준으로서 합당성의 관점을 사용하면 하나의 포괄적 교리가 될 수 있다.

35 이러한 세 가지 점은 코헨(Joshua Cohen)의 논문, “Moral Pluralism and Political Consensus”에서 찾아볼 수 있다. 나는 단지 그것들을 여기에서 고쳐서 표현했다.

a. 정치관에 기초해 있는 근거들에 호소할 때, 시민들은 공적으로 합당하다고 간주되는 것뿐만 아니라, 모든 사람들이 자신의 포괄적 견해의 내부로부터 올바른 도덕적 근거들로 간주하는 것에 호소하고 있는 것이다.

b. 정치관을 근본적인 정치적 문제들에 대한 공적 이성의 기초로 받아들이고, 그래서 진리의 일부분—정치관 속에 표현되는 부분—에만 호소할 때, 시민들은 타인들의 정치적 권력을 단순히 인정하는 것만은 아니다. 그들은 상호간의 포괄적인 교리들이 잘못되었다고 생각할 때조차도, 그 상호간의 교리들이 합당하다는 것을 또한 인정하고 있다.

c. 타인의 견해들을 합당하다고 인정할 때, 시민들은 또한 그들 자신의 포괄적인 견해를 고집하는 것은 다른 사람들에게는 단순히 자신의 신념을 고집하는 것으로 여겨질 수 있다는 점을 인정한다(II: 3.3). 왜냐하면 사람들은 다른 사람들의 포괄적인 견해들을 합당하다고 인정하지만, 그들은 모든 포괄적인 견해들을 참된 것으로 인정할 수 없기 때문이다. 그리고 참된 신념과 거짓된 신념들을 구별할 수 있는 어떠한 공유된 공적 기초도 없기 때문이다.

3. 그렇지만 한층 더 중요한 사실을 주목해 보자. 만약 그러한 합당한 포괄적 교리들 중의 어떤 것이 단지 참된 도덕적 판단들만을 지지한다면, 그러면 그 정치관 자체는, 하나의 참된 교리에 의해 지지되기 때문에, 올바르거나 올바름에 근접한다고 할 수 있다. 그래서 합의에 임하는 어떤 교리의 진리성은 다음과 같은 사실을 보장해 준다. 비록 모든 교리들이 그 해당 진실된 교리가 규정하는 올바른 이유에 입각한 것은 아니라 할지라도, 이들 포괄적 교리들은 올바른 정치적 정의관을 산출해 낼 수 있게 된다는 것이다. 시민들의 견해가 다를 때, 모든 사람이 다 완전히 옳을 수는 없다. 왜냐하면 어떤 사람은 잘못된 이유로 옳다고 할 수도 있기 때문이다. 그렇지만 만약 그들의 교리들 중의 하나가 참되다고 한다면, 모

든 시민들은 정치적인 의미에서, 즉 그들 모두는 건전한 정치적인 정의관에 호소한다는 점에서 올바른 것이다. 이 외에도, 우리는 언제나 우리 자신의 견해가 합당할 뿐만 아니라 도덕적으로 말해 참되거나, 사정에 따라서 합당하다고 생각할 수 있다. 그래서 합당한 중첩적 합의에 있는 모든 사람들은 (자신의 신념과의) 정합성正合性, correctness에 대한 각자의 최종적인 척도가 무엇이든 간에 정치관을 수용 가능하다고 본다.

우리는 사회에 존재하는 합당한 입장들 중 어떤 것이 참되거나, 또는 심지어 장기적으로 볼 때 대략 그러하다고 생각해야만 하는가? 정치관 자체는 이러한 물음에 대해 말하지 않는다. 정치관은 정치적 정의관을 만들어 내는 것을 목적으로 하고 있다. 이 정치적 정의관은 합당하고 합리적인 시민들이 적절한 반성에 의해 지지할 수 있고, 그래서 시민들이 입헌적 요소들과 정의의 기본문제들에 관한 자유롭고 분별력 있는 합의에 도달할 수 있도록 하는 것이어야 한다. 그것이 달성됨으로써, 해당 정치관은 공적 이성의 합당한 기초가 된다. 그리고 그것으로 충분한 것이다.

그렇지만 우리 자신의 포괄적인 견해 내부로부터, 우리는 스스로에게 합당한 입장들 간의 중첩적 합의에 대한 지지가, 특히 그 지지가 장기간에 걸쳐 지속되고 점차 강력해진다면, 해당 정치관을 도덕적 판단들의 진리에 대한 올바른 설명과 조화된 것으로 확증하는 경향이 있는지의 여부를 물어 볼 수 있다. 우리는 이 질문에 대하여 우리들 자신을 위해서나 또는 협회의 구성원으로서 답해야 할 것이다. 그리고 이러한 대답을 함에 있어 합당한 다원주의—다원주의 자체에 대립되는 것으로서—가 지속적인 자유로운 제도 하에서 인간이성의 작용의 장기적인 산물이라는 점을 언제나 명심해야 한다. 도덕적 판단의 진리, 또는 합당성에 대한 우리의 명확한 견해가 무엇이건 간에, 우리는 적어도 진리나 합당성에 이르는 방법은 그러한 조건들(지속적인 자유로운 제도들) 하에서 발생하는 합당한 교리들 중의 하나(또는 그것으로부터 혼합된 어떤 입장)에서 발견될 수 있는 것으로 가정해야만 하지 않을까? 그리고 이렇게 할 가능성은, 합의가 보다 지속되고 확고해질수록, 점점 더 증가한다는 점을 덧붙여야만 되지 않을까? 확실히, 정치적 정의관 내에서는, 우리는 진리를 심지어 이상화된 합의 즉 그것이 아무리 확장된다 하더라도 이러한 합의에서 조차 세력을 지니는 신념들에 의해 제시되는 것으로 정의할 수는 없다. 그러나 우리의 포괄적 견해 내에서는 어떤 관계도 없는 문제가 아닌가?

합당성 내에 머무를 때의 이점은 단 하나의 포괄적 교리만이 있을 수도 있겠지만, 우리가 이미 살펴보았지만, 많은 합당한 포괄적 교리들이 있다는 것이다. 일단 우리가 합당한 다원주의는 자유로운 제도들 하에서 공적 문화의 영원한 조건이라는 사실을 받아들이게 되면, 합당성의 개념은 도덕적 진리의 개념보다 입헌정체를 위한 공적 정당화의 토대의 일부분으로서 더욱 적합해진다. 하나의 정치관을 진리인 것으로 주장하고, 그리고 바로 진리라는 이유만으로 공적인 이성의 적합한 하나의 토대로서 주장하는 것은 배타적이고, 심지어 종파적이며, 그리고 정치적인 분열을 촉진시킬 가능성이 있는 것이다.

제 2 부

정치적 자유주의: 세 가지 주요 개념들

강의 IV

중첩적 합의의 개념

우리는 처음부터 정치적 자유주의가 다음 질문에 대한 해답을 찾으려 한다고 말했다: 서로 갈등적이고 심지어 불가공약적incommensurable인 종교적, 철학적, 도덕적 교리에 의해 심원하게 분열된 자유롭고 평등한 시민들 간에 안정되고 정의로운 사회를 유지하는 것이 어떻게 가능할 수 있을까? 처음의 세 강의는 이러한 질문에 답하는 독립적인 자유로운 입장인 공정으로서의 정의justice as fairness as a freestanding view에 대한 설명을 하는 첫 단계를 시작하였다. 이 첫 단계에서는 시민들의 공정한 협동조건은 물론 과연 언제 사회의 기본제도가 공정하다고 볼 것인가를 규정하는 정의의 원칙들을 제시하였다.

두 번째 단계의 설명—우리가 이제 시작하려는—에서는 어떻게 하면 공정으로서의 정의가 구현되는 질서정연한 민주사회the well-ordered democratic society of justice as fairness가, 이러한 민주사회의 특징으로서 합당한 다원주의를 전제로 할 때, 화합unity과 안정성stability을 확립하고 보존할 수 있겠는가 하는 문제를 다루고자 한다. 그런(합당한 다원주의의)

사회에서는 어떤 합당한 포괄적 교리가 사회적 화합의 기반을 보장할 수도 없거니와 근본적인 정치문제에 대한 공적 이성의 내용을 제공할 수도 없을 것이다. 그래서 질서정연한 사회가 어떻게 화합할 수 있고, 안정성을 유지할 수 있는가를 알아보기 위해, 정치적 정의관의 개념과 조화할 수 있는 정치적 자유주의의 또 다른 하나의 개념, 즉 합당한 포괄적 교리들 간의 중첩적 합의라는 개념the idea of an overlapping consensus of reasonable comprehensive doctrines을 도입하고자 한다. 이러한 합의에서, 합당한 교리들은 각자 자신의 관점에서 정치관을 지지한다. 사회적 화합이라는 것은 정치관에 대한 합의에 근거하고 있는 것이다. 그리고 안정성이라는 것은 다음과 같은 경우에 가능하게 된다. 즉, 특정 합의를 이루는 교리들이 사회에서 실제로 정치적으로 활동하는 시민들에 의해 인정됨은 물론, 정의의 요건들이 시민들의 본질적 이해와 크게 상충하지 않을 때 안정성이 가능해진다. 시민들의 본질적 이해라는 것은 시민들 자신들의 사회적 제도 구성을 통해 형성되고 권장되는 것들이다.

먼저 정치적 자유주의 그 자체가 어떻게 가능한가를 다루고 나서 안정성의 문제를 설명한 후에, 중첩적 합의와 잠정적 타협modus vivendi의 차이점을 구분하겠다. 그 다음에는 중첩적 합의에 기반한 사회적 화합의 개념에 대한 몇 가지 반론을 다루고자 한다. 이러한 반론들에 대하여 답할 필요가 있다고 생각한다. 왜냐하면 이러한 반론들은 우리에게 가능한 가장 합당한 사회적 화합의 근거라고 내가 생각하는 방식과 대립해 있기 때문이다.

§1. 정치적 자유주의는 어떻게 가능한가?

1. 정의관들 상호간을 구분하는 가장 심원한 차이점들 중의 하나는

다음과 같은 두 부류를 구별하는 것이다. 하나는 각각 자신의 선관을 지닌 합당하지만 상충적인 포괄적 교리들의 다원성을 허용하는 정의관이고, 다른 한 부류는 완전히 합당하고 합리적인 모든 시민들이 수용할 수 있는 그러한 선관이 단 하나밖에 존재하지 않는다고 주장하는 정의관이 있다. 이러한 구분의 양단에 있는 정의관들은 많은 근본적인 문제에서 차이점들을 보인다. 플라톤과 아리스토텔레스, 그리고 어거스틴Augustine과 아퀴나스Aquinas로 대표되는 기독교적 전통은 유일한 합당하고도 합리적인 선the one reasonable and rational good의 개념을 지지한다. 이들의 주장을 따르면, 그러한 유일한 선을 증진시키는 데 효과적인 제도만이 정당화될 수 있다. 실제로, 그리스 사상으로부터 시작하여 합당하고도 합리적인 선관은 오직 하나뿐이라고 믿는 것이 지배적인 전통이었던 것 같다. 따라서 정치철학의 목적—언제나 신학 및 형이상학과 결부되어 도덕철학의 일부로 여겨졌다—은 유일한 선관의 본질과 내용을 결정하는 것이었다. 벤담Bentham, 에지워드Edgeworth 그리고 시즈위크Sidgwick의 고전적 공리주의 역시 이러한 지배적인 전통에 속한다.[1]

대조하여, 우리는 정치적 자유주의가 다음과 같은 점을 가정하고 있다는 것을 살펴 보았다. 각각 자신의 고유한 선관을 지닌 합당하지만 상충적인 포괄적 교리들이 얼마든지 존재하고 있으며, 각각의 선관은 정치적 정의관의 자원들을 통하여 확인될 수 있는 한, 인간이성의 완전한 합리성과 양립할 수 있다는 것이다.[2] 이미 언급했듯이(I: 6.2), 상충적이고

---

1 라즈(Joseph Raz)와 드워킨(Ronald Dworkin)이 주장한 윤리적 자유주의(ethical liberalism)의 최신 형태도 이와 유사하다. Joseph Raz, *The Morality of Freedom*(Oxford: Clarendon Press, 1986) 및 Ronald Dworkin, "The Foundations of Liberalism," in *The Tanner Lectures on Human Values*(Salt Lake City: University of Utah Press, 1991), vol. XI를 참조하라.

2 여기에서의 핵심은 철학적 이성의 완전한 자원들(the full resources of philosophical reason)을 전제로 한다면 합당한 선관은 하나밖에 없다고 주장할 수도 있긴 하겠지만, 그것은 합당한 정치적 정의관의 자원(the resources of a reasonable political conception of justice)에 의하여 설명될 수는 없을 것이라는 점이다.

불가공약적인 교리들의 이러한 합당한 다원성이란 장기간 지속된 자유로운 제도 하에서 실천이성이 남긴 대단히 특징적인 업적이라고 생각된다. 그래서 이제까지의 지배적인 전통이 대답하고자 했던 질문들은 여전히 풀리지 않은 채로 남아 있다: 어떠한 포괄적 교리도 입헌정체constitutional regime에 적용되는 정치관으로서 적절하지 못한 것이다.[3]

2. 정치적 자유주의가 어떻게 가능한가를 묻기 전에, 우리는 먼저 입헌정체의 정치적 관계가 다음의 두 가지 특징을 갖는다는 사실에 주목해야 한다.

첫째, 그것은 사회의 기본구조 내에 존재하는 사람들 간의 관계relationship of persons within the basic structure of society이다. 이때, 기본제도의 구조는 출생과 사망을 통해서만 가입과 탈퇴가 가능하다는 특징을 갖는다(또는, 우리가 그렇게 적절하게 가정할 수 있다). 우리들에게는 다음과 같이 생각된다. 말하자면, 우리가 이 사회세계의 위치, 즉 우리의 행운과 불행에 따라 유리하거나 불리한 모든 점들을 지니게 되는 이러한 위치에 육신이 구체화되는 것은 다른 어떤 곳으로부터 오는 것이 아니다from nowhere. 내가 여기에서 '어떤 곳으로부터도 아닌'from nowhere이라고 말하는 이유는 우리가 아무 선험적인 공적 또는 비공적 정체성no prior public or nonpublic identity을 가지고 있지 않기 때문이다: 우리가 어떤 다른 곳으로부터 이 사회세계에 진입하는 것은 아니다. 정치적인 사회는 폐쇄적이다: 우리는 (우연히) 그 사회 내에서 존재하게 되는 것이며, 우리는 자발

---

3 이러한 결론은 결코 칸트나 밀의 자유주의가 민주제도를 지지하도록 사람들을 이끌어 가는 데 합당하지 못하다거나 부적절하다는 것을 의미하지는 않는다. 그러나 그들의 견해는 수많은 교리들 중의 두 가지 예에 해당할 뿐이다. 그리고 합당하고 정의로운 민주정체에서 지속되고 지지자를 얻을 수 있는 다양한 철학적 관점 중의 두 가지일 뿐이다. 사실상, 그들의 자유주의는 근대적인 입헌 민주주의를 승인하고, 정당화하고, 방어하는 데 결정적으로 기여한 발상들을 발전시킨 제일의 그리고 가장 중요한 교리들의 부류에 속하는 역사적으로 탁월한 지위를 차지했던 것으로 평가할 수 있다.

적으로 이 사회를 진입하거나 떠나지도 않으며, 또한 실상 그렇게 할 수도 없는 것이다.[4]

둘째, 정치권력이란 언제나 정부의 제재의 사용을 통해 지지되는 강제적 권력이다. 그 이유는 정부만이 법률을 유지하기 위해 힘을 사용할 수 있는 유일한 권위를 가지고 있기 때문이다. 입헌정체에서 관찰되는 정치적 관계의 특징은 정치권력이 궁극적으로 공적인 권력, 다시 말해서 집단체로서의 자유롭고 평등한 시민들의 권력이라는 점이다. 이러한 권력은 개인으로, 그리고 협회의 일원으로 존재하는 시민들에게 정식적으로 행사된다. 시민들의 일부는 정치적 권위의 일반적 구조—헌법—를 정당화하는 것으로 널리 알려진 논거들을 인정하지 않을 수도 있다. 또는 이들이 그 구조를 인정할 때, 자신들이 예속되는 입법에 의해 시행되는 많은 규정들을 정당한 것으로 간주하지 않을 수도 있는 것이다.

3. 이는 권위의 일반적 구조의 정당성에 대한 문제를 제기한다. 공적 이성public reason의 개념(VI)은 이 정당성 문제와 깊이 연관되어 있다. 이러한 문제의 배경에는, 언제나 그렇듯이, 우리가 시민들을 합당하고 합리적이며 동시에 자유롭고 평등한 존재로 생각한다는 점, 또한 우리가 민주사회에 존재하는 합당한 종교적, 철학적, 도덕적 교리들의 다양성을 그들의 정치문화가 갖는 영원한 특성으로 간주한다는 점이 자리 잡고 있다.

---

4 이러한 가정의 적절성 문제는 내가 단지 여기에서 언급하려고 하는 사실에 부분적으로 달려 있다: 이주권(the right of emigration)은, 사상의 자유나 양심의 자유가 종교적 권위의 인정을 자발적인 것으로 만드는 것과는 달리, 정치적 권위의 인정을 자발적인 것으로 만들지는 않는다(VI: 3.2). 이런 사실은 정치의 영역이 협회적인 것(the associational)의 영역과는 구별되는 보다 특징적인 속성을 가지고 있음을 의미한다. 이민(immigration) 역시 평범한 사실이지만, 정치철학의 근본적인 문제에 대해 보다 정리된 관점을 갖기 위해 이로부터 추상화할 수 있는 것이다(I: 3.3). 물론, 이민은 중요한 문제이며, 따라서 다른 단계에서 반드시 논의되어야만 할 것이다. 나는 이 책의 강의들에서 다루지 않는 정치사회인민들 간의 적절한 관계, 또는 만민법(the appropriate relations between peoples, or the law of peoples)의 문제를 논의함에 있어 이 문제가 가장 적합하다고 추정한다.

이런 점들을 인정하고, 그리고 정치권력을 집단체로서의 시민들의 권력으로 간주할 때, 우리는 다음과 같이 질문할 수 있다: 어떤 경우에 그런 권력은 적절하게 행사된다고 볼 수 있는가? 즉, 자유롭고 평등한 시민으로서의 우리가, 그 권력을 행사할 때 다른 시민들에게 정당화할 수 있고 동시에 이들의 합당성과 합리성을 존중할 수 있도록 하려면, 그 정치권력을 행사하는 우리 자신을 어떤 원칙과 이상들에 입각하여 간주할 수 있어야만 하는가?

여기에 대해 정치적 자유주의는 다음과 같이 대답한다: 정치권력의 행사는 헌법에 의거할 때에만 가장 적절한 것이다. 헌법적 본질들constitutional essentials은 자유롭고 평등한 모든 시민의 공통적인 인간이성common human reason이 수용할 수 있는 원칙과 이상에 비추어 합당하게 지지되리라고 우리가 기대할 수 있는 것들이다. 이것이 바로 정치적 정당성legitimacy에 관한 자유주의의 원칙이다. 여기에 더해, 입법부에서 제기되는 헌법적 본질들에 관계된 질문이나 정의의 기본적인 문제들 역시 가능한 한, 위와 동일한 방식으로 지지될 수 있는 원칙과 이상에 의해 해결되어야 한다. 모든 시민들이 합당하게 지지할 것으로 기대되는 정치적 정의관만이 공적 이성과 정당화의 기반이 될 수 있다.[5]

다음으로 입헌정체에는 다른 것들 중에서, 위에서 서술한 두 가지 특징들에 의해 규정되는 특별한 정치적인 것의 영역이 존재한다는 점에 대해 논의해 보자. 정치적인 것the political은 협회적인 것the associational과는 구별된다. 협회적인 것은 자발적이며, 정치적인 것은 자발적이 아니다.

---

5 원한다면, 이 단락을 보다 엄격하게 기술할 수 있다. 그 한 가지 방법은 정당성의 문제를 원초적 입장(the original position)의 관점에서 조명해 보는 것이다. 우리는 원초적 입장의 당사자들이 합당한 다원주의라는 사실 및 억압의 사실을 다른 유관한 일반적 정보와 함께 알고 있다고 가정한다. 그리고 나서 그들이 받아들이는 정의의 원칙들이 이러한 정당성의 원칙(this principle of legitimacy)을 사실상 수용하고, 이 정당성의 원칙이 정당한 것으로 간주하는 제도만을 정당화할 것이라는 점을 보여주고자 한다. 자세한 사항은 Ⅵ: 4.4를 참조하라.

정치적인 것은 또한 개인적인 것the personal과 가족적인 것the familial과도 구별된다. 이들은 유정적인affectional데 비하여, 정치적인 것은 또한 그렇지 않다(협회적인 것, 개인적인 것, 가족적인 것은 단지 비정치적인 영역의 세 가지 사례에 불과하다. 물론 다른 예들도 있을 수 있다).

4. 합당한 질서정연한 입헌정체의 존재를 전제하면, 다음 두 가지 점이 정치적 자유주의에 핵심이 된다. 첫째, 헌법적 본질들과 기본적 정의의 문제들에 관한 질문들은 오직 정치적 가치political values에 호소함으로써 가능한 한 해결될 수 있다. 둘째, 다시 그러한 근본적인 질문들과 관련해서, 그 자신의 원칙과 이상에 의해 표현되는 정치적인 가치들은 정상적으로 이 정치적 가치들과 갈등의 여지가 있는 다른 모든 가치들을 압도하기에 충분한 비중을 지닌다.

이러한 확신을 가질 때, 우리는 정치적 가치와 비정치적 가치간의 관계를 분명히 시사하고 있는 것이다. 만약 누군가가 교회 바깥에서는(어디에서도) 구원salvation을 얻을 수 없으며, 그렇기 때문에 입헌정체가 불가피한 것이 아니라면 그것은 인정될 수 없다고 말한다면, 우리는 반드시 거기에 어떤 답변을 해야만 한다. 이미 Ⅱ: 2~3에서 이러한 교리는 합당하지 못하다는 점을 설명했다: 왜냐하면 그것은 공중의 정치권력the public's political power—모든 시민이 동등한 비중으로 공유하고 있는 권력—을 헌법적 본질에 영향을 미치는 특정한 하나의 견해를 강요하기 위해 사용할 것을 제안하고 있기 때문이다. 그 해당 견해에 대해 합당한 인격체인 시민들은 타협할 수 없을 정도로 의견을 달리할 수 도 있는 것이다. 합당한 교리들의 다원성을 인정한다면, 우리에게 동의하지 않는 사람들을 교화하거나 처벌하는 데 국가의 공권력을 사용하는 것은 합당하지 못하거나 잘못된 일이 된다.

그러나 여기에서 이러한 답변이, 예컨대 '교회를 벗어나서는 구원을 얻을 수 없다extra ecclesia nullam salus'라는 교리가 진리가 아니라는 식의 주장을 펴는 것은 아니라는 점을 강조할 필요가 있다. 오히려, 그러한 교리를 강요하기 위해 공적인 정치권력을 사용하려고 하는 사람들이 합당하지 못하다는 점을 말하려는 것이다(Ⅱ: 3). 그들이 믿는 바가 틀렸다는 것이 아니다. 포괄적인 견해 내부로부터 도출될 수 있는 하나의 답변—이는 정치적인 토론에서는 제외시켜야 할 종류의 답변이다—은 논쟁이 되고 있는 해당 교리가 신성적 본질divine nature을 오해하고 있으며, 따라서 진리가 아니라고 말할 수도 있을 것이다. 하지만 다음의 §4에서 설명하듯이, 심지어 헌법적 본질들을 다룰 때조차도, 진리의 결여를(문제시하는 것을) 의미하는 주장을 완전하게 회피할 수 있는 방법은 없다.

그렇지만 기본적 요점은 다음과 같다. 어떤 교리를 시행하는 것이 합당하지 않다고 말할 때, 우리가 그 교리가 부적정incorrect하다고 거절할 수는 있겠지만, 우리가 그렇게 할 필요는 없다는 것이다. 아주 그 반대이다: 정치적 자유주의에 매우 중요한 것은 우리는 아주 일관성 있게 정치적 권력을 사용해서 우리의 포괄적 입장을 강요하는 것은 합당하지가 않다고 주장할 수 있다는 점이다. 물론, 이 포괄적 입장들을 우리가 합당한 것으로든 아니면 진리로서 수용해야만 할 경우에도 그러하다.

5. 마지막으로, 이미 언급했듯이, 과연 어떻게 정치적 자유주의가 가능할 것인가의 문제를 살펴보자. 즉, 정치적인 것의 특별한 영역의 가치들—모든 가치들의 영역의 하부 영역에 속하는 가치들—이 어떻게 이들과 갈등적인 다른 가치들이 무엇이든지 간에 그들보다 우월한 비중을 가질 수 있는가? 환언하면, 우리가 우리 자신의 포괄적 교리를 인정하고 있는데, 동시에 국가권력을 이용해 모든 사람들이 그것(우리 자신의 포괄적

교리)을 지지하도록 하는 행위가 합당하지 못하다는 생각을 어떻게 주장할 수 있는가?

이 질문에 대한 답변의 두 가지 측면을 지금부터 설명하고자 한다. 이 답변은 두 가지 상호보완적인 부분을 지닌다. 첫 번째 부분은 정치적인 가치는 매우 중요한 가치great values이며, 따라서 좀처럼 다른 가치에 의해 압도당하지 않는다는 점이다: 이 가치들은 사회적 생활의 기본적 틀—우리 생존의 토대[6]—을 지배하고 정치적 및 사회적 협동의 근본적 조건들을 규정한다. 공정으로서의 정의에서는 이처럼 중요한 가치 중 일부—정의의 가치들values of justice—가 사회의 기본구조에 적용되는 정의의 원칙에 의해 표현 된다: 그 중에는, 평등한 정치적 및 시민적 자유의 가치들, 공정한 기회의 평등, 경제적 상호성의 가치들, 시민 간의 상호존중의 사회적 기반들이 있다.

기타의 중요한 정치적 가치들—공적 이성의 가치들—은 공적인 탐구의 지침the guidelines of public inquiry과 그런 탐구들이 자유롭고 공적으로 뿐만 아니라 근거가 있고 합당하게 진행될 수 있도록 취해진 조치들에서 표현된다. Ⅱ: 4.1에서 보았듯이, 정치적 정의관에 대한 합의는 이에 따르는 공적 탐구의 지침이나 증거를 평가할 수 있는 규칙에 대한 합의가 없으면 아무런 효력을 발휘할 수 없다. 공적 이성의 가치에는 판단, 추론, 증거 등의 기본적 개념들을 적절하게 이용하는 것이 포함될 뿐만 아니라, 상식적 지식의 기준 및 절차들을 준수하고 쟁점의 여지가 없는 과학의 방법과 결론을 수용할 때 볼 수 있는 합당함reasonableness과 공정함fairmindedness의 덕목 역시 포함된다. 또한, 우리는 합당한 정치적 토론을 지배하는 법칙들에도 의존하고 있다.

더불어서 이러한 가치들은 다음과 같은 것을 자유주의적 정치이상

6 이 구절은 J. S. Mill, *Utilitarianism*, chap. 5, par. 25에서 인용한 것이다.

에 제시한다. 정치권력은 집단체로서의 자유롭고 평등한 시민들의 강제력이기 때문에, 헌법적 본질들이나 정의의 근본적 문제들이 쟁점이 될 때, 오직 모든 시민들이 공통적인 인간이성의 관점에서 지지할 것이라고 합당하게 기대되는 방법에 의해서만 행사되어야 한다.

6. 다음으로, 정치적 자유주의는 이러한 가치들에 대한 설명을 바로 특별한 영역—정치적인 것—의 가치로서, 그리고 독립적인 자유로운 입장a freestanding view으로서 제시하고자 한다. 따라서 정치적 영역의 가치들이 자신의 포괄적 교리내의 다른 가치들과 어떻게 결부되고 있는지의 문제를 해결하는 것은 개개인의 시민들—양심의 자유의 부분으로서—에게 맡겨지게 된다. 그 이유는 우리는 언제나 시민들이 두 가지 관점, 즉 포괄적인 관점과 정치적인 관점을 모두 가지고 있다고 가정하기 때문이다. 그리고 시민들의 전반적 관점은 이 두 부분으로 나누어지고, 동시에 이들은 적절히 관계를 맺고 있다고 가정하는 것이다. 이렇게 함으로써, 우리는 정치적 실천political practice을 작업해 냄에 있어 헌법적 본질들과 정의의 기본적 제도들의 근거를 이러한 정치적 가치들에만 두고자 하는 것이다. 이러한 가치들은 공적 이성과 정당화의 기반으로 이해된다.

그러나 이 주장이 성립할 수 있도록 하기 위해, 우리는 정치적 자유주의가 어떻게 가능한가에 대한 보충적인 두 번째 부분의 대답을 필요로 한다. 이 부분은 다음과 같은 점을 말하고 있다. 즉, 종교와 철학의 역사는 보다 광범위한 영역의 가치들이 정치적 정의관에 의하여 규정되는 정치적인 것의 특별한 영역에 관계된 가치들과 일치하거나, 또는 이를 지지할 수 있거나, 아니면 상충되지 않도록 이해할 수 있는 많은 방법들이 있다는 것을 보여준다. 역사는 부당하지 않은 포괄적 교리들의 다원성을 말해준다. 이것이 바로 중첩적 합의를 가능하게 해 주고, 그리하여 정치적 가치들과 여타의 가치들 간의 갈등을 축소시켜 주는 것이다.

§2. 안정성의 문제

1. 공정으로서의 정의는 다음의 두 단계를 통해 가장 잘 설명될 수 있다(Ⅰ: 3.6).[7] 첫 번째 단계에서, 공정으로서의 정의는 사회의 기본구조에 적용되는 독립적인 자유로운 입장의 정치관(그러나 물론 도덕적인 성격을 지닌)으로서 만들어지고 있다. 먼저 이런 단계가 실현되고 또 그 내용—이의 정의의 원칙과 이상들—이 잠정적이나마 우리에게 파악된 다음, 두 번째 단계에서는 공정으로서의 정의가 충분히 안정적인가 하는 문제를 다루게 된다. 만약 그렇지 않다면, 그것은 만족스러운 정치적 정의관이 아니라는 것을 의미하며, 그것은 어떤 방식으로든 수정이 되어야만 한다.

안정성은 두 가지 질문을 포함하게 된다. 첫 번째는 정의로운 제도(정치관이 이를 규정한다)하에 성장하는 사람들이 정상적으로 충분한 정도의 정의감을 획득하여 이 정의로운 제도에 일반적으로 순응하는가 하는 문제이다. 두 번째 질문은 민주주의의 공적인 정치문화를 특징짓는 일반적인 사실의 관점과 함께, 그리고 특별히 합당한 다원주의라는 사실의 관점에서 볼 때, 해당 정치관이 바로 중첩적 합의의 초점이 될 수 있는가

---

7 이 두 단계는 『정의론』(*A Theory of Justice*)에서 정의의 두 원칙을 도출하기 위해 전제했던 원초적 입장으로부터 도출되는 주장의 두 부분과 일치한다. 첫 번째 부분에서는 원초적 입장의 당사자들이 특별한 심리(special psychologies)의 영향을 고려하지 않은 채 원칙을 선택한다는 것이다. 반면에, 두 번째 부분에서는 당사자들이 첫 번째 부분에서 선택한 원칙에 의해 질서가 잘 이루어진 사회가 안정적인가를 질문한다. 다시 말해서, 그런 원칙에 의해서 사회구성원들이 불의(injustice)에 대항할 수 있을 만큼 충분히 강한 정의감을 갖게 되는지가 문제가 되는 것이다. 여기에 대해서는 『정의론』의 Ⅷ-Ⅸ를 참고하라. 정의의 원칙에 관한 주장은 첫 번째 단계에서 선택한 원칙들이 두 번째 단계에서 안정적인 것으로 증명되어야 비로소 완성된다. 이런 과정은 다음 절로 확장되고 마지막 절, §86까지 확장된다. 이 부분에 관해서는, cf. pp. 144, 530f.를 참조하라.

하는 문제이다. 나는 합당한 포괄적 교리들로 구성되는 이러한 합의가 정의로운 제도(정치관이 이를 규정한다)내에서 오래 지속될 수 있고, 또한 지지자를 획득할 수 있을 것이라고 가정한다.

안정성의 각각의 질문은 각각 별개의 답변을 가지고 있다. 첫 번째 문제에 대한 답변은 도덕심리학the moral psychology(Ⅱ: 7)을 제시함으로써 이루어진다. 이 도덕심리학에 따라 질서정연한 사회의 시민은 정상적으로 충분한 정도의 정의감을 획득하여 정의로운 제도에 순응하게 되는 것이다. 두 번째 문제는 중첩적 합의의 개념과 이와 관련해서 제기되는 다양한 의문들을 해결함으로써 그 해답을 찾을 수 있다(§§4~7).

물론, 안정성에 대한 문제는 처음부터 제기되어 왔지만, 여기에 대한 명시적인 논의는 두 번째 단계에서만 시작된다. 그 이유는 기본구조에 대한 정의의 원칙이 그때까지는 확보되지 않기 때문이다. 그러한 원칙의 내용은 사회 내에 존재하는 특정한 포괄적 교리에 어떤 방식으로든 영향을 받지 않는다. 왜냐하면 첫 번째 단계에서, 공정으로서의 정의는 시민들의 한정적 선관에 대한 지식으로부터 추상화되고, 실천이성의 이상과 원칙들을 적용함에 있어서 요구되는 공유된 정치적 사회관 및 인간관으로부터 진행되기 때문이다. 그래서 정치적 정의관이 합당한 다원주의의 사실을 언급하긴 하지만, 그것은 잘못된 방식으로 정치적이지는 않다: 다시 말해, 그것의 형태와 내용이 포괄적 교리들 상호간의 현존하는 정치적 세력관계the existing balance of political power에 의하여 영향을 받는 것은 아니다. 또한, 그 원칙들이 보다 지배적인 교리들 간의 타협점을 나타내는 것도 아니다.

2. 안정성의 개념을 명확히 하기 위해서, 정치관이 이 안정성과 관계될 수 있는 방식을 두 가지로 구분해 보자.[8] 하나의 방식은 안정성을 순전

히 실천적인 문제purely practical matter로 간주하는 것이다: 만약 어떤 정치관이 안정성을 확보하는 데 실패한다면, 이것을 실현하려고 노력하는 것은 무용한 일일 것이다. 아마도 두 가지 분리된 과제가 있으리라고 생각한다. 하나는 적어도 우리에게 건전하고 합당하게 보이는 정치관을 완성하는 것이다. 그리고 다른 하나는 이것을 거부하던 사람들도 수긍할 수 있도록 선도하는 방법을 찾거나, 혹은 그것에 실패했을 경우 필요하다면 국가권력을 사용해 가해지는 처벌을 통해서라도 그러한 정치관에 따라 행위 하도록 강요하는 것이다. 설득이든 강요든 해결방법이 존재하는 한, 그러한 정치관은 안정적인 것으로 생각된다.

그러나 자유주의적 관점인 공정으로서의 정의는 위와는 다른 방식으로 안정성을 추구한다. 안정적 정치관을 발견한다는 것은 단순히 무용성futility을 피하는 문제만은 아니다. 오히려, 중요한 것은 안정성의 종류이다. 즉, 안정성을 보장해주는 힘의 성격이 문제가 된다. 앞에서 제시했던 안정성에 관한 첫 번째 질문에 대답하기 위해서는 다음과 같은 점을 보여주고자 한다. 우선, 합당한 인간심리와 인간생활의 정상적 조건들을 규정하는 특별한 가정을 전제로 하여 정의로운 기본적 제도 하에 성장한 사람들이 정의감을 획득하고, 이러한 제도들이 충분히 안정적일 수 있도록 이성적 추종reasoned allegiance을 하게 된다는 점이다. 달리 표현하면, 정의로운 기본구조 속에서 형성된 시민들의 개성과 관심들의 특성을 전제하면, 시민들의 정의감은 불의injustice에 저항하기에 충분한 힘을 갖게 된다는 말이다. 시간이 흐름에 따라 시민들은 상호간에 정의가 정착되도록 기꺼이 노력한다. 정의로운 제도 하에서 획득되는 그러한 종류의 동기는 안정성을 보장하기에 충분하다.[9]

---

8 이 단락과 그 다음의 몇 단락에서 다루는 내용은 스캔론(Scanlon)과의 토론을 통해 많은 도움을 받은 것이다.

9 어떻게 이것이 가능한지는 『정의론』(*A Theory of Justice*)의 Ⅷ에서 이미 다루었다. 나는 그 설명

합당한 다원주의를 전제로 할 때, 공정으로서의 정의가 중첩적 합의의 초점이 될 수 있는지의 여부에 대한 두 번째 질문에 답하기 위하여, 우리는 그러한 합의의 개념과 그것이 제기하는 난점들을 논의해야 할 뿐만 아니라, 첫 번째 질문에 대한 답변에서 사용하였던 똑같은 합당한 도덕적 심리로, 공정으로서의 정의가 어떻게 그러한 역할을 정말로 수행해낼 수 있는가를 보여주어야 할 것이다.

3. 그런데 공정으로서의 정의에 요구되는 안정성의 종류는 그것의 자유주의적인 정치적 견해에 기초하고 있다. 즉, 이 자유주의적인 정치적 견해는 합당하고 합리적일 뿐만 아니라 자유롭고 평등한 시민들에게 수용되어 이들의 공적 이성에 호소할 수 있는 것을 목표로 한다. 이미 앞의 § 1.2에서, 우리는 자유주의의 이러한 특징이 어떻게 입헌정체의 정치권력이 지닌 특징과 연결되어 있는지를 살펴보았다: 말하자면, 정치권력이란 집단체로서의 평등한 시민들의 권력이다. 만약 공정으로서의 정의가 합당하지만 서로 갈등하는 포괄적 교리들—그런 갈등적인 교리들의 존재는 자유주의적 관점 자체가 권장하는 정치문화의 특징적인 측면이다—을 인정하는 시민들의 이성적인 지지를 얻을 수 있도록 명시적으로 고안되지 못한다면, 우리는 그것을 자유주의적이라 부를 수 없을 것이다.

그런데 핵심은 안정성의 문제가 어떤 관점을 거부하는 자들을, 필요하다면, 효과적인 강제력을 동원하여 그 관점에 동조케 하거나, 이에 따라 행동하도록 만드는 것이 목적이 아니라는 점이다. 이렇게 하는 것은 마치 우리가 일단 건전하다고 확신하는 바로 그러한 관점을 부과하는 방법들을 모색하는 것이 그 과제인 것처럼 여겨진다. 오히려, 공정으로서의 정의는 그 자신의 틀 내에서 표현되어 있는 대로, 시민 각자의 이성에 호

이 여기에서의 논의의 목적에 부합하여 기본적 생각을 전달하기에 충분하기를 희망한다.

소함으로써 적당한 방법으로 그 지지를 이끌어 낼 수 없는 한, 그것은 우선적으로 합당하지가 않은 것이다.[10] 그렇게 하는 것만이 정치권력의 정당성에 대한 설명이 된다. 이 설명은 정치권력의 담지자들이 자신들의 행동이 타당하다고 하는 것을 일반적으로 시민들이 아니라 자신들 스스로를 만족시키는 방식과 같은 설명과는 반대되는 것이다.[11] 정치적 정당성에 대한 관점은 정당화의 공적 근거를 마련하고자 하는 것이며, 또 공적 이성에 호소한다. 그러므로 자유롭고 평등한 시민은 이를 합당하고 합리적이라고 보는 것이다.

§3. 중첩적 합의의 세 가지 특징들

1. 본격적인 논의에 앞서, 중첩적 합의의 개념에 관한 두 가지 주요점을 상기해 보자. 첫 번째는 합당한(부당하고 비합리적인 것에 반대되는) 포괄적 교리들 간에 합의점을 찾는 것이다. 여기서 결정적인 사실은 다원주의 사실 그 자체the fact of pluralism as such가 아니라 바로 합당한 다원주의의 사실the fact of reasonable pluralism이다(I: 6.2). 이미 언급했듯이, 이러한 다원성을 정치적 자유주의는 지속적으로 유지되는 자유로운 제도의 배경 하에서 인간이성의 능력들의 장기적인 결과로 간주한다. 합당한 다원주의의 사실은 인간생활의 불행한 조건은 아니다. 예를 들자면, 우리가 비합리적일 뿐만 아니라 광적이고 공격적인 교리들을 허용하는 그러한 다원주의를 말할 때는 인간생활의 불행한 조건을 의미하게 된다. 중첩적

10 텍스트에서 사용된 "그 자신의 틀 내에서"(within its own framework)라는 문구가 갖는 힘은 위의 각주 7)에서 언급한 원초적 입장에 관한 논의의 두 부분에 의해서 설명된다. 이 두 부분은 공히 동일한 틀 내에서 수행되고, 또한 대표의 장치(device of representation)인 원초적 입장에 내재된 동일한 조건에 예속된다.

11 이러한 구분에 대해서는 다음을 참조하라. Thomas Nagel, *Equality and Partiality*(New York: Oxford University Press, 1991), chap. 3, p. 23.

합의에 도달할 수 있는 정치적 정의관을 형성함에 있어서, 우리는 이러한 정치관이 현존하는 비이성existing unreason에 굴복하도록 하는 것이 아니라, 합당한 다원주의 사실 자체에 호소해야 하는 것이다. 이 합당한 다원주의 그 자체는 자유의 조건하에서 자유로운 인간이성의 자유로운 행사의 결과이다.

중첩적 합의의 두 번째 요점에 관해서는, I: 1.3~4의 후반부에서 서술했듯이, 입헌적 민주주의에서는 공적 정치관이 포괄적인 종교적, 철학적, 도덕적 교리들로부터 가능한 한 독립적인 것으로 제시되어야 한다는 점을 회상해보자. 이러한 점은 공정으로서의 정의가 첫 번째 단계의 설명에서 정치적 정의관을 표현하는 독립적인 자유로운 입장의 견해로서 이해된다는 것을 의미하였다. 그것은 정치관 자체가 의미하는 바를 넘어서서 특정의 종교적, 형이상학적, 또는 인식론적 교리를 제공하지 않는다. I: 2.2에서 밝힌 것처럼, 정치관은 하나의 기본단위module, 즉 본질적 구성부분an essential constituent part이다. 이것은 상이한 방식으로 정치관이 규율하는 사회에서 지속되는 다양한 합당한 포괄적 교리들과 부합하게 되고, 또한 이들에 의해 지지될 수 있는 것이다.

2. 정의관에 대한 중첩적 합의에 기초하는 사회적 화합의 개념에 대하여 제기될 수 있는 반론은 적어도 네 가지가 있을 수 있다고 생각된다. 나는 아마도 이 중에서 가장 명확한 것으로 여겨지는 것, 즉 중첩적 합의라는 것이 단순한 잠정적 타협a mere modus vivendi에 불과하다는 반론부터 다루고자 한다.

개념들을 고정시키기 위하여, 중첩적 합의의 모델사례a model case를 들어 의미하는 바를 밝히고자 한다. 나는 앞으로도 가끔씩 이 예로 되돌아 올 것이다. 중첩적 합의의 모델사례는 다음의 세 가지 관점을 포함하고 있다. 첫 번째 관점은 정치관의 종교적 교리와 자유로운 신앙관account of free faith[12]이 관용의 원칙principle of toleration으로 발전하고 입헌정체의 근본적 자유를 보장하기 때문에 그 정치관을 인정한다는 것이다. 한편, 두 번째 관점은 칸트나 밀의 교리와 같은 포괄적이고 자유주의적인 도덕적 교리에 기초한 정치관을 인정하는 것이다. 그렇지만 세 번째의 정치관은 체계적인 통일성을 지닌 것은 아니다: 독립적인 자유로운 정치적 정의관에 의하여 형성된 정치적 가치들 이외에도, 이것은 상당한 비정치적 가치군을 포함하고 있다. 우리는 이것을 다원주의적 관점이라고 부른다. 그 이유는 이들 가치군의 하부에는 각자가 자신의 생각에 근거한 관점들을 가지고 있으며, 모든 가치들이, 집단적이든 혹은 개별적이든, 특정한 상황에 따라 서로 형량비교 될 수 있기 때문이다.

이러한 모델사례에서는 종교적 교리는 물론 칸트와 밀의 자유주의가 일반적이며 포괄적인 것으로 간주된다. 세 번째 관점은 부분적으로 포괄적이지만, 정치적 자유주의와 결합할 경우, 민주주의가 가능할 수 있는 합당하게 우호적인 조건reasonably favorable conditions하에서 정치적 가치들이 정상적으로 갈등적인 기타 가치들보다 우월한 비중을 갖게 된다. 이런 측면에서 앞의 두 관점은 세 번째와 일치하며, 그럼으로써 모든 관점들이 거칠게나마 동일한 정치적 판단에 도달한다. 따라서 정치관에 대해 서로

---

12 이러한 발상은 로크(John Locke)의 저작, *A Letter Concerning Toleration*(1670)에서 다양하게 논의되고 있다. 그는 다음과 같이 설명한다. ① 신은 어떤 사람에게도 다른 사람을 능가하는 권위를 허락하지 않았다(p. 129); ② 어떤 사람도 다른 사람의 구원을 위해 그 자신의 구원을 포기할 수 없다(pp. 129, 139, 154); ③ 믿음이라는 미명 하에 타인에게 이해를 강요할 수 없다(p. 129); ④ 인간의 영혼을 보호하는 일을 우리가 어디에서 출생했는지에 의해 믿음을 결정하는 행정관(magistrate)에게 맡겨둘 수는 없다(p. 130); ⑤ 교회는 자발적인 사회이며, 어떤 사람도 특정한 교회에 출석하도록 강요될 수 없고, 자신의 의지에 따라 들어오고 나갈 수 있다(p. 131); ⑥ 교단에서의 파문(excommunication)이 시민관계에까지 영향을 미치지 않는다(p. 134); ⑦ 우리는 오직 믿음과 내적인 신실함을 통해서 구원을 받고, 또한 신의 영접을 얻을 수 있다(p. 143).[페이지 숫자는 다음의 판본을 참조한 것이다. J. W. Gough, *Two Treaties of Governmemt with A Letter on Toleration* (Oxford: Basil Blackwell, 1956). 다른 저자들도 관용에 대해서는 이상과 같이 설명하였다].

중첩하게 되는 것이다.

3. 해당 반론에 대하여 시작하여 보자: 혹자는 비록 중첩적 합의가 충분히 안정적일지라도 중첩적 합의에 기초한 정치적 화합은 여전히 거부될 수밖에 없다고 생각할 것이다. 왜냐하면 중첩적 합의에 기초한 정치적 화합은 정치적 공동체의 희망the hope of political community을 포기하고 기껏해야 잠정적 타협에 불과한 공적 이해에 (마지못해) 머물러 있기 때문이라는 것이다. 이런 반대에 대하여, 우리가 말하는 그러한 공동체가 (하나의) 동일한 포괄적 교리에 의해 통합되는 정치사회를 의미하는 것이라면, 사실상 우리는 정치적 공동체의 희망은 포기되어야만 한다고 말할 것이다. 합당한 다원주의의 사실은 이러한 공동체에 대한 가능성을 배제하며 동시에 그것을 달성하기 위해 국가권력을 강압적으로 사용하는 것을 거부한다.[13] 실체적인 문제는 그러한 합의의 중요한 특징은 무엇이며, 또 그 특징들이 어떻게 사회적 조화와 공적 생활의 도덕성에 영향을 미치는가

---

13 실행 불가능한 것(what is impracticable)이라는 것은 모든 공동체의 가치(공동체라는 것은 포괄적 선관에 기초하여 그 통합성을 유지하는 단체 및 사회라고 이해하였던 점을 상기하라)가 아니라 다만 정치적 공동체와 이의 가치들이라는 점을 유의하라. 공정으로서의 정의는 다른 자유주의적 정치관과 마찬가지로, 첫째 구성원의 삶이 기본구조의 틀 내에서 구현되는 다양한 결사체에서, 둘째 교회나 과학자의 사회와 같이 정치적 사회들의 경계를 넘어서 확장되는 결사체들에서는 공동체의 가치들이 필수적일 뿐 아니라 실현 가능한 것이라고 가정한다. 자유주의는 공동체로서의 정치사회를 거부한다. 왜냐하면 무엇보다도 그것이 기본적 자유를 체계적으로 부정하고 정부의 독점적인 (법적) 권력을 강압적으로 사용할 가능성이 있기 때문이다. 물론, 공정으로서의 정의가 확고하게 정착된 질서정연한 사회에서는 시민들이 공동의 목적, 즉 최우선의 목적을 공유한다: 즉, 이것은 시민들이 자신뿐만 아니라 상호간을 위해 필요로 하는 것으로서, 정치적 및 사회적 제도들이 정의롭다는 것을 보장하고, 일반적으로 사람들에게 정의를 제공하려는 목적을 의미한다. 따라서 자유주의적 관점에서 시민들이 근본적인 공동의 목적을 갖지 못한다는 것은 사실과 다르다(V: 7). 더구나, 정치적 정의의 목적이 시민들의 비제도적, 혹은 도덕적 정체감의 중요한 부분이 아니라는 것도 맞지가 않는 것이다(I: 5.2에서 논의한 바 있듯이). 그러나 이러한 정치적 정의의 공동의 목적이 (내가 말하는) "선관"(a conception of the good)으로 오해되어서는 곤란하다. 이 마지막 요점에 대한 논의는 Amy Gutmann, "Communitarian Critics of Liberalism," *Philosophy and Public Affairs* 14(Summer 1985): 311, 각주를 참조하라.

하는 것이다. 이제, 나는 어째서 중첩적 합의는 잠정적 타협이 아닌가 하는 문제로 돌아가겠다.

"잠정적 타협"이라는 용어의 전형적인 사용은 서로 목표와 이해가 상충되는 두 국가 간의 조약을 규정할 때 잘 나타난다. 협상 테이블에서 각국은 제안된 협정안이 양국 사이의 균형점을 대변할 수 있도록 조정하기 위해 현명하고 신중하게 행동할 것이다. 말하자면, 조약의 문구나 조건은 그 조약내용을 파기하는 행위가 그 누구에게도 이득이 되지 않는다는 점을 상호 인식할 수 있는 방식으로 구성된다. 그리고 조약을 준수하는 것이 국가의 명성을 포함해서 국익에 합치되는 것으로 간주될 때, 그 조약은 지속될 수 있을 것이다. 그러나 일반적으로 국가는 타국의 희생을 대가로 자신의 목표를 추구하기 마련이며, 상황이 변하면 이들은 그렇게 할 수도 있다. 따라서 이러한 배경은 그러한 조약이 단지 잠정적인 타협에 불과함을 알 수 있게 하여 준다. 우리가 개인이나 집단의 이익에 기초한 사회적 합의나 정치적 흥정political bargaining의 결과를 생각해 볼 때, 유사한 배경이 제시 된다: 사회적 화합은 단지 외형적인 것이며, 그것의 안정성은 절충된 이해관계가 파괴되지 않고 유지될 수 있도록 행운이 따라주는 상황, 즉 일종의 환경적 우연성에 달려 있다.

4. 위에서 제시한 모델을 통해 보면, 중첩적 합의가 잠정적 타협과 아주 다르다는 점을 명백히 알 수 있다. 그 예에서, 두 가지 측면을 유의해 보자: 첫째, 합의의 목적, 즉 정치적 정의관은 그 자체가 도덕적 관점이다. 둘째, 그것은 도덕적 근거에서 수용된다. 요컨대, 중첩적 합의는 사회관과 인격체로서의 시민관 뿐만 아니라, 정의의 원칙들과 정치적 덕목들에 대한 설명을 포함한다. 특히 이 정치적 덕목들을 통하여 정의의 원칙들은 인격에 구현되고 공적 생활에 표현되는 것이다. 그러므로 중첩적

합의는, 단지 개인 혹은 집단적 이익의 절충에 기초하여, 특정한 권위를 수용하거나 특정의 제도적 질서에 순응하는 것에 합의하는 것이 아니다. 정치관을 인정하는 모든 사람들이 자신의 포괄적 관점으로부터 출발하여 그것이 제공하는 종교적, 철학적, 그리고 도덕적 근거에 기초하여 입안하는 것이다. 사람들이 그러한 근거들을 바탕으로 동일한 정치관을 인정한다는 사실이 이러한 정치관의 인정 자체를 종교적, 철학적, 또는 도덕적이 아닌 것으로 만드는 것은 아니다. 왜냐하면 진지하게 주장되는 근거들은 사실상 이들의 합의의 성격을 결정 짓기 때문이다.

앞에서 논의한 중첩적 합의의 두 가지 측면—도덕적 대상과 도덕적 근거들—은 세 번째 측면, 곧 안정성의 측면과 연결된다. 이것은 다음 사항을 의미한다. 정치관을 지지하는 다양한 관점들을 수용하는 사람들은 설사 자신들의 견해가 사회에서 상대적 세력을 확보하여 궁극적으로 지배적인 것으로 된다 하더라도 그 정치관에 대한 지지를 철회하지 않을 것이라는 점이다. 세 가지 관점들이 인정이 되고, 그리고 수정되지 않는 한, 정치권력의 배분distribution of political power의 변화에 관계없이 정치관은 계속 지지를 획득할 수 있을 것이다. 각각의 관점은 자신의 목적이나 이익을 위해서 정치관을 지지하는 것이다. 이러한 점에 대한 테스트는 해당 합의가 관점들을 둘러싼 권력배분의 변화와 관련하여 안정성을 유지하는가의 여부에 좌우된다. 이러한 안정성의 특징은 중첩적 합의와 잠정적 타협간의 기본적인 차이를 극명하게 드러낸다. 특히, 후자의 안정성은 우연한 일happenstance과 상대적인 힘의 균형에 의해 결정된다.

예를 바꾸어 16세기의 카톨릭과 프로테스탄트의 관점을 보면 이러한 사실이 보다 명확해진다. 당시에는 관용의 원칙the principle of toleration에 대한 중첩적 합의가 존재하지 않았다. 따라서 진실한 종교를 지지하고 이단이나 그릇된 교리의 확산을 억제하는 것이 통치자의 의무라고 양쪽 신념 모두 그렇게 생각하였다.[14] 그런 경우에서는 관용의 원칙을 인정한다는 것이 그야말로 잠정적 타협에 그치고 말 것이다. 그 이유는 만약 일방의 세력이 우세해질 경우, 관용의 원칙이 즉각 효력을 상실하게 될 것이기 때문이다. 그러므로 권력의 배분관계에 의존하는 안정성의 개념만으로는 부족하다. 가령, 16세기의 카톨릭이나 프로테스탄트 같은 관점들이 사회 내에서 극히 소수이며 앞으로도 소수자로 남을 가능성이 높다면, 그들은 공적 생활의 도덕적 특성과 사회적 화합의 기초에 중요한 영향을 미칠 수가 없게 될 것이다. 왜냐하면 사회 내의 절대다수는 현재의 권력분배 상태가 지속될 것이라고 생각할 것이며, 또 그 자신의 목적에 맞는 정치적 정의관을 형성할 수 있는 합의가 광범위하게 확산될 것이라고 확신할 것이기 때문이다. 그러나 이러한 권력배분의 상황이 변화한다면, 정치적 생활의 도덕적 특성 역시 변화하리라는 것은 분명하며 재론의 여지가 없다.

5. 결론적으로, 나는 우리가 "중첩적 합의의 깊이와 넓이the depth and breadth of an overlapping consensus"라고 부를 수 있는 것과 그것이 갖는 핵심적 특징에 대해 간단히 설명하겠다. 즉, 그러한 합의는 과연 얼마나 깊숙하게 시민들의 포괄적 교리 속으로 들어가는가? 그것이 적용되는 제도의 넓이(범위)는 얼마나 되는가? 그리고 얼마나 구체적으로 그 합의가 이루어지는가?

앞에서의 설명에 따르면, 그 합의는 근본적 개념들에까지 적용되며, 이 근본적 개념들 내에서 공정으로서의 정의가 형성된다. 그 합의는 공정한 협동체계로서의 사회관과 합당하고 합리적이며 자유롭고 평등한 존재

---

14 다음을 참조하라. J. W. Allen, *A History of Political Thought in the Sixteenth Century* (London: Methuen, 1941), pt. I, chap. 5, pt. Ⅱ, chap. 9, pt. Ⅲ, Chaps. 4, 6, 8; 그리고 Quentin Skinner, *The Foundations of Modern Political Thought*(Cambridge: Cambridge University Press, 1978), vol. Ⅱ, esp. pt. Ⅲ.

로서의 시민관의 개념과 같은 것에 이를 정도로 깊이 관계되는 것으로 가정한다. 한편, 그것의 넓이는 정치관의 원칙들과 가치들(이 경우에는 공정으로서의 정의의 원칙들과 가치들)을 포함하고, 기본구조 전체에 적용된다. 이 정도의 깊이와 넓이, 그리고 구체적 특성은 생각들을 정리하는 데 도움을 주며, 동시에 우리에게 주요한 질문을 던져준다: 타당한 현실적 가정들과 부합하여, 우리가 실현할 수 있는 가장 깊고 넓은 정치관은 무엇인가?

물론, 다른 가능성들도 있다. 나는 정치관에 대한 중첩적 합의가 특정한 종류의 사회적 안정과 화합에 필요하다고 가정하지는 않았다. 오히려, 나는 그것이, 다른 두 가지 조건과 결합하면, 우리가 얻을 수 있는 가장 합당한 사회적 화합의 기초가 되기에 충분하다고 주장하는 것이다(I: 8.1). 물론, 바이어Baier가 제시했듯이, 작동 가능한 정치적 헌법의 원칙 및 규칙들에 대한 보다 얕은 합의가 도달하기도 쉽고, 보다 적게 요구하는 목적들을 위해서 충분할 수도 있다. 그는 미국에서는 실제로 우리가 그러한 종류의 합의를 성취했다고 생각한다. 그래서 합의가 기본구조 전체를 관장하는 원칙들에 관한 정치관으로까지 이른다고 가정하기 보다는, 헌법에 대한 몇몇 근본적인 절차적 정치적 원칙들만을 포함할 수도 있는 것이다.[15] 나는 "헌법적 합의constitutional consensus"라고 부르는 것에서 시작하여 중첩적 합의에 대한 논의를 전개할 §§6~7에서 이 문제를 다시 다루고자 한다.

---

15 이러한 점들은 바이어(Kurt Baier)가 주장한 것이다. Kurt Baier, "Justice and the Aims of Political Philosophy," *Ethics* 99(July 1989): 771~90을 참조하라. 특히, 그는 775f.에서 정치관보다는 헌법적 원칙(그가 볼 때, 우리가 이미 광범위하게 가지고 있는)에 대한 합의를 설명하고 있다.

§4. 중첩적 합의는 (진리에) 무관심하거나 회의주의적이지 않다

1. 이제 정치적 정의관에 대한 중첩적 합의에 제기되는 두 번째 반론으로 넘어가자: 말하자면, 일반적이고 포괄적인 교리들을 회피한다는 것은 정치적 정의관이 진리일 수 있는가에 대하여 무관심하거나 회의주의적이라는 입장을 의미한다는 것이다. 이러한 정치적 정의관의 진리성 문제는 구성주의적 입장에서의 합당한 것과는 상반된다. 이러한 회피는 다음과 같은 점을 제시하는 것처럼 여겨질 수 있다. 정치적 정치관이 비록 진리가 아니라고 밝혀졌다고 하더라도, 마치 진리의 문제가 단순히 논외인 것처럼 간주하여, 그 정치관이 우리에게 가장 합당한 것일 수 있다고 주장한다는 것이다. 여기에 답변하자면, 정치관이 진리의 문제에 대해서 무관심하거나 회의적이라는 생각, 혹은 진리와 갈등적이라는 발상은 그 정치관의 개념에 치명적일 수가 있다. 그러한 회의주의와 무관심은 정치철학과 무수히 많은 포괄적 교리들을 서로 대립적인 것으로 파악하게 하고, 따라서 중첩적 합의를 이루고자 하는 목적을 처음부터 좌절시킬 수 있다.

우리는 가능한 한, 특정한 포괄적인 종교적, 철학적, 도덕적 입장을 긍정하지도 부인하지도 않고자 하며, 그들과 관련된 진리론theory of truth이나 가치의 지위status of values에 대해서도 마찬가지의 입장을 취하고자 한다. 모든 시민이 각자 특정한 관점을 가지고 있다고 가정하고 있으며, 우리는 모든 사람이 자신의 포괄적 관점이 무엇이든 간에 그것의 입장에 입각해서 정치관을 진리로서 또는 합당한 것으로서 받아들이기를 희망한다. 정치적 정의관을 올바르게 이해한다면, 이것이, 말하자면 철학과 도덕에서의 진리의 문제에 무관심하지 않은 것은, 마치 관용의 원칙을 적절히 이해한다면, 이것이 종교에서의 진리문제에 무관심하지 않은 것과 같은 이치이다. 우리는 정의의 문제에서 공적 정당화의 합의근거를 모색하려고 하고 있기 때문에, 그리고 이러한 쟁점적 문제들(진리와 연관된 문제들)에 대한 어떠한 정치적 합의도 우리가 합당하게 기대할 수 없기 때문에, 우리는 대신 공적인 정치적 문화를 통하여 우리가 공유하고 있다고 여겨지는 근본적 개념들에 호소하고자 하는 것이다. 이러한 개념들로부터 시작하여, 적절한 반성을 거친 우리의 숙고된 신념considered conviction과 일치하는 정치적 정의관을 만들어 내고자 한다. 일단 이것이 완성되면, 시민들은 그들의 관점이 무엇이든 간에 자신의 포괄적 교리의 입장에서 정치적 정의관을 진리로서, 또는 합당한 것으로서 간주하게 될 것이다.

2. 물론, 이것만으로 만족하지 못할 사람들도 있을 것이다. 이러한 답변에도 불구하고, 그들은 정치적 정의관이 무관심주의나 회의주의 입장을 표명하는 것이 분명하다고 주장할 것이다. 그렇지 않다면, 정치적으로 해결하는 것이 어렵다거나 다룰 수 없을 것이라는 이유로 정치적 정의관이 근본적인 종교적, 철학적, 도덕적 문제들을 외면할 수는 없을 것이라고 한다. 예컨대, 어떤 특정한 진리들은 다음과 같은 중요한 문제들과 관계될 수 있다. 즉 진리의 문제에 대한 이견들이 심지어는 시민전쟁을 의미할 수도 있는 싸움으로 해결될 수밖에 없을 정도로 발전된다고 말할 수 있다. 이것에 대해, 우리는 우선적으로 그런 문제들이 단지 갈등의 원인이기 때문에 정치적인 의제political agenda로부터 완전히 분리되지 않는다고 말한다. 그러나 우리는 정치적 정의관에 호소하여, 정치적인 의제로부터 분리될 수 있는 문제와 그럴 수 없는 문제를 구별할 수 있다. 그렇게 했음에도 불구하고 여전히 의제로 남아 있는 문제들이 적어도 논쟁의 소지가 많을 수도 있다. 이러한 점은 정치적 쟁점들에는 늘 있는 일이다.

예를 들어 보자: 정치적 정의관내로부터 우리는 평등한 양심의 자유와 평등한 정치적 및 시민적 자유 두 가지 모두를 설명할 수 있다고 가정

한다. 전자의 평등한 양심의 자유는 종교적 진리의 문제를 정치적인 의제에서 배제시키며, 후자의 평등한 정치적 및 시민적 자유는 농노제나 노예제를 (애초에) 제외함으로써 그러한(농노제나 노예제를 허용하는) 제도들의 가능성을 의제에서 배제시키는 역할을 한다.[16] 그러나 논쟁의 여지가 있는 문제점들은 여전히 남아 있다: 가령, 기본적 자유들이 서로 상충할 때 이들의 범위를 어떻게 보다 정확하게 설정할 것인가("교회와 국가 간의 벽"the wall between church and state을 어디에 쌓을 것인가), 기본구조에 관한 일반적 원칙들에 대한 상당한 합의가 이미 설정되었다 하더라도 분배적 정의distributive justice의 조건들을 어떻게 해석할 것인가, 마지막으로

16 설명하자면 다음과 같다: 특정한 문제들을 정치적 의제에서 배제하고 나면, 이러한 문제들은 다수결이나 다른 다수투표방식에 의한 정치적 결정에 해당되는 주제들로 간주되지 않는다. 예를 들어, 평등한 양심의 자유나 노예제 및 농노제에 대한 거부 등과 관련하여, 이것(특정 의제들이 정치적 의제에서 배제되었다는 것)은 이러한 문제들을 다루는 헌법의 평등한 기본적 자유들이 합당하게 정착되고, 완전히 최종적으로(once and for all) 올바르게 해결이 되었다는 것을 의미한다. 이것들은 입헌정체의 공적 헌장의 일부로서 현존의 공적 토론과 입법에 해당되는 주제가 더 이상 아니다. 이것들은 필요한 다수결에 의하여 이렇게 저렇게 변경할 수 있는 것들이 아니다. 더구나, 점점 더 많은 기존의 정당들이 이 문제를 이미 해결된 것으로 인정한다. Stephen Holmes, "Gag Rules or the Politics of Omission," in *Constitutional Democracy*, edited by J. Elster and R. Slagsrad(Cambridge: Cambridge University Press, 1987)를 참조하라.

물론, 특정의 문제들이 합당하게 정치적 의제로부터 제외된다는 것이 정치적 정의관이 이렇게 제외되는 이유에 대한 근거와 이유들을 제공하지 말아야 한다는 것을 의미하는 것은 아니다. 내가 앞에서 언급하였듯이, 사실상 정치관은 여기에 대해 간명하게 설명을 제공해야만 한다. 그러나 통상적으로 다양한 정치적 교리들과 이들(정치적 교리들)의 포괄적 교리 내의 근거들 간에 관계된 문제들에 대한 보다 풍부한 논의는 배경적 정치문화의 일부라고 할 수 있다(I: 2.3).

마지막으로, 특정한 문제들이 정치적 의제에서 완전히 최종적으로(once and for all) 배제된다고 말하는 것에 대해, 혹자는 관용이나 노예제에 관하여 과거에서 우리가 그랬던 것처럼, 우리가 잘못 생각하고 있을 수도 있다고 이의를 제기할 수도 있다. 우리가 잘못 생각하였던 것은 확실하다. 그러나 어느 누가 그런 이유로 관용의 원칙이 실수이며 노예제를 폐지한 것이 잘못이라고 의심을 하겠는가? 과연 어느 누가 심각하게 그렇게 생각하겠는가? 정말 실수했을 가능성이 있을까? 그리고 우리가 다음과 같이 말하고 싶지 않은 것은 확실하다: 우리는 특정의 문제들을 당분간 정치적 의제에서 제외시킨다. 또는 다음 선거까지 혹은 다음 세대까지 제외시킨다. 어째서 "완전히 최종적으로"(once and for all)이란 표현이 가장 적합한 표현이 아니란 말인가? 이런 문구를 사용함으로써 시민들은 자신들의 공적인 위치에 관한 확고한 입장을 상호간에 표현하고 있는 것이다. 그들은 민주시민의 특정한 이상을 표현하고 있는 것이다.

핵무기의 사용과 같은 정책과제들 등이 그러한 것들이다. 이런 문제들은 정치로부터 분리될 수가 없다. 그러나 포괄적 교리들을 회피함으로써, 우리는 안정적인 중첩적 합의의 기반을 넓힐 수 있으리라는 희망으로 종교와 철학의 심원한 논쟁점을 간과하고자 한다.

3. 그럼에도 불구하고, 정치적 정의관을 승인함에 있어서 우리는 결국 우리 자신의 포괄적인 종교적 또는 철학적 교리의 특정한 측면(반드시 완전히 포괄적일 필요는 없다)을 궁극적으로 주장할 수밖에 없을 수도 있다.[17] 예를 들어, 누군가가 특정의 문제들이 너무 근본적이라서 이 문제의 올바른 해결을 보장하는 것은 시민의 투쟁을 정당화한다고 주장할 때면, 언제나 이런 현상이 일어날 것이다. 특정한 종교를 가진 사람들의 종교적 구원, 또는 사실상 전 인류의 구원은 이러한 입장에 달려 있다고 말할 수도 있다. 이 점에 대해서는 우리들은 이것을 거부하거나, 아니면 이의 거부를 암시함으로써 우리가 애써 회피하고자 하였던 그런 종류의 입장을 유지하는 것 외에는 대안이 없을 것 같다.

독자의 이해를 돕기 위해 합리주의의 신봉자들을 상상해 보자. 이들의 신념들이 이성의 검토를 거쳐 이성에 의하여 완전히 확립될 수 있다(이 견해가 비상식적이라고 할지라도)고 주장하는 합리주의의 신봉자들을 상상해 보라.[18] 이 경우에 그들은 우리가 “합당한 다원주의의 사실the

---

17 I : 2에서 설명했듯이, 어떤 교리가 하나의 다소간 간결하게 표명된 체계(one rather precisely articulated system)내에 용인된 모든 가치와 덕목들을 관장한다면, 우리는 그것을 완전히 포괄적이라고 부를 수 있다. 반면에, 하나의 교리가 일정한 비정치적인 가치와 덕목들로 구성되어 있고 비교적 방만하게 표명되어 있다면, 우리는 그것을 부분적으로 포괄적이라고 지칭한다. 이러한 제한적인 범위와 방만성(looseness)은 아래의 §6에서 다룰 안정성의 문제와 관련하여 매우 중요한 문제라는 것이 판명될 것이다.

18 합리주의의 신봉자들의 생각은 코헨(Joshua Cohen)의 글, “Moral Pluralism and Political Consensus”에서 차용한 것이다. 내가 이해한 바에 따르면, 나의 대답도 그와 유사하다. 코헨 역시 이성이 자신들의 믿음을 지지한다고 주장하는 것이 아니라, 자신들의 믿음이 진리이기 때문에 국가권력도 그것을 강화하기 위해 적절히 사용되어야 한다고 주장하는 비합리주의적

fact of reasonable pluralism"이라고 지칭하는 것을 간단히 부정할 것이다. 그래서 우리는 그러한 사실을 부인함에 있어 합리주의의 신봉자들이 잘못 생각하고 있다고 이들에게 말할 것이다. 그러나 그렇다고 해서 우리가 그들의 종교적 신념은 진리가 아니라고 말할 필요는 없다. 왜냐하면 종교적인 신념이 이성의 심판을 통해 공적인 인정을 받지 못한다고 해서 그것이 진리가 아니라고 단정할 수는 없기 때문이다. 물론, 우리는 그들이 여기에서 주장하는 교리를 믿지 않으며, 이 점은 우리의 작업을 통해 보여 질 것이다. 가령 우리가 평등한 양심의 자유를 지지하는 특정 형태의 자유로운 종교적 신앙의 교리를 가지고 있지 않다 하더라도, 그럼에도 불구하고, 구원에 대한 관심이 그러한(양심의) 자유와 양립할 수 없는 그 어떤 것을 요구하지 않는다는 것을 우리가 믿고 있다는 점을 우리들의 행동들은 암묵적으로 보여준다. 여전히 우리는 합의라는 정치적 목적을 위해 필요하거나 유용하다고 생각하는 이상으로 우리의 포괄적 견해에 관하여 언급하지는 않을 것이다.

4. 이러한 제약에 대한 이유는 바로, 우리가 할 수 있는 최선책으로, 공적 이성의 한계들(Ⅵ에서 논의된다)을 존중하는 것이다. 이러한 제약을 존중함으로써 정치적 정의관에 대한 중첩적 합의에 도달할 수 있다고 가정한다. 그러면 그 합의는, 적어도 단기적일망정, 합당성을 확보할 수 있게 될 것이다. 혹자는 이러한 반성적 합의reflective agreement 자체만으로도 합의된 관점이 진리라거나, 혹은 그럴 가능성이 대단히 높다고 주장할 수 있는 근거로서 충분하다고 주장할 것이다. 그러나 우리는 이렇게 더 나아가는 것을 자제한다: 그것은 정당화의 공적인 합의기반을 발견하고자 하는 우리의 실천적 목표에는 불필요하거나 방해가 될 수 있기 때문이

신봉자들의 경우를 다루고 있다. 여기에 대한 대답은 Ⅱ: 3.3을 참조하라.

다. 많은 사람들에게는 진리나 확고한 종교적, 형이상학적 기초가 합당성이라는 가치를 능가한다. 중첩적 합의의 개념은 이러한 단계를 시민 개개인의 포괄적 관점에 맡겨 두는 것이다.[19]

공정으로서의 정의가 중첩적 합의를 가능하게 한다면, 이미(지금으로부터) 3세기 전에 시작되었던 관용의 원칙에서 출발하여 종교적 자유를 인정하는 국가nonconfessional state와 평등한 양심의 자유로까지 발전해 온 사상을 완성하고 확대하는 데 기여할 것이다. 우리가 가진 민주사회의 역사적 및 사회적 상황을 고려해 볼 때, 정치적 정의관에 합의하기 위해서는 이러한 확대가 절실하다. 관용의 원칙을 철학 자체에 적용하는 것은 시민 각자가 자신이 자유롭게 받아들인 관점에 따라 종교, 철학, 도덕의 문제를 해결하도록 맡겨 두는 것을 의미한다.

§5. 정치관은 포괄적일 필요가 없다.

1. 세 번째 반론은 다음과 같다: 내가 정의한 것처럼, 중첩적 합의가 잠정적 타협이 아니라는 점을 인정한다고 할지라도, 작동 가능한 정치관a workable political conception은 반드시 일반적이거나 포괄적이어야 한다는 것이다. 그러한 교리 없이는 공적인 생활에서 제기되는 수많은 갈등을 해결할 방법이 없다는 말이다. 반론은 계속하여, 그러한 갈등의 개념적 및 철학적 깊이가 깊으면 깊을수록, 갈등의 뿌리를 노정시키고 이에 대한 적

---

19 이 시점에서 Ⅲ: 8.3에서 논의했던 보다 중요한 사실을 떠올리자: 말하자면, 만약 현존하는 중첩적 합의에서 특정의 합당한 포괄적 교리가 진리라면, 그 정치관 자체는 진리이거나 또는 적어도 진리인 교리에 의해 보증된다는 점에서 진리에 가깝다고 할 수 있다. 어떤 한 교리의 진리성은, 바로 진리인 그 교리가 제시하는 모든 근거들에 입각해 본다면 모든 교리가 올바르지 않다고 하더라도, 모든 교리들이 올바른 정치적 정의관을 산출해 낼 수 있다는 것을 보장해 준다. 따라서 우리가 언급한 것처럼, 시민들이 서로 다를 경우 모두가 완전히 옳을 수는 없다. 그러나 정치적인 측면에서 논의하자면, 그들의 교리 중 하나가 진리라면 모든 시민들이 옳은 것이다.

절한 질서를 찾으려면, 철학적 반성의 수준은 보다 일반적이고 포괄적이어야만 한다고 주장한다. 이러한 반론은 포괄적 교리와 유리된 채로 기본구조에 대한 정치적 정의관을 완성하고자 하는 시도는 무용한 것이라고 결론을 내린다. 이미 살펴보았듯이, 우리는 적어도 어떤 방법으로든 이러한 관점을 참고해야만 한다.[20]

이상의 반론은 아주 자연스럽다. 그리고 우리는 다음과 같은 질문을 하기 쉽다: 그러한 갈등들을 달리 어떻게 해결할 수 있는가? 그러나 여기에 대한 대답의 일부는 우리의 모델사례의 세 번째 관점을 통해 발견할 수 있다. 그것은 다원주의적 관점인데, 체계적인 통일성을 지닌 것은 아니라고 한 바 있다: 독립적인 자유로운 입장의 정치적 정의관에 의하여 형성된 정치적 가치들 외에도, 이 관점은 상당한 비정치적인 가치군을 포함한다. 그러한 가치군의 하위에는 각자의 입장을 기초로 하는 개념들에 입각한 나름대로의 설명방식이 존재하여 모든 가치들이 상호비교 될 수 있도록 하는 것이다(§3.2). 그래서 정치관을 포괄적 교리의 일부로 이해할 수는 있지만 그렇다고 해서 그런 교리가 지닌 비정치적 가치들의 산물로 볼 수는 없다. 그럼에도 불구하고 해당 정치관의 정치적 가치들은 적어도 입헌적 민주주의를 가능케 하는 합당한 우호적 조건하에서는, 그것들에 상반되는 여타의 가치들보다 통상적으로 우월한 비중을 가진다.

---

20 일반적 및 포괄적인 관점과 추상적인 관점 사이에는 차이가 있다. 공정으로서의 정의가 공정한 협동체계로서의 사회라는 근본적인 개념으로부터 출발하여 그것을 계속 정교화시킴으로써 결과적으로 얻게 되는 정치적 정의관은 추상적이라고 할 수 있다. 그것은 완전 경쟁시장(perfectly competitive market)이나 일반 경제균형(general economic equilibrium)의 관점들이 추상적인 것과 마찬가지로 추상적이다: 즉, 그것은 정치적 정의의 관점에서 사회의 특정한 측면들을 특별히 중요한 것으로 선별하고 나머지 부분들은 제외한다. 그러나 그 결과로서 얻어진 관점이 내가 사용하고 있는 것과 같은 의미에서 일반적이고 포괄적인지 그렇지 않은지는 별개의 문제다. 나는 합당한 다원주의라는 사실 속에 잠재하는 갈등이 정치철학으로 하여금, 그 목적을 달성하려면, 추상적인 정의관을 제시하도록 만든다고 믿는다(Ⅰ: 8.2). 그러나 그러한(합당한 다원주의 사실로부터 발생하는) 갈등들은 정의관들을 일반적이고 포괄적이지 못하도록 하는 것이다.

이러한 관점을 가진 사람이라면 인생의 다른 부분에 속하는 가치와 덕목들을 인정하게 된다. 이들은, 모든 가치와 덕목이 어느 정도 내부적인 체계를 이루고 있는 완전한(부분적인 것에 반대되는)[21] 포괄적 교리를 갖고 있지 않다는 점에서, 우리의 사례가 제시하는 앞의 두 가지 관점을 가진 사람들과 구별된다. 이들은 그러한 교리가 불가능한 것이라고 말하는 것이 아니라, 오히려 실천적인 측면에서 불필요하다고 보는 것이다. 이들은 기본적 자유와 기타 정의로운 입헌정체의 규정들이 용인하는 범위 내에서, 모든 시민이 공정한 조건으로 자신의 인생목표를 추구할 수 있고, 또 그것의 (비정치적인) 가치를 충분히 존중할 수 있다고 확신한다. 그러한 헌법적 보장이 확실하다면, 이들은 정치관 전반에 대하여 반대하거나 또는 양심의 자유나 평등한 기본적 자유 또는 기본적 시민권과 같은 근본적 문제들에 대하여 이의를 제기하는 가치관의 충돌은 발생하지 않을 것이라고 생각한다.

2. 우리는 이와 같이 부분적인 포괄적 관점들을 다음과 같이 설명할 수 있다. 우리는 정치적 정의에 관한 모든 문제, 혹은 대부분의 문제를 해결할 수 있는 방법이 일반적으로 존재한다는 가정을 피하기 위해 최선을 다한다. 대신, 우리는 단지 우리가 묻고 싶은 몇 가지의 문제에 대해서만 만족스러운 해답을 마련하고자 노력해야 한다. 정치적 지혜political wisdom는 그들 중에서 가장 긴급한 몇 가지를 간추려 내는 데에 있는 것이다.

그리고 나면, 우리는 해결하기 어려운 갈등이 쉽게 일어나지 않도록 기본구조의 제도들을 고안해 내야 한다. 또한, 명백하고 간단한 원칙들에 대한 필요성을 인정해야만 하고, 이들의 일반적 형태와 내용이 공적으로 이해될 수 있기를 희망한다. 최선의 정치관이란 우리가 적어도 헌법적 본

21 완전한 포괄적인 교리와 부분적 포괄적 교리(a doctrine's being fully vs. partially comprehensive)간의 차이점에 대해서는 Ⅰ: 2.2를 참조하라.

질들과 기본적 정의의 문제들에 정치적으로 합의할 수 있도록 우리의 숙고와 반성deliberation and reflection을 지도해 주는 지침의 틀guiding framework에 불과하다. 만약 그것이 우리의 관점을 명확하게 해주고 우리의 숙고된 신념을 보다 일관성 있게 만든다면, 그리고 입헌정체의 기본적 개념들을 받아들인 사람들 간의 양심적 신념들의 격차를 좁혀 준다면, 그것은 실천적인 정치적 목적practical political purpose을 수행한다고 할 수 있다.[22]

설사 우리의 합의를 완전히 설명하지 못하더라도, 이런 점은 여전히 맞다고 생각 된다: 우리가 정치관을 수용하고, 공적인 정치문화가 제공하는 근본적인 개념을 통해 자라나며, 또 그것에 익숙한 시민들이, 위에서 설명한 숙고의 지침을 받아들일 때, 그들의 판단들이 충분히 수렴이 되어 상호존중의 토대에 입각한 정치적 협동이 유지될 수 있다는 사실을 단지 알고 있을 뿐이다. 그들은 정치관을 그 자체로 충분한 것으로 간주하며, 그 이상의 정치적인 공감대의 필요성을 기대하거나 생각지도 않을 것이다.

3. 여기에서 우리는 다음과 같이 묻지 않을 수 없다: 민주주의를 가능케 하는 합당한 우호적 조건에서, 정치적 정의관은 어떻게 (정치적 가치들과) 갈등적일 수 있는 다른 모든 가치들보다 통상적으로 우월한 비중을 갖는 가치들을 제시할 수 있는가? 한 가지 이유는 아래와 같다. 이미 서술했듯이, 민주정체에 가장 합당한 정치적 정의관은, 광범위하게 말해서, 자유주의일 것이다. 이 말은 곧 자유주의가 우리에게 친숙한 기본권을 수호할 뿐만 아니라 그것에 특별한 우선권을 제공한다는 것이다. 게다가 자유주의는 모든 시민들이 자신의 기본권을 효과적으로 사용할 수 있

---

22 『정의론』, pp. 44f, 89f, 303, 364를 참조하라.

도록 충분한 물질적 수단material means을 보장하는 방법도 제시한다. 합당한 다원주의라는 사실에 직면할 때, 자유주의적인 관점은 가장 심각한 분열적 쟁점들, 즉 사회적 협동의 토대를 해칠 분쟁을 정치적인 의제로부터 제거한다.

그러므로 입헌정체를 가능케 하는 정치적 협동의 덕목들이야말로 최고의 덕목들이라 할 수 있다. 예를 들면, 관용이나 타인과 타협할 수 있는 덕목, 그리고 합당성과 공정성의 덕목들이 여기에 해당된다. 이런 덕목들이 사회에 널리 확대되고 정치적 정의관을 지탱해주면, 이것들은 사회의 정치적 자본society's political capital의 일부인 공공선public good을 형성하게 된다.[23] 따라서, 정치적 정의관은 물론 이것을 지탱해 주는 가치들과 상충하는 그러한 가치들은 상호존중을 토대로 공정한 사회적 협동을 가능케 하는 조건들과 갈등하게 되기 때문에, 통상 정치적 가치가 이에 우선할 수 있는 것이다.

4. 정치적 가치가 우월한 또 다른 이유는 기타 가치들과의 심각한 갈등을 상당히 감소시킨다는 점이다. 왜냐하면 중첩적 합의의 지지를 받을 경우 정치관은 기본적인 종교적, 철학적, 도덕적 가치들과 양립할 수 있는 것으로 간주되기 때문이다. 우리는 이러저러한 포괄적 교리의 주장들에 대립적인 정치적 정의의 주장을 고려할 필요가 없다. 또한, 정치적 가치가 포괄적 교리의 가치들보다 우월하다는 이유로 전자가 본원적으로 후자보다 중요하다고 주장할 필요도 없다. 우리가 설명해야 할 것은 단지 우리가 무엇을 배제하고자 하는 가이며, 그것을 가능케 해 주는 중첩적 합

---

23 여기에는 '자본'(capital)이란 용어가 적당한데, 그 이유는 이러한 덕목들이 시간의 흐름에 따라 서서히 형성되며, 현존하는 정치적 및 사회적 제도(그 자체도 서서히 형성된다)뿐 아니라 시민의 경험 일체와 그들의 과거에 대한 지식에 의존하고 있기 때문이다. 이런 덕목들은 마치 자본과 같이 그대로 방치하면 감소하기 때문에 지속적으로 현재의 상황에 맞게 재활성화 함으로써 충전되어야만 한다.

의를 이루는 것이 중요하다.

결론적으로 말하면 다음과 같다: 합당한 다원주의의 사실이 전제되었을 때, 일반적이고 포괄적인 교리에 의존하지 않고, 공적 이성에 의한 조정의 작업이 하는 바는 다음의 두 가지를 의미한다. 첫째, 그것은 정치적 가치의 기본적 역할을 자유롭고 평등한 존재로 간주되는 시민 간의 상호존중을 토대로 이루어지는 사회적 협동의 공정한 조건을 제시하는 것에 있다고 규정한다. 둘째, 그것은 합당한 중첩적 합의에서 나타나는 것과 같이, 정치적 가치와 기타 가치를 모두 포함하기에 충분한 조화의 형태concordant fit를 밝히는 것에 있다. 앞으로는 이 점에 대해 더 논의하도록 하자.

§6. 헌법적 합의에 이르는 단계들

1. 내가 고려하는 마지막 난점은 중첩적 합의가 공상적utopian이라는 점이다. 다시 말해서, (합의가 존재하지 않을 때) 중첩적 합의를 도출하거나, 혹은(이미 합의가 존재한다면) 그러한 합의를 공고히 할 수 있는 정치적, 사회적, 그리고 심리적 동인들forces이 충분치 못하다는 것이다. 나는 이 문제에 대해 간단히 언급할 수 있을 뿐이며, 그저 그러한 합의가 도출되고 그 안정성이 확보될 수 있을 것 같은 한 가지 방법을 대략 그려볼 수 있을 뿐이다.

그 대략의 그림outline에는 두 가지 단계가 있다. 그 첫 번째 단계는 헌법적 합의constitutional consensus로 끝나며,[24] 두 번째 단계는 중첩적 합

24 나는 헌법적 합의라는 개념에 대해서 위의 각주 15번에서 인용한 바이어(Kurt Baier)의 견해들에 빚지고 있다. 또한, 페리츠(David Peritz)에게는 값진 조언과 텍스트에 관한 논평을 통해 도움을 받았다. 이러한 도움들이 없었다면, 내가 "The Idea of an Overlapping Consensus," *Oxford Journal of Legal Studies* 7(February 1987), Ⅵ-Ⅶ에서 제시한 나의 원래의 설명에 대한 이러한 수정을 하지 못했을 것이다.

의로 마감된다. 첫 번째 단계에서 헌법은 정치적 정의의 일정한 자유주의적 원칙들을 충족시킨다. 헌법적 합의로서, 이러한 원칙들은 단지 원칙으로서만 수용될 뿐이다. 이 원칙들은 특정의 정치관에 입각한 사회 및 개인의 특정한 개념에 근거한 것은 아니며, 더구나 하나의 공유된 공적 관점에 근거한 것은 더욱 아니다. 따라서 이때의 합의는 그다지 깊지 못하다.

헌법적 합의에 있어서, 일정한 기본 원칙들을 충족시키는 헌법은 사회 내에 존재하는 정치적 경쟁관계를 완화시키기 위한 민주적인 선거절차를 확립한다. 여기서 경쟁관계란 계급 간, 이해관계 간의 경쟁뿐만 아니라, 그 이유가 무엇이든 간에 다른 원칙보다 특정한 자유주의적 원칙들을 선호하는 사람들 간의 경쟁까지도 포함한다. 일정한 정치적 기본권과 자유—투표권, 정치적 발언과 결사의 자유, 민주주의에서 선거 및 입법절차에 요구되는 그 밖의 모든 권리들—에 대해서는 동의하나, 자유주의적 원칙을 주장하는 이들 사이에 이러한 권리 및 자유의 보다 정확한 내용과 경계에 대해서 불일치가 존재할 수 있다. 뿐만 아니라, 그 이상의 어떤 권리와 자유들이 기본적인 것으로 간주될 수 있는지, 그리고 헌법의 보호를 받지 못한다고 할지라도 법적 보호의 가치가 있는지의 문제에 대하여 의견의 불일치가 발생할 수 있다. 따라서 헌법적 합의는 그렇게 깊지 않을 뿐만 아니라 넓지도 않다. 이러한 합의는 그 범위가 제한적이며, 기본구조가 아니라 단지 민주적 정부의 정치과정political procedures of democratic government만을 포함할 뿐이다.

2. 어떻게 헌법적 합의가 발생하는가? 어떤 특정한 시기에, 다양한 역사적 사건과 우연에 의해서 특정의 자유주의적 정의의 원칙들이 단순히 잠정적인 타협으로서 받아들여지고 이것이 기존의 정치제도 속으로

통합되었다고 가정해 보자. 이러한 수용은, 말하자면 종교개혁 이후 잠정적 타협으로서 신앙의 자유라는 원칙을 받아들인 것과 똑같은 방식으로 이루어졌다고 할 수 있다: 처음에는 마지못한 것이기는 하였으나, 그럼에도 불구하고 끊임없이 계속되는 파멸적인 내전civil strife을 종식시킬 작동 가능한 유일한 대안으로 받아들여졌던 것이다. 그렇다면 우리는 다음과 같은 질문을 할 수 있다: 이와 같이 자유주의적 정의의 원칙들을 충족시키는 헌법에 대해 처음에는 단지 암묵적으로 수용acquiescence하던 것이, 시간이 지남에 따라 어떻게 그러한 원칙들 자체를 확고하게 지지하는 헌법적 합의로 발전하게 되었는가?

이 점에 대해서, 우리가 지닌 포괄적 관점이라는 것이 완전히 포괄적이지 않을 뿐만 아니라 어느 정도의 방만성looseness을 지닌다는 점을 지적하는 것이 중요할 지도 모른다. 이 점을 살펴보기 위해, 우리의 모델로 돌아가 보자(§4.2). 그 사례가 비전형적atypical일 수 있는 하나의 방식은 세 가지 입장들 가운데 두 가지 입장이 완전히 일반적이고 포괄적인 것으로 묘사되었다는 점이다: 신앙의 자유에 대한 종교적 교리와, 칸트와 밀의 포괄적 자유주의가 바로 여기에 해당된다. 이 경우들에 있어서 정치관에 대한 수용은 포괄적 교리에서 비롯되고, 또한 그 교리에만 전적으로 의존한다고 하였다. 그러나 정치적 정의의 어떤 원칙에 대한 추종allegiance이, 원칙 자체가 합당해 보인다는 사실에 의존하거나, 또는 우리의 모델의 세 번째 교리인 다원주의적 관점의 일부로 간주되기 보다는, 그 원칙이 포괄적 시각에서 비롯되었다고 알고 있거나 또는 믿고 있다는 사실에 실제로 어느 정도 의존하고 있는가?

여기에는 몇 가지 가능성이 있다. 세 가지 경우를 구별해 보자. 첫째, 정치적 원칙들이 포괄적 교리에서 도출되는 경우, 둘째, 그 원칙들이 포괄적 교리에서 도출되지는 않았으나 그 교리와 양립 가능한 경우, 셋째, 정치적 원칙이 포괄적 교리와 모순되는 경우이다. 일상생활에서 우리는 보통 이 세 가지 경우 중 어떤 것이 옳은가를 결정하지도 않고, 이에 대해 그다지 깊이 생각해 보지도 않는다. 이 경우들 가운데 어떤 것이 옳은지를 결정하는 일은 상당히 복잡한 문제를 제기할 것이다. 또한, 우리가 그 중에서 굳이 선택할 필요가 있는지도 분명치 않다. 대부분의 사람들은 자신의 종교적, 철학적, 그리고 도덕적 교리들이 완전히 일반적이고 포괄적인 것fully general and comprehensive이라고 보지 않으며, 또 이러한 점들에는 정도의 차이가 있다. 거기에는 정말 많은 차이가 있을 것이다. 말하자면, 자유주의적 정의의 원칙들이 (부분적으로) 포괄적인 관점과 느슨하게 일치하게 되는loosely cohere 많은 방법들이 있을 수 있으며, 또한 정의의 정치적 원칙들의 한계 내에서도 상이한 (부분적으로) 포괄적 교리들의 추구를 허용할 수 있는 많은 방법들이 있는 것이다.

이것은 대부분은 아니라 하더라도 많은 시민들이, 그러한 원칙들과 자신들의 다른 입장들 간의 어떤 관계, 즉 이러 저러한 관계를 알지 못한 채, 자신들의 헌법과 정치적 실천 속에서 통합된 정의의 원칙들을 수용하게 된다는 점을 시사한다. 시민들은 우선 그러한 원칙들이 자신들은 물론 자신이 아끼는 사람들뿐만 아니라 사회전체에 미치는 좋은 점들을 평가한 후, 이에 근거하여 그 원칙들을 지지하게 된다고 볼 수도 있다. 만약 그 이후에 그들이 받아들인 정의의 원칙과 자신들의 보다 광범위한 교리들 간의 불일치가 발견된다면, 그들은 이 원칙들을 거부하기 보다는 그 교리들을 조정하거나 수정하게 될 가능성이 높다.[25]

---

25 여기에서 우리는 정치관에 대한 최초의 추종이나 평가의 문제, 그리고, 다른 한편, 불일치가 발생했을 때 그러한 추종이나 평가가 이르게 되는 포괄적 교리의 조정(adjustment)이나 수정(revision)의 문제를 구분한다. 이러한 조정이나 수정은 정치관이 포괄적 관점들을 자신에 일치할 수 있도록 형성시키면서 시간이 지남에 따라 서서히 진행되는 것으로 가정한다. 나는 이러한 접근의 주요 개념을 셰플러(Samuel Scheffler)에게서 얻었다.

3. 이 시점에서 우리는 다음과 같은 질문을 하게 된다: 자유주의적 정의의 원칙들은 어떤 정치적 가치들에 의해 추종자를 얻게 되는가? 물론, 제도와 이를 규정하는 원칙들에 대한 추종은 부분적으로는 장기적인 개인이익 및 집단이익, 관습 및 전통적 태도 등에 기초하거나, 또는 단순히 남들이 기대하고 일상적으로 행해지고 있는 바에 순응하고자 하는 욕망에 기초하고 있을지도 모른다. 광범위한 추종widespread allegiance은 하트Hart가 "자연법의 최소한의 내용the minimum content of natural law"이라고 부른 것에 포함되어 있는 정치적 가치들을 모든 시민들에게 보장해 주는 제도에 의해 또한 권장될 수도 있다. 그러나 여기서 우리는 자유주의적 정의의 원칙들로부터 나오는 보다 근원적인 추종의 기초에 관심을 가지고 있다.[26]

자유주의적 원칙들이 기본적인 정치제도를 효과적으로 규제할 경우, 그 원칙들은 안정적인 헌법적 합의의 세 가지 요건을 충족시킨다. 첫째, 합당한 다원주의의 사실—우선적으로 잠정적 타협으로서 입헌적 정부에 이르게 하는 사실—을 전제로 한다면, 자유주의적 원칙들은 특정한 정치적 기본권과 자유를 영구히once and for all 확정하고, 여기에 특별한 우선권을 부여해야 하는 긴급한 정치적 요건을 충족시킨다. 이렇게 하는 것은 이러한 보장들을 정치적 의제로부터 분리시켜 사회적 이익의 계산calculus of social interest을 하지 못하게 한다. 이렇게 함으로써 정치적 경쟁의 규칙을 명백하고 확고하게 확립한다. 사회적 이익의 계산이라는 문제를 이러한 문제들에 있어서 관계가 있는 것으로 간주한다면, 그러한 권리와 자유들의 지위와 내용의 문제는 여전히 미해결로 남게 된다. 이것은

26 "자연법의 최소한의 내용"(the minimum content of natural law)에 관해서는 하트(Hart)의 저서 *The Concept of Law*(Oxford: Claredon Press, 1961), pp. 189~95를 참조하라. 나는 (우리에게 친숙한 다른 관점들과 마찬가지로) 자유주의적 관점은 이러한 최소한의 내용을 포함하고 있다고 생각한다. 그리고 이 글에서 나는 그러한 관점이 자신의 원칙의 특징적 내용에 입각하여 발생시키는 추종의 근거들에 초점을 맞추고 있다.

이들 권리와 자유의 문제를 시간과 공간의 변화하는 상황에 예속시키는 것을 의미한다. 이것은 정치적 논쟁을 더욱 격화시킴으로써, 공적 생활의 불안정과 적대성을 위험할 정도로 증대시킬 수 있다. 이러한 문제들을 정치적 의제로부터 제외시키는 것을 거부하는 것은 사회 내에 잠재하는 심원한 분열을 영속화하게 되는 것이다. 이것은 후에 상황이 보다 유리하다고 생각이 되면 보다 유리한 입장을 확보하기 위하여 그러한 적대성을 재개할 의도를 드러내는 것에 불과하다.

4. 안정적 헌법적 합의의 두 번째 요건은 자유주의적 정의의 원칙을 적용할 때 수용되는 공적 이성의 문제와 관계된다. 이 원칙들의 내용, 즉 이들의 정치적 절차에 관한 제도적 사실에 관한 준거, 이 원칙들의 기본적 권리 및 자유들과에 관한 준거, 그리고 기회 및 전목적 수단들의 가용성에 관한 준거가 주어진다면, 자유주의적 원칙들은 공적 탐구의 일상적 지침들과 증거를 평가하는 원칙들에 따라 적용될 수 있을 것이다.[27] 게다가, 합당한 다원주의의 사실에 비추어, 그러한 지침과 규칙들은 일반적으로 시민들에게 통용되는 추론과 논증의 형태로, 상식에 맞게, 그리고 논쟁의 여지가 없는 과학적 절차와 결론에 의해 구체화되어야 한다. 이것은 공적 추론public reasoning이 그 자체로서 공적으로 합당한 신뢰성과 정확성을 가지고 있는 것으로 보일 수 있도록—또한 실제로 그러해야 한다—보장하는 것을 도와준다.

따라서 자유주의적 원칙을 적용한다는 것은 어찌 보면 단순한 일이다. 예를 들면, 비록 일반적이고 포괄적인 목적론적 원칙들teleological prin-

27 이러한 지침들은 Ⅵ: 4에서 다룬 것이며, Ⅴ: 3~4에서 논의하는 기본적 가치(primary goods)의 개념으로 진입하게 된다. 그렇지만 여기에서 우리는 중첩적 합의가 아니라 헌법적 합의를 다루고 있기 때문에 공적 이성의 가치들이 전자의 경우에 비해 보다 제한적이라는 점을 지적할 필요가 있다. 이러한 관찰은 페리츠(David Peritz)의 도움으로 가능했다.

ciples이 정치적 정의의 원칙으로서 채택된다고 하더라도, 이 원칙들이 구체화하는 공적 추론의 형태는 정치적으로 무용할 수 있다. 왜냐하면, 만약 자기 자신의 원칙을 적용하는 데 개입된 정교한 이론적 계산이 정치적 정의의 문제에서 공적으로 받아들여진다면, 이러한 계산들의 고도의 공론적空論的, speculative 성격과 과도의 복잡성은 대립되는 시각과 이해관계를 가진 시민들로 하여금 상호간의 논증을 의심스럽게 바라볼 수 있게 만들기 때문이다(기본구조는 말할 것도 없고, 입헌 절차와 사회정책의 일반적인 문제에 효용의 원칙을 적용시키는 데 관련된 문제들을 고려해 보라). 그들이 전제하는 정보를 얻는 것은 불가능하지는 않다고 하더라도 어렵고, 객관적이고 합의된 평가에 도달하는 데에는 극복하기 힘든 문제들이 존재한다. 비록 우리가 우리의 논증이 진실하고 자기 잇속만 챙기는 것이 아니라고 생각할지라도, 우리의 논증이 우세할 때 지는 입장에 서 있는 다른 사람들이 생각하는 바를 살펴보는 것은 합당하다는 점을 고려해 보아야만 한다.[28]

5. 안정적 헌법적 합의의 세 번째 요건이 자유주의적 원칙들에 의해 충족될 수 있을 것인가의 여부는 앞서의 두 요건이 달성되었는가에 좌우된다. 이러한 원칙들을 통합하는 기본적인 정치제도 및 그 원칙들을 적용함에 있어서 나타나게 되는 공적 이성의 형태는—(내가 여기서 가정하고 있는 것처럼) 일정 기간 동안 효과적이고 성공적으로 작용할 때—정치적 생활에서 협동적 덕목들을 장려하게 된다. 합당함과 공정함이라는 덕목, 타협의 정신과 타인과 타협하려는 마음가짐, 이들 모두는 모든 사람들이

---

28 혹자는 다음과 같이 주장할 수 있다. 정치적 판단을 지지하는 논증과 증거는 가능하다면 공적으로 건전(sound)해야 하고, 또 그렇게 보일 수 있어야 한다는 것이다. 정의가 행해져야 할 뿐만 아니라 그렇게 행해질 수 있는 것으로 여겨져야 한다는 준칙(maxim)은 법에서 뿐만 아니라 공적 이성에서도 설득력이 있다.

공적으로 수용할만한 정치적 조건political terms에 입각하여 다른 사람들과 협동하고자 하는 자발성과 관련되어 있다.

이것에 대한 설명은 11: 7에서 개략적으로 서술한 도덕심리학을 적용함으로써 이루어질 수 있다. 우리가 다음과 같이 말했던 것을 상기하자. a) 선관의 능력 이외에도, 시민들은 정치적 정의의 원칙들을 수용할 수 있는 능력과 함께, 이 원칙들에 따라 행동하고자 하는 욕망을 가지고 있다. b) 시민들이 정치제도 및 절차가 정당하다고 믿을 때(이러한 정의원칙들이 규정한 바대로), 다른 사람들도 그 자신의 몫을 다 하리라는 확신이 있으면 시민들은 이와 같은 제도적 질서arrangements 하에서 자신에게 주어진 역할을 기꺼이 할 준비가 되어 있다. c) 만약 다른 사람들이 분명한 의도evident intention를 가지고 자신의 역할을 수행하면, 사람들은 그들을 더욱 신뢰할 수 있게 된다. 그리고 d) 이러한 신뢰와 확신은 그 질서가 성공적으로 유지됨에 따라 더욱 확고해진다. 또한, e) 우리의 근본적인 이해관계를 보호하도록 형성된 기본제도가 더욱 확고하게 자발적으로 인정되면, 신뢰도 역시 증대된다. 나는 이러한 설명을 통해 공적 이성의 역할의 중요성을 강조하고자 한다. 왜냐하면 시민들은 이 공적 이성을 이용하고 또 준수함으로써, 자신들의 정치제도와 민주적 절차가 자발적으로 인정받는다는 사실을 알게 되기 때문이다. 이러한 인식—그리고 분명한 의도—에 많은 것이 달려 있다.

결론적으로 말하자면 다음과 같다: 헌법적 합의의 첫 단계에서, 처음에는 잠정적 타협으로서 어쩔 수 없이 수용되고 헌법에 채택되었던 자유주의적 정의의 원칙들이 시민들의 포괄적 교리를 변화시켜 그들로 하여금 적어도 자유주의적 헌법의 원칙들을 수용하게끔 유도한다. 이러한 원칙들은 일정한 정치적 기본권과 자유를 보장하고, 정치적 경쟁 관계를 완화시키고 사회정책의 문제들을 결정할 수 있는 민주적 절차를 확립한다.

시민들의 포괄적 관점은 비록 이전까지는 합당하지 못했더라도 이 시점에 이르러서는 이러한 정도로 합당하게 된다: 단순한 다원주의simple pluralism는 합당한 다원주의reasonable pluralism로 변화하게 되며, 헌법적 합의가 성취되는 것이다.

§7. 중첩적 합의에 이르는 단계들

1. 우리의 다음 과제는 기본적인 정치적 권리와 자유에 대한 일정한 원칙과 민주절차에 대한 헌법적 합의가, 앞에서 정의한 바 있는(§3), 중첩적 합의가 되는 단계를 서술하는 것이다. 우리가 중첩적 합의의 깊이와 넓이를 구분했던 것과 함께, 또 그 내용이 얼마나 구체적이었던가를 상기해 보자. 중첩적 합의의 깊이는 그 정치적 원칙과 이상이 정치적 정의관에 기초할 것을 요구한다. 여기서 정치적 정의관은 공정으로서의 정의에 의해 예시되는 근본적인 사회관과 인간관의 개념을 사용하고 있다. 중첩적 합의의 넓이는 민주적 절차를 제도화하는 정치적 원칙들을 넘어서 기본구조 전체를 관장하는 원칙들을 포함한다. 그래서 이의 원칙들은 또한 양심의 자유와 사상의 자유 같은 실체적인 권리들뿐만 아니라, 공정한 기회평등 및 특정의 본질적 필요들essential needs을 관장하는 원칙들을 확립한다.

마지막으로, 중첩적 합의가 얼마나 구체적인가에 대해서, 나는 설명의 단순화를 위해 처음부터 줄곧 그 핵심이 특정의 정치적 정의관이라고 가정하였는데, 공정으로서의 정의를 표준적인 예로 들었다. 그렇지만 보다 현실적이고 실현하기 쉬운 또 다른 가능성이 존재한다. 이 경우에 중첩적 합의의 초점은 다소 좁은 범위 내에서 상이한 일련의 자유주의적 관점들이 그 대상이 된다. 그 범위가 제한적일수록 합의는 더욱 구체적일 수 있다. 이러한 종류의 합의에 기초한 정치사회에서는, 몇몇의 정의관들이 정치적으로 경쟁하게 되며, 상이한 이해관계 및 정치적 계층들political strata은 서로 다른 정의관을 선호할 것이 분명하다. 중첩적 합의가 이런 식으로 규정되면, 공정으로서의 정의의 역할은 그 합의의 초점을 정하는 관점들 내에서 특별한 위치를 차지하게 될 것이다. 이 특별한 역할에 대해서는 아래에서 정의할 것이다(§7.4).

2. 만약 우리가 완전한 중첩적 합의에 결코 도달할 수 없으며 기껏해야 단지 근사치에 접근할 뿐이라고 가정할 경우에서조차, 헌법적 합의에서 중첩적 합의로 나아가게 하는 동인動因들로는 어떤 것들이 있을까? 나는 이러한 동인들 중 몇 가지를 깊이와 넓이, 그리고 초점이 되고 있는 관점들의 구체성 또는 정확성과 연관시켜 설명하겠다.

깊이의 문제를 보자면, 일단 헌법적 합의가 이루어지면, 정치집단들은 공적 토론public forum에 나서서 자신과 다른 포괄적 교리를 가진 집단들을 설득해야만 한다. 따라서 그들이 다수를 점하기 위해서는 자신의 편협한 관점에서 벗어나 보다 폭넓은 대중에게 그들이 선호하는 정책을 설명하고 정당화시킬 수 있도록 정치관을 발전시키는 것이 합리적이다. 이렇게 함으로써, 그들은(I: 2에서 정의된 바대로) 정치관들을 형성하게 된다. 이러한 정치관들은 각 집단이 지지하는 원칙 및 정책들의 의미와 함의를 설명하기 위하여 토론의 일반성과 함께 보다 깊이 있는 기반을 제공한다.

또한, 비록 가끔씩 일어나긴 하지만, 헌법에 대한 새롭고 근본적인 문제들이 제기되는 것이 불가피하다. 가령 남북전쟁의 위기에 뒤따른 재건수정조항the Reconstruction amendments을 예로 들 수 있다. 이러한 것들뿐만 아니라 그 밖의 다른 근본적인 수정조항들에 관한 논쟁으로 인해, 경쟁관계에 있는 집단들은 이제껏 받아들였던 헌법을 변화시킬 수 있는 근본적 개념들을 포함하는 정치관들을 만들어내게 되었다. 기반이 되는 사회관 및 시민관과 상관없이 단지 원칙적인 수준에서 이루어진 헌법적 합의는—각 집단이 나름의 이유를 가지고 있는—말뿐인 합의에 지나지 않는다. 그것은 헌법이 어떻게 수정되고 해석되어야 할지를 지도할 개념적 자원conceptual resources을 결여하고 있다.

마지막 이유는 깊이의 문제와 관련되어 있다. 사법적 심사제나 또는 다른 기관에 의하여 수행되는 심사제를 지닌 입헌정체에서는, 판사나 해당 관리들이 정치적 정의관을 발전시킬 필요가 있다. 이 정치적 정의관에 비추어서 이들은 자신의 견해에 따라 헌법을 해석하고 중요한 판례들을 결정할 수 있게 된다. 그렇게 해야만 입법부의 법 제정이 합헌이냐 위헌이냐를 결정할 수 있다. 또 그렇게 해야만 헌법이 외양적으로 수용하고 있는 가치 및 기준들에 대한 해석을 할 수 있는 합당한 근거를 가질 수 있다. 분명히 이러한 정치적 정의관들은 헌법에 대한 정치적 논쟁에서 중요한 역할을 하게 된다.

3. 다음으로 넓이에 관련된 점들을 살펴보자. 중요한 것은 순전히 정치적이고 절차적인 헌법적 합의는 지나치게 편협narrow할 것이라는 사실이다. 왜냐하면 민주적 국민들이라 하더라도 이들이 충분히 통합되고 결집되지 않는다면, 잇따르는 헌법적 본질들과 기본적 정의의 문제들을 관장하는 데 필요한 법률을 제정할 수 없게 되며, 따라서 이러한 문제들에 대한 갈등이 야기될 것이기 때문이다. 우리는 단순한 정치적 발언과 사상의 자유뿐만 아니라, 보다 일반적인 의미에서 양심의 자유와 사상의 자유를 보장하는 근본적인 법률을 필요로 한다. 마찬가지로, 결사의 자유와 이전의 자유를 보장하는 법률 또한 필요하다. 그리고 이 밖에도 모든

시민들이 정치적 및 사회적 생활에 참여할 수 있도록 그들의 기본적 필요 the basic needs를 충족시켜 줄 조치들이 필요하다.[29]

이 마지막 관점에 관하여, 그것은 단순한 욕망desires과 욕구wants에 대비되는 개념으로서의 필요needs를 충족시킨다는 뜻이 아니다. 그것은 또한 더욱 큰 평등을 위한 재분배의 개념 역시 아니다. 여기서 헌법적 본질이라는 것은 오히려, 물질적 및 사회적 복지, 훈련과 교육이 일정한 수준에 못 미치게 되면, 사람들이 시민으로서, 특히 평등한 시민으로서 사회에 전혀 참여할 수 없게 된다는 것을 의미한다. 과연 어느 정도의 수준이 이러한 사태를 방지할 수 있는 복지와 교육의 적절한 수준인가 하는 것은 정치관이 답할 문제가 아니다. 우리는 문제가 되는 사회를 살펴보아야 한다. 그러나 그것이 헌법적 본질 그 자체가 완전히 불명확하다는 것을 의미하지는 않는다. 헌법적 본질은 자유롭고 평등한 시민들 간의 공정한 협동체계로서의 사회라는 개념에 적절한 비중을 부과하고, 동시에 이러한 비중을 두는 것을 단순한 말이 아닌 실천적인 의미에서 그렇게 수사적인 것이 되지 않도록 하는데 요구된다.

그렇다면 넓이의 문제에 있어서 주요 논점은 헌법적 합의에 포함된 권리와 자유, 그리고 절차는 논쟁의 대상이 되는 근본적인 정치문제 중에서 극히 제한된 일부분을 관장할 뿐이라는 점이다. 보다 확장된 헌법적 본질들을 수용하거나 또는 비슷한 효과를 지니는 필수적인 법을 제정하는 특정한 방식을 통하여 해당 헌법을 수정하고자 하는 동인들이 존재한다. 어느 경우에나, 집단들은 공히 정치적으로 일관되고 체계적인 방식으로 자신들의 관점을 설명하기 위해서 기본구조 전체를 관장하는 폭넓은 정치관을 발전시키려 할 것이다.

---

29 마지막 부분에 대해서는 Frank Michelman, "Welfare Rights in a Constitutional Democracy," *Washington University Law Quarterly*(Summer 1979), esp. pp. 680~85를 참조하라.

4. 마지막으로, 합의가 얼마나 구체적인가, 또는 그것을 규정하는 자유주의적 관점들의 범위가 얼마나 넓은 것인가? 여기에 대해서도 두 가지를 고려해야 한다. 한 가지는 입헌정체의 공적 문화에서 발견되는 근본적인 사회관 및 인간관으로부터 도출될 수 있는 가능한 관점들의 범위와 관련된다. 공정으로서의 정의는 공정한 협동체계로서의 근본적인 사회의 개념과 더불어 자유롭고 평등한 존재의 인간관으로부터 시작한다. 이러한 개념들은 민주적 이상에 중심인 것으로 간주된다. 마찬가지로, 중심적인 다른 개념들이 더 존재하는가? 만약 있다면, 그것들은 공정으로서의 정의의 이상 및 원칙과는 확연히 다른 이상과 원칙을 만들어낼 수 있을까? 다른 조건이 모두 같다고 할 때, 우리는 그러한 중심적 개념들에서 나온 정치관이, 만약 합의에 도달할 수 있다면, 틀림없이 중첩적 합의의 핵심적 종류에 나타나는 전형적인 것이 될 수 있으리라고 추측할 수도 있다.

두 번째 고려사항은 서로 다른 사회적 및 경제적 이해관계가 각기 다른 자유주의적 관점을 지지한다고 가정할 수 있다는 점이다. 관점들 간의 차이점은 부분적으로 이러한 이해관계간의 갈등을 표현한다. 각 관점에 관계된 이해를 각 관점이 규제하는 안정적인 기본구조에서 권장되고 지지를 받을 수 있는 것으로 정의하자. 자유주의적 관점들의 범위의 폭은 이러한 이해관계 간의 대립의 정도에 의해 결정될 것이다.

여기에서 이처럼 상당히 사변적인speculative 문제들을 검토할 시간은 없다. 나는 그저 자유주의적 관점들이 민주적인 공적 문화에 존재하는 근본적인 정치적 개념들에 올바르게 근거하여 그 자유주의적 관점들 간의 차이가 적어질수록, 그리고 그 관점들에 의해 규정되는 안정적인 기본구조 속에서 이러한 관점들을 지지해 주는 기본적인 이해관계가 보다 양립 가능할수록, 그에 따라 합의의 초점을 규정하는 자유주의적 관점들의 범위도 축소될 것이라고 추측할 뿐이다. 공정으로서의 정의가 초점대상의 핵심the center of the focal class을 보다 구체화하기 위해서는, 다음의 두 가지 조건이 충족되어야 할 것으로 본다:

a. 공정으로서의 정의가 보다 중심적인 근본적 개념들에 정확히 근거하여야 한다. 그리고

b. 공정으로서의 정의를 지지하고 동시에 이에 의해 장려되는 이해관계의 관점에서 볼 때 공정으로서의 정의가 안정적이어야 한다.

따라서 만약 민주적인 공적 문화에 내재된 근본적인 개념들에 의해 올바르게 형성된 자유주의적 관점들이 극심하게 갈등적인 정치적 및 경제적 이해관계에 의해 지지되고 또 이러한 이해관계를 조장한다면, 그리고 그것을 극복할 수 있는 입헌정체를 수립할 방법이 없다면, 완전한 중첩적 합의는 이루어지지 못할 것으로 보인다.

나는 이 절과 앞의 절을 통해, 처음에는 자유주의적 정의관이 단순한 잠정적 타협으로 묵인되다가, 이것이 시간이 지남에 따라 어떻게 헌법적 합의로, 다시 중첩적 합의로 변화될 수 있는지에 대해 개략적으로 설명하였다. 그 과정에서 필자는 대부분 사람들의 포괄적 교리가 완전히 포괄적이지는 않다고 가정하였으며, 이것이 바로 정치관에 독립적 추종independent allegiance으로 발전할 수 있는 여지를 허용한다고 하였다. 그리고 이 정치관에 대한 독립적인 추종이 중첩적 합의를 할 수 있도록 해 주는 것이다. 이러한 독립적인 추종은 그 다음에는 사람들로 하여금 분명한 의도를 가지고 입헌적 질서에 부합되는 행동을 하게끔 한다. 왜냐하면 그들은 다른 사람들 또한 이에 따를 것이라는 (과거의 경험에 근거한) 합당한 확신을 갖고 있기 때문이다. 점차적으로, 정치적 협동이 계속 성공적으로

유지됨에 따라, 시민들은 상호간에 증대되는 신뢰와 확신을 얻게 된다. 이것이 중첩적 합의가 공상적이라는 반론에 대해 대답할 수 있는 모든 것이다.

§8. 관점과 교리들: 어떻게 연결되어 있는가?

1. 우리는 중첩적 합의와 잠정적 타협을 구분하면서, 전자의 경우에서는 정치관이 도덕관으로 인정되고, 시민들은 기꺼이 도덕적 근거를 바탕으로 이에 따라 행동한다는 점을 서술했다. 한편, 우리는 정치적 자유주의의 주제를 구성하는 두 가지 기초에 대해서도 살펴보았다. 하나는 정치적 가치가 쉽사리 무시할 수 없는 매우 중요한 가치라는 점이고, 다른 하나는 민주정체를 위한 정치적 정의관이 규정하는 정치적 가치들과 일치하거나, 이를 지지하거나, 적어도 갈등하지 않는 보다 광범위한 영역의 가치들을 제시하는 합당한 포괄적 교리들이 다수 존재한다는 점이다. 이들 두 가지 기초는 다시 공적 이성의 토대를 보장한다. 왜냐하면 이 두 근거들은 근본적인 정치문제들이 중첩적 합의가 지지하는 정치관이 제시하는 정치적 가치에 호소함으로써 해결될 수 있다는 점을 의미하기 때문이다.

이러한 상황에서, 상황의 요구에 의한 타협이 아니라 시민들 각자의 포괄적 교리가 허용하는 내에서 이루어지는 이유들의 비교검토balance of reasons야말로 공적 이성의 한계를 인정하는 시민들의 태도를 뒷받침해주는 것이다. 현실주의적인 질서정연한 사회의 개념은 어떠한 것이라 할지라도 그러한 상황에 의한 타협이 어느 정도 개입되어 있음을 의미하는 것으로 여겨질 수 있다. 실제로, "중첩적 합의"라는 용어가 그런 점을 시사할 수도 있다. 그런데 우리는 그렇지 않다는 점을 보여주어야만 한다. 타협이 불필요하다는 점을 밝히기 위해, 우리는 §3.2에서 소개한 것과 유사한 중첩적 합의의 모델사례로 돌아가서 정치관이 포괄적 교리와 연결되고 있는 여러 방식들을 설명할 것이다. 물론, 우리가 밀의 견해를 벤담이나 시즈위크의 공리주의로 대체시킨 점은 제외한다. 이러한 합의는 네 가지 관점으로 구성된다. 나는 자유로운 신앙관과 관련된 종교적 교리는 잠시 제쳐두고, 나머지 세 가지를 다루도록 하겠다.

2. 종교적 관점을 제외하면, 칸트의 도덕철학과 그의 자율성의 이상ideal of autonomy이 제일 먼저 논의의 대상이 된다. 그의 관점이나 또는 그와 유사한 관점 내부로부터, 정의의 원칙들과 이의 적절한 우선성을 지닌 정치관이 도출될 수 있다고 하자. 이는 사회의 기본구조를 정의의 기본주제로 삼는 이유들도 마찬가지로 도출 가능하다. 그 주장이 매우 엄정하게 설정되지는 않았다고 하더라도, 어쨌든 여기에서 이들의 관계는 연역적이다. 핵심은 칸트의 교리, 혹은 그와 매우 유사한 교리를 따르는 사람이라면 그 입장을 정치관의 연역적 기초로 간주할 것이며, 그런 방식으로 계속 추론해가리라는 점이다.

그 다음의 입장은 매우 엄격한 고전적 교리인 벤담과 시즈위크의 공리주의이다. 이것이 평균 공리주의로 수정이 된다면 보다 설득력이 있겠지만, 나는 여기에서 이 점을 무시하기로 하겠다. 이 경우에 포괄적 교리와 정치관의 관계는 매우 근사한 관계approximation라고 가정한다. 이러한 공리주의는 일반적으로 사회의 제도에 대한 우리의 한정적 지식과 현재의 상황에 관한 우리의 지식을 기초로 정치관을 지지하게 된다. 이것은 또한 법적 및 제도적 규칙의 복잡성에 대한 한계범위뿐만 아니라 공적 이성을 위한 지침에서 필요한 단순성을 강조한다(§6.4). 이러저러한 이유들이 공리주의자로 하여금 다음과 같이 생각하게 할 수도 있을 것이다. 즉, 자유주의적인 정치적 정의관이 내용면에서 공리의 원칙the principle of utility이, 모든 것을 고려하여, 요구할 수 있는 것에 근접하는 가장 만족스러운, 아마도 최선의 작동 가능한 근사치라고 공리주의자들이 생각할 수도 있다.

세 번째 관점은 정치관을 단순히 정치적 가치들만을 관장하는 부분적인 것으로 이해하여 수용하는 제諸가치들의 영역에 대한 다원주의적인 설명이다. 이 관점의 특징은 상이한 가치의 영역들—정치적 영역은 이들 중 하나이다—이 주로 자신의 영역으로부터 도출된 생각이나 개념에 의해 통합(이들이 통합이 된다면)을 이루고 있다는 것이다. 그런데 각 가치의 영역은 제각기 자신만의 고유한 자유로운 설명방식을 갖는다. 이러한 포괄적인 다원주의적 입장에서는 정치관은 다음과 같은 판단들을 비교평가함으로써 수용된다. 즉, 질서정연한 민주정체에는 통상적으로 정치관과 갈등하는 다양한 가치들이 존재하는데, 이 가치들이 무엇이든지 간에 이들 보다는 정치적 영역의 중요한 가치들을 지지해 주는 판단들을 비교평가함으로써 특정 정치관이 수용된다.

그 외에도 다른 많은 포괄적 관점들이 있을 수 있지만, 이상의 세 가지만으로도 포괄적 관점과 정치관 간의 관계에 대한 설명으로는 충분하다고 본다. 여기에 자유로운 신앙관을 지닌 종교적 교리를 추가해보자. 나는—지나치게 낙관적인 감이 없지는 않지만—몇 가지 근본주의fundamentalism 입장들을 제외하고, 모든 주요한 역시적인 종교들은 이러한 자유 신앙관을 인정하고 있으며, 그래서 합당한 포괄적 교리로 간주될 수 있다고 가정하려 한다.

3. 이제 핵심을 이야기한다면, 방금 언급한 관점들 간에 이루어지는 중첩적 합의에서 정치관의 수용은 상이한 입장을 주장하는 자들 간의 타협이 아니다. 그것은 시민 각자가 수용하고 있는 포괄적 교리 내에서 규정

된 이유들의 총체totality of reasons에 의존하고 있는 것이다. 각각의 포괄적 입장이 각자 상이한 방식으로 정치관과 관련되어 있는 것은 사실이다. 그들 모두가 정치관을 지지하고 있는데, 첫 번째 입장은 자신의 관점으로부터 연역적인 방식으로 지지되고 그래서 교리와 연속성을 지니게 되는 것으로, 두 번째 입장은 주어진 사회적 조건에서 만족할만하고 가장 작동 가능한 최선의 근사치로서, 세 번째 입장은 모든 점들을 고려하여 경쟁적인 가치들을 비교 평가하는 숙고된 판단에 의존하여 지지하고 있는 것이다. 아무도 정치적 타협에 의해 산출된 정치관을 받아들이지 않는다. 물론, 어떤 것을 수용한다는 것은 특정의 조건들에 의존하는 것이다. 공리주의는 정보의 한계 및 법적 규칙의 복잡성의 상한적 한계와 관계되고 있다. 정치적 자유주의는 합당한 다원주의라는 일반적인 사실들에 유의한다. 심지어 칸트의 교리에서는, 그것이 인간 존재에 적용될 때, 특정한 정언명령categorical imperatives의 내용은 자연법law of nature에 조정되고 있다. 이 점은 정언명령을 적용하는 데 적합한 올바른 절차가 보여주어야 하는 점이다.

그렇지만 어떤 교리가 자신의 요건들을 이와 같은 조건들에 조정시키는 것을 정치적 타협이라고는 할 수 없으며, 또 이 세상의 무자비한 권력이나 비이성에 굴복하는 것으로 볼 수도 없다. 그것은 단지 모든 정치관이 그래야 하듯이, 평범한 인간사회의 일반적인 조건에 조정시키는 것에 불과하다.

4. 이제 논의를 맺도록 하자. 이번 강의를 통해 나는 정치적 자유주의와 그것이 제시하는 사회적 화합론에 대해 제기되는 네 가지 반론들을 다루었다. 이 반론 중 두 가지는 특히 중요하다. 하나는 회의주의와 무관심에 대한 비판이고, 다른 하나는 정치적 자유주의가 정의의 원칙들에 대

한 동의를 얻어내기에 충분한 지지를 얻지 못할 것이라는 주장이다. 두 가지 반론 공히 합당한 교리들 간의 중첩적 합의에 의해 지지될 수 있는 합당한 자유주의적 관점을 수립함으로써 해결될 수 있다. 왜냐하면 그러한 합의는 정치적 덕목들이 매우 중요한 가치라는 점에 대한 공적인 인식과 더불어 정치관과 포괄적 교리 간의 조화를 통해 성취될 수 있기 때문이다. 그런 합의를 찾아내기 위해서 정치철학은 가능한 한 여타의 철학으로부터 적절하게 독립해야 한다. 특히, 철학의 오랜 문제들과 쟁점들로부터는 독립해야 하는 것이다. 이렇게 하는 것은 정치적 자유주의가 종교적, 철학적, 도덕적 진리문제에 대해 회의주의적이거나 그들의 가치에 무관심하다는 이의를 제기시킨다. 그렇지만 일단 우리가 정치관의 역할을 합당한 다원주의의 사실은 물론 공적 이성의 공유된 기반에 본질적인 것으로 연결시키면, 이 반론이 오류에 불과함을 증명할 수 있게 된다.

이러한 문제들은 어떻게 정치적 자유주의가 가능한가 하는 보다 광범위한 질문과 관계가 있다. 그것이 어떻게 가능한가를 보여주는 하나의 조처는 합당한 다원주의의 사실이라는 특징을 지닌 민주적 전통을 지닌 사회에서 중첩적 합의의 가능성을 보여주는 것이다. 이러한 것들을 시도함에 있어 정치철학은 칸트가 일반적으로 철학에 부여했던 역할, 곧 합당한 신념을 변론하는 역할을 담당하게 된다(Ⅲ: 2.2). 이미 언급했듯이, 우리의 경우에 있어서 정치철학의 역할은 정의로운 입헌정체의 가능성에 대한 합당한 신념을 변론하는 것이다.

강의 V

옳음의 우선성과 좋음의 개념들

옳음의 우선성the priority of right이라는 개념은 내가 "정치적 자유주의"라고 부르는 것에 있어서 본질적인 요소이며, 그러한 견해의 한 형태인 공정으로서의 정의에서 핵심적인 역할을 차지하고 있다. 이러한 우선성은 몇 가지 오해를 불러일으킬 수 있다: 예를 들어, 그것은, 아마도 자유주의적인 정치적 정의관은 순전히 도구적인 개념이거나, 또는 선호나 개인적 선택의 문제가 되는 개념을 제외하고는, 어떤 좋음선의 개념any ideas of the good도 사용할 수 없다는 사실을 함축하는 것으로 생각될 수 있다. 그러나 옳음과 좋음은 상호보완적이기 때문에, 이러한 생각은 잘못된 것이다: 어떤 정의관도 옳음과 좋음 중 전적으로 어느 하나에만 의존하여 성립할 수 없으며, 이 두 가지를 특정한 방식으로 조합해야만 한다. 옳음의 우선성은 이 사실을 부정하지 않는다. 나는 공정으로서의 정의에 사용되고 있는 다섯 가지 좋음의 개념들을 살펴봄으로써, 이런 저런 오해를 없애고자 한다.

여기에서 문제점들이 제기된다. 어떻게 공정으로서의 정의가 여러 면에서 정치적 자유주의와 양립 불가능한 포괄적인 교리들의 진리성에 관한 주장을 하지 않고서도 좋음의 개념을 사용할 수 있는가? 좀 더 진전된 의문점은 다음과 같이 설명될 수 있다. 공정으로서의 정의에서 옳음의 우선성은 정치적 정의의 원칙이 허용될 수 있는 삶의 방식들에 대해 제한을 가한다는 것을 의미한다. 따라서 그러한 제한점들을 위반하는 목적들을 추구하기 위해 개진되는 시민들의 주장은 중요성을 지니지 못하게 된다. 그러나 확실한 점은 정의로운 제도들 및 시민들에게 기대되는 정치적 덕목들은, 이것들이 시민들이 헌신적으로 추구할 만한 충분히 가치 있는 삶의 방식들을 허용하고 유지시키지 못한다면, 정의롭고 좋은 사회의 제도 및 덕목들이 될 수는 없을 것이다. 말하자면, 정치적 정의관은 그 자체 내에 그러한 삶의 방식들을 허용할 수 있는 충분한 공간을 확보해야만 한다. 그래서 정의가 그 한계선을 설정하고, 선좋음, the good이 그 핵심을 보여주긴 하지만, 정의가 그 한계선을 매우 협소하게 설정할 수는 없다. 그럼에도, 정치적 자유주의의 한계 내에서 그처럼 가치 있는 삶의 방식들을 규정하거나, 또는 충분한 공간이 무엇인지를 밝히는 것이 어떻게 가능한가? 공정으로서의 정의 그 자체는, 어떤 보다 광범위한 견해의 입장the standpoint of some wider view이 적절한 지점에 한계를 설정하고 있으며, 그래서 이 입장이 허용하는 포괄적 교리들이 추구할 만한 가치를 지닌다고 말한다고 해서, 그러한 광범위한 견해(의 포괄적 입장)에 호소할 수는 없다. 나는 공정으로서의 정의에 사용된 다섯 가지 선의 개념들과 함께, 그 개념들의 사용이 어떻게 옳음의 우선성과 조화되는지를 살펴 본 후, 이 강의의 끝부분(§8)에서 이러한 문제점들을 다시 다룰 것이다.[1]

---

1 나는 이러한 문제점들을 정식화하는 데 있어서, 그리고 이 문제들이 정치적 자유주의에 부여하는 명백한 난점들을 파악하는 데 있어서, 켈리(Erin Kelly)와의 토론에 도움을 받았다.

§1. 어떻게 정치관이 선(좋음)관들을 제한하는가?

1. 나는 나의 논지에 있어서 기본이 되는 차이점(1:2), 즉 정치적 정의관과 포괄적인 종교적, 철학적 또는 도덕적 교리들 간의 차이점을 간략하게 환기함으로써 논의를 시작하겠다. 나는 정치적 정의관의 특징들을 다음과 같이 언급하였다. 첫째, 정치적 정의관은 특정한 주제, 말하자면 입헌 민주정체의 기본구조에 적용하기 위하여 만들어 낸 하나의 도덕관moral conception이다. 둘째, 정치관을 수용하는 것은 어떤 특정한 포괄적인 종교적, 철학적, 도덕적 교리를 수용한다는 것을 전제 하지 않는다. 오히려 정치관은 단지 기본구조에 적용되는 합당한 관점으로 제시될 뿐이다. 셋째, 정치적 정의관은 포괄적 교리에 의해서가 아니라 민주적 사회의 공적 정치문화에 내재되어 있다고 보이는 특정한 근본적 개념들에 의하여 형성된다.

따라서 1:2.2에서 말했던 것처럼, 정치적 정의관과 다른 도덕관간의 차이점은 범위의 문제이다: 다시 말해, 하나의 관점이 적용되는 주제들의 범위의 문제이다. 즉 내용이 확장되면, 그 범위도 확장될 수밖에 없다. 어떤 관점이 광범위한 범위의 주제들에 적용될 때(그 한계가 모든 주제들에 해당될 때), 이 관점은 일반적인general 것으로 간주된다. 또한 어떤 관점이 인간의 삶에 있어서 가치 있는 것이 무엇인지에 대한 관점들뿐만 아니라 우리의 비정치적인 많은 행위들의 지침이 되는 개인적인 덕목과 인격에 관한 이상ideals들을 포함할 때(그 한계가 우리의 삶 전체를 포함할 때), 그 입장은 포괄적인comprehensive 것이 된다. 종교적 및 철학적 관점들은 일반적이고 완전히 포괄적인 것이 되는 경향이 있다. 그들이 그렇게 되는 것이야 말로 때로는 실현되어야 할 이상으로 간주되기도 한다. 어떤 교리가 대체로 정확히 표현된 하나의 사고체계 내에 인정된 모든 가치들과 덕목들을 포함할 때, 그것은 완전하게 포괄적이라고 할 수 있다. 반면, 어떤 교리가 특정한(그러나 모든 것이 아닌) 비정치적 가치들과 덕목들로 구성되어 있고, 대체로 막연히 표현될 때, 그것은 단지 부분적으로만 포괄적이라고 할 수 있다. 정의하자면, 어떤 관점이 심지어 부분적으로라도 포괄적이기 위해서는, 그것이 정치적인 영역을 넘어서 확장되어 비정치적인 가치들과 덕목들을 포함해야만 한다는 점에 주목해야 한다.

2. 그런데 정치적 자유주의는 인생전체에 해당되는 것이 아니라, 정치적이며 사회적인 생활의 주요제도에 적용되는 정치적 정의관을 제시하고 있다. 물론 그것은 우리가 역사적으로 자유주의와 결부시키는 종류의 내용들을 담고 있어야 한다: 예를 들면, 그것은 특정한 기본적 권리와 자유들을 수용하고, 이들에 우선성을 부여해야만 하는 등등의 문제가 있다. 앞에서 언급한 바와 같이, 옳음과 좋음선은 상호보완적이다: 정치관은 여러가지 선의 개념들에 기반해서 도출되어야 한다. 문제는 정치적 자유주의가 어떤 제약 속에서 그렇게 할 수 있는가이다.

주요 제약은 다음과 같은 것으로 여겨진다: 수용되는 좋음선의 개념들은 정치적 개념들이어야 한다는 것이다. 다시 말하면, 선의 개념들은 우리가 다음과 같이 가정할 수 있도록 합당한 정치적 정의관에 속해야만 한다:

a. 그것들은 자유롭고 평등한 존재로 간주되는 시민들에 의하여 공유되거나, 공유될 수 있어야 한다. 그리고

b. 그것들은 어떤 특정의 완전한(또는 부분적인) 포괄적 교리를 미리 전제하지 않아야 한다.

공정으로서의 정의에서, 이러한 제약은 옳음의 우선성the priority of right으로 표현된다. 그런데 일반적 형태로, 이 우선성은 허용될 수 있는 선의 개념들이 정치적 정의관의 제한들을 존중해야 하며, 그리고 정치적 정의관내에서 어떤 역할을 수행해야 한다는 것을 의미한다.[2]

§2. 합리성으로서의 좋음

이러한 일반적인 형태로 진술되는 옳음의 우선성의 의미를 규명하기 위해서, 나는 공정으로서의 정의에서 발견되는 다섯 가지 좋음선의 개념들이 어떻게 이러한 조건들을 충족시키는지를 살피고자 한다. 논의된 순서에 따르면, 이러한 개념들은 다음과 같다: a) 합리성으로서의 좋음선의 개념, b) 기본적 가치의 개념, c) 허용 가능한 포괄적 선관들(이것들은 포괄적 교리들과 결부되어 있다)의 개념, d) 정치적 덕목의 개념, 그리고 e) 질서정연한(정치적) 사회의 좋음선의 개념.

첫 번째 개념—합리성으로서의 좋음선, goodness as rationality의 개념[3]—은

2 옳음의 우선성(the priority of right)의 독특한 의미는 포괄적 선관들을 추구하는 것이 정치적 정의관에 부합될 때에만(정의의 원칙들을 위반하지 않을 때), 포괄적 선관들이 사회에서 허용되거나, 추구될 수 있다는 점이다. 이 점은 아래 §6에서 논의되고 있다.

3 이 개념은 『정의론』 제7장에서 가장 상세히 논의되고 있다. 나는 이 강의에서 그 개념의 세부 사항들을 다루고 싶지 않으며, 단지 현재의 논의와 관련이 있는 가장 기본적인 사항들에 대해서만 진술하고자 한다. 그렇지만 합리성으로서의 좋음(goodness as rationality)에 대한 표현을 지금 수정하려는 데에는 여러 방법이 있다는 것을 여기에서 언급하고자 한다. 아마도 가장 중요한 것은 그것이 정치적 자유주의의 한 형태인 정치적 정의관의 일부이지, 포괄적인 도덕적 교리의 일부가 아니라는 점을 확신시키는 것이다. 그러한 하나의 교리로서는 합리성으로서의 좋음과 완전한 선이론(the full theory) 모두는 부적절하다. 그러나 이 점이 그것들을 정치관 내에서의 역할에 부적합하게 만들지는 않는다. 포괄적 교리와 정치관의 구분은 유감스럽게도 『정의론』에는 나타나 있지 않다. 또한 공정으로서의 정의(합리성으로서의 좋음을 포함한)의 구조와 실질적 내용이 거의 모두 변하지 않고 그대로 바로 정치관에 수용되지만, 전체적인 시각에 대한 이해는 중요한 변화를 거쳤다. 라모어(Charles Larmore)가 *Patterns of Moral Complexity*(Cambridge: Cambridge University Press, 1987), pp. 118~130에서 이 근원적인 문제에 관한 『정의론』의 모호성을 통렬히 비판한 것은 당연하다.

다소 변형된 형태로 거의 모든 정치적 정의관에 의해 당연한 것으로 받아들여진다. 이 개념은 민주적 사회의 성원들이 가장 합리적인 방식이 아니라면 적어도 지각 있는 (혹은 만족스러운) 방식으로 전 생애에 걸쳐 그들의 선관을 추구하기 위해, 그들의 좀 더 중요한 노력들을 계획하고, 다양한 자원(마음과 육체, 시간과 열정을 포함해서) 등을 할당한다는 견지에서, 인생에 대한 합리적인 계획을 적어도 직관적인 방식으로 가지고 있다는 점을 가정한다. 물론 이러한 계획들을 구상할 때, 사람들은 모든 인생단계의 미래의 상황들에 있어서 자신들의 필요와 요구에 관계되는 합당한 기대들을 고려하는 것으로 가정된다.

이러한 가정들을 전제한다면, 시민들이 인정하리라고 합당하게 기대되는 정당화의 공적 기반으로서 기능할 작동가능한 정치적 정의관은 인간의 삶과 인간의 일반선general good의 범주에 속하는 것으로서의 기본적인 필요와 목적의 충족을 고려해야만 하며, 합리성을 정치적이며 사회적인 조직의 기본원칙으로 승인해야만 한다. 그러므로 민주적 사회에 적합한 정치적 교리는, 이러한 가치들이 적절하게 일반적인 방식으로 이해된다면, 옳음과 정의의 문제에 대한 정치토론에 참여하는 모든 이들이 그러한 가치들을 수용할 것이라는 점을 안전하게 가정할 수 있다. 실제로, 사회 구성원들이 그렇게 하지 않는다면, 우리가 이러한 가치들에 익숙해져 있는 형태로서 정치적 정의의 문제들은 제기되지도 않을 것이다.

물론 이러한 기본적인 가치들은 그 자체로서 어떤 특정한 정치적 견해를 규정하기에는 충분하지 않다는 것이 강조되어야 한다. 『정의론』에서 사용되었던 것처럼, 합리성으로서의 좋음선은 하나의 기본적 개념이라 할 수 있다. 즉 이것은 다른 개념들(예를 들면, 정치적 인간관)과 결합되어, 다른 선의 개념들이 필요할 때, 이 개념들을 정교하게 하는 기본적인 개념이다. 내가 『정의론』에서 선의 최소이론the thin theory of the good이라고 명명한 것으로서 합리성으로서의 선은 틀의 일부를 제공하여 두 가지 주된 역할을 수행한다. 첫째, 합리성으로서의 선좋음은 작동 가능한 기본적 가치의 목록[4]을 확인할 수 있도록 도와준다. 둘째, 이러한 기본적 가치의 지표에 의거함으로써, 합리성으로서의 선은 원초적 입장에 있는 당사자들의 목적(또는 동기)을 규정해 주며, 동시에 그러한 목적들(또는 동기)이 왜 합리적인지를 설명하는 데 도움을 준다. 나는 두 번째 역할을 Ⅱ: 5에서 이미 논하였으며, 이제 첫 번째 역할을 다룰 것이다.

§3. 기본적 가치와 개인상호간 비교

1. 내가 방금 말한 대로, 합리성으로서의 선좋음의 개념이 지닌 목적 중 하나는 기본적 가치를 설명하기 위한 틀의 일부를 제공한다는 것이다. 그러나 이 틀을 완성하기 위해서, 그 개념은 자유롭고 평등한 존재로서의 정치적 시민관과 결합되어야만 한다. 이런 연후에, 시민들이 그러한 인격체로서 전 생애에 걸쳐 정상적이고 완전하게 협동적인 사회구성원으로 간주될 때, 이들이 필요로 하고 요구하는 바를 우리는 구성해 내려고 한다.

여기에서, 개인들로서의 시민관은 포괄적인 교리에 속한 것이 아니라, 정치관으로 간주된다는 점이 중요하다. 이러한 정치적 인간관은, 그들의 도덕적 능력과 보다 고차적인 관심higher-order interests[5]에 대한 설명과 더불어, 합리성으로서의 선이라는 틀 그리고 사회생활의 기본적인 사실들은 물론 인간의 성장 및 발달의 조건들과 함께, 시민들의 필요와 요구를 설명하는 데 필수적인 배경을 제시한다. 우리가 Ⅱ: 5.3에서 살펴본 것

---

4 『정의론』, 396쪽에서 최소한의 선 이론에 대해 진술하고 있다. 즉 "그것의 목적은 정의의 원칙들에 도달하기 위해 필요한 기본적 가치에 관한 전제를 확보하는 데 있다. 일단 이 이론이 작성되고, 기본적 가치가 설명되고 나면, 우리는 선의 완전 이론 … 을 더 진전시키는데 정의의 원칙들을 자유롭게 사용할 수 있다."

5 Ⅰ: 3, 5; Ⅱ: 1–2, 8.을 참조하라.

처럼, 이 모든 것은 작동 가능한 기본적 가치의 목록에 이르게 한다.

2. 기본적 가치의 개념이 지니는 역할은 다음과 같다.[6] 질서정연한 정치적 사회의 기본적인 특징은 정치적 정의에 관한 문제들이 발생 했을 때, 시민들이 제기하는 적절한 종류의 주장들에 관한 공적인 이해뿐만이 아니라, 어떻게 그러한 주장들이 지지되느냐에 관한 공적인 이해가 역시 존재한다는 점이다. 정치적 정의관은 그러한 이해를 위한 기반을 제공하며, 그럼으로써 시민들로 하여금 자신들의 다양한 주장들을 평가하고, 이 주장들의 상대적인 비중을 결정하는 데 있어 합의에 이르게 해 준다. 내가 아래 §4에서 언급하듯이, 이러한 기반은 결국 시민들의 필요(욕구)에 관한 관점a conception of citizens' needs—즉 시민으로서의 개인의 필요—으로 나타나게 된다. 그리고 이것은 공정으로서의 정의로 하여금 이러한 필요들과 적절히 관련된 요구들을 충족하는 것이 이로운 것으로서 공적으로 수용되며, 따라서 정치적 정의의 목적에 부합하여 시민들의 상황을 개선하는 것으로서 간주되어야 한다고 주장할 수 있도록 한다. 그러므로 효과적인 정치적 정의관은 시민의 필요로서 그래서 모두에게 이익이 되는 것으로서 공적으로 인정되는 것이 무엇인지에 대한 정치적 이해를 포함하게 된다.

정치적 자유주의에서 개인상호간 비교의 문제the problem of interpersonal comparisons는 다음과 같이 제기 된다: 상충적인 포괄적 선관들을 전제하였을 때, 적합한 주장으로 간주될 수 있는 것이 무엇인지에 대한 정

---

6 이 절과 다음 절에서 진술되고 있는 기본적 가치에 대한 설명은 *Utilitarianism and Beyond*에 실린 나의 논문, "Social Unity and Primary Goods" 에 근거하고 있다. 그러나 아래의 n. 12에서 언급되고 있는 센(Sen)의 중요한 비판을 고려하여, 상기 논문과 *Philosophy & Public Affairs* 17(Summer 1988)에 실렸던 동일한 제목의 논문의 내용에 몇 가지 수정이 가해졌다. 내가 뒷부분에 가서 지적하듯이, 그의 견해가 나보다 광범위한 목적을 지니고 있긴 하지만, 지금 이곳에서 다루어 지고 있는 주제에 대하여 우리 둘의 입장이 지금은 일치하고 있는 것으로 희망적으로 생각한다.

치적 이해에 도달하는 것이 어떻게 가능한가? 난점은 다음과 같다. 정부가 카톨릭이나 개신교, 또는 다른 특정한 종교를 지지하는 행동을 할 수 없듯이, 시민들의 합리적인 선호 또는 욕구들(공리주의에서처럼)[7]의 실현을 극대화하거나 인간의 탁월성 또는 완전의 가치들(완전주의에서처럼)를 신장하기 위해 행동할 수 없다는 것이다. 포괄적인 종교적 또는 철학적 교리들에 부합하는 것으로 상술되는 인생의 의미와 가치 그리고 목적에 관한 어떤 견해도 시민들에 의해 보편적으로 지지 받을 수 없다. 따라서 기본적 제도를 통하여 그 중 어떤 하나를 추구한다면, 그것은 정치사회에 분파적인 성격을 부여하게 된다. 정치적 목적들에 적합한 하나의 공유된 시민들의 선의 개념을 찾기 위하여, 정치적 자유주의는 어떤 특정한 포괄적 교리와도 독립해 있는 정치관내에서 합리적 이득의 개념을 모색하며, 그래서 아마도 그 초점은 중첩적 합의가 될 것이다.

3. 기본적 가치에 대한 관점은 이러한 실천적인 정치적 문제를 제시해준다. 제안된 답변은 시민들의 허용 가능한 선관들의 구조 내에서 부분적인 유사성을 확인해내는 데 달려 있다. 여기에서 허용 가능한 관점들

---

7 *Method of Ethics*에서 시즈위크(Henry Sidgwick)와 *The Good and the Right*(Oxford: Clarendon Press, 1979)에서 브란트(R. B. Brandt)의 입장과 같은 공리주의의 경우에는, 이들이 선을 이해하기로는, 개인이 합리적일 때의 개개인의 선에 대한 설명(an account of the good of individuals)을 염두에 두고 있다. 그리고 선은 쾌락적인 것으로 또는 욕구나 관심의 만족이라는 의미에서 규정되고 있다. 이 점에서 본문의 주장들은 옳다고 본다. 그러나 스캔론(T. M. Scanlon)이 주장하고 있듯이, 후생경제학(welfare economics)에서 종종 사용되고 있는 또 다른 효용의 개념은 상당히 다르다: 그들이 효용을 순수한 개인적 관점으로부터 이해할 때에는, 그 효용의 개념은 개인들의 선에 대한 설명(an account of individuals' good)을 하고 있는 것은 아니다. 오히려, 그것은 개인들이 그것을 이해하는 특수한 방식에서부터 추상화되는 개인의 선에 대한 일반적 특징(a general characterization of individuals' good)을 발견하는 것이며, 그것은 개인 간에 있어서 적절하게 공정하고, 따라서 도덕적 논의와 공공정책의 문제와 관련된 규범적 경제 이론에 사용될 수 있는 것이다. 엘스터(J. Elster)와 로머(J. Roemer)가 편집한 *Interpersonal Comparisons of Well-Being*(Cambridge: Cambridge Univ. Press, 1991) pp. 22~30에 실린 스캔론의 "The Moral Basis of Interpersonal Comparisons"를 참조하라. 본문에서 언급된 시각은 이러한 효용개념의 사용을 다루기 위해서 재 진술될 필요가 있을 수도 있다.

이란 포괄적 교리들이다. 이것을 추구하는 것은 정치적인 정의의 원칙들에 의하여 배제되지 않는다. 비록 시민들이, 모든 궁극적 목적들과 헌신 loyalties을 갖춘, 동일한 (허용 가능한) 관점을 수용하지 않을지라도, 다음의 두 가지는 공유된 합리적 이득의 개념을 위해 충분할 것이다. 첫째, 시민들은 자유롭고 평등한 존재로서의 자신들에 대한 동일한 정치적 자아관을 수용한다. 둘째, 그들의 (허용할 수 있는) 선관은, 이들 선관들의 내용은 물론 이 선관들과 관련된 종교적, 철학적 교리의 차이가 아무리 크다고 하더라도, 이 선관들의 추구를 위해 요구되는 기본적 가치는 대체적으로 같을 것이라는 점이다. 이 기본적 가치들이란 동등한 기본적 권리들, 자유들, 그리고 기회들, 또한 수입과 부와 같은 동등한 전목적적 수단들을 포함한다. 이 모든 것들은 동등한 자존감의 사회적 기반들에 의하여 지지되는 것들이다. 우리가 말하는 이러한 선들은 자유롭고 평등한 개인들로서 시민들이 필요로 하는 것들이며, 이러한 선들에 대한 요구는 타당한 것으로 간주된다.[8]

기본적 가치의 기초 목록(만약 필요하다고 증명되면, 여기에다 추가할 수 있다)은 다음과 같이 다섯 가지의 제목을 갖는다:

a. 기본적 권리들과 자유들, (또 다시) 역시 목록에 의해 제시될 수 있다;

---

8 합리성으로서의 선(좋음)에 입각하여 표현된 바, 모든 시민들은 합리적 인생계획을 가지고 있으며, 이의 실현을 위해 대체로 동일한 기본적 가치를 필요로 한다고 우리는 가정한다.(§2에서 지적된 것처럼, 이런 주장을 함에 있어서 우리는 인간의 필요 및 발달단계 등에 관한 상식적인 심리적 사실에 의거한다. 『정의론』 7장, 433f, 447쪽을 참조하라.) 이러한 가정은 작동 가능한 기본적 가치의 지표를 작성하는 문제를 엄청나게 단순화시켜 준다는 점에서 매우 중요한 의미를 지닌다. 이러한 종류의 한정적인 가정이 없이는, 지표문제(the index problem)는 해결 불가능하다고 알려져 있다. 센(Sen)은 이러한 문제에 관해서 자신의 논문, "On Indexing Primary Goods & Capabilities," July 1991(unpublished)에서 유익한 논의를 펼치고 있다. 동시에 이러한 한정적인 가정은, 달리 진술되지 않는 한, 내가 다음과 같이 정치적 정의의 근본적인 질문으로 간주하는 것을 우리가 다루고 있음을 분명히 해 준다: 일생 동안 완전히 협동적이고 정상적인 사회 구성원인 자유롭고 평등한 시민들 간에 있어서 공정한 협동의 조건은 무엇인가?(I: 3.4)

b. 다양한 기회들의 배경 하에서 이전의 자유 및 직업선택의 자유;

c. 기본구조의 정치적 및 경제적 제도 내에서 책임이 있는 직책과 직위에 따르는 권한 및 특권;

d. 수입과 부; 그리고 마지막으로,

e. 자존감(self-respect)의 사회적 기반들.

이 목록은 주로 제도들의 특성들, 다시 말해, 기본적 권리들과 자유들, 제도적 기회들, 그리고 수입과 부에 더하여 직책과 직위에 따른 특권들을 포함한다. 자존감의 사회적 기반들은 정의의 원칙에 대한 공적인 인정 및 수용과 같은 공적 정치문화의 특징과 더불어 정의로운 제도들의 구조와 내용에 의해서 설명된다.

4. 기본적 가치의 개념을 도입하는 배경적 의도는 시민들의 사회적 상황을 고려하여 그 객관적인 특징에 근거한 개인상호간 비교의 실천 가능한 공적 기반을 모색하려는 데 있다. 이 모든 특징들은 합당한 다원주의의 배경에서 주어진 것들이다. 적절한 주의를 기울인다면, 우리는 필요시에 다른 선들, 가령 여가시간leisure time,[9] 그리고 심지어 육체적 고통으로부터의 자유와 같은 어떤 정신적 상태mental states[10]를 포함시키기 위해

9 여가시간(leisure time)을 어떻게 다룰 것인가의 문제는 머스그레이브(R. A. Musgrave)에 의해 "Maximin, Uncertainty, and the Leisure Trade-off" *Quarterly Journal of Economics* 88 (November 1974)에서 제기되었다. 여기에서 내가 언급하고자 하는 것은 24시간 중 표준 근로시간을 제외한 것이 여가로서 지표에 포함될 수 있다는 점이다. 해야 할 일이 많이 있는 조건하에서도 일하기를 원하지 않는 사람들은(나는 직책과 직업이 희소하지도, 할당되지도 않는다고 가정한다) 최소수혜자의 지표와 동등한 것으로 명기된 여분의 여가를 가지게 되는 것이다. 따라서 말리부(Malibu) 앞바다에서 온종일 파도타기를 즐기는 사람들은 스스로를 부양할 수 있는 방법을 찾아야 하며, 공공기금의 지원을 받을 자격이 없다. 여기에서의 이 간단한 논평은 특정한 사회정책을 지지하고자 함이 아니다. 그렇게 하기 위해서는 상황에 대한 주의 깊은 연구가 요청된다. 요지는 단지 본문에서 주장하고 있듯이, 필요하다면 기본적 가치의 목록은 원칙적으로 확대될 수 있다는 것이다.

10 여기에서 나는 스캔론(T.M. Scanlon)의 글, "Moral Basis of Interpersonal Comparisons," p,

서, 그 목록을 확장할 수 있다. 나는 여기에서 이러한 문제들을 다루지는 않겠다. 중요한 것은 정치적인 것과 실천적인 것의 한계를 언제나 인정하는 것이다:

> 첫째, 우리는 중첩적 합의의 초점으로 기능할 수 있는 정치적 정의관으로서 공정으로서의 정의라는 한계 내에 머물러야 한다.
>
> 둘째, 우리는 어떤 실천적인 정치관(포괄적 도덕적 교리와 대조적인)[11]이 예속되는 정보의 단순성과 가용성이라는 제한을 고려해야 한다.

몇 가지 긴급한 실천 가능한 관심들이 애로우Arrow와 센Sen[12]에 의해서 제기되고 있다. 그들은 개인들의 능력—도덕적, 지적, 그리고 육체적—에 있어서, 그리고 개개인의 선호 및 기호뿐만이 아니라 한정적인 가치관에 있어서, 개인들 간에 존재하는 많은 중요한 다양성들을 주목한다. 그들은 때로 이러한 다양성이 너무 막대하여 시민으로서 그들의 필요를 충족시킬 수 있는 기본적 가치의 동일한 지표를 모든 이에게 보장해 주고, 이에 따라 문제를 처리하는 것이 결코 공정하지 않다는 것을 지적한다. 애로우Arrow는 의료보장medical care에 대한 사람들의 필요에 있어서 차이성과 이들의 기호와 취향을 충족시키기 위해 드는 비용에서의 차이

41에 있는 제안을 채택하고 있다.

11 아니슨(Richard Arneson)의 "Equality and Equal Opportunity for Welfare," *Philosophical Studies* 54(1988): 79~95를 예로서 참조하라. 나는 이 개념이 본문에 제시된 제약조건과 충돌하고 있다고 믿는다. 정치적 생활에서 시민들은 분별있게 그것을 적용하거나 따를 수 없다. "Equality of What: Welfare, Resources, or Capabilities?," *Philosophy and Phenomenological Research* I(supplement)(Fall 1990): 20f.에 나오는 다니엘즈(Daniels)의 논평을 참조하라.

12 애로우(K.J. Arrow)의 글, "Some Ordinalist Notes on Rawl's 'Theory of Justice,'" *Journal of Philosophy*(1973), 특히 p. 253f.를 참조하라. 그리고 센(Amartya Sen)의 글, "Equality of What? "(1979)와 재 간행된 *Choice, Welfare and Measurement*(Cambridge, Mass.: MIT Press, 1982), 특히 pp. 364~69, "Well-Being, Agency and Freedom," *Journal of Philosophy* 82(April 1985), 특히 PP. 195~202, 또 가장 최근의 것으로 "Justice: Means versus Freedom," *Philosophy and Public Affairs*(Spring 1990) : 111~21을 참조하라.

성을 언급했다. 센Sen은 사람들의 기본적 능력에서의 차이성과 따라서 자신들의 목적을 달성하기 위해 기본적 가치를 활용할 수 있는 능력에 있어서의 사람들 간의 차이의 중요성을 강조했다. 애로우Arrow와 센Sen이 모든 이에게 동일한 지표를 적용하는 것은 이런 몇 가지 경우에서는 공정하지 않다고 주장한 점은 확실히 옳다.

그렇지만, 답변하기 전에, 나는 여기에서 기본적 능력들에 대한 센의 이해의 충분한 깊이를 검토하려고 하는 것이 아님을 밝혀 둔다. 그에게 있어서, 기본적 능력들이라는 것은 함수들의 조합들(엄밀히 함수들의 n순서쌍*n-tuples of functionings*) 중에서 선택하는 전반적인 자유들에 관계되며, 이 기본적 능력들은 상이한 형태의 자유, 복지적 자유well-being freedom 및 행위자의 자유agency freedom에 대한 그의 견해의 기초를 형성하고 있다. 이것을 넘어서, 이 기본적 능력들은 매우 상이한 종류의 가치판단을 위한 기초를 제공한다.[13] 나는 나의 제한된 목적 때문에 이러한 심층적인 문제들을 다룰 필요가 없다고 생각한다.

그래서 답변의 방식으로, 다음과 같이 언급하고자 한다: 내가 지금까지 가정해왔고 앞으로도 계속 가정하는 바는, 시민들이 동등한 능력을 지니고 있지 않을지라도, 그들을 일생 동안 완전한 협동적 사회 구성원이 될 수 있도록 하는, 적어도 필수적인 최소한의 수준으로, 도덕적, 지적, 육체적 능력들을 지니고 있다는 점이다. 우리에게 있어서 정치철학의 근본문제는 그렇게 간주되는 개인들 간에 협동의 공정한 조건을 어떻게 규정하느냐 하는 것임을 상기해야 한다(Ⅰ: 3. 4). 나는 기본적 능력들이 일차적인 중요성을 지니며, 기본적 가치의 사용은 항상 그러한 능력에 대한 가정에 비추어 평가되어야 한다는 센Sen의 의견에 동의한다(Ⅱ: 5.2~3).

---

13 이러한 문제에 대해서, 센(Sen)의 "Well-Being, Agency, and Freedom"을 참조하라.

5. 여전히 남아있는 문제는 다음과 같다: 이런 차이성들을 어떻게 다룰 것인가? 지면이 부족하여 적절한 논의를 할 수는 없지만, 몇 가지를 언급할 필요가 있다. 차이성들을 네 가지 중요한 종류로 구분해 보자. 그리고 차이성이 사람들을 특정 기준선(최소한 필수적 능력) 보다 우월한 위치와 열등한 위치에 놓이게 하는지의 여부에 대해 탐구하자: 다시 말해, 이 차이성이 사람들을 정상적인 사회의 협동적 구성원이 되기에 필요한 최소한의 필수적인 능력보다 많거나, 또는 보다 적은 능력을 가진 존재로 만드는 지의 여부에 대하여 살펴보자.

네 가지 중요한 차이성의 종류는, a) 도덕적 및 지적인 능력과 기술에서의 차이성; b) 천부적 능력을 토대로 질병과 사고의 영향을 포함하는 육체적 능력과 기술에서의 차이성; c) 시민들의 가치관의 차이성(합당한 다원주의의 사실); 그리고 d) 기호와 선호에서의 차이성들이며, 후자가 덜 심층적이라고 할 수 있다.

모든 이가 정상적인 사회의 협동적 성원이 될 능력을 지니고 있다는 지금까지의 가정 하에서, 우리는 정의의 원칙들(기본적 가치의 지표와 함께)이 충족되었을 때, 위와 같은 시민들 간에 있는 이런 차이성들 중 어떤 것도 불공정하거나 부정의를 제기하지 않는다고 말할 수 있다. 실제로 이 점은 공정으로서의 정의의 중요한 주장 중 하나이다.

이것을 살펴보기 위해서, 사례별로 전개해 보자. (a)의 경우, 도덕적 및 지적 그리고 신체적 능력 면에서 보이는 유일한 차이성들은 특정 기준선(최소한 필수적 능력) 위의 선상에 있다. Ⅱ: 6.3~4에서 보았듯이, 이러한 차이성들은 교육에 있어서 공정한 기회평등을 포함하는 공정한 기회평등과 함께 차등원칙the difference principle에 의한 수입과 부의 불평등을 조절하는 배경 하에 직위에 대한 자격부여와 자유경쟁이라는 사회적 실행에 의해 해결된다. (b)의 경우, 질병과 사고(일단 우리가 이런 것들을 허용한다면)의 결과로서 일부 시민들을 열등한 위치에 놓이게 하는 차이성은 입법단계에서at the legislative stage 해결될 수 있다고 나는 생각한다. 입법단계에서는 이러한 불운의 빈도와 유형이 알려질 때, 그들의 치료비용은 조사될 수 있으며, 정부의 총 재원을 고려하여 적정선에서 책정될 수 있다. 그 목적은 의료보장을 통하여 사람들을 다시 완전한 협동적 성원이 될 수 있도록 치료하는 데에 있다.[14]

(c)의 경우, 선관의 차이성들은 보다 큰 문제들을 제기하며, 이 중 몇 가지는 §6에서 논의된다. 거기에서 나는, 비록 어떤 선관들은 허용될 수 없는 것으로 판단되고, 모든 선관들이 융성할 수 있는 동등한 기회를 갖지 못하지만, 공정으로서의 정의가 선관들에 대해 공정하며, 오히려 이러한 선관들을 가진 사람들에 대해서 공정하다는 것을 주장한다. 마지막으로 (d)의 경우에서, 기호와 선호의 차이성은 우리 자신의 책임성의 문제로 간주된다. Ⅰ: 5.4에서 살펴본 것처럼, 우리가 우리의 목적들에 대해 책임감을 가질 수 있다는 것은 자유로운 시민들이 상호간에 기대할 수 있는 것의 일부이다. 우리의 기호와 선호에 대해서 책임감을 갖는 것은 이러한 기호와 선호들이 우리의 실제적 선택에 의해서 야기되었는지의 여부와 상관없이 책임감의 특수사례이다. 현실적인 도덕적 능력을 지닌 시민으로서, 이것은 우리가 해결할 수 있도록 배워야 하는 것이다. 이것은 여전히 선호들과 기호들이 어떤 이들을 무력화 시켜서 사회에서 정상적으로 협동하지 못하게 만드는 것을 특별한 문제로 간주하게 한다. 이러한 상황은 의학적이거나 정신병학적인 것이기에 적절하게 치료되어야 한다.[15]

---

14 "Social Unity and Primary Goods," p. 168에 있는 간략한 소견을 참조하라. 나는 여기에서 다니엘즈(Norman Daniels)가 그의 글, "Health Care Needs and Distributive Justice," *Philosophy and Public Affairs* 10(Spring 1981)에서 보다 확장되어 논의되고, *Just Health* (Cambridge: Cambridge University Press, 1985), chaps. 1~3에서 보다 완전하게 발전된 입장의 일반적인 개념을 따르고자 한다.

15 선호와 기호들이 사람을 무력화시켜 정신질환 치료를 요하게 되는 문제를 다룸에 있어, 나는 다니엘즈가 "Equality of What: Welfare, Resources, or Capabilities?," pp. 288~92에서

따라서, 우리가 네 가지의 중요한 종류의 차이성들과 함께, 특정 기준선 상하에 놓이게 되는 사람들 간의 차이성을 일단 구분하고 나면, 기본적 가치에 대한 설명은 시민들을 기준선 아래에 위치시키는 질병과 사고의 경우를 포함하는 (b)의 경우를 제외하고는, 모든 경우에 있어서 적절한 것으로 보인다. 이 경우에 대해, 센Sen은 기본적 가치의 지표가 정의롭거나 공정하게 될 수 있도록 충분히 탄력적이 될 수 있는가 하는 문제를 강력하게 제기한다. 내가 여기에서 그 문제를 다룰 수는 없고, 단지 입법단계에서 획득 가능한 정보를 이용함으로써, 충분히 탄력적인 지표가 고안될 수 있을 것이라는 추측만을 언급할 뿐이다. 그 지표는 우리가 고안해 낼 수 있는 어떤 정치관의 판단들처럼 정의롭고 공정한 판단을 제공할 것이다. 센이 촉구하는 바와 같이, 그러한 어떤 지표도 기본적 능력들을 고려해야 하며, 그것의 목적은 시민들이 정상적인 사회의 협동적 성원으로서 자신들의 적합한 역할을 회복시키는 것임을 명심해야 한다.

6. 결론적으로 말하면 다음과 같다: 기본적 가치의 사용은 시민들이 자신들의 도덕적 능력으로 궁극적 목적과 선호를 형성하고 계발함에 있어서 일부분의 역할을 하고 있다는 것을 가정한다. 따라서 기본적 가치의 지표가 비정상적이거나 호화적 취향을 지닌 자들의 문제를 수용하지 못

다루고 있는 아니슨(Arneson)(위의 n. 10 참조)과 코헨(G.A. Cohen)의 “On the Currency of Egalitarian Justice,” *Ethics* 99(July 1989)의 견해에 대한 논의를 따른 것이다. 애로우(Arrow)의 예를 빌려 보자: 우리가 물떼새 알 및 해충 없이 재배된 포도에서 만든 포도주로 이루어진 식생활에 익숙하다고(부유한 가정환경을 타고 났기 때문에) 가정하고, 어떤 불운한 사건으로 인해 의기소침한 상태에 처하게 되어, 그런 것들을 구입하기 위해 재정 보조금을 청구한다고 가정하자. 다니엘즈는 이러한 경우를 자신의 목적에 대하여 책임을 질 수 있는 사회의 협동적 구성원으로서의 정상적인 능력이 손상된 것으로 볼 것을 제안한다. 능력이 제대로 기능하지 않을 때는 치료가 요청된다. 우리가 말하는 것은 선호들이 우리의 선택으로부터 발생한 것이 아니고 양육의 문제로부터 발생한 것이기 때문에 그 사회가 우리에게 보상을 해주어야 한다고 주장하는 것은 아니다, 오히려 우리가 말하고자 하는 것은 우리의 양육문제로부터 발생한 선호들의 문제를 처리해야 하는 것이 인간적인 것이 될 수 있는 정상적인 부분이라는 점이다.

한다는 것이 그 자체로 기본적 가치의 사용에 대한 반론이 될 수는 없다. 덧붙여서, 그러한 사람들이 자신들의 선호에 대한 책임을 져야 한다고 주장하고 그들에게 할 수 있는 최선을 다하도록 요구하는 것은, 부정의하지는 않을 지라도, 합당하지 않다고 누군가 틀림없이 주장할 것이다. 그러나 자신들의 목적에 대한 책임을 지는 시민들의 능력을 전제한다면, 우리는 시민들을 욕구의 수동적인 담지자로 간주하지 않는다. 그런 능력은 선관을 형성하고 수정하며 합리적으로 추구하는 도덕적인 능력의 일부이다. 또한 그것은 시민들이 책임감을 가져야 한다는 정치관에 의해서 수반되는 공적 지식이다. 그들이 좋아하는 것들과 싫어하는 것들이 무엇이든지 간에, 그들이 합당하게 기대하는 수입과 부 그리고 삶의 안정성에 따라 자신의 전 생애에 걸쳐 자신들이 이러한 좋아하는 것과 싫어하는 것들을 조정해 왔다는 점을 가정하고 있다. 그들이 이제, 타인들의 선견지명이나 자제력의 부족으로 파생한 결과로부터 이들을 구제하기 위해서, 자신들이 덜 가져야 한다는 것은 불공정한 것으로 간주되는 것이다.

여전히 시민들이 자신들의 목적에 대한 책임감을 가져야 한다는 주장은 특정한 가정 하에서만 합당하다. 첫째, 우리는 시민들이 기본적 가치에 대한 기대에 입각하여 자신들의 목적과 선호를 조절하고 수정할 수 있다는 점을 가정해야만 한다. 내가 언급한 바와 같이, 이러한 가정은 그들에게 부여된 도덕적 능력에 함축되어 있다. 그러나 이 가정 그 자체로는 충분하지 않다. 또한, 우리는 공적으로 그리고 가능하다면 쉽게 적용될 수 있는 개인상호간 비교에 적용되는 작동 가능한 기준들을 찾아야만 한다. 그래서 둘째, 어떻게 기본적 가치가 도덕적인 능력과 결부되어 있는 보다 고차적인 관심과 관계되는지, 그래서 기본적 가치가 정치적 정의의 문제에 있어서 실제로 실행 가능한 공적 기준이 될 수 있는지를 설명하고자 한다. 마지막으로, 기본적 가치의 효과적인 사용은 또한 다음과 같은 점을 가정하고 있다. 즉 위의 두 가지 가정들의 토대에 놓여 있는 인간관이 공적인 정의관의 기초가 되는 하나의 이상으로 적어도 묵시적으로 수용되고 있다는 점이다. 그렇지 않다면 시민들은 요구된 의미에서의 책임감을 받아들이는 데 자발적이지 않을 것이다.[16]

§4. 시민들의 필요로서의 기본적 가치

기본적 가치에 대한 이러한 설명으로, 중요한 질문(§3.2의 두 번째 단락의 서두에서 제기된)에 대한 답변을 하였다: 말하자면, 합당한 다원주의의 사실을 전제한다면, 정치적 정의의 문제에 있어서 무엇이 유리한 것으로 간주될 수 있는가에 관하여 공적 이해가 어떻게 가능한가? 그러한 이해가 어떻게 가능한지를 보여줌에 있어서, 우리는 기본적 가치의 실천적인 성격을 강조했다. 이로써 내가 의도하는 바는, 우리가 평등한 기본적 자유와 공정한 기회의 체계를 현실적으로 제시할 수 있다는 것이다. 이것이 기본구조에 의해서 보장될 때, 모든 시민들에게 그들의 두 가지 도덕적 능력의 적절한 발전과 충분한 행사 그리고 그들의 한정적(허용 가능한) 선관을 개진시키는 데 필수적인 전목적적 수단의 공정한 분배를 보장해 준다는 것이다. 물론, 모든 선관들(일부는 기본적 권리들과 자유들의 침해를 포함한다)이 추구되도록 허용하는 것은 가능하지도 않으며 정의롭지도 않다. 그렇지만 기본제도들이 합당한 중첩적 합의 내에서 포괄적 교리들을 수용하는 시민들에 의해서 상호 용인된 정치적 정의관을 충족시킬 때, 이러한 사실은 그 제도들이 시민들의 헌신적인 지원을 받을

16 본문의 마지막 두 문단은 "Kantian Equality," *Cambridge Review*(February 1975)에서의 목적에 대한 책임감과 기본적 가치에 관한 나의 초기 설명을 수정한 것이다. 이렇게 함에 있어 스캔론(Scanlon)과 셰플러(Samuel Scheffler)에 많은 도움을 받았다. 이제는 나의 설명이 "Preference and Urgency," *Journal of Philosophy* 82(November 1975): 655~69에 나타나는 스캔론(Scanlon)의 주장과 합치된다고 본다.

만한 가치가 있는 삶의 방식들에 대한 충분한 공간을 허용한다는 것을 확증한다고 할 수 있다. 만약 정의롭고 좋은 사회의 제도들이고자 한다면, 기본제도들은 이 사실들을 실행해야만 한다.[17]

위의 §3에서 언급한 바를 돌아보면, 먼저 기본적 가치의 공정한 분배 몫은, 경제학자들이 주장하는 것처럼, 시민들이 기대하는 전반적인 심리적 복지, 또는 이들 심리적 복지의 효용의 척도로 의도되지 않았다는 것은 분명하다는 점을 주목해야 한다. 공정으로서의 정의는 정치적 정의의 문제에 있어서 복지 전반을 비교하거나 극대화시키는 개념을 거부한다. 그것은 개인들이 그들의 삶의 방식을 진전시키는 데 있어서 성공하는 정도를 평가하거나, 그들이 지닌 목적의 본질적 가치(또는 완전주의적 가치)를 판단하는 것 역시 거부한다. 기본적 가치가 권리들, 자유들, 그리고 기회들 및 일반적인 전목적적 수단으로 간주될 때, 기본적 가치primary goods는 분명히 인생의 기본적 가치들the basic values of human life에 대한 특정한 어느 누구의 개념도 아니며, 기본적 가치의 소유가 아무리 본질적이라고 할지라도 그렇게 이해되어서는 안 된다.

우리는 그 대신에 정치적 시민관을 전제로 하여, 기본적 가치는 정치적 정의의 문제들이 발생할 때, 시민들의 필요들—시민들로서 그들의 선의 일부—이 무엇인지를 상술한다고 말한다. 바로 이 정치관(합리성으로서의 선의 골격에 의해 보충되어)은 우리로 하여금 필요한 기본적 가치들이 무엇인지를 밝혀낼 수 있게 한다. 이런 가치의 지표가 입헌단계와 입법단계에서 보다 구체적으로 만들어지고, 사법단계에서 보다 구체적으로 해석될지라도,[18] 그 지표는 비정치적인 (포괄적) 관점에 의하여 상술되는 합리적 이득 또는 선의 개념을 추정하기 위해 의도된 것은 아니다. 오히려,

17 이것은, 아래의 §6에서 고려되는 것처럼, 기본제도들이 전혀 손실이 없는 사회세계를 달성할 수 있다는 것을 의미하지는 않는다.

18 이러한 단계들에 대한 설명은 『정의론』, §32를 참조하라.

좀 더 세부적 지표는 좀 더 구체적인 경우에 있어, 차이성들(§3.5에서 살펴본)을 필요하다면 허용하면서, 시민들의 필요로 간주되는 것이 무엇인지를 규정한다.

대안적으로, 이러한 필요들의 구체화는 포괄적 교리 내부로부터가 아니라 정치관 내부로부터 추출된 구성작업이다. 합당한 다원주의라는 사실을 고려할 때, 이 구성작업이 시민들이 일반적으로 상호 용인할 수 있는 경쟁적 주장들을 정당화하는 가장 효과적인 표준을 제공한다고 생각한다.[19] 심지어 대부분의 경우에 있어서 그 지표가 사람들의 포괄적인 견해에 의해 판단되는 가장 원하고 가치 있는 것에 아주 정확하게 근접하지는 않는다 할지라도, 기본적 가치가 모든 사람 또는 거의 모든 사람에 의해서 자신들의 견해를 추구하는 데 가장 가치 있는 것으로 간주될 것임에 틀림없을 것이다. 그래서 그들은 정치관을 지지할 수 있게 된다. 그리고 정의의 문제에 있어서 실제로 가장 중요한 것은, 중첩적 합의에 의해 인정된 정의의 원칙들이 공정한 것으로 규정하는 방식으로, 기본구조의 제도들을 통하여 시민들의 필요를 충족시키는 것이라고 주장할 수 있을 것이다.[20]

---

19 나의 구성물로서 시민들의 필요에 대한 이 개념은 스캔론(Scanlon)의 긴급성의 개념(concept of urgency)에 대한 "관습적인"(conventionalist) 해석이라고 언명되는 것과 많은 점에 있어서 유사하다. 다시 말하면, 스캔론은 "Preference & Urgency" p. 68의 마지막 단락 다음에서, 두 가지 긴급성에 대한 해석, 자연적인 것(a naturalist)과 관습적인 것(a conventionalist)을 구분한다. 기본적 가치의 지표는 스캔론의 긴급성에 대한 관습주의적 해석의 묘사와 근접한다. 즉, 이 관습주의적 해석은 "도덕적[나는 정치적이라고 말하고 싶은]주장의 목적을 위해 결집된 구성물 … 그것의 유용성 … 은 이것이 특정 상황(예를 들자면, 합당한 다원주의)하에서, 다양한 선호를 지닌 사람들이 상호 용인할 수 있는 정당화에 대한 유효한 최선의 기준을 나타낸다는 사실로부터 유래된다."라고 묘사하고 있다.

20 나는 여기에, 본문에 사용된 필요의 개념(the idea of need)은 필요(needs)를 정치적 인간관과 그 인간관의 역할과 위상에 관련된 것으로 본다는 것을 덧붙이고자 한다. 자유롭고 평등한 인간으로서의 시민의 필수적 조건(requirement) 또는 필요(needs)는, 말하자면, 환자나 학생의 필요와는 다른 것이다. 그리고 그것은 욕구(desires), 바램(wishes), 좋아하는 것(likings)과도 다르다. 시민의 필요는 객관적인 데 비해 욕구는 그렇지 않다: 다시 말하면, 그것은 특정한 역할이나 위상을 가진 특정한 고차적인 관심을 지닌 사람들의 필수적 조건(requirements)을 표

3. 기본적 가치에 관한 앞의 설명은 우리가 "사회적 책임분담a social division of responsibility"이라고 일컬을 수 있는 것을 포함한다: 사회 즉 집단체로서의 시민은 평등한 기본적 자유와 공정한 기회평등을 유지하며, 이러한 기본 틀 내에서 모든 이를 위한 기본적 가치의 공정한 분배를 제공하는 데 있어서 책임감을 받아들이며; 동시에, 개인과 협회로서의 시민들은, 자신들의 현재와 예측 가능한 상황을 전제로 하여, 그들이 기대할 수 있는 전목적적 수단에 비추어 자신들의 목적과 열망을 수정하고 조정하는 데에 대한 책임감을 인정한다. 이러한 사회적 책임분담은 자신들의 목적에 대한 책임을 지는 것뿐만 아니라, 자신들이 하는 주장을 그들의 사회제도에 따라 조정할 수 있는 사람들의 능력에 의존한다.

그러면, 자유롭고 평등한 존재로서의 시민들은 자유롭게 각자의 삶을 책임질 수 있는 상태에 있게 됨은 물론, 각자는 자신들의 가치관을 예측되는 기본적 가치의 공정한 분배에 적응시킬 것으로 타인들에 의해 기대될 수 있다는 생각에 우리는 도달하게 된다. 인생계획에 대한 유일한 제약은 이것들이 공적인 정의의 원칙들과 양립할 수 있는 상태에 있어야 한다는 것이다. 그리고 그들의 주장은 단지 특정한 종류의 것(기본적 가치)에 대해서만 정의원칙들에 의해서 규정된 방식을 통해서 개진될 수 있어야 한다는 것이다. 이것이 함축하는 바는 어떤 목표에 대한 강렬한 감정과 열렬한 야망 그 자체로서는 사람들에게 사회적 자원에 대한 주장이나, 이러한 목표들을 달성할 수 있도록 공적 제도를 만들어야 한다는 주장에 대한 근거를 부여하지 않는다는 점이다. 욕구나 바람이 아무리 강렬

현한다. 이러한 필수적 조건들이 충족되지 않는다면, 그들은 그들의 역할과 위상을 유지할 수도, 그들의 본질적인 목적을 달성할 수도 없다. 어떤 것이 하나 필요하다(something is a need)고 하는 시민의 주장은 그것이 필수적 조건(a requirement)이 아닐 때 거부될 수 있다. 요컨대, 정치적 인간관과 기본적 가치의 개념은 정치적 정의관을 위한 특정한 종류의 필요를 규정해준다. 욕구 및 열망과 아울러, 어떤 다른 의미의 필요는 아무런 역할도 하지 못한다. "Social Unity and Primary Goods," p. 172f.를 참조하라.

할지라도, 그 자체로서는 헌법적 본질들과 기본적 정의의 문제에 있어서 근거가 되지 못한다.[21] 우리가 그러한 경우들에서 강력한 욕구를 가지고 있다는 사실은, 신념의 강도가 그것의 진실성을 논증하지 못하듯이, 욕구의 충족(요구)의 적절성을 논증하지 못하는 것이다. 정의의 원칙은 기본적 가치의 지표와 결부되어, 정의의 근거들을 유동적인 필요와 욕구의 성쇠로부터 뿐만이 아니라, 감정과 신념commitment으로부터 분리시킨다. 이것의 중요성은 종교적 관용에 의해 예증될 수 있다. 종교적 관용은 신념의 강도에 비중을 부여하지 않는데, 이 신념의 강도를 통해 우리는 타인의 종교적 신앙이나 관습을 반대할 수도 있는 것이다.

§5. 허용 가능한 선관들과 정치적 덕목들

1. 역사적으로 자유주의 사상에서 하나의 공통된 주제는 국가가 특정한 포괄적 교리는 물론 그것에 연결된 선관을 선호해서는 안 된다는 것이다. 그러나 마찬가지로 개인주의에 대한 비판자들의 공통된 주제는 자유주의가 이렇게 하지 못하고, 사실상 하나의 형태이거나, 아니면 또 다른 형태의 개인주의를 지지하는 형태로 자의적으로 편향되어 있다는 것이다. 내가 처음에 언급했듯이, 옳음의 우선성에 대한 단언은 공정으로서의 정의(정치적 자유주의의 한 형태로서)를 유사한 반론에 노출시킬 수 있는 것으로 여겨진다. 따라서 다음의 두 가지 개념—허용 가능한 선관들의 개념(정의의 원칙들에 의하여 허용되는 개념)과 정치적 덕목의 개념—을 논의함에 있어, 나는 주된 문제들을 소개하는 하나의 방법으로서 중립성neutrality이라는 친숙한 개념을 사용하겠다. 그렇지만 중립성*neutrality*이라는 용어가 마땅하지는 않다고 본다. 이 용어의 함축적 의미들 중 일부는

21 이러한 주장은 그것들(강렬한 욕망이나 욕구)이, 포괄적인 견해에 따라, 다른 종류의 경우에 있어서는 완전히 좋은 근거가 될 수 있다는 것을 부인하지 않는다.

극히 오도될 수 있으며, 다른 일부는 전혀 실현 불가능한 원칙들을 의미하기도 한다. 이런 이유로, 나는 이 강의의 앞부분에서 그 용어를 사용하지 않았었다. 그러나 매우 조심스럽게 단지 그것의 일의一意만을 사용함으로써, 말하자면, 우리는 옳음의 우선성이 위의 두 가지 좋음선의 개념들과 어떻게 연결되는지를 명백히 할 수 있다.

2. 중립성은 아주 다른 방식들로도 정의될 수 있다.[22] 예를 들면, 한 방식은 어떤 도덕적 가치들에 호소하지 않고서도 합법적이거나 또는 정당화될 수 있는 절차를 언급함으로써 절차적인 성격을 띤다. 만약, 정당화된 어떤 것들을 보여준다는 것은 일부 가치들에 호소함을 포함하는 것으로 나타나기 때문에, 위의 방식이 불가능한 것으로 생각된다면, 중립적인 절차는 중립적인 가치들에 호소함으로써 정당화될 수 있는 절차이어야만 한다고 주장될 수 있다. 예를 들자면, 중립적 가치들을 지닌 중립적 절차로 공평성impartiality, 일반원칙을 합당하게 유관한 모든 경우에 적용함에 있어서의 일관성consistency(비교하자면: 관련된 면에서 유사한 경우들은 유사하게 취급되어야 한다),[23] 그리고 경쟁적 당사자들이 자신들의 주장

22 나는 일련의 이런 방식들에 대해 본문에서 논의하고 있다. 내가 다루지 않는 한 가지는 갤스턴(William Galston)의 견해이다. 그에 의하면, 어떤 형태의 자유주의는 순전히 도구적인 개념들(말하자면, 중립적 수단들)외에는 어떤 선 관념(가치관)도 사용하지 않는다는 점에서 중립적이다. 그의 "Defending Liberalism," *American Political Science Review* 72(September 1982): 622를 참조하라. 그의 주장과는 반대로, 공정으로서의 정의는 그런 의미에서 중립적인 것은 아니다. 만일 아직도 명백하지 않았다면, 앞으로 명확하게 언급될 것이다.

23 그래서 웩슬러(Herbert Wechsler)는 자신의 원칙화된 사법적 판결에 관한 유명한 논의(그는 주로 대법원의 판결에 관심을 두고 있다)에서, 중립적 원칙(neutral principles)이란 헌법과 기존의 정치구조를 전제할 때 발생할 가능성이 있는, 현재의 경우들뿐만 아니라 모든 합당하게 예측 가능한 유관한 모든 사례에도 적용시키도록 우리를 설득할 수 있는 일반적 원칙이라고 본다. 중립적 원칙은 현재의 사례를 초월하여 널리 적용될 수 있는 것으로 옹호 가능해야만 한다. 웩슬러(Wechsler)는 헌법 자체나 선례로부터 그런 원칙들이 파생되는 것에 대해서는 거의 언급하지 않고 있다. "Towards Neutral Principles of Constitutional Law," *Principles, Politics, and Fundamental Law*(Cambridge, Mass.: Harvard University Press, 1961)을 참조하라.

을 표명하는 데 적용되는 기회평등equal opportunity을 들 수 있다.

이러한 것들은 상충하는 주장을 가진 당사자들 사이에서 판결과 중재를 위한 공정한 절차를 규제하는 가치들이다. 중립적 절차에 대한 규정은 또한 사고와 판단이 완전히 가능함은 물론, 최선의 유용한 정보를 기초로 하여 진실을 찾거나 합당한 합의에 도달하는 데 관심을 가진 합당한 사람들 사이에서 자유로운 합리적 토론의 원칙의 기초가 되는 가치들에 의존하여 입안될 수 있다.[24]

3. 공정으로서의 정의는 절차적으로 중립적인 것은 아니다. 명백하게, 이의 정의원칙들은 실체적이며, 절차적 가치들보다 훨씬 많은 것을 표현하고 있다. 그리고 공정으로서의 정의의 정치적 사회관과 인간관도 역시 그러하다. 이 사회관과 인간관은 원초적 입장에 나타나 있다(Ⅱ: 4~6). 정치관으로서 공정으로서의 정의는 중첩적 합의의 초점이 되고자 한다. 다시 말하면, 그 견해는 전체적으로 입헌정체의 기본구조에 관한 공적 정당화의 기초를 분명히 표명하고자 하는 것이다. 이러한 공적 정당화의 기초는 공적 정치문화에 함축되어 있는 근본적인 직관적 관념들로부터 작업을 하고, 포괄적인 종교적, 철학적, 도덕적 교리들로부터 추상화함으로써 이루어지는 것이다. 그것은 다원주의의 사실 하에서 공통된 근거—혹자가 선호한다면, 중립적 근거—를 추구한다. 이 공통된 근거는 중첩적 합의의 초점으로서 정치관 그 자체이다. 그러나 이렇게 정의된 공통적 근

---

24 이러한 종류의 견해에 대해서 유익한 논의를 전개한 라모어(Charles Larmore)의 *Patterns of Moral Complexity*, pp. 53~59를 참조하라. 그는 "보편적인 합리적 대화의 규범에 기반한 것으로서의 정치적 중립성의 중립적 정당화(neutral justification of political neutrality)"(p. 53)에 관하여 말하고 있으며, 하버마스의 주요 개념들을 (수정하긴 하지만) 기반으로 하고 있다. 맥카디(Thomas McCarthy)에 의해 번역된 하버마스의 *Legitimation Crisis*(Boston: Beacon Press, 1976), pt.Ⅲ, 그리고 하버마스의 "Discursethik-Notizen zu einem Begründungsprogramm," *Moralbewusstsein und kommunikatives Handeln*(Frankfurt: Suhrkamp, 1983), pp. 53~125를 참조하라.

거는 절차적으로 중립적인 기반은 아니다.

중립성을 규정하는 매우 다른 방식은 포괄적 교리들 및 이들과 관련된 선관들과 관련하여 기본구조 및 공공정책의 목적들의 문제에 입각하여 규정하는 것이다. 여기에서 절차의 중립성neutrality of procedure과 대비되는 목적의 중립성neutrality of aim은 일반적으로 시민들이 특정 제도 및 정책들을 공공적 정치관의 범위 내에서 지지한다는 점에서 해당 제도 및 정책들이 중립적이라는 것을 의미한다. 그래서 중립성이 의미하는 바를 예로 들어보자.

a. 국가는 모든 시민들에게 그들이 자유롭게 인정하는 선관을 추구할 수 있는 동등한 기회를 보장해야 한다는 것;
b. 국가는 어떤 특정한 포괄적 교리를 다른 교리보다 선호 또는 장려하거나, 또는 특정 교리를 추구하는 사람들에게 보다 많은 지원을 제공하려는 의도된 어떤 행위도 해서는 안 된다는 것;[25]
c. 특정한 선관을 수용하게끔 하는 것을 시행하는 정책들로 인해 나타나는 효과들을 무효화하거나 보상할 수 있도록 하는 조치들이 아닌 한, 국가는 개인들로 하여금 다른 관점 대신 어떤 특정한 선관을 수용하게끔 할 수 있는 어떠한 행위도 해서는 안 된다는 것.[26]

옳음의 우선성이 목적의 중립성의 첫 번째 의미를 배제시키는 이유는 그것(옳음의 우선성)이 단지 허용 가능한 선관들(정의의 원칙을 존중하는 것)만이 추구될 수 있다는 점을 인정하고 있기 때문이다. 첫 번째

---

25 이것은 바로 드워킨(Ronald Dworkin)의 논문, "Liberalism"에 있는 중립성의 의미이다. *A Matter of Principle*(Cambridge, Mass.: Harvard University Press, 1985) pp. 191ff.를 참조하라.
26 세 가지 해석의 중립성에 관한 설명은 Joseph Raz, *Morality of Freedom*(Oxford: Clarendon Press, 1986), pp. 114f.에서 제시된 라즈(Raz)의 공식화에 기초하고 있다.

의미는 이러한 점을 수용하도록 수정될 수 있다. 그렇게 수정되면, 국가는 모든 허용 가능한 선관을 증진하기 위한 평등한 기회를 보장하게 된다. 이 경우에 있어서, 평등한 기회의 의미에 의존하여, 공정으로서의 정의는 목적에 있어서 중립적이 될 수 있다. 두 번째 의미에 대해 말하자면, 그것은 옳음의 우선성을 표현하는 정치관의 특징들에 입각하여 충족 된다: 기본구조가 그러한 시각에 의해서 규제되는 한, 그 제도들은 어떤 특정한 포괄적 교리를 선호하도록 의도되지 않는다. 그러나 세 번째 의미에 관해 말하자면(아래의 §6에서 더 논의되는 것처럼), 어떤 포괄적 교리들이 지속되고 장기적으로 신봉자들을 얻게 되는가 하는 문제에 대해, 정의로운 입헌정체의 기본구조가 중요한 결과나 영향력을 미치지 않는다는 것은 확실히 불가능하다. 그리고 이러한 효과와 영향을 상쇄시키거나 심지어는 정치적 목적을 위해 그러한 것들(효과와 영향)이 얼마나 심층적이고 광범위한 것인지를 확인하려고 시도하는 것은 무익하다. 우리는 상식적인 정치 사회학의 요인들을 받아들여야만 한다.

요약하건대, 우리는 절차의 중립성을 목적의 중립성으로부터 구분할 수 있다. 그러나 후자(목적의 중립성)가 효과나 영향의 중립성neutrality of effect or influence과 혼동되어서는 안 된다. 기본구조를 위한 정치관으로서의 공정으로서의 정의 전체는 전반적으로 중첩적 합의의 초점이 되는 공통기반을 제공하려고 한다. 이것은 또한 기본구조와 공공정책이 어떤 특정한 포괄적 교리를 선호하도록 구상되지 않았다는 점에서 목적의 중립성을 충족시키기를 희망한다.[27] 정치적 자유주의는 효과나 영향의 중립성을 실행 불가능한 것으로 포기한다. 왜냐하면 이 개념은 그 용어 자체에 의해서 강하게 제시되고 있기 때문에, 이 점이 바로 그 개념을 회피하는 이유가 된다.[28]

---

27 절차의 중립성과 목적의 중립성 간의 구분은 Larmore, *Patterns of Moral Complexity*, pp. 42~47로부터 채택되었다.

4. 정치적 자유주의가 공통기반을 추구하고 목적에 있어서 중립적일지라도, 그것이 여전히 도덕적 특성 중 특정 형태의 우월성을 긍정하고, 특정 도덕적 덕목들을 권장할 수 있다는 점을 강조하는 것은 중요하다. 따라서 공정으로서의 정의는 특정한 정치적 덕목들—시민정신과 관용, 합당성과 공정감의 가치들과 같은 공정한 사회적 협동의 덕목들(Ⅳ: 5~7)—에 대한 설명을 포함한다. 중요한 점은 정치관내에 이러한 덕목들을 용인하는 것이 하나의 포괄적 교리에 입각한 완전주의적 국가로 유도하지 않는다는 것이다.

우리가 일단 정치적 정의관이라는 개념을 명확히 한다면, 이것을 이해할 수 있다. 이미 언급한 바와 같이(§1에서), 좋음선의 개념들은, 그것들이 정치적 개념인 한 즉 입헌정체에 적용되는 합당한 정치적 정의관에 속해 있는 한, 정치적 정의관을 보완하기 위해서 필요한 것으로 자유롭게 도입될 수 있다. 이것은 우리로 하여금 다음과 같은 가정을 할 수 있도록 하여준다. 이러한 좋음의 개념들은 시민들에 의해서 공유되고, 어떤 특정한 포괄적 교리에 의존하지 않는다는 점이다. 그러한 정치적 덕목들과 연관된 이상들이 정치적 정의의 원칙들에 결합되고, 장기적으로 공정한 사회적 협동을 유지하기 위해 본질적으로 요구되는 판단 및 행위의 형태들에 결부되기 때문에, 이러한 이상들과 덕목들은 정치적 자유주의와 양립 가능하다. 그것들은 민주적 국가의 훌륭한 시민의 이상—그 국가의 정치제도에 의해 규정된 역할—의 특징을 규정한다. 이런 방식으로, 그 정치적 덕목들은 포괄적인 종교적 및 철학적 교리들에 속해 있는 삶의 방식의

28 혹자는 효과나 영향의 중립성을 실행 불가능한 것으로 포기하는 것이 과도하게 세속적인 공적 생활과 배경문화로 유도할지 모른다고 느낄 수도 있다. 이것이 얼마나 우려되는 것인지에 대해서는 다음 부분, 특히 §6:3~4에서 이루어지고 있는 논의에 비추어 고려되어야 한다. 여기에서의 논의는 현대 세상의 문화를 반대하는 종교적 분파들에 관한 문제뿐만 아니라, 정치관의 한계 내에서 아동교육의 필요조건에 대한 문제를 해결하려고 시도하는 문제를 다루고 있다. 이러한 관계에 대한 관심의 필요성에 대해서는 톰슨(Dennis Thompson)의 도움을 받았다.

성격을 규정해주는 덕목들뿐만 아니라, 다양한 협회의 이상들(교회와 대학, 직업과 천직, 클럽과 팀의 이상들) 그리고 가족생활내의 역할은 물론 개인들 간의 관계에 적합한 이상들로부터 구분되어야만 한다.

그래서, 만약 입헌정체가 가령 다양한 종류의 종교적이며 인종적인 차별을 억제함으로써(양심의 자유 및 의사표현의 자유와 일치되는 방식으로) 관용 및 상호신뢰의 덕목을 강화하기 위한 특정한 조치를 취한다 할지라도, 그렇게 함으로써 그 입헌정체가 플라톤이나 아리스토텔레스에서 찾아볼 수 있는 그런 종류의 완전주의적 국가가 되는 것은 아니며, 또한 근대초기의 카톨릭 또는 개신교 국가에서처럼 특정한 종교를 확립하려는 것도 역시 아니다. 오히려, 그것은 자유롭고 평등하게 간주되는 시민들 간에 공정한 사회적 협동을 유지시키는 사고와 감정의 형태를 강화하려는 합당한 조치를 취하는 것이라고 할 수 있다. 이것은 국가가 그 자신의 이름으로 특정한 포괄적 교리를 추진하는 것과는 아주 다르다.[29]

§6. 공정으로서의 정의는 선관(善觀)들에 대하여 공정한가?

1. 어떤 합당한 정치관의 원칙들은 허용가능한 포괄적 견해들에 제한을 가해야만 한다. 그리고 그 원칙들이 요구하는 기본구조는 불가피하게 어떤 삶의 방식은 장려하고 다른 것은 억제하는 것, 심지어는 그것들 모두를 배제시킨다. 따라서 기본구조(정치관에 의해 실현된)가 어떻게 특정한 포괄적 교리는 물론 그에 관련된 삶의 방식을 장려하고 억제하는지, 그리고 그것(기본구조)이 이렇게 하는 방식이 정의로운 지의 여부에

---

29 정치적 덕목(political virtues)은 정의롭고 안정적인 입헌정체의 시민들내에 있는 특정한 속성의 성격에 대한 요구로서 확인되고 정당화될 수 있다는 점을 여기에서 명심해야 한다. 그러나 이것은 다음의 사실을 부인하는 것은 아니다. 이러한 동일하거나 유사한 속성들이 다양한 특정의 포괄적 견해들 내에서 다른 이유로 소중히 여겨진다고 해서, 이것들이 비정치적인 덕목들이 되는 것은 아니라는 것이다.

대한 문제가 제기된다. 이러한 문제에 대한 숙고는 적어도 헌법적 본질들에 관심을 가지는 국가는 어떤 특정한 포괄적 견해를 의도적으로 선호하도록 하는 어떤 행위도 해서는 안 된다는 의미를 설명해 줄 것이다.[30] 이 점에서 정치적 자유주의political liberalism와 포괄적 자유주의comprehensive liberalism간의 대비는 명백하고 근본적이다.[31]

포괄적 교리에 대한 장려나 억제는 적어도 두 가지 이유로 발생한다: 포괄적 교리에 연결된 삶의 방식이 정의의 원칙들과 직접적으로 상충하거나; 또는 포괄적 교리들은 허용될 수 있지만 정의로운 입헌정체의 정치적 및 사회적 여건 하에서 신봉자를 획득하는 데 실패할 수도 있다. 첫 번째 경우는 말하자면 인종적, 민족적 또는 완전주의적 근거, 가령 고대 아테네 또는 남북전쟁 이전의 남부에서 노예제와 같은 특정한 개인들에 대한 억압이나 경멸을 요구하는 선관에 의해서 예증된다. 두 번째 경우의 사례는 특정한 종교의 형태일 수 있다. 특정한 종교와 그것에 관련된 선관이, 단지 국가기관을 통제하여 효과적인 불관용을 실행할 수 있을 때에만, 존

---

30 이것은 앞 절에서 언급된 목적의 중립성의 두 번째 의미였다. 그것은 정치관에 의하여 충족된다.

31 다음의 몇몇 문단은 네이글(Thomas Nagel)이 *Philosophical Review* 82(April 1973): 226~29에 있는 자신의 논평을 통해 제기한 반론에 대해, "Fairness to Goodness," *Philosophical Review* 82(April 1975): 548~51에서 제시된 나의 답변으로부터 각색한 것이다. 내가 여기에서 요약하지 않겠지만, 그 유익한 논의에서, 네이글은『정의론』에서 설정된 원초적 입장이 표면적으로는 상이한 선관 사이에서 중립적이긴 하지만, 실제로는 그렇지 않다고 주장한다. 왜냐하면 만장일치를 도출하기 위해 필요한 지식을 억제하는 것(무지의 장막에 의한)은 모든 당사자들한테 동등하게 공정하지는 않기 때문이라고 한다. 그 이유는 당사자들이 정의의 원칙을 선택하는 토대가 되는 기본적 가치는 모든 선관을 추구하는 데 있어서 똑같은 가치를 지니지 않기 때문이다. 게다가, 그는 공정으로서의 정의의 질서정연한 사회가 강한 개인주의적 편향성(a strong individualistic bias), 즉 선관들 간에 객관성이 성립되지 않기 때문에 자의적이라고 할 수 있는 편향성을 지니고 있다고 주장한다. 본문의 답변은 "Fairness to Goodness"에서의 답변을 두 가지 방식으로 보완하고 있다. 첫째, 작동 가능한 기본적 가치의 목록을 도출하는 데 사용되는 인간관은 하나의 정치적 개념이다. 둘째, 공정으로서의 정의는 그 자체가 정치적 정의관이다. 일단 공정으로서의 정의와 그것에 속하는 관점들을 이런 식으로 파악하고 나면, 우리는 네이글의 반박에 대하여 보다 강력하게 응수할 수 있다. 물론, 영향의 중립성은 실현 불가능한 것으로 전제되어야 한다.

속할 수 있는 경우를 가정해 보자. 이러한 종교는 정치적 자유주의의 질서정연한 사회에서는 소멸될 것이다. 이런 경우들이 있고, 그리고 일부 다른 포괄적 교리들은 항상 상대적으로 열세인 소수의 사회분파로서만 존속하는 경우를 가정해 보자.

2. 문제는 이렇다: 만일 정의로운 입헌정체 내에서 어떤 관점들은 소멸되고 다른 관점들만이 간신히 존속한다면, 이 사실 자체는 그 정치적 정의관이 그 관점들에게 공정하지 않다는 것을 의미하는 게 아닌가? 그 정치관은 이러한 관점들에게 독단적으로 편파적인가, 또는 그것은 이러한 견해를 가지거나 가지게 될 사람들에게 정의로운 것인가 또는 부정의로운 것인가? 더 이상 설명하지 않아도, 다른 교리들 보다 특정 어떤 교리들을 선호하도록 하는 사회적 영향력은 어떤 정치적 정의관에 의해서도 배제할 수 없기에, 그것은 이 관점들에게 불공정한 것으로 여겨지지 않는다. 어떤 사회도 그 자체에 모든 삶의 방식을 포함할 수는 없다. 우리는 실로 제한된 공간, 말하자면 사회세계들social worlds은 물론 특별히 우리의 사회세계의 제한된 공간에 대해 개탄할 수 있다. 그리고 우리는 우리의 문화 및 사회구조의 불가피한 결과들 중 일부에 대해 유감스럽게 생각할 수도 있다. 벌린Berlin이 오랫동안 주장해 온 바에 따르면(그것은 그의 근본적 주제들 중 하나이다), 손실이 없는 사회세계는 없다. 다시 말해, 특정한 근본적인 가치를 특별한 방식으로 실현하는 일부 삶의 방식들을 배제하지 않는 사회세계는 없다는 것이다. 그것(사회세계)의 문화와 제도의 속성은 매우 이질적인 것으로 증명된다.[32] 그러나 이러한 사회적인 필연성은

---

32 명백하게 표현된 벌린(Berlin)의 견해에 관하여, 그의 논문 "The Pursuit of the Ideal," *The Crooked Timber of Humanity*(New York: Knopf, 1991), 특히 pp. 11~19를 참조하면 된다. 그는 p. 13에서, "위대한 선들(the Great Goods) 중 어떤 것들은 함께 어울릴 수 없다. 그것은 개념적인 진실이다. 우리는 선택을 해야만 하는 운명 속에 놓여 있으며, 모든 선택은 회복 불가능한 손실을 수반할 수 있다"라고 말한다. 또한, *Four Essays on Liberty*(New York: Oxford

독단적인 편견이나 부정의한 것으로 간주되지는 않는다.

그 반론은 더 개진되어 다음과 같은 주장을 할 것이다. 즉 정치적 자유주의의 질서정연한 사회는 현존하는 상황들—합당한 다원주의라는 사실을 포함하는 상황들—이 허용하는 방식으로 정당한 기본구조를 확립하는 데 실패한다는 것이다. (이 질서정연한 사회는) 그 정당한 기본구조 내에 허용 가능한 삶의 형태들이 스스로를 유지하고, 세대를 넘어 신봉자를 획득할 수 있는 공정한 기회를 갖게 된다는 것을 염두에 두고 있다. 그러나 만일 포괄적인 선관이 일상의 평등한 기본적 자유와 상호관용을 보장하는 사회 내에서 지속될 수 없다면, 자유롭고 평등한 존재로 간주되는 시민들 간의 공정한 협동체계로서의 사회의 개념에 의해 표현되는 민주적 가치들과 일치할 수 있도록 그 포괄적 선관을 보존할 수 있는 방법은 없다. 이것은 물론 해결하지는 못하지만, 그에 상응하는 삶의 방식이 다른 역사적 조건 속에서는 생존할 수 있는지의 여부는 물론, 그것의 소멸이 (정말) 유감스러운 것인지의 여부에 대한 문제를 제기한다.[33]

University Press, 1969), pp. 167ff.에 다시 출판된 "Two Concepts of Liberty"(1958)를 참조하라. 벌린에게 있어서 가치의 영역은 객관적이지만, 가치들은 충돌하며, 가치들의 완전한 범주는 어떤 하나의 사회세계 속으로 조정시키기에는 너무 방대하다. 그리고 가치들은 상호간에 양립 불가능하여, 제도에 상충하는 요구조건을 부여하게 될 뿐만 아니라, 또한 그것들 모두를 수용할 수 있는 충분한 공간을 지닌 작동 가능한 제도들은 아무 것도 없다. 손실 없는 사회세계가 없다는 사실은 가치들과 세계의 속성에 근거한 것이다. 그리고 많은 인간의 비극이 그 사실을 반영하고 있다. 정의로운 자유주의적 사회는 다른 사회세계들보다 훨씬 많은 공간을 가질 수 있겠지만, 결코 손실 없이 존재할 수는 없다. 근본적인 오류는 가치들이 객관적이기에, 진정한 가치들은 서로 양립할 수 있어야 한다고 생각하는 것이다. 사실의 세계와 대조되는 가치들의 영역에서, 모든 진리들이 하나의 사회세계 안으로 조화되지는 않는다.

33 갤스톤(Galston)이 p. 627에서 비판하고 있는 "Fairness to Goodness"의 한 단락에서, 나는 본문에서 지적한 대로 벌린(Berlin)의 견해를 언급하고 지지했어야 했다. 실제로 우리는 종종 특정한 삶의 형태가 사라지는 것은 유감스러운 일이라고 말하고 싶어 한다. 그 단락에서 말한 것은 정치적 자유주의와 일관되지 않는 것은 아니다. 그러나 그것은 벌린의 견해를 강조하고 있지 않음으로 인해 매우 부족해 보인다. 정의로운 입헌정체에서는 단지 가치 없는 삶의 형태만이 소멸된다는 주장을 갤스톤이 올바르게 거부하고 있는데, 그 단락은 그 점을 계속해서 명백하게 거부했어야 했다. 그 낙관적인 견해는 잘못된 것이다. 번성할 수 없는 관점들을 긍정하는 사람들에 의해서, 정치적 자유주의가 그것들에 충분한 공간을 허용하지 않는다는 점이 여

역사적 경험을 통해 알 수 있는 것은 많은 삶의 방식들이 민주적 사회에서 오랜 시간에 걸쳐 존속하고 신봉자를 얻는 것에 대한 시험을 통과한다는 것이다. 그리고 신봉자들의 수numbers가 성공에 대한 척도가 아니라면—그리고 왜 그것들이 성공의 척도가 되어야 하는가?—많은 삶의 방식들은 동등한 성공으로 그 시험을 통과할 수 있는 것이다: 독특한 전통과 삶의 방식을 지닌 상이한 집단들은 다른 포괄적 견해들도 그들이 충분히 준수할만한 가치가 있다는 것을 발견할 수 있는 것이다. 그래서 정치적 자유주의가 특정한 관점들에 대해 편견적이면서 다른 관점들에 대해 선호하는 문제에 있어서 자의적인지의 여부는 다음과 같은 점에 달려 있다. 즉 합당한 다원주의와 근대의 다른 역사적 조건들을 전제한다면, 제도를 통해 그러한 원칙들을 실현하는 것은 상이하며 심지어 적대적인 가치관들을 긍정하고 추구할 수 있는 공정한 배경적 조건들을 구체화하느냐의 여부에 좌우된다. 정치적 자유주의는 단지 다음과 같은 경우에만 특정한 포괄적인 관점들에 대해 부당하게 편파적이라고 할 수 있다. 즉, 현존하며 예측 가능한 상황들에 비추어 볼 때, 개인주의적 관점들만이 자유주의적 사회에서 홀로 존속할 수 있다거나, 또는 그러한 개인주의적 관점들이 지배적이어서 종교적 또는 공동체적 가치들을 긍정하는 단체들이 번영할 수 없게 하거나, 그리고 더욱이 이러한 결과에 이르게 하는 여건들은 그 자체로 부당하다고 하는 경우에 적용된다.

3. 하나의 예가 이 점을 명백하게 할 것이다: 다양한 종교적 분파들

전히 반박될 수 있다. 그러나 합당하고 옹호 가능한 정치적 정의관 그 자체를 제외하고, 충분한 공간으로 규정될 수 있는 것이 무엇인지에 대한 기준은 결코 없다. 충분한 공간이라는 개념은 은유적이며, 정치적 정의관의 원칙이 허용하고 시민들이 충분히 준수할 만한 가치가 있다고 생각되는 포괄적 교리의 범주를 통해 제시되는 것 이상의 의미를 지니지 않는다. 정치관은 올바른 공간을 확인하는 데 실패했다는 반박이 여전히 있을 수 있지만, 이것은 단지 어느 것이 가장 합당한 정치관이냐 하는 문제에 불과하다.

은 현대사회의 문화를 반대하며, 현대사회 문화의 바람직하지 않은 영향들로부터 벗어나 자신들의 공동의 삶을 영위하기를 바란다. 이렇게 되면, 그들 자녀들의 교육의 문제와 국가가 부과하는 요구조건에 관한 (갈등의) 문제가 발생하게 되는 것이다. 칸트와 밀의 자유주의는 인생전체에 대해서는 아니더라도 대부분을 지배하는 이상으로서 자율성과 개별성의 가치를 촉진하도록 하는 요구조건들을 구상하기에 이를 것이다. 그러나 정치적 자유주의는 다른 목적을 지니고 있으며, 훨씬 적은 것을 요구한다. 정치적 자유주의는 자녀교육이 자신들의 헌법적 권리 및 시민적 권리들에 대한 지식과 같은 것을 포함할 것을 주장한다. 이렇게 함으로써 가령 그들이 사회에 존재하는 양심의 자유를 알게 되며, 배교apostasy가 법률상의 죄가 아님을 알게 된다. 이 모든 것은 다음 사항을 보장해 준다. 자녀들이 성인이 되었을 때 가지게 되는 지속적인 성원의 권리가 그들의 기본권에 대한 무지나 존재하지도 않는 죄목에 대한 처벌에 대한 두려움에 단순하게 기반 해 있지 않다는 점을 밝혀 준다. 나아가, 자녀들에 대한 교육은 그들을 완전한 협동적 사회성원으로 준비시켜서 그들이 자립할 수 있는 존재가 되도록 하는 것이다. 또한 그것은 정치적 덕목들을 장려하여, 그들이 사회의 다른 사람들과의 관계에서 공정한 사회적 협동의 조건들을 존중할 수 있도록 하여 준다.

여기에서, 아이들에게 이런 방식으로 정치관을 이해하도록 요구하는 것은 사실상 의도적이지는 않을지라도, 그들에게 포괄적인 자유주의적 관점을 교육하는 것이라는 점이 반박될 수 있다. 만약 우리가 일단 어떤 하나(정치관)를 앎으로 인해서만 무리 없이 다른 하나(포괄적 관점)로 나아갈 수 있다면, 전자(어떤 하나)를 행하는 것은 후자(다른 하나)로 유도될 수 있을 것이다. 이러한 현상이 어떤 경우에는 실제로 발생한다는 것을 인정해야만 한다. 그리고 확실히 정치적 자유주의의 가치들과 칸트와 밀의 포괄적 자유주의의 가치들 사이에는 상당한 유사점이 있다.[34] 그러나 이런 반론에 대답할 수 있는 유일한 방법은 정치적 자유주의와 포괄적 자유주의간의 범위와 일반성에 존재하는 커다란 차이점을 신중하게 설명하는 것이다(§1.1에 상술되어 있듯이). 아동교육에 대한 합당한 요건들의 필연적인 결과들은 종종 유감스럽더라도 받아들여야만 한다. 나는 이 강의에서의 정치적 자유주의에 대한 설명이 이런 반론에 대한 충분한 답변을 제공할 수 있기를 희망한다.

4. 이미 설명한 요건들을 넘어서, 공정으로서의 정의는 자유주의의 자율성autonomy과 개별성individuality 또는 어떤 다른 포괄적 교리들의 특징적인 덕목들과 가치들을 계발하려고 하지 않는다. 왜냐하면 그것은 그럴 경우에는 정치적 자유주의의 형태를 포기하게 되기 때문이다. 공정으로서의 정의는 종교적 명령에 따라서 현대사회로부터 물러나기를 원하는 사람들의 주장을 가능한 존중하려고 한다. 그렇지만, 불가피한 전제는 이들이 정치적 정의관의 원칙들을 인정하고, 이 정치관의 인간 및 사회의 정치적 이상들을 존중해야만 한다는 것이다.

여기에서 우리가 순전히 정치관내에서 아동교육의 문제에 대해 답하려 하고 있음을 주목하라. 아동교육에 대한 사회의 관심은 미래의 시민으로서의 그들의 역할은 물론, 공적 문화를 이해하고 그 제도에 참여할 수 있는 능력을 배양하는 것과 같은 본질적인 것들에 있다. 그리고 또 일생에 걸쳐 경제적으로 독립적이며 자립적인 사회성원이 되도록 하는 것, 그리고 이들의 정치적 덕목을 발전시키는 것에 있다. 이 모든 것은 정치적 관점 내부로부터 유래하는 것이다.

---

34 그리고 현대적인 예를 들자면, 라즈(Raz)의 저서, *The Morality of Freedom*, 특히 14장과 15장에 있는 그의 입장을 들 수 있다.

§7. 정치적 사회의 선

1. 공정으로서의 정의에 있는 다섯 번째 선의 개념은 정치적 사회의 선the good of political society에 대한 개념이다: 보다 구체적으로 말하면, 이것은 시민들이 정당한 입헌정체를 유지하고 그의 업무를 수행함에 있어 개인으로서 그리고 법인으로서 실현하게 되는 선이다. 앞에서처럼, 우리는 이 선을 순전히 정치관 내에서 설명하고자 한다.

다음과 같은 반론을 숙고함으로써 논의를 시작하고자 한다. 즉 포괄적인 종교적, 철학적 또는 도덕적 교리에 기반을 두지 않음으로써, 공정으로서의 정의는 정치적 공동체의 이상을 포기할 뿐만 아니라, 사회를 수많은 독특한 개인들 또는 협회들이 공통적인 궁극적 목적도 가지지 않은 채로 단지 자신의 개인적이거나 결사체의 이익을 추구하기 위해서만 협동하는 장으로서 간주한다는 점이다(여기에서 궁극적 목적이란 그 자체로서 가치 있거나 바람의 대상이 되는 목적으로 이해되며, 다른 어떤 것을 위한 수단으로 이해해서는 안 된다). 정치적 자유주의의 한 형태인 공정으로서의 정의는 정치제도를 개인적 또는 결사체의 목적을 위한 순전히 도구적인 것, 소위 "사적인 사회private society"로 명명될 수 있는 제도로 간주하고 있다고 말해진다. 그렇게 보면, 정치적 사회 그 자체는 조금도 선이 아니며, 기껏해야 개인적 또는 결사체적 선을 위한 하나의 수단일 따름이다.

답변하건대, 만일 그 이상이라는 것이 하나의 (부분적으로 또는 완전한) 포괄적인 종교적, 철학적 또는 도덕적 교리에 입각하여 통합된 정치적 사회를 의미하는 것이라면, 공정으로서의 정의는 정치적 공동체라는 이상을 실제로 포기한다. 이러한 관점의 사회적 화합은 합당한 다원주의라는 사실에 의해서 배제된다. 그러한 관점은 민주제도의 자유와 관용이라는 제약조건을 받아들인 사람들에게는 더 이상 정치적 가능성이 되지 못한다. 살펴본 바와 같이, 정치적 자유주의는 사회적 화합을 다른 방식으로 파악한다: 다시 말하면, 입헌정체에 적합한 정치적 정의관에 대한 중첩적 합의로부터 파생되는 것으로 본다.

2. 한 사회가 정의관에 의해서 질서정연하다고 말하는 것은 다음의 세 가지를 의미한다는 점(I: 6.1로부터)을 상기하라: a) 그 사회는 모든 사람들이 그 외의 모든 사람들 역시 동일한 정의의 원칙을 받아들이고 공적으로 지지한다는 것을 수용하며 알고 있는 사회라는 점이다. b) 그 사회의 기본구조—이의 주요 정치적 및 사회적 제도들은 물론, 그것들이 하나의 협동체계로 결합되는 방식—가 그러한 정의원칙들을 충족시킨다는 것이 공적으로 알려져 있거나, 합당한 이유에 근거하여 믿어진다는 점이다. c) 시민들은 정상적으로 효과적인 정의감을 지니고 있다는 점이다. 이 정의감은 시민들로 하여금 정의의 원칙들을 이해하고 적용하도록 하며, 그리고 상황이 요구할 때 대체로 이 원칙들에 의거해서 행동하게 만든다. 이렇게 이해되는 사회적 화합은 우리에게 가능한 가장 바람직한 화합의 관점이라고 믿어진다. 그것은 실천적인 최선의 상한선이라 할 수 있다.

그러므로 이렇게 규정된 바와 같이, 질서정연한 사회는 사적인 사회가 아니다. 왜냐하면 공정으로서의 정의의 질서정연한 사회에 있는 시민들은 공통의 궁극적 목적들을 지니고 있기 때문이다. 그들이 동일한 포괄적 교리를 인정하고 있지 않는다는 것은 사실이긴 하지만, 그들은 동일한 정치적 정의관을 인정하고 있다. 이것은 그들이 매우 기본적인 하나의 정치적 목적, 즉 최고의 우선성을 가진 목적을 공유하고 있음을 의미한다. 그 목적은, 말하자면, 정의로운 제도를 지지하고, 이에 따라 서로 정의를 부여하는 목적뿐만 아니라, 그들이 정치적 해결을 통하여 역시 공유하고 실현해야만 하는 다른 많은 목적들을 포함한다. 게다가, 정치적 정의의 목적은 시민의 가장 기본적인 목적들에 속한다. 이에 준거하여 시민들은 자신이 매우 되고 싶어 하는 종류의 인격을 표명하게 된다.

3. 지금까지의 다른 가정들과 함께, 이러한 공유된 최종 목적들은 질서정연한 사회의 선에 대한 기반을 제시한다. 우리가 고찰한 바에 의하면, 시민들은 두 가지 도덕적 능력을 가지고 있다고 간주되며, 입헌정체의 기본적 권리 및 자유들은 모든 사람들이 이러한 능력을 적절히 발달시키고, 그들이 결정하는 대로 일생 동안 그 능력들을 완전하게 행사할 수 있도록 보장해 준다. 그와 같은 사회는 또한 시민들에게 그렇게 할 수 있는 적당한 전목적적 수단(가령, 수입과 부라는 기본적 가치)도 부여한다. 그렇게 되면, 정상적인 상황 하에서 우리는 그러한 도덕적 능력들이 정치적 자유와 양심의 자유를 보장하는 제도 내에서 계발되고 행사되며, 그러한 능력의 행사는 상호 존중감과 자존감의 사회적 기반에 의해 유지되고 지속될 것이라는 점을 가정할 수 있다.

이러한 문제들이 가정된다면, 공정으로서의 정의의 질서정연한 사회는 두 가지 방식으로 하나의 선a good이 된다. 첫째 방식은 개별적으로 개인들을 위한 선인데, 이는 두 가지 이유로 그러하다. 하나는 두 가지 도덕적 능력의 행사는 선으로서 경험된다는 점이다. 이것은 공정으로서의 정의에 사용된 도덕심리학의 결과이다.[35] 그리고 이러한 능력들의 행사가 중요한 선이 될 수 있으며 많은 사람을 위한 선이 될 것이라는 점이다. 이것은 이런 능력들이 개인으로서의 정치적 시민관에서 핵심적인 역할을 한다는 점에서 분명해진다. 우리는 시민들을 정치적 정의의 목적을 위해서 일생 동안 정상적이며 완전하게 협동하는 사회 구성원으로, 그래서 그들

---

35 『정의론』 §65에서, 이 심리학은 소위 아리스토텔레스적 원칙(the so-called Aristotelian principle)을 사용하고 있다. 다른 견해들은 대체로 동일한 결론에 도달하기 위해서 다른 원칙들을 채택할 수 있다.

로 하여금 이러한 역할을 맡도록 하는 도덕적 능력을 지닌 존재로 간주한다. 이러한 맥락에서 우리는 다음과 같이 말할 수 있다: 시민의 본질적 속성 (정치관 내에서) 중의 일부분은 공정한 사회적 협동에 참여할 수 있는 그들의 능력에 기반한 두 가지 도덕적 능력을 가지고 있다는 점이다.

정치적 사회가 시민들에게 있어서 선인 두 번째 이유는 그것(정치적 사회)이 시민들에게 정의의 선the good of justice과 상호 자존감의 사회적 기반을 보장해 준다는 것이다. 따라서 정치적 사회는 평등한 기본적 권리 및 자유, 공정한 기회평등 등을 보호함에 있어서, 자유롭고 평등한 시민으로서 개인들의 공적 지위 인정의 본질적 요소the essentials of persons' public recognition를 보장한다. 이런 것들을 보장함으로써, 정치적 사회는 시민들의 근본적인 필요를 보장하는 것이다.

이제 도덕적 능력의 행사 및 시민으로서의 개인의 지위에 대한 공적 인정에 관련된 선은 포괄적인 종교적, 철학적 또는 도덕적 교리가 아닌 질서정연한 사회의 정치적 선the political good에 속하게 된다. 비록 포괄적인 교리가 그 자체의 견해 내부로부터 이러한 선을 지지할 수도 있겠지만, 반복해서 우리는 이 차이점을 강조해야만 한다. 만약 그렇지 않으면, 공정으로서의 정의가 중첩적 합의의 지지를 얻으려면 그것이 따라가야만 하는 길을 놓치게 된다. 내가 지금까지 강조했던 것처럼, 옳음의 우선성은 선의 개념들이 회피되어야 한다는 것을 의미하지 않는다. 그것은 불가능하기 때문이다. 오히려 옳음의 우선성은 사용된 개념들이 정치적 개념이어야 한다는 것을 의미한다: 그 개념들은 정치적 정의관에 의하여 부여된 제약을 충족시킬 수 있도록 조정이 되어, 그것이 허용하는 공간에 맞춰져야만 할 것이다.

4. 질서정연한 정치적 사회는 또한 두 번째 방식으로도 하나의 선이

다. 왜냐하면 공유된 최종 목적, 곧 성취되기 위해서 많은 사람들의 협동이 요구되는 목적이 존재할 때에는 언제든지, 그 구현된 선은 사회적이기 때문이다: 다시 말하면, 그것은 타인들이 행한 적절한 행위들에 상호 의존하는 시민들의 공동 활동을 통하여 실현된다. 따라서 장기적으로 합당하게 정의로운 (물론 항상 불완전하지만) 민주적 제도를 확립하고 성공적으로 운영하는 것은 아마도 여러 세대에 걸쳐 점차적으로 개혁되는 문제로서, 물론 시행착오가 없을 수 없지만, 위대한 사회적 선이며 그렇게 인정되는 것이다. 이것은 한 국민이 그것을 자신들의 역사상 중요한 업적 중의 하나로 평가한다는 사실로써 알 수 있다.

이러한 정치적이며 사회적인 선이 존재해야만 한다는 것이 신비로운 일이 아닌 것은, 마치 오케스트라의 단원들이나 한 팀의 선수들 또는 심지어 경기 중에 있는 두 팀의 선수들이 그들이 기억하고 싶을 정도로 훌륭한 공연이나, 또는 시합의 좋은 경기에서 기쁨을 느끼고 어떤 (온당한) 자부심을 가질 수 있다는 사실이 그렇게 신비로운 일이 아닌 것과 마찬가지다. 사회가 점차 확대되고 시민들 간의 사회적 거리가 커질수록, 필수조건들을 충족시키는 것이 더욱 어려워진다는 것은 의심할 바 없다. 그러나 이러한 차이들이 아무리 크고 방해가 된다고 하더라도, 이런 것들이 질서정연한 정치적 사회에서 정의의 선을 구현하는 데 연관된 심리학적 원칙에 영향을 미치지 않는다. 더욱이, 이 선은 심지어 그것을 구현하기 위한 조건들이 매우 불완전할 때에도 중요해 질 수 있으며, 이 선의 상실감이 의미하는 바도 역시 중요해 질 수 있다. 이것은 민주적 국민이 그들 자신을 비민주적 국민들로부터 구분함에 있어서 자신들의 자부심뿐만 아니라, 자신들의 역사에서 상이한 시기들을 구분할 때도 명백해진다. 그러나 나는 이러한 반성들을 추구하지는 않겠다. 우리는 단지 질서정연한 사회의 선이 정치적 정의관 내에서 중요한 선이라는 것을 확립할 필요가 있으

며, 우리는 이것을 이미 달성하였다. 따라서 선의 다섯 가지 개념에 대한 우리의 설명은 완결되었다.[36]

5. 대조하여, 고전적 공화주의classical republicanism와 시민적 인본주의civic humanism에 관한 몇 가지 언급은 정치적 사회의 선에 대한 이런 설명들을 명확하게 해 줄 것이다. 내가 파악하고 있는 고전적 공화주의에 의하면, 만약 민주적 사회의 시민들이 사적 생활의 자유를 보장해 주는 시민적 자유를 포함하여 기본적 권리 및 자유를 보존하려면, 그들은 역시 충분한 정도의 "정치적 덕목political virtues"(내가 그것들을 그렇게 불러 왔던)을 가져야 하고, 공적인 삶에 기꺼이 참여해야만 하는 것이다.[37] 이 개념에 의하면, 활발하고 계몽된 시민집단 전체가 민주정치에 광범위하게 참여하지 않고 사적 생활에 일반적으로 침잠해 들어가게 되는 것이 확실하면, 아무리 잘 구상된 정치제도라 할지라도, 팽창주의적 종교적 맹신과 민족주의적 맹종은 말할 것도 없이 권력과 군사적 영광을 위해, 또는 계층과 경제적 이익을 이유로 국가기관을 장악하여 지배하고 자신들의 의지를 부과하려는 자들의 손아귀에 그 정치제도는 들어가게 된다는 것이

---

36 그렇지만 정치적 사회의 선이 엄격한 의미에서 어디까지 정치적 선을 말하고 있는가에 관한 의문이 제기될 수 있다: 정치적 제도가 두 가지 도덕적 능력의 발달을 장려하고 그 행사의 범위를 제공하는 점뿐만 아니라, 이것이 선이라는 점은 당연한 것으로 받아들여진다. 그러나 이러한 능력들은 여러 목적을 위해 삶의 다른 부분에서도 행사될 수 있으며, 이러한 광범위한 행사는 확실히 정치적 선이 아니다. 그보다는 정치적 제도가 이러한 선을 보호하고 보장해 준다. 답변의 요지는 엄격하게 말해, 정치적 선 관념에 있어서 도덕적 능력은 시민들이 기본제도를 유지하고, 그것을 공적 업무를 수행하는 데 사용하고자 할 때, 정치적 삶과 기본 제도 내에서 행사된다는 점을 가정하고 있다. 물론, 도덕적 능력이 훨씬 더 일반적으로 행사된다는 것은 사실이며, 혹자는 삶의 정치적 측면과 비정치적 측면이 상호 보완적으로 지지하기를 희망한다. 이러한 사실은 우리가 규정하는 정치적 선이 존재한다는 사실을 부인하지 않고도 인정될 수 있는 것이다.

37 마키아벨리의 *The Discourses*는 때로 고전적 공화주의의 한 예로서 간주된다. 스키너(Quentin Skinner)의 *Machiavelli*(New York: Hill and Wang, 1981), 특히 3장을 참조하라. 여기에서의 우리의 관점으로 보아 좀 더 적절한 예는 토크빌(Tocqueville)의 *Democracy in America*일 것이다.

다. 민주적 자유들을 보장하는 안전성은 입헌정체를 유지하는 데 요구되는 정치적 덕목을 지닌 시민들의 능동적인 참여를 필요로 한다.

고전적 공화주의를 이렇게 이해한다면, 정치적 자유주의의 한 형태인 공정으로서의 정의는 근본적인 반대를 하지 않는다. 기껏해야 민주정체의 제도적 구상과 정치사회학의 문제에 관한 몇 가지 차이점들이 존재할 수 있다. 이러한 차이점들이 존재한다면, 그것은 결코 사소한 것은 아니다. 그것들은 극도로 중요한 것일 수도 있다. 그러나 고전적 공화주의가 포괄적인 종교적, 철학적 또는 도덕적 교리를 전제하지 않기 때문에 근본적인 반대는 있을 수 없다. 위에서 규정된 고전적 공화주의에는 내가 기술한 정치적 자유주의와 양립 불가능한 것은 아무 것도 없다.

그러나 내가 파악하고 있는 시민적 인본주의civic humanism에는 실제로 근본적인 갈등이 존재한다. 왜냐하면 아리스토텔레스주의Aristotelianism의 한 형태로서, 그것은 인간이란 사회적, 심지어는 정치적 동물로 간주하는 입장으로 종종 진술된다. 이러한 인간의 본성은 정치적 생활에 광범위하고 활발하게 참여하는 민주사회에서 가장 완전하게 실현될 수 있다. (시민적 인본주의에서는) 참여가 많은 이들에게 아무리 중요할지라도, 그것은 민주적 시민의 기본적 자유들을 보호하는 필요조건으로서, 그리고 그 자체로 여타의 선들 가운데 선의 한 형태로서 장려되지는 않는다. 오히려 민주정치에 참여하는 것은 좋은 삶의 특권적 핵심the privileged locus of the good life으로 간주된다.[38] 그것은 꽁스땅Constant이 "고대인들의

38 시민적 인본주의(civic humanism)에 대한 이러한 해석은 Charles Taylor, *Philosophical Papers*(Cambridge: Cambridge University Press, 1985), vol. 2, pp. 334f.에서 빌려온 것이다. 테일러는 칸트(Kant)를 논하면서 이러한 견해를 루소(Rousseau)의 것으로 돌리고 있지만, 칸트가 이를 인정하지 않는다는 점을 주목해야 한다. 이렇게 이해된 시민적 인본주의의 한 형태는 아렌트(Hannah Arendt)에 의해 비관적이긴 하지만 강력하게 표현되고 있다. 아렌트는 정치에서 가장 잘 실현되는 자유와 세속성이야말로 자연의 끝없는 순환으로부터 인간의 삶을 구제하며 인생을 살 가치가 있는 것으로 만드는 유일한 가치들이라고 주장한다. 그녀의 *The Human Condition*(Chicago: University of Chicago Press, 1958)을 참조하라. 나는 George

자유liberties of the ancients"라고 일컫는 것에 중심적 위상을 부여하는 입장으로 회귀하는 것으로서, 이에 따른 이것의 모든 결함을 수반한다.

정치적 자유주의의 견지에서 볼 때, 이러한 포괄적 교리에 대한 반론은 다른 모든 그러한 교리들에 대해 보여준 반대의 입장과 동일하다. 따라서 내가 더 이상 상술할 필요는 없다. 말해야 하는 단 한 가지는 공정으로서의 정의가 물론 혹자들이 정치적 삶에서 자신들의 가장 중요한 선을 발견할 수 있으며, 따라서 정치적 삶이 이들의 포괄적 선에서 중심적이 된다는 점을 부인하지 않는다는 점이다. 실제로 잘 짜인 정체에서 그렇게 되는 것은 일반적으로 사회전체의 선이 된다. 이것은 마치 사람들이 다양하고 상호보완적인 재능과 기술을 계발하며, 상호간에 유익한 협동에 참여하는 것은 일반적으로 유익하게 되는 것과 마찬가지이다. 이것은 선의 보다 진전된 개념, 즉 사회적 연합체들의 사회적 연합체a social union of social unions로서의 질서정연한 사회라는 개념으로 연결된다. 이러한 개념은 여기에서 묘사하기에 너무 복잡하며, 이 강의의 목적에도 필요하지 않다.[39]

§8. 공정으로서의 정의는 완전하다(Complete)는 것

1. 나는 공정으로서의 정의가 정치관으로서 완전하다는 것을 여러

Kateb, *Hannah Arendt: Politics, Conscience, Evil*(Towanda: Rowman and Allanheld, 1984), chap. 1에서 나타나는 정치의 우선성을 주장하는 아렌트의 견해의 통찰력 있는 연구를 따르고 있다.

39 『정의론』, §79를 참조하라. 거기에서는 사회적 연합체들의 사회적 연합체로서의 질서정연한 사회라는 개념이 논의되고 있다. "The Basic Liberties and Their Priority," *The Tanner Lectures on Human Values*(Salt Lake City: University of Utah Press, 1982), vol.Ⅲ의 Ⅵ장에서, 나는 이 개념을 다시 다루고 있으며, 공정으로서의 정의의 두 원칙들이 사회적 연합체들의 사회적 연합체로 간주되는 사회에 특별히 적합하다는 것을 보여주기 위한 주장을 개진하고 있다. 나는 그 주장에 대해 완전히 만족하지는 않지만, 설득력이 전혀 없다고는 생각하지 않는다. Ⅷ: 6, pp. 315~24를 참조하라.

방식에서 살펴봄으로써 결론을 내리고자 한다. 첫째 방식은, 그것이 사용하는 선의 개념들은 정치적 개념들이며, 이것들이 공정으로서의 정의 내에서 생성되고, 그 안에서 역할을 지닌다는 것이다. 그 개념들의 생성에 대해 말하자면, 이러한 개념들은 합리성으로의 선goodness as rationality으로 시작하는 일련의 연속적 과정에서 구성된다는 점을 주목해야 한다.[40] 공정으로서의 정의에 대한 설명은 이 개념(합리성으로서의 선)에서 시작된다. 그것은 기본적 가치를 시민들이 필요로 하는 것으로서 설명하기 위해 사용되었고, 이것은 합리적인 인생계획을 가졌다고 가정되는 고차원적 관심사를 지닌 개인으로서의 시민관을 전제하였다. 일단 기본적 가치의 개념이 확정되면, 원초적 입장으로부터의 논증은 계속 진행될 수 있고, 그래서 우리는 다음으로 정의의 두 원칙에 도달하게 된다. 그런데 우리가 이 원칙들을 사용하는 이유는 허용 가능한 (포괄적인) 선가치관들을 규정함과 동시에, 정의로운 기본구조를 유지하는 데 요구되는 시민들의 정치적 덕목들의 특징을 규정하기 위해서이다. 마지막으로, 아리스토텔레스적 원칙과 공정으로서의 정의의 다른 요소들에 의거하여, 우리는 공정으로서의 정의의 질서정연한 정치적 사회가 본질적으로 좋다good는 방식들을 설명할 것이다.

이 마지막 단계는 특별히 중요하다. 왜냐하면 이것은 정치관이 정치적 사회 그 자체가 각 개인들 및 법인체로서의 시민들에게 본질적 선an intrinsic good—그 관점 내에서 규정된—이 될 수 있는 방식들을 표현하고 있다는 것을 의미하기 때문이다[우리가 사적 사회private society라고 지칭한 것과의 대비를 상기하라(§7.1)]. 사용된 선 개념들(정치적 사회의 본질

---

40 합리성으로의 선(the good as rationality)으로 시작되는, 말하자면, 일련의 선 개념들의 연속으로 이루어지는 이러한 구성은 칸트가 그의 도덕적 견해에서 여섯 가지 선의 개념들을 구성하는 방식과 유사하다. 나는 포스터(Eckhart Förster)가 편집한, *Kant's Transcendental Deduction*(Stanford: Stanford University Press, 1989)에 있는 "Themes in Kant's Moral Philosophy"의 §2에서 칸트의 구성이 어떻게 진행되는가를 설명하고자 하였다.

적 선을 포함하여)로, 공정으로서의 정의는 다음과 같은 방식으로 완전한 것이다: 다시 말하면, 그것은 그 자체 내부로부터 필수적 개념들을 생성해서, 모두가 그 틀과 더불어 상호보완적인 역할을 수행하도록 되어 있다.

2. 이러한 완전성completeness의 당연한 결과는 이것이, 우리가 이전에 표현할 수 없었던 방식으로, 왜 중첩적인 합의가 단순한 잠정적 타협이 아닌지를 밝혀준다는 것이다. 중첩적 합의에서 상호 용인된 원칙들에 의하여 질서정연하게 운영되는 사회에서 시민들은 많은 공통된 최종목적들을 공유하고 있으며, 그 중에는 서로 간에 상호적인 정치적 정의를 부여하는 것도 포함된다. 선의 다섯 가지 개념에 근거해서, 우리는 상호적 정의의 상호적 선the mutual good of mutual justice을 말할 수 있다. 왜냐하면 합리성으로서의 선은 다음과 같은 점을 말할 수 있게 해주기 때문이다. 만약 사물들이 우리의 합리적 인생계획에 비추어 자유롭고 평등한 시민으로서 우리가 원하는 것이 합리적인 그러한 속성들을 지니게 된다면, 그 사물들은 좋은 것이라고 할 수 있다는 점이다. 우리의 근본적인 관심들을 대변하는 원초적 입장 내의 당사자의 관점에서 볼 때, 상호적 정의는 이러한 조건을 충족시켜 준다. 사회의 시민인 우리는 통상 다른 모든 사람들로부터도 정의를 원한다. 대체로 동일한 주장이 정치적 덕목에 대해서도 적용된다.[41] 이것은 중첩적 합의에 의해서 지지되는 하나의 정치관이 도덕적 근거 위에 긍정되는 하나의 도덕관이라는 개념을 심화시켜 준다(Ⅳ: 3.4).

완전성의 두 번째 추론은 그것이 자유주의적 정의관의 내용을 가지고 있는 잠정적 타협이 어떻게 점진적으로 장기간에 걸쳐 중첩적 합의로

---

41 물론, 이 모든 것을 설득력 있게 제시하기 위해서는 긴 설명이 필요하다. 나는 『정의론』, §66에서 완전한 선 이론(the full theory of the good)에 입각해서 그것들 중 일부를 묘사하려고 하였다.

발전하는지에 대한 설명을 강화시켜 준다는 것이다(Ⅳ: 6~7). 거기에는 대부분의 사람들의 정치관들은 통상적으로 볼 때 단지 부분적으로만 포괄적이라는 사실에 크게 의존한다. 우리는 보통 완전히 포괄적인 종교적, 철학적 또는 도덕적 견해를 가지고 있지 않다. 하물며 그렇게 완전히 포괄적으로 사회에 존재하는 다른 견해들을 연구하려고 시도하지도 않으며, 그렇게 완전하게 포괄적으로 자기 자신을 위한 하나의 견해를 만들려고 하지도 않는다. 따라서 정치적 생활 내부에 중요한 본질적 선이 존재한다는 것은 다음과 같은 점을 의미한다. 특정 정치관이, 우리의 포괄적인 견해들과는 독립적으로 그리고 이들과 관계된 갈등 문제에 선행하여, 우리의 원초적 지지를 보다 근원적으로 획득해 낼 수 있다는 것이다. 갈등이 일어난다면, 특정 정치관은 그 자체를 유지하고 그러한 견해들을 자신의 한계에 적합하게 형성시킬 수 있는 보다 좋은 기회를 가지게 되는 것이다.

앞에서 정치적 자유주의는 다음과 같은 입장을 취한다고 말한 바 있다. 즉 입헌 민주주의를 가능하게 하는 합당하게 우호적인 조건 하에서, 자유주의적 정의관의 원칙들을 충족시키는 정치제도가, 그것에 반대되는 다른 가치들이 무엇이든지 간에, 통상 이를 능가하는 정치적 가치들과 이상들을 구현한다는 것이다. 이미 설명한 완전성의 두 결과들은 이의 안정성을 강화시켜 준다: 정치적 가치에 토대를 둔 지지가 보다 강력해지며, 따라서 정치적 가치가 대립적인 다른 가치들에 의해서 압도될 가능성은 훨씬 적어진다.

3. 나는 이제 서두에서 진술된 첫 번째 문제를 마무리하고, 공정으로서의 정의가 완전하게 되는 또 다른 방식에 대한 논의로 전환하려고 한다: 말하자면, 어떻게 정치적 자유주의가 정치적 자유주의 그 자체에 의해서 어떤 면에서는 허용되지 않는 이런 저런 포괄적 교리의 진리성에 대

한 주장을 하지 않고 도대체 선의 개념들을 사용할 수 있는가? 우리는 이미 언급했던 것을 검토함으로써 이 문제에 대해 답변할 수 있다.

첫째, 옳음의 우선성(그것의 일반적인 의미에서)은 사용된 선의 개념들이 정치적 개념이어야만 한다는 것을 의미한다(§1.2). 그래서 우리는 포괄적인 선관들에 의존할 필요가 없으며, 정치관 내에 적합하도록 다듬어진 개념들에만 의존하면 된다. 둘째, 옳음의 우선성(그것의 특수한 의미에서)은 정의의 원칙들이 허용 가능한 생활방식에 한계를 설정한다는 것을 의미한다(§1.2): 이러한 한계를 위반하는 목적을 추구하려는 시민들의 주장은 비중을 지닐 수 없다는 것이다. 옳음의 우선성은 정의의 원칙들이 시민들의 숙고에 있어서의 엄정한 우선성을 가질 수 있도록 해 주고, 특정한 삶의 방식을 추구할 수 있는 그들의 자유를 제한한다. 그것은 공정으로서 정의의 구조와 내용 그리고 숙고에 있어서 정당한 이유로 간주되는 바를 규정해 준다.

4. 다음으로, 서두에서 진술된 두 번째 문제를 고려해 보자. 우리는 시민들에게 기대되는 정의로운 제도와 정치적 덕목들이 시민들에게 있어서 완전하게 헌신할 가치가 있는 생활양식을 허용하고 지속시켜 주지 않는다면, 그것들은 정의롭고 좋은 사회의 제도와 덕목이 될 수 없다고 말했다. 정치적 정의관은 그 내부에 충분한 공간, 말하자면, 그러한 삶의 방식들을 허용할 수 있는 충분한 공간을 포함하고 있어야만 한다. 여기에서 문제는 다음과 같다: 만약 우리가 정치적인 것을 넘어서는 어떤 견해들에 호소하지 않는다면, 삶의 방식들이 충분히 준수할 가치가 있는 것은 언제이며, 혹은 사회가 충분한 공간을 함유하는 것은 언제인지를 어떻게 말할 수 있는가? 이미 언급한 것처럼, 공정으로서의 정의 그 자체는, 보다 거시적인 입장에서 볼 때, 그것이 허용하는 다양한 포괄적 교리들이 충분한

준수의 가치를 지닌다고 말할 수는 없다. 그렇다면 우리는 어떻게 처리해야 하는가?

우리는 이 시점에서 중첩적 합의라는 개념에 호소하고자 한다: 만일 중첩적 합의에서 합당한 포괄적 교리들을 수용하는 합당하고 합리적인 시민들에 의해서 정치적 정의관이 상호 인정되었다면(이러한 개념들이 Ⅱ: 1~3에서 설명된 바와 같이), 이 사실 자체는 그것의 자유로운 기본제도가 시민들이 헌신적으로 추종할 가치가 있는 삶의 방식들을 허용할 수 있는 충분한 공간을 허락하고 있다는 것을 확증한다. 나는 물론 합당한 합의에 의해 승인된 정치적 정의관이, 우리가 알 수 있는 범위 내에서, 비판적 숙고critical reflection의 모든 합당한 기준을 충족시킨다고 가정한다. 합의에 의해 표현된 시민들의 적절한 숙고는 이 사실을 확증한다. 이것이 정치적 자유주의가 허용할 수 있는—그리고 우리가 가장 합당하게 가질 수 있는 최상으로서—다음과 같은 최선의 보장이라고 할 수 있다. 말하자면, 우리의 정치제도가 가치 있는 삶의 방식을 위한 충분한 공간을 함유하고 있으며, 이 점에서 우리의 정치적 사회가 정의롭고 좋다는 것이다.

최종 요점은 다음과 같다: 공정으로서의 정의가 비록 거시적인 어떤 견해의 입장으로부터 제기되는 전술한 문제들에 대하여 답할 수 없긴 하지만, 이 점이 공정으로서의 정의가 포괄적인 교리들에 제약을 가하는 것—어떤 합당한 정치적 견해가 해야만 하는—을 막을 수는 없다. 예로서, Ⅱ: 3에서처럼, 포괄적 교리들이 합당성을 갖추어야 하는 제약조건을 들 수 있다. 이러한 제약은 정치관에만 독특한 것이 아니며, 우리가 중첩적 합의에서 포함될 것으로 합당하게 기대되는 모든 교리들에 적용되는 것이다. 이러한 제약들에 관하여 결정적인 것은 그 제약들이 이론이성이나 실천이성의 일반적인 제한이든가, 아니면 정치관으로서의 공정으로서의 정의의 일부분이라는 것이다. 그 제약들은 시민들에게 적용되고 또 이들의 도덕적 능력의 행사에서 나타나게 되는 합당성과 합리성의 개념들에 호소한다. 이러한 제약들은 (포괄적인 가치관들을) 한정시키기는 하지만, 포괄적인 가치관들의 실체적인 내용에 관여하지는 않는다.[42]

---

42 여기에서 의미하는 바는 대조를 통해 분명해진다. *Tanner Lectures on Human Values*(Salt Lake City: University of Utah Press, 1990), vol. 11에 있는 드워킨(Ronald Dworkin)의 "Foundations of Liberal Equality"의 견해를 고려해 보자. 그의 목적은 자유주의적 정의의 원칙들(그에 의해 공식화된)이 어떻게 윤리적인 기반을 갖게 될 수 있는지를 보여주는 것이다. 이것은 다음과 같은 점을 의미한다. 즉 그러한 원칙들이 사람들이 잘 살 수 있도록 하며, 윤리적으로 좋은 삶을 살아갈 수 있도록 하는 최선의 여건을 제공하는 사회의 기본구조에 적용되는 정치적 원칙들로 도출될 수 있다는 것이다. 이러한 목적을 위하여, 드워킨은 가치의 도전 모델(the challenge model of value)을 정확한 설명으로 제시함으로써 잘사는 것에 대한 윤리적 가치의 설명을 발전시킨다. 이 모델은 형식적이며 그리고 실체적인 선관들을 배제하지 않는 것으로 말해지고 있다. 전부는 아니지만 대부분의 이러한 선관들이 이 모델 하에 속할 수 있는 것으로 해석될 수 있다. 도전모델을 확보하게 되면, 그는 원초적 입장, 말하자면 모든 사람이 충분하게 정보를 가진 윤리적 자유주의자이고, 따라서 도전모델을 받아들이게 되는 원초적 입장에서는, 자유주의적 정의의 원칙들이 채택될 것이라고 주장한다. 이러한 방식으로, 잘 산다는 것이 무엇을 의미하는지에 관한 일반적인 설명—철학적 윤리학(philosophical ethics)에 속하는 설명—은 자유주의의 정치적 원칙들을 위해 요구되는 철학적 기반을 제공한다. 대조의 요점은 바로 다음과 같다: 드워킨이 실체적인 선관에 가하는 제약은 윤리적 선관(도전모델)으로부터 유래한다. 반면에, 공정으로서의 정의에서는 합당한 포괄적 교리들에 가해지는 제약은 이론이성 또는 실천이성의 일반적인 제약이거나, 정치적 정의에 대한 설명에 속하는 관점들(예를 들어, 두 가지 도덕적 능력을 지닌 자유롭고 평등한 존재로서의 시민관)에서 비롯된다. 나는 드워킨의 견해에 반론을 제기하지 않는다: 칸트와 밀의 포괄적인 자유주의처럼, 그것은 배경 문화에서 적당한 위치를 차지하고 있으며, 거기에서 정치적 자유주의를 지원하는 역할에 가담하게 된다.

강의 VI[1]

공적 이성의 개념

정치사회는 물론, 사실상 합당하고 합리적인 모든 행위자는, 이들이 설사 개인, 또는 가족이나 협회, 아니면 심지어 정치사회들의 연맹a confederation of political societies이든 간에, 각기 자신의 계획을 수립하는 방식을 가지고 있다. 예를 들면, 우선순위에 입각하여 그 목적들을 설정하고, 이에 따라 결정을 내리는 방식을 가지고 있는 것이다. 정치사회가 이렇게 하는 방식이란 실상 이들이 행사하는 이성이며, 이것들을 수행하는 능력 또한, 비록 다른 의미이긴 하지만, 이성이다: 이성이란 지적인 그리고 도덕적 능력인데, 이는 인간 개개인의 능력에 내재해 있다.

그렇지만 모든 이성이 공적 이성이라고 할 수는 없다. 그 이유는 시민사회의 교회나 대학 그리고 여타의 많은 협회의 비非공적 이성들the

1 이 주제에 관한 두 개의 강의는 멜든(A.I. Meldon)에 경의를 표하기 위해 명명된 멜든강의(the Melden Lectures)를 개시하기 위하여 1990년의 2월말과 3월초에 the University of California at Irvine에서 처음 행해 졌다. 많이 수정되긴 했지만, 이 강의는 당시에 로이드(Sharon Lloyd), 산타스(Gerasimos Santas), 솔럼(Lawrence Solum), 왓슨(Gary Watson), 그리고 와이쓰만(Paul Weithman)과의 토론에서 크게 덕을 보았다. 나는 그 이래 프리만(Samuel Freeman), 마네프(Peter de Marneffe), 그리고 에스틀런드(David Estlund)와의 대화에서도 많은 것을 얻을 수 있었다.

nonpublic reasons이 존재하기 때문이다. 귀족정치 체제와 독재정치 체제에서는, 사회의 선the good of society의 문제가 대두되었을 때, 만약 어떤 형태의 논의가 있다면, 이 문제가 공중에 의하여 다루어지는 것이 아니라 지도자가 누구이든지 간에 지도자에 의하여 다루어 질 뿐이다. 공적 이성은 민주적인 인민의 특징이라고 할 수 있다: 그것은 시민들의 이성, 즉 동등한 시민의 자격을 가지고 있는 사람들의 이성이다. 이들의 이성의 주 관심사는 공중의 선the good of the public이다: 이 공중의 선이야 말로 정치적 정의관이 사회의 기본구조는 물론, 이 기본구조가 의도하는 목적과 목표들에 요구하는 바이다. 그런데 공적 이성이란 다음의 세 가지 점에서 공적이라고 한다. 첫째, 시민의 이성 그 자체로서의 공중의 이성이다. 둘째, 그 주제가 공중의 선과 근본적 정의의 문제들이라는 것이다. 셋째, 그 본질적 성격과 내용이 사회의 정치적 정의관에 의해 표현된 이상과 원칙들에 의하여 주어지고, 이것에 입각하여 공개적으로 검토되어 행해지기 때문에, 공적이다.

공적 이성이 시민들에 의해 이렇게 이해되고 또 존중되어야만 한다는 것은 물론 법의 문제는 아니다. 입헌적 민주정체에 적용되는 이상적 시민관으로서, 이것은 정당하고 질서정연한 사회가 권장하는 인간상으로 사람들을 간주할 때, 앞으로 일들이 어떻게 되어야 할지를 제시할 뿐이다. 이것은 무엇이 가능하고 무엇이 될 수 있는지를 묘사할 뿐이다. 그렇지만, 이 문제에 대하여 근본적이 아니라고 할 수는 없겠지만, 결코 그렇게 되지 않을 수도 있는 것이다.

§1. 공적 이성의 질문과 토론

1. 공적 이성이라는 개념은 자주 논의되어 왔으며, 오랜 역사를 가지

고 있다고 할 수 있다. 그래서 특정의 형태로 이 개념이 널리 받아들여지고 있는 실정이다.[2] 여기에서 나의 목적은 광범위한 의미에서 자유주의적이라고 말하는 정치적 정의관의 일부분으로서 공적 이성의 개념을 수긍할만한 방법으로 표현하려는 것이다.[3]

우선 시작해 보자: 민주적 사회에서 공적 이성은 평등한 시민들의 이성이다. 그리고 이 시민들은 집단체로서 법을 제정하고 자신의 헌법을 수정함에 있어서 서로에 대하여 최종적인 정치적 강제력을 행사한다. 이 첫 번째 요점은 공적 이성이 부과하는 한계는 모든 정치적 질문들에 적용되는 것이 아니라 "헌법적 본질들constitutional essentials"이라고 부르는 것과 기본적 정의의 문제들questions of basic justice과 관계된 사항들에만 적

---

2 이 제목은 "What is Enlightenment?"(1784)에서 칸트가 구별한 공적 이성과 사적 이성의 구분에 시사를 받고 있다. 물론, 칸트의 구분은 여기에서 사용되는 것과는 다르다. 칸트의 작품들, 예를 들자면, 『순수이성 비판』(Critique of Pure Reason), B767~97에서도 유관한 다른 논의들이 있다. 유용한 논의로는, 오닐(Onora O'Neill)의 *Constructions of Reason* (Cambridge: Cambridge University Press, 1989), chap. 2, "The Public Use of Reason"을 참조하라. 또한, 가이어(Paul Guyer)가 편집한 그녀의 최근의 논문 *The Cambridge Companion to Kant*(Cambridge: Cambridge University Press, 1992)에 수록된 "Vindicating Reason"을 참조하라.

3 비록 중요한 차이가 있긴 하지만 대강의 의미에서 자유주적이라고 말하는 최근의 몇몇 견해에 관해서는, David Lyons, *Ethics and the Rule of Law*(Cambridge: Cambridge University Press, 1984)를, 특히 보다 명료한 설명으로는, p. 190f.; Ronald Dworkin, *A Matter of Principle*, pp. 33~71에 수록되어 있는 "The Forum of Principle"; Charles Larmore, *Patterns of Moral Complexity*와 "Political Liberalism," *Political Theory* 18(August 1990); Thomas Nagel, *Equality and Partiality*(New York: Oxford University Press, 1991), chap. 14를 참조하라. 심의 민주주의의 개념(the idea of deliberative democracy)에 관한 유용한 논의에 관해서는, 햄린(Alan Hamlin)이 편집한 *The Good Polity*(Oxford: Basil Blackwell, 1989)에 수록되어 있는 Joshua Cohen, "Deliberation and Democratic Legitimacy"를 참조하라. 공적 이성과 종교의 관련성에 관해서는, 그리나월트(Kent Greenawalt)의 *Religious Conviction and Political Choice*, 특히 chaps. 8과 12; Robert Audi, "The Separation of Church and State and the Obligations of Citizenship," *Philosophy and Public Affairs* 18 (Summer 1989)와 와이쓰만(Paul Weithman)의 "The Separation of Church and State: Some Questions for Professor Audi," *Philosophy and Public Affairs* 20(Winter 1991), 같은 호의 아우디(Audi)의 응답도 참조; 그리고 끝으로 솔럼(Lawrence Solum)의 유익한 "Faith and Justice," *DePaul Law Review* 39(Summer 1990)를 참조하라.

용된다는 것이다(이러한 것들은 §5에서 상술될 것이다). 이것은 정치적 가치들만이 다음과 같은 근본적 문제들을 해결해야 한다는 것을 의미한다: 이 근본적 질문들은 누가 투표할 권리를 가지는지, 어떤 종교들이 용인되어야 하는지, 누구에게 공정한 기회의 평등을 보장해 주어야 하며, 누가 소유권을 가져야 하는지와 같은 문제들을 포함한다. 이런 질문들과 이와 유사한 질문들은 공적 이성의 특별한 주제인 것이다.

대부분은 아니지만 많은 정치적 질문들, 예를 들자면, 조세입법과 소유물 규제와 관련된 많은 법들, 환경을 보존하고 오염을 막는 법들, 국립공원의 설치 그리고 황무지 지역과 동식물의 보존, 박물관과 예술을 위한 기금 조성과 같은 것들은 그러한 근본적인 문제들에 관여하지 않는다. 물론, 때로는 이러한 것들은 근본적인 문제들과 관계가 있다. 공적 이성을 폭넓게 이해한다면, 이런 다른 문제들을 다룰 수 있을 뿐만 아니라 내가 여기에서 하는 것보다 더 상세히 설명할 수 있을 것이다. 즉 그러한 문제들이 헌법적 본질들과 기본적 정의의 문제들과 어떻게 다른지는 물론, 공적 이성이 부과하는 제한점들이 이들에게는 적용이 되지 않는 이유, 혹은 적용된다면 같은 방식으로 하지 않거나, 또는 그렇게 엄밀하게 적용되는 이유 등에 대해 더 상세히 다룰 수 있을 것이다.

일부 사람들은 다음과 같이 질문할 것이다: 시민들이 자신들의 최종적이고 강제적인 정치권력을 서로에게 행사할 것인지에 대한 모든 문제들은 공적 이성의 지배를 받는다고 왜 말하지 않는가? 왜 그것이 정치적 가치들의 범위 밖으로 벗어나는 것이 용인될 수 있는 것인가? 이에 대한 나의 대답은 다음과 같다. 나의 목적은 정치적인 질문들이 가장 근본적인 것들과 관련되어 있는 가장 강력한 사례를 최우선으로 고려하는 것에 있다. 만약 우리가 여기에서 공적 이성의 한계들을 설정하지 않는다면, 우리는 이를 어디에서도 설정할 필요가 없을 것처럼 보일 것이다. 우리가 만약 여기서 한계들을 유지한다면, 우리는 다른 사례들로 나아갈 수 있다. 나는 공적 이성의 가치에 호소함으로써 정치적 문제들을 해결하는 것은 일반적으로 매우 바람직하다고 여전히 생각한다. 하지만 이는 항상 그렇지 않을 수도 있다.

2. 공적 이성의 또 다른 특성은 그 한계가 정치적 질문에 대한 우리의 개인적 숙고나 반성, 또는 배경문화의 핵심부분인 교회나 대학과 같은 단체의 구성원들에 의한 정치적 질문에 대한 사고reasoning에 적용되지 않는다는 점이다. 분명히, 많은 종류의 종교적, 철학적 및 도덕적인 고려들은 여기서 적절히 그 역할을 할 것이다. 공적 이성의 이상the ideal of public reason은 시민들이 공적 토론forum을 정치적으로 옹호하는 일에 관계할 때 시민들에게 유효한 것이다. 그래서 정당원들, 유세중인 정당의 후보들이나 이들을 지지하는 다른 단체들에게도 적용이 된다. 이는 헌법적 본질들이나 기본적 정의에 관계되는 문제들이 달린 주요 사안일 경우, 시민들이 선거에서 투표하는 방법에 있어서도 마찬가지로 적용이 된다. 그러므로 공적 이성의 이상은 사안이 그러한 기본적인 질문들을 포함하고 있는 경우에 한해서 선거의 공적 담론the public discourse of elections을 지배할 뿐만 아니라, 시민들이 이러한 질문들에 대하여 어떻게 그들의 표를 던져야 하는지도 또한 지배한다(§2: 4). 그렇지 않으면, 공적 담론은 위선이 될 위험성을 안고 있다: 시민들이 남들 앞에서는 이렇게 말하고 투표는 다르게 하는 것을 뜻한다.

하지만 공적 이성의 이상이 시민들에게 적용되는 방법과 다양한 위치에 있는 정부의 공무원들에게 적용되는 방법을 구별할 필요가 있다. 공적 이성은 공식적인 회의에 적용되는데, 그래서 의회의 연단에서 발표할 때의 의회의원들, 공무와 공적 결정을 내릴 때의 행정 집행자에 적용된다. 이는 또한 특별한 방법으로 사법부, 그리고 무엇보다도 사법심사제가 있는 입헌적 민주주의의 대법원에 적용된다. 그 이유는 재판관들은 자신의 결정을 헌법이나 관계 법률, 판례에 대한 자신들의 이해에 근거하여 설명하고 정당화할 필요가 있기 때문이다. 그러나 입법부와 행정부의 행위들은 이런 방식으로 정당화될 필요는 없다. 그래서 법원의 특별한 역할은 법원을 공적 이성의 표본이 되게한다(§6).

§2. 공적 이성과 민주적 시민의 이상

1. 이제, 많은 사람들에게 있어서 공적 이성의 개념의 기본적인 난점, 즉 공적 이성이 모순되게 보이도록 만드는 것이 무엇인지에 대해 생각해 보자. 이들은 다음과 같이 질문한다: 왜 시민들은 가장 근본적인 정치적 질문들에 대해 토론하고 투표할 때, 공적 이성의 제약을 준수해야만 하는가? 기본적인 문제들이 쟁점이 될 때, 시민들이 공적 정의관에만 호소하고, 그들이 그러한 정의관을 고려할 때 총체적 진실에는 호소하지 않는 것이 어떻게 이성적이고 합리적일 수 있는가? 분명히 가장 근본적인 질문들은 가장 중요한 진실에 호소함으로써 해결될 수 있을 것이다. 그렇지만 이러한 것들이 공적 이성을 훨씬 초월할 수 있지 않을까!

먼저 나는 Ⅳ: 1.2~3에 설명되어 있는 대로, 이 모순을 해결하고 자유주의적 정당성의 원칙에 호소하고자 한다. 이 원칙은 민주적 시민 사이의 정치적 관계의 특별한 두 성격과 연결되어 있다는 점을 기억하기 바란다.

첫째, 이것(정치적 관계)은 사회의 기본구조 내에서의 사람들 간의 관계이다. 사람들은 이 사회에 태어나서 진입하여 보통 이 사회에서 전 생애를 영위하게 된다.

둘째, 정치권력이란 항상 강제적 권력이지만, 민주사회에서의 정치권력은 공중의 권력, 즉 자유롭고 평등한 집단체로서의 공중의 권력이다.

항상 그렇듯이, 우리는 민주사회에서 볼 수 있는 합당한 종교적, 철학적, 도덕적 교리들의 다양성은 곧 지나가 버릴 역사적 조건이 아니라 공적 문화의 항구적 특성이라고 가정한다.

이 모든 것을 인정한다면, 우리는 다음과 같은 질문을 할 수 있다: 근본적인 문제들이 쟁점이 되었을 때, 시민들은 투표를 통해 언제 그들의 강제적 정치권력을 서로에게 올바로 행사할 수 있는가? 혹은 만약 우리가 그렇게 하는 것이 자유롭고 평등한 다른 사람들에게 정당화될 수 있다면, 어떠한 원칙과 이상들에 비추어 우리는 그 정치권력을 행사해야 할 것인가? 이 질문에 대하여, 정치적 자유주의는 다음과 같이 대답한다: 우리가 정치권력을 사용하는 것은 헌법에 부합하여 행사될 때만 온당하고, 그래서 정당화될 수 있게 된다. 단, 이 헌법은 그 본질적 요건들이 모든 시민들이 그들에게 있어서 합당하고 합리적인 것으로 받아들여지는 원칙과 이상들에 비추어 합당하게 지지될 것으로 예상되는 것이어야 한다. 이것이 자유주의적 정당성의 원칙the liberal principle of legitimacy이다. 그리고 정치권력의 행사 그 자체는 정당성을 가지고 있어야 하므로, 시민의 이상the ideal of citizenship은 법적 의무가 아니라 도덕적 의무, 즉 시민성의 의무the duty of civility를 부과한다. 이것은 근본적인 질문들에 대하여 시민들 상호간에 주장하고 표를 던질 원칙들 및 정책들이 어떻게 공적 이성의 정치적 가치에 의해 지지받을 수 있는지를 설명할 수 있는 데 요구되는 의무이다. 이 의무는 또한 다른 사람의 견해에 귀를 기울일 수 있는 자발적 의사와 이들의 입장에 대한 조정이 언제 합당하게 이루어져야만 하는가를 결정함에 있어서의 공정한 마음가짐a fairmindedness도 포함한다.[4]

2. 공적 이성의 한계the limits of public reason는 공적 토론에만 적용되므로, 입법자들이 의회석상에서 발언하거나 혹은 공식적인 업무나 결정을 내림에 있어서 행정부나 사법부에게 말할 때에만 적용 된다고 말하는 사람들이 있을 수 있다. 만약 그들이 공적 이성을 존중한다면, 시민들에게는 자신들이 준수해야만 하는 법에 대하여, 그리고 사회가 따르는 정책에 대하여 공적 이성이 주어지는 것이다. 하지만 이것만으로는 충분하지 않다.

내가 말한 바에 따르면, 민주주의는 사회의 기본구조 내에 있는 시민들 간의 정치적 관계라는 의미를 포함한다. 시민들은 이 사회로into 태어나고, 그 안에서 통상 전 생애를 영위하게 된다. 이는 나아가 시민들이 투표나 혹은 다른 방법들을 통하여 상호간에 행사하는 강제적 정치권력을 평등하게 공유하는 것을 함축한다. 이들은 합당한 종교적 및 철학적 교리들의 다양성을 인정하고 있음을 알고 있는 합당하고 합리적인 존재로서, 서로에 대한 자신의 행동의 근거를 피차 합당하게 기대할 수 있는 입장으로 언제든지 설명할 수 있어야 한다. 그리고 이 입장은 타인들도 자신의 자유 및 평등과 부합하는 것으로 지지할 수 있는 것이어야 한다. 이 조건을 충족시키려고 노력하는 것은 민주정치의 이상이 우리에게 요구하는 하나의 과업이다. 스스로 민주시민으로서 행동하는 법을 이해하는 것은 공적 이성의 이상을 이해하는 것을 포함한다.

이것을 넘어서, 질서정연한 입헌정체에 의해 실현되는 정치적 가치들은 아주 대단히 중요한 가치들이어서 쉽사리 무시될 수 없고, 그것이 표현하는 이상들은 쉽사리 포기되어서는 안 된다. 그러므로 특정 정치관이 합당한 포괄적 교리들 간의 중첩적 합의에 의해 지지된다면, 공적 이성의

---

4 이 마지막 부분에 관하여, 굿만(Amy Gutmann)과 톰슨(Dennis Thompson)의 "Moral Conflict and Political Consensus," *Ethics* 101(October 1990): 76~86에 있는 유익한 토론을 참조하라.

모순the paradox of public reason은 사라진다. 시민성의 의무와 정치적인 것의 중요한 가치들의 결합은 서로가 다른 사람들이 합당하게 받아들일 것으로 기대되는 방식으로 스스로를 통치하는 시민들의 이상을 산출할 것이며, 이 이상은 역으로 합당한 사람들이 수용하고 있는 포괄적 교리들에 의해 지지를 받게 되는 것이다. 시민들은 정치적 타협의 결과, 즉 잠정적 타협으로서가 아니라 그들 자신의 합당한 교리reasonable doctrines 내부로부터 공적 이성의 이상을 수용하게 되는 것이다.

3. 왜 공적 이성의 명백한 모순이 모순이 아닌지는 우리가 보는 그대로의 전체적 진리에 호소하지 말아야 할 친숙한 사례들이 있다는 사실을 기억해 본다면 보다 명백해진다. 이는 그 진실을 쉽게 획득할 수 있으리라고 생각되는 경우에도 마찬가지이다. 형사사건의 경우, 증거의 원칙the rules of evidence이 가능한 증언을 어떻게 제한하는지를 보라. 이 모든 것은 피고the accused에게 공정하게 재판받을 기본적 권리를 제공하기 위함이다. 뜬소문과 같은 증거뿐 아니라 부당한 수색이나 압수, 피고를 체포할 때의 권력남용, 피고의 권리에 대한 불고지를 통해 얻어진 증거도 배제되는 것이다. 피고는 자기 자신의 변호에서 증언하도록 강요받아서도 안 된다. 마지막으로, 완전히 다른 기초에 근거한 제한을 말한다면, 배우자는 서로에 대해 불리한 증언을 하도록 강요받을 수 없다. 이는 가족생활의 미덕을 최대한으로 보호하고, 애정에 의한 유대의 가치the value of bonds of affection에 대한 공적 존경을 보여주기 위함이다.

이러한 예들이 공적 이성에만 전적으로 의존하는 것에 관련된 한계와는 거리가 멀다고 하는 반대가 가능하다. 거리가 있긴 하겠지만, 그 발상은 유사한 것이다. 이 모든 예들은 권리 혹은 의무를 존중하기 위하여, 또는 이상적인 선을 증진시키기 위하여, 또는 두 가지 모두를 위하여 전체적 진리의 관점에서 결정하지 않아야 할 의무를 인정케 하는 사례들이다. 이 예들은 다른 많은 예들이 흔히 그렇듯이, 전체적 진리를 부인해야 되는 것이 어떻게 종종 완벽하게 합당할 수 있는지를 보여주기 위한 목적에 부응한다. 그리고 이것이 주장되는 공적 이성의 모순the alleged paradox of public reason이 해결되는 방법과 병행할 수 있는지를 보여준다. 여기서 입증되어야 하는 것은 시민들에 의하여 공적 이성의 한계를 일반적으로 준수해야 하는 것이 특정한 기본적 권리와 자유는 물론 이에 따르는 의무에 의해 요구되는 것인지, 아니면 그 일이 특정한 중요한 가치들을 증진시키기 때문인지, 아니면 두 가지 요인 모두에 의해서 요구되는 것인지를 밝히는 것이다. 정치적 자유주의는 실상 다음과 같은 구상에 의존하고 있다. 즉, 문제의 기본적 권리와 의무 및 가치들이 충분한 비중을 지니고 있으며, 그래서 일단 합당한 포괄적 교리들이 정치관 자체에 조정이 된다면, 공적 이성의 한계는 합당한 포괄적 교리들 간의 총체적 평가에 의해 정당화될 수 있다는 것이다.[5]

4. 근본적인 정치적 질문에 대하여 공적 이성의 개념은 투표를 사적이고 심지어 개인적인 일로까지 보는 일반적인 관점을 거부한다. 한 견해에 의하면, 사람들이 싫어하는 것과 특별히 혐오하는 것은 말할 것도 없고, 그들의 사회적 및 경제적 선호와 이익에 따라 적당히 투표할 수 있다는 것이다. 흔히, 민주주의는 다수의 지배majority rule라고 하며, 다수는 그들이 원하는 바를 할 수 있다. 또 다른 견해는 이와는 완전히 다른데, 사람들이 공적 이유들은 고려하지 않고, 자신들의 포괄적 교리가 이끄는 바에 따라 판단하여 옳고 진리라고 생각되는 곳에 투표한다는 것이다.

하지만 이 두 가지 관점은 모두 헌법적 본질들과 기본적 정의의 문제

5 이 조정의 과정은 Ⅳ: 6~7에서 기술되고 있다.

들에 관하여 투표를 할 경우, 시민성의 의무를 인식하지 못하고, 또한 공적 이성의 한계를 존중하지 않는다는 점에서는 유사하다고 할 수 있다. 첫 번째 견해는 우리의 선호와 이익에 지배받고, 두 번째 견해는 우리가 진리 전체로 보는 것에 지배받는다. 반면에, 시민성의 의무와 관련된 공적 이성은, 어떤 점에서는 루소의 『사회계약론』Rousseau's Social Contract을 연상케 하는 것으로, 근본적 문제들에 대해 투표를 통한 해결방식을 제시하는 하나의 견해를 제시한다. 그는 투표를 여러 대안들 중 어느 것이 공동선을 가장 잘 증진시킬 것인지에 대한 우리의 의견을 표현하는 가장 이상적인 방법으로 보았다.[6]

§3. 비(非)공적 이성

1. 공적 이성의 성격은 공적 이성과 비공적 이성nonpublic reasons의 차이를 생각해 보면 보다 명백해 질 것이다. 먼저, 비공적 이성들은 많지만 공적 이성은 하나밖에 없다. 비공적 이성들 중에는 교회, 대학, 학회, 전문가 집단과 같은 모든 종류의 협회들의 이성들이 이에 속한다. 앞에서 이야기했듯이, 합당하고 책임있게 행동하기 위해서는 개인뿐만 아니라 법인체corporate bodies 또한 무엇이 행해져야 하는지에 대한 사고의 방법way of reasoning이 필요하다. 이러한 사고의 방법은 그 구성원의 측면에서 보면 공적이지만, 정치사회와 일반 시민들의 측면에서 보면 비공적이다. 비공적 이성은 시민사회의 많은 이성들로 구성되어 있고, 내가 "배경문화background culture"라고 말한 것에 속해 있는데, 이는 공적 정치문화와는 대조된다. 이러한 이성들은 사회적이며, 분명히 사적인 것은 아니다.[7]

---

6 *The Social Contract*, bk. Ⅳ, chap. Ⅱ, para. 8.

7 공적/비공적 구분(the public vs. nonpublic distinction)은 공적인 것과 사적인 것 사이의 구분(the distinction between public and private)은 아니다. 이 후자에 대해서는 생략하기로 하겠

이제, 모든 사고reasoning의 방법은—그것이 개인적이건 협회적이건 또는 정치적이건 간에—특정의 공통 요소들을 인정해야만 한다: 판단의 개념, 추론의 원칙들 및 증거의 규칙들 이 외에도 많이 있다. 그렇지 않다면, 이들은 사고의 방법이 아니라 아마도 수사나 설득의 수단에 불과할 것이다. 우리는 이성에 관심을 가지고 있는 것이지, 단순히 담론discourse에 관심을 가지고 있는 것은 아니다. 그러므로 사고의 방법은 근본적 개념들과 이성의 원칙들을 수용하고, 정확성의 기준과 정당화의 기준을 포함해야만 하는 것이다. 이러한 생각들을 관장할 수 있는 능력은 공통된 인간이성의 부분이다. 하지만 개인이나 법인체의 사고가 수행되는 상이한 조건과 이들의 사고가 예속되는 제약조건들을 전제하면, 개인과 법인체가 가지고 있는 자신들의 상이한 관점에 적절한 상이한 절차와 방법들이 있을 것이다. 이러한 제약 조건들은 특정 기본권을 보호하거나 특정 가치들을 성취하기 위한 필요에서부터 발생할 수 있다.

예를 들어 보자: 법정에서 증거를 형량 평가하는 규칙들—형사재판에서 풍문에 의한 증거와 관련된 규칙들은 물론, 피고는 타당한 의심의 여지없이 유죄라는 것이 입증되어야만 한다는 규칙들—은 법정의 특수한 역할에 적합하도록 되어 있으며, 공정한 재판에 대한 피고의 권리를 보호하는 데 필요한 것이다. 상이한 증거의 규칙들은 과학적 탐구의 사회에서 사용되고, 상이한 권위들은 상이한 법인체에서 유효하게 받아들여지거나 구속력을 가지는 것으로 인정되고 있다. 신학적 교리의 관점을 토론하는 교회회의, 교육정책을 토론하는 대학 교수회의, 핵사고nuclear accident로부터 야기되는, 공중에 미치는 유해성을 평가하려는 과학 단체의 회의에

다: 사적 이성(private reason)과 같은 것은 없다. 사회적 이성(social reason)−배경문화를 이루고 있는 사회 내의 여러 단체들의 많은 이성들이 있다. 그리고 말하자면, 가정의 이성(domestic reason)—사회 내의 조그만 단체로서의 가족들의 이성—도 또한 있다. 이것은 공적 이성과 사회적 이성 양자 모두와 대조된다. 시민으로서 우리들은 이러한 모든 종류의 이성에 참여하고 있으며, 우리가 이렇게 참여함으로써 동등한 시민의 권리를 갖게 된다.

서 거론되는 상이한 권위들을 고려해 보라. 이러한 비공적 이성들의 기준과 방법들은 각 단체의 성격(목적과 관점)이 어떻게 이해되느냐와 이 단체들이 자신의 목적을 추구하는 환경조건에 의해 부분적으로 좌우된다.

2. 민주적 사회에서 비공적 이성의 권능은, 예를 들면 교회가 자신들의 구성원에게 갖는 권위에서 보여 지는 것처럼, 자유롭게 인정된다. 교회적 권능의 경우에, 배교와 이단의 문제는 법적 범죄가 아니기 때문에, 교회의 권위를 더 이상 인정할 수 없는 자들은, 국가의 권력에 저촉됨이 없이, 교회의 성원이 되는 것을 중단할 수가 있다.[8] 정치적으로 말한다면, 우리가 가지고 있는 포괄적인 종교적, 철학적, 또는 도덕적 견해가 무엇이든지 간에, 이들 또한 자유롭게 수용된다. 왜냐하면 양심의 자유와 사상의 자유를 전제로 한다면, 우리들은 어떠한 포괄적 교리들이라도 우리 자신에게 부과할 수 있기 때문이다. 이렇게 말한다고 해서, 우리가 이전의 모든 종류의 충성이나 공약, 소속감 및 애정에 구애받지 않는 자유로운 선택행위에 의해 이렇게 한다는 것을 의미하지는 않는다. 나는 다만 자유롭고 평등한 시민으로서 우리가 이러한 견해들을 인정할 것인지의 여부가 기본적인 헌법적 권리 및 자유들에 의해 규정되는 우리의 정치적 권능 내의 문제로 간주된다는 것을 의미한다.

대조적으로, 정부의 권위는 그 권위가 적용되는 영토를 떠나는 경우

8 이 경우에 우리는 양심의 자유를 교회로부터 개인을 보호하는 것으로 생각하고 있다. 이것은 기본적 인권과 자유가 개인들을 일반적으로 안전하게 해 주는 보호의 예라고 할 수 있다. 그러나 마찬가지로, 양심의 자유나 결사의 자유와 같은 다른 자유들이 교회를 정부의 간섭과 다른 유력한 단체로부터 보호해 주기도 한다. 단체와 개인 모두 보호를 필요로 한다. 그리고 또한 가족도 단체나 정부로부터의 보호가 필요하다. 마찬가지로, 가족의 성원조차도 가족의 다른 성원으로부터(아내는 남편으로부터, 자식은 부모로부터)의 보호가 필요하다. 자유주의가 개인들의 권리에만 초점을 집중시키고 있다고 보는 것은 부정확하다. 오히려, 자유주의가 인정하는 권리들은 단체들이나 보다 더 작은 집단들, 그리고 개인들을 자유주의의 정의의 지도원칙에 의해 규정되는 적절한 균형을 통해 상호간으로부터 모두 보호하는 것이다.

를 제외하고는 회피할 수 없다. 그런데 영토를 떠나는 것은 항상 이루어질 수 있는 것은 아니다. 정부의 권위가 공적 이성에 의해 지도된다는 사실이 이러한 상황을 변경시킬 수는 없다. 왜냐하면 통상적으로 볼 때 한 나라를 떠난다는 것은 중대한 조치이다: 이것은 우리가 성장해 온 사회와 문화를 떠나는 것을 의미한다. 즉, 우리가 우리들 자신, 목표와 목적, 그리고 가치들을 표현하고 이해하는 데 필요한 사상은 물론 우리의 대화에서 사용하고 있는 언어가 담긴 사회와 문화를 떠나는 것을 의미한다. 사회세계the social world에서 우리의 위치를 발견할 수 있도록 해주는 것으로서, 우리가 속해 있는 역사, 관습과 관례를 포함하고 있는 사회와 문화를 떠나는 것을 의미한다. 크게 보아서, 우리는 우리의 사회와 문화를 인정하고 있으며, 비록, 거절은 아니라 하더라도, 이의 상당 부분에 의문을 제기할 경우에도, 이것에 대한 아주 친숙하고 말로 표현할 수 없는 지식을 가지고 있는 것이다.

그런데 정부의 권위는 다음과 같은 의미에서 아무 조건 없이 자유롭게 수용될 수 있는 문제는 아니다. 즉, 사회와 문화의 유대 그리고 역사와 태생의 사회적 위치에 의해 형성되는 유대감이 아주 일찍이 시작되어 우리의 인생을 형성하고, 이러한 유대들이 강하게 작용한다고 해서 정부의 권위가 무조건 수용될 수 있는 것은 아니다. 다시 말해, 사회와 문화 및 역사와 기원에 의해 형성되는 유대감이 강하다고 해서, 마치 양심의 자유가 정치적으로 자유롭게 교회의 권위를 수용할 수 있게 하는 것처럼, 이주의 권리the right of emigration(적절한 조건을 갖춘다면)가**역자**: 이주의 권리를 인정한다고 해서 정부의 권위를 무조건 수용하도록 하기에는, 정치적으로 말하자면, 충분치가 않다. 그럼에도 불구하고 우리가 전 생애에 걸쳐서 아마도 우리의 기본권과 자유를 규정하는, 그리고 우리가 예속되는 정치권력을 효과적으로 지도하고 조정해 주는 이상, 원칙 및 기준을 자유롭게 수용하게 되는 것은 이것들을 반성적 숙고와 숙고된 판단의 결과로서 간주하기 때문이다. 이것이 우리의 자유의 외연적 한계이다.[9]

§4. 공적 이성의 내용

1. 자, 이제 공적 이성의 내용으로 들어가 보자. 공적 이성의 본질을 고려하여 보고, 공적 이성의 한계를 존중함으로써 파생되는 명백한 모순paradox이 어떻게 해결되는지를 보여 주겠다. 이 내용은 내가 말하는 "정치적 정의관political conception of justice"에 의해 형성된다. 이 정치적 정의관은 성격상 광범위한 의미에서 자유적이라고 가정하고 있다. 이를 나는 세 가지 의미로 해석하고 있다. 첫째, 이것은 특정의 기본권, 자유와 기회(입헌민주정체에서 본다면 익숙한 종류인)를 규정한다. 둘째, 특히 일반적 선과 완전주의적 가치의 주장과 관련하여 이 기본권과 자유와 기회에 특별한 우선성을 부여하고 있다. 그리고 셋째, 모든 시민들로 하여금 이 기본적 자유와 기회를 효과적으로 행사하기에 적절한 전 목적적 수단all-purpose means을 보장해 주는 조치를 인정한다. Ⅰ: 1.1~2에서 언급한 두 원칙은 바로 이러한 일반적 서술에 속한다. 그러나 이러한 요소들의 각각은 상이하게 보여 질 수 있으며, 또 그래서 많은 종류의 자유주의가 존재하게 된다.

9 여기에서 나는 칸트적 Kantian('칸트의'가 아닌 not Kant's) 견해를 수용하고 있다. 즉, 우리가 자유롭고 분별력 있는 이성(informed reason)과 숙고에 근거하여 인정하는 것을 자유롭게 수용한다고 하는 것이다(affirmed freely). 그리고 우리의 행동이 우리가 자유롭게 인정하는 것을 표현하는 한, 우리의 행동은 그럴 수 있는 한 자유로운 것이다. 자유란 가장 심연의 차원까지 들여다 볼 때 이성의 자유, 즉 우리가 말하고 행동하는 것에서 표현된 이론적 및 실천이성 양자 모두의 의미를 포함하는 이성의 자유를 요구하게 된다. 자유에 대한 한계(limits on freedom)는 그 근저를 보면 우리의 이성에 대한 한계(limits on our reason)에 불과하다: 즉, 이의 계발과 교육, 이의 지식과 정보, 그리고 이것이 표현될 수 있는 행위의 범위에 관한 한계이다. 그래서 우리의 자유는 우리가 처해 있는 제도와 사회적 맥락의 성격에 좌우되는 것이다.

정의관이 정치적이라고 함에 있어, 나는 또한 다음의 세 가지를 의미하고 있다(I: 2). 이 관점이 사회의 기본구조, 즉 통합된 사회협동의 체계인 사회의 기본구조의 주요 정치적, 사회적, 경제적 제도들에만 적용될 수 있도록 형성된다는 점이다. 그리고 이것은 보다 광범위한 포괄적인 종교적 또는 철학적 교리들과 독립하여 제시된다는 점이다. 끝으로, 이것은 민주사회의 공적 정치문화에 내재해 있는 것으로 간주되는 근본적인 정치적 개념들에 입각하여 형성된다는 점이다.

2. 이제 자유주의적 정치관이 정의의 원칙들 외에도, 정치적 문제와 관련된 정보의 종류에 적용되는 이성적 사고와 기준을 규정하는 탐구의 지침들을 포함하는 것은 본질적인 것이다. 이러한 지침이 없이는 실체적인 원칙들substantive principles이 적용될 수 없으며, 이것은 정치관이 불완전하고 파편적인 것으로 방치하게 된다. 그래서 이 관점은 두 부분으로 이루어지고 있다 :

a. 첫째, 기본구조에 적용되는 정의의 실체적 원칙들; 그리고
b. 둘째, 탐구의 지침들: 이성적 사고의 원칙들과 증거의 원칙들인데, 이 원칙들에 입각하여 시민들은 실체적인 원칙들이 적절히 적용되는지 여부를 결정하고, 이 실체적 원칙들에 최선으로 부합하는 법과 정책들을 확인하게 되는 것이다.

따라서 자유주의적 정치적 가치들은 마찬가지로 아래와 같은 두 가지 종류로 나누어진다:

a. 첫 번째 종류—정치적 정의의 가치들—는 기본구조에 적용되는 정의의 원칙들에 속한다: 평등한 정치적 및 시민적 자유의 가치들; 기회의 평등; 사회적 평등과

경제적 상호성의 가치들; 그리고 공동선의 가치뿐만 아니라 이러한 모든 가치들을 보장하는 다양한 필요조건들을 덧붙일 수 있다.

b. 정치적 가치들의 두 번째 종류—공적 이성의 가치들—는 공적 탐구를 위한 지침에 속하는데, 이는 이 탐구가 자유롭고 공적이게 해 준다. 또한, 여기에는 합당성(reasonableness)과 시민성의 (도덕적) 의무를 존중할 수 있는 마음자세(readiness)와 같은 가치들이 포함되고 있다. 이러한 가치들은 시민의 덕목으로서 정치적 문제에 대한 이성적 사고에 입각한 공적 토론을 가능하게 해 준다.

3. 우리가 말한 바와 같이, 헌법적 본질들과 기본적 정의의 문제에 관하여, 기본구조와 이의 공공정책은 모든 시민들에게 정당화될 수 있어야 하는 것이다. 이것은 정치적 정당성의 원칙이 요구하는 바이다. 우리는 여기에 다음과 같은 것을 덧붙이고자 한다. 이러한 정당화 작업들을 함에 있어, 우리들은 상식에 기초한, 현재 수용되고 있는 이성적 사고의 일반적 신념들과 형태들과 함께, 더 이상 논쟁의 여지가 없는 과학의 방법과 결론에만 호소할 뿐이다. 자유주의적 정당성의 원칙the liberal principle of legitimacy은 이것을 유일한 방법은 아니라 할지라도 공적 탐구의 지침으로 규정할 수 있는 가장 적절한 방법으로 간주하고 있다. 이러한 경우에 대하여 우리는 이외에 어떠한 다른 지침과 기준들을 가질 수 있겠는가?

이것은 헌법적 본질들과 기본적 정의의 문제를 논함에 있어 우리가 포괄적인 종교적 또는 철학적 교리들에—개인들의 입장이나 단체의 성원으로서 우리가 전체적 진리로서 간주하는 것에—호소하지 않는 것을 의미할 뿐만 아니라, 만약 이러한 것들이 분쟁의 대상이 될 경우, 말하자면 경제적 일반균형 이론economic theories of general equilibrium과 같은 것을 만들어 내고자 하는 것도 아니라는 것을 뜻한다. 가능한 한, 정의의 원칙들을 우리가 수용하고 이 원칙들을 헌법적 본질들과 기본적 정의에 적용할 수 있게 하는 기반이 되는 지식과 이성적 사유의 방법들은 이미 일반적으로 시민들에게 널리 수용되고 있거나 또는 가용한 아주 평범한 진리에 근거하고 있다. 그렇지 않다면, 정치관은 정당화의 공적 근거를 제공해 줄 수 없을 것이다.

우리가 뒤의 §5에서 논하는 것처럼, 우리의 작업은 함께 합쳐지면 완전하게 될 수 있는 정치관의 탐문의 실체적 내용과 지침들을 찾고 있는 것이다. 이것은 다음과 같은 것을 의미한다. 이러한 관점에 의해 규정되는 가치들이 적절히 균형이 되거나 결합이 되어서, 아니면 경우에 따라서는 통합이 된다면, 이러한 가치들만으로 헌법적 본질들과 정의의 기본적 질문을 포함하는 모든 질문, 아니면 거의 모든 질문에 합당한 공적 답변을 줄 수 있으리라는 것이다. 공적 이성을 설명하기 위해, 우리는 모든 또는 거의 모든 경우들에 합당한 답변을 제시할 수 있거나, 아니면 적절한 경로를 통하여 이것을 발견해낼 수 있다고 생각해야만 한다. 만약 정치관이 이러한 조건을 충족시킨다면, 그러한 정치관은 완결되었다고 말할 수 있다.

4. 공정으로서의 정의에서, 그리고 많은 다른 자유적 견해에 있어서 공적 이성의 탐문의 지침뿐만 아니라 이의 정당성의 원칙은 정의의 실체적인 원칙들과 같은 동일한 근거를 가지고 있다고 생각된다. 이것은 공정으로서의 정의에서 원초적 입장의 당사자들이 사회 기본구조에 적용되는 정의의 원칙들을 채택함에 있어, 그러한 규범들을 적용하기 위한 공적 이성의 지침과 기준들도 또한 채택해야만 하는 것을 의미한다. 이 지침들과 정당성의 원칙을 옹호하는 주장은 정의의 원칙 그 자체를 옹호하는 것과 동일하며, 또한 마찬가지로 강력한 것이다. 자신들이 대표하는 사람들의 이익을 옹호하기 위하여, 당사자들은 실체적 원칙들의 적용에 있어서 자

신들이 대표하고 있는 사람들이 합당하게 지지할 것으로 기대되는 판단과 추론, 이성과 증거에 따라야 한다고 주장해야 하는 것이다. 만약에 이들 당사자들이 이것을 고수하는 데 실패한다면, 이들은 피신탁인trustees으로서 책임 있는 행동을 하고 있지 못한 것이다. 그래서 우리는 정당성의 원칙을 가지게 되는 것이다.

그래서 공정으로서의 정의에서, 공적 이성의 지침과 정의의 원칙들은 본질적으로 동일한 근거를 가지게 된다. 이들은 하나의 합의에서 동반적 부분들이라고 할 수 있다. 어떠한 시민이나 시민들의 단체가 그 시민 자신이나 그 단체의 포괄적 교리가 지시하는 대로 국가권력을 사용하여 헌법적 본질들을 결정할 권리를 가진다는 것은 아무 근거가 없다. 동등하게 대표되었다고 한다면, 어떠한 시민도 다른 사람이나 단체에게 그러한 정치적 권위를 부여할 수는 없는 것이다. 따라서 그러한 어떠한 권위도 공적 이성에 근거를 두지 않고서는 성립할 수가 없으며, 합당한 포괄적 교리들도 이 점을 인정해야 한다.

5. 정치적 자유주의도 하나의 견해라는 것을 명심할 필요가 있다. 이 정치적 자유주의는 적용되는 실체적 원칙들은 물론 어떻게 탐구의 치침이 설정 되느냐에 따라 여러가지 형태를 띠게 된다. 이 여러가지 형태는 자유주의적인 실체적 정의의 원칙들과 함께, 동시에 공적 이성의 개념을 공유하고 있다. 내용과 개념이 이러한 한계들 내에서 달라질 뿐이다.

그런데 공적 이성의 개념과 그 정당성의 원칙을 받아들인다는 것은, 강조하건대, 그 내용을 규정하는 원칙들의 최종적인 세부사항에 이르기까지 특정한 자유주의적 정의관a particular liberal conception of justice을 받아들인다는 것은 결코 아니다. 우리들은 이러한 원칙들에 관하여 상이한 입장을 취할 수 있으며, 다만 어떤 관점의 보다 일반적인 특징들을 받아들이는 데 동의할 뿐이다. 우리들은 시민들이 자유롭고 평등한 존재로서 정치권력을 공유하고 있으며, 또 합당하고 합리적인 존재로서 공적 이성에 호소할 수 있는 시민성의 의무a duty of civility를 지니고 있다는 데 동의하고 있다. 다만, 우리들은 어떠한 원칙들이 공적 정당화의 가장 합당한 근거가 되는지에 대하여 견해를 달리 할 뿐이다. 내가 "공정으로서의 정의justice as fairness"라고 불렀던 입장은 자유주의적 정치관의 한 예에 불과하다. 그리고 그 구체적 내용은 그러한 견해를 한정적으로 정의하는 것은 아니다.

공적 이성의 이상의 요점은 시민들이 각자가 정치적 정의관으로 간주하는 기본틀 내에서 자신들의 근본적 토론을 지도해야 한다는 점이다. 이 정치적 정의관은 이렇게 이해된 정치관을 타자들이 지지하는 것이 합당하게 예측되고, 각자가 이 정치관을 충실히 옹호할 준비가 되어 있는 바로 그러한 가치들에 근거하여 구성된다. 이것은 다음과 같은 것을 의미한다. 우리들의 각자가 다른 동료들(이들 또한 자유롭고 평등한)이 우리와 함께 합당하게 지지할 수 있는 원칙과 지침들을 평가할 수 있는 기준을 가지고 있어야 하고, 동시에 설명을 할 준비가 되어 있어야만 하는 것이다. 우리들은 언제 이 조건이 충족되는지에 관하여 기꺼이 언급할 것을 요구하는 일종의 테스트를 거쳐야만 한다. 내가 다른 곳에서 원초적 입장에서 합의할 수 있는 원칙과 지침들이 나타내는 가치들을 하나의 기준으로서 제시한 적이 있다. 많은 사람들이 또 다른 기준을 선호할 수도 있다.

물론, 우리들은 실제로 다른 사람들이 우리의 기준에 의해 선정된 원칙과 지침들을 지지하지 않는다는 사실을 발견할 수도 있다. 이것은 예측될 수 있는 문제이다. 다만 이러한 생각은 우리가 그러한 기준을 가져야만 하고, 이것만이 공적 토론에 대한 바로 중요한 규준considerable discipline을 미리 부과할 것이라는 점에 있다. (미리) 어떠한 가치도 이러한 테스트를 충족시키거나 정치적 가치가 될 수 있다고 합당하게 말할 수 없으며, 또한 정치적 가치들 간의 어떠한 균형도 합당하다고 말할 수 없다. 시민들이 가장 적절한 정치관에 대하여 상이한 입장을 취하게 되는 것은 불가피한 것이며, 동시에 종종 바람직한 것이기도 하다. 왜냐하면 공적 정치문화는 상이한 방법으로 발전되는 상이한 근본적 개념들을 포함하게 되어 있기 때문이다. 시간이 경과하면서 이들 상호간에 이루어지는 질서 있는 경쟁만이 어느 것이, 만약 있다면, 가장 합당한 지를 찾아낼 수 있는 신뢰할 만한 방법인 것이다.

§5. 헌법적 본질들의 개념

1. 우리는 위에서(§4.3) 완전한 정치관을 발견해내기 위하여 이 관점의 정치적 가치들이 합당한 해답을 제시해야만 하는 일군의 근본적 질문들을 확인해 볼 필요가 있다고 말한 바 있다. 이러한 질문들로서 나는 헌법적 본질들과 기본적 정의의 문제들을 제안한다. 설명하면 다음과 같다:

헌법적 본질들에 관한 판단에 있어서 시민들이 실천적 합의에 도달해야만 하는 최대의 절박성이 있다. 이것들은 다음의 두 가지 종류이다:

a. 정부의 일반적 구조와 정치과정을 규정하는 근본원칙들: 입법부, 행정부, 사법부의 권한들; 다수결의 범위; 그리고

b. 입법적 다수가 존중해야만 하는 시민의 평등한 기본권과 자유들: 예를 들자면, 투표권과 참정권, 양심의 자유, 사상의 자유와 결사의 자유, 그리고 법치의 보호.

이러한 것들은 아주 복잡한 이야기가 된다. 나는 다만 그 의미하는

바만을 간단히 언급하고자 한다. 그렇지만 정부의 일반구조와 정치적 과정을 규정하는 (a)에 속하는 헌법적 본질들과 시민의 평등한 기본권과 자유를 규정하는 (b)에 속하는 본질들 간에는 아주 중요한 차이가 있다.

2. 첫 번째 종류의 본질들은 다양한 방법으로 규정될 수 있다. 대통령제와 내각제 정부 간의 차이를 살펴보면 알 수 있다. 그러나 일단 정착이 되면, 정부의 구조는, 경험이 보여주듯이, 정치적 정의관이나 일반적 선에 의해서만 변경될 수 있을 뿐이다. 변경의 순간에 유리한 고지에 있는 당이나 집단의 정치적 이익에 의해 촉구될 수 있는 문제는 아니다. 정부의 구조가 정치적 정의관에 입각하지 않을 때는 물론, 제안된 변경요구가 특정 정당이 타당에 대하여 유리하게끔 경도되어 있을 때에 나타나는 정부구조에 대한 빈번한 논란은 정치적 관건의 문제를 제기하여 입헌적 정부를 근본적으로 파괴하는 불신과 소용돌이로 이끌 수가 있다.

대조적으로, 두 번째 종류의 본질들은 기본적 권리 및 자유와 관계되는데, 법적으로 비교적 약간의 변화는 있지만, 하나의 방법으로 규정될 수 있다. 양심의 자유와 결사의 자유, 그리고 언론의 자유, 투표, 공직에의 출마와 같은 정치적 권리들은 모든 자유주의 체제에서 다소간 동일한 방법으로 규정되고 있다.

3. 평등한 기본적 권리와 자유를 규정하는 정의의 원칙들과 다른 한편 분배정의의 기본적 문제들, 즉 이전의 자유와 기회평등, 사회적·경제적 불평등, 그리고 자존심의 사회적 기반들을 규제하는 원칙들 간의 중요한 차이를 더 관찰해 보라.

기본적 자유와 권리들을 규정하는 원칙은 두 번째 종류의 헌법적 본질들을 포함하고 있다. 그러나 기회평등의 원칙principle of opportunity과 같은 것, 예를 들자면, 적어도 이전의 자유freedom of movement라든가 직업 선택의 자유free choice of occupation을 요구하는 원칙은 분명히 그러한 본질이긴 하지만, 공정한 기회의 평등fair equality of opportunity(내가 그렇게 규정하듯이)을 요구하는 원칙은 이러한 범위를 넘는 것이며, 그러한 본질들이라고 할 수 없다. 유사하게, 모든 시민의 기본적 필요를 위해 공급해야 하는 사회의 최저기준social minimum도 또한 하나의 본질이라고 할 수 있지만, 내가 "차등원칙the difference principle"이라고 불렀던 것은 보다 긴박한 문제이긴 하나 본질이라고는 할 수 없다.[10]

4. 기본적 자유를 다루는 원칙들과 사회적·경제적 불평등을 다루는 원칙들을 구별하는 것은 첫 번째가 정치적 가치를 표현하는 반면에 두 번째는 그렇지 않다는 것을 의미하는 것은 아니다. 양자 모두 정치적 가치를 나타낸다. 오히려 사회의 기본구조는 두 가지 협동적 역할을 담당하고 있는데, 기본적 자유를 포함하는 원칙들은 첫 번째의 역할을 규정하고, 사회적·경제적 불평등을 다루는 원칙들은 두 번째 역할을 규정한다. 첫 번째 역할에서, 그 구조는 시민의 평등한 기본적 권리와 자유를 규정하고 정당한 정치적 절차를 제도화한다. 두 번째 역할에서, 그 구조는 자유롭고 평등한 시민에 적합한 사회적·경제적 정의의 배경적 제도를 수립한다. 첫 번째 역할은 정치권력이 획득되는 방법과 그 행사의 한계와 관계된다. 우리는 정당화의 공적 근거를 제시할 수 있는 정치적 가치들에 준거하여 적어도 이러한 질문들을 해결할 수 있기를 희망한다.

기본적 자유를 다루는 헌법적 본질들이 충족되고 있는지 여부는

---

10 공정한 기회평등(fair equality of opportunity)에 관해서는, 『정의론』, pp. 72f.를 보라. 차등원칙(the difference principle)에 관해서는, 같은 책, §13을 보라. 공정한 기회와 차등원칙에 대한 찬반의 근거에 대한 정치적 토론은, 비록 이들이 헌법적 본질은 아닐지라도, 기본적 정의의 문제에 속하며, 따라서 공적 이성의 정치적 가치에 의하여 결정되어야만 한다.

입헌적 제도구성의 면모와 이들이 실제로 어떻게 작동하고 있는지에 비추어 다소간 알 수 있을 것이다. 그러나 사회적·경제적 불평등을 다루는 원칙들의 목적이 실현되는지 여부를 확인하는 것은 훨씬 어려운 문제이다. 이러한 문제들은 거의 언제나 합당한 의견의 광범위한 차이들에 직면하게 된다. 이러한 문제들은 복잡한 추론과 직관적 판단들에 의존하게 된다. 이러한 복잡한 추론과 직관적 판단들은 우리로 하여금 어설프게 이해되고 있는 주제들에 관한 복잡한 사회적·경제적 정보를 평가하도록 한다. 그래서 비록 두 종류의 문제들 모두가 정치적 가치들에 입각하여 논의되어야 하지만, 우리는 사회적·경제적 정의에 해당되는 원칙들이 실현되었는지 보다도 우선적으로 기본적 권리와 자유를 위한 원칙이 실현되었는지 여부에 관하여 보다 더 큰 합의를 기대할 수 있다. 이것은 무엇이 보다 더 올바른 원칙인가 하는 문제에 대한 차이라기보다도 원칙들이 성취되었는지 여부를 알아보는 난점의 차이라고 할 수 있다.

결론적으로 말하면 다음과 같다: 기본적 자유에 의해 규정되는 헌법적 본질들을 사회적·경제적 불평등을 다루는 원칙들로부터 구별하는 데 적용되는 네 가지의 근거들이 있다.

a. 두 종류의 원칙들은 기본구조를 위한 상이한 역할을 규정하고 있다.

b. 기본적 자유를 다루는 본질들을 해결하는 것이 보다 더 긴급한 문제이다.

c. 그러한 본질들이 실현되었는지 여부를 말하는 것은 훨씬 더 수월한 문제이다.

d. 기본적 권리와 자유들이 무엇인지에 관하여, 즉 물론 이의 상세한 사항이 아니라 기본 대강에 관한 합의를 얻어내는 것이 아주 훨씬 더 수월한 문제이다.

이러한 고려들이 이전의 자유와 직업선택의 자유 그리고 시민의 기본적 필요를 다루는 사회의 최저기준이 헌법적 본질들로 간주되는 반면에, 공정한 기회의 원칙과 차등원칙은 해당되지 않는 이유를 설명해 주고 있다.

여기에서 다음과 같은 점을 말하고자 한다. 만약에 정치적 정의관이 헌법적 본질들과 기본적 정의의 문제를 다룬다면—현재로서는 이것이 우리가 목표로 하는 모든 것이다—, 정치적 정의관은 입법기관들이 정기적으로 고려해야만 하는 많은 경제적·사회적 문제들에 관하여 말하는 바가 거의 없다고 할지라도 이미 막대한 중요성을 지닌다. 이러한 보다 구체적이고 상세한 문제들을 해결하기 위해서, 종종 해당 정치관과 이의 원칙들이 표현하는 가치를 넘어서 이러한 입장이 포함하지 않는 비정치적 가치들에 호소하는 것이 보다 합당할 수 있다. 그러나 헌법적 본질들에 대한 확고한 합의가 있고, 확립된 정치적 절차가 공정한 것으로 합당하게 간주되는 한, 자유롭고 평등한 시민 상호간에 자발적인 정치적 및 사회적 협동은 정상적으로 유지될 수 있을 것이다.

§6. 공적 이성의 표본으로서의 대법원

1. 앞에서(§1.2) 나는 사법심사제judicial review를 갖추고 있는 입헌정체constitutional regime에서, 공적 이성이란 대법원의 이성이라는 사실에 대하여 언급하였다.[11] 여기서는 이에 대하여 두 가지 점을 설명할 것이다. 첫째, 공적 이성은 최고 사법해석 기관으로서 역할을 수행하는 법원의 이성으로는 아주 적절하지만 최고법higher law의 최종 해석자는 아니라는 것이다.[12] 그리고 둘째, 대법원은 공적 이성의 표본으로 기능하는 정부의 한

11 이것은 정의(definition)는 아니다. 질서정연한 사회(well-ordered society)에서는 이 양자가 다소간 상호 중첩된다고 가정하였다. 이 절의 많은 논점들을 형성하는 데 중요한 지침을 주었던 플레밍(James Fleming)에게 감사한다.

기관이라는 것이다. 이 점들을 더욱 분명히 하기 위해, 입헌주의constitutionalism의 다섯 가지 원칙에 대하여 간단히 언급하겠다.[13]

첫 번째 원칙은 『(시민정부)이론』Two Treatises에서 로크가 구별한 새로운 체제를 형성할 국민의 헌정권constituent power과 일상 정치에서 집행되는 정부 각료 및 피선출자의 일상 권력 간의 구분이다. 국민의 헌정권(Ⅱ: 134, 141)이란 일상 권력을 규제할 수 있는 구조를 형성하며, 이는 기존의 체제가 해체되었을 때에만 무대에 등장한다.

두 번째 구분은 최고법과 보통법higher and ordinary law의 구별이다. 최고법이란 국민의 헌정권의 표현이며, 우리 국민들We the People의 의지에 속한 최고 권위를 가지고 있다. 반면, 보통법은 의회와 유권자의 일상 권력의 권위를 가지고 있는 것을 의미하며, 이의 표현이라고 할 수 있다. 최고법은 이 일상 권력을 구속하고 지도한다.

세 번째 원칙은 민주주의 헌법은 국민이 특정한 방식으로 자신을 지배할 정치 이상을 최고법의 형태로 정연하게 표현한 것이라는 점이다. 공적 이성의 목적은 이 이상을 표명하는 것이다. 정치사회의 목적 가운데 어떤 것은 헌법 전문에 서술되어 있을 수도 있고—정의를 구현하고 일반복지를 증진하는 것—, 특정 제약조건들이 권리장전a bill of rights에 명시되어 있거나 혹은 정부의 기본틀—적법절차와 평등한 법의 보호—에 함축적으로 포함되어 있을 수도 있다. 이들 모두는 정치적 가치와 그 공적

---

12 이에 대하여, Bruce Ackerman, "Constitutional Politics/Constitutional Law," *Yale Law Journal* 99(December, 1989) 및 그의 최근 저작인 *We The People: Foundations*(Cambridge, Mass.: Harvard University Press, 1991), vol. I은 아주 큰 도움을 주었다.

13 이에 대한 논의는 John Agresto, *The Supreme Court and Constitutional Democracy*(Ithaca: Cornell University Press, 1984), 특히 pp. 45~55; Stephen Holmes, "Gag Rules or the Politics of Omission," 및 "Precommitment and the Paradox of Democracy"에서 기초하였다. 이 두 글 모두 엘스터(John Elster)와 슬랙스태드(Rune Slagstad) 편, *Constitutionalsim and Democracy*(Cambridge: Cambridge University Press, 1987)에 실려 있다. 그리고 John Elster, *Ulysses and the Sirens*(Cambridge: Cambridge University Press, 1979), pp. 81~86, 88~103에도 근거하고 있다. 나의 설명에 새로운 것은 없다.

이성의 범주에 포함된다. 이와 같은 최고법의 정연한 표현은 광범위한 지지를 받게 될 것이다. 바로 이러한 이유와 함께 다른 이유로, 상세한 내용과 제약조건을 부과하여 최고법의 정연한 표현에 부담을 주지 않는 것이 가장 좋다. 또한, 그 본질적 원칙들은 기본제도에 가시적으로 드러나도록 해야 하는 것이다.[14]

네 번째 원칙은 권리장전과 더불어 민주적으로 인준된 헌법에 의해, 시민집단the citizen body이 모든 특정한 헌법적 본질들을 한 번에 영원히 결정한다는 것이다. 헌법적 본질들이란, 예를 들면, 평등한 기본적 정치적 권리와 자유, 언론과 결사의 자유뿐만 아니라 이주와 직업 선택의 자유와 같이 시민의 안전과 독립을 보장하는 제반 권리와 자유, 그리고 법의 지배의 보호 등과 같은 것이다. 이는 일상적 법들이 자유롭고 독립적인 시민들에 의해 특정한 방식으로 집행될 것을 보장해 준다. 이처럼 결정된 절차를 통해 사람들은 스스로 이성적으로 검증한 민주적 의지를, 가령 그렇게 하지 않는다고 할지라도, 표현할 수 있게 된다. 사실상, 이와 같은 절차가 없다면, 그들은 이러한 의지를 가질 수 없게 된다.

다섯 번째이자 마지막으로, 입헌정부에서 궁극적인 권력은 입법부 혹은 심지어 대법원에 있는 것도 아니다. 대법원은 단지 헌법의 최고 사법적 해석기관일 따름이다. 궁극적인 권력은 각기 국민에게 책임을 지며 서로 적절히 규정된 방식으로 관계를 형성하고 있는 (정부의) 세 기관three branches이 담당하고 있다.[15] 물론, 결국에는 유권자의 강력한 다수가 헌

---

14 나는 특히 이러한 이유로, 공정한 기회평등의 원칙(the principle of fair equality of opportunity)과 차등원칙(the difference principle)은 헌법적 본질들(constitutional essentials)이 아니라고 가정하였다. 그렇지만 내가 말한 바와 같이, 공정으로서의 정의에서는 이들은 기본적 정의와 관련된 문제이다(§5.3).

15 이 점에서, 나는 링컨의 연설과, 그의 더글라스(Douglas)와의 논쟁에서 나타난 스코트(Dred Scott: 1857)에 관한 진술에서 표명된 그의 견해를 따르고 있다. 이에 대해서는 페렌바허(Don Fehrenbacher)가 편집한, *Lincoln: Speeches and Writings*(New York: Library of America,

법을 이들의 정치적 의지에 일치하도록 만들 수 있다는 점은 인정해야 할 것이다. 이것은 단지 정치권력 그 자체와 관련된 사실일 따름이다. 이 사실을 피해 나갈 방법은 없다. 심지어 기본적인 민주적 제반 보장을 영원히 보장하려는 철통같은 보호조항entrenchment clauses에 의해서도 이를 비껴 나갈 수는 없다. 어떤 제도적 절차도 이 절차를 남용하거나 왜곡함으로써 기본적인 헌법상의 민주적 원칙들을 위반하는 법을 제정하는 것을 방지할 수는 없다.[16] 권리와 정의로운 헌법과 기본법에 대한 개념은 언제나 가장 합당한 정치적 정의관에 의해 확인되는 것이지, 실제 정치과정의 결과인 것은 아니다. 여기서 제기되는 질문에 대해서는 아래에서(§6.4) 다시 논의하겠다.

2. 그러므로 입헌 민주주의란 이원적dualist인 것이다. 즉 이는 헌정권과 일상권을 구분하며, 동시에 국민의 최고법을 입법기관들의 보통법과 구분한다. 의회 최우선주의parliamentary supremacy는 거부되는 것이다.

대법원은 바로 최고법을 보호하는 제도적 장치의 하나로서 간주되는 이원적 민주주의의 개념에 적합하게 되는 것이다.[17] 법원은 공적 이성을 적용함으로써 이 법이 일시적 다수에 의해, 혹은 이보다 자주 발생하는 것으로서 자신의 이해관계를 관철하는 데 조직적이고 유리한 입지의

1989), pp. 392f., 450ff., 524ff., 714~17, 740f.를 참조하라. 그리고 그의 최초 취임연설(1861), ibid., vol. 2, pp. 220f.에도 근거하고 있다. 링컨의 입장에 대한 설명은, Alexander Bickel, *The Last Dangerous Branch*(New York: Bobbs-Merrill, 1962), pp. 65~69; 259~69; Agresto, *The Supreme Court*, esp. pp. 86~95, 105, 128f.; 및 Don Fehrenbacher, *Lincoln: In Text and Context*(Stanford: Stanford University Press, 1987), esp. pp. 20~23, 125ff., 및 293을 참조하라.

16 이와 마찬가지로, 궁극적으로 진리를 밝혀내는 것을 보장할 수 있는 과학과 학술적 세계의 절차는 말할 것도 없거니와, 또한 탐구의 절차도 없는 것이다. Ⅲ: 8의 말미에서 언급한 바와 같이, 진리란 심지어 가장 이상적인 합의—그 합의의 범위가 아무리 확장된다고 할지라도—의 형태로 지속되는 신념에 의해 제시되는 것으로 정의할 수 없는 것이다.

17 Ackerman, "Constitutional Politics/Constitutional Law," pp. 464f. 그리고 *We the People*, pp. 6~10을 참조하라.

편협한 이익에 의해 침해당하지 않도록 보장할 수 있게 된다. 만일 법원이 이 역할을 담당하고 이를 효율적으로 수행한다면,[18] 법원을 반민주적인 기관이라고 단언하는 것은 부정확한 주장이다. 일상법에 입각하여 본다면, 사실상 이것은 반다수결적antimajoritarian이라고 할 수 있다. 왜냐하면 사법심사제를 지닌 법원에서는 그러한 법을 헌정에 위배되는 것으로 주장할 수 있기 때문이다. 그렇지만 국민의 최고권위는 이를 지지한다. 법원의 결정이 헌법 그 자체 및 그 수정안은 물론 정치적으로 결정된 해석에 합당하게 일치하는 한, 최고법에 입각하여 본다면, 그 법원은 반다수결적인 것은 아니다.

미국 헌정사상 가장 혁신적이었던 세 시기가 건국기the founding, 재건기Reconstruction, 그리고 뉴딜시대the New Deal라는 사실에 대하여 우리 모두가 동의한다고 가정해 보자.[19] 이 세 시기 모두가 공적 이성의 정치적 가치들에만 전적으로 의존하고 있는 것 같다는 사실은 무척 중요하다. 헌법과 그 수정과정, 노예제의 멍에를 벗을 방안을 모색하였던 재건 수정안the Reconstruction amendments, 그리고 근대의 적극론자activist들이 소위 복지국가라 일컫는 뉴딜, 이 모두가 이와 같은 설명에 일치하는 것 같다. 물론, 이 사실이 모두의 눈에 분명히 드러나기까지는 어느 정도의 시간이 필요하다는 것도 사실이다. 그렇지만 이 설명이 사실임을 인정하고, 법원the Court이 물론 최고법의 문제에 대한 최종적 해석기관은 아니지만 최고의 법적 기구로 이해된다면, 중요한 점은 공적 이성의 정치적 가치들이 법

---

18 물론, 역사적으로 법원은 종종 이 역할을 제대로 수행하지 못하였다는 사실을 언급하여야 할 것이다. 법원에서는 1798년 외국인 단속 및 소요법(the Alien and Sedition Acts)을 지지하였으며, 드레드 스콧(Dred Scott) 사건(1857)만 보아도 이와 같은 성격을 분명히 알 수 있다. 법원은 재건 수정안(the Reconstruction amendments)을 자유를 획득한 노예의 자유가 아닌 자본가들의 자유를 보장하는 헌장으로 해석함으로써 이 법안을 무력화시켰다. 또한 로크너(Lochner)의 시대로부터(1905) 뉴딜 초기까지도 법원은 이와 비슷하게 행동하였다.

19 이 점에서 나는 액커맨(Ackerman)의 설명을 따르고 있다. 그의 "Constitutional Politics/ Constitutional Law," 특히 pp. 486~515와 *We the People*, chaps. 3~6 passim을 참조하라.

원의 해석에 대한 근거를 제공한다는 것이다. 정치적 정의관은 최고법이 제시하는 근본적 문제들을 다루고 정치적 가치들을 설정하는 것이다. 이 정치적 가치들에 입각하여 근본적 문제들이 결정되는 것이다.[20]

물론, 혹자는 권리장전bill of rights이 없는 의회의 우선성이야말로 우리의 이원적 체제에 우선한다고 주장할 것이다. 의회는 이원적 체제에서 최고법이 보장하고자 하는 가치들을 지지하는 보다 확고한 토대를 제공한다는 것이다. 반면, 혹자는 독일의 헌법에서와 같이 헌법에 확실히 보장되어야 할 기본권을 나열하는 것이 더욱 낫다고 생각할 것이다. 이를 통해, 이와 같은 권리는 심지어 국민과 독일 대법원도 수정할 수 없으며, 따라서 이와 같은 권리를 강화하는 데 있어서는 비민주적이라는 주장이 제기될 수도 있다. 이와 같은 완벽한 보장에는 그러한 상응하는 결과가 뒤따른다. 합당한 정치적 정의관의 가치들에 의해 판단한다면, 이와 같은 체제는 이러한 근본적 문제들을 우리 국민들We the People의 최고법에 의해 해결하는 이원적 체제에 우선한다고 말할 수도 있다.[21]

정치적 자유주의는 그 자체로는 이러한 주장 가운데 어떤 것도 지지하거나 부정하지 않으며, 따라서 이에 대해서는 토의할 필요가 없다는 사실이 특히 강조되어야 한다. 여기서 중요한 점은, 단지 이러한 문제들이 어떻게 해결되었다고 하더라도, 정치적 정의관의 내용에는 공적 이성의

---

20 Samuel Freeman, "Original Meaning, Democratic Interpretation, and the Constitution," *Philosophy and Public Affairs* 21(Winter 1992), pp. 26f.와 36f.에서 이와 관련된 주제를 다루는 것을 참조하라.

21 달(Robert Dahl)은 그의 *Democracy and Its Critics*(New Haven: Yale University Press, 1989)에서 이러한 형태들의 민주적 제도들의 상대적 장점에 대해서 언급하고 있다. 그는 영국의 의회체제("웨스트민스터 모델" the "Westminster model")에 대해 다소 비판적이다(pp. 156~57). 그리고 물론 그는 사법심사제에 대해서도 비판적이지만(pp. 187~91), 언제 어디서나 근본적 권리와 이익을 보호할 수 있는 유일하고 보편적인 최선의 방법은 없다고 생각한다. 그는 이렇게 주장한다: "보편적으로 적용할 수 있는 최선의 해법은 없으므로, 특수한 해법들이 특수한 사회의 역사적 조건과 경험, 정치문화, 그리고 구체적인 정치제도에 부합하도록 조정될 필요가 있다"(P. 192). 나는 이 입장에 동의하고 싶다. 그리고 달(Dahl)의 견해에 대한 나의 이전의 오해를 지적해 준 톰슨(Dennis Thompson)에게 감사한다.

가치가 포함되어야 한다는 점이다. 공적 이성의 가치들에 입각하여 세 종류의 체제의 장점들이 결정되는 것이다.

3. 이제 두 번째 문제로 넘어가 보자: 즉 법원의 역할은 단순히 방어적인 것을 벗어나 공적 이성의 제도적 표본으로 기능함으로써 공적 이성에 적절하고 지속적인 영향력을 미친다는 것이다.[22] 이는, 첫째, 공적 이성이야말로 법원이 행사하는 유일한 이성이라는 의미를 지닌다. 법원은 얼핏 보기에도 유일하게 공적 이성의 산물이고, 이것만으로 구성된 유일한 정부 부서이다. 시민들이나 입법의원들은 헌법적 본질들과 기본적인 정의가 걸린 문제가 아닐 때에는 자신들의 포괄적 견해에 따라 적절하게 투표할 수 있다. 즉 그들이 자신들이 결정하는 모든 문제에 대하여 그 근거를 일관성 있게 하고, 이 근거들이 체계적인 헌법적 견해에 부합할 수 있도록 하고자 할 때, 이들이 왜 그렇게 투표하는지를 공적 이성에 의하여 정당화할 필요는 없다. 법관들의 역할은 정확히 이공적 이성를 수행하는 것이며, 이 과정에서 정치적인 것 이외에는 여타 명분이나 기타 가치에 근거하지 않는 것이다. 이를 넘어서는 문제에 대해서는, 그들은 스스로 헌법적 사례, 관습 및 전통이라고 생각하는 것에 의하여, 또한 헌법상 중요한 역사적 문헌에 제시된 바에 따라서 결정해야 한다.

또한, 법원이 공적 이성의 표본이라는 주장은, 헌법 및 헌법적 판례들이 요구하는 것에 대한 지식을 활용하여, 이성적으로 자신들이 추론한 의견을 통하여 가능한 한 헌법에 대한 최상의 해석을 개발하고 표현하는 것이 바로 법관의 과제라는 것을 의미한다. 여기서, 최상의 해석이란 헌법

22 대법원이 있는 사법부만이 이것을 수행하는 유일한 기구인 것은 아니다. 여타의 사회적 장치에서도 이와 같은 일을 수행하는 것은 무척 중요하다. 예를 들어, 선거에 적법한 공공 기금을 사용하여 사적 기금조성을 제한함으로써 정치적 자유의 공정한 가치를 실현하는 것, 혹은 적어도 이 목적을 향하여 정치과정을 상당히 개선하는 경우를 보라. 이에 대해서는 『정의론』, pp. 224~27과 324~21 및 356~63의 Ⅷ: 7, 12를 각기 참조하라.

의 관련 조항에 가장 부합되는 것이며, 이를 공적 정의관이나 이의 합당한 변형된 관점에 입각하여 정당화하는 것이다. 이를 수행함에 있어, 법관들은 헌법 자체에서 명시적으로, 혹은 암묵적으로 정치적 가치들을 요구할 때에는 언제라도 공적 관점의 정치적 가치들에 호소할 수 있으며, 실제로 그렇게 한다. 예를 들어, 권리장전에서 종교의 자유를 보장하거나 법 앞에서 평등한 보호를 보장하는 경우에 정치적 가치에 호소하는 것이다. 여기서, 법원의 역할은 이성의 공지성the publicity of reason의 일부분이며, 공적 이성의 광범위한 역할, 혹은 교육적 역할의 한 측면이다.

물론, 법관은 자신의 개인적 도덕성이나 일반적인 도덕성의 이상과 덕목에 호소해서는 안 된다. 법관들은 이와 같은 것을 무관한 것으로 간주해야 한다. 마찬가지로, 그들은 자신 혹은 다른 사람의 종교적 혹은 철학적 견해에 호소해서도 안 된다. 또한, 아무런 제약조건 없는 정치적 가치들을 인용할 수도 없다. 오히려, 법관들은 공적 관점의 가장 이성적인 이해에 해당된다고 생각하는 가치들에 호소해야만 하고, 또한 이러한 이해의 정의와 공적 이성의 가치들에 호소해야만 하는 것이다. 이러한 것들은 시민성의 의무에 따라 모든 합당하고 합리적인 시민들이 합당하게 인정할 것이라고 충분히 믿을 수 있는 가치들이어야 한다.[23]

---

23 법관이 무엇을 해야 하는가에 대한 이와 같은 설명은 드워킨(Ronald Dworkin)이 예를 들어, *Taking Rights Seriously*(Cambridge, Mass.: Harvard University Press, 1978)에 있는 "Hard Cases"에서, 또는 *Law's Empire*(Cambridge, Mass.: Harvard University Press, 1986)에서 설명한 견해와 비슷한 것이다. 다만, 어쩌면 한 가지 단서를 달 필요가 있을지도 모르겠다. 나는 헌법을 해석함에 있어서 법관은 공적인 정치적 정의관에 포함되어 있는 정치적 가치들에 호소해야 하거나, 적어도 수긍할만한 이것의 변형된 형태의 정의관이 포함하는 정치적 가치들에 호소해야 한다고 말했다. 법관이 호소할 수 있는 가치들은 이러한 정의관이나 이것의 변형된 형태의 정의관이 포함하는 것으로 합당하게 믿어지는 것에 한정되어야 하는 것이다. 법관들은 도덕성의 관점이나 심지어는 정치적 도덕성의 관점에 입각한 가치들에 호소할 수 없는 것이다. 나는 후자는 너무 광범위하다고 생각한다. 그러므로 기본적 필요에 의해 구체화되는 사회의 최저기준(a social minimum)에 호소하는 것은 적절한 것이지만[미켈만(Frank Michelman)이 그의 "Welfare Rights and Constitutional Democracy," *Washington University Law Quarterly* 1979(Summer 1979)에서 개진한 의견을 받아들인다면], 차등원칙(the difference

그렇지만 앞에서 말한 바와 같이(§4.5), 공적 이성의 개념은 헌법에 대한 이해의 세부사항에 있어 시민들 간의 의견의 일치보다 법관들 사이에서 더 많은 의견의 일치가 이루어질 수 있다는 것을 의미하는 것은 아니다. 그렇지만 법관들은 동일한 헌법을 자신들이 해당 정치관의 관련된 부분으로 간주하는 것에 비추어, 그리고 그렇게 변론할 수 있다고 충분히 믿을 수 있는 것에 비추어 해석해야만 하며, 또한 그렇게 보여야 한다. 헌법의 최고 사법적 해석기관으로서 법원의 역할은 다음과 같은 점을 가정한다. 법관들이 지지하고 있는 정치관과 이들 법관들의 헌법적 본질들에 대한 견해가 기본적 자유의 중심범위를 어느 정도 동일한 장소에 위치시킬 것이라는 점이다. 이런 경우에, 적어도 법원의 결정은 가장 근본적인 정치적 문제들을 해결하는 데에 성공하는 것이다.

4. 마지막으로, 공적 이성의 표본으로서 법원의 역할에는 세 번째 측면이 있다: 이는 공적 토론에서 공적 이성에 활기와 생명력을 부여하는 것이다. 법원은 근본적인 정치적 질문에 대한 권위적 판단을 통하여 이 역할을 수행한다. 법원은 합당한 방법으로 헌법을 분명하고 효과적으로 해석할 때 이 역할을 완수한다. 그리고 미국의 법원이 종종 그렇듯이, 이 과정에서 법원이 실패하면 법원은 정치적 논쟁의 중심에 서게 된다. 공적 가치들이 이러한 정치적 논쟁의 해결의 조건들이 되는 것이다.

---

principle)은 법규에서 지침으로 명시되지 않는 한, 이에 호소할 수는 없다(§5.3). 드워킨은 자신의 부합성의 조건(the requirement of fit)만으로도 대략 이와 유사한 결론에 이를 수 있다고 판단하고 있는 것으로 생각한다. 왜냐하면 그는 부합성의 조건을 수용함으로써 해석(interpretation)과 창안(invention)을 구분하고, 합당한 해석으로도 법률에 이미 함축된 바가 정치관이나 수긍할만한 변형된 형태의 정치관 내에 표명된 것임을 보여주기에 충분하다는 것이다. 물론, 이 문제에 대한 그의 의견이 옳을 수도 있지만, 나는 이 점을 확신할 수 없다. 나는, 부합성에 덧붙여, 법원의 결정이 적절한 법률의 사법적 판단인지를 확인하기 위해서는, 그 해석이 공적인 정치적 정의관이나 이의 수긍할만한 변형의 범위 내에 속하는 것이 요구된다고 말하고 싶다. 나는 이 견해가 드워킨의 견해와 본질적으로 다른 것이라고는 생각하지 않는다.

헌법은 법원이 주장하는 바로 그것이라고 할 수 없다. 오히려, 헌법은 기타 정부기관을 통하여 국민들이 합헌적으로 행동함으로써 결국 법원으로 하여금 그렇게 말하도록 하는 바로 그것이다. 헌법에 대한 특별한 이해는 수정안을 통하여 법원에 명령할 수도 있으며, 뉴딜의 경우에서와 같이 포괄적이고 지속적인 정치적 다수에 의해 강제될 수도 있는 것이다.[24] 이것은 다음과 같은 질문을 제기한다. 이를테면 수정 제1조the First Amendment를 철회하는 수정안이나, 특정한 종교를 국가종교로 만들고 여기서 파생되는 모든 결과를 인정하는 것, 혹은 수정 제14조the Fourteenth Amendment 및 이의 법 앞에서의 평등한 보호를 철회하는 수정안과 같은 것을 법원이 타당한 수정안으로 인정해야 하는가 하는 질문을 야기한다.[25] 내가 위에서 말한 바와 같이, 만일 사람들이 합헌적으로 행동하였다면 그 수정안은 타당한 것이라는 주장은 자명한 이치라고 할 수 있다truistic. 그렇지만, 특정 수정안이 헌법 제5조Article V의 절차에 맞추어 통과되었다는 사실이 그 타당성을 보장하기에 충분한 것인가?[26] (만일 이와 같은 수정안이 헌법 5조의 거부권에 관한 것이었다면) 법원이나 행정부에서는 그와 같은 조건에 해당하는 수정안이 타당하지 않다는 점을 설명하기 위해 어떤 근거를 가질 수 있을 것인가?

다음과 같은 근거에 대해서 한 번 생각해 보자: 수정안은 단순히 변

---

24 Ackerman, "Constitutional Politics/Constitutional Law," pp. 510~15와 *We the People*, chap. 5를 참조하라.

25 액커맨(Ackerman)은 이원적 민주주의의 인정에는 법원에서는 이와 같은 수정안을 타당한 것으로 수용해야 한다는 주장이 함축적으로 표현되어 있다고 주장한다. 그렇지만 나는 이 점은 부인하고자 한다. 액커맨은 만일 권리장전(the Bill of Rights)이 철통처럼 보장된다면, 그는 자신이 이를 확실하게 보장받은 세대에 속한다는 사실을 자랑스러워 할 것이라고 말하였다. 그 이유는 이를 통하여 더욱 이상적인 체제가 탄생할 것이라는 것이다. 그렇게 말하면서, 다른 한편으로는 이와 같은 철통같은 보장(entrenchment)은 현재 우리의 이원적 민주주의 사상에 반대되는 것이라고 그는 생각한다. *We the People*, pp. 319~22를 참조하라.

26 마케도(Stephen Macedo)와의 유익한 토론을 통하여 이와 같은 문제를 채택하기에 이르게 되었다. 그에게 감사한다. 그의 *Liberal Virtues*(Oxford: Clarendon Press, 1990), pp. 182f.를 참조하라. 내가 주장하는 것은 여기서 그가 주장하는 것과 유사하다.

경을 뜻하는 것이 아니다. 헌법 수정의 한 가지 개념은 기본적인 헌법적 가치들을 변화하는 정치적·사회적 환경에 조정시키는 것이거나, 아니면 이러한 가치들에 대한 보다 광범위한 포용적 이해를 헌법에 수용하는 것이다. 남북전쟁과 관련된 세 가지 수정안은 모두 이를 구현한 것이다. 예를 들어, 여성의 투표권을 보장하는 수정 제19조와 같은 것이다. 그리고 평등권 수정안the Equal Rights Amendment에서도 이와 똑같은 것을 시도하였다. 국가 설립시기에, 독립 선언서the Declaration of Independence 및 헌법에 나타난 평등의 사상과 피정복 인종을 노예로 부리는 것 사이에는 명백한 모순이 있었다. 또한, 재산 기준에 따라 투표권을 부여하는 것과 여성의 참정권을 완전히 거부한 것도 들 수 있다. 역사적으로, 이러한 수정안들은 헌법을 그 원래의 약속에 더욱 일치하는 것으로 만들었다.[27] 수정의 또 다른 개념은 이후의 헌법적 실천과정에서 드러난 약점들을 제거하기 위해 기본제도를 조정하는 것이다. 그래서 수정 제18조의 경우를 제외하면, 다른 수정안들은 대통령이 두 차례까지만 재임할 수 있도록 한 제22차 수정안의 경우와 같이 정부의 제도적 설계와 관련된 것이거나, 아니면 의회에 소득세를 징수할 권한을 부여한 제16차 개정안의 경우와 같이 정책의 특정한 기본적 문제들과 관련된 것이었다. 이러한 것이 수정안의 역할이었다.

그렇다면 수정 제1조를 철회하고 이를 정반대의 것으로 대치하는 수정안은 세계에서 가장 오래된 민주정체의 입헌적 전통에 근본적으로 위배되는 것이라고 법원은 주장할 수 있을 것이다. 그렇기 때문에 그것은 유효하지가 않은 것이다. 그런데 이것이 권리장전the Bill of Rights과 기타 수정안이 철통같이 보호되어야 함을 의미하는 것인가? 아마 이들이 오

---

27 고(故) 슈클라(late Judith Shklar)가 그녀의 *American Citizenship: The Quest for Inclusion* (Cambridge, Mass.: Harvard University Press, 1991)에서 이 역사에 대해 간략하지만 명료하게 서술한 것을 참조하라.

랜 역사적 실천에 의해 검증되었다는 의미에서는 철통같이 보호받고 있다고 말할 수도 있다. 위에서 말한 방식으로 수정될 수는 있겠지만, 단순히 철회되거나 역전되지는 않을 것이다. 만일 이런 일이 실제로 발생한다면, 물론 이는 정치권력의 행사를 통하여 이런 방향전환을 한다는 사실이 전혀 상상할 수도 없는 일은 아니지만, 이는 헌정의 파괴constitutional breakdown[28]를 의미하는 사건이 될 것이며, 혹은 말 그대로 혁명이지 정당한 헌법의 수정은 아니다. 이 사상과 원칙을 두 세기가 넘도록 성공적으로 실천하였다는 사실로 말미암아, 애초의 진위 여부와는 무관하게 이제는 어떤 것을 수정안으로 간주할 수 있을지에 대한 제약조건이 자리 잡게 된 것이다.

그러므로 적법성의 여부와 무관하게 거대한 헌정 상의 변화기에, 법원은 논쟁의 중심에 서 있을 수밖에 없게 된다. 그 역할로 말미암아 법원은 종종 정치적 토론이 헌정 상의 문제를 제기하기 위해서는 정의의 정치적 가치들과 공적 이성에 부합할 수 있도록 정연한 형식을 갖추도록 요구한다. 공적 토론은 권력과 지위에 대한 경쟁 이상의 의미를 띠게 된다. 이것은 기본적인 헌법의 문제에 관심을 집중시킴으로써 공적 이성의 사용과 그 정치적 정의의 가치들에 대하여 시민들을 교육한다.

나는 사법심사제가 있는 입헌정체의 대법원에 대한 이러한 논의들을 마무리 짓기 위하여, 이러한 논의들이 그와 같은 심사제도를 옹호하기 위한 것이 아니라는 사실을 강조하고자 한다. 물론, 사법심사제는 특정한 역사적 환경과 정치문화의 조건 하에서는 방어될 수도 있다. 그렇지만 나의 논의의 목적은 공적 이성의 개념을 정교하게 다듬는 것이었으며, 이 개념을 보다 명확하게 하기 위하여 법원이 그 표본으로 기능할 수 있는

---

28 이는 프리만(Samuel Freeman)이 "Original Meaning, Democratic Interpretation, and the Constitutions," pp. 41f.에서 자신의 견해를 액커맨의 견해와 대조하면서 사용한 개념이다. 그의 논의에 감사한다.

방식을 살펴본 것이다. 그리고 이 점에서 법원은 특별한 입장에 있지만, 기타 정부기관도 그렇게 하려고만 한다면 법원과 마찬가지로 헌법적 문제를 토론하는 원칙의 토론장이 될 수 있는 것은 확실하다.[29]

§7. 공적 이성과 관련된 명백한 난점들

1. 우리는 하나의 정치관을 모색하여 왔는데, 정의의 가치들과 공적 이성의 가치들이 결합된 이 정치관이 모든, 또는 거의 모든 근본적인 정치적 문제들에 대해 합당한 대답을 준다는 것을 §4.3에서 살펴보았다: 이 근본적인 정치적 문제들은 헌법적 본질들과 기본적 정의의 문제들을 포함하고 있다. 나는 몇 가지 명백한 난점들을 논의하고자 한다.

하나의 난점은 공적 이성이 어떤 특별한 질문에 대하여 하나 이상의 합당한 답변을 허용할 수 있다는 것이다. 그 이유는 많은 정치적 가치들이 있을 수 있고, 또 이 가치들이 규정될 수 있는 많은 방법들이 있기 때문이다. 그런데 가치들 간의 상이한 결합이나 동일한 가치들이 상이한 비중을 갖는 현상은 특수한 근본적인 경우에 지배적인 경향이라고 가정해 보자. 모든 사람들이 정치적 가치들에 호소하나 합의는 이루어지지 않은 채 근소한 이상의 입장차이가 지속될 수 있다. 종종 그러하듯이, 이런 상황이 일어난다면 공적 이성이 문제를 해결하는 데 실패했다고 말할 수 있다. 이 경우에 시민들은 자신들이 만족하게 생각하는 방식으로 이 문제를 해결하기 위하여 비정치적 가치들에 호소하는 원칙들을 강구할 것이다.[30] 모든 사람이 다 동일한 비정치적 가치들을 도입하는 것은 아니겠지

---

29 이 마지막 측면에 대해서는, Dworkin, "The Forum of Principle," in *A Matter of Principle* (Cambridge: Harvard University Press, 1985), pp. 70f.를 참조하라.

30 그리나월트(Kent Greenawalt)는 이러한 견해를 보이는 경향이 있다. 그의 상세한 논의에 대해서는, *Religious Conviction and Political Choice*(New York: Oxford University Press, 1988), chaps. 6~7을 보라.

만, 적어도 모두가 자신들에 적합한 해답을 가지게 될 것이다.

공적 이성의 이상은 헌법적 본질들과 기본적 정의의 문제들의 경우에는 이렇게 하지 않도록 촉구한다. 긴밀한 합의는 거의 달성되기 힘든 것이며, 가치들에 대한 평가에 있어 의견의 불일치가 발생할 때마다 공적 이성을 포기하는 것은 사실상 이를 완전히 포기하는 것이라고 할 수 있다. 더욱이, §4.5에서 말했던 것처럼, 공적 이성은 동일한 정의의 원칙들을 받아들이도록 요구하는 것이 아니라, 오히려 우리가 정치관으로 간주하는 것에 입각하여 우리의 근본적인 토론을 지도하도록 요구하는 것이다. 우리는 진심으로 해당 문제에 대한 우리의 견해가 모든 사람이 합당하게 지지하리라고 기대할 수 있는 정치적 가치들에 기초하고 있다고 생각해야만 한다. 그래서 유권자가 그것을 수행하는 것은 최고의 이상이라고 할 수 있다. 이 최고의 이상을 추구하는 것은 단순히 완전한 합의가 이루어지지 않는다는 이유로는 포기될 수 없는 근본적인 민주적 가치들을 실현하는 것이다. 투표라는 것은 여타의 다른 문제에 대하여 이루어질 수 있는 것과 마찬가지로 근본적인 문제에 대하여 행해질 수 있다. 그래서 문제가 정치적 가치들에 호소하여 논의되고 시민들이 자신의 성실한 의견을 투표한다면, 그 이상은 지속되는 것이다.

2. 두 번째 난점은 우리의 진실한 견해를 투표하는 것이 의미하는 바와 관계된다. 우리가 다음 세 가지 조건을 만족시켰을 때, 공적 이성과 그것의 정당성의 원칙을 존중한다고 말해보자: a) 우리는 공적 이성이 규정하는 이상에 대하여 매우 중대하고 정상적인 우선적 비중을 부여한다; b) 우리는 공적 이성이 적절하게 완결적이라고 믿는다. 다시 말하자면, 적어도 대다수의 근본적인 문제에 대하여, 아마도 모든 문제에 대하여, 오로지 정치적 가치들 간의 결합과 균형만이 합당하게 대답을 제시한다고 믿

는다. 끝으로, c) 우리는 우리가 제안하는 특별한 견해와 그것에 기반을 두고 있는 법이나 정책이 그러한 가치들의 합당한 결합과 균형을 표현한다고 믿는다.

자, 그런데 다음 문제가 발생한다: 나는 지금까지 시민들이 포괄적인 종교적 및 철학적 교리들을 인정하고, 많은 사람들이 비정치적이고 초월적인 가치들을 정치적 가치의 진실한 근거라고 생각할 것이라고 가정해 왔다. 이러한 믿음은 정치적 가치들에 대한 우리의 호소를 불성실한 것으로 만드는가? 그렇지 않다. 이러한 포괄적 믿음들은 위에서 언급한 세 가지 조건과 완전히 양립한다. 정치적 가치들이 어떤 더 깊은 근저some further backing를 가질 것이라고 생각하는 것은 우리가 그러한 가치들을 받아들이지 않는다거나, 공적 이성의 존중의 조건들을 인정하지 않는다는 것을 의미하는 것이 아니다. 이것은 우리가 기하학의 공리axioms를 받아들이는 것이 정리theorems를 받아들이지 않는다는 것을 의미하는 것이 아닌 것과 마찬가지이다. 나아가서, 우리는 공리가 이끌어낸 정리들 때문에 공리를 받아들일 수 있는 만큼, 그 반대의 경우에도 그렇게 받아들일 수도 있다.[31]

---

31 이것은 중요한 점이다: 다시 말해서, 우리는 지지의 질서(the order of support)와 연역의 질서(the order of deduction)를 구별해야만 한다. 연역적인 논증(deductive argument)은 진술들이 어떻게 결합될 수 있는지에 대한 질서를 보여준다; 공리나 기본 원칙들은 분명하고 명쾌한 방식으로 이러한 결합관계들을 설정하는 데 있어 명료하게 잘 드러난다. 원초적 입장과 같은 관점은 동일한 의미에서 아주 명료하게 드러나며, 우리에게 어떤 통일성을 지닌 것으로서 공정으로서의 정의를 제시하도록 할 수 있게 한다. 그러나 규범적인 관점을 정당화하고 그것이 합당하다는 것을 우리에게 확신시켜 주는 진술들은 연역의 질서에서 고차원적인 것이 될 수도 있고, 되지 않을 수도 있다. 만약 원칙과 확신들이 이들을 도출해 내는 교리를 어느 정도 강력하게 지지하는가에 따라 이 원칙과 확신들에 우리가 순위를 매긴다면, 이러한 지지의 질서에서 높게 평가되는 원칙과 확신들이 연역의 질서에서는 낮게 평가될 수 있는 것이다. 반성적 평형의 개념(the idea of reflective equilibrium)은 어떤 일반성의 수준에서의 확신들이 지지근거들을 제공할 수 있도록 해준다. 그래서 잘 제시된 교리에서 연역의 질서는, 만약 그것이 있다면, 분명할 수가 있다. 그러나 지지의 질서는 다른 문제이며 충분한 반성에 의해 결정되어야만 한다. 그렇다면, 우리는 어떻게 말할 것인가? 이러한 구분이 이루어졌을 때, 종교적 또는 철학적 견해를 인정하는 사람들이 공적 이성을 인정하는 것에서도 마찬가지로 성실해질 수

세 가지 조건을 인정함에 있어, 우리는 정치적 가치들에 대한 호소의 의무를 공적 담론의 일정한 형태를 채택할 의무로서 받아들이는 것이다. 제도와 법은 항상 불완전하기 때문에, 우리는 그러한 담론의 형태를 불완전한 것으로서, 그리고 어떤 경우에는 우리의 포괄적 교리에 의해 설정된 전체적 진리에 못 미치는 것으로 간주할 수 있다. 또한, 그러한 담론은 그것이 우리의 견해가 의존하고 있다고 믿는 가장 기본적인 근거들을 설정해 주지 않기 때문에 피상적인 것으로 여겨질 수 있다. 그렇지만 다른 시민들에 대한 시민성civility의 의무를 전제한다면, 우리는 그것을 따라야 하는 강력한 이유를 가지고 있다고 생각한다. 결국, 이들도 상이한 근거에서이긴 하지만, 같은 의미에서 담론의 불완전성에 대하여 동일한 입장을 공유하고 있다. 왜냐하면 이들은 상이한 포괄적 교리들을 가지고 있으며, 상이한 근거들은 설명에서 제외된다고 믿기 때문이다. 그러나 이러한 방법을 통해서만, 그리고 민주 사회의 정치는 우리가 전체적 진리로 간주하는 것에 의해 결코 지도되어질 수 없다는 점을 받아들임으로써, 우리는 정당성의 원칙the principle of legitimacy에 의해 표현된 이상을 실현할 수 있게 될 뿐이다: 이것은 모든 사람들이 합당하게 지지할 수 있는 것으로 기대되는 이유에 입각하여 다른 사람들과 함께 정치적으로 사는 것을 의미한다.

공적 이성이 요구하는 것은 시민들이 자신의 투표에 대하여 공적인 정치적 가치들의 합당한 균형적 평가에 입각해서 상호간 설명할 수 있기를 바라는 것이다. 물론, 시민들이 지지하는 합당한 포괄적인 교리들의 다원성이 그러한 정치적 가치들에 대하여 한 차원 더 깊은, 그리고 종종

없다고 말할 수 있는 근거는 없다. 종교적인 사람들은 연역의 질서와 지지의 질서간의 구분에 당혹해 할 수 있다고 생각될 수 있다. 그러나 그들은 그럴 이유가 없다. 왜냐하면 그들의 경우에 신의 존재에서 출발하므로 연역과 지지의 질서가 동일하기 때문이다. 그러한 질서들 간의 개념적인 구분은 그들이 동형구조로 일치될 수 없다는 것을 함축하지는 않는다.

초월적인 근거를 제공한다는 점을 모든 사람들이 이해하고 있는 것이다. 각각의 경우에서 어떤 교리들이 인정될 수 있는지는 개인적인 시민의 양심의 문제이다. 시민들이 지지하는 정치적 가치들의 균형적 평가는 합당해야만 하고, 다른 시민들에 의하여 합당하다고 간주될 수 있는 것이어야만 한다는 것은 맞는 말이다. 그러나 모든 합당한 균형적 평가들이 동일한 것은 아니다. 공적 이성과 충돌하는 포괄적인 교리들만이 정치적 가치들의 합당한 균형적 평가를 지지할 수 없는 교리들이다.[32] 그렇지만 실제로 수용되고 있는 교리들이 합당한 균형적 평가를 지지한다고 전제하면, 누가 어떻게 불평할 수 있겠는가? 이 경우 이의가 있다면 무엇인가?[33]

---

32 한 예로서, 아주 논란의 여지가 많은 낙태의 경우를 들어 보자. 우선, 당면한 사회가 질서정연하며 우리는 성숙한 성인여자의 정상적인 경우를 다룬다고 가정하자. 우선, 이러한 이상화된 경우에 관하여 명백히 하는 것이 최선일 것이다. 이것에 관해 분명해지면, 우리는 다른 경우에 관한 생각에 도움을 줄 수 있는 지침을 얻게 되며, 다른 경우들은 (언제나) 우리로 하여금 예외적인 상황들을 고려하도록 만든다. 더 나아가 우리가 다음과 같은 세 가지 중요한 정치적 가치들의 견지에서 이 문제를 고려한다고 가정해 보자: 인간생명에 대한 충분한 존경, 특정 형태의 가족을 포함하는 장시간에 걸친 정치사회의 질서정연한 재생산, 마지막으로 평등한 시민으로서의 여성의 평등(물론, 이 외에도 다른 중요한 정치적 가치들도 있다). 이제 나는 이러한 세 가지 가치들 간의 합당한 균형적 평가가 여성에게 수임 첫 1/3기간(trimester) 동안에 여성이 낙태할 것인지 아닌지를 결정할 수 있는 정당한 자격의 권리를 주리라고 믿는다. 그 이유는 임신의 초기단계에서는 여성의 평등이라는 정치적 가치가 우선적인 것이며, 이 권리가 이것에 실체와 힘을 부여하도록 요구된다. 다른 정치적 가치는, 관련되어 있다고 할지라도, 이러한 결론에 영향을 주지 못할 것이라고 생각된다. 적어도 일정한 상황에서, 합당한 균형적 평가는 이것을 넘어서는 그러한 권리를 그녀에게 허용할 수도 있다. 그렇지만 나는 이 문제를 전반적으로 여기에서 논하지 않겠다. 왜냐하면 나는 수임 첫 1/3기간 동안의 정당한 자격의 권리를 배제하는 정치적 가치의 균형적 평가로 유도하는 포괄적인 교리들이 그렇게 하는 한도까지는 비합당하다는 것을 말함으로써 단지 텍스트의 요점을 설명하기 원했기 때문이다. 그리고 이의 공식화의 세부사항에 따라, 이것은 또한 잔인하고 억압적 일 수 있다. 예를 들어, 강간과 근친상간의 경우를 제외하고 그 권리를 완전히 거부한다면, 그렇게 될 것이다. 그래서 이 문제가 역시 헌법적 본질들이나 기본적 정의의 문제라는 것을 가정한다면, 만약 우리가 이 권리를 거부하는 포괄적인 교리에 입각하여 투표한다면, 우리는 공적 이성의 이상에 반하게 되는 것이다(§2.4 를 보라). 그러나 포괄적인 교리가 하나 혹은 몇 가지 경우에서 비합당한 결론으로 유도된다고 해서, 그 포괄적인 교리가 그 자체로서 비합당한 것은 아니다. 이것은 여전히 대부분 합당할 것이다.

33 나는 텍스트의 이 부분과 다른 부분에서 설명되고 있는 공적 이성의 개념이 그리나월트(Greenawalt)의 *Religious Convictions and Political Choice*에서 나타나는 그의 견해와 양립한다고 믿는다. 그가 상반되게 생각하는 것은 내가 "정치적 자유주의"라고 부르는 것보다 더 강력

3. 세 번째 난점은 어떤 문제가 공적 이성에 의해 언제 성공적으로 해결되는지를 명백히 하는 것이다. 일부의 사람들은 이것이 해답이 없는 많은 문제를 남긴다고 생각한다. 그러나 우리는 정치적 정의관이 완전해 지기를 원한다: 이것의 정치적 가치들은 모든, 또는 거의 모든 근본적인 질문에 대하여 합당한 대답을 주는 균형점을 수용해야 한다(§4.3). 이 문제를 논의하기 위하여, 내가 지금껏 불러왔던(I: 3.4) 몇 가지 "확장의 문제problems of extension"를 언급하고자 한다. 왜냐하면 나는 이것들이 정치관 내부로부터 답변될 수 없어 보이기 때문이다.

시간이 이러한 문제에 대한 설명을 허락하지 않기 때문에, 나는 적어도 그러한 네 가지 문제가 있다고 앞서(I: 3.4) 우리가 말했던 것을 다시 생각해 내고자 한다. 하나는 미래세대에 대한 우리의 의무를 다루는 문제에 정의를 확장시키는 것이다(정당한 저축*just savings*의 문제가 이에 속한다). 다른 하나는 국제법과 국민들 상호간의 정치적 관계political relations between peoples에 적용될 개념과 원칙들에 그것을 확장하는 문제이다—전통적인 만민법jus gentium을 들 수 있다. 세 번째 확장의 문제는 정상적인 의료보장의 원칙the principles of normal health care을 설정하는 것에 관한 것이다. 마지막으로, 우리는 정의가 동물과 자연의 질서에 대한 우리의 관계에도 확장될 수 있는지를 물을 수 있다. 내가 말해 왔던 것처럼(I:

한 것으로서 제시되는 자유 민주주의의 개념에 의해서 표현되는 철학적 자유주의와 그 조건들에 대한 그의 해석에 기인한다고 생각한다. 한 가지 예로, 공적 이성의 조건들은 민주적 시민정신의 이상에 속하며, 이것들은 공적인 정치적 포럼과 헌법적 본질들 및 기본 정의의 문제에 대해 어떻게 투표해야 하는지에 대한 우리의 행동을 제한한다. 더욱이, 위 본문이 끌어내듯이, 공적 이성은 시민들에게 "그들의 종교적 확신을 뽑아내는 것"을 요구하지 않으며, 그리고 마치 "시민들이 도덕 사상의 기본적 전제로서 간주하고 있는 것을 무시한 채, 아무 근거 없이 무에서부터(from scratch) 출발하는 것"처럼 그러한 질문들(종교적 신념들)에 대해 생각하도록 요구하지도 않는다(Greenawalt, p. 155). 실제로, 이러한 제안은 중첩적 합의의 개념과 완전히 대조적이다. 나는 이 저서의 텍스트가 중요한 그리나월트의 책의 중심적 장 pp. 153~56에서 이루어지는 그의 논의 및 pt. Ⅲ에서 그가 말하는 것과 양립된다고 생각한다. 언급한 부분에서 그는 자유주의 사회에서 적절한 정치적 논의로서 그러한 문제들을 다루고 있다.

3.4), 나는 공정으로서의 정의가 처음 세 가지 문제들을 다룰 수 있도록 합당하게 확장될 수 있다고 믿는다. 그렇지만 여기에서 그것들에 관해 논의할 수는 없다.

대신, 나는 이러한 세 가지의 문제가 유사한 방법으로 해결될 수 있으리라는 내 추론을 간단하게 표현하고자 한다. 사회계약의 전통에 기초하는 몇몇 입장들은, 공정으로서의 정의도 이러한 입장의 하나인데, 당면한 사회의 성인들(시민집단의 구성원들)의 완전한 지위를 당연시함으로써 시작하고 있으며, 여기에서부터 논의를 전개하고 있다: 장래에는 다른 세대에 대하여, 외부적으로는 다른 사회에 대하여, 내부적으로는 정상적인 의료보장을 요구하는 사람들에 대하여 확장되는 것이다. 각각의 경우, 우리는 성인이 된 시민의 지위에서부터 시작하여 특정한 제약조건을 준수하여 합당한 법을 획득할 수 있도록 진행한다. 우리는 동물과 자연의 나머지 세계에 대한 주장에 대하여 동일하게 진행할 수가 있다. 이것은 기독교 시대의 전통적인 견해였다. 동물과 자연은 우리의 세상관습에 예속되는 것으로 간주되고 있다.[34] 이것은 명백성의 장점을 지니고 있으며, 일종의 답을 제시한다. 여기에 호소해야 할 수많은 정치적 가치들이 있다: 자연의 질서와 이의 생명지속적 특성들life-sustaining properties을 보존함으로써 우리 자신과 미래세대의 선을 증진시키는 것; 인간의 건강에 대하여 잠재적인 적용의 가능성을 지닌 생물학적이며 의학적인 지식을 위하여 동물과 식물의 종류를 촉진하는 것; 공적인 레크리에이션의 목적과 세계에 대한 깊은 이해의 즐거움을 위해 자연의 아름다움을 보호하는 것 등이다. 이러한 종류의 가치들에 대한 호소는 많은 사람들이 동물과 나머지 자연세계의 지위에 대한 합당한 대답을 찾아왔던 바를 나타낸다.

34 Keith Thomas, *Man and Natural World*(New York: Pantheon, 1983)을 보라. 기독교 시대의 입장에 관해서는 이 책의 chap. 1을 참조하라. 반면, 그 이후의 장에선 18세기에 시작되는 현대적 태도(modern attitudes)의 발전에 대해 다루고 있다.

물론 일부의 사람들은 이러한 가치들만으로는 이 경우를 해결하는 데 충분하지 않다고 생각할 것이다. 그래서 세상에 대한 우리의 태도가 자연적 종교의 하나라고 가정해 보자: 우리는 그러한 (위에서 열거한 정치적) 가치들에만 호소하는 것은 상당히 잘못되었다고 생각하며, 이것과 마찬가지로 다른 것들도, 예를 들어 자연세계와 우리의 관계를 결정하는 것도 상당히 잘못되었다고 생각한다. 그렇게 하는 것은 협소한 인류중심적인 견해a narrowly anthropocentric point of view로 자연의 질서를 보는 것에 불과하다. 이와는 대조하여 인류는 자연에 대하여 특정한 관리책임stewardship을 수행해야 하며, 전혀 판이한 일련의 가치들에 대해 비중을 두어야 한다는 입장이 있을 수 있다. 이 경우, 우리의 태도는 신학적인 입장에서 낙태를 거절하는 사람들과 상당히 동일하다. 그러나 중요한 차이가 있다: 자연의 세계에 대한 지위와 그것에 대한 우리의 적절한 관계는 헌법적 본질들이나 정의의 기본적 문제들은 아니다. 이러한 헌법적 본질들과 기본적 정의의 문제들에 대해 상세하게 논의한 바 있다(§5).[35] 이것은 시민들이 자신의 비정치적 가치들을 제안하고 다른 시민들에게 확신시키려고 노력하는 것과 관련된 문제이다. 공적 이성의 한계는 적용되지 않는다.

4. 근본적인 질문들이 공적 이성에 의해 언제 해결되는지를 말함으로써 종합해 보자. 분명한 것은, 공적 이성이 어떤 주어진 경우에 있어서 합당한 답변을 제시하기 위해서는, 어떤 선정된 포괄적 교리만으로 부터 진행한다고 할지라도, 그 교리가 산출하는 동일한 답변을 공적 이성이 제시해야 한다는 것이 요구되지 않는다는 점이다. 그렇다면 어떤 의미에서 공적 이성의 답변 자체가 합당해야만 한다는 말인가?

대답은 다음과 같다: 그 답변은, 공적 이성에 의해서만 판단이 될 때

35 물론, 이러한 문제들은 미래 세대와 다른 사회에 대한 우리의 의무와 책임이 연관될 때에는 헌법적 본질들과 기본적 정의의 문제가 될 수 있다.

에는, 물론 최상의 합당한 것은 아니라고 할지라도, 최소한 합당한 것임에 틀림없다. 그러나 이것을 넘어서고 질서정연한 사회의 이상적 경우를 생각할 때에는, 우리는 그러한 답변이 중첩적 합의를 이루는 합당한 포괄적 교리들 각각이 허용하는 범위leeway내에 위치해 있을 것을 희망하고 있다. 그 허용범위라는 것을 나는 특정의 교리가, 비록 마지못해서라고 할지라도, 일반적인 경우이건 아니면 특수한 경우이건 간에 공적 이성의 결론을 수용할 수 있는 범위를 의미한다. 합당하고 효과적인 정치관은 포괄적 교리를 자신에게 지향할 수 있도록 할 수 있으며, 필요하다면 부당한 것으로부터 합당한 교리로 형성할 수 있을 것이다. 그러나 이러한 경향을 인정한다고 할지라도, 정치적 자유주의 그 자체는 각각의 포괄적 교리가 모두 다 그 허용범위 내에서 거의 언제나 공적 이성의 결론들을 찾을 수 있다고는 주장할 수 없다. 그렇게 주장하는 것은 공적 이성을 초월하는 것이다.

그래도 우리는 (정치적 자유주의) 정치관이 공적 이성의 정치적 가치들은 물론 자유롭고 평등한 존재로 간주되는 시민들 간의 정의의 정치적 가치들의 합당한 표현이라고 주장할 수 있다. 그러한 정치관이 이러한 근본적인 가치들의 이름을 걸고 포괄적인 교리들에 대해 주장을 하여, 이것을 거절하는 자들로 하여금 정치적 의미에서 정의롭지 못하다는 비난을 감수케 하는 것이다. 여기서, 우리가 Ⅱ: 3.3에서 말했던 것을 상기해 보자: 말하자면, 다른 사람들의 포괄적 교리를 합당한 것으로 인정함에 있어, 시민들은 또한 다음과 같은 점도 인정하고 있는 것이다. 즉, 자신들의 믿음의 진리성을 확보하기 위한 공적인 근거가 결여된 상태에서, 자신의 포괄적 교리를 고집하는 것은 다른 사람들에게는 자기 자신의 믿음만을 고집하는 것으로 보일 수밖에 없다는 점이다. 우리가 만약 그렇게 계속 고집한다면, 다른 사람들도 자기방어로 이것에 부당한 힘을 사용함으로써 우리들에게 반대할 수가 있는 것이다.

§8. 공적 이성의 한계들

1. 마지막 질문으로서, 공적 이성의 한계들the limits of public reason에 관하여 다루어 보자.[36] 나는 이러한 한계들에 관해 종종 언급한 적이 있다. 이 점에 대해, 공적 이성의 한계들은, 근본적인 정치적 문제들에 관하여, 포괄적 교리들의 입장에서 명시적으로 제시되는 이성들이 공적 이성으로 결코 도입될 수 없다는 점을 의미하는 것으로 여겨질 것이다. 물론, 이러한 교리가 지지하는 공적 이성들이 주어질 수 있지만, 이 공적 이성들은 이를 지지해 주는 교리 그 자체는 아니다. 공적 이성에 대한 이러한 이해를 "배타적 견해exclusive view"라고 부르자. 그러나 이러한 배타적 견해에 대립되는 것으로서, 또 다른 견해가 있다. 이는 공적 이성 그 자체의 이상을 강화하는 방식으로 한다는 전제 하에서, 시민들이 특정 상황에서 자신의 포괄적 교리에 입각한 정치적 가치들의 근거로 간주하는 바를 제시할 수 있게 해 주는 것이다. 공적 이성에 대한 이러한 이해를 "수용적 견해inclusive view"로 부를 수 있다.

그런데 문제는 우리가 공적 이성의 이상을 이해할 때에 배타적 혹은 수용적 견해 중 어느 것에 따라야만 하는가이다. 답변은 어느 견해가 질서정연한 사회에서 보다 장기적으로 시민들로 하여금 공적 이성의 이상을 최상으로 존중하게 하고, 사회적 조건을 공고하게 하는가에 좌우된다. 이러한 관점에서 보면, 수용적 견해가 올바른 것처럼 보인다. 그 이유는 다

---

36 이러한 한계들에 대하여 굿만(Amy Gutmann)과 솔럼(Lawrence Solum)으로부터 토론과 서신을 통해 많은 도움을 받았다. 처음에는 나는 내가 "배타적 견해"(exclusive view)이라고 부르는 것에 마음이 기울었다. 그들은 이것이, 노예제도 폐지론자들(이것은 솔럼의 의견이다)과 마틴 루터 킹 2세의 예가 제시하는 것처럼, 너무 제한적이라고 나를 설득했다. 나는 그들의 서신에서 제시된 이 문제의 복잡한 것들을 다루려고 시작한 것은 아니다.

음과 같다. 다른 교리와 관습을 가진 상이한 정치적 및 사회적 조건 하에서는, 이상이란 때로는 배타적 견해처럼 보이는 것에 의해서, 때로는 수용적 견해처럼 보이는 것에 의해서 다른 방식으로 추진되고 완성되는 것이 당연하기 때문이다. 그러면 단기적이건 장기적이건 간에, 이상이 가장 잘 달성되는 방식을 결정하는 것은 이러한 조건들인 것이다. 수용적 견해는 이러한 변이variation를 수용하며, 공적 이성의 이상을 촉진시키는 데 필요한 이상으로 신축성이 있다.

2. 예를 들어 보자: 먼저 이상적인 경우를 가정해 보자. 당면한 문제의 사회가 어느 정도 질서정연한 사회라고 하자. 그 구성원들은 합당한 교리들 간의 확고한 중첩적 합의를 잘 인식하고 있으며, 치열한 어떤 논쟁에 의해 동요되지 않는다. 이 경우에 정치관의 가치들은 익히 알려져 있고 시민들은 이러한 가치들에 호소함으로써 가장 명백하게 공적 이성의 이상을 존중할 수 있게 된다. 일상적 정치의 동기들 외에, 그들은 다른 고려사항을 도입하는 데 대해 그다지 대단한 흥미를 가지고 있지 않다: 그들의 기본적 권리는 이미 보장되어 있고, 항의해야 할 만한 어떤 근본적인 부정의도 없다. 이러한 질서정연한 사회에서의 공적 이성은 배타적 견해를 따르는 것처럼 보일지도 모른다. 정치적 가치들에만 호소하는 것이 시민들이 공적 이성의 이상을 존중하고, 그들의 시민성의 의무를 충족시키는 명백하고 가장 직접적인 방식이 된다.

두 번째 경우는 정의의 원칙들 중 하나를 적용하려 할 때 겨우 질서정연한 사회에서 심각한 분쟁이 발생할 경우이다. 그 분쟁이 모두에 해당되는 교육문제에 적용되는 공정한 기회평등의 원칙에 관계된다고 가정해 보자. 다양한 종교단체들은 상호간에 대립할 수 있다. 가령, 한 단체는 단지 공공교육 부분만의 정부보조를 지지하고, 또 다른 단체는 교회학교church schools도 마찬가지로 정부보조를 받아야 한다고 주장할 수 있다. 첫 번째 단체는 후자의 정책을, 소위 말하는 교회와 국가의 분리와 양립하지 않는 것으로 간주하는 반면, 두 번째 단체는 이를 부인한다. 이런 상황에서 서로 다른 신념을 가진 단체들은 쌍방 간에 근본적인 정치적 가치들에 대한 상대방의 성실성을 의심하게 될 것이다.

이러한 의심을 잠재울 수 있는 한 방식은 반대하는 단체들의 지도자들이 대중 공개포럼에서 자신들의 포괄적 교리가 실제로 그러한 가치들을 어떻게 수용하는지를 보여주는 것이다. 물론, 다양한 교리가 정치관을 어떻게 지지하는지 또는 지지하지 못하는지를 검증하는 것은 이미 배경적 문화의 한 부분을 이루고 있다. 그러나 지금 우리가 다루고 있는 경우에는, 인정된 지도자들이 공개포럼에서 그 사실을 인정한다면, 이를 통해 중첩적 합의가 단지 잠정적 타협이 아니라는 것을 보여주는 데 도움이 될 것이다(Ⅳ: 3). 이를 알게 되면, 상호신뢰와 공적 신뢰는 확실하게 강화된다. 그것은 시민들로 하여금 공적 이성의 이상을 존중할 수 있게 하는 사회학적 기초의 결정적인 부분이 될 수 있다.[37] 그렇기 때문에, 그러한 상황에서 바로 그 이상을 강화하는 최선의 방법은 공적 포럼에서 어떻게 자신들의 포괄적 교리가 정치적 가치들을 인정하는지를 설명하는 것이 된다.

3. 어떤 사회가 질서정연한 사회가 아니고 헌법적 본질들에 대하여 극심한 분열이 있다면, 매우 다른 종류의 경우가 발생한다. 남북전쟁 전 남부의 노예제도가 신의 율법에 반대된다면서 남부를 반대했던 노예제도 폐지론자들을 생각해보자. 노예제도 폐지론자들이 1830년대에 이미 노예들의 즉각적이고 무보상의 그리고 보편적 해방을 선동했다는 점을 상기해보자. 그들의 논쟁은 종교적 근거에 기반하고 있었다고 나는 생각한다.[38]

---

37 나는 이 점을 강조하는 데 있어서 솔럼(Lawrence Solum)과 쉬프린(Seana Shiffrin)으로부터 도움을 받았다.

이 경우에 특정의 기독교 교회들의 비공적 이성the nonpublic reason이 공적 이성public reason의 명확한 결론을 지지하게 되는 결과를 가져왔다. 마틴 루터 킹 2세Martin Luther King, Jr.에 의해 주도된 시민권 운동the civil rights movement도 마찬가지이다. 다만 예외라고 할 수 있는 점은 킹이 헌법제도를 올바르게 이해하여 그 안에 표현된 정치적 가치들에—이는 노예제도 폐지론자들이 할 수 없었던 것이다—호소하였다는 사실이다.[39]

---

38 노예제도 폐지론자들에 대한 설명으로, *James McPherson, The Struggle for Equality* (Princeton: Princeton University Press, 1964), pp. 1~8부분과 그 밖의 여러 부분을 참조하라. William Pease and Jane Pease, eds., *The Antislavery Argument*(New York: Bobbs-Merrill, 1965)는 많은 노예 폐지론자들의 글들을 담고 있다. 채닝(William Ellery Channing)의 *Slavery*, 3d ed.(1836)에서 특징적인 것으로서 다음과 같은 구절들이 있다: "나는 이제 인간을 소유물로서 획득하고 사용하는 것에 반대하는 위대한 주장이 내 마음에서 무엇을 뜻하는지에 관하여 말하고자 한다. 인간은 신과 정의 앞에서 소유물이 될 수 없다. 왜냐하면 인간은 합리적, 도덕적, 그리고 영원불멸의 존재(a Rational, Moral, Immortal Being)이기 때문이다. 그 이유는 인간은 신의 이미지로 창조되었으며, 따라서 최고의 의미에서 그의 자녀이며, 또 신적 능력(godlike faculties)을 표명하고, 자신의 가슴에 새겨진 신법(Divine Laws)에 의해 자신을 다스리고, 신의 말씀(God's word)으로 재 표현되어 태어났기 때문이다. 그러한 인간의 본성으로부터 다음과 같은 결론이 나온다. 그러한 인간을 포획하는 것은 마치 그의 창조자(his Maker)에게 모욕을 주는 것과 같으며 타락된 사회악을 감염시키는 것과 같다. 모든 인간의 내면에 신은 불멸의 영혼을 불어넣었다. 이것은 외적인 창조보다 더 귀중한 것이다. 그러한 존재를 나무나 짐승과 같이 소유할 수 있는 존재로 창조하였단 말인가?"(Pease and Pease, *The Antislavery Argument*, pp. 115f.에 있다). 노예제도 폐지론자들이 흔히 일상적인 방법으로, 예를 들어 정치적 가치나 정치적 고려에 호소하여, 주장하고 있긴 하지만, 나는 이 문제의 목적상 이들의 견해에 종교적 근거가 항상 명백하게 있었다는 점을 가정하고 있다.

39 그래서 킹(King)은 인종차별이 헌법에 위배된다는 주장을 하는 1954년의 대법원의 결정인 Brown v. Board of Education 판례에 호소할 수 있었을 것이며, 종종 호소하기도 하였다. 킹에게는, "정의로운 법(just law)은 도덕적 법이나 신법과 조화할 수 있는 인간이 만든 법전(a man-made code)이었다. 그리고 부정의로운 법(unjust law)은 도덕법과 조화될 수 없는 법전이었다. 성 토마스 아퀴나스(Saint Thomas Aquinas)의 용어로 표현한다면, 부정의로운 법은 영원법과 자연법에 근거하지 않는 인간법인 것이다. 인간의 인격을 함양시키는 법은 어떠한 것이라도 정의로운 것이다. 인간의 인격을 타락시키는 법은 어떠한 것이라도 정의롭지 못한 것이다. 모든 인종차별 규정은 정의롭지 못하다. 왜냐하면 인종차별은 영혼을 왜곡시키고 인격을 훼손시키기 때문이다." 그 다음 절에서 보다 구체적인 정의(definition)가 나타난다: "부정의로운 법은 다수가 스스로 예속되지 않으려는 소수에게 부과하는 법전이다. 이것은 합법화된 차별성(difference made legal)이다. … 정의로운 법은 다수가 소수에게 스스로 준수하고자 하는 것을 준수하도록 하게끔 하는 법전이다. 이것은 합법화된 동등성(sameness made legal)이다." 다음에 뒤따르는 규정은 다음과 같다: "부정의로운 법은 소수에게 부과되는 법전으로서, 이 소수가 그 법의 시행이나 제정에 아무 역할도 하지 못하는 법전이다. 왜냐하면 이 소수

노예제도 폐지론자들은 공적 이성의 이상에 반대했던가? 그 문제를 역사적으로가 아니라 개념적으로 살펴보자. 그리고 이들의 정치적 선동이 남북전쟁으로 이끌었고 결국 노예제도라는 엄청난 죄악과 저주를 파괴하게 만들었던 필수적인 정치적 힘이었다는 점을 당연한 것으로 받아들이자. 그들이 그 결과를 희망했던 것은 당연하다. 그들은 자신들의 행위를 공적 이성의 이상이 마침내 존중될 수 있는 질서정연하고 정의로운 사회를 이루는 데 최상의 방법으로 간주할 수도 있었을 것이다. 유사한 문제들이 시민권운동의 지도자들에 관해서도 제기될 수 있다. 우리가 이렇게 노예제도 폐지론자들과 킹의 신념을 추측해 보더라도 그들은 합당하지 않은 것 같지는 않다. 즉, 만약 이들이 이끌었던 정치적 세력들이 정치적 정의를 수립할 수 있는 필요한 역사적 조건 하에 있었다면 말이다. 이러한 조건들은 그들의 상황 속에서 가능해 보이기도 한다.

이런 이유 때문에 노예제도 폐지론자들과 시민권운동의 지도자들은 공적 이성의 이상에 위배되지 않았다고 할 수 있다. 아니면, 오히려 이들이 호소했던 포괄적 이성들the comprehensive reasons이 정치관이 실현될 수 있도록 이 정치관에 충분한 힘을 부여하는 것이 필요하다는 점을 생각했거나, 또는 숙고하여 생각할 수도 있었다는 (이들이 확실히 그렇게 생각할 수도 있었을 것이다) 것을 전제한다면, 공적 이성에 위배되지 않았다

가 방해받지 않는 투표권리를 가지고 있지 못하기 때문이다."[워싱톤(J.M. Washington)이 편집한 *A Testment of Hope: The Essential Writings of Martin Luther King* (San Francisco: Harper and Row, 986), pp. 293f.에 있는 *Letter from Birmingham City Jail* (April 1963)의 14~16단락을 각각 참조하라]. 킹의 저작과 연설의 다른 것들도 동일한 요점을 지적하기 위해 인용될 수 있을 것이다. 예를 들어, 브라운(Brown)의 3주년 기념으로 1957년 5월에 행한 연설인 그의 "Give us the Ballot"(ibid, pp. 197~200)와 1963년 8월에 민권운동을 위한 워싱톤 행진(the March on Washington)에서 행한 그의 기조연설인 "I Have a Dream,"(ibid., pp. 217~23)을 들 수 있다. 이 두 개의 연설 모두 워싱톤의 링컨 기념관(the Lincoln Memorial) 앞에서 행해졌다. 종교적 교리가 분명히 킹의 견해를 뒷받침하고 있으며, 그의 호소에서 매우 중요하다. 그렇지만 이 종교적 교리들은 일반적 용어로 표현되었다: 그리고 이것들은 헌법적 가치들을 충분히 지지하고 있으며, 또한 공적 이성과 조화를 이루고 있다.

고 할 수 있다. 사람들이 보통 포괄적 이성과 공적 이성을 구분하지 않는다는 것은 확실하다. 또한 우리가 표현했던 것처럼, 평상시에 공적 이성의 이상을 확고히 인식하고 있지도 않다. 그러나 특정한 경우에 있어서는 이러한 구분들을 인식할 수 있게 된다. 예를 들면, 노예제도 폐지론자들은 모두에 적용되는 자유와 평등이라는 정치적 가치들을 지지했다고 말할 수 있다. 그러나 그들이 신봉했던 포괄적 교리들과 그 시절을 풍미했던 교리들을 감안한다면, 그러한 정치적 가치들이 기초하였던 것으로 널리 인정되는 포괄적 근거들에 호소하는 것이 필요했다고 주장할 수 있다.[40] 그러한 역사적 조건들을 전제한다면, 마치 공적 이성 그 자체의 이상을 위한 것처럼 이들이 행동했던 것은 부당하다고 할 수는 없다.[41] 이 경우에 있어, 공적 이성의 이상은 수용적 견해를 허용한다.

4. 이러한 간단한 토론은 공적 이성의 적정한 한계들이 역사적 및 사회적 조건에 따라 변한다는 점을 보여준다. 이러한 제안을 확신시키기 위해 더 많은 것들이 논의되어야만 하겠지만, 요점은 상황이 허락하는 현재에서 시민들이 이상 그 자체를 존중하도록 해야 한다는 것이다. 그러나 종종 우리는 보다 장기적 관점을 채택해야만 할 수도 있다. 즉 상이한 당대의 교리와 관습들을 지닌 상이한 조건들 하에서, 이상은 상이한 방법으로 가장 잘 성취될 수 있는 것이다. 좋은 시기에는 처음 보기에 배타적 관

---

40 채닝(Channing)이 쉽게 이렇게 할 수 있으리라는 것은 n. 31에서 보면 명백한 것 같다. 이 문단에서의 쟁점에 대한 유익한 토론에 대하여 쿠퍼(John Cooper)에게 감사한다.

41 이것은 다음과 같은 것이 일어날 수 있다는 것을 시사해 준다. 공적 토론이 주로 정치적 가치들에 호소하는 것에 의존하는 질서정연한 사회가 실현되기 위해서는, 이전의 역사적 조건들은 그러한 정치적 가치들을 강화하기 위해 포괄적 이성들(comprehensive reasons)에 호소하는 것을 요구하였을 수도 있다는 점이다. 이러한 상황은 소수이지만 강력한 어떤 의미에서는 유사한 포괄적 교리들이 있을 때에 훨씬 더 가능성이 높을 것으로 여겨진다. 최근에 볼 수 있는 그러한 특징적 관점들의 다양성 현상은 아직 그렇게 발전되지 못하였던 것이다. 이러한 조건들에 하나를 덧붙여 보자: 말하자면, 시민성의 의무와 함께 공적 이성의 개념은 공적 문화에 아직 잘 표현되지 못했으며, 잘 알려져 있지 않았다.

점으로 보이는 것을 채택함으로써, 덜 좋은 시기에는 수용적인 관점으로 보이는 것을 채택함으로써 이상을 성취할 수 있을 것이다.

여기서 나는 정치적 정의관과 공적 이성을 존중하는 이상은 서로를 지탱해 준다고 생각한다. 인정된 정치관에 의해 공적이고 효과적으로 규제되는 질서정연한 사회는 상반된 방향으로 나아가려는 강한 흥미를 유발하지 않고, 그 시민들이 시민성의 의무를 충족하고 정의의 의미를 획득하게 하는 분위기를 조성한다. 다른 한편으로, 공적 이성의 이상이 일단 굳건하게 시민들의 행위 속에 확립되면, 이번에는 질서정연한 사회의 제도들이 지지된다. 그러나 이러한 가정들이 올바른지 그리고 내가 Ⅱ: 7에서 간략히 설명했던 도덕심리학에 기초할 수 있는지 여부는 내가 여기서 다룰 수 없는 광범위한 문제들이다. 그렇지만 만약 이러한 가정들이 잘못된 것이라면, 내가 제시하는 공정으로서의 정의는 심각한 문제를 갖게 되는 것이 명확하다. 내가 줄곧 그래왔던 것처럼, 정치관과 공적 이성의 이상은 서로 지탱시켜 주고, 이러한 의미에서 안정적이라는 것을 희망할 뿐이다.

5. 뒤돌아보면서, 나는 몇 가지 요점을 언급하고자 한다. 공적 이성의 이상은 입헌 민주주의의 적절한 보완적 요소라고 할 수 있다. 입헌 민주주의의 문화는 합당한 포괄적 교리들의 다원성에 그 특징이 있다. 이것은 자주 언급되었고, 어떤 형태에서 그것은 확실히 맞는 말이다. 그렇지만 그 이상ideal을 만족스러운 방식으로 구체화하는 것은 어려운 일이다. 그렇게 하려는 시도에서, 공적 이성이 적용되는 정치적 질문들을 제시해 왔다: 다시 말해서, 헌법적 본질들과 기본적 정의의 문제들에 관한 질문들(§1.1)을 제시하고, 이러한 질문들이 무엇인가를 검토해왔다(§5). 누구에게 공적 이성이 적용되는지에 관해서는, 예를 들면 시민들이 공적 포럼

에서 정치적 주장이나 정치적 선거운동에 참여할 때, 그리고 그러한 근본적 문제들에 대해 투표할 때, 공적 이성이 시민들에게 적용된다고 주장할 수 있다. 이 공적 이성은 공적인 정부 공무원이 공식적 포럼이나, 입법부의 의사당에서 논쟁이나 투표할 때 항상 적용된다(§1.1). 공적 이성은 특히 사법부가 결정을 내릴 때 적용된다. 사법부는 공적 이성의 제도적 표본으로 간주된다(§6). 공적 이성의 내용은 특정 정치적 정의관에 의해 부여된다. 이 내용은 다음의 두 가지 부분으로 이루어져 있다: 기본구조에 적용되는 정의의 실체적 원칙들(정의의 정치적 가치들)과 공적 이성을 가능하게 하는 탐구의 지침들과 덕성의 관점들(공적 이성의 정치적 가치들)(§4.1~3).

공적 이성의 한계들이란 법이나 법규의 한계가 아닌 것은 명확하다. 그것은 우리가 이상을 존중할 때 우리가 유의해야 하는 한계임을 나는 강조하고자 한다: 그 이상이란 물론 우리가 타인들도 준수할 것이 합당하게 예측되는 정치적 가치들에 의해 지지되는 조건들에 입각하여 정치적 문제들을 처리하려고 하는 민주시민들의 이상이다. 또한 그 이상은 타인들이 주장하고자 하는 것을 기꺼이 듣고자 하고, 자기 자신의 견해에서 합당한 조정이나 변경을 인정할 용의가 있음을 표현하는 것이다. 더 나아가, 공적 이성은 우리가 특정한 상황에서 합당하다고 주장하는 가치들 간의 형량비교가 타인들에 의해서도 합당한 것으로 생각될 수 있는지에 대해 진지하게 생각할 것을 우리에게 요구한다. 그러나 그렇게 되지 못할 경우에는, 이러한 형량비교가 다음과 같은 의미에서 최소한 부당하지 않은 것으로 간주될 수 있기를 간절하게 생각하는 것이다: 비록 그것을 반대하는 사람들이라도 합당한 사람들이 그것을 어떻게 인정하는지를 이해할 수 있어야 하는 것이다. 이것이 시민 간의 우정의 유대를 보전하고, 시민성의 의무와 양립한다. 몇 가지 문제들에 대하여 이것이 우리가 할 수

있는 최선이라고 생각한다.[42]

이 모든 것이 어떤 허용범위를 가능하게 한다. 왜냐하면 모든 합당한 형량비교 점들이 모두 같은 것은 아니기 때문이다. 특정 주어진 문제에 대하여 공적 이성과 조화되지 않는 유일한 포괄적 교리들은 그 문제가 제기하는 쟁점들에 대한 정치적 가치들 간의 합당한 균형점을 지지하지 못하는 것들이다(§7.2). 특정의 합당한 포괄적 관점들은 몇 가지 경우에 있어서 이것에 실패하기도 한다. 그러나 질서정연한 사회에서 오랜 시간 동안 지속되어 온 관점이라면 어떤 것도 모든 경우에 있어서, 심지어는 많은 경우에 있어서 실패할 것 같지 않다.

공적 이성에 대한 나의 설명에 있어서 혁신적인 것이 있다면, 아마도 두 가지일 것이다: 첫 번째 것은 민주주의의 이상으로서 시민성의 의무의 중심적 위치이다(§2.1~3). 두 번째 것은 공적 이성의 내용은 정치적 가치들과 정치적 정의관의 지침들에 의해 주어져야 한다는 것이다(§4.1~4). 공적 이성의 내용은 정치적 도덕성 같은 것에 의해 주어지는 것이 아니라, 입헌정체에 적합한 정치관에 의해서만 주어지는 것이다. 공적 이성을 우리가 잘 준수하고 있는지를 점검하기 위해 다음과 같이 질문해 보자: 대법원 의견의 형태로 제출된 우리의 논쟁이 우리에게 어떻게 느껴지는가?[43] 합당한가? 터무니없는가?

마지막으로, 공적 이성에 대한 이러한 이해, 또는 다른 어떤 이해가 수용될 수 있는가의 문제는 보다 광범위한 유사한 사례들에 대하여 공적 이성이 유도하는 답변들을 검토함으로써만 해결될 수 있다. 또한 우리는

42 나는 이 점에 관한 유용한 토론에 대해 아담스(Robert Adams)에게서 도움을 받았다.

43 실제의 법원이 아니라 이상적으로 고안된 입헌정체의 일부로서의 법원에 대해 생각해 보라. 나는, 실제의 대법원이 합당한 판정을 내릴 것이라는 정상적인 기대에 의심을 할 수도 있기 때문에, 이렇게 말하고 있다. 또한, 법원이란 공적 이성이 아닌 방법으로 선례에 지배받기도 하고, 또 이들 앞으로 제기되는 많은 해결되어야 할 문제들이 대기하고 있는 것이다. 이 밖에도 많은 것이 있다. 그러나 이러한 점들은 이 책에서 제기된 검토의 타당성(the propriety of the check)에 영향을 미치지 않는다.

종교적 신념들과 진술들이 정치적 생활에서 역할을 할 수 있을 다른 방법들을 생각해야만 할 것이다. 우리는 링컨이 1861년 8월에 국가적인 단식일A National Fast Day을 선포한 것과 1863년과 1864년의 10월에 추수감사절을 선포한 것이 공적 이성의 이상에 위배되는 것이 아닌지를 물어볼 수도 있다. 그리고 두 번째 취임식에서 범죄적인 노예제도에 대한 신의 벌로서 남북전쟁을 예언적인 (구약성경) 해석으로, 그 벌이 북부와 남부에 동등하게 떨어질 것이라고 한 것을 어떻게 생각해야 하는가? 나는 지금까지 토론해 온 것처럼, 공적 이성이 그의 시절에 적용될 때—우리의 시대라면 다른 문제일지도 모르나—, 링컨이 공적 이성을 위배하지 않았다고 생각하고 싶다. 그 이유는 그가 주장한 것은 헌법적 본질들, 또는 기본적 정의의 문제들과 관련해 어떠한 함의를 지니고 있지 않기 때문이다. 또는, 그것이 그 어떤 함의를 가질지도 모르지만, 그것은 공적 이성의 가치들에 의해 확실히 지지될 수 있을 것 같다. 나는 이러한 문제들을 단지 많은 것들이 더 토론되어야 한다는 것을 보여주기 위해 언급했다. 그리고 모든 자유주의적 견해들이 내가 표현해 온 공적 이성의 이상을 받아들이리라는 것은 물론 아니다. 변형들을 허용하면서, 이것의 특정 형태를 받아들이는 것들을 우리는 정치적 자유주의라고 불러도 좋을 것이다.

제 3 부

제도적 틀

강의 VIII

주제로서의 기본구조[1]

§1. 정의의 첫 번째 주제

계약론적 정의관의 본질적 특성은 사회의 기본구조가 정의의 첫 번째 주제라고 하는 점이다. 계약론은 이 특별하고 매우 중요한 주제를 해결하는 문제로부터 시작한다. 이러한 문제의식의 결과로 나타나는 정의관은 다른 여러가지 사례에 적용할 수 있는 원칙 및 기준들과 관련하여 규제적 우선성을 갖는다. 기본구조는 주요 사회기구들을 어떻게 하나의 체계로 결합시키고, 근본적 권리와 의무를 어떻게 할당할 것이며, 그리고 사회적 협동에 의해 발생하는 이익의 배분을 어떻게 나눌 것인가에 의해 이해된다. 따라서 정치제도, 법률적으로 공인된 재산소유 형태, 경제제도

1 이 논문은 1977년 3월 오레곤주 포틀랜드에서 열린 미국철학회(태평양분과)에서 발표되었으며, *American Philosophical Quarterly* 14(April 1977) 에 실렸던 글을 상당히 수정한 것이다. 제2절과 3절은 새로 집필하였다. 코헨(Joshua Cohen), 라비노위츠(Joshua Rabinowitz), 스캔론(T.M. Scanlon)과 스키너(Quentin Skinner)가 이 논문의 주제에 관하여 의미 있는 논평을 해준데 대해 감사한다. 드레벤(Burton Dreben)에게 논문을 많은 면에서 발전시킬 수 있게 한 점에 대해, 그리고 힐(Thomas Hill)과 베다우(Hugo Bedau)에게는 유익한 논평에 감사한다.

의 조직, 가족의 특성 등은 모두 기본구조에 속한다. 이론의 제1차적 목적은 이와 같은 복잡한 제도들과 연관된 전통적이고 익히 알려진 사회정의의 문제들에 대한 합리적 안내를 할 수 있는 관점, 즉 제1원칙들을 찾는데 있다. 이러한 질문들은 이론이 설명하고자 하는 데이터를 정의한다. 모든 문제에 동등하게 적용되는 제1원칙들을 형성하려는 의도는 없다. 오히려 이 견해에 따른다면, 관련된 문제들에 적용되는 적절한 원칙들을 차례차례 순서에 따라서 발전시켜야 할 것이다.

이 논문에서 나는 기본구조가 왜 정의의 첫 번째 주제로 채택되었는가에 대하여 논의하려 한다. 물론, 첫 번째 질문을 기본구조에 한정시키는 것은 매우 합당하다. 일단, 일정 지점에서 출발할 수밖에 없으며, 이러한 출발점은 이에 뒤따르는 이론이 얼마나 잘 상호 연관되어 있는가에 의해 정당화될 수 있다. 그러나 이보다 더 명확한 답변이 제시되어야 한다. 다른 사회적 제도들과 비교하여 기본구조의 특별한 성격과 관련된 점을 밝혀야 하고, 이러한 특성이 정의원칙의 특징적 역할 및 내용과 연결되어야 할 것이다. 나는 바로 이와 같은 문제를 답변해 보려고 한다.[2]

사회계약은 다음 네 가지의 가설적 합의a hypothetical agreement를 의미한다. a) 사회의 일부 구성원들이 아닌 전체 구성원들의 합의, b) 사회 내에서 특정 지위나 역할을 차지하는 개인들이 아니라, 사회구성원(시민으로서)으로서의 합의이다. 내가 "공정으로서의 정의justice as fairness"로 부르려고 하는 이러한 입장을 칸트적 형식으로 말한다면, c) 합의당사자들은 자유롭고 평등한 도덕적인 인격체로 간주되며, d) 합의내용은 기본구조를 규제하는 제1원칙들이 된다. 도덕철학의 전통에서 발견되는 정의

2 『정의론』(*A Theory of Justice*)에서 기본구조를 우선적 주제로 간주하여 이 문제에 초점을 두고 논의한 바 있다. 『정의론』 7페이지 이후를 참조하면 된다. 그러나 이 주제를 선택하고 그것이 왜 중요한가에 대해서는 충분히 설명하지 못한 바 있다. 여기에서 이 점을 충분히 설명해 보고자 한다.

관의 간단한 목록을 주어진 것으로 간주하고, 그러한 대안들이 이처럼 제한될 경우 당사자들이 어떤 관점에 합의를 할 수 있을지 질문해 보려 한다. 이루어진 합의가 어떠한 것이라 하더라도 공평하다는 확신을 할 수 있게 하는 환경적 조건에 대한 분명하고도 충분한 개념이 있다면, 기본구조에 적용되는 정의의 내용은 채택될 수 있는 원칙들에 의하여 확인될 수 있거나, 아니면 적어도 근사치에 가깝게 밝혀질 수 있을 것이다(물론, 이는 도덕철학의 전통의 합당성을 미리 전제하고 있다. 그렇지 않다면, 도대체 어디를 출발점으로 삼을 수 있겠는가?). 따라서 순수 절차적 정의는 최상의 수준에서 호소되고 있다: 상황의 공정성은 용인되는 원칙의 공정성으로 이전되는 것이다.

나는 다음과 같은 점들을 제시하고자 한다. 첫째, 사회계약 당사자들을 자유롭고 평등한 (그리고 합리적인) 도덕적 인격체로 생각한다면, 기본구조를 우선적 주제(§4~5)로 받아들여야 하는 강력한 이유들이 있다. 둘째, 이러한 구조의 뚜렷한 특성을 감안한다면, 최초 합의와 그 합의가 이루어지게 되는 상황조건은 특별한 방식에 따라서 이해되어야 한다. 이 특별한 방식이 이 합의를 다른 여타의 합의들과 뚜렷하게 구분할 수 있게 만든다(§6~7). 셋째, 이렇게 한다는 것은 인간관계의 본원적인 사회적 성격을 고려하는 칸트적 입장a Kantian view을 허용하게 된다. 그리고 마지막으로, 순수 절차적 정의의 상당한 요소는 정의원칙들로 이전하게 되며, 이러한 원칙들은 기본구조에 적합한 이상적 형태를 구현하여야 한다. 이 이상적 형태의 기본구조에 입각하여 현존하는 제도적 절차들이 규제되고, 개인들 간에 발생하는 거래관계의 축적된 결과들이 지속적으로 조정되게 된다(§9).

§2. 적합한 순서에 의한 통합성

이러한 점들을 논하기 이전에, 먼저 기본구조로부터 시작하여 다른 원칙들을 차례대로 다루는 것이 공정으로서의 정의justice as fairness에 고유한 성격을 부여하게 된다는 점을 언급하고자 한다.[3]

이 점을 밝히기 위해서, 먼저 공리주의와 대비시키면서 논의를 해 보자. 공리주의는 통상 완전한 일반이론으로 해석되곤 한다. 확실히 이점은 시즈위크Sidgwick[4]에 의하여 명확하게 형성되었던 고전적 교리에서는 맞는 말이다. 효용의 원칙the principle of utility은 모든 사회형태뿐만 아니라 개인들의 행동들에도 똑같이 적용된다. 더욱이, 개성과 성향에 대한 평가뿐만 아니라, 칭찬과 질책의 사회관행 또한 효용성에 의하여 지도된다. 확실히, 규칙공리주의rule-utilitarianism는 주체들 간의 특정한 차이들이 특별한 문제를 야기할 수 있다는 점을 인식하고 있다. 그러나 규칙rules과 행위acts 사이의 구분은, 그 자체가 매우 일반적인 수준에서 이루어질 뿐만 아니라, 범주적 또는 형이상학적 구분이며, 사회적 형태의 부류 내에서의 구분은 아니다. 이는 효용성의 원칙을 범주적 차이를 넘어서 어떻게 적용할 것인가의 질문을 제기시킨다. 규칙공리주의가 이 문제를 다루는 일반적 방식은 계약적 견해the contract views와는 좋은 대조를 이룬다.

물론, 공리주의 이론은 상이한 종류의 사례의 특수성을 잘 인식하고 있다. 그러나 이러한 특수성들은 우리들이 참작해야 할 여러가지 다양한 효과와 인과관계에서 유래하는 것으로 간주되고 있다. 그래서 기본구조의 사회적 및 심리적 효과의 심원하고 광범위한 영향의 성격을 전제한다

---

3 이 점을 특별히 강조할 필요성을 상기시켜 준 베다우(Hugo Bedau)에게 감사드린다. 이 논문의 초고에 대하여 논평할 때, 그는 『정의론』 §2의 마지막 구절이 이 점과 관련하여 오해를 불러일으킬 수 있다는 점을 지적해 주었다.

4 *Methods of Ethics*, 7th Ed.(London, 1907)를 참조하라.

면, 이 기본구조는 중요한 복합적 제도들이라는 사실이 합의될 수 있다고 가정해 보자. 또한 기본구조를 그 안에 있는 특수한 협회들은 물론, 이 기본구조를 둘러싸고 있는 국제체제와도 구분하는 것이 매우 중요하다는 사실 역시 합의될 수 있을 것 같다. 이러한 구분들은 효용성의 기준을 체계적으로 적용하는 데 있어 매우 유용하다. 그렇지만, 어떠한 경우에도, 제1원칙에는 변화가 없다. 물론, 효용으로부터 파생되는 다양한 2차적인 규범이나 지침들이 다양한 문제점들의 특성을 감안하여 정당화될 수는 있을 것이다. 따라서 공리주의의 경우에는 관련된 개인들의 숫자나, 개인들의 결정과 행위들을 조직화하는 제도적 형태는 효용의 원칙the principle of utility의 보편적 범위에 아무런 영향을 줄 수 없다. 숫자나 구조는 최대순수만족균형점*the greatest net balance of satisfaction*(영향 받는 모든 사람들을 통틀어서 종합 계산된)을 어떻게 가장 효과적으로 달성할 것이냐에 미치는 이들(숫자나 구조)의 효과를 통해서 간접적으로만 관계된다.

공정으로서의 정의의 제1원칙들은 일반이론으로 부적합하다는 점이다.[5] 이 원칙들은 (뒤의 §6의 첫 문단에서 서술하였듯이) 기본구조가 모든 사람들에게 적용되는 평등한 기본적 자유들을 설정하며, 사회경제적 불평등은 공정한 기회를 배경으로 최소수혜자 계층의 최대 이득을 위하여 작동하도록 해야 한다는 사실을 보장하고 있다. 대부분의 경우는 아닐

---

5 이 사실은 하사니(J.C. Harsanyi)에 의해 제기된 이러한 원칙들에 대한 반대와 같은 것으로 간주 된다. J.C. Harsanyi, "Can the Maximin Principle Serve as a Basic for Morality," *American Political Science Review* 69(June 1975): 594~606. 여기에서 하사니의 강력한 반대에 적절히 답변할 수는 없지만 다음처럼 답변할 수는 있겠다. 최소의 극대화 원칙(맥시민 원칙, the maximin principle)은 결코 도덕성의 근거로서 제시된 것은 아니다. 차등원칙(the difference principle)의 형태로 이 원칙은 기본구조에 적용되는 다른 원칙들에 의하여 제약을 받는 하나의 원칙에 불과하다. 이 원칙이 이렇게 제한된 형태로 배경적 정의의 기준으로서 간주될 때, 정상적인 경우들에서의 그 함의(n.10 이하를 보라)는 내가 생각건대 부적절한 것 같지는 않다. 끝으로, 정의원칙들의 적용을 기본구조에 한정하는 것이, 하사니의 제안(P. 605를 보라)과는 달리, 관련된 당사자들만이 주어진 경우에 어느 원칙이 보다 유효한지를 결정하는 것을 의미하지는 않는다. 이것에 관해, 이 절의 마지막 단락을 참조하라.

지라도 많은 경우, 이러한 원칙들은 합당치 못한 지침들을 낳기도 한다. 사례를 예시해보면 다음과 같다. 교회와 대학에는 다른 원칙들이 보다 적합하다. 그들 구성원들은 일반적으로 가장 적절한 형태의 조직에 적용되는 본질적 지침으로서 특정한 공유된 목표 및 목적들을 수용한다. 우리들이 최대한 말할 수 있는 점은 다음과 같다. 교회와 대학은 기본구조 내에 있는 결사체이기 때문에, 기본구조가 배경적 정의를 달성하기 위하여 부과하는 요구사항에 적응해야만 한다. 따라서 교회와 대학은 평등한 기본적 자유(양심의 자유를 포함하는)와 공정한 기회평등을 유지하는 데 필요한 여러가지 방식의 제한을 받을 수 있다.

얼핏 보면, 계약론은 희망이 없을 정도로 비체계적으로 보인다. 다양한 주제에 적용되는 원칙들을 어떻게 서로 연결할 것인가? 그러나 완전한 일반적 제1원칙들에 의하여 규정되는 것이 아닌, 다른 형태의 이론적 통일성이 있을 수 있다. 말하자면 적절한 주제들의 종류의 순서를 발견하는 것이 가능하리라 생각한다. 그리고 사회계약에 임하는 당사자들이 이러한 순서에 따라 진행해야 한다는 것을 가정할 수 있다. 이렇게 진행함에 있어, 합의당사자들은 후속적으로 합의할 원칙들은 앞서 합의된 원칙들에 예속되어야 하거나, 아니면 특정한 우선성 원칙들에 의해 앞서 합의된 원칙들에 조정되어야만 한다는 점을 이해하고 있어야 한다. 근원적 통일성은 자유롭고 평등한 도덕적 인격체들이 도덕적 성찰에 필요한 합당하고 유익한 지침들을 구성할 수 있으리라는 발상에 의해 제공될 수 있다. 이렇게 함에 있어 이들 도덕적 인격체들의 입장은 그러한 조직 원칙들에 대한 자신들의 필요성은 물론, 그러한 원칙들과 함께 이들 원칙에 부합하는 주제들이 가질 것으로 추정되는 사회생활에서의 역할에 대한 필요성을 고려하게 될 것이다.

오해를 피하기 위하여 다음 사항이 언급되어야만 할 것이다. 기본구조, 또는 실상 어떤 주제에 대한 정의관을 발전시키는 데에 있어서, 숫자상의 변화만이 상이한 원칙들의 적합성을 설명한다고 생각하지는 않는다. 숫자상의 변화가 때로는 필요한 조건이 되고 어떤 제도적 형태를 유발시키는 동인이 되기는 하지만, 그보다는 본질적인 것은 구조상의 변화와 제도의 사회적 역할상의 차이에 의해 나타나는 것이다. 따라서 입헌적 민주주의는 가족의 규모보다 더 크다: 구성 부분을 보조하기 위해서는 더 많은 숫자가 필요하다. 그러나 사회구조의 구성부분은 각각의 독특한 목적과 역할이 있는 것이다. 이를 어떻게 적합하게 조화시키느냐가 문제가 된다. 이것은 특징적인 주제의 종류에 따른 상이한 원칙이 있음을 설명하여 주기도 한다. 사실상, 사회의 다양한 요소들의 특징적 성격과 자율성은 특정 범위 내에서 자신들의 고유성에 부합되는 고유한 원칙에 따라 행동해야 한다는 것을 요구하게 되리라는 점을 가정하는 것은 자연스러운 것 같다.

§3. 기본구조에 대하여 특별한 역할을 하지 못하는 자유지상주의

공리주의와 같은 완전한 일반이론이 기본구조에 적용되는 특별한 제1원칙들이 필요하다는 생각을 배격하는 유일한 시각은 아니다. 자유지상주의 이론을 예로 들어 보자. 이 이론은 폭력, 도둑, 사기로부터 보호하고 계약의 강제이행 등과 같은 협소한 기능을 하는 최소국가만이 정당화 될 수 있으며, 보다 광범위한 권력을 지닌 국가는 어떤 형태이든 개인들의 권리를 침범하게 된다고 주장한다. 우리의 목적상, 이 이론의 주된 특징들은 다음과 같이 정리된다.[6]

그 논의의 목적은 최소국가가, 도덕적으로 허용될 수 있고 다른 누

6 Robert Nozick, *Anarchy, State, and Utopia*(New York: Basic Books, 1974)의 설명을 따른다.

구의 권리도 침해하지 않는 일련의 단계들을 거쳐, 완전히 정의로운 상황에서부터 어떻게 발생할 수 있었는가를 보여주는 것이다. 누구나 자신이 해야 할 바를 스스로 행할 때 이러한 최소국가가 어떻게 발생할 수 있는지는 물론, 보다 확장된 국가가 왜 발생하지 않는지를 알게 될 수 있다면, 우리는 최소국가론을 받아들일 수 있을 것이다. 물론, 최초상황이 정의롭다는 사실을 분명히 밝혀주고, 이로부터 출발하여 허용 가능한 진전을 규정해 주는 도덕이론이 옳다는 것이 전제되어야 한다. 이러한 목적에 부합해서, 우리는 상대적으로 풍요롭고 사람들의 소유물들의 분포형태가 어떤 도덕적 문제점도 야기하지 않는 자연상태가 한때 존재했다는 사실을 가정해야 한다. 기존의 분포형태가 정당한 것이었으며 모든 사람들의 수요가 적절히 충족되었다는 사실을 가정하는 것이다. 이러한 자연상태라는 것은 (국가와 같은) 어떤 제도가 결여되어 있다는 점에 또한 그 특징이 있다. 제도라는 것은 실상 특정 규칙들을 강제함으로 인해 타인들이 어떻게 행동할 것인가에 대하여 사람들이 기대할 수 있게끔 하는 제도적 기초를 확립하는 역할을 한다.

다음으로, 자유지상주의 이론은 소유물의 획득(이전에 소유하지 않았던 대상물의 취득)과 개인(또는 협회)들 간의 소유물의 이전을 규제하는 특정한 기본적 정의원칙들을 규정한다. 그 다음으로 정의로운 소유물의 분포형태를 귀납적으로 규정한다. 사람은 누구나 획득과 이전의 원칙에 부합하여 취득한 것은 무엇이든지 간에 소유할 권리를 갖는다. 그리고 어떤 사람도 이러한 원칙의 반복적 적용에 의하지 않고는 어떤 것을 소유할 수 없다. 만약 현존하는 소유형태가 정의로운 자연상태의 출발점에서 시작하였고, 이어서 모든 사람들이 획득 및 이전의 정의에 부합하여 행위한다면, 이후의 모든 소유물의 분포형태는 정의롭다고 말할 수 있다. 정의로운 획득과 이전의 원칙들은 역사적 거래의 전체적 과정을 통하여 그 시간이 얼마나 연장되든 간에 소유물의 정의the justice of holdings를 보존한다고 주장할 수 있다. 부정의가 발생할 수 있는 유일한 길은 이러한 원칙들을 고의적으로 어기거나, 아니면 이러한 정의원칙들이 요구하는 바와 같은 것에 대한 착오와 무지에 의해서만 발생할 수 있다.

끝으로, 우리의 논의의 목적과 가장 관계가 있는 것을 논하겠다. 개인들이 실제로 무엇을 하고 어떤 합의를 형성하는가에 따라서 수많은 종류의 협회와 협력의 형태가 형성될 수 있다. 이러한 거래나 협력활동을 다루는 특별한 이론이 필요치 않다: 필수적 이론은 획득 및 이전의 정의원칙들the principles of justice in acquisition and transfer에 의하여 이미 제시되었으며, 특정한 단서 조항들에 입각하여 적절히 해석되어 있다. 모든 형태의 정당한 사회적 협력은 결국 이 협력에 자발적으로 동의한 개인들의 손수 제작한 작품의 결과인 셈이다. 최초의 정의로운 자연 상태에서만 각 개인들이 행사하여 누렸던 권리들에 배치되는 권력과 권리는 어떠한 것이라도 국가를 포함하는 협의체들에 의해 적법하게 행사될 수 없는 것이다.

이러한 주장의 주목할 만한 특징의 하나는 국가를 다른 사적 협회와 유사하게 취급한다는 점이다. 국가도 사적 협회와 똑같은 방식으로 출현하며, 완전한 가상적인 정의로운 역사과정the perfectly as-if just historical process을 통한 국가의 형성은 동일한 원칙들에 의해 지배받는다는 것이다.[7] 물론, 국가는 특정한 독자적인 목적들을 위해 기능하지만, 이는 다

---

7 나는 이곳과 다음의 다른 곳에서 가상적 (설명의) 역사적 과정(an as-if historical process)과 가상적 (설명의) 비역사 과정(an as-if nonhistorical process)(또는 절차)을 구분한다. 두 가지 경우 다 과정이 실제로 일어나지 않았거나 일어나지 않을 것이라는 점에서 가상적이다. 그러나 가상적 역사적 과정(an as-if historical process)은 발생할 수 있다. 이들은 근본적 사회적 법칙 또는 자연적 사실에 의하여 제외될 것으로 생각되지 않는다. 따라서 자유지상주의적 시각에서 본다면 모든 사람들이 획득 및 이전의 정의원칙들을 따르게 된다면, 그리고 따를 수 있다면, 국가형성에 이르는 가상적 역사적 과정(an as-if historical process)은 실현가능할 것이다. 대조적으로, 가상적 비역사적 과정(an as-if nonhistorical process)은, 예를 들어 원초적 입

른 협회들의 경우도 일반적으로 마찬가지이다. 더욱이, 개인들의 국가와의 관계(정당한 최소국가와의 관계)는 개인들이 다른 협회와 맺은 관계와 똑같다. 그러므로 정치적 충성은, 말하자면 대규모로 성공적인 독점 회사와의 개인적 계약 의무로 해석할 수 있다. 말하자면, 지역적으로 지배적인 안전 보호기구, 즉 독점적 회사로 국가를 이해할 수 있는 것이다. 모든 사람들에게 똑같이 적용되는 획일적인 공법public law은 있을 수 없지만, 사적 합의들의 네트워크만은 있을 수 있다. 이러한 네트워크는 지배적 보호기구(국가)가 고객과 합의한 바에 따라서 행사하는 절차를 의미한다. 그리고 이러한 절차과정들은 각 고객들이 지배적 기구와 맺은 협상에 따라서 각기 다를 수 있다. 누구도 그러한 합의에 들어가는 것을 강요받을 수 없으며 독립적 존재로 남아 있을 수 있는 선택권을 언제나 갖는다. 우리는 다른 협회의 경우와 마찬가지로 국가의 경우에도 고객이 될 수도 있고, 그렇지 않을 수도 있다. 자유지상주의적 입장은 합의의 개념을 중요시하긴 하지만, 사회계약 이론a *social* contract theory이라고는 할 수 없다. 왜냐하면 사회계약 이론은 정치적 권위를 설정 및 규제함과 동시에 시민으로서 모든 사람들에게 적용하는 공통의 공법 체계a system of common public law를 설정하는 것을 원초적 계약the original compact으로 묘사하고 있기 때문이다. 정치적 권위와 시민권은 사회계약관 그 자체를 통하여 이해될 수밖에 없다. 국가를 사적 협회로 봄으로써 자유지상주의는 계약론의 근본적 개념들을 거부하기 때문에 기본구조에 관한 특별한 정의론이 나올 수 있는 공간이 없다.

이러한 예비적 문제들을 매듭 지으면서, 자유지상주의나 공리주의적 교리와의 이러한 차이점들에 주목하는 것은 기본구조에 역점을 두는 공정으로서의 정의관의 특징적 양상들을 예시와 대조를 통해 분명하게 밝

장에서의 합의로 나아가는 과정은 일어날 수 없다. 아래의 §6을 참조하라.

히는 데 있다. 완전주의나 직관주의 그리고 다른 친숙한 도덕적 입장에 대해서도 유사한 비교를 할 수 있다. 여기에서 문제는 기본구조가 왜 특별한 역할을 하는지, 그리고 이를 규제하는 특별한 원칙을 규명하는 것이 왜 합당한 지를 보여주는 것이다.

§4. 배경적 정의의 중요성

나는 기본구조를 정의의 제1주제로 선정할 수밖에 없는 몇 가지 이유에 대하여 논할 것이다. 적어도 칸트적 사회계약론의 틀 안에서 논의를 전개할 경우에는 말이다.

첫 번째 고려사항은 다음과 같다. 우리가 사회여건과 인간의 상호관계는 공정하고 서로를 존중하는 가운데 형성된 자유로운 합의에 따라 시간이 지나면서 발전해야 한다는 매력적인 발상에서 논의를 시작한다고 가정해 보자. 솔직히 말해서, 우리는 어떠한 경우에 합의가 자유로운지, 그리고 그러한 합의가 형성되는 사회여건이 공정했는가를 설명할 필요가 있다. 게다가 이러한 조건들이 처음에는 공정하였다고 할지라도, 많은 개별적이고 외견상 공정한 합의의 누적적 결과들이 사회적 추세 및 역사적 우연성과 결부되어 시간이 경과함에 따라 시민들의 관계와 기회를 변화시켜 자유롭고 공정한 합의의 조건들을 더 이상 유효하지 않게 만들 수 있다. 기본구조에 속하는 제도들의 역할은 개인들과 협회의 행위가 일어나는 정의로운 배경조건을 보장하는 것이다. 이러한 구조를 적절히 통제하고 조절하지 않는다면, 구체적인 상호관계들이 아무리 자유롭고 정의로운 것처럼 보여도, 최초의 정의로운 사회과정은 더 이상 유지될 수 없을 것이다.

우리는 이러한 사실을 다음과 같은 경우에 알게 된다. 예를 들어,

(경쟁적 효율성을 보장하는 모든 이상적 조건들이 확보되었다고 할지라도) 자발적 시장 거래의 결과로부터 발생하는 분배는 그 이전의 수입과 부의 배분뿐만 아니라 시장체제의 구조가 공정하지 않다면 일반적으로 공정하다고 할 수 없다는 것이다. 현존하는 부는 정당하게 벌어들인 것이어야 하며, 모든 사람에게 공정한 수입기회, 기술습득 기회 등의 제반 기회가 주어졌어야만 한다. 더욱이, 아무도 불공정하게 행위 하지 않았다 하더라도, 또는 수많은 독립적 거래들의 결과가 다른 사람들의 기회에 어떻게 영향을 미치는가를 아무도 깨닫지 못한다고 할지라도, 배경적 정의에 필요한 조건들이 손상될 수 있다. 바람직스럽지 못한 결과를 예방하기 위하여 매일 매일의 거래관계에서 경제행위자들에게 실질적으로 준수하도록 실제 적용할 수 있는 규칙은 없다. 그 결과라는 것은 워낙 먼 미래에 영향을 미치고, 또한 간접적 영향을 미치기 때문에, 이를 예측하여 개인들에게 실행할 수 있는 규제조치를 취한다고 하는 것은 불가능하지는 않더라도 참으로 과도한 부담이 될 수밖에 없다.

이러한 일상적인 관찰에서 네 가지 점을 강조하고자 한다: 첫째, 현재 (또는 국지적) 상황에서 개인과 협회의 행위를 보고 이루어진 합의가 사회적 관점에서 정의로운지 또는 공정한지를 판단할 수 없다. 왜냐하면 이런 평가는 기본구조의 특성에 크게 달려 있기 때문이다. 즉 기본구조가 배경적 정의를 유지하는 데 성공하는지 여부에 좌우된다. 따라서 예를 들어 임금합의가 공정한지의 여부는 노동시장의 특성에 달려 있다: 과도한 시장력excess market power은 예방되어야 하며, 고용주와 피고용자 사이에는 공정한 협상력이 보장되어야 한다. 그러나 덧붙이자면, 공정성은 저변의 사회적 조건에 좌우된다. 예를 들어, 공정한 기회는 시간적으로 거슬러 올라갈 수 있는 문제이며, 어떤 제한된 관점을 훨씬 넘어서는 문제이다.

둘째, 공정한 배경조건이 한때 존재했더라도 점차 쇠퇴할 수 있다. 설사 적절히 범위가 한정된 국지적 상황 내에서의 거래에 적용되는 규칙에 입각하여 볼 때, 불공정하게 행위 하는 사람이 전혀 없더라도 이러한 일은 발생할 수 있다. 이성을 가진 사람들이 자신들이 공정하게 행위하며 정의를 지배하는 규범을 양심적으로 존중하고 있다고 생각하는 사실만으로는 배경적 정의를 유지하기에 충분치 못하다. 이는 매우 중요하며 분명한 점이다. 우리의 사회세계가 표리부동과 기만이 횡행하게 되면, 우리는 개인들이 공정하지 않게 행위 할 수 있는 경향성 때문에 법과 정부가 필요하다는 생각을 하게 된다. 그러나 반대로 개인들이 정의롭게 행동하더라도 배경적 정의는 약화될 수 있다. 분리된 독립적 거래들의 총합적 결과는 배경적 정의를 지향하지 않고 오히려 이로부터 멀어질 수 있다. 이 경우 보이지 않는 손은 사태를 나쁜 쪽으로 끌고 가고, 독과점을 선호하게 되며, 그 결과 불공정한 불평등을 낳고 균등한 기회를 제한하게 된다. 그러므로 우리는 배경적 정의를 수호하기 위한 사회기구를 요구하게 되며, 이러한 기구들을 어떻게 설정할 것인가 하는 특별한 정의관을 요구하게 된다.

셋째, 위의 논의에 따르면, 배경적 정의의 쇠퇴를 예방할 수 있는 규칙이 없는 것처럼 보인다. 즉 배경적 정의를 수호하기 위하여 개인들에게 적용할 수 있는 실현가능한 규칙이 없는 것처럼 보인다. 그 이유는 합의와 개인상호간 거래를 규제하는 규칙들이 너무 복잡하거나 너무 많은 정보를 필요로 하게 되면 올바로 적용되기가 어렵기 때문이다. 또 이렇게 되면, 이 규칙들은 개인으로 하여금 널리 산재하는 수많은 제 삼자와의 거래를 원활하게 할 수 없게 한다. 그 이유는 이것이 과도한 거래 비용을 부과하게 되기 때문이다. 결국, 합의에 적용되는 규칙들은 실용적인 공공지침들이 될 수밖에 없다. 이는 사람들이 상상할 수 있는 것처럼 아주 복잡한 수학의 함수와 같은 것은 아니다. 따라서 어떤 설득력 있는 규칙의 체계라면 그것은 충분히 쉽게 이해하고 따를 수 있는 개인들의 역량을 넘어가서는 안 된다. 또한 그것은, 시민들에게 부담을 줄 정도로, 개인들이 정상적으로 감당할 수 없는 특별한 지식이나 선견지명을 요구하여서도 안 될 것이다. 개인과 협회는 자신들의 개체행동이 가져오는 파장을 집단적으로 파악할 수는 없다. 또한, 현재 자신들의 현재의 경향을 변화시킬 다가올 미래의 상황을 예측할 수도 없다. 이 모든 것은, 토지자산 매매는 물론, 수 세대에 걸쳐 진행되는 상속을 통한 양도로 의한 누적적 결과를 고려해보면, 매우 분명하다. 부모가장들로 하여금 상속이 다음 세대 전체에 미칠 영향을 생각하면서 자신들의 상속을 조정해야만 하는 의무를 부과하는 것은 명백히 설득력이 없다. 그 이상에 대해서는 더 말할 필요가 없다.

그래서 마지막이며 네 번째는 두 가지 종류의 사회규칙들 간의 노동분업의 개념과 이러한 규칙들을 구현하는 상이한 제도형태에 이르게 된다. 기본구조는 먼저 사회배경을 규정하는 제도와 배경적 공정성으로부터 멀어지려는 불가피한 경향을 조정하고 보완하는 장치로 구성되어 있다. 예를 들어, 재산 소유권의 형평성을 유지하기 위하여 소득세와 상속세 같은 것을 부과하는 것이다. 이러한 구조는 법률체계를 통하여 개인들 및 협회들 상호간의 거래와 합의를 지배하는 일련의 다른 규칙들(계약법 등)을 강화한다. 사기나 협박과 관련된 규칙이 이러한 규칙들에 속하며, 단순성과 실용성의 요건을 충족시켜 준다. 이러한 규칙들은 개인들과 협회들로 하여금 과도한 제한 없이 자신의 목적을 효과적으로 추구할 수 있도록 해 주기 위하여 만들어진 것이다.

결론적으로 다음과 같이 정리한다. 우리는 기본구조로부터 논의를 시작하여 이제 이 구조 자체가 배경적 정의를 보존하기 위해서는 불가피하게 조정을 해야 한다는 사실에 이르렀다. 사실상, 우리들이 모색해 온 것은, 사실상, 이러한 기본구조와 개인들 및 협회들의 특정한 거래관계에 직접적으로 적용되는 규칙 사이에 존재하는 제도적 분업이다. 만약 이러한 분업이 확립될 수 있다면, 개인과 협회 등은 기본구조의 틀 내에서 자신의 목적을 보다 효과적으로 자유로이 추구할 수 있게 될 것이다. 또한 그 사회체제내의 어디에서건 배경적 정의를 유지하기 위해 필요한 수정이 행해질 수 있다는 사실을 알게 되어 보다 안전하게 될 것이다.

§5. 기본구조가 개인에게 어떻게 영향을 미치는가?

기본구조의 특별한 역할에 대한 논의를 확대해 보자. 개인들 간의 거래가 공정하기 위해서는 일정한 배경적 조건이 필요하다는 사실을 논해 보았다. 이러한 조건들은 개인들 상호간 관계의 객관적 상황을 규정한다. 그런데 개인들의 특성과 이익은 어떻게 되는가? 이는 고정되거나 주어진 것이 아니다. 정의론은 사람들의 목적과 갈망이 어떻게 형성되는가에 대해서도 고려하여야만 한다. 이러한 일은 보다 큰 틀의 사상에 속하는 것으로, 이에 입각하여 정의관이 설명되어지고 있다.

사회제도의 형태는 그 구성원들에게 큰 영향을 미치며, 현재의 인격과 이들이 원하는 인격상에도 크게 영향을 미친다. 사회구조는 다양한 방식으로 사람들의 포부와 희망을 또한 제한하기도 한다. 왜냐하면 사람들은 사회구조 내에서의 자신의 위치를 감안하여 자신을 평가하며, 실제로 실현가능한 수단과 기회들을 어느 정도 동원할 수 있는가를 생각하기 때문이다. 그러므로 경제체제an economic regime는, 말하자면, 현재의 욕망과 갈망을 충족시켜 주는 제도적 장치일 뿐만 아니라 미래의 욕망과 갈망을 어떠한 방식으로 형성해 나갈 것인가를 규정 짓는다. 좀 더 일반론적으로 말한다면, 기본구조는 사회제도가 시간에 걸쳐 일종의 문화형태를 생산해내고 재생산해내는 방식을 형성한다. 이러한 문화는 특정한 가치관들을 가진 사람들이 공유하고 있는 것이다.

개인들의 재능과 능력을 고정되고 자연적으로 주어진 것으로 볼 수는 없다. 물론, 유전자 구성상의 차이는 있을 수 있다. 그렇지만, 이러한 능력과 재능은 사회조건을 떠나서 결실을 맺을 수는 없으며, 수많은 가능한 형태 중의 하나의 형상을 취할 수밖에 없다. 발달된 재능은 언제나 선택이며 수많은 가능성들 중에서의 선택이다. 더욱이, 예를 들면, 능력이란 사회 여건에 전혀 영향을 받지 않는, 한정된 용량을 지닌 컴퓨터 같은 어떤 것이 아니다. 자연적 재능의 실현에 영향을 미치는 요소들에는 격려와 지원과 같은 사회적 분위기는 물론, 자연적 재능을 훈련하고 활용할 수 있도록 하여주는 제도들이 있다. 따라서 일정 시점에서의 잠재력도 현존하는 사회형태와 인생에 걸쳐서 나타나는 특수한 우연적 상황으로부터 영향을 받지 않을 수 없다. 그러므로 우리 자신들의 궁극목적과 희망뿐만 아니라 현재 구현된 능력과 재능도 크게 본다면 개인의 역사와 기회들 그리고 사회적 지위를 반영한다. 이런 것들이 달랐더라면 우리들이 어떻게 되었을지 알 수 있는 길은 없다.

마지막으로, 위에서 살펴본 여러가지 사항들은 다음과 같은 사항을 염두에 두면서 살펴보아야 한다. 기본구조는 시민들의 인생전망에 있어서 상당한 정도의 사회적 및 경제적 불평등을 대부분 허용하고 있다. 이 시민들의 인생전망은 사회적 출신성분, 현실화된 천부적 재능, 시민들의 개인적 역사를 형성하는 데 영향을 미친 기회들 및 우연적 사건들에 영향을 받는다. 그와 같은 불평등은 불가피하다고 가정할 수 있으며, 또는 효과적인 사회적 협동을 유지하기 위해서는 매우 유익하다고 할 수도 있다. 여기에는 여러가지 이유가 있으나 그 중의 한 가지가 바로 동기유발의 필요성이다.

인생전망에 있어서 불평등의 특성은 그것들을 다른 불평등과 대비함으로써 보다 분명하게 밝힐 수 있다. 대학에서 세 가지 직급이 있고, 모든 교수들이 한 직급에서 근무해야 하는 기간이 동일하면 임금도 같다고 가정해 보자. 그러면 주어진 일정 시점에 있어서 이들 간에는 직위나 봉급상의 불평등이 있긴 하지만, 교수들 간에는 인생전망에 어떤 불평등이 있다고 말할 수 없다. 협회의 경우에도 더 많은 책임을 진다는 이유로 권한 있고 보수 좋은 자리를 순번제로 돌아가면서 채운다고 할 때에 위의 사정은 마찬가지이다. 구조를 이렇게 설계한다면, 사고나 죽음의 문제와 같은 것을 배제해 버린다면, 모든 사람들이 이러한 직위들에 동일한 기간 동안 봉직할 수 있을 것이다. 이렇게 되면, 이들 간의 인생전망에는 다시는 어떠한 불평등도 발생하지 않을 것이다.

정의론이 규제해야 할 일은 사회적 출발선, 자연적 혜택들, 역사적 우연성으로부터 발생하는 시민들 사이의 불평등이다. 이러한 불평등이 당장에는 크지 않다고 하더라도 시간의 흐름에 따라 누적되어 매우 커질 수 있다. 칸트적 계약론은 이러한 불평등이 가장 근본적인 것이라고 확신하기 때문에 기본구조에서의 불평등에 초점을 맞추었다. 이 문제를 다룰 수 있는 적절한 원칙을 발견한다면 적절한 제도를 수립할 수 있을 것이며, 다른 불평등 문제들을 어떻게 조정할 것인지의 문제는 보다 쉽게 풀릴 수 있다고 보았다.

§6. 가설적이며 비역사적인 것으로서의 최초의 합의

공정으로서의 정의에서 기본구조의 제도들은 다음의 조건에서는 정의롭다. 즉 자유롭고 평등하고 도덕적인 인격체들이 공정한 조건에서 그 기본구조를 규제하려는 목적으로 채택하게 되는 원칙들을 이 기본구조의 제도들이 충족시킨다면 이 제도들은 정의롭다고 할 수 있다. 두 가지 주요 원칙들은 다음과 같다. a) 각자는 모든 사람에게 적용될 유사한 자유들의 체계와 양립할 수 있는 가장 광범위한 평등한 자유들의 체계에 대한 동등한 권리를 가진다. b) 사회경제적 불평등은 다음의 두 경우, 즉 i) 최소수혜자 계층에게 최대의 혜택이 예상될 때, ii) 공정한 기회평등의 조건하에서 모든 사람들에게 개방된 직위와 직책에 결부되었을 때에만 허용된다.[8]

기본구조의 특별한 역할이 어떻게 최초 합의의 조건들에 영향을 미치며, 이러한 최초 합의를 가설적이고 비역사적인 것으로 이해하게끔 하는 문제에 대하여 논의해 보자. 기본구조는 배경적 정의를 결정짓는 모든 것을 포함하는 사회체계라는 가정에서 출발해 보자(나는 국가 간의 정의 문제*the problem of justice between nations*는 이곳에서 다루지 않는다).[9] 무엇보다도 먼저 자유롭고 평등한 도덕적 인격체로 간주되는 개인들 사이의 공정한 상황은 이 체계내의 여러가지 우연적 요인들을 적정하게 평준화할 수 있는 상황이어야만 한다. 현존하는 사회에서 자신의 위치를 알고 사람들이 도달한 실제적 합의actual agreements는 실상 불균형적인 사회적 및 자연적 우연성에 영향을 받게 된다. 채택된 원칙들은 제도적 구조 내에서

---

8 이 원칙들은 『정의론』 §11-§13과 다른 곳에서 이미 논의한 바 있다. 정당한 저축과 우선성 원칙을 포함하는 간단한 설명은 『정의론』(원서) pp. 302f.에서 다루고 있다.

9 이렇게 하는 이유는 사회정의 문제가 우선적으로 폐쇄적 배경체계(a closed background system) 로서의 기본구조에 관심을 가지고 있기 때문이다. 국가들 간의 사회문제(the society of nations)로 논의를 시작하게 되면 배경적 정의론을 찾아야 하는 과제를 한 단계 더 뒤로 미루게 되는 것으로 단순히 여겨질 수 있다. 어느 수준에서는 폐쇄적 배경체계가 있어야 하며, 우리는 이 문제에 대한 이론을 필요로 한다. 어느 정도 자족적인 사회적 협동체제이며 동시에 어느 정도 완전한 문화를 지닌 것으로 간주되는 사회(국가들에 의해 예증될 수 있는 것처럼)에 적용되는 문제를 다루는 것이 한결 용이하다. 한 사회의 경우에 성공하게 된다면, 최초 이론을 다른 경우에도 확장하고 추가적인 탐문이 요구하는 대로 변형하여 적용시킬 수 있을 것이다.

발생하고 있는 사건들의 실제적 전개과정에 좌우된다. 실제적 합의에 의해 우연을 넘어설 수 없으며, 적합한 독립적 기준을 구체화할 수 없다.

합의당사자를 자유롭고 평등한 도덕적 인격체로 해석한다면, 그들은 자신들에 대하여 아는 것이 거의 없는 것처럼 사고할 것이라는 (여기에서 이 점은 무지의 장막의 제한과 관계된다) 이유도 또한 분명하다. 왜냐하면 논의를 다른 방향으로 진행시키게 되면, 다양하고 심각한 우연적 결과들이 그러한 사람들의 사회적 관계를 규제하는 기본원칙에 영향을 미치게 하는 것을 허용하게 된다. 그러므로 합의당사자들은 사회적 위치, 즉 사회적 계급과 신분, 그리고 천부적 재능 및 능력의 분포에서 자신의 행운과 불운에 대하여, 모두 정상적 범위 내에서within the normal range, 알지 못한다고 가정한다.[10] 또한 합의당사자들은 자신의 궁극 목적과 관심 또는 자신만의 특수한 심리적 특성에 대해서도 모른다고 가정한다.

마지막으로, 세대 간 공정성을 이루기 위해서는 (예를 들면, 정의로운 저축의 원칙에 대한 합의에서) 당대를 사는 당사자들이 현존하는 사회상태를 알지 못한다고 가정한다. 자연자원, 생산재, 그리고 기술수준에 대해서도 무지하다고 가정한다. 정의의 상황이 허용하는 가정으로부터 추론할 수 있는 것을 넘어서는 어떤 것에 대해서도 사람들은 무지하다고 가정한다. 그들 세대의 상대적 불행과 행운은 알려지지 않는다. 왜냐하면 동시대인들 상호간, 그리고 자신들 다음에 올 세대들을 어떻게 대우할 것인가에 대하여 합의하는 과정에서 당대인들이 현재 사회상태의 일반적 상황에 의하여 영향을 받는다면, 기본구조 내에서 발견되는 역사적

---

10 정상적 범위는 아래와 같이 규정할 수 있다. 정의의 근본문제는 사회에 완전하고도 활동적으로 참여하고, 인생 전체 과정에 직접 또는 간접적으로 연루되어 있는 사람들 사이의 관계에 관심을 두고 있기 때문에, 모든 사람들은 어떤 정상적 범위 안에서 육체적 필요와 정신적 능력을 갖는다고 가정하는 것이 설득력을 지닌다. 그러므로 특별한 건강문제나 정신적 결함문제는 일단 논외로 한다. 정상적 범위에 대한 설득력 있는 이론을 찾을 수 있다면, 후에 다른 문제들을 다룰 수 있을 것이다.

및 사회적 우연성의 결과를 배제하지 못하게 된다. 그래서 우리는 더 얇은 무지의 장막보다는 더욱 두터운 무지의 장막에 도달하게 된다: 합의당사자는 가능하다면 우연성으로부터 자유로운 도덕적 인간으로 이해되어야 한다. 공정성을 보장하기 위하여, 최초 상황은 모든 당사자들을 대등하게 대우한다. 왜냐하면 도덕적 인간으로서 그들은 평등하기 때문이다: 모든 사람을 동일한 특성을 가진 것으로 가정한다. 무정보無情報 상태로부터 출발하면서도 합의를 합리적으로 만들기 위하여, 비록 역사적, 자연적, 사회적 우연으로부터 자유롭다고 하더라도 우리는 충분한 정보를 허용하게 된다. 아마도 더 많은 정보가 공평성impartiality과 상호병존하게 되지만, 칸트적 견해는 이것 이상을 모색한다.[11]

그래서 사회계약을 왜 가설적이고 비역사적인 것으로 간주해야 하는 이유가 분명해졌다. 다시 설명을 하자면, 원초적 입장original position에서의 합의는 일정하고 합당한 제약을 표출하는 이상적이고 비역사적인 조건 아래에서 진행되는 합리적 심사숙고의 결과를 대표한다. 이와 같이 심사숙고의 과정을 수행할 수 있는 현실적 길은 있을 수 없으며, 또한 그 심사숙고의 과정이 그렇게 부과된 조건에 부합할 수도 없다. 그러므로 그 결과는, 실제 당사자들이 특정한 경우에 관하여 심사숙고를 통해 실현되는 것처럼, 순수 절차적 정의에 의하여 확인될 수는 없다. 그 대신 그 결과는 분석적으로 사유함으로써 결정될 수 있다: 말하자면, 원초적 입장을 아주 정확하게 규정하여야 할 것이다. 그렇게 해야 당사자의 성격과 그들이 처한 상황으로부터 논거들을 형량 비교함으로써 어떤 정의관이 선호되는지를 파악할 수 있다. 정의의 내용은 이성에 의해 발견되어야 한다. 다시 말하자면, 원초적 입장에 의해 제기되는 합의의 문제를 해결함으로써 정의의 내용을 밝힐 수 있다.

---

11 두터운 무지의 장막과 얇은 무지의 장막을 구분하는 문제(the distinction between a thicker and a thinner veil of ignorance)는 라비노위츠(Joshua Rabinowitz)에게 도움을 받았다.

당대가입 해석the present-time of entry interpretation을 견지하기 위해서, 정의의 모든 문제들은 당시대인들에게 적용되는 제약에 의해 다루어질 수 있다. 정당한 저축의 경우를 생각해 보자. 왜냐하면 사회는 세대간의 협동체제이기 때문에 저축의 원칙을 필요로 한다. 모든 세대 간의 직접적 합의(가설적이고 비역사적이지만)를 생각해 보기보다는, 합의당사자들은 자신들이 그 이전 세대들 모두all *previous* generations가 해당 원칙을 준수하였기를 바라는 그러한 추가조건에 예속되는 저축원칙에 합의하도록 요구받을 수 있다. 따라서 올바른 원칙은 특정 세대의 구성원들 (그리고 모든 세대들) 모두가 자신들의 원칙으로 뿐만 아니라, 시간을 얼마나 거슬러 올라가든 간에(그리고 얼마나 미래로 내려가든 간에), 이전 세대들이 준수하였기를 (그리고 나중의 세대들이 준수하기를) 바라는 원칙으로서 채택할 수 있는 것이어야 한다.[12]

최초 상황이 가설적이며 비역사적이라는 사실은 이론적 목적을 정확하게 이해한다면 문제될 것이 없다. 당대가입 해석과 관련해서는, 말하자면, 규정된 절차적 제약에 따라 제1원칙들에 관하여 도덕적인 추론을 하게 되면, 어떤 순간이라도 그러한 상황으로 들어갈 수 있다. 우리는 매우 특수적인 문제에서부터 고도로 추상적인 단계의 문제까지 이르는 일반성의 많은 수준에서의 판단들을 살펴보았다. 그래서 만약 우리가 이러한 제

---

12 정의로운 저축원칙에 대한 합의조건에 관한 이 입장은『정의론』128f.와 291f.에서의 입장과 다르다. 그곳에서는 합의당사자들이 당대인으로 자신들이 채택하는 원칙을 그 이전 세대들도 따랐었기를 원해야만 한다는 점을 논하지는 않았다. 그러므로 세대들이 상호 무관심하다고 가정한다면, 저축을 거부하는 것을 막는 어떠한 제약사항도 없게 된다. 이 어려움을 해결하기 위해서, 동의 당사자들은 자신들의 후손을 생각하지 않을 수 없다는 점을 제기하였다. 이것은 합당한 규정인 반면, 앞의 조건은 동기유발 가정(motivation assumption)을 변화시키지 않고서도 어려움을 해결할 수 있다는 장점을 지닌다. 이는 또한 원초적 입장의 당대가입 해석(present time entry interpretation)을 견지할 수 있으며, 엄격한 동의조건과 이상적 이론에 일반적으로 들어맞는다. 이렇게 이 문제를 수정하게 된 데에는 전적으로 네이글(Thomas Nagel)과 파핏(Derek Parfit)에게 힘입었다. 이상적 이론과의 연계문제를 지적해 준 잉글리시(Jane English)의 도움도 컸다. "Justice Between Generations," 98을 참고하라.

약에 의하여 표현된 판단들을 인정하게 된다면, 그래서 기본구조에 적용되는 제1원칙들이 채택될 때, 평등한 도덕적 인간 상호간의 공정성의 이념에 구현된 가치들을 인정하게 된다면, 우리는 뒤따르는 정의관에 대한 제한들을 받아들여야만 한다. 최초 상황은 도덕적 사고의 형식적이고 일반적인 요소를 운영가능하고, 보다 생생하게 표현하고 통합시키기 위한 시도이다. 즉, 이것은 이러한 일반적이고 형식적인 요소들을 사용하여 어떤 정의의 제1원칙들이 가장 합당한가를 결정하기 위함이다.

기본구조의 고유한 역할에 주목하고, 기본구조를 규제하는 적절한 정의관을 발견하기 위해서, 기본구조내의 여러가지 우연성들로부터 추상화를 진전시키다 보면, 원초적 입장의 개념이 필수불가결하게 대두된다. 원초적 입장은, 기본구조를 정의의 우선적 주제로 받아들인다면, 사회계약론의 발상의 자연스러운 연장이다.

§7. 최초의 합의의 특성들

최초의 합의가 왜 다른 합의와 구분되는 특성을 지니는가에 대하여 생각해 보려고 한다. 다시 설명한다면, 이것은 기본구조의 뚜렷한 특성에서 기인한다. 우리는 이 기본구조 내에서 이루어지는 특수한 합의 및 형성된 협회들을 최초의 합의the initial agreement 및 시민으로서의 사회 구성원과는 구별해야만 한다. 먼저, 특수한 합의들을 생각해 보자. 특수한 합의들은, 전형적으로 배경적 제도 안에서 이루어졌기 때문에, 당사자들이 자신의 재산, 능력, 기회, 관심을 알고 있는 것(또는 아마도 그럴 것이다)에 기초하고 있다. 개인이든 또는 협회이든 각 당사자들은 여러가지 대안들을 가지고 있으며, 그것들의 유리한 점과 불리한 점을 비교할 수 있으며, 이에 따라서 행동할 수 있다. 특정 조건하에서는 어떤 사람의 공동사업이나 현존하는 협회에 대한 기여도가 측정될 수 있다. 해당 당사자가 참가하지 않았다면 그 사업과 협회가 어떻게 되었을 것인지를 가늠할 수 있으며, 그 차이는 특정 사업과 협회에 대한 이들의 기여를 측정할 수 있게 한다. 개인들에게 참여의 매력은 자신들의 다른 여러 기회들과 비교하여 판단될 수 있다. 따라서 특수한 합의는 기본구조 내에서의 현존하는 그리고 예측가능한 다양한 형태의 관계들의 맥락에서 이루어진다. 이러한 형태가 계약적 계산을 가능케 하는 토대가 된다.

사회계약의 맥락은 놀랄 만큼 다르며, 다른 것들 중에서 다음 세 가지 사실을 허용해야만 할 것이다. 우선, 우리 사회의 구성원 자격은 주어지는 것이다. 다음은 만약 우리가 사회에 속하지 않았더라면 어떠한 존재인지는 알 수가 없다(아마도 이러한 생각 자체는 의미가 없을 것이다). 그리고 전체로서의 사회는 협회나 개인들처럼 목적이나 목적의 순서를 가지고 있지 않다는 점이다. 사회계약을 일상적인 합의로 간주하고 어떤 심사숙고의 과정을 거쳐서 그러한 합의에 이르게 되었는가의 경위에 의문을 가지게 되면 이러한 사실들의 의미는 매우 분명해진다. 사회 구성원 자격은 주어져 있기 때문에, 다른 협회들의 매력점들을 비교하려는 합의당사자의 문제는 일어날 수 없다. 더욱이, 아직까지 사회 구성원이 되지 못한 사람들이 사회에 어떤 잠재적 기여를 할 것인가의 문제를 파악할 수도 없다. 왜냐하면 이러한 잠재력은 알 수 있는 문제가 아닐 뿐만 아니라, 어떤 경우에도 현재 위치와 아무 관계가 없기 때문이다. 그 뿐만 아니라 어떤 한 개인적 구성원과 대조하여 사회 전체의 입장에서 본다면, 어떤 한 개인의 잠재적인 사회적 기여를 평가할 수 있는 합의된 형태의 목적들도 없다. 협회들과 개인들은 그러한 목적을 갖고 있으나, 질서정연한 사회에는 그러한 것이 없다. 비록 질서정연 사회가 모든 시민에게 정의를 제공해야 한다는 목적을 지니고 있으나, 이것은 개인들의 예상되는 기여를 위계적으로 평가하고 이를 바탕으로 사회적 관점에서 그들 개인들의 사회적 역할과 가치를 결정하는 목적은 아니다. 협회와 동일하게 간주되는 사회에 대한 개인들의 기여의 개념 (그래서 사회는 협회의 기존 구성원들의 목적으로부터 유래하는 가입 조건을 제시할 자격이 있게끔 한다) 같은 것은 칸트적 시각에서는 찾아볼 수 없다. 그러므로 사회계약을 다른 일반 합의들과 구분하는 특별한 방법으로 고안하는 것이 요청된다.

공정으로서의 정의에서 이 문제는 원초적 입장이라는 개념을 통하여 구성할 수 있다. 이 구성은 방금 기술한 기본적 대조를 반영하여야 하며, 합당한 합의를 이룰 수 있도록 누락된 요소들을 공급해주어야 한다. 앞의 문단의 세 가지 사실에 대하여 다시 생각해 보자. 첫 번째와 관련하여, 원초적 입장에서 합의당사자들은 자신들의 사회에서의 구성원 자격은 고정되었다고 가정한다. 이러한 가정은 우리는 우리의 사회에 태어났으며 그 틀 안에서 우리 인간의 많은 가능한 형태의 삶 중에서 하나의 형태를 실현할 뿐이라는 사실을 반영한다. 우리가 다른 사회에 들어간다는 문제는 일어날 수 없다. 그러므로 합의당사자들의 임무는 자신들이 살아가게 될 사회의 기본구조를 위한 원칙들에 합의해야 한다는 것이다. 채택된 원칙들은 의심할 바 없이 이민을 허용하나(적정조건에 좌우되지만), 단지 이민을 허락하다고 해서 정당한 체제가 될 수 있는 그러한 제도적 장치들은 허용하지 않을 것이다. 사람과 장소, 협회 및 공동체와 관련된 연루관계들은 너무 강한 것이어서 포기할 수 있는 성질의 것이 아니라는 것은 정상적이다. 그리고 이러한 사실은 개탄할 문제는 아니다. 그러므로 이민갈 권리는 정의로운 기본구조로 생각되는 것에 영향을 미치지는 않는다. 왜냐하면 이 구조는 사람들이 태어나 완전한 일생을 영위할 것으로 기대되는 설계이기 때문이다.

위에서 언급한 두 번째 사실로 돌아가 보자. 무지의 장막은 평등한 도덕적 인격체들 사이에 공정성을 수립할 뿐만 아니라, 합의당사자들의 실제 관심과 능력에 대한 정보를 배제시킴으로써 다음과 같은 방법과 부합하게 된다. 이것은 사회에서의 우리의 위치와 역사를 떠나서, 우리의 잠재적 능력조차 알 수 없게 만들며, 우리의 관심과 성격도 형성될 수 있는 것으로 간주한다. 따라서 최초 상황은 다음 사실을 잘 인식하고 있다. 즉 합당하고 책임감 있는 존재로서의 우리의 본성이 사회로부터 유리됨으로써, 가능성의 전체범위를 포함하는 잠재력을 지니게 된다. 세 번째이자 마지막은 정의원칙들 자체에 의하여 설정되었거나, 또는 이 원칙들에 의해 인정된 사회목적 이외의 다른 목적은 없다고 하는 사실이다. 그러나 이러한 정의원칙들 조차도 채택되어야만 하는 것이다.

그럼에도 불구하고 사회 내에서 이루어지는 합의들에 전형적으로 영향을 미치는 계산들이 원초적 입장에는 설자리가 없다고 하더라도, 이 최초 상황의 다른 측면들이 합리적 심사숙고를 위한 여지를 제공한다. 따라서 선택할 수 있는 대안은 다른 사회로 들어갈 기회가 아니라 자신이 몸담고 있는 사회의 기본구조를 통제할 정의관의 목록이다. 합의당사자들의 관심과 선호도는 기본적 가치primary goods에 대한 이들의 갈망에 의해 주어지게 된다.[13] 이들의 특수한 최종목적은 비록 이들에게 알려지지 않았다 하더라도 이미 형성되어 있다. 이들이 기본적 가치에 대한 (원초적 입장에서) 선호도에 따라서 정의관들의 서열을 평가함으로써 보호하려고 하는 것은 도덕적 인격을 보존하는 데 필요한 조건뿐만 아니라 이미 형성된 이익이다. 마지막으로, 일반적 사회이론의 가용성은 대안적 정의관의

13 이 기본적 가치는 원초적 입장의 견지에서 바라볼 때 그들의 목적이 무엇이든지 간에(이는 그들에게 알려지지 않는다) 합의당사자들이 원하는 것이 합리적이 되도록 하는 사물들을 뜻한다. 그것들은 모든 존재 또는 대부분의 존재들이 합리적 체계의 목적을 달성하기 위하여 필요한 일반적 수단이라고 하겠다. 『정의론』 pp. 92~95, p. 396f., 433f.를 참조하라.

적실성과 합의적 결과들을 평가하기 위한 충분한 근거를 제공해 준다. 원초적 입장의 이러한 측면을 고려해 볼 때, 합리적 기획으로서의 사회계약의 개념은 이러한 합의의 비일상적 특성에도 불구하고 유지될 수 있을 것이다.

§8. 인간관계의 사회적 성격

인간관계의 사회적 측면이 정의원칙들 그 자체의 내용에 반영되는 세 가지 방식을 생각해 보자. 첫째, 차등원칙(경제적 및 사회적 불평등을 규제하는)은 사회구성원으로서의 개인들이 획득한 것과 사회구성원이 아니었더라면 획득했을 수도 있는 것을 구분하지 않는다.[14] 사실상 다른 사회 또는 자연상태 하에서 누릴 것으로 생각되는 이들의 상황을 능가하는 개인이익들의 일부 개념을 논하는 것은 의미가 없다. 만약 원한다면, 원초적 입장에서부터 논의를 전개하는 데 있어서 소위 비동의 지점non-agreement point과의 관계에서 자연상태를 소개할 수는 있다. 이 비동의 지점은 일반적 이기주의general egoism와 그 결과로 정의할 수 있다. 그리고 이는 자연상태로 간주될 수 있다.[15] 그러나 이러한 조건들은 한정된 상태를 밝히는 것은 아니다. 원초적 입장에서 알려진 사항이라는 것은 당사자에게 선택 가능한 각각의 정의관들이 일반적 이기주의 보다는 우월한 결

14 §§7–8의 목적의 하나는 고티에(David Gauthier)가 "Justice and Natural Endowment," *Social Theory and Practice* 3(1974): 3–26의 글에서 제기한 차등원칙에 대한 비판에 대하여 대답하기 위한 것이다. 여기에서 그의 논의를 언급하는 것은 그가 사회구성원으로서의 개인들에 의하여 획득되는 것과 자연상태에 있어서 획득될 수 있는 것을 구분할 수 있다는 전제에서 논의를 전개하기 때문이다. 만약 이러한 구분이 유의미하지 않다면 고티에의 논박에 대한 충분한 답변이 이미 되었다고 생각한다. 물론 더 많은 점을 논쟁해 보아야 한다. 그가 25페이지 이하에서 제기한 논점에 전적으로 동의하며, 내 논의의 상당부분은 칸트적 계약관이 어떻게 그것들과 일치되는가를 밝히기 위하여 설계된 것이다.

15 『정의론』 pp. 136, 147 참조하라. p. 80과 대조하라.

과를 가져온다는 점이다. 개인의 사회에의 기여도를 결정하는 문제라든가, 또는 특정한 정의관에 예속되지 않았을 경우에 당사자들이 처했을 경우와 비교하여 각자의 입장이 얼마나 개선되었을 지의 문제, 그리고 이러한 측정에 근거하여 시민들의 사회적 이익을 어떻게 조정할 것인가 하는 등의 문제는 발생하지 않는다. 사회 내에 존재하는 협회의 경우에 이러한 종류의 구분을 도입해야 할지 몰라도, 기본구조에 적용되는 원칙들을 채택하는 경우에는 이와 같은 계산들은 근거가 없다. 다른 사회에서나 자연상태에서의 우리의 상황은 정의관을 평가하는 데 아무런 역할도 하지 못한다. 그리고 이러한 개념들은 정의의 두 원칙을 적용하는 데 있어 아무 관련이 없다.

두 번째는 앞의 문제와 관계된 것으로서, 정의의 두 원칙은 기본구조 내에서 협회나 또는 다른 형태의 협력관계에 기여하는 대가로 발생하는 특수권리들entitlements이 어떻게 획득되어지는가의 문제를 규제한다. 이미 보았듯이, 이들 공헌도 또는 기여도는 개인과 협회의 특수목적에 입각하여 평가된다. 그리고 그 기여도라는 것은 일부는 자발적인 노력과 성취에 의하여 영향을 받고, 또 다른 일부는 사회환경 및 우연에 의하여 영향을 받는다. 기여도는 이러저러한 상황에서 이러저러한 협회에 공헌을 했다는 방식으로 평가될 수밖에 없다. 그러한 기여도는 특정 집단에 대한 개인의 한계적 효용성으로 반영된다. 이러한 공헌을 사회자체에 대한 공헌으로 혼동하지 말아야 한다. 또는 시민으로서의 사회 구성원이 사회자체에 대하여 가지는 가치로 착각하지 말아야 하는 것이다. 개인들의 특수권리들의 총합 또는 사회 내 협회에 대한 무보상적 공헌의 총합조차도 사회에 대한 공헌으로 간주하지 말아야 한다. 칸트적 시각 내에서는 개인들의 사회내의 협회에 대한 공헌과 사회에 대한 공헌을 병치시킬 수 있는 개념이 자리할 수 없다. 시민들의 존재가치를 비교할 수 있다면, 정의롭고 질서정연한 사회 내에서의 그들의 가치는 언제나 평등하다.[16] 이 평등성은 기본적 자유 및 공정한 기회의 체제와 차등원칙의 운영을 통하여 반영되고 있다.[17]

세 번째이자 마지막 사항은 칸트적 시각에서 본다면, 합의당사자들은 자유롭고 평등하며 도덕적인 인격체로 간주된다는 사실이다. 도덕적 인격체라고 말하는 것은 가치관*a conception of the good*(궁극목적의 체계)을 갖고 있다는 사실을 의미하며, 또한 정의관을 이해할 능력이 있으며 생활에서 이를 따르고 있다는 사실(정의감a sense of justice)을 의미한다. 도덕적 인간의 자유는 두 가지 제목으로 해석될 수 있다. 첫째, 합의당사자들은 자유로운 인격체로서 다른 관심들, 심지어 근본적 관심들을 이성적으로 통제하는 데에 최상의 관심을 가지고 있다고 스스로를 간주한다. 다시 말하자면, 자율성을 표현하는 합리적이고 합당한 원칙에 의해 스스로를 이렇게 할 수 있는 존재로 간주한다는 점이다. 더욱이, 자유로운 사람들은 스스로를 특정한 궁극적 목적이나 또는 일군의 이러한 목적에 분리될 수 없을 정도로 얽매여 있는 존재로 생각하지 않으며, 언제든지 합당한 심사숙고에 의하여 자신들의 목적을 재평가하고 수정할 수 있는 존재로 간주한다는 사실이다. 두 번째, 자유로운 인격체는 자신의 관심과 목적에 대하여 스스로 책임질 수 있는 존재로 가정한다. 그들은 자신의 소망과 욕구를 통제하고 수정할 수 있으며, 상황이 원한다면 그렇게 할 책임도 수락한다.[18]

---

16 질서정연한 사회에서의 시민들의 가치는 언제나 평등하다. 왜냐하면 그러한 사회에서는 모든 사람들이 정의로운 제도에 순응하고 자신들의 의무와 책무를 다하도록 간주되기 때문이다. 이들은 적절한 때에 충분히 강한 정의감에 지배를 받고 있는 것이다. 불평등들은 불평등한 도덕적 가치로부터 발생하는 것이 아니다. 이 불평등들의 발생은 다른 곳에 있다.

17 아래의 §9의 두 번째 문단을 참조하라.

18 이 문제에 대한 보다 상세한 설명은 다음의 "Reply to Alexander and Musgrave," *Quarterly Journal of Economics* 88(November 1974): 639~43를 참조하라.

사회제도에 적용되는 자유는 일정한 형태의 권리와 자유들을 의미한다. 평등한 자유란 특정한 기본적 자유와 기회가 모든 사람들에게 평등하며, 사회경제적 불평등은 이러한 자유의 공정한 가치를 보존하도록 조정된 원칙에 의해 규제되는 것을 의미한다. 도덕적 인간과 사회적 형태에 적용되는 것으로서 앞에서 논의한 자유의 정의들definitions of freedom에 입각하여 본다면, 자유롭고 평등한 사람이란 다음과 같은 사람들로 정의될 수는 없다는 점은 명백하다. 즉 이들의 사회적 관계가 원초적 입장에서 합의될 수 있는 바로 그 원칙에 대하여 해답을 주는 그러한 사람들이 될 수는 없다. 왜냐하면 그렇게 말한다면, 이러한 원칙들이 마땅히 채택될 수 있는 원칙들이 되어야 한다는 입장에 입각한 주장을 약화시키는 결과가 되기 때문이다. 그러나 일단 당사자들이, 기본구조의 역할을 전제하여, 제도적 표현의 한 형태an institutional expression로 설명된다면, 정의의 제1원칙들이 기본구조에 직접 적용되리라는 것은 우연이 아니다. 도덕적 인간의 자유와 평등은 특정한 공적 형식을 요구하게 되며, 정의의 두 원칙의 내용은 이러한 기대를 충족시키고 있다. 그리고 이것은, 예를 들자면, 고전적 공리주의와 대조된다. 고전적 공리주의는 쾌락과 고통에 대한 능력, 즉 특정형태의 본질적으로 가치있는 경험에 이르는 능력, 또는 이를 파악할 수 있는 능력을 기본적인 것으로 간주하고 있다. 이러한 능력은, 특정의 사회적 형태가 다른 것보다 우수하여 더 큰 행복의 순수 총량이나 가치의 총량을 달성할 수 있는 보다 효과적인 수단임에도 불구하고, 어떤 제도적 표현도 필요하지 않는 방식으로 규정되고 있는 것이다.

§9. 기본구조를 위한 이상적 형태

이제 마지막이자 네 번째 논점에 이르렀다(§1의 말미를 참조하라). 분배 몫을 결정하는 데 사회가 순수 절차적 정의pure procedural justice에 크게 의존하더라도, 정의관은 실제 사회과정의 누적적 결과는 제한되고 조정되어야 한다는 입장의 기본구조를 위한 이상적 형태를 내포해야만 한다.[19]

기본구조의 특수한 역할에서 보자면, 다음과 같은 질문을 하는 것은 자연스럽다. 자유롭고 평등한 도덕적인 인격체들이 사회경제적 불평등은 사회적 행운과 자연적 및 역사적 우연에 의하여 크게 영향을 받는다는 사실을 어떤 원칙에 의하여 받아들일 수 있는가? 합의당사자는 자신들을 그러한 인격체로 간주하기 때문에, 그들에게 있어서 첫 출발점은 소득과 부를 포함하는 모든 사회적 기본가치는 평등해야 한다고 생각한다. 모두가 동등한 몫을 가져야 하는 것이다. 그러나 그들은 조직의 요구나 경제적 효율성을 고려해야만 한다. 따라서 평등한 분배에서 머무르는 것은 합당하지가 않다. 기본구조는 조직에서의 불평등 및 경제적인 불평등은 최소수혜자 계층을 포함하는 모든 사람들의 상황을 개선시키는 한에서 허용되어야 한다. 또한, 이러한 불평등은 평등한 자유와 공정한 기회평등이 보장되는 한에서만 허용되어야 한다. 평등한 몫에서 출발했기 때문에, 가장 적은 혜택을 받는 사람은 (평등배분을 기준으로 삼을 때) 거부권을 갖는다. 따라서 합의당사자들은 차등원칙the difference principle에 이르게 된다. 여기에서 평등배분은 기준점으로 받아들여진다. 왜냐하면 이것이 바로 자유롭고 평등한 도덕적인 존재로 받아들여지는 사람들이 어떤 상황에 처하게 되는가를 반영하기 때문이다. 그러한 사람들 가운데 다른 사람들보다 더 많이 받은 사람은 자신들보다 더 적게 받은 사람들의 상황을 개선한다는 조건에서 더 많은 이득을 얻게 되는 것이다. 이러한 직관적 고려는 차등원칙이 왜 사회경제적 불평등을 지배하는 적절한 기

19 순수 절차적 정의에 대해서는『정의론』pp. 84~89, 310~15 및 p. 64, 66, 72ff., 79, pp. 274~80, 305~10을 참조하라.

준이 되는가를 보여준다.

차등원칙을 이해하기 위하여 몇 가지 사항을 염두에 두어야 한다. 첫째, 정의의 두 원칙은 함께 작용하기 때문에 분배 몫을 실제로 결정하는 데에서는 순수 절차적 정의의 중요한 요소를 내포한다. 정의의 두 원칙은 기본구조 및 구체적 권리획득에 적용되는 기본구조의 체계에 적용된다. 적절한 한계 내에서, 그 결과로 나타나는 분배 몫은 무엇이든지 간에 정의롭다. 공정한 분배는 장기적으로 공정한 사회적 과정의 실제적 작동에 의해서만 성취가능하다. 공정한 사회적 과정 속에서, 공개적으로 선포된 규칙에 따라, 구체적 권리들이 획득되고 존중된다. 이러한 특성들은 순수 절차적 정의를 규정짓는다. 그러므로 만약 주어진 사물을 잘 알려진 욕구와 선호도에 따라서 특정 개인에게 분배하는 것이 다른 경우보다 더 정의로운 것인가 하는 추상적 질문에 대해서는 대답할 수 없다.[20]

따라서 정의의 원칙들 특히 차등원칙은 사회적 및 경제적 불평등을 통제하는 주요 공적 원칙과 정책에 적용된다. 이들 정의원칙은 직위와 소득체계를 조정하고, 이 체계가 사용하는 익히 알려진 일상의 기준과 지침을 평가하기 위하여 사용된다. 예를 들면, 차등원칙은 소득과 재산세 문제, 재정 및 경제정책 문제를 다루는 데 유효하다. 이 차등원칙은 공표된 공적인 법과 규정의 체계에 적용되며, 구체적인 거래나 분배문제 또는 개별적 개인과 협회의 결정에는 관계하지 않는다. 그러나 오히려 이러한 거래와 결정이 일어나는 제도적 배경에 관계된다. 시민들의 기대 및 취득에 관하여 미공표 되거나 예측 불가능한 간섭은 없다. 직위는 공표된 공공법의 체계에 따라 획득되고 존중된다. 세금과 금지는 예측 가능한 원칙에 따라서 이루어지며, 소유는 일정한 이전과 재분배가 이루어질 것이라는 공표된 조건에 따라서 이루어진다. 차등원칙이 개별적 분배의 지속적 교

20 Ibid., p. 88.

정과 사적 거래에 대한 변덕스러운 간섭을 부과한다는 것은 오해에서 나온 이야기이다.

정의의 두 원칙은 실제의 분배가 특정 시점(또는 일정 기간에 걸쳐서)에 관찰 가능한 특정 형태에 부합되어야 한다고 주장하지는 않는다. 예를 들면, 평등 또는 분배에서 계산된 불평등의 정도가 지니 계수the Gini coefficient의 범위에 들어야 한다고 주장하지 않는다.[21] 요구되는 것은 (허용 가능한) 불평등이 최소수혜자 계층의 기대에 부합하는 특정한 기능적 기여를 해야 한다는 점이다. 이러한 기능적 기여는 공공 제도에서 설정된 구체적 권리 및 이득 부여의 체제the system of entitlements의 작동으로부터 나오게 된다. 그렇지만 특정 우연성들은 불가피한 것이기 때문에, 사회생활로부터 우연성을 삭제하려는 것이 목적은 아니다. 자연자원의 평등분배가 자유로운 인격체들의 평등성에 보다 잘 부합할 것으로 여겨진다고 할지라도, 이러한 자산들을 재분배하는 문제(생각할 수 있다면)는 일어나지 않는다. 왜냐하면 이는 자유로운 인격체의 고유성the integrity of the person 유지와 양립하기 어렵기 때문이다. 또한, 자연적 편차가 얼마나 큰 지에 대해서도 구체적인 가정을 할 필요가 없다. 인생의 후기에 나타나듯이 그것들은 수많은 종류의 우연에 의하여 영향을 받는 것으로 가정하면 충분하다. 제도는 사회적 협동이 건설적 노력을 장려할 수 있도록 해야 한다. 우리는 자신의 자연적 능력에 대한 권리를 가질 뿐만 아니라, 공정한 사회적 과정에 참여함으로써 우리들이 요구자격을 가질 수 있게 되는 바가 무엇이든지 간에 이에 대한 권리가 있다. 물론 그러한 과정을 어떻게 규정화 할 것인가 하는 문제는 남는다. 두 가지 원칙의 이념에 따르면 어느 누구도 기본적 가치의 평등분배에서 받을 수 있는 것보다 적게 받아서는 안 된다는 것이다. 그리고 사회적 협동의 결과 전반적인 향

---

21 불평등의 이러 저러한 척도에 대해서는 다음을 참조하라, A. K. Sen, *On Economic Inequality* (New York: W.W. Norton, 1973), chap, 2.

상 발전이 나타났다면, 거기에 따르는 불평등은, 평등분배를 기준으로 삼아서, 그 사회에서 가장 적게 입장이 개선된 사람들에게 혜택이 되도록 작동해야 하는 것이다.

정의의 두 원칙은 또한 기본구조에 적용되는 하나의 이상적 형태를 구체화 한다. 이것에 입각하여 현존하는 제도적 및 절차적 과정이 통제되고 조정된다. 이러한 제약들 가운데에는 다음 사항들이 포함된다. 우선, 재산의 축적에 관한 제한(특히, 생산적 자산에서 사적 소유권이 존재한다면)이 포함된다. 이 제한은 정치적 자유의 공정한 가치the fair value of political liberty의 요건과 공정한 기회평등fair equality of opportunity의 요건으로부터 유래된다. 그리고 안정성과 허용 가능한 시기심에 대한 고려에 근거하는 제한들이 있다. 이 두 가지 제한 모두 자존감self-respect이라는 본질적인 기본적 가치와 연계되어 있다.[22] 배경적 정의를 보존하기 위한 조정을 하기 위해서는 그와 같은 이상을 필요로 한다. 이미 (§4에서) 살펴보았듯이, 개인들에게 부과하는 것이 합당함은 물론 실행 가능한 원칙에 따라서 모든 개인들이 공정하게 행위한다고 하더라도, 수많은 개별적 거래들의 최종적 결과는 마침내 배경적 정의를 약화시키게 될 것이다. 사회를 어쩔 수없이 그렇게 해야만 하는 수 세대에 걸친 협동이라고 본다면, 이는 자연스러운 견해이다. 질서정연한 사회에서도 기본구조의 조정은 언제나 필요하다. 그러므로 기본구조와 개별적 거래에 직접적으로 적용되는 규칙 사이에는 제도적 노동 분업이 필요하다. 개인과 협회는 정의로운 기본구조를 유지하는 데 필요한 작업을 수행할 수 있는 배경적 제도의 틀 안에서 각자 자신의 목적을 향해 추구할 수 있는 자유가 보장되어야 한다.

제약을 규정하고 조정을 지도할 수 있는 구조적 이상에 대한 필요는 부정의에 좌우되지 않는다. 모든 합당한 실천적 규칙들을 엄밀히 준수한

---

22 『정의론』 pp. 224~27, 277f., 534~37, 543~46을 참조하라.

다 하더라도, 그와 같은 조정은 지속적으로 요구된다. 현실정치와 사회생활이 수많은 부정의로 얼룩져 있다는 사실은 이러한 필요성을 강조한다. 정의로운 사회질서에 적용되는 구조적 원칙들을 함유하지 않은 순수 절차적 이론은 우리의 세상에서는 유용하지 않다. 왜냐하면 정치적 목적이란 부정의를 철폐하고 공정한 기본구조를 지향하는 변화를 지도해 나아가는 것이기 때문이다. 정의관은 필요한 구조적 원칙들을 명시해야만 하며, 정치적 행동의 전반적 방향을 제시하여야 한다. 배경적 제도에 적용되는 그와 같은 이상적 형태가 없다면, 배경적 정의를 보존하고 현존하는 부정의를 제거하기 위한 부단한 사회적 조정 과정을 위한 합리적 기준이 없게 된다. 따라서 완전히 정의로운 기본구조를 규정하는 이상적 이론은 비이상적 이론에 필수적인 보완이 된다. 비이상적 이론이 없다면, 변화를 위한 갈망은 목적을 잃게 된다.

§10. 헤겔의 비판에 대한 답변

이 부분은 §1의 말미에서 제시한 네 가지 요점에 대한 논의를 마감하는 장이다. 지금까지의 논술의 한 가지 결과는 이상주의에 대한 답변이다. 문제는 다음과 같다. 칸트적 정의관a Kantian conception of justice을 고안해내기 위해서는, 칸트의 교리 구조를 이의 초월적 이상주의transcendental idealism의 배경으로부터 분리시키고, 원초적 입장의 구성을 통해 여기에 절차적 해석을 가하는 것이 바람직하다는 생각이 든다(이 분리는 중요하다. 왜냐하면, 앞의 이유 외에 다른 이유가 없다면, 이 분리가 합당한 경험주의의 틀 내에서 칸트의 입장에 대한 절차적 해석이 어느 정도까지 가능한가를 보여줄 수 있기 때문이다). 이 목적을 달성하기 위해서는 사회계약이라는 개념을 사용하는 원초적 입장의 구성이 이상주의자들이 당시의 계약전통에 대하여 제기하였던 그럴 듯한 반박에 직면하지 않게 된다는 점을 보여주어야 한다.

따라서 헤겔은 이러한 주장(계약론)은 사회와 국가를 사적 개인들의 협회와 혼동했다고 생각했다. 즉, 공법의 일반적 형식 및 내용이 지나칠 정도로 개인들의 임의적이고 특수한 사적 이익 또는 사적 관심사에 의하여 결정되도록 방치했다는 것이다. 그리고 이 사회에서 태어나 귀속하게 된 것이 우리들에게 달려 있지 않다는 사실에 대하여 설득력 있는 설명을 하지 못한다는 것이다. 헤겔이 볼 때, 사회계약론은 정당성이 없는 주장이며 그가 '시민사회'라고 부르는 영역에 한정된 개념을 무비판적으로 확장한 것에 불과하다. 또한 헤겔에 따르면, 계약론은 인간의 사회적 성격을 인식하는 데 실패했으며, 이론적 목적을 위해, 사회에 선행하여 사회와 무관한 일부 고정된 자연적 능력 및 특정한 욕망들을 인간들에게 부여하고 있다는 것이다.[23]

나는 이러한 비판에 대하여 대답해보고자 하였다. 우선, 정의의 첫 번째 주제는 배경적 정의를 수립하는 근본적 과제를 담지 하는 사회의 기본구조에 있다는 사실을 주장하였다(§§4~5). 얼핏 보면, 이 주장은 양보처럼 보이지만 절대로 그렇지 않다. 원초적 입장은 자유롭고 평등한 도덕적 인격체들 사이에 공정한 합의 상황을 설정하고, 이 상황에서 그들이 합리적 합의에 이를 수 있는 것으로 그 특징이 설명된다. 이렇게 규정된 특징은 자유롭고 평등한 도덕적 인격체들을 특정의 방식으로 개념화하고, 이들의 욕구와 필요를 (원초적 입장에서의 주장을 목적으로) 기본적 가치로 환원하여 해석하는 것에 의존하고 있다. 분명히, 정의관에 대한 합의를 다른 합의들과 구분해야 하며, 이러한 요건은 놀랄 일이 아니다. 기본구조에 적용되는 원칙들을 설정하는 합의는 그 기본구조 내에서

---

23 *The Philosophy of Right*, translated by T. M. Knox(Oxford: Clarendon Press, 1942), pp. 58f., 70f., 156f., 186을 참조하라.

이루어지는 모든 합의들과는 뚜렷하게 구분될 수 있는 특징들을 지녀야 한다(§§6~7). 마지막으로, 공정으로서의 정의가 어떻게 인간의 사회적 본성을 수용할 수 있는가의 문제를 제시해 보았다(§8). 동시에 이 논의는 개인주의적 토대에서 출발하기 때문에 (원초적 입장은 자유롭고 평등한 도덕적인 인격체들 사이의 공정한 것으로 고안되었다), 공정으로서의 정의는 해당 당사자의 자유와 인격을 희생하지 않고서 사회적 가치를 수용할 수 있는 적절한 공간을 제공하는 하나의 도덕적 관점이다.

다른 계약론은 이상주의자의 비판에 대하여 대답할 수 없는 것 같다. 홉스와 로크와 같은 역사적 과정론 입장historical process doctrines이나 자유지상주의적 견해는, 이들이 비록 상호간에 많은 중요한 차이가 있긴 하겠지만, 모두들 반대론을 피하지 못하는 것 같다. 첫째, 사회계약은 (홉스와 로크의 경우에는) 자연상태에 있는 사람들에 의하여 이루어지기 때문에, 또는 (자유지상주의적 구조에서) 개인들이 지배적 보호기구의 고객이 되는데 동의하는 것으로 되어 있기 때문에, 이러한 합의들의 조건 또는 그들이 비준하는 상황은 필연적으로 가설적 설명의 정의로운 역사과정the as-if just historical process의 우발성과 우연성에 의하여 영향을 받을 수밖에 없다. 이러한 가설적 설명의 정의로운 역사적 과정은 배경적 정의를 보존하거나 이를 지향하려는 경향이 전혀 없다. 로크의 주장에 이러한 곤란성이 놀랄 정도로 명확하게 그려지고 있다. 그는 사회계약을 따르는 사회 구성원 모두가 평등한 정치적 권리를 갖는 것은 아니라는 점을 가정하고 있다: 시민들은 재산의 소유로 인해 투표할 권리를 가지므로 재산이 없는 자는 투표권이 없으며, 정치적 권위를 행사할 권리가 없다.[24] 추정컨대, 가설적 설명의 정의로운 역사적 과정의 세대에 걸친 다양한 누적은 아무런 자신의 잘못이 없는 데도 많은 사람들을 재산 없는 자로 만들었

---

24 *Second Treatise of Government*, §§140과 158을 함께 읽으라.

다. 비록 사회계약과 그에 수반되는 정치적 권위의 부여가 그들의 시각에서 본다면 완전히 합리적이고 신에 대한 의무에 아무런 모순이 되지 않는다 하더라도, 이는 재산이 없는 자들에게 기본적인 정치적 권리를 보장해 주지 못한다. 칸트적 시각에서 보자면, 로크의 주장은 도덕적 인격체들의 사회적 관계를 부적절하게 역사적 및 사회적 우연성에 예속시키고 있다. 역사적 및 사회적 우연성은 개인의 자유와 평등에 대한 외부적인 조건일 뿐더러 오히려 자유와 평등을 약화시키는 요인이 된다. 로크가 가설적 설명의 역사과정the as-if historical process에 부과한 제한은 자유롭고 평등한 도덕적인 인간이 받아들일 수 있는 정도의 배경적 정의관을 규정할 만큼 강하지 못했다. 이러한 결과는 사회적 계약social compact이 자연상태에 있는 인간을 자유롭고 평등한 인간으로 상정함으로써 막 바로 이루어질 수 있다고 가정하는 데에서 야기될 수 있다. 상호간에 대한 자신의 상황이 자유와 평등을 적절히 대표한다고 가정함으로써, 게다가 또한 (로크가 주장하듯이) 신이 어느 누구에게도 정치적 권위를 행사할 권한을 부여하지 않았다고 가정함으로써, 이들은 이후에 전개될 역사과정 전체를 통해 모든 사람들에게 평등한 기본권(정치적 권리를 포함하는)을 보장하는 원칙들을 인정할 수 있을 것이라고 추정하는 것 같다. 적절한 시간의 기간 동안에 사람들이 너무 광범위하게 흩어져서 동의를 할 수 없을 것이라고 가정한다면, 위와 같이 로크를 이해하는 것은 로크의 주장을 가설적 설명의 비역사적 이론the as-if nonhistorical theory으로 만들게 된다. 로크가 이러한 대안적 가능성을 고려하지 못한 것처럼 보이는 사실은 실상은 그의 이론의 역사적 측면을 부각시켜 놓고 있기 때문이다.[25]

계약론이라면 그것은 배경적 정의를 유지하는 기본구조의 작동을 개인들 및 협회에 직접적으로 적용되며 그들의 개별적 거래를 지배하는 규

---

25 로크 이론의 역사적 측면을 이러한 방식으로 보게 된 것은 스키너(Quentin Skinner) 덕분이다.

칙의 법적 체제에 입각한 규정 및 집행과 구분하는 것이 필요하다는 것을 인식해야 한다고 제시하였다. 마지막으로, 칸트적 계약론에서는 자연상태의 개인들의 상황과 이들의 사회 내에서의 상황을 대비할 필요가 없다는 점이다. 이러한 종류의 비교는 배경적 제도의 틀 안에서 맺어진 합의들에만 속하고, 사회구성원의 기본권을 결정하는 데에는 어떤 역할도 하지 않는다. 더욱이, 시민들의 상대적 유리성을 비교하기 위한 특정한 기준은 이들의 현실적 관계와 사회적 제도가 현재 운영되고 있는 방식에 근거할 수밖에 없게 된다. 이러한 상대적 유리성의 비교기준은 과거 수 세대까지 거슬러 올라갈 수 있는 실제(또는 특정한 가설적 설명의 정의로운as-if just) 역사적 거래의 연속적 과정이 최초의(또는 특정 형태의 가설적) 자연상태와 비교하여 각자의 상황을 어떻게 개선하였는지(또는 아마도 개선하였을 것인지)에 기초할 수 없게 만든다.

나의 목적은 다른 계약론을 비판하는 것이 아니다. 이것은 독립된 논의를 필요로 한다. 그보다 나는 공정으로서의 정의가 왜 기본구조를 정의의 제1주제로 삼는가를 설명해 보려고 하였으며, 이 경우를 위한 특수한 이론을 개발시켜 보려고 하였다. 이 구조의 고유한 특징 및 역할을 감안하면서, 칸트적 형태의 계약론의 의도를 실현시키려면, 합의 개념을 적절히 변형시킬 필요가 있다. 나는 필요한 변형이 어떻게 이루어질 수 있는지를 보여주려고 노력하였다.

강의 VIII

기본적 자유와 그 우선성[1]

나의 책 『정의론』에서의 기본적 자유와 그 우선성에 관한 설명은, 다른 결함들과 함께, 두 가지 심각한 간극을 포함하고 있다는 점을 지적해 준 사람은 하트H. L. A. Hart였다. 이 강의에서 나는 이러한 간극을 어떻게 메울 것인가 하는 문제를 개괄적으로 다루려고 한다. 아마 개괄적 설명

---

1 이 글은 1981년 4월 미시건 대학(University of Michigan)에서 행한 Tanner Lecture의 수정 확장본이다. 이 강연을 할 수 있는 기회를 준 Tanner Foundation과 미시건 대학교의 철학과에 감사드린다. 비판적 논평을 써 주신 하트(H. L. A. Hart)에게 이 자리를 빌어 감사드리며(2번 각주를 참고), 부분적으로 이 글을 통하여 답변을 해보려고 한다. 여기에서 그가 제시한 두 가지 중요한 문제점에 대하여 답변해 보려고 노력하였다. 그 과정에서 나는 자유에 대하여 몇 가지 중요한 수정을 가하게 되었다. 하트가 제기한 문제점들에 대하여 어떻게 대처해야 하는지에 관하여 많은 귀중한 조언과 제언을 해 준 라비노위츠(Joshua Rabinowitz)에게 감사드린다.

이러한 수정을 가함에 있어, 강연이 끝난 직후와 이후의 대화를 통하여 좋은 논평을 해준 셰플러(Samuel Scheffler)와 크론만(Anthony Kronman)에게 감사드린다. 셰플러의 논평은 나로 하여금 지금 §§5와 6의 원본을 완전히 새로 쓰고 발전시키게 만들었다. 크론만의 논평은 §7을 수정하는 데 특히 큰 도움이 되었다. 드레벤(Burton Dreben)의 유익한 충고와 토론은 수많은 변화와 수정을 하게 만들었다.

기본적 자유와 그 우선성에 대한 나의 설명은 내가 "질서정연한 사회"라고 부르는 헌법적 교리에 적용될 경우에는 익히 알려져 있는 마이클존(Alexander Meiklejohn)의 시각과 어느 정도 유사하다는 점을 서문으로서 언급하는 바이다(n.12를 보라). 그렇지만, 다음과 같은 점에서 중요한 차이점들이 있다. 첫째, 마이클존이 정치적 자유와 언론자유에 부여

이상으로 다루기는 어려울 것 같다. 첫 번째 간극은 원초적 입장의 당사자들이 기본적 자유를 채택하고, 그 우선성에 합의하는 근거에 대한 설명이 충분치 않다는 점이다.[2] 이 간극은 두 번째 간극과 연결된다. 두 번째 간극은 정의의 원칙을 헌법적, 입법적, 사법적 단계에 적용할 경우, 기본적 자유들을 사회적 상황들social circumstances이 알려짐에 따라서 어떻게 더 구체화할 것이며, 어떻게 이들 상호간을 조정할 것인가 하는 문제에 대한 만족할 만한 기준이 제시되고 있지 않다는 비판이다.[3] 듀이강의Dewey Lectures에서 이미 소개한 수정사항들을 완성함으로써 이 두 가지 간극을 메워 보도록 노력할 것이다. 기본적 자유와 이의 우선성을 위한 근거들이 어떻게 기본적 가치에 대한 새로운 설명과 결부하여 자유롭고 평등한 시민의 개념에 기반을 둘 수 있는지에 대하여 개략적으로 설명하고자 한다.[4] 이러한 수정을 통하여 나는 기본적 자유와 그 우선성은, 하트가 생각한 것처럼 합리적 이익만 고려한 것이 아니라, 자유주의적으로 간주될 수 있는 인간관에 기초하고 있음을 밝혀내고자 한다.[5] 그럼에도 불구하고, 공정으로서의 정의의 구조와 내용은 동일하다. 정의의 제1원칙에서의 몇 가지 구절상의 중요한 변화 이외에는, 정의의 두 가지 원칙의 진술문은 변경되지 않았으며, 또한 두 번째 원칙에 대한 첫 번째 원칙의 우선성도 변하지 않았다.

한 우선성은 여기에서는 전체로서의 기본적 자유의 부류에 속하고 있다. 둘째, 자치정부의 가치(the value of self-government) 는 마이클 존에게는 종종 최우선적인 것으로 간주되는 것처럼 보이는데, 나의 이론에서 이것은 다른 것들 중에서 하나의 중요한 가치에 불과한 것으로 간주되고 있다. 마지막으로, 기본적 자유의 철학적 배경은 매우 다르다.

2 H. L. A. Hart, "Rawls on Liberty and Its Priority," *University of Chicago Law Review* 40(3)(Spring 1973): pp. 551~55(이후 Hart로 표기); Norman Daniels(ed.), *Reading Rawls*(New York: Basic Books, 1975), pp. 249~52(이후 Daniels로 표기)에 재 수록되었다.

3 Hart, pp. 542~50, Daniels, pp. 239~44.

4 "Kantian Constructivism in Moral Theory," *Journal of Philosophy* 77(9)(September 1980): 519~30을 참조하라.

5 Hart, p. 555; Daniels, p. 252.

§1. 공정으로서의 정의의 최초의 목적

기본적 자유에 대한 설명에 나타나는 두 가지 간극을 다루기 이전에, 몇 가지 사항을 먼저 살필 필요가 있다. 첫째, 정의의 두 원칙은 다음과 같다:

a. 각자는 모든 사람에 적용되는 유사한 자유의 체계와 양립할 수 있는 평등한 기본적 자유의 완전한 적정구조에 대하여 평등한 권리를 가진다.

b. 사회적 및 경제적 불평등은 다음 두 가지 조건을 만족시켜야만 한다. 첫째, 사회적 및 경제적 불평등은 공정한 기회평등의 조건하에서 모든 사람에게 개방된 직위와 직책에 결부 되어야만 한다. 둘째, 사회적 및 경제적 불평등은 사회의 최소 수혜자 계층에 최대한 이익이 되도록 결부되어야만 한다.

위에서 언급한 정의의 제1원칙에서의 변화는 “완전한 적정구조a fully adequate scheme”라는 구절이 『정의론』에서의 “가장 광범위한 총체적 체계the most extensive total system”라는 표현을 대신한 것이다.[6] 이러한 변화로 말미암아 “compatible”이라는 단어 앞에 “which is”라는 개념을 삽입하게 되었다. 이러한 변화에 대해서는 차후에 설명할 것이며, 기본적 자유의 완전한 적정구조라는 개념은 §8에서 논의한다. 여기에서 이 문제는 잠시 접어두자.

또 다른 예비적 문제로 정의의 제1원칙에 있는 평등한 기본적 자유들은 다음과 같이 나열될 수 있다. 사상의 자유와 양심의 자유, 정치적 자유와 결사의 자유, 인격체의 자유와 고결성에 의하여 구체화되는 자유들,

---

6 “가장 광범위한”(the most extensive) 이라는 표현은 『정의론』 원문 pp. 60, 250, 302에서 정의 원칙들에 대한 주요 진술로 사용되었다. “총체적 체계”(total system)라는 구절은 이 진술의 두 번째(p. 250) 및 세 번째(p. 302)언술에서 사용되었다.

마지막으로 법치에 의하여 포함되는 권리와 자유들이 여기에 속한다. 자유 그 자체liberty as such에 우선성이 부과되는 것은 아니다. 가령 "자유liberty"라고 불리우는 어떤 것을 행사하는 것은 매우 우월한 가치를 지니며, 이러한 것이 정치적 및 사회적 정의의 유일한 목적은 아니라 하더라도 매우 중요하다고 말하기도 하지만, 그와 같은 우선성이 부여되지는 않는다. 자유에는 충분한 이유 없이 행동에 법적 또는 다른 제약을 가하는 데에 대하여 반대한다는 의미가 일반적으로 미리 전제되고 있는 것은 확실하다. 그러나 이러한 사전적 전제가 곧 어떤 특정한 자유에 대한 특별한 우선성을 창출해 내는 것은 아니다. 그렇지만 하트는 내가 『정의론』에서 사용하는 주장과 구절이 때로 자유 그 자체의 우선성을 의미하는 것으로 해석하곤 한다. 물론, 그도 잘 알 듯이, 이것은 올바른 해석이 아니다.[7] 민주주의 사상사에서 초점은, 가령 수많은 권리장전과 인권선언서에 나타난 것처럼, 어떤 구체적 자유를 성취하고 헌법적 보장을 받으려는 데 모아졌었다. 기본적 자유에 대한 설명도 이러한 전통을 따른다.

기본적 자유들의 목록을 나열하는 것은 철학적 정의관이 피해야만 하는 임시변통에 불과하다고 생각할 수 있다. 우리들은 일반론적 개념정의general definitions와 포괄적인 제1원칙들의 형태로 제시된 도덕적 교리들에 익숙해져 있다. 그렇지만 기본적 자유들의 목록을 발견하여, 정의의 두 원칙의 일부가 된다면, 이것은 원초적 입장의 합의당사자들로 하여금 다른 정의원칙이 아닌 이러한 정의원칙에 합의하게 만들 수 있을 것이다. 그렇게 되면 우리가 공정으로서의 정의의 "최초의 목적"이라고 부를

7 하트는 정의의 제 1원칙에서 "자유(liberty)"를 내가 "자유 그 자체"(liberty as such)라고 부르는 것과 같은 의미로 사용하고 있는지의 여부에 대한 통찰력 있는 논의를 하고 있다. 이러한 의문은 내가 p. 60에서 제1원칙의 진술에서, 그리고 또 다른 곳에서 내가 마땅히 "기본적 자유들"(basic liberties)이라고 해야 할 곳에서 "기본적 자유"(basic liberty) 또는 단순히 "자유"(liberty) 라는 표현을 사용하였기 때문에 발생하였다. 그렇지만 전반적으로 나는 하트의 논의에 동조한다. pp. 537~541; Daniels, pp, 234~237을 참조하라.

수 있는 것을 성취할 수 있다. 이 글의 목적은 정의의 두 가지 원칙이 전통적 공리주의, 완전주의, 직관주의와 연관된 제1원칙들 보다 민주사회에서의 자유와 평등의 주장을 더 잘 설명할 수 있다는 사실을 밝히는 데 있다. 이와 같이 최초의 목적이 규정된다면, 이러한 원칙들은 정의의 두 원칙과 함께 원초적 입장의 계약 당사자들이 선택할 수 있는 대안이 된다.

이제 기본적 자유들의 목록은 다음의 두 가지 방식으로 그려볼 수 있다. 하나는 역사적 방법이다. 민주적 국가들의 헌법을 조사해서 일반적으로 보호받고 있는 자유들의 목록을 작성하여 그 헌법에서 잘 작동하여 왔던 자유들의 역할을 검토하는 방법이다. 원초적 입장에 있는 합의당사자들은 이러한 종류의 정보를 이용할 수는 없으나, 우리들에게는 이용가능하므로—공정으로서의 정의를 기초하는 당신과 나에게는—이 역사적 지식은 우리가 합의당사자들에게 허용하는 정의원칙의 내용에 대안으로서 영향을 미칠 수 있다.[8] 두 번째 방법은 전 생애에 걸쳐 도덕적 인격체의 두 가지 능력을 적절히 발전시키고 충분히 행사하기에 적합한 본질적 사회조건을 형성하기 위해서는 어떤 자유들을 보장해야 하는가의 방식으로 논의를 전개하는 것이다. 이렇게 하다 보면 기본적 자유들을 공정으로서의 정의에서 사용하는 인간관과 연관시키게 된다. 이 중요한 문제에 대해서는 §§3~6에서 다시 논의할 예정이다.

우리가 공정으로서의 정의의 최초의 목적을 달성할 수 있는 기본적 자유들의 목록을 발견하였다고 가정해 보자. 이를테면, 우리는 이 목록을 출발점으로 간주할 수 있을 것이다. 이 첫 번째의 목록은 두 번째의 목록을 발견함으로써 개선될 수도 있다. 즉 원초적 입장의 합의당사자 들이 첫 번째 목록과 결부된 두 원칙보다, 두 번째 목록과 결부된 두 원칙에 합의한다면, 이러한 개선은 이루어질 수 있다. 이러한 과정은 끊임없

8 “Kantian Constructivism in Moral Theory,” Lect. I, pp. 533~34, Lect. III, pp. 567~68을 보라.

이 계속될 수 있다. 그러나 원초적 입장 수준에서의 철학적 성찰의 식별력이 곧 종결될 수도 있다. 이러한 일이 일어나게 되면, 우리는 마지막으로 선호한 최종 목록을 채택하고, 사회제도 및 사회적 여건에 대한 일반적 지식이 알려지게 됨에 따라, 헌법적, 법률적, 사법적 수준에서 보다 상세하게 그 목록을 구체화할 수 있을 것이다. 원초적 입장의 관점으로부터 제시된 고려들을 통하여 기본적 자유들의 일반적 형식과 내용을 결정하고 정의의 두 원칙의 채택을 설명하는 것으로 충분하다. 다른 대안들 중이 정의의 두 원칙만이 이러한 기본적 자유들을 수용하고 이들에 우선성을 부여한다. 따라서 하나의 방법적 문제로서, 단계적 절차를 활용하여 하나의 기본적 자유들의 목록에 도달하고 이를 보다 구체화함으로써 잃어버릴 것은 없다.

마지막은 자유들의 목록을 사용하는 문제와 연관된 것이다. 자유의 우선성을 위한 주장은 원초적 입장에서부터 유발된 모든 주장들이 그렇듯이, 합의당사자들이 선택할 수 있는 대안들의 제시된 일람표에 따라 항상 상대적이다. 대안들 중의 하나인 정의의 두 원칙은 그 구체적인 형태로서 기본적 자유들의 목록과 그 우선성을 포함한다. 대안들의 원천은 도덕철학과 정치철학의 역사적 전통에 있다. 원초적 입장과 합의당사자들의 숙고의 특성은 이미 제시된 대안들로부터 정의의 원칙을 선택하는 수단으로 간주되고 있다. 그리고 이것은 중요한 결과를 가져 오는데, 자유의 우선성을 확립하기 위해 다음과 같은 점을 보여줄 필요가 없게 된다. 즉 원초적 입장의 여타의 다른 측면과 결합된 인간관 그 자체로서 만족스러운 자유들의 목록과 함께 이에 우선성을 부여하는 정의의 원칙을 도출해 내는 것이 충분하다는 것을 보여줄 필요가 없다는 것이다. 또한 정의의 두 원칙(자유의 우선성을 포함하는)이 대안들의 상세한 설명을 통해서, 설사 그러한 설명이 다른 원칙들에 의하여 아무리 충분히 보완이 된다고 하더라도, 채택될 수 있을 것이라는 것을 굳이 보여줄 필요가 없게 된다.[9] 여기에서 나는 공정으로서의 정의의 최초의 목적에 관심이 있다. 그것은, 위에서 정의했듯이, 정의의 원칙들이 다른 전통적 대안들에 앞서 채택 되리라는 것을 보여주는 것이다. 이것이 이루어지게 되면, 보다 상세한 논의로 진행해 나갈 수 있을 것이다.

§2. 기본적 자유의 특별한 지위

이렇게 서두를 시작하고 기본적 자유의 몇 가지 특성과 그 우선성을 살펴보면서 논의를 시작하려 한다. 첫 번째, 자유의 우선성이란 정의의 첫 번째 원칙이 목록을 통해 제시된 기본적 자유들에 특수한 지위를 부여하는 것을 의미한다. 이들은 공공선이나 완전주의적 가치의 이유들과 관련하여 절대적 비중을 차지한다.[10] 예를 들면, 어떤 사회단체에게 정치적 자유를 주게 되면 경제적 효율성과 성장정책에 반대할 수 있게 만든다는 이유로, 이들에게 평등한 정치적 자유를 주지 않을 수는 없다. 사회적으로 가장 손해가 덜 가는 방법으로 군대를 육성한다는 이유를 근거로 (전쟁의 경우에) 차별적 선택 징병제법a discriminatory selective service act이 정당화될 수는 없다. 기본적 자유의 주장이 이와 같은 고려에 유린될 수는 없다.

여러가지 기본적 자유들은 서로 갈등하기 마련이기 때문에, 이러한 자유들을 규정하는 제도적 규칙들이 조율되어 일관된 자유의 체계가 확

---

9 이 점에 대해서는『정의론』p. 581을 참조하라.

10 "공공선"(public good)과 "완전주의적 가치들"(perfectionist values)의 표현은 목적론적 도덕적 교리들인 공리주의와 완전주의에서 각각의 선(goodness)의 개념을 지칭하는 것으로 사용되었다. 그래서 이러한 개념들은 옳음의 개념과 독립적으로 규정되고 있다. 예를 들어, 공리주의(그리고 또한 복지경제학의 많은 부분)에서 언급되고 있는 욕망의 만족, 이익, 개인의 선호 등은 이러한 개념의 예이다. 더 상세한 논의는『정의론』, pp. 24~26을 참조하라.

립되어야만 한다. 자유의 우선성은 실제적으로 하나의 기본적 자유가 하나 또는 그 이상의 다른 기본적 자유들을 위해서만 제한되거나 거부될 수 있다는 것을 의미한다. 내가 누차 말했듯이, 절대 공공선이나 완전주의적 가치들의 이유로는 제한되거나 거부될 수 없다. 이러한 제한은, 보다 큰 효율성 때문에 이득을 보거나, 또는 보다 큰 총량의 이익을 공유하는 당사자들이, 자신들의 자유가 제한되거나 부인되는 동일인이 될 때에 조차도 유효하다. 기본적 자유들은 서로 충돌할 때 제한되기 때문에 이러한 자유들의 어떤 것도 결코 절대적일 수 없다. 또한 최종적으로 조정된 구조에서 모든 기본적 자유들이 평등하게 제공되어야 한다는 것은(그것이 무엇을 의미하든지 간에) 필수 요건이 될 수 없다. 그보다는 이러한 기본적 자유들이 하나의 일관된 구조를 제시할 수 있도록 어떻게 조정되든지 간에, 이 구조 자체는 모든 시민들에게 평등하게 보장되어야 한다.

기본적 자유들의 우선성을 이해하기 위해서는 기본적 자유의 제한restriction과 규제regulation를 구분해야 한다.[11] 이러한 자유의 우선성은 단지 규제한다고 해서 곧 침해되는 것은 아니다. 하나의 일관된 구조를 유지하고 지속적으로 변화하는 사회 조건에 적용하기 위해서는 자유의 우선성은 규제될 수밖에 없다. 내가 기본적 자유들의 "적용의 중심 범위the central range of application"라고 부르는 것만 보장된다면, 정의의 원칙들은 충족된다. 예를 들어, 순서의 규칙은 자유 토론을 규제하기 위해서는 필수적이다.[12] 탐문의 합당한 절차와 토론의 법칙을 일반적으로 수용

---

11 이러한 구분은 헌법에서 잘 알려져 있으며 매우 중요하다. 예를 들어 Lawrence Tribe, *American Constitutional Law*(Mineola, N. Y.: The Foundation Press, 1978), chap. 12, §2를 보라. 여기에서 이 구분은 수정 제1조에 의하여 보호되는 언론의 자유에 적용되고 있다. 『정의론』에서 나는 기본적 자유들에 관한 설명을 하는 가운데 몇몇 중요한 점에서 이러한 구분을 하는 데 실패했다. 이 점을 분명히 밝히는 데에는 라비노위츠(Joshua Rabinowitz)의 도움이 컸다.

12 Alexander Meikljohn, *Free Speech and Its Relation to Self-Government*(New York: Harper and Row, 1948), chap. 1, §6을 보라. 순서의 규칙(rules of order)과 언론의 내용을 삭감하는 규칙(rules abridging the content of speech)을 구분하는 논의가 잘 되어 있다.

하지 않고서는, 언론의 자유는 그 목적을 달성할 수 없다. 모든 사람들이 한꺼번에 말할 수는 없으며, 상이한 목적으로 동일한 공공시설을 동시에 사용할 수도 없다. 다양한 욕망을 충족시키는 것과 마찬가지로, 기본적 자유들을 제도화하는 일에는 계획과 사회조직이 필요하다. 이처럼 연설의 자유를 위한 필수불가결한 통제를 연설내용에 대한 제한으로 착각해서는 안 된다. 연설 내용의 제한의 예로서, 특정의 종교적, 철학적, 정치적 교리를 옹호하는 주장에 대한 금지나 또는 사회의 기본구조의 정의를 평가하는 데에 관계되는 일반적 사실과 특수적 사실의 문제를 토론하는 것을 금지하는 경우를 들 수 있다. 우리의 이성의 공적사용the public use of reason[13]은 규제되어야만 한다. 그렇지만 자유의 우선성은, 가능하다면 각각의 기본적 자유의 적용의 중심범위를 그대로 보존하기 위해서는, 이러한 규제가 이루어지는 것을 또한 필요로 한다.

나는 기본적 자유를 진실로 본질적인 것에 한정시키는 것이 현명하다고 생각한다. 그 이유는 기본적이지 않은 자유들은 다음과 같은 경우의 일반적 추정에 의해 만족스럽게 허용될 수 있을 것으로 기대하기 때문이다. 즉 증명의 부담의 이행이 정의의 두 원칙들의 다른 요건들에 의하여 결정될 때이다. 기본적 자유들의 목록에 이러한 제한을 가하는 이유는 기본적 자유의 특별한 지위 때문이다. 기본적 자유들의 목록을 확대할 때마다 가장 본질적인 자유의 보호를 취약하게 하는 위험부담을 안게 된다. 그리고 자유의 틀 안에서 적절하게 범위를 한정시킨 우선성이라는 개념을 통하여 회피하고자 했던 불확정적이고 무작정적인 균형 비교문제를 재 발생 시키는 위험도 감수하게 된다. 그러므로 나는 목록에 있는 기

---

13 "이성의 공적 사용"(the public use of reason) 개념은 칸트의"What is Enlightenment?"(1784)에서 채택하였다. 이 구절은 이 논문의 다섯 번째 문단에서 소개되고 있다. Academy edition of the *Gesammelte Schriften*, vol.8(1912), pp. 36~37를 참조하라. 칸트는 자유로운 이성의 공적 사용과 자유롭지 않을 수 있는 사적 사용(private use)을 대비시킨다. 내가 이 견해에 동의한다는 사실을 의미하는 것은 아니다.

본적 자유들이, 언제나 우선성을 가진다고 항상 언급하진 않겠지만, 그렇다는 사실을 일관하여 가정한다. 이 점은 논의를 통하여 분명히 제시될 것이다.

자유의 우선성과 관련된 마지막 사항은 이 우선성은 모든 조건하에서 요구되는 것은 아니라는 점이다. 그렇지만 여기에서는 논의의 목적상, 내가 "합당한 우호적 조건들reasonably favorable conditions"이라고 부르는 상황에서 우선성이 요구된다고 가정한다. 다시 말하자면, 정치적 의지가 있다는 것을 전제하여, 이러한 자유들의 효과적인 확립과 완전한 실행을 가능케 하는 사회조건들 하에서 자유는 우선성을 갖는다. 이 조건들은 그 사회의 문화와 전통, 제도를 운영하면서 습득된 기술, 경제발전수준(특별히 그렇게 높을 필요는 없다), 그리고 의심할 바 없이 다른 상황들에 의하여 결정된다. 논의의 목적에 부합되는 충분한 증거로서, 나는 현재 우리나라는 합당한 좋은 조건들을 가지고 있다고 생각하기 때문에 기본적 자유의 우선성이 요구된다고 본다. 물론 정치적 의지가 있는가의 문제는 전혀 별개의 문제이다. 이 의지는 질서정연한 사회에서 개념상 존재하긴 하지만, 우리 사회에서 정치적 임무 중의 하나는 그러한 정치적 의지를 형성하는 것을 돕는 것이다.

자유의 우선성에 관한 앞의 논의에 이어서, 기본적 자유들의 구조가 갖는 몇 가지 특성을 요약해 보자. 첫째, 이미 제시했듯이, 각각의 기본적 자유는 내가 "적용의 중심범위central range of application"라고 부르는 것을 갖는다. 이 적용의 범위를 제도적으로 보호하는 것은 자유롭고 평등한 인격체로서 시민의 두 가지 도덕적 능력을 적절히 발전시키고 완전히 행사하게 하는 조건이 된다. 다음 절들에서 이 구절을 상세하게 논할 예정이다. 둘째, 기본적 자유들은 적용의 중심 범위 내에서 서로 공존할 수 있다. 달리 표현해 본다면, 합당한 우호적인 조건들 하에서 실현 가능한 자유들은 제도화될 수 있으며, 그 안에서 각 자유의 중심범위는 보호될 수 있다. 그러나 그러한 자유의 구조가 존재할 수 있다는 사실은 단지 두 가지 도덕적 능력을 지닌 인간관에서만 도출되는 것도 아니며, 이러한 도덕적 능력을 발전시키고 행사하는데 필요한 특정의 자유들 또는 다른 기본적 가치가 필요하다는 사실에서만 도출되는 것도 또한 아니다. 이 두 가지의 요소 모두가 실행 가능한 헌법적 장치를 만드는 데 결합되어야만 한다. 민주적 제도의 역사적 경험 및 헌법적 설계의 원칙들에 대한 성찰은 실현 가능한 자유들의 구조를 사실상 찾을 수 있다는 점을 시사해 준다.

기본적 자유들의 구조는 원초적 입장에서 가용한 고려들에 의해 충분히 구체화된 것은 아니라는 점을 이미 말한 바 있다. 원초적 입장에서는 기본적 자유들의 일반형식과 내용의 대강을 그릴 수 있으며, 그 우선성의 근거를 이해 할 수 있는 것으로 충분하다. 자유의 보다 구체적인 작업은 헌법적, 입법적, 사법적 단계에 맡겨진다. 그러나 이 일반형식과 내용을 그려냄에 있어서 이후의 구체화 단계를 지도할 수 있는 기본적 자유들의 특수역할과 적용의 중심 범위를 충분히 제시해야 한다. 예를 들면, 기본적 자유들 중에 개인적 재산personal property의 소유권 및 독점적 사용권이 있다. 이 자유의 역할은 인격적 독립성과 자존감을 보존하는데 필요한 충분한 물질적 기반을 보장하기 위한 것이다. 인격적 독립성과 자존감 모두 인간의 도덕적 능력의 발전과 행사를 위해서는 필수불가결한 것이다. 기본적 자유로서의 재산권에 대한 다음 두 가지의 너무 광범위한 관점은 피해야 마땅하다. 그 중 하나는 재산권을 생산수단 및 자연자원을 소유할 권리뿐만 아니라, 이에 대한 취득 및 상속에 대한 특정 권한까지 포함시키자는 주장이다. 재산권에 대한 또 다른 지나친 관점은 생산수단 및 자연자원의 통제에 대한 평등권을 재산권에 포함시키자는 주장이다. 이것은 사회적으로 소유하는 것을 의미하게 된다. 이처럼 지나치게 광범위한 관점은 피해야 한다. 왜냐하면, 내가 생각하기에, 그러한 관점들은 도덕적 능력의 발전과 실행에 필요한 것으로서 설명이 될 수 없기 때문이다. 재산권에 대한 이러저러한 관점들의 유용성에 대해서는 사회의 상황 및 역사적 전통에 대한 정보가 보다 알려진 이후의 단계에서 결정될 것이다.[14]

마지막으로, 기본적 자유들은 동일한 이유로 똑같이 중요시되고 존중 되어야 한다고 가정하지 않는다. 그래서 자유주의 전통의 한 줄기는 정치적 자유를 사상의 자유 및 양심의 자유, 그리고 일반적으로 시민적 자유들 보다 덜 본질적인 것으로 간주하고 있다. 꽁스땅이 명명한 "현대인의 자유the liberties of the moderns"가 "고대인의 자유the liberties of the ancients"를 우선하고 있다.[15] 거대한 현대 사회에서, 고대의 도시국가에서 진리였던 것들이 무엇이든지 간에, 정치적 자유는 대부분의 일반인들의 선善에 대한 관점 중에서 훨씬 덜 중요한 위치를 차지하였다. 정치적 자유의 역할은 아마도 크게 보아 다른 자유를 보존하는 도구적인 수단에 불과할 뿐이다.[16] 이러한 견해가 옳다고 하더라도, 정치적 자유를 기본적 자유 안에 포함시키고 그 우선성을 보장하는 것을 가로 막는 장애물은 없다. 정치적 자유에 우선성을 부여하는 것을 중시하는 것은 정치적 자유가 현대국가라는 상황 아래에서 다른 기본적 자유들을 안전하게 보장하기 위한 본질적인 제도적 수단이라는 점에 있다. 만약 정치적 자유에 우선성을 부여하는 것이 우리가 적절한 성찰을 통하여 수용하게 되는 우선

---

14 이 문단에 대한 보다 상세한 논의는『정의론』, pp. 270~74, 280~82를 참조하라. 여기에서 사회주의와 대비하여 민주주의 하에서의 사유재산 문제에 대한 논의를 하고 있다. 정의의 두 원칙 그 자체는 이 문제를 해결하지 않는다.

15 Constant, "De la Liberté des Anciens comparée à celle des modernes"(1819)를 보라.

16 최근 이러한 견해를 제시한 학자로 벌린(Isaiah Berlin)이 있다. Isaiah Berlin, "Two Concepts of Liberty"(1958) reprinted in *Four Essays on Liberty*(Oxford: Oxford University Press, 1969); pp. 165~66을 참조하라.

성의 판단들에 대한 설명에 도움이 된다면 그것은 또한 좋은 일이다.

§3. 인간관과 사회적 협동관

이제 자유의 설명에서 제기된 첫 번째 간극에 대하여 설명해보자. 이 첫 번째 간극은 원초적 입장에서의 합의당사자들이 정의의 제1칙을 수용하고, 제1원칙의 기본적 자유들의 우선성에 동의하게 되는 근거들에 관한 문제라는 점을 상기해 보라. 제1원칙의 기본적 자유들의 우선성은 정의의 제1원칙이 정의의 제2원칙에 우선적 지위를 가지는 것으로 표현된다. 이러한 간극을 메우기 위하여, 나는 인간관과 함께 사회적 협동의 관점을 도입해야 할 것 같다.[17] 먼저 인간관에 대하여 생각해보자. 우리 인간의 본성에는 우리의 목적과 관점에 따라 특별히 중요한 것으로 추출해 낼 수 있는 다양한 측면들이 있다. 가령 정치적 인간Homo politicus, 경제적 인간Homo oeconomocus, 도구적 인간Homo faber 같은 표현의 관점들이 있다. 공정으로서의 정의에서 논의의 목적은 현대 민주국가의 가장 뿌리 깊이 박힌 확신과 전통에 친화력이 있는 정치적 및 사회적 정의관을 형성하는 것이다. 이러한 작업의 핵심은 현대정치사의 난국을 해소시킬 방법이 있는가 하는 점을 검토해 보기 위해서이다. 그 난국은 기본적 사회적 제도들이 인격적 존재로서의 시민들의 자유와 평등에 부합하려면, 기본적 사회제도들을 구성할 수 있는 방법에 대한 합의가 있어야 하는데, 그러한 합의가 없다는 점에 있다. 따라서 처음부터 인간관은 정치적 및 사회적 정의관의 일부로 간주된다. 말하자면, 인간관은 시민들이 기본구조에 의하여 구체화된 정치적 및 사회적 관계에서 자신들은 물론 상호간의 관계를 어떻게 생각해야 하는가의 문제를 구체화한다. 이 인간관을 이상

---

17 이 절 및 다음의 절에서 전개할 논의에 필요한 상당한 배경을 나는 “Kantian Constructivism in Moral Theory,” no. 4에 의존해야 할 것 같다.

적인 인간 삶(예를 들면, 우정의 이상)이나 어떤 협회구성원에 해당되는 이상으로 오해해서는 안 된다. 더구나 스토아학파의 현자의 이상과 같은 도덕적 이상으로 오해해서도 안 된다.

사회적 협동의 개념과 인간관 사이의 관계는 다음처럼 설명될 수 있다. 사회적 협동의 개념은 어떤 총체적 목적을 성취하기 위해서 공적으로 용인된 규칙에 의해 효과적으로 조직화되고 지도된 잘 조정된 사회활동을 의미하는 것이 아니다. 사회적 협동은 언제나 상호이익을 지향하며, 다음의 두 가지 요소를 포함한다. 첫째는 공정한 협동조건에 대한 공유의 개념이다. 각 참가자들은, 다른 모든 사람들이 수용할 것이란 전제하에, 이 합의 조건을 합당하게 받아들일 것이 기대된다는 점이다. 공정한 협동조건이란 상호성reciprocity과 호혜성mutuality의 이념을 표명하는 것이다. 적절한 비교기준에 의거하여 판단된 방식에 의하여 협동하는 모든 사람들이 이익을 얻거나 공동으로 부담을 진다는 정신이다. 사회적 협동에서 이 요소를 나는 "합당한 것the reasonable"이라고 부른다. 또 다른 하나의 요소는 "합리적인 것the rational"에 부응한다. 이는 각 참가자들의 합리적 이익을 말한다. 이는 참가자들이 개인으로 증진시키고자 하는 바를 의미한다. 공정한 협동조건의 개념은 공유되었더라도, 참가자 각자의 합리적 이익의 개념은 일반적으로 다르다. 사회적 협동의 화합은 참가자들이 공정한 조건의 개념에 동의하는가에 달려있다.

공정한 협동조건의 적절한 개념은 협동적 활동자체의 성격에 좌우된다. 그 토대에는 사회적 맥락, 참가자들의 목적과 희망, 인격체로서의 자신 및 상호간의 관계를 보는 시각 등과 같은 제반 요인들이 있다. 공동사업 협력자, 협회, 소집단 및 팀에 관계되는 공정한 조건은 사회적 협동에 적합한 것이 아니다. 왜냐하면, 이 경우에는 우리들은 전체로서의 사회의 기본구조the basic structure of society as a whole를 하나의 협동의 형식으로 간주하면서 출발하기 때문이다. 이 사회의 기본구조는 주요 사회적 제도들을 포함한다. 주요 사회적 제도들로는 헌법, 경제제도, 법적 질서 및 재산에 대한 구체적 법적 규정 등등, 나아가서 이들 제도들이 하나의 일관된 체계로 형성되어지는 방식을 들 수 있다. 기본구조의 두드러진 성격은 인간 삶의 모든 본질적 목적을 위하여 자족적 협동구조를 형성하기 위한 틀을 제공한다는 점이다. 이 틀 내에서 인간 생활의 본질적 목적들은 다양한 협회 및 단체들에 의해 추구되는 것이다. 해당 사회는 폐쇄적 사회라는 것을 전제하기 때문에, 탄생과 죽음 이외에 사회에 진입하거나 퇴출할 수 없다고 가정한다. 따라서 사람들은 자족적인 협동구조로서 당연시 되는 사회에 태어나서, 전 생애에 걸쳐 정상적이고 협동적인 사회구성원으로 살아갈 수 있는 능력을 지닌 인격체로서 가정된다. 이것은 다음과 같은 규정으로부터 도출된다. 사회적 협동은 자의적이고 또한 조화적일 수 있으며, 이런 의미에서 자발적이라고 할 수 있지만, 우리가 사회 내의 협회나 단체에 가입하거나 예속되는 것이 자발적이라고 하는 것과 같은 의미에서는 비자발적이라고 할 수 있다. 우리가 사회적 협동에 원치 않으면서 분개하면서도 어쩔 수 없이 굴종을 하거나 아니면 저항과 시민전쟁을 하는 경우를 제외하고는, 사회적 협동에 대한 대안은 없는 셈이다.

그러면 논의의 초점은 전 생애에 걸쳐서 정상적이며 협동적인 사회구성원들의 인격체에 대한 것으로 모아지게 된다. 사회의 기본구조를 정의의 첫 번째 주제로 받아들이기 때문에, 사회적 협동에 대한 능력은 기본적인 것으로 간주된다. 이 경우, 사회적 협동의 공정한 조건은 정치적 및 사회적 정의관의 내용을 구체화하게 된다. 그러나 인간을 이러한 방식으로 간주하게 되면, 그러한 인간에 도덕적 인격의 두 가지 능력을 부여하게 된다. 이 두 가지 능력은 옳음과 정의감의 능력(공정한 협동적 조건을 존중함으로써 합당해질 수 있는 능력), 그리고 선관善觀에 대한 능력(그래서 합리적일 수가 있는)이다. 더 자세하게 말하자면, 정의감의 능력은, 공정한 사회적 협동의 조건으로서 정의의 원칙들을 이해하고, 적용하고, 나아가서 이 정의원칙들에 입각해 (단지 부합하는 것일 뿐만 아니라) 행위하려고 하는 유효한 욕구에 의하여 정상적으로 추동될 수 있는 능력이다. 선관의 능력은 우리들이 가치 있는 인생이라고 느끼는 그와 같은 선의 관념을 형성하고, 수정하고, 합리적으로 추구하는 능력이다. 선관은 궁극적 목표와 목적 그리고 욕망의 결정적 체계로 이루어지는 것이 정상적이다. 이러한 것들은 특정의 개인들과 협회들이 애착과 추구의 대상으로서 번창하기를 바라는 것들이다. 또한 이러한 선관에는 이 세상과 우리의 관계—종교적, 철학적, 또는 도덕적—에 대한 견해도 포함되어 있다. 실상 이 세상과 우리의 관계에 준거하여 우리의 목적과 애착의 문제들이 이해되는 것이다.

다음 단계는 두 가지 도덕적 능력을 정치적 정의의 문제에서 완전하고 평등한 사회구성원으로 간주할 수 있게 하는 필요하고도 충분한 조건으로 삼는 것이다. 전 생애에 걸쳐서 사회적 협동에 참여할 수 있으며, 나아가 공정한 협동조건을 존중할 의사가 있는 사람들은 평등한 시민으로 간주된다. 여기에서 도덕적 능력들은 필요한 최소치로 실현될 수 있는 것으로, 특정한 시기에 한정된 선관과 짝할 수 있다고 가정한다. 이러한 가정을 한다면, 선천적 능력이나 재능상의 편차와 차이는 부차적인 문제이다. 선천적 재능은 평등시민으로서 인격체의 지위에 영향을 미치지 아니하며, 어떤 직책이나 지위를 갈망할 때나 또는 사회 내의 특정한 협회에 가입하기를 원할 때에만 문제가 된다. 따라서 정치적 정의는 모든 것을 포괄하는 제도적 틀로서의 기본구조에 관계된다. 그 안에서 개인들은 천부적 재능이나 능력들을 발달시키고 구현하며, 그 안에 사회의 다양한 협회들이 존재한다.

지금까지 공정한 협동조건의 내용에 대해서는 말한 바 없으며, 지금 여기에서 문제되고 있는 기본적 자유와 그 우선성에 대해서도 논한 바 없다. 이 문제에 접근하기 위해서 다음과 같이 요약해보자. 공정한 사회협동 조건이란 평등한 개인들이 신뢰를 가지고 평생토록 모든 사회구성원들과 기꺼이 협력할 수 있는 조건을 의미한다. 여기에 상호존중의 기초 위에서 협력한다는 점을 더하자. 이 조항을 부가하는 것은 다음과 같은 점을 명확히 해준다. 모든 사람들이, 자신들 뿐만 아니라 상호간에, 평등한 시민자격equal citizenship의 기반을 구성하는 적정수준의 두 가지 도덕적 능력을 지니고 있다고 여기게 되면, 공정한 협동조건은 증오심이나 모욕감(또는 비양심)을 느끼지 않고 모든 사람들에 의하여 받아들여질 수 있다. 이러한 배경에서 기본적 자유를 구체화하고 그 우선성을 설정하는 문제는 상호 존중의 기초 위에서 공정한 협동의 적정수준을 결정하는 문제가 될 수 있다. 16세기와 17세기의 종교전쟁 이전까지 이러한 공정한 조건은 협소하게 설정되었다. 상호존중에 기반한 사회적 협동은 다른 신앙체계를 가진 자들과는 불가능한 것으로 간주되었다. 또는 (내가 사용하는 용어로 말하자면) 근본적으로 완전히 다른 선관을 가진 사람들과는 불가능한 것으로 간주되었다. 철학적 교리로서 자유주의가 태어난 시기는 종교적 관용을 둘러싼 다양한 주장들이 활발하게 제기되던 때였다.[18] 19세기에는, 자유주의 교리는 꽁스땅, 토크빌, 밀 등에 의해 현대 민주사회의 맥락에 부합하여 그 주요 본질들이 형성되었다. 자유주의의 핵심적 가정은 모든 평등한 시민들은 상호 비교불가능하고 화해 불가능한 다양한 선관

---

18 이러한 주장들에 대한 유익한 논의에 대해서는 다음을 참조하라. Allen, *A History of Political Thought in the Sixteenth Century*, pp. 73~103, 231~46, 302~31, 428~30; 그리고 또한 그의 *English Political Thought*, 1603~1660(London: Methuen, 1938), pp. 199~249. 로크의 *Letter on Toleration*(1689), 또는 몽테스키외의 *The Spirit of Laws*(1748)에 있는 견해들은 종교적 관용에 대한 긴 역사를 보여준다.

들을 가진다는 점이다.[19] 현대 민주사회에서 그러한 다양한 삶의 방식들이 존재한다는 사실은 정상적인 조건으로 간주될 수 있으며, 아마도 독재적인 국가권력의 행사를 통해서만 그와 같은 삶의 다양성이 박탈될 수 있을 것이다. 그러므로 자유주의는 선관의 다양성을 현대적 삶의 하나의 사실로 받아들인다. 물론 그 조건은 그러한 선관들은 적절한 정의원칙들에 의해 규정된 한계선을 존중해야 한다는 점이다. 자유주의는 선善관의 다양성을 바람직한 것으로 받아들이며, 어떻게 자유의 체제가 인간 다양성의 많은 이점들을 달성할 수 있도록 이러한 다원성을 수용할 것인가의 문제를 고민한다.

이 강의의 목적은 (한편) 기본적 자유 및 그 우선성과, (다른 한편) 위에서 언급하였던, 평등한 인격체들 간의 공정한 사회협동조건의 상관관계를 밝히는 것이다. 내가 사용하는 인간관과 그에 수반되는 사회협동관을 소개하는 것은 자유주의의 견해를 한발 더 발전시키는 데에 있다. 말하자면, 이 두 가지의 기본적인 철학적 관점들에 내재해 있는 가정들을 밝혀내고, 기본적 자유 및 그 우선성이 어떻게 공정한 사회협동의 조건에 속하는 것으로 간주될 수 있는지를 보여주는 것이다. 이러한 공정한 협동의 조건에서 해당 협동의 성격이 이러한 관점들이 부과하는 조건들에 부응하게 된다. 사회적 화합은 더 이상 공통의 종교적 신앙이나 철학적 교리에 의해 주어지는 것과 같은 선관에 기초하는 것이 아니다. 사회적 화합은 자유롭고 평등한 인격체들로서 민주국가의 시민관에 부합하는 공유된 공적 정의관에 근거하게 된다.

19 이러한 가정은 벌린(Berlin)이 자신의 논문 "Two Concepts of Liberty," pp. 167~71에서 언급하고 있는 자유주의에 중심적 위치를 차지한다. 내가 생각하기에 이 가정은 여기에서 인용한 다른 저술가들의 경우에도 묵시적으로 나타나고 있으나, 그 문제에 대해 깊이 논의를 할 수 없다. 보다 최근 연구에 대해서는 Dworkin, "Liberalism," in *Public and Private Morality*, edited by Stuart Hampshire(Cambridge: Cambridge University Press, 1978)을 참조하라.

§4. 원초적 입장

내가 다른 곳에서 "원초적 입장"이라고 부른 개념의 역할과 함께, 그것이 인간관을 어떻게 설정하는지에 대하여 간략하게 논하고자 한다.[20] 그 주요 발상은 원초적 입장이 인간관과 더불어 이에 동반하는 사회적 협동관을 특정의 정의원칙들과 연결시킨다는 점에 있다(이 원칙들은 내가 일찍이 "공정한 사회협동 조건*fair terms of social cooperation*"이라고 부른 것을 구체화한다). 이 두 철학적 관점들과 구체적 정의원칙들 간의 관계는 다음과 같이 원초적 입장에 의해 확립된다. 원초적 입장에서의 합의당사자들은 사회에 있는 시민들을 합리적이고 자율적으로 대표하는 존재로 묘사된다. 그러한 대표자들로서 합의당사자들은 원초적 입장의 제약조건하에서 자신들이 대표하는 사람들을 위해 할 수 있는 최선을 다한다. 예를 들면, 합의당사자들은 서로서로 동등한 대칭적 입장에 처해 있으며, 이 점에서 평등하다. 내가 "무지의 장막"이라고 부르는 것은 합의당사자들이 자신의 사회적 위치를 알지 못하고, 선관(그 특수목적 및 애착물)을 모르며, 현실화된 능력 및 심리적 성향, 더욱이 자신이 대변하고 있는 사람들의 구체적 성격에 대해서도 모른다는 것을 의미한다. 이미 말했듯이, 합의당사자들은 도덕 및 정치철학의 전통에서 찾을 수 있는 짧은 대안들의 목록 중에서 특정한 정의원칙들에 합의해야 한다. 특정한 한정된 원칙들에 대한 당사자들의 합의는 이러한 정의원칙들과 원초적 입장을 통하여 대표되는 인간관의 관계를 설정한다. 이러한 방식으로 인격체들 간의 공정한 협동조건의 내용은 결정된다.

원초적 입장의 두 가지 상이한 부분은 조심스럽게 구분해야 한다. 이 두 부분들은 도덕적 인격의 두 가지 능력에 상응하며, 내가 "합당

20 원초적 입장에 대해서는 『정의론』의 색인을 참조하라. 이 원초적 입장이 인간관을 어떻게 설정하는지에 대해서는 "Kantian Constructivism in Moral Theory"를 참조하라.

할 수 있는 능력the capacity to be reasonable"과 "합리적일 수 있는 능력the capacity to be rational"이라고 부르는 개념에 조응된다. 원초적 입장 전체는 두 가지 도덕적 능력을 대변하며, 그렇기 때문에 완전한 인간관을 대표한다. 이에 비하여, 사회에 있는 합리적인 자율적 대표는 단지 합리성을 대변할 뿐이다. 사회에서의 합의당사자들은, 알 수 있는 한, 자신들이 대변하는 사람들의 선관과 이러한 선관을 형성하고, 수정하고, 합리적으로 추구하는 이들의 능력에 비추어 보아, 최선이라고 생각되는 원칙들에 대하여 합의하는 것이다. 합당한 것 또는 정의감에 대한 사람들의 능력은, 여기에서는 공정한 사회협동 조건을 존중할 줄 아는 능력으로서, 원초적 입장에서 당사자들이 예속되는 다양한 제약들 뿐만 아니라, 이들의 합의에 가해지는 조건들을 통하여 대표된다. 당사자들에 의하여 채택된 정의원칙들이 사회의 평등한 시민들에 의해 수용되고 실행된다면, 시민들은 이제 완전한 자율성에 따라 행동하게 된다. 완전한 자율성full autonomy과 합리적 자율성rational autonomy의 차이는 여기에 있다. 합리적 자율성은 합리적인 능력과 함께 특정 시점에 우리가 가지고 있는 선관에 의거하여서만 행위하는 것을 의미한다. 완전한 자율성은 합리적 능력을 포함할 뿐만 아니라 공정한 사회협동조건, 말하자면, 정의원칙들을 존중하면서 선관을 진보시킬 수 있는 능력을 뜻한다. 상호간의 정의감을 신뢰할 수 있는 질서정연한 사회에서, 사람들은 통상 정의롭게 행동하기를 원할 뿐만 아니라, 또한 다른 사람들로부터도 전 생애를 통하여 사회의 완전한 협동적 구성원으로 신뢰할 수 있는 존재로 인식되기를 바란다고 가정한다. 그러므로 완전히 자율적인 사람은 공유된 정의원칙들에 의해 구체화된 이유들에 동조하여, 공정한 사회협동조건을 공적으로 인정할 뿐만 아니라 그에 따라 행동한다. 그렇지만 합당한 것의 제약조건은 외부로부터 가해지는 것이므로, 합의당사자들은 단지 합리적인 자율성을 행사할 뿐이다. 사실상, 합의당사자의 합리적 자율성은 인공적 행위자artificial agent의 자율성에 불과하다. 이 인공적 행위자는 합당하고 합리적 존재로서의 완전한 인간관을 모델화하기 위하여 고안된 구성에 의존하는 개념에 불과하다. 완전한 자율적 존재는 실제적으로 질서정연한 사회의 평등한 시민들이다. 왜냐하면 이들은 합당한 것의 제약을 자유로이 수긍하고, 그렇게 함으로써 이들의 정치적 생활은 사회협동에 대한 자신들의 능력을 근본적인 것으로 간주하는 인간관을 반영하기 때문이다. 정치적 이상을 현실 사회세계에서 실제로 실현시킬 수 있도록 표현한 것이 바로 실제적 시민의 완전한 자율성이다.[21]

따라서 원초적 입장의 합의당사자들은 합리적 대표자로서 두 가지 점에서 합리적 자율성을 띠게 된다. 첫째, 합의당사자들은 심사숙고를 함에 있어서 선행적 또는 선례적인 옳음과 정의의 원칙들을 적용하거나 또는 이에 지도될 필요가 없다. 둘째, 가능한 대안 중에서 채택할 정의의 원칙들에 합의함에 있어서, 합의당사자들은, 정보의 제한이 허용하는 한도 내에서, 자신들이 대표하는 사람들의 구체적 선을 위한 것이 무엇인가를 생각함으로써만 행동하도록 되어 있다. 이러한 의미에서 정의의 두 원칙에 대한 원초적 입장에서의 합의는 합리적으로 자율적인 이성에 입각한 합의여야만 하는 것이다. 따라서 우리들은, 사실상, 합의당사자들이 대표하는 사람들 사이에 적용될 공정한 협동의 조건을 주어진 대안들로부터 선택하는 데 있어서 합의당사자들의 합리적으로 자율적인 숙고들을 활용

---

21 나는 원초적 입장의 두 부분을 구분하여, 각각 합당한 것과 합리적인 것에 부응시키고 있다. 이것은 원초적 입장이 완전한 인간관(the full conception of the person)을 모델화하는 발상을 명료하게 설명하기 위한 것이다. 이러한 설명이 원초적 입장에 대한 몇몇 잘못된 해석들을 풀 수 있기를 기대한다. 예를 들면, 원초적 입장은 도덕적 중립성을 의도하고 있다든지, 또는 합리성의 개념만 모델화한다든가, 그리고 이 때문에 공정으로서의 정의는 경제학이나 결정이론에서 다루어지는 합리적 선택에 순전히 기초한 정의원칙들을 도출하려고 한다는 오해들을 들 수 있다. 칸트적 시각에서 본다면, 그와 같은 시도는 논외가 되며, 원초적 입장의 인간관과는 양립할 수 없다.

하고 있다.

앞의 요약을 적절히 설명하기 위해서는 많은 것을 이야기해야 할 것이다. 그러나 여기에서 나는 원초적 입장에서의 합의당사자들을 움직이는 고려사항들에 대하여 논의해 보려고 한다. 물론, 그들의 전반적 목적은 자신들이 대변하는 사람들의 구체적 선을 증대시키기 위하여 자신의 책임을 수행하고 최선을 다하는 것이다. 문제는, 무지의 장막의 제한을 전제한다면, 합의당사자들이 대표하는 사람들의 선을 확인해 내고, 이들을 위한 합리적 합의를 한다는 것은 불가능한 것처럼 여겨질 수 있다. 이 문제를 풀기 위하여 기본적 가치primary goods라는 개념을 도입하여, 이 제목 하에서 나열 될 수 있는 여러가지 것들의 목록을 작성해 보려한다. 그 주요 발상은 기본적 가치는 다음과 같은 물음을 통하여 밝혀질 수 있을 것이라는 점이다. 즉 사람들로 하여금 자신의 구체적 선관을 추구하고, 이들의 두 가지 도덕적 능력을 발전시키고 행사할 수 있도록 하는 데 일반적으로 필요한 사회적 요건과 전목적적 수단이 어떤 것들인가 하는 물음을 통하여 밝혀낼 수 있을 것이다. 여기에서 우리는 민주적 사회의 인간 생활에서 요구되는 사회적 요건과 정상적 상황에 유의할 필요가 있다. 기본적 가치는 도덕적 능력을 실현시키기 위한 필요조건이며, 아주 광범위한 궁극적 목적들의 실현에 필요한 전목적적 수단이다. 이렇게 말하는 것은 인간의 욕구와 능력, 이들의 양육의 특징적 단계 및 요건, 사회적 상호 의존성의 관계 등등에 관한 다양한 일반적 사실을 가정하고 있다. 우리는 적어도 대강이긴 하겠지만 합리적인 인생 계획에 관한 설명이 필요하다. 이것은 왜 그러한 계획들이 일반적으로 특정한 구조를 가지며, 이러한 계획의 형성, 수정 및 집행에 필요한 기본적 가치에 의존하게 되는지를 보여준다. 무엇이 기본적 가치로 간주되어야 하는가에 대한 문제는 다음과 같은 방식에 의한 궁극적 목적들final ends을 성취하는 데 요구되는 본질적인 일반적 수단이 무엇인가 하는 물음에 의해서는 결정될 수 없다. 즉 궁극적 목적들은 종합적인 경험적 또는 역사적 조사를 통하여 사람들이 일반적으로 또는 정상적으로 공통적으로 가지고 있는 바를 보여줌으로써 밝힐 수도 있을 것이다. 설사 그러한 목적들이 있다고 하더라도 거의 없을 것이며, 있더라도 정의관의 목적들에 도움이 되지 않을 것이다. 기본적 가치의 규정은 그러한 역사적 또는 사회적 사실에 의존하는 것이 아니다. 기본적 가치의 결정은 사회적 생활의 일반적 여건과 요건에 관한 지식에 호소하지만, 그것은 사전에 제시된 인간관에 비추어서만 그럴 뿐이다.

『정의론』에서 열거한 기본적 가치의 다섯 가지 종류(왜 각각의 것이 사용되었는지에 대한 설명과 함께 수반된)는 아래와 같다.

a. 기본적 자유(사상의 자유와 양심의 자유 등): 이 자유들은 두 가지 도덕적 능력의 발달은 물론 이의 충분하고 현명한 행사에 필요한 배경적 제도적 조건들이다(특히, 이후의 §8에서 "두 가지 근본적 사례"*the two fundamental cases*라고 부를 것이다). 이 자유들은 (정의의 제한 내에서) 광범위한 영역의 한정적 선관들의 보호를 위해 필수불가결하다.

b. 다양한 기회를 배경으로 한 이동의 자유와 직업선택의 자유: 이 자유들은 다양한 궁극적 목적들을 추구할 수 있게 해주며, 우리가 원한다면, 그 목적들을 수정하고 변화시킬 수 있는 결정에 영향을 미친다.

c. 책임 있는 직위 및 직책의 권한과 특권들: 이들은 자아의 다양한 자치 및 사회적 능력들(self-governing and social capacities of the self)에 범위를 부여한다.

d. 전목적적 수단(교환가치를 가지는)으로 광범위하게 이해되는 수입과 부: 수입과 부는 광범위한 영역의 목적들을, 그것이 무엇이든지 간에, 성취하기 위하여 직접 또는 간접적으로 필요하다.

e. 자존감의 사회적 기반: 이 기반들은, 시민들이 인격체로서의 자신의 가치에 대한 자부심을 지니고, 자신의 도덕적 능력을 계발시키고 행사하며, 자신감을 가지고 자신의 목표와 목적을 추구하려 한다면, 통상 본질적으로 필요한 기본적 제도의 측면들이다.[22]

정의의 두 원칙은 다음과 같은 점에 입각하여 사회의 기본구조를 평가한다는 점에 주목하라. 기본구조의 제도가 기본적 가치의 일부, 예를 들면, 기본적 자유를 어떻게 보호하고 할당하는지, 나아가서 다른 기본적 가치의 생산과 분배, 또 예를 들어, 수입과 부를 어떻게 규제하고 있는지에 입각하여 평가한다. 그래서 일반적 의미에서, 설명되어야 하는 점은 왜 합의당사자들이 이러한 기본적 가치의 목록을 사용하는지, 그리고 왜 이들이 정의의 두 원칙을 채택하는 것이 합리적인지 하는 문제이다.

이 강의에서 나는 이와 같은 일반적 질문을 논의할 수는 없다. 기본적 자유들만 제외하고, 기본적 가치에 의존해야 하는 이유는 우리의 논의 목적에 비추어 볼 때 충분히 분명해졌다고 생각한다. 다음 절에서 나의 목적은, 합의당사자들이 대표하는 시민들을 규정하는 인간관을 전제로 할 때, 기본적 자유들이 왜 기본적 가치이어야 하며, 더욱이 이러한 자유들을 보장하는 원칙이 정의의 제2원칙보다 우선권을 가지는가의 문제를 해명하는 데 있다. 종종 이 우선성에 대한 이유는 (§§5~6에서 논의되듯이) 평등한 양심의 자유의 경우에서처럼, 왜 자유가 기본적인가 하는 설명을 통하여 명백해지게 된다. 다른 경우에서는, 이 우선성은 특정 자유들의 절차적 역할과 함께 전체적인 기본구조를 규제하는데 있어 이들의 근본적 위치로부터 도출되는데, 이는 (§8에서 논의하는) 평등한 정치적 자유의 경우에서 제시된 논의와 같다. 끝으로, 특정한 기본적 자유

22 기본적 가치에 대한 자세한 설명은 나의 "Social Unity and Primary Goods"를 참조하라.

들은, 일단 일부 기본적 자유들이 보장된다면, 필수불가결한 조건이이 된다. 사상의 자유 및 결사의 자유는 양심의 자유와 정치적 자유에 영향을 미치는 필요조건이 된다(이 관계는 §§10~12에서 정치적 언론의 자유 및 정치적 자유의 경우를 통하여 제시되고 있다). 나의 논의는 매우 간략하다. 단지 합의당사자들이 특정한 자유를 기본적인 것으로 중시하는 몇 가지 근거들을 제시하고 있다. 각각 다소 다른 방식으로 근거가 있는, 몇 가지 상이한 기본적 자유들을 고찰함으로써, 공정으로서의 정의에서 기본적 자유의 위상과 그 우선성의 근거를 설명하고자 하였다.

§5. 자유의 우선성, I : 두 번째 도덕적 능력

원초적 입장의 합의당사자들이 기본적 자유와 그 우선성을 보장하는 원칙들을 채택하는 근거에 대하여 고찰할 차례가 되었다. 여기에서 그러한 원칙들을 옹호하는 주장을 엄밀하고 확정적으로 제시할 수는 없지만, 어떻게 그 논의가 진행될 수 있는지에 대해서는 서술할 수 있을 것 같다.

인간관을 전제로 한다면, 합의당사자들이 자신들이 대표하는 사람들의 선 문제와 관련하여 고려할 때 구분해야 할 세 가지 문제들이 있다. 고려할 사항은 두 가지 도덕적 능력의 발달과 이의 완전하고도 사려 있는 행사에 관련된 사항들이 있다. 각각의 도덕적 능력은 고유한 성격의 고려를 요구하게 한다. 마지막으로, 사람들의 한정적인 구체적 선관과 관련된 고려들이 있다. 이 절에서 나는 선관의 능력과 함께 사람들의 구체적인 한정적 선관에 대하여 논의하고자 한다. 후자부터 시작해보자. 합의당사자들은 자신들이 대표하는 사람들이 한정적 선관을 가지고 있다는 사실을 알고 있으나 그 선관의 내용에 대해서는 모른다고 했던 사실을 기억해보자. 다시 말해, 합의당사자들은 이 사람들이 추구하는 개별적인 궁극적 목적 및 목표들은 모르며, 그들의 애착과 충정도 알지 못한다. 또한 이러한 것들(궁극적 목적과 목표, 애착과 충정)과 세계와의 관계에 대한 이들의 입장—종교적, 철학적, 도덕적—도 알지 못한다. 이러한 세계관에 의하여 이들의 목적과 충정들이 이해되는 것이다. 그렇지만, 합의당사자들은 합리적인 사람들의 인생계획의 일반적 구조 (인간 심리에 관한 일반적 사실들과 사회제도들의 작용을 전제로 한다면) 뿐만 아니라, 그래서 방금 제시한 선관의 주요 요인들을 알고 있다. 이러한 문제들에 대한 지식은 이미 설명한 기본적 가치에 대한 이해 및 사용과 연결되게 된다.

생각을 명확히 하기 위하여, 나는 양심의 자유에 초점을 맞추어, 종교적, 철학적, 도덕적 세계관에 적용된 이 기본적 자유를 보장하는 원칙들을 채택하게 되는 근거들을 고찰해 보려한다.[23] 물론, 합의당사자들은 자신들이 대표하는 사람들이 그러한 견해를 수용하고 있다는 것을 확신은 할 수 없겠지만, 나는 이러한 사람들(피대표인)이 통상의 관점에서 본다면 그럴 것이며, 어떤 경우에도 합의당사자는 이러한 가능성을 참작해야만 한다는 것을 가정하고자 한다. 나는 또한 이러한 종교적, 철학적, 도덕적 견해는 이미 형성 되었으며 확고하게 수용되고 있기 때문에, 이미 주어진 것이라고 간주한다. 자 이제, 만약 합의당사자들에게 선택가능한 대안적 정의원칙 중에 하나만이 평등한 양심의 자유를 보장한다면, 이 원칙이 마땅히 채택되어야만 할 것이다. 아니면, 적어도 이 원칙이 예속되는 정의관이 실현 가능한 것이라면 이것을 받아들여야만 할 것이다. 왜냐하면 무지의 장막은 합의당사자들이 대표하는 사람들이 지지하는 믿음이 다수의 입장인지 또는 소수의 입장인지를 알 수 없게끔 만들기 때문이다. 이들은 자신들이 대표하는 사람들이 지지하는 종교가 다수 또는 지배적

23 이 구절과 다음 2개의 구절에서는『정의론』, §33에서 양심의 자유와 관련하여 제시된 주요 고려를 다소 다른 방식으로 논의를 전개해 보고자 한다.

이어서 그렇기 때문에 심지어 보다 큰 자유를 누릴 수 있으리라는 가능성 때문에, 소수파 종교에게 보다 적은 양심의 자유를 허용하는 것과 같은 요행을 바랄 수가 없다. 왜냐하면 합의당사자들이 대표하는 이들이 소수파 종교에 속해서 고통을 받을 가능성 또한 있기 때문이다. 만약 합의당사자들이 이와 같이 도박을 하게 된다면, 그들은 사람들의 종교적, 철학적, 도덕적 신념을 심각하게 고려하지 못했다는 것을 반증하게 될 수 있다. 그것은 사실상 어떤 종교적, 철학적, 도덕적 신념이 어떠한 것이었는지를 알지 못했다는 사실을 보여주게 되는 것이다.

엄격하게 말해서, 양심의 자유에 대한 이러한 첫 번째 근거는 (단순한) 하나의 주장이 아니라는 점을 주목하라. 다시 말해, 다음과 같은 점에 주의할 필요가 있다. 합의당사자들이 아직 알려지지는 않았지만 확정적으로 인정되는 종교적, 철학적 또는 도덕적 견해를 보호하려는 책임의 문제와 결부된 무지의 장막이 당사자들에게 이러한 자유를 보장하는 가장 강력한 이유를 제공해 준다는 점이다. 여기에서, 그러한 포괄적 견해들은 물론 이러한 포괄적 견해들이 발생시키는 선관들을 수용하는 것은 말하자면 협상할 성질의 것이 아니라는 점은 근본적인 것이다. 그것들은 다음과 같은 형태의 신념과 행위로 이해될 수 있다. 즉 이것들의 보호가 정의의 제2원칙에 해당되는 고려점들 때문에 적당히 포기되거나 또는 위험에 빠뜨려질 수 있는 성질의 것은 아니다. 확실히, 종교적 개종은 존재하며, 사람들은 자신의 철학적 및 도덕적 입장을 변경하기도 한다. 그러나 추정컨대 이러한 개종과 변화는 권력과 지위 또는 부와 신분에 의하여 촉발되는 것이 아니라, 확신, 사색, 성찰의 결과로 나타나는 것이다. 실제로 이러한 가정이 때로는 오류였다고 할지라도, 이것이 합의당사자들이 자신들이 대변하는 사람들의 선관의 보전을 보호할 책임에 영향을 미치지 않는다.

이제, 양심의 자유가 왜 기본적 자유이며 우선성을 갖는지 분명해졌으리라고 생각한다. 종교적, 철학적, 도덕적 견해를 구성하는 것이 무엇인지를 이해한다면, 정의의 제2원칙에 해당되는 고려점들이 이 양심의 자유의 중심적 범위를 제한하는 이유로 제시될 수는 없다. 만약 누군가가 양심의 자유가 기본적 자유라는 것을 부인하고, 모든 인간의 관심들을 서로 비교 측량할 수 있으며, 나아가서, 어떤 관심들이라 하더라도 상호간에는 어떤 교환의 비율이 존재하며, 이에 입각하여 다른 관심의 보호보다는 한 관심의 보호가 더 합리적이라는 평가를 할 수 있다고 주장한다면, 우리의 논의는 궁지에 몰리게 된다. 이럴 경우, 논의를 계속하기 위해서는, 하나의 가족적 단위로서 기본적 자유들의 체계가 민주적 정체의 기본구조에 적합한 일관성을 지닌 작동 가능한 정의관의 일부라는 사실을 보여주어야 한다. 더욱이, 이 정의관은 민주주의의 가장 본질적인 확신들과 일치하는 것이어야 한다.

이제 선관의 능력과 관련된 논의로 돌아가자. 이 능력은 일찍이 한정적 선관을 형성하고, 수정하고, 합리적으로 추구할 수 있는 능력으로 정의되었다. 이 능력은 두 가지 방식으로 이해될 수 있기 때문에, 밀접하게 연관된 두 가지 근거가 있다. 첫 번째 방식에서는, 상황이 요구하는 대로, 이 능력의 적절한 계발과 행사는 인간의 선을 위한 수단으로 간주된다. 수단으로서 이 능력은 (정의상) 그 사람의 한정적 선관의 부분이라고는 할 수 없다. 사람들은 이 능력을 가지고 궁극적 목적을 합리적으로 추구하고 자신의 완전한 인생의 개념을 구체화하는 데 사용할 뿐이다. 어떤 주어진 시점에서 이 능력은 그 당시 수용된 한정적 선관에 기여를 한다. 그러나 다른 보다 나은 합리적 선관을 형성하고 기존의 선관을 수정하는 데 있어서, 이 능력의 역할을 간과해서는 안 될 것이다. 현존하는 현재의 우리의 삶의 모든 측면들이 우리에게 가장 합리적이라는 보장은 없을 뿐만 아니라, 대폭의 수정은 아니라 하더라도 적어도 조그만 수정이 필요하지 않으리라는 보장 또한 없다. 이러한 이유로 선관의 능력의 적절하고 완전한 행사는 한 개인의 선가치에 대한 하나의 수단이다. 그래서 양심의 자유, 그리고 그렇기 때문에 오류와 실수를 할 수 있는 자유는 선관의 능력의 계발과 행사에 필요한 사회적 조건에 속한다는 것을 가정한다면, 합의 당사자들은 이 기본적 자유를 보장해주는 원칙들을 채택할 수 있는 또 다른 근거를 가지게 된다. 양심의 자유가 효력을 발휘하기 위해서는 결사의 자유가 요구된다는 점을 주목해야 한다. 왜냐하면 뜻이 비슷한 다른 시민들과 협회를 구성할 자유가 허용되지 않는다면, 양심의 자유의 행사는 사실상 부인되기 때문이다. 이 두 기본적 자유는 나란히 함께 가야 한다.

선관의 능력을 바라보는 두 번째 방식은 양심의 자유를 보증하는 또 다른 근거가 된다. 이 근거는 이 능력의 광범위한 범위와 통제적 성격 그리고 그 작동을 지도하는 내재적 원칙들(합리적 숙고의 원칙들)에 의존한다. 선관의 능력의 이러한 특성들 때문에, 우리들은 지적 및 도덕적 능력의 완전하고, 사려 깊고, 합리적인 행사에 따라서 우리의 삶의 방식을 수용할 수 있는 존재로 간수할 수 있게 된다. 그리고 이렇게 이성적으로 수용된 우리의 숙고적 이성과 생활방식간의 관계 그 자체는 우리의 한정적 선관의 일부가 된다. 이 가능성은 인간관에 이미 내포되어 있다. 따라서 우리의 신앙이 진리이고 행동이 올바르고 목적이 선하다는 것에 덧붙여, 왜*why* 우리의 신앙이 진리이고 행위들이 올바르고 목적들이 선한지에 대한 이유를 평가하고자 할 수 있다. 밀이 말하듯이, 우리의 선관을 "우리 자신의 것"으로 만들려고 추구할 수 있다. 우리는 우리의 사회나 사회적 동료에 의하여 만들어진 기성품으로서의 선관을 받아들이는 데 만족할 수는 없다.[24] 물론, 우리가 수용하는 선관이 우리에게만 특수할 필요는 없으며, 우리 자신을 위해서만 만든 것일 필요도 없다. 그보다 우리들이 자라고 교육받은, 그리고 합리적으로 사고할 나이가 되어 우리의 애착과 충성의 중심을 차지하는 것임을 알게 된 종교적, 철학적, 도덕적 전통을 받아들일 수 있다. 이러한 경우, 우리가 수용한 것은 이성의 시험을 충족할 뿐만 아니라, 우리의 가장 깊은 갈망과 애정에 답할 수 있는 이상들과 덕목들을 총합하는 전통이다. 물론 많은 사람들이 신앙과 목적을 검토하지 않고 믿음으로 받아들이거나 습관이나 전통의 문제로 만족하고 있다. 이런 이유로 이것을 비판할 수는 없다. 왜냐하면 자유주의적 견지에서 본다면, 정의에 의하여 허용된 범위 내에 있는 선관에 대한 정치적 또는 사회적 평가는 있을 수 없기 때문이다.

선관의 능력을 이러한 방식으로 다룬다면, 이 능력은 한정적 선관에 대한 수단이 아니라 선관의 본질적 일부가 된다. 공정으로서의 정의에서 이러한 선관의 특징적 위치는 바로 이러한 선관이 우리의 도덕적 능력을 최대한으로 실현시켜주는 방식으로 우리의 궁극적 목적과 충정들을 간주하게끔 한다는 점이다. 이 도덕적 능력을 통하여 정치적 정의관에서 사람들의 특징이 규정된다. 왜냐하면 이러한 선관이 가능하도록 하기 위해서는, 심지어 앞의 근거의 경우에서 보다 더 수월하게, 기본적 자유가 설정하는 제약 내에서 과오와 실수가 허용되어야만 할 것이다. 이러한 선관의 가능성을 보장하기 위하여 우리의 대표로서 합의당사자들은 양심의 자유를 보호하는 원칙을 채택하게 된다.

양심의 자유에 대한 앞서의 세 가지 근거들은 다음과 같이 서로 밀접한 관계를 갖는다. 첫째, 선관은 주어진 것이며 굳건히 뿌리 내린 것으

24 J. S. Mill, *On Liberty*, chap. 3. par. 5에서 밀은 다음과 같이 말한다. “우리의 이해(understanding)는 우리 자신의 것이어야 한다고 어느 정도 인정한다. 그러나 우리의 욕망과 충동이 우리 자신의 것이어야 하는가에 대해서는 똑같이 인정할 용의는 없다. 우리 자신의 충동과 힘을 가져야 한다는 것은 위험이자 덫에 불과하다.” 개인성의 자유로운 발달에 관해서는 2~9 문단 전체를 참조하라.

로 간주된다. 선관의 다양성으로 인하여, 말하자면, 이들 선관은 상호 타협할 수 있는 것이 아니기 때문에, 합의당사자들은 무지의 장막 뒤에서 평등한 양심의 자유를 보장하는 정의의 원칙들만이 자신들이 채택할 수 있는 유일한 원칙들이라는 점을 잘 알고 있다. 다음의 두 근거에서, 선관은 선관의 능력의 일부이기도 한 숙고적 이성deliberative reason에 따라서 수정될 수 있다는 점이다. 그러나 이러한 능력의 완전하고도 신중한 행사는 양심의 자유에 의하여 보장되는 사회적 조건을 요하기 때문에, 이러한 근거들은 첫 번째와 같은 동일한 결론을 지지하게 된다.

§6. 자유의 우선성, II: 첫 번째 도덕적 능력

마지막으로 정의감의 능력과 관계된 고려점들을 다루어보자. 여기에서 우리는 주의해야만 한다. 원초적 입장의 합의당사자들은 합리적으로 자율적인 대표자들이다. 이들은 이러한 존재로서 자신들이 대표하는 사람들의 한정적 선관을 증진시키는 일과 관련된 고려점들에 의하여 움직인다. 즉 이들 선관을 달성시킬 수 있는 수단이나, 또는 이들 선관의 부분으로 간주되는 것과 같은 점들을 고려하여서만 움직인다. 그래서 합의당사자들로 하여금 정의감의 능력의 발달과 행사를 보장하는 원칙들을 채택하도록 촉진시키는 어떠한 근거들도 이러한 제약과 조화를 이루어야만 한다. 이제 우리는 앞 절에서 선관의 능력이 특정인의 한정적 선관의 일부분일 뿐만 아니라 이의 수단이 될 수 있음을 살펴보았다. 그리고 합의당사자들은 자신의 합리적으로 자율적인 역할을 위반하지도 않고, 이 두 가지 경우의 각각에 근거하는 이유들에 호소할 수 있음을 살펴보았다. 그렇지만 상황이 정의감에 관계될 때에는 다르다: 왜냐하면 여기에서는 합의당사자들은 이 정의감의 능력의 개발과 행사를 단지 개인의 한정적 선관의 일부로 간주하는 것에 근거한 이유들에 호소할 수가 없기 때문이다. 합의당사자들은 정의감의 능력의 개발과 행사를 단지 개인의 선에 대한 수단으로서 간주하려는 것에 근거하는 이유들에 제약을 받게 된다.

확실히, 우리는 시민들이 정의감의 능력을 갖고 있다고 (합의당사자들이 그러하듯이) 가정하지만, 사실상 이러한 가정은 순수히 형식적이다. 이것은 단지 다음과 같은 것을 의미할 따름이다. 합의당사자들이 가능한 대안들에서 어떤 원칙들을 선택하든지 간에, 합의당사자들이 대표하는 일반 사람들은, 사회의 시민으로서, 합의당사자들의 고려, 즉 상식적 지식과 인간 본성에 관한 이론에 근거한 고려들이 가능하고 실천 가능한 것으로 보이는 정도에 부합하는 정의감을 개발할 수 있을 것으로 기대된다. 이러한 가정은 합의당사자들의 합리적 자율성과 일관될 수 있을 뿐만 아니라, 어떠한 선행 개념이나 정의원칙도 어떤 대안을 선택할 지에 관한 합의당사자들의 생각을 지도할 수 없다는(제약은 말할 것도 없고) 규정과도 일관될 수가 있다. 이러한 가정에서 본다면, 합의당사자들은 자신들의 합의가 헛되지 아니하며, 사회의 시민들이 합의된 원칙에 따라서 효과적으로 그리고 규칙적으로 행동할 것이라는 사실을 잘 알고 있다. 사회정치적 제도가 이러한 원칙을 충족시키고, 공적으로 충족시킨다고 알려졌을 때, 인간 본성은 이러한 효과성과 규칙성을 수행할 수 있다. 그러나 합의당사자들이, 특정한 정의원칙들을 지지하는 하나의 고려점으로서, 사회의 시민들이 특정한 정의원칙에 따라 효과적으로 그리고 규칙적으로 행동할 것이라는 사실을 감안한다면, 그러한 원칙에 따라 행동하는 것이 바로 자신들이 대표하는 사람들의 한정적 선관에 대한 효과적인 수단으로 기능할 것으로 믿기 때문에 합의당사자들은 그렇게 할 수가 있다. 시민으로서 이러한 사람들은 정의 그 자체의 이유reasons of justice as such에 의하여 움직이지만, 합리적으로 자율적인 대표자로서의 당사자들은 그렇지가 않은 것이다.

이러한 유의점들을 언급하면서, 이제 정의감의 능력과 각각 연결되어 있는 다음의 세 가지 근거들을 다루어 보고자 한다. 이 세 가지 근거는 합의당사자들로 하여금 기본적 자유를 보장하는 원칙들을 채택하게 할 뿐만 아니라, 이들에 우선성을 부여하게끔 촉진한다. 첫 번째 근거는 두 가지 점에 의존하고 있다: 첫째, 정의롭고 안정적인 협동체계가 모든 사람들의 선관에 최대의 이익이라는 점에 근거한다. 둘째, 가장 안정적 정의관은 정의의 두 원칙에 의해 규정되는 정의관이며, 이것은 이 기본적 자유들과 두 원칙에 의해 이 자유들에 부여된 우선성 때문에 매우 중요한 것이라는 주장에 근거하고 있다.

분명히, 모든 사람들은 효과적인 정의감을 가지고 있으며, 완전한 협동적인 사회구성원으로서 신뢰할 수 있다는 사실을 공중이 알고 있다는 것은 모든 사람들의 선관에 매우 유익한 것이다.[25] 이 공적인 지식과 함께, 이 공적 지식의 목표인 공유된 정의감은 시간과 계발의 결과이다. 이것은 형성하기보다 파괴하기가 훨씬 쉽다. 합의당사자들은, 기본구조가 이의 상응하는 원칙들을 만족시킨다는 사실이 알려졌을 경우, 전통적 대안들이 일반 공중에게 얼마나 잘 공적으로 인정된 정의감을 불러일으킬 것인가에 따라 이 대안들을 평가한다. 이렇게 함에 있어, 그들은 정의감에 대한 발달된 능력을 자신들이 대표하는 자들의 선에 대한 수단으로 간주한다. 다시 말하자면, 정의로운 사회협동구조는 시민들의 한정적 선관을 증진시키게 된다. 효과적인 공중의 정의감에 의하여 안정적으로 된 협동적 구조는, 가혹하고 비싼 대가를 치르는 형벌적 제재를 필요로 하는 장치 보다, 특히 이 장치가 기본적 자유에 매우 위험스럽게 될 경우에는, 위의 목적에 훨씬 더 좋은 수단이 된다.

---

25 여기에서 나는 『정의론』 §76에서 발견되는 공정으로서 정의의 보다 큰 안정성에 대한 논거를 재 기술하고 있다.

합의당사자들이 선택할 수 있는 전통적 정의원칙들의 안정성 비교는 매우 복잡한 문제이다. 정의의 두 원칙이 가장 안정적이라는 주장인 두 번째 논점을 입증하기 위하여 다른 곳에서 이미 검토한 바 있는 상세한 논의들을 여기에서 요약할 수는 없다. 나는 다만 한 가지 대표적인 발상을 제시하고자 한다: 말하자면, 가장 안정된 정의관은 우리의 이성에 비추어 분명하고도 뚜렷하고, 우리의 선과 합치될 뿐만 아니라 무조건적으로 관계되어 있으며, 우리 인격의 부정이 아닌 긍정에 기반한 것이라는 점이다.[26] 내가 주장하였던 논쟁의 결론은 정의의 두 원칙이 다른 대안들보다 이러한 조건들에 보다 잘 답변한다는 것이다. 그 이유는, 간단히 말하면, 정치적 자유들의 공정한 가치(다음 장에서 논의됨)와 차등원칙과의 연계선상에서 받아들여진 기본적 자유들 때문이다. 예를 들면, 정의의 두 원칙이 모든 사람들의 선과 무조건적으로 관계된다는 점은 기본적 자유들의 평등성과 그 우선성에 의해서 밝혀지고 있을 뿐만 아니라, 또한 정치적 자유들의 공정한 가치에 의해서도 입증되었다. 반복 하자면, 이러한 원칙은 공적이며 상호 인정되었기 때문에 우리의 이성에 비추어 분명하고도 명백하다. 그리고 이 원칙들은 기본적 자유를 직접적으로—말하자면, 액면 그대로—요구하고 있다.[27] 이러한 자유들은 사회적 이익(또는 사회적 가치들)의 최대 순수 수지균형과 관련된 추론적 계산에 의존하지 않는다. 공정으로서의 정의에서 그러한 계산은 있을 수 없다. 첫 번째 근거에 대한 이러한 주장은 이 절을 시작하는 첫 번째 문단에서 제기한 유의점들과 일치한다는 사실을 기억해보라. 정의감의 발달과 행사를 가장 효과적으로 보장하는 정의원칙을 채택함에 있어 합의당사자들은, 이러한

26 Ibid., pp. 498f.를 보라.

27 정의의 원칙들이 기본적 자유들을 직접적으로 그리고 액면 그대로 요구한다고 말함에 있어서, 나는 앞에서 내가 "깊이 새겨두는"(embedding)이라고 부르는 것과 관련하여 앞의 책(『정의론』)에서 언급한 여러가지 생각들을 염두에 두고 있다. 앞의 책 pp. 160f., 261~63, 288~89, 그리고 326~27을 참조하라.

도덕적 능력 그 자체를 실현시키려는 갈망 때문이 아니라, 정당한 사회적 협동을 안정시키고 자신들이 대표하는 사람들의 한정적 선관을 증진시키는 최선의 길로 간주하기 때문에 움직인다.

두 번째 근거는, 첫 번째 근거와 무관한 것은 아니긴 하지만, 자존감 self-respect의 근본적 중요성으로부터 진행된다.[28] 자존감은 정의의 두 원칙에 의하여 가장 효과적으로 장려되고 지지될 수 있다는 점이 주장되고 있다. 다시 간단히 말해서, 그 이유는 비록 자존감이 정치적 자유의 공정한 가치와 차등원칙에 의하여 보다 강화되고 지지 받을 수 있긴 하지만, 평등한 기본적 자유들과 그 우선성에 대한 강조로 인하여 보장될 수 있기 때문이다.[29] 자존감이 기본적 자유들 이외의 정의의 두 원칙의 다른 특징들에 의해서도 확인될 수 있다는 점은 어떤 단일한 특성 하나만이 작용하는 것이 아니라는 것을 밝혀줄 뿐이다. 그러나 이것은 예상될 수 있는 바이다. 기본적 자유들이 자존감을 지지하는 데 있어 중요한 역할을 한다는 것을 전제한다면, 합의당사자들은 정의의 두 원칙의 채택을 옹호해 줄 수 있는 이러한 자유들에 입각한 근거들을 가지게 된다.

아주 간단히 말해, 그 주장은 다음과 같다. 자존감은 전 생애를 통해서 보람 있는 선관을 추구할 능력을 지닌 완전히 협동적인 사회구성원으로서 살아갈 수 있다는 우리의 자신감에 근거하고 있다. 그래서 자존감은 두 가지 도덕적 능력의 계발과 행사 및 이와 연관된 효과적인 정의감을 전제하게 된다. 자존감의 중요성은 이것이 자기 자신의 가치에 대한 확실한 감각, 즉 우리의 한정적 선관이 추구할 가치가 있다는 확고한 신념

---

28 자존감의 문제는 『정의론』 §67에서 논의했다. 정의의 두 원칙을 옹호하는 주장에서 자존감의 역할에 관해서는 pp. 178~83을 참조하라. 자존감의 기초로서 평등한 정치적 자유에 관해서는 pp. 234, 544~46을 참조하라.

29 정치적 자유들의 공정한 가치에 대해서는 『정의론』, pp. 224~28, 233~34, 277~79, 356을 참조하라. PP. 544~46에서 이루어지고 있는 자존삼의 기초로서 평등한 정치적 자유들에 관한 논의에서는, 이러한 자유들의 공정한 가치에 대해서는 언급하지 않았다. 그 점이 언급되었어야만 했다. 또한 아래의 §§7과 12를 참조하라.

을 제공해 준다는 점이다. 자존감이 없다면, 어떠한 것도 추구할 가치가 없는 것처럼 여겨질 수 있으며, 설사 어떠한 것들이 우리에게 가치가 있다고 할지라도, 우리는 그러한 것들을 추구할 의지를 결여하게 되는 것이다. 그래서 합의당사자들은 정의의 원칙들이 자존감을 어떻게 잘 지지하는 지에 대하여 커다란 비중을 두게 된다. 그렇지 않다면, 이러한 정의원칙들이 당사자들이 대표하는 자들의 한정적 선관을 효과적으로 촉진시킬 수가 없게 된다. 자존감의 이러한 특징적 규정을 전제한다면, 자존감은 기본적 사회제도의 특정한 공적 특징에 의존하고 있을 뿐만 아니라, 이에 의하여 격려된다고 주장할 수 있다. 즉 이 제도들이 어떻게 함께 작동하는지, 그리고 이러한 제도적 장치들을 수락하는 사람들이 상호 어떻게 간주하고 처우할 것으로 기대되는지(그리고 일상적으로 그렇게 하는지)에 자존감이 좌우되고 또 이에 의하여 격려되는 것이다. 기본제도의 이러한 특징들과 공적으로 예측되는 (그리고 정상적으로 존중되는) 행동방식은 자존감의 사회적 기초들이 된다(기본적 가치의 마지막 종류로서 §4에서 이미 열거한 바 있다).

이러한 사회적 기초들이 가장 본질적인 기본적 가치에 속한다는 사실은 위와 같은 자존감의 성격 규정으로부터 본다면 명백하다. 이제 이러한 기초들은 공적인 정의원칙들에 의하여 중요하게 결정된다. 정의의 두 원칙만이 기본적 자유들을 보장해 주기 때문에, 이것이 평등한 인격체로서의 시민의 자존감을 격려하고 지지함에 있어 다른 대안들보다 훨씬 효과적이다. 이러한 결과를 가져오는 것이 기본구조에 적용되는 공적 원칙으로서 이러한 정의의 원칙들의 내용이다. 이 내용은 두 가지 측면을 지닌다. 각각의 측면은 자존감의 두 요소 중의 하나와 결부되어 있다. 첫 번째 요소는 완전한 협동적인 사회구성원으로서 우리의 자신감인데, 이것은 우리의 두 가지 도덕적 능력의 계발과 행사(그래서 효과적인 정의감을 소지하게 되는 것)에 근거한다는 점을 상기해보라. 두 번째 요소는 우리가 가치 있는 인생계획을 수행해 나갈 수 있다는 확신에 근거하는 우리 자신의 가치에 대한 자신감이라고 할 수 있다. 첫 번째 요소는 두 가지 도덕적 능력의 완전하고 분별력 있는 행사를 보장하는 기본적 자유에 의하여 지지될 수 있다. 두 번째 요소는 이러한 보장의 공적 성격과 함께 일반적으로 시민에 의한 이의 수용에 의하여 유지될 수 있는데, 이 모두가 정치적 자유들의 공정한 가치 및 차등원칙과 연결되어 있다. 왜냐하면 우리들의 자신감뿐만 아니라 자신의 가치에 대한 감각은 다른 사람들이 우리들에게 보여주는 존중과 상호성에 의존하기 때문이다. 기본적 자유들을 공식적으로 인정함으로써, 질서정연한 사회의 시민들은 서로서로에 대한 상호존중을 합당하고 신뢰할 수 있는 존재로 표현하게 될 뿐만 아니라, 모든 시민들이 자신의 삶의 방식에 부여하는 가치에 대한 인정을 하게 되는 것이다. 그래서 기본적 자유들은 정의의 두 원칙으로 하여금 자존감에 대한 필수조건을 다른 대안들보다 훨씬 효과적으로 충족시킬 수 있게 된다. 다시 한 번 말하지만, 원초적 입장의 합의당사자들의 추론과정의 어떠한 점에서도 이들이 정의감의 계발과 행사 그 자체를 위해 관심이 있다는 것을 찾을 수 없다는 점을 유의하라. 물론, 이것이 질서정연한 사회의 완전한 자율적인 시민에 있어서는 그렇지가 않다는 것은 인정해야 한다.

정의감과 관련된 세 번째이자 마지막 근거는 다음처럼 서술될 수 있다. 이것은 내가 "사회적 연합체들의 사회적 연합a social union of social unions"[30]이라고 불러왔던 질서정연한 사회의 관점에 기초하고 있다. 그 발상은 두 가지 정의원칙에 의하여 질서정연하게 운영되는 민주적 사회가 개인들 자신의 장치에 맡기거나 소규모의 연합체에 한정되는 개인들의 한

---

30 이 개념은 『정의론』 §79에서 논의한 것이다. 거기에서는 지금 여기에서 하는 것처럼 이를 기본적 자유 및 그 우선성의 문제와 연결시켜 논의하지는 않았다.

정적 선보다 훨씬 더 큰 포괄적 선을 시민 개개인들에게 가져다 줄 수 있다는 것이다. 보다 더 큰 포괄적인 선에 참여하는 것이 개인의 한정적 선을 더욱 확장시키고 유지시킬 수 있다. 사회적 연합의 선은 모든 사람들이 이러한 선에 참여할 때 가장 완전하게 실현될 수 있다. 그러나 실제로는 일부만이 참여할 수도 있으며, 아마도 극소수만이 참여할 수도 있다.

이 생각은 훔볼트 경von Humbolt에게서 도출한 것이다. 그는 다음과 같이 말하고 있다:

> 모든 인간들은 … 한 시점에 단지 하나의 지배적 능력으로만 행동할 수 있다: 아니면, 오히려 하나의 전체적 자연이 우리로 하여금 특정 시점에서 어떤 단일한 형태의 자발적 행동을 하게끔 한다. 따라서 사람들은 부분적 계발을 하도록 필연적으로 운명 지워진 것 같다. 왜냐하면 사람들은 다양한 목적을 추구하게 되면 자신의 에너지만 약화시키게 되기 때문이다. 그러나 사람들은 편향성을 극복할 수 있는 힘을 가지고 있다. 제 각각 행사되는 천성의 능력들을 통합시킴으로써, 인생의 각 시기에 있어서 한 행위의 꺼져가는 불빛과 새로운 미래를 밝히는 불씨를 자발적으로 협동할 수 있게 만듦으로써, 제 각각의 개별적 행사를 위한 사물의 단순한 다양성을 추구하는 대신 이들을 조화롭게 결합하여 추진능력을 증대시키고 다원화함으로써, 사람들은 편향성을 극복할 수 있다. 개인수준에서 과거와 미래를 현재에 통합시킴으로써 성취한 것을 사회수준에서는 다양한 구성원들의 상호협동을 통해서 만들어낼 수 있다. 인생의 모든 단계에 있어서, 각 개인은 단지 인간 성격의 가능한 특성을 대표하는 것들 중에서 단 한가지의 완전성만 성취할 수 있다. 그러므로 사회구성원의 내적 욕구와 능력에 입각한 사회적 조화를 통해서만, 각 개인들은 다른 모든 사람들의 풍요로운 집단적 자원에 참여할 수 있게 되는 것이다.[31]

---

31 이 문단은 앞의 책(『정의론』) pp. 523~24n에서 인용한 것이다. 이것은 J. W. Burrow (edited), *The Limits of State Action*(Cambridge: Cambridge University Press, 1969), pp. 16~17로부터 인용한 것이다.

사회적 연합의 개념을 예를 들어 설명하기 위하여, 재능을 갖춘 음악가들로 이루어진 하나의 그룹을 들어보자. 이들 모두는 동등한 자연적 재능을 갖추고 있으며, 그래서 오케스트라에서 각 악기를 동등한 수준으로 잘 연주할 수 있을 것이라고 가정해보자. 장기간의 훈련과 연습으로, 그들은 자신들이 채택한 악기를 고도로 능숙하게 연주할 수 있게 되었다. 그렇지만 인간의 한계로 말미암아 다음 사실은 인정되어야 할 것이다. 즉 이들 각자가 여러가지 악기 모두에 능통할 수 없을 뿐만 아니라, 더욱이 한 순간에 모든 악기를 완벽하게 연주할 수는 더욱 없다. 그래서 모든 사람들의 능력이 동일한 이러한 특수한 경우에, 이 집단은 동료의 활동을 서로 잘 조화시킴으로써 각자에 내재해 있는 총체적 능력과 동등한 효과를 달성해낼 수 있다. 그러나 천부적 음악성이 사람에 따라서 서로 다를 경우에도 그 재능들을 상호보완적으로 적절하게 조정할 수 있다면 유사한 결과의 총합을 이루어 낼 수 있다. 각각의 사례에서 사람들은 서로를 필요로 한다. 왜냐하면 어떤 개인의 능력이 실현되는 것은 다른 사람들과의 실질적 협동을 통해서만 이루어지는 것이다. 그렇다면 이것은 모든 사람들의 노력에 의해 상당 부분 실현되는 것이다. 사회적 연합의 행위 속에서만 각 개인은 완전해질 수가 있다.

이 예에서 오케스트라는 일종의 사회적 연합이다. 그러나 필요한 조건을 충족시켜 주는 여러가지 인간 활동이 있듯이, 여러가지 종류의 사회적 연합체들이 있다. 더욱이 사회의 기본구조는 각각의 활동들이 수행될 수 있는 틀을 제공한다. 따라서 사회란 사회적 연합체들의 사회적 연합이라는 개념에 이르게 되며, 다양한 인간 활동들이 적절하게 상호보완적으로 조정되게 된다. 사회적 연합체들의 사회적 연합을 가능케 해주는 데에는 우리의 사회적 성격social nature의 세 가지 측면 때문에 가능하다. 첫 번째 측면은 다양한 종류의 인간 활동과 다양한 형태의 조직들을 가능케 하는 다양한 인간 능력 사이의 상호보완성이다. 두 번째 측면은 우리가 될 수 있는 것은 물론, 할 수 있는 가능성은, 어떤 개인적 삶에서 할 수 있고, 또한 될 수 있는 바를 훨씬 능가하게 된다. 그래서 우리는 다른 사람들의 협동적 노력에 의존하게 된다. 이것은 복지의 물질적 수단을 위해서 뿐만 아니라, 우리가 될 수도 있을 것은 물론 할 수도 있을 것의 결실을 가져오기 위해서이다. 세 번째 측면은 적절한 상호성의 개념을 포함하는 정의원칙을 그 내용으로 받아들일 수 있는 효과적인 정의감에 대한 우리의 능력이다. 그러한 원칙들이 사회제도에 구현되어 모든 시민들로부터 환영 받고 이것이 공적으로 인정이 된다면, 많은 사회적 연합체들의 활동은 사회적 연합체들의 사회적 연합으로 조정되고 결합되게 된다.

그런데 문제로 대두되는 것은 바로 다음의 질문이다: 원초적 입장의 당사자들에게 채택 가능한 원칙들 중에서 어떤 원칙이 많은 사회적 연합체들을 하나의 전체적 사회적 연합으로 조정하여 결합시키는 데 있어 가장 효과적인가? 여기에는 두 가지 요구되는 사항이 있다. 첫째, 이 원칙들은 자유롭고 평등한 인격체로서의 시민관과 연결된 것으로 인식되어야 한다. 이러한 시민관은 이들 원칙의 내용 안에 내재되어 있어야 하며, 액면 그대로 전달되어야 한다. 둘째, 이러한 원칙들은, 사회의 기본구조에 적용되는 원칙으로서, 전 생애를 통하여 사회적 협동에 가담하고 있는 자유롭고 평등한 인격체로서의 시민에게 적합한 상호성의 개념을 포함하고 있어야 한다. 이러한 요구사항이 충족되지 않는다면, 우리는 사회의 공적 문화의 풍부성과 다양성을 상호간의 선을 위한 만인의 협동의 결과로 간주할 수 없게 된다. 더욱이, 이러한 문화를 우리들이 기여할 수 있고, 또한 참여할 수 있는 것으로 받아들일 수 없게 된다. 왜냐하면 이러한 공적 문화는 언제나 상당부분 다른 사람들의 작업의 결과이기 때문이다. 따라서 이러한 관심과 감사의 태도를 유지하기 위하여, 시민들은 자신들의 자아관에 적합한 상호성의 개념을 수용해야만 하며, 자신들이 공유하는 공공의 목적과 공동의 신의common allegiance를 인정할 수 있어야만 하는 것이다. 이러한 태도는 정의의 두 원칙에 의해 가장 잘 확보될 수 있다. 간단히 말해서, 그 이유는 상호존중의 토대 위에서 자유롭고 평등한 인격체로서의 시민들 각자에게 정의를 보장하는 공인된 공공의 목적 때문에 그렇다. 이 목적은 정의의 두 원칙을 설정함에 있어 동등한 기본적 자유의 공적 보장에서 명백하게 나타난다. 상호성의 유대는 사회전체에 확산되며, 개인과 집단의 성취는 더 이상 개별적으로 독립된 수많은 개인적 또는 협회적 재화로 간주할 수 없게 된다.

끝으로, 사회적 연합의 선the good of social union에 대한 이와 같은 설명에서, 원초적 입장의 합의당사자들은 자신들이 대변하는 사람들의 구체적 선 개념에 대한 상세한 지식을 가질 필요가 없다는 점을 유의할 필요가 있다. 왜냐하면 이들 일반인들의 선관이 무엇이든지 간에, 이 선관은 사회적 연합의 보다 포괄적인 선에 의하여 확장되고 유지될 수 있기 때문이다. 물론 일반인들의 한정적 선관이 보다 광범위한 한계 내에 있으며 정의원칙에 부합되어야 할 것이다. 그래서 이 세 번째 근거는 원초적 입장의 합의당사자들에게 노정되어 있는 문제이다. 왜냐하면 이것은 합의당사자들의 추론에 가해지는 제한조건을 충족시키고 있기 때문이다. 합의당사자들이 대표하는 사람들의 한정적 선을 발전시키기 위하여 이들 당사자들은 기본적 자유를 보장하는 원칙을 채택하게 된다. 이것이 사회적 연합의 포괄적 선과 그것을 가능케 해주는 효과적인 정의감을 수립하는 최선의 길이다. 나는 다음 사실에 유의하고자 한다. 즉 사회적 연합체들의 사회적 연합으로서의 사회의 개념이, 자유의 체제가 다양한 선관들을 어떻게 조화시킬 수 있는 지는 물론, 인간의 다원성에 의하여 가능하게 되는 다양한 행위들을 조정하여 하나의 보다 포괄적인 선으로 유도하는 것이 어떻게 가능한 지를 보여준다는 점이다. 이러한 보다 포괄적인 선에는 모든 사람들이 기여하고 참여할 수 있게 된다. 이러한 보다 포괄적인 선은 어떠한 선관 하나에 의해서만 규정될 수 있는 문제가 아니며, 특정한 정의관 즉 공정으로서의 정의를 필요로 하게 된다. 따라서 이러한 보다 포괄적인 선은 이러한 정의관을 전제하는 것이며, 이 포괄적 선은 이미 주어진 한정적 선관이 위에서 언급한 일반적 조건들을 충족시킬 때 획득될 수 있다. 합의당사자들이 이러한 조건이 충족되는 것을 상정하는 것이 합리적이라고 한다면, 그들은 이러한 보다 포괄적인 선이, 자신들이 대표하는 일반인들의 한정적 선관이 무엇이든지 간에, 이들의 선을 확장하는 것으로 간주할 수 있게 된다.

이것이 바로 원초적 입장의 당사자들이 정의의 두 원칙을 채택하게 되는 근거에 관한 탐색적 논의를 완결 짓는다. 물론 정의의 두 원칙은 동등한 기본적 자유를 보장하고 이 기본적 자유에 일괄적으로 우선성을 부여하고 있다. 나는 열거할 수 있는 모든 근거들을 포함하려고 하지는 않았으며, 또한 내가 지금까지 논의한 것들의 상대적 비중을 평가하려고도 하지 않았다. 나의 목적은 가장 중요하다고 생각되는 근거들을 탐색하여 보는 것이었다. 의심할 여지없이, 선관의 능력과 결부된 근거들은 보다 익숙한 것이었다. 이것은 아마도 이 근거들이 보다 직접적이고 즉각적으로 보다 비중을 지니는 것처럼 여겨지기 때문일 것이다. 그러나 나는 정의감의 능력과 결부된 근거들도 또한 중요하다고 생각한다. 통틀어서 볼 때, 나는 다음과 같은 점을 강조한 경우도 있다. 합의당사자들이 자신들이 대표하는 일반인들의 한정적 선관을 개진하기 위하여 두 가지 도덕적 능력의 계발을 장려하고, 또 이의 충분하고도 분별적인 행사를 고려하는 원칙들을 채택하게 될 것이라는 점이다. 기본적 자유가 이후 단계에서 어떻게 구체화되고 조정될 것인지를 논의하기 이전에[말하자면, 내가 앞에서 언급했던 “두 번째 간극The second gap”을 논의하기에 앞서], 나는 이미 여러 차례 언급했던 정치적 자유의 공정한 가치로 불리는 첫 번째 정의원칙의 중요한 특징에 대하여 생각해 보고자 한다. 이러한 특징을 살펴보게 되면, 기본적 자유와 그 우선성을 옹호하는 근거들이 상호 연결된 일군의 요건으로서 정의의 두 원칙의 내용에 어떻게 의존하고 있는지를 분명히 밝힐 수 있을 것이다.

§7. 단순히 형식적이 아닌 기본적 자유들

앞의 절들을 다음과 같이 요약할 수 있다. 첫째, 원초적 입장의 절차가 합의당사자들을 대칭적으로 위치시켜서 이들을 합당성the reasonable을 반영하는 제약조건들에 예속시키고, 둘째, 합의당사자들이 합리적으로 자율적인 대표자rationally autonomous representatives로서 이들의 숙고가 합리성the rational을 반영한다는 것을 전제한다면, 각 시민은 사회 기본구조를 규제하는 정의원칙들을 선정하는 절차에서 공정하게 대표되었다고 할 수 있다. 합의당사자들은 자신들이 대표하는 일반인들의 선에만 입각한 고려들을 통하여 대안적 원칙들 중에서 선택해야만 한다. 우리가 방금 살펴보았던 이유로 인해, 합의당사자들은 한정적 (그러나 알려지지 않은) 선관들을 광범위하게 보호할 수 있고, 두 가지 도덕적 능력의 적절한 계발과 완전하고 분별력 있는 행사에 필요한 정치적 및 사회적 조건들을 가장 잘 보장하는 원칙들을 선호하게 될 것이다. 기본적 자유와 그 우선성이 이러한 조건을 (합당하게 우호적인 환경 아래에서) 보장한다는 가정 위에, 두 번째 원칙에 앞서 첫 번째 원칙을 우선적으로 하는 정의의 두 원칙이 바로 합의하게 되는 원칙들이다. 이것은 내가 일찍이 말한 공정으로서의 정의의 “최초목적initial aim”을 달성하는 것을 의미한다. 그러나 이것에 대해 사람들로부터 자신의 선을 발전시키는 데 필요한 물질적 수단에 대한 규정이 고려되지 않았다는 반박이 제기될 수 있는데 이는 옳다고 본다. 기본적 자유와 그 우선성을 위한 원칙이 받아들여질 수 있을지의 여부 문제는 이 원칙들이 상기의 물질적 수단의 공정한 공유를 보장하는 다른 원칙에 의하여 보완되는 가에 좌우된다.

당면한 문제는 다음과 같다: 말하자면, 기본적 자유가 단지 형식적인 것에 불과할 수도 있다는 장기적인 문제를 공정으로서의 정의가 어떻게 해결할 것인가?[32] 많은 사람들, 특히 급진적 민주주의자들과 사회주의자들이 다음과 같은 주장을 했다. 이들의 주장은 시민들이 효과적으로 평등한 것처럼 보일지 모르나, 기본구조가 기본적 자유를 포함하고, 공정한 기회평등이 너무 광범위하게 설정되면, 사회적 및 경제적 불평등은 증대될 것이라고 한다. 더 큰 책임과 부를 소유한 사람들은 자신들에게 유리한 쪽으로 입법과정을 통제할 수 있다는 것이다. 이 질문에 답하기 위하여, 기본적 자유와 이 기본적 자유의 가치 간의 구분을 아래와 같이 해보자.[33] 기본적 자유들은 제도적 권리 및 의무에 의하여 구체화된다. 이 제도적 권리와 의무는 시민들이 원한다면 다양한 일들을 할 수 있게끔 하고, 타인들이 간섭을 할 수 없도록 해준다. 기본적 자유는, 말하자면, 법적으로 보호된 통로이며 기회의 틀이다. 물론 일반적으로 무지와 가난 그리고 물질적 수단의 결여로 말미암아 사람들은 자신의 권리를 행사하지 못하게 되고, 이러한 열린 기회의 이점을 활용하지 못하게 된다. 그러나 이와 같은 장애물이 사람들의 자유를 제한하는 것으로 여기기보

32 내가 이 절에서 해결하려고 노력하는 이 문제를 제기한 다니엘즈(Norman Daniels)에게 감사한다. Daniels, pp. 253~81에 있는 그의 논문 "Equal Liberty and Unequal Worth of Liberty"를 참조하라. 또한 광범위한 논평과 토론을 해준 라비노위츠(Joshua Rabinowitz)에게 감사한다.

33 이 절의 나머지와 다음 절의 논의는 『정의론』, p. 204에서 시작되고 있는 문단의 내용을 보다 정교하게 설명하고 있다.

다는 자유의 가치, 즉 자유의 유용성에 영향을 주는 것으로 간주한다. 이제 공정으로서의 정의에서, 이러한 유용성은 두 번째 정의원칙에 의하여 규제되는 기본적 가치의 지표an index of the primary goods로 구체화된다. 이 유용성은 복지의 수준에(또는 효용기능에) 의해서가 아니라, 이러한 기본적 가치에 의하여 구체화된다. 기본적 가치에 대한 요구는 정치적 정의관의 목적들을 위하여 정의된 특별한 필요에 대한 요구로 간주된다. 수입 및 부와 같은 기본적 가치는 평등한 자유와 공정한 기회평등의 틀 안에서 시민들이 자신들의 목적을 성취하는 데 필요한 전 목적적 물질적 수단으로 이해된다.

그런데 공정으로서의 정의에서 평등한 기본적 자유는 모든 시민에게 동일하며, 보다 부족한 자유를 어떻게 보충할 것인가의 문제는 발생하지 않는다. 그러나 자유의 가치 또는 유용성은 모두에게 동일한 것은 아니다. 차등의 원칙이 허용하는 것처럼, 예를 들면, 특정의 시민은 보다 많은 수입과 부를 가지게 됨으로써 자신의 목적을 달성하는 데 필요한 보다 많은 수단을 확보하게 된다. 그렇지만 이 차등원칙이 충족되면, 이러한 보다 적은 자유의 가치는 다음과 같은 의미에서 보상이 된다: 기본적 가치의 지표에 의하여 측정된 사회적 및 경제적 불평등이 실제 그대로의 불평등과 차이가 난다면,**역자**: 차등원칙이 없다면 사회의 최소수혜자 계층이 자신의 목적을 달성하는 데 가용한 전 목적적 수단은 훨씬 더 적어지게 될 것이다. 사회의 기본구조는 최소수혜자 계층이 이용할 수 있는 기본적 가치를 극대화 시켜서 최소수혜자 계층으로 하여금 모든 사람이 향유하는 평등한 기본적 자유를 이용할 수 있도록 구성된다. 이것이 정치적 및 사회적 정의의 중심적인 목표의 하나를 규정한다.

자유와 자유의 가치에 대한 이러한 구분은 물론 단순한 정의definition에 불과하며, 실체적 문제를 해결해 주는 것은 아니다.[34] 그 발상은 평등한 기본적 자유와 우리의 목적을 개진하는 데 필요한 전 목적적 수단으로 간주되는 특정한 기본적 가치를 규제하는 원칙과 결부시키려는 것에 있다. 이러한 정의definition는 자유와 평등을 하나의 일관된 개념으로 결합시키기 위한 일차적 단계이다. 이러한 결합의 적절성 여부는 이것이 우리들이 심사숙고한 뒤에 이끌어낸 숙고된 확신과 부합되는 실행 가능한 정의관을 만들어낼 수 있는가의 여부에 달려 있다. 그러나 이것이 우리의 확신과 부합되도록 하기 위해서는, 우리는 보다 중요한 조치를 한 단계 더 취해야 하며, 평등한 정치적 자유를 특별한 방식으로 다루어야 한다. 이는 정의의 첫 번째 원칙에, 정치적 자유들 그리고 단지 이러한 자유들만이 내가 "공정한 가치fair value"라고 불러왔던 것을 통하여 확보된다는 보장을 포함시킴으로써 이루어질 수 있다.[35]

설명하자면 다음과 같다: 이때의 보장이란 모든 시민들에게 해당되는 정치적 자유의 가치는, 그들의 사회적 또는 경제적 지위를 불문하고, 모든 사람은 공직을 가질 수 있을 뿐만 아니라 정치적 결정의 결과에 영향을 미칠 수 있는 공정한 기회를 갖는다는 의미에서 대체적으로 평등해야만 하거나, 또는 적어도 충분하게 평등해야만 한다는 것을 의미한다. 이러한 공정한 기회의 개념은 정의의 두 번째 원칙에서 공정한 기회평등의 개념에 필적하게 된다.[36] 원초적 입장의 당사자들이 자유의 우선성을 채택할 때, 평등한 정치적 자유가 특별한 방식으로 취급된다는 점을 이해하고 있는 것이다. 우리가 자유와 평등을 하나의 개념으로 이렇게 결합시키는 것의 적절성을 판정할 때, 정의의 두 원칙에서 정치적 자유들의 특

---

34 『정의론』, p. 204에서 시작하는 문단은 불행하게도 반대의 인상을 줄 수 있도록 읽혀질 수 있다.

35 평등한 정치적 자유의 공정한 가치의 발상은 『정의론』에서 제시된 정의의 두 원칙의 중요한 측면이긴 하지만, 이 발상이 충분히 발전되거나 설명되지는 않았었다. 따라서 그 중요성을 간과하기가 쉬웠다. 연관된 참조들은 위의 n. 29에서 제시되고 있다.

36 『정의론』에 있는 공정한 기회평등에 관해서는, pp. 72~74와 §14를 참조하라.

징적 위치를 명심해야만 한다.

평등한 정치적 자유의 공정한 가치를 보장하는데 요구되는 제도적 장치의 종류를 이 이상으로 상세하게 고려하는 것은 철학적 논의의 범위를 넘는다. 이것은 마치 시장경제에서 경쟁을 보장하는 데 필요한 법과 규제를 고려하는 것이 철학적 논의의 범위를 넘는 것과 같다. 그럼에도 불구하고, 정치적 자유의 공정한 가치를 보장하는 문제가 시장을 작동 가능하게 경쟁적으로 만드는 일보다 더 중요하지는 않더라도 똑같은 정도로 중요하다는 사실을 인식해야만 한다. 왜냐하면 이러한 자유의 공정한 가치가 대체적으로 보존되지 않는다면, 정의로운 배경적 제도를 수립하거나 유지할 수 없을 것이기 때문이다. 이것을 어떻게 가장 잘 진행할 것인가 하는 것은 복잡하고 어려운 문제이다. 현재로서는 필요한 역사적 경험과 이론적 이해가 부족하기 때문에 시행착오를 하면서 진행해야 할 것이다. 그러나 공정한 가치를 보장하기 위한 하나의 지침은 사유재산제적 민주주의a private property democracy 하에서는 정당을 대단위의 집중된 사적인 경제적 및 사회적 세력으로부터 독립시켜야 할 것이며, 자유주의적 사회주의 체제a liberal socialist regime하에서는 정당을 정부통제 및 관료적 권력으로부터 자유롭게 해야 할 것이다. 어떤 경우에도, 사회는 적어도 정치 과정을 조직하고 수행하는 비용의 상당 부분을 감당해야 하고, 또한 선거 과정을 규제하여야 한다. 정치적 자유의 공정한 가치를 보장하는 것은 공정으로서의 정의가 기본적 자유가 형식적인 것에 불과하다는 이견에 대응하려는 한 방법이다.

이렇게 정치적 자유의 공정한 가치를 보장하는 것은 몇 가지 주목할 만한 특징을 지닌다. 첫째, 이것은 모든 시민들에게 특정한 정치적 목적에 기능하기 위하여 설정된 공적 장치public facility의 사용에 대한 공정하고 대체적으로 평등한 접근을 보장해 준다. 공적 장치란, 말하자면 정치과정을 관장하고 정치적 권위가 있는 직위에의 진입을 통제하는 헌법적 규칙과 절차에 의하여 구체화된다. 다음에서 (§9에서) 살펴 보겠지만, 이러한 규칙과 절차는 정의롭고 효과적인 입법을 할 수 있도록 공정한 과정이 되어야만 한다. 한 가지 언급할 사항은 평등한 시민의 정당한 주장은 공적 장치로서의 정치과정에 대한 공정하고 평등한 접근개념에 의하여 설정되는 특정한 기준 한도 내에서 허용되는 것이다. 두 번째, 이 공적 장치는 이른바 제한된 공간을 갖는다. 그래서, 정치적 자유의 공정한 가치의 보장이 없다면, 상대적으로 더 많은 수단을 가진 사람들은 자신들끼리 단결하여 덜 가진 사람들을 배제할 수 있게 된다. 차등원칙에 의하여 허용된 불평등이 이러한 상황을 충분히 예방할 수 있을 정도로 그렇게 미세할지는 확신할 수가 없는 문제이다. 확실히, 정의의 두 번째 원칙이 없다면, 그 결과란 것은 처음부터 뻔한 결론에 불과하다. 왜냐하면 한정된 정치과정의 공간은 우리의 정치적 자유의 유용성이 다른 기본적 자유의 유용성에 영향을 받기보다는 우리의 사회적 위치와 수입 및 부의 배분에서의 위치에 훨씬 더 좌우되는 결과를 가져 올 수 있기 때문이다. 또한 기본구조를 규제하기 위한 법과 정책을 결정하는 데 있어 정치과정의 특징적 역할을 고려할 때, 이러한 자유들만이 공정한 가치의 특수한 보장을 받는다는 것은 부당한 것 같지는 않다. 이 보장은 한편의 형식적 자유와 다른 한편의 모든 기본적 자유들에 대한 보다 광범위한 보장 간의 자연스러운 초점이라고 할 수 있다.

이런 자연스러운 초점에 대한 언급은 보다 광범위한 보장이 왜 정의의 첫 번째 원칙에 포함되지 않는가 하는 질문을 제기시킨다. 공정한 가치의 보다 광범위한 보장이 무엇을 의미하는 것인가에 대한 문제가 있겠지만, 이 질문에 대한 답변은 아마도 그러한 보장이 비합리적이거나 아니면 피상적이거나 또는 사회적으로 분열적이라는 대답으로 나타나리라고 생각한다. 그래서 우선 이것을 단순히 기본적 자유만이 아닌 모든 기본적 가치의 평등한 분배를 요구하는 것으로 이해하여 보자. 이 원칙은 비합리적인 것으로 거부되리라 생각한다. 왜냐하면 이 원칙은 사회로 하여금 사회조직의 특정한 본질적 요건을 충족시킬 수 없게 할 뿐만 아니라, 나아가서, 예를 들면, 효율성이나 그 밖의 고려점들을 활용할 수 없도록 하기 때문이다. 둘째, 이러한 보다 광범위한 보장은 다음과 같은 것을 요구하는 것으로 이해될 수 있다. 즉 모든 사람의 자유의 평등한 가치를 수립해야 한다는 이상을 공개적으로 표현하기 위한 방식의 일환으로 각 시민들에게 고정된 일단의 기본적 가치가 보장되어야 한다는 것으로 이해될 수 있다. 이러한 제안의 장점이 무엇이든지 간에, 차등의 원칙에서 볼 때 이는 피상적이다. 왜냐하면 최소수혜자 계층이 향유하는 기본적 가치의 지표가 어떻게 구체화된다 하더라도, 그것은 이미 이러한 방식으로 간주될 수 있기 때문이다. 셋째이자 마지막으로, 이러한 보장은 특정의 관심에서 중심적으로 간주되는 내용, 예를 들면 종교적 관심에 따라 기본적 가치를 분배해야 하는 것으로 이해될 소지가 있다. 예를 들어, 어떤 사람들은 먼 거리에 순례를 다녀온다든가 장엄한 성당이나 사원을 짓는 것을 자신의 종교적 의무로 생각할 수도 있다. 그래서 이 경우, 종교적 자유의 평등한 가치를 보장한다는 것은 이들에게 이러한 종교적 의무를 수행할 수 있는 특별지원을 하는 것으로 이해될 수 있다. 그런데 이 입장에 서게 되면, 그들의 종교적 요구는 말하자면 정치적 정의의 목적에 비해 과도하게 되는 반면, 물질적 수단에 대한 검소한 요구만을 하는 종교적 신앙의 사람들은 그러한 지원을 받을 수 없게 된다. 이들의 필요는 훨씬 적은 것이다. 솔직히 말해서, 이러한 종류의 보장은 사회적으로 분열을 조장하며 내전은 아니더라도 종교적 논란을 불러일으키는 보증수표이다. 생각건대, 공적 정의관이 시민의 한정적 선관에 속하는 한정적인 궁극적 목적 및 충정에 따라 사회적 자원에 대한 시민의 요구를 받아들여 특정한 시민들이 다른 이들보다 많은 자원을 배분 받게 될 때마다, 이러한 유사한 결과가 발생할 것이다. 따라서 비례적 만족의 원칙the principle of proportionate satisfaction도 마찬가지로 사회적으로 분열을 일으킬 수 있다. 이것은 시민의 선관이 실현되는 정도를 측정하는 분수the fraction $K(0<K<1)$가 모든 사람들에게 동일하게 되고, 그리고 이상적으로 극대화될 수 있도록 하기 위하여 차등원칙에 의해 기본적 가치를 분배하는 원칙이다. 이 원칙에 대해서는 다른 곳에서 이미 논의했기 때문에 여기에서는 더 이상 하지 않겠다.[37] 정치적 정의의 문제에 있어서 시민들의 요구의 강도를 측정하는 데 기본적 가치의 지표를 사용하는 주된 이유는, 간단히 말해, 그러한 원칙이 초래할지도 모르는 사회적 분열과 화해 불가능한 갈등의 소지를 제거하기 위함이라고 말하는 것으로 충분한 것 같다.[38]

마지막으로, 평등한 정치적 자유가 이에 대한 공정한 가치의 보장에 의하여 표현되는 특별한 방식으로 취급되는 이유를 명백히 밝혀야 할 것이다. 이것은 민주적 자치정부에서 모든 사람들의 정치적 생활과 참여를 완전한 자율적 시민들에게 무엇보다 중요한 선으로 간주하기 때문에 그런 것은 아니다. 반대로 정치적 생활에 중심적 위치를 부여하는 것은 다른 가치들과 함께 하나의 선관에 불과한 것이다. 현대 국가의 규모를 생각한다면, 정치적 자유의 행사는 다른 기본적 자유의 행사보다 대부분 시민들의 선관에서 보다 더 낮은 위치를 차지한다. 정치적 자유에 대한 공정한 가치의 보장은 정의의 첫 번째 원칙에 포함되어 있다. 왜냐하면 이것은 정당한 입법을 확립하고, 또한 헌법에 의하여 명시된 공정한 정치과정이 대체적 평등에 입각하여 모든 사람에게 개방되는 것을 보장하기 위하여 본질적이기 때문이다. 이 생각은 사회의 기본구조에 효과적인 정치과정을

---

37 "Fairness to Goodness," *Philosophical Review* 84(October 1975): 551~53를 참조하라.

38 더 상세한 논의로는 "Social Unity and Primary Goods," §§4~5를 참조하라.

포함시키기 위함이다. 그러한 정치과정은 사회의 기본구조에 원초적 입장에 의해 성취된 일반인의 공정한 대표를 반영하는 것이다. 기본적 자유가 단순히 형식적이 아닌 이유에 대한 답변을 제공해 주는 것은 바로 이러한 절차의 공정성이라고 할 수 있다. 이 절차의 공정성은 정치적 자유의 공정한 보장과 함께 정의의 두 번째 원칙(차등원칙)에 의하여 보장되는 것이다.

§8. 기본적 자유의 완전한 적정구조

이제 나는 두 번째 간극을 어떻게 메울 수 있는가에 대하여 논의하려고 한다. 이 두 번째 간극은 다음과 같은 이유로 발생한다는 것을 기억해 보자. 즉 우리가 일련의 자유들을 확보한 후 이것을 이후의 단계에서 보다 구체화하고 상호 조정해야만 할 경우, 이것이 어떻게 행해져야 하는가에 대한 기준이 필요하게 된다. 사회여건을 감안하여, 최선의 또는 적어도 완전한 적정의 기본적 자유의 구조를 수립해야만 한다. 그런데 『정의론』에서 제시된 한 가지 기준은 이러한 자유들의 가장 광범위한 구조를 성취하기 위해서는 기본적 자유들을 구체화하고 조정해야 한다는 것으로 여겨진다. 이 기준은 순전히 양적인 것이므로 사례들 간의 중요성을 구분하지 못한다. 더욱이, 일반적으로 적용할 수 없으며 일관되게 따를 수도 없다. 하트가 지적했듯이, 최대한의 기준the criterion of greatest extent이 적용가능하고 만족할 수 있는 경우는 가장 단순하면서 가장 중요하지 않은 경우일 뿐이다.[39] 『정의론』에서 제시한 두 번째 기준은 정의의 원칙을 적용하는 이상적 절차에서 대표적인 평등한 시민의 견해를 취해야 하고, 적절한 후기 단계의 시각에서 볼 때 시민의 합리적 이익의 견지에서

39 Hart, pp. 542~43, Daniels, pp. 239~40을 참조하라.

자유의 구조를 조정해야 하는 것으로 되어있다. 그러나 하트는 이러한 이익의 내용이 명백하게 묘사되지 않아서 판단의 기준으로 사용할 정도로 충분한 지식이 될 수 없다고 생각하였다.[40] 어떤 경우에도 두 가지 기준은 상충되는 듯하며, 최선의 자유의 구조는 최대의 광범위한 구조라고 말할 수 없다.[41]

나는 기준과 관련된 이와 같은 모호성을 먼저 해소하여야 할 필요가 있다고 본다. 그런데 바라는 기준이 우리들로 하여금 기본적 자유를 최선으로 또는 적정의 방법으로 구체화하고 조정할 수 있어야 한다고 생각하기가 쉽다. 그리고 이것은 또 다시 기본적 자유의 구조를 극대화 할 수 있는 것이 있어야 한다는 것을 의미하게 된다. 그렇지 않고서는, 최선의 구조를 어떻게 확인할 수 있겠는가? 그러나 사실상, 첫 번째 간극을 어떻게 메우는가의 문제를 다루는 앞의 논의에서, 기본적 자유의 구조는 어떤 것을 극대화하기 위한 것이 아니라는 것, 특히 도덕적 능력의 계발과 집행을 극대화하기 위함이 아니라는 것을 묵시적으로 밝히고 있다.[42]

---

40 Hart, pp. 543~47, Daniels, pp. 240~44.

41 『정의론』, p. 250을 보라. 여기에서 나는 우선성 원칙(the priority rule)을 설명하면서 다음과 같이 말한 바 있다. "덜 광범위한 자유(a less extensive liberty)는 모든 사람들이 향유하는 총체적 자유의 체계(the total system of liberty)를 강화하여야 한다"고 말했다. 여기에서 "자유의 체계"란 같은 쪽에서 제시된 첫 번째 원칙의 진술에서 언급하고 있는 "평등한 기본적 자유들의 체계"(system of equal basic liberties)를 의미한다.

42 최상의 이성에 따라서 행동하거나 도덕관에 의하여 정의된 이성들의 적정한 균형에 따라 행동하는 것이 일반적으로 어떤 것을 극대화하는 것은 아니라는 점은 명백하다고 생각한다. 어떤 것을 극대화 할 것인가는 도덕관의 성격에 좌우된다. 따라서 로스(W. D. Ross)의 *The Right and the Good*(Oxford: Clarendon Press, 1930)에서 발견되는 다원주의적 직관주의(the pluralistic intuitionism)도, 벌린(Isaiah Berlin)의 *Four Essays on Liberty*에서 발견되는 자유주의(liberalism)도 극대화해야 할 대상을 구체적으로 제시하지는 않는다. 이 문제에 대하여 경제학자들의 효용함수(utility function)도 대부분의 경우 어떤 것을 극대화할 것인가를 구체화하지는 않는다. 효용함수란, 선호도가 특정 조건을 충족시킨다는 가정 하에, 단지 가정이나 경제적 주체들의 선호도를 수치로 표상한 것에 지나지 않는다. 순수한 형식 논리적으로 본다면, 다원주의적 직관론자인 행위자가 효용함수를 가지지 말란 법은 없다[물론, 사전과 같은 계서적인 선호도-순서(a lexicographical preference-ordering)를 지닌 행위자가 효용함수를 가지고 있지 않다는 것은 잘 알려진 사실이다.]

오히려, 이러한 자유와 그 우선성이 내가 "두 가지 근본적 경우two fundamental cases"라고 부르는 것에서 의미하는 도덕적 능력의 적정한 계발과 충분하고도 분별력 있는 행사에 본질적인 사회적 여건을 모든 시민에게 동등하게 보장할 것이라고 생각한다.

이 두 가지 경우 중 첫 번째는 정의감의 능력과 연계되며, 정의의 원칙을 사회 기본구조와 사회정책에 적용하는 것과 관계된다. 정치적 자유와 사상의 자유에 대해서는 이 제목 하에서 이후에 논의될 것이다. 두 번째의 근본적 경우는 선관의 능력과 결부되어 있으며, 전 생애에 걸쳐서 우리의 행동을 인도함에 있어 숙고적 이성의 원칙the principles of deliberating reason의 적용에 관계된다. 양심의 자유와 결사의 자유가 여기에서 등장한다. 이 두 근본적 경우를 구별해 주는 것은 정의의 원칙과 숙고적 이성이 적용되는 주제의 범위와 기본성격이라고 할 수 있다. 근본적 경우의 개념은 이후에 자유의 중요성 개념을 정의할 수 있게 해 주며, 이는 두 번째 간극을 어떻게 메울 것인가에 대한 윤곽을 그려준다.[43]

그 요지는 후기 단계에서의 기준은 기본적 자유를 구체화하고 조정하려는 것에 있다. 이러한 작업은 두 가지 근본적 경우가 발생하는 당면한 질서정연한 사회의 사회적 여건에서 두 가지 도덕적 능력의 적절한 계발과 이의 완전하고도 분별력 있는 행사가 가능하도록 하기 위함이다. 이러한 기본적 자유의 체계를 나는 "완전한 적정구조a fully adequate scheme"라고 부르고자 한다. 이 기준은 대표적 평등시민의 합리적 이익, 즉 앞에서 언급한 제2의 기준과 조화할 수 있도록 기본적 자유의 체계를 조정하는 문제와 일치하게 된다. 적절한 단계에서 살펴 볼 수 있듯이, 이러한 이익들이 완전한 적정구조에 의해 가장 잘 보장을 받을 수 있다는 것은, 원초적 입장의 합의당사자들이 정의의 두 원칙을 받아 들이게 되는 근거들

---

43 근본적 경우의 개념(the notion of a fundamental case)을 명료화하는 데에는 월프(Susan Wolf)로부터 큰 도움을 받았다.

로 본다면, 매우 명백한 것이다. 그래서 이 두 번째 간극은 첫 번째 간극이 채워지는 방식을 통하여 메꾸어 진다.

그런데 극대의 개념the idea of a maximum을 기본적 자유의 구조를 구체화하고 조정하는데 응용할 수 없는 이유는 두 가지이다. 첫째, 무엇을 극대화할 것인가에 대한 일관성 있는 개념이 결여되어 있다. 우리는 두 가지 도덕적 능력의 계발과 행사를 동시에 극대화 할 수는 없다. 그리고 각각의 도덕적 능력의 계발과 행사 그 자체를 또한 어떻게 극대화 할 수 있겠는가? 다른 것들이 동일하다면, 선관에 대한 숙고적 긍정점들의 숫자를 극대화시킬 것인가? 이것은 매우 우스꽝스러운 일인 것 같다. 더욱이, 우리는 이러한 도적적 능력의 극대적 계발 개념조차도 가지고 있지 않다. 우리가 가지고 있는 것이란 특정한 일반적 특징과 특정한 기본적 제도를 가진 질서정연한 사회관일 뿐이다. 이 관점을 전제한다면, 우리는 두 가지 근본 경우에 적합하고 충분한 관계가 있는 도덕적 능력의 계발과 행사의 개념을 형성하게 된다.

극대 개념이 적용될 수 없는 또 다른 이유는 두 가지 도덕적 능력이 인격 전부를 대변하는 것은 아니기 때문이다. 왜냐하면 사람들은 또한 이 두 가지 도덕적 능력 외에 자신만의 한정적 선관도 가지고 있기 때문이다. 이러한 한정적 선관은 어떤 궁극 목적과 이익에 대한 우선순위, 사람과 단체에 대한 연루와 소속감뿐만 아니라, 이러한 목적과 연루를 정당화하는 세계관을 포함하고 있다는 점을 다시 상기해보자. 만약 시민들이 꼭 실현하고자 하는 특정한 한정된 선관들을 가지고 있지 않다면, 질서정연한 사회의 정당한 사회제도라는 문제는 의미가 없게 된다. 물론 도덕적 능력을 계발하고 행사하게끔 하는 근거들은 원초적 입장의 당사자들로 하여금 기본적 자유와 그 우선성을 채택하도록 강력히 유도해준다. 그러나 합의당사자의 시각에서 볼 때, 이러한 근거들의 큰 비중은 사회속의 시민의 입장에서는 도덕적 능력의 행사가 선의 최상의 형태나 또는 유일한 형태라는 것을 의미하지는 않는다. 오히려 (적절한 경우에) 이러한 도덕적 능력의 역할과 행사는 선의 조건에 불과하다. 다시 말하면, 시민들은 상황이 요구하는 대로 정의롭고 합리적으로 행동할 따름이다. 특히 칸트가 말하듯이, 정의롭고 명예로운 (그리고 완전히 자율적인) 행동은 이러한 행동을 하는 자들에게 행복을 더해준다. 이러한 것은 이들의 성취를 완전히 존경할 만한 것으로 만들게 하고, 이들의 기쁨을 완전한 선으로 만들게 한다.[44] 그러나 정의롭고 합리적인 행동을 요구하는 사례들을 극대화시킴으로써 정의롭고 합리적인 행동을 극대화하려는 노력은 미친 짓이다.

§9. 자유를 어떻게 하나의 일관된 구조 안에 부합시킬 것인가?

기본적 자유의 완전한 적정구조에 대한 개념을 소개했으니 이제는 기본적 자유의 구조를 이후의 단계에서 어떻게 구체화하고 조정할 것인가 하는 문제를 다루어야 하겠다. 먼저 기본적 자유가 두 가지 도덕적 능력과 어떤 관계를 맺고 있으며, 이 도덕적 능력이 행사되는 두 가지 근본적 경우와 어떤 관계에 있는지를 보여주기 위해서 먼저 기본적 자유에 대하여 정리해야겠다. 평등한 정치적 자유와 사상의 자유는, 충분하고 효과적인 시민의 정의감의 행사를 통하여, 정의의 원칙을 사회의 기본구조에 자유롭고 현명하게 적용하는 것을 보장하기 위함이다(정치적 자유의 공정한 가치와 함께 다른 유관 일반원칙들이 보장된다면, 정치적 자유는,

44 칸트 도덕철학의 중심테마는 어떻게 행복하게 될 것인가(how to be happy)의 문제가 아니라 어떻게 행복을 누릴 것인지(how to be worthy of happiness)의 문제이다. 이것은 그의 『제1비판』(the *First Critique*)으로 시작되는 주요저작에서 발견된다. A806, B834를 참조하라.

적절한 그 경계의 설정을 통해, 정의의 원칙들을 물론 보충해줄 수 있을 것이다). 이 기본적 자유는 일정한 형태의 대의제 민주주의의 체제와 함께, 정치적 연설의 자유, 언론의 자유, 집회의 자유에 대한 필수적 보호를 요구한다. 양심의 자유와 결사의 자유는 시민들의 숙고적 이성의 능력을 자신들의 전 생애에 걸쳐 선관을 형성하고 수정하고 그리고 합리적으로 추구하는데 충분하고 현명하게 효과적으로 적용할 수 있도록 해주는 역할을 한다. 나머지 (그리고 보충적인) 기본적 자유들—인격체의 자유와 존엄성(예를 들면, 노예제나 봉건제등에 의하여, 그리고 이동과 직업의 자유에 대한 제한 등에 의하여 위배된), 그리고 법치에 의하여 보장되는 권리와 자유—은 두 가지 근본적 경우에 연결될 수 있다. 이는 앞에서 논의한 기본적 자유들이 적절하게 보장 된다면, 이것들 역시 필요하다는 것을 주목할 필요가 있다. 이러한 기본적 자유들을 모두 소유하게 되면, 질서정연한 민주사회에서의 공통적으로 보장된 평등한 시민의 지위가 구체화되는 것이다.[45]

이와 같은 기본적 자유에 대한 정리를 인정한다면, 두 번째 간극을 메우기 위하여 필요한 특수한 자유의 '중요성' 개념the notion of significance of a particular liberty은 다음처럼 설명할 수 있다. 어떤 자유의 중요성은 두 가지 근본적 경우의 상황의 하나(또는 모두)의 경우에서 완전하고도 현명

---

45 이 문단에서의 정리는 두 가지 근본적 경우의 역할을 강조하고 이 경우들을 두 가지 도덕적 능력과 결부시키기 위함이다. 따라서 이 정리는 특수한 정의관에 속한다. 다른 정리는 마찬가지로 다른 목적에 유용할 것이다. 블라시(Vincent Blasi)는 "The Checking Value in First Amendment Theory," *Weaver Constitutional Law Series*, no. 3(American Bar Foundation, 1977)라는 자신의 유익한 논문에서 헌법수정 제1조(First Amendment)의 가치를 세 가지 제목으로 분류하고 있다. 자신이 스스로 "견제적 가치"(the checking value) 라고 부르는 것에 덧붙여 세 가지의 개인적 자율성(individual autonomy), 다양성(diversity), 자치(self-government)를 제시한다. 이 가치는 정부의 부당한 행위를 통제하는 방법으로 헌법수정 제1조(First Amendment)에 의하여 보호되는 자유에 초점을 맞추고 있다. 본문에서의 내용도 이러한 구분을 내포하고 있으리라 생각한다. §7과 아래의 §§10~12의 논의는 견제적 가치(the checking value)의 중요성을 제시한다는 점에서 블라시의 의견과 일치한다.

하게 도덕적 능력을 효과적으로 행사하는데 얼마나 본질적으로 개입되어 있으며, 얼마나 제도적 수단이 되느냐에 좌우된다. 따라서 언론, 출판 및 토론의 자유에 대한 특별한 요구의 비중은 이 같은 기준에 의해 판단되어야 한다. 어떤 경우의 연설은 특별히 보호할 필요가 없으며, 어떤 경우에는 유해하기도 하다. 예를 들면, 개인에 대한 중상모략, 투쟁적 언설(특정한 경우에), 적나라하고 불법적인 폭력을 사주하는 선동적 정치연설은 유해하다. 물론 왜 이와 같은 연설들이 유해한가에 대해서는 조심스러운 성찰이 있어야 하며, 각각의 사례에 따라서 다를 수 있다. (정치적 인물에 반대하는 것과 유사한) 사적 개인에 대한 중상모략은 기본적 구조를 규제하고 판단하는 이성의 공적 사용에 있어서는 아무런 중요성이 없다. 그것은 단지 사적인 잘못일 뿐이다. 반면 즉각적인 불법적인 폭력사용을 선동하는 연설은, 연설자의 정치적 견해가 무엇이든, 민주적 정치과정을 심각하게 파괴하기 때문에 정치적 논쟁의 규칙에 의해 허용될 수 없다. 잘 설계된 헌법은 정치 지도자로 하여금 충분한 정의와 상식에 의하여 통치하도록 하기 때문에 합당성을 지닌 사람들로 하여금 폭력에 호소하는 일이 발생하지 않도록 한다. 혁명적 주장 나아가 선동적인 교리까지 보호되어야 하기 때문에, 정치적 연설의 내용에 대한 규제는 없으나 그러한 주장을 하는 시간, 장소, 수단은 제한된다.

두 번째 간극을 메우는데 있어서 첫 번째 정의원칙이 입헌회의the constitutional convention단계에서 적용되어야 한다는 사실을 기억하는 것은 매우 중요하다. 이는 정치적 자유와 사상의 자유가 본질적으로 정의로운 정치적 절차의 구체화 작업으로 진입된다는 사실을 의미한다. 그와 같은 입헌회의에 파견되는 대표(여전히 자유롭고 평등한 시민들의 대표로서 간주되나 상이한 임무를 부여 받은)는 정당하고 동시에 실행 가능한 정의로운 헌법 중에서 정의롭고 효과적인 입법으로 인도할 가능성이 가장 높은 것을 채택하여야 한다(어떠한 헌법과 입법이 정의로운 지의 문제는 이미 원초적 입장에서 합의된 정의의 원칙에 의하여 해결될 수 있다). 이러한 헌법의 채택은 현존하는 사회 여건에 대한 일반적 사실과 함께 정치제도와 사회제도가 어떻게 작동하는가에 대한 일반적 지식에 의하여 안내된다. 그런데 첫 번째 경우에서, 헌법은 일종의 정의로운 정치적 절차로 간주된다. 이 정치적 절차는 평등한 기본적 자유를 수용하고 이의 공정한 가치를 추구하는 것을 보장하여 정치적 결정의 과정들이 대체적 평등의 기반 위에 모든 사람에게 개방되도록 하는 것이다. 이러한 자유들의 행사가 자유롭고 분별력이 있으려면, 헌법은 또한 사상의 자유도 보장해야만 한다. 지금까지 입법적 결과의 내용이 어떠한 것일지에 대한 명시적인 헌법적 규정 없이, 헌법을 정의롭고 실행가능한 정치적 절차를 규정하는 것으로서 강조해 왔다. 대표자들이 정의롭고 효과적인 입법 개념을 가지고 있다고 할지라도, 정의의 두 번째 원칙은 실상 이러한 개념의 내용의 부분이라고 할 수 있는데, 헌법 그 자체에는 포함되지 않는다. 사실상, 성공적인 헌법사를 보게 되면, 경제적 및 사회적 불평등을 조정하기 위한 원칙과 여타의 분배원칙은 일반적으로 헌법적 제한으로는 부적합하다는 점을 시사한다. 그보다 정의로운 입법은 대표에서의 공정성을 보장함과 함께 다른 헌법적 장치를 통해 가장 잘 성취되는 것 같다.

그런데 최초의 강조점은 입법결과에 대한 어떤 헌법적 제한을 가하지 아니하고, 정의롭고 작동가능한 정치적 과정을 구체화하는 것으로서의 헌법에 대한 것이었다. 물론 이 최초의 강조점은 최종적인 것은 아니다. 선관의 능력과 관련된 기본적 자유도 또한 존중되어야 하며, 이는 (여타의 그리고 보충적인 기본적 자유뿐만 아니라) 평등한 양심의 자유와 결사의 자유의 침해를 예방할 수 있는 추가적인 헌법규제를 요구하게 된다. 물론 이러한 규제는 입헌회의 단계에서 첫 번째 정의원칙을 적용하는 결과일 뿐이다. 그러나 정상적이고 완전히 협동적인 사회 구성원이자 전 생애에 걸쳐서 공정한 협동의 조건을 준수하는 인격관에서부터 출발한다는 발상으로 다시 돌아간다면, 이러한 규제는 다른 시각으로 조명될 수 있다. 만약 어떤 사람의 평등한 기본적 자유를 제한하거나 부정한다면, 상호존중에 입각한 사회협동은 불가능할 것이다. 왜냐하면 우리는 사회협동의 공정한 조건이란 평등한 사람들이 전 생애에 걸쳐서 다른 사회구성원들과 똑같이 협동하게끔 하는 기반으로 보기 때문이다. 공정한 협동조건이 존중되지 않는다면, 제대로 대접받지 못한 사람들은 증오심이나 혐오감을 느낄 것이며, 혜택을 받은 사람은 자신의 잘못을 인정하고 그것으로 인하여 심적 곤란을 느끼거나 아니면 제대로 대접받지 못한 사람들이 자신의 잘못 때문에 그 대가를 받았다고 생각할 것임에 틀림없다. 두 가지 경우다 상호존중의 조건이 손상되고 있는 것이다. 따라서 양심의 자유와 결사의 자유와 같은 기본적 자유는 명시적인 헌법규정에 의하여 제대로 보호받아야 한다. 이러한 규정들, 예를 들면, 질서정연한 사회에서의 평등한 시민들에 의하여 지지되는 사회적 협동관은 헌법의 전문에서 공개적으로 표명된다.

두 번째 간극을 어떻게 메울 것인가에 대한 대강의 윤곽을 설명하기 위한 논의는, 적어도 입헌적 단계에서는, 충분한 것 같다. 다음절에서 이 간극이 특정한 기본적 자유의 경우에 있어서 어떻게 메꾸어지는지를 예시하기 위하여 언론의 자유에 대하여 간략히 논하고자 한다. 그러나 이러한 논의를 하기 전에, 기본적 자유 이외의 모든 법적 권리와 자유는, 여러가지 헌법적 규정(정치적 자유의 공정한 가치에 대한 보장을 포함하는)에 의하여 보장되기 때문에, 입헌적 단계에서 정의의 두 원칙과 다른 유관한 원칙에 입각하여 구체화되어야 한다는 점을 유의할 필요가 있다. 예를 들면, 이것은 생산수단에서의 사유재산제나 또는 사회적 소유제 그리고 이와 유사한 문제들이 정의의 첫 번째 원칙의 수준에서 해결되는 것이 아니라, 특정국가의 전통과 사회제도 그리고 이러한 국가의 특수한 문제와 역사적 상황에 좌우된다는 점을 시사한다.[46] 더욱이, 가령 설득력 있는 특정한 철학적 주장에 의하여—적어도 우리와 소수의 동조적 타자들을 확신시켜주는—사적 또는 사회적 소유제의 권리가 제1원칙이나 기본적 권리에서 유래한다는 것을 밝힐 수 있다고 할지라도, 이러한 일을 하지 않게끔 하는 정의관을 고안해 내야 하는 충분한 이유가 있다. 왜냐하면, 앞에서 보았듯이, 하나의 정치관으로서의 공정으로서의 정의의 목적은 민주적 전통에서 다음에 관한 어려운 문제를 해결해 내는 것에 있다. 즉 그 문제는 사회제도를 도덕적 인격체로서의 시민들의 자유와 평등에 부합하도록 하기 위하여 어떠한 방법으로 그러한 사회제도를 구성할 것인가 하는 것이다. 철학논쟁만으로는 생산 수단에서 사유제가 옳은지 또는 사회적 공유제가 옳은지에 관하여 어느 한편이 상대방을 설득시키기는 어렵다. 그보다는 민주사회의 공적 문화에 내재되어 있는 합의의 근저들을 살펴봄으로써 그 안에 내재된 인간관과 사회적 협동관을 살펴보는 것이 더 유익할 것이다. 분명, 이러한 관점들은 매우 모호할 것이며 아마도 여러 가지 형태로 형성될 수 있다. 이 점은 더 밝혀야 할 부분이다. 그러나 나는 이러한 관점들이 어떻게 이해될 수 있을지에 관하여 보여주고자 할 뿐이며, 이러한 관점들을 도덕철학의 전통에서 밝혀진 구체적 정의원칙들과 연결하기 위하여 원초적 입장의 개념이 어떻게 사용되고 있는지를 묘사하고자 하였다. 이러한 원칙들은 기본적인 헌법적 권리와 자유의 대부분은 아니더라도 상당부분을 설명해주며, 입헌적 단계에서의 정의의 나머지 문제를 해결하는 하나의 방안을 제시해준다. 정의의 두 원칙을 획득하게 되면, 이제 우리는 소유의 문제가 발생할 때 현재나 장래의 사회적 환경의

---

46 이 점에 대한 『정의론』에서의 논의에 관한 참조는 위의 각주 14를 보라.

시각에서 이 문제를 해결하기 위하여 호소할 수 있는 공동의 법정을 갖는 것이 가능해진다.

자 이제 요약하자면, 헌법은 정의로운 정치적 절차를 구체화하고, 기본적 자유를 보호함과 동시에 그 우선성을 확보하는 규정을 포함하게 된다. 그리고 나머지는 입법적 단계에 맡기게 된다. 이러한 헌법은 전통적 민주정부의 개념에 부합되며 동시에 사법적 심사제도를 위한 여지를 허용한다.[47] 이와 같은 헌법관은 정의원칙이나 기본적(또는 자연적) 권리에 우선적으로 근거하고 있는 것은 아니다. 오히려, 그 근거는 현대 민주사회의 일반적 공적 문화에 가장 잘 부합할 수 있는 인간관과 사회협동관에 있는 것이다.[48] 동일한 발상이 내가 논하고 있는 각각의 단계에서 매번 제기되는 점이기도 하다. 즉 매 단계마다 합당한 것the reasonable이 합리적인 것the rational의 범위 틀을 규정하고 이를 예속시키고 있다. 각 단계를 통해 변하는 것은 심사숙고하는 합리적 주체의 과제와 그들이 예속되는 제약들이다. 따라서 원초적 입장의 당사자들은 원초적 입장 내에 수용된 합당한 조건에 제약을 받는 합리적인 자율적 대표들이다. 그리고 이들의 임무는 기본적 구조를 위한 정의의 원칙을 채택하는 것이다. 이와 대조적으로, 제헌회의에 소집된 대표자들은 훨씬 적은 자유재량 폭을 가질 수밖에 없다. 왜냐하면 이들은 헌법을 채택함에 있어 원초적 입장에서 채택된 정의의 원칙들을 채택해야만 하기 때문이다. 의회의 입법자들은 훨씬 더 작은 재량권을 가지게 된다. 왜냐하면 이들이 제정하는 법들은 모두 헌법과 정의의 원칙들에 부합해야 하기 때문이다. 단계가 이어지고 임무가 변하면서 일반성이 줄어 들고 구체성이 증가함에 따라, 합당한 것의

---

47 공정으로서의 정의관의 맥락에서 사법적 심사제에 대한 유용한 논의는 다음의 글을 참조하라. Frank I. Michelman, "In Pursuit of Constitutional Welfare Rights: One View of Rawl's *Theory of Justice*," *University of Pennsylvania Law Review* 121(5)(May 1973): 991~ 1019.

48 "Kantian Constructivism in Moral Theory," pp. 518~19를 참조하라.

제약이 강화되고 무지의 장막은 점차 엷어지게 된다. 각 단계마다, 합리적인 것은 합당한 것에 의해 상이하게 틀이 잡힌다. 원초적 입장에서는 합당한 것의 제약이 가장 약하고 무지의 장막이 가장 두터운 반면에, 사법적 단계에서는 합당한 제약은 가장 강해지고 무지의 장막은 가장 엷어지게 된다. 전체적인 과정은 정의관을 형성해내고 그 정의원칙을 올바른 순서에 따라서 올바른 주제에 적용시키는 안내역할을 하게끔 하는 하나의 구도schema라고 할 수 있다. 물론 이 구도는 어떤 실제적인 정치과정을 묘사하는 것은 아니며, 더욱이 어떤 헌법체제가 작동할 수 있는 방식을 묘사하는 것은 더욱 아니다. 이것은 정의관에 관련된 문제이다. 이것이, 민주정치가 작동하고 있는 방식을 설명하는 것과 관계가 있긴 하지만, 그러한 설명을 하려고 하는 것은 결코 아니다.

§10. 자유로운 정치적 언론

두 번째 간극을 어떻게 메울 것인가 하는 것에 대한 앞의 설명은 매우 추상적이다. 어떻게 진행할 것인가를 좀 더 자세하게 보기 위하여, 이 절과 다음절에서 정치적 언론과 출판의 자유에 대하여 논하고자 한다. 이 자유는 사상의 자유라는 기본적 자유 및 첫 번째의 근본적 경우에 속한다. 이렇게 하면, 기본적 자유를 이 후의 단계에서 어떻게 구체화하고 조정할 수 있는지를 보여주게 될 것이다. 그리고 특수한 자유의 중요성이 완전한 적정구조에서의 역할에 의하여 어떻게 부여되는지를 보여주게 될 것이다(중요성의 개념에 대해서는, §9의 두 번째 문단을 참조하라).

나는 기본적 자유들은 상호 제한할 뿐만 아니라 또한 자기제한성을 지닌다는 사실을 제시하면서 논의를 시작하고자 한다.[49] 중요성의 개념

---

49 하트는 기본적 자유를 어떻게 구체화하고 적용할 것인가에 대한 엄밀한 양적 기준은 이러한 사실을 설명할 수 없다고 주장한다. 아니면 하트가 그렇게 주장한다고 나는 생각한다. Hart,

the notion of significance은 이것이 그러한 이유에 대하여 잘 설명한다. 설명을 해보자면 다음과 같다: 기본적 자유는 모든 사람들에게 동일해야 한다는 요건은 우리가 더 큰 자유를 얻기 위해서는 그와 동일하게 큰 자유를 다른 사람들에게도 똑같이 부여한다는 전제에서만 가능하다. 예를 들면, (정치적) 언론의 자유 안에 우리의 정치적 견해를 밝히기 위하여 공공장소에 대한 무제한적 접근과 사회적 자원의 무제한적 사용을 포함시키기를 원할 수 있지만, 이러한 자유의 확장을 모든 사람들에게 허용한다면 실현가능성이 없을 뿐만 아니라 사회적 분열을 조장하여, 현실적으로는 언론의 자유의 효과적 범위를 상당히 감소시킬 수 있다. 이러한 결과는 입헌회의에 소집된 대표에 의하여 충분히 인식되는 문제이다. 이들 대표들은 물론 기본적 자유와 완전한 적정구조에서 대표적 평등시민의 합리적 이익에 입각하여 행동하도록 되어 있다. 따라서 대표자들은 시간과 공간 및 공공시설의 접근과 관련된 합당한 규제를 항상 평등성에 입각하여 수용하는 것이다. 가장 중요한 자유들을 위하여, 그들은 사회적 자원의 무제한적 자유사용을 요구하는 무리한 주장을 하지 않는다. 이것이 바로 대표들로 하여금 근본적 경우에 있어서 자유로운 정치적 언론을 위한 효과적 범위를 보장하는 규칙을 설정할 수 있게 만든다. 거의 똑같은 추론이 양심의 자유라는 기본적 자유도 또한 자기제한성self-limiting을 지니는 이유를 설명해 준다. 여기에서도 역시 이 자유의 중심범위를 보장하기 위하여 합당한 규제들이 수용되어야 한다. 이 자유의 중심범위에는 종교적 협회의 내적 생활에 관계된 자유와 고결성뿐만 아니라, 자유로운 사회조건하에서의 종교적 신앙을 결정할 개인들의 자유가 포함된다.

기본적 자유로서 정치적 언론의 자유의 문제로 돌아가서, 그 중심범위를 보호하기 위하여 이 정치적 언론의 자유를 보다 구체적인 특수

---

pp. 550~51; Daniels, pp. 247~48을 참조하라. 나는 어떤 질적인 기준이 필요하다고 생각하며, 중요성의 개념이 이러한 역할을 잘 수행하리라는 점에 동의한다.

한 자유들로 어떻게 구체화할 것인지의 문제를 다루어 보자. 정의원칙(그리고 다른 적절한 일반적 원칙들)을 사회의 기본구조와 사회정책에 적용하는 근본적 경우를 다루고 있음을 상기해보자. 우리는 이러한 원칙들을 민주정체에서의 자유롭고 평등한 시민들이 자신의 정의감을 행사하여 적용하는 것으로 간주하고 있다. 문제의 핵심은 다음과 같다: 이 도덕적 능력을 자유롭고 완전하고 현명하게 행사하게 하려면, 어떤 특수한 자유들과 법률이 필요한가 하는 점이다.

여기에서 나는 이전처럼 이러한 자유들을 배제하는 일반적 정의에서부터 시작하지 않고 헌법적 교리사가 보여주는 정치적 언론의 자유의 중심범위 내에 정착된 사항들이 무엇인가 하는 문제로부터 시작하려고 한다. 정착된 사항 중에는 다음과 같은 것이 있다. 선동모략죄와 같은 것은 성립하지 않는다. 그리고 특수한 경우를 제외하고는 언론의 자유에 대한 사전적 제한은 있을 수 없다. 혁명적 주장이나 전복적 교리도 완전히 보장된다. 이 세 가지 정착된 사항은 유추에 의하여 정치적 언론의 자유의 중심범위의 상당부분을 설정하고 포함하게 된다. 이러한 헌법적 규칙에 대한 성찰은 이것이 왜 그러한지를 밝혀주게 될 것이다.

그래서 캘벤Kalven이 말했듯이, 자유사회란 바로 우리가 위와 같은 정부를 비방·훼손할 수 없는 사회이다. 그와 같은 범죄는 성립되지 않는다:

> 선동모략이 죄를 구성하지 않는 것이 언론자유의 진실한 실증적 검증이라고 할 수 있다. 이것이 바로 자유언론이 지향하는 바라고 나는 주장하고 싶다. 선동모략을 죄로서 취급하는 사회는 다른 여타의 문제를 떠나서 자유로운 사회는 아니다. 예를 들면, 사회는 사회의 기본성격을 바꾸지 않고서도 외설을 죄로서 다룰 수도 있고, 죄가 아닌 것으로 다룰 수도 있다. 그러나 나는 선동모략을 이처럼 다룰 수는 없다고

생각한다. 이 죄에 대한 응답이 그 사회를 규정한다.[50]

나는 캘벤이 선동모략죄가 없는 것을 정치적 언론자유의 모든 것이라고 주장했다고 생각하지는 않는다. 그보다는 필요한 조건이라고 생각하며 너무 필요하기 때문에, 일단 확보만 되면 다른 본질적 정착사항들을 수립하기가 훨씬 쉽게 된다. 비판과 이견을 억압하고 자신들의 권력을 유지하기 위하여 정부가 중상모략의 범죄를 적용해왔던 역사는 기본적 자유의 충분한 적정구조에서 차지하는 이 특수한 자유의 중대성을 보여주는 것이다.[51] 이 범죄의 적용이 존재하는 한, 공적 언론과 자유토론은 선거단에게 정보를 제공하는데 있어서 적절한 역할을 수행할 수 없게 된다. 솔직하게 말해서, 선동모략죄의 허용은 보다 광범위한 자치의 가능성과 이의 보호를 위해 필요한 몇 가지 자유들을 훼손시킬 수 있다. 따라서 New York Times v. Sullivan의 법적 판결은 매우 중요하다. 이 경우에서 대법원은 선동모략죄를 기각하였을 뿐만 아니라, 제정될 당시의 헌법위반 여부를 떠나서 이제 1798년의 선동교란법령the Sedition Act of 1798을 비헌법적인 것으로 선포하였다. 말하자면, 역사의 법정에서 이미 시도되었으며 결함이 있음이 밝혀졌다.[52]

선동모략죄의 부인은 위에서 언급한 다른 두 가지 정착된 사항과 밀접하게 연결되어있다. 만약 이 범죄가 성립한다면, 사전적 견제로 이용될 수 있으며 전복적 주장을 쉽게 포함시킬 수 있다. 그러나 1798년의 선동교란법령Sedition Act of 1798이 분노를 불러일으켜서 1801년에 소멸하게 되자,

---

50 *The Negro and the First Amendment*(Chicago: University of Chicago Press, 1966), p. 16을 참조하라.

51 Blasi, "The Checking Value in First Amendment Theory," pp. 529~44를 참조하라, 여기에서 블라시(Blasi)는 선동모략죄의 적용의 역사를 살펴봄으로써 수정 제1조(First Amendment)에서 보장된 자유들의 견제적 가치의 중요성을 논하고 있다.

52 *New York Times v. Sullivan*, 376 U.S. 254(1964) at 276. 이 경우에 관한 캘벤(Kalven)의 논의인 *The Negro and the First Amendment*, pp. 56~64를 참조하라.

선동모략죄는 그 이후 전혀 다시 제기되지 않았다. 우리의 전통에는 일반적인 정치적, 종교적, 철학적 교리에 대한 논의는 어떠한 경우에도 검열받지 않는다는 합의가 있어왔다. 따라서 정치적 언론 자유의 주된 문제는 전복적 주장의 문제에 집중되었다. 즉 정치적 교리의 주장에 관한 문제라고 할 수 있는데, 이의 본질적 부분은 혁명의 필요성, 또는 불법적 힘의 사용 및 정치적 변화의 수단으로서 선동의 문제들이 포함되어 있다. 셴크Schenck에서부터 브란덴버그Brandenburg에 이르는 대법원 판례들은 이 문제를 다루고 있다. 홈즈Holmes가 유명한 "명백하고도 현존하는 위험의 원칙clear and present danger rule"을 형성한 것은 셴크의 사례에서였다. 이 원칙은, 덴니스Dennis의 사례에서 해석되고 적용된 방식으로, 사실상 효과적으로 거세되었다. 따라서 정치적 언론자유 하에 더 많은 특수적 자유들을 어떻게 구체화할 것인지를 보여주기 위해서 나는 전복적 주장의 문제에 대해 간략하게 논의하고자 한다.

기본구조의 정의 및 그 정책의 문제뿐만 아니라 교리에 대한 모든 일반적 논의가 충분히 보장된다는 점에 일단 합의가 이루어진다면, 왜 전복적 주장이 중심적 문제가 되는지를 언급함으로써 논의를 시작하고자 한다. 캘벤Kalven이 올바르게 강조하고 있듯이, 정치적 자유를 제한하는 근거들이 가장 설득력 있게 여겨지는 것은 그러한 전복적 주장과 관계가 있다. 그렇지만 동시에 이러한 근거들은 민주사회의 근본적 가치와 상반되는 것이다.[53] 자유로운 정치적 언론은 시민들이 첫 번째 근본적 경우에서 도덕적 능력을 행사하기 위해서 요구될 뿐만 아니라, 헌법이 규정한 정의로운 정치적 절차와 함께 자유언론은 기본적 자유에 매우 파괴적일 수 있

53 여기와 이 절의 전반에 걸쳐서, 그리고 다음의 논의에서, 나는 *A Worthy Tradition: Freedom of Speech in America*(New York: Harper and Row, 1987)이라는 책에서 이루어진 캘벤(Kalven)의 전복적 주장에 관한 논의에 많은 도움을 받고 있다. 나는 이 매우 중요한 저서가 출판되기 이전에 초고의 관련 부분을 읽어볼 수 있도록 해준 제임스 캘벤(James Kalven)에게 최대의 감사를 드린다.

는 혁명과 힘의 사용에 대한 대안을 제공해 주는 것이다. 정치적 언론이 폭력의 사용과 너무 밀접하게 연결되어 있기 때문에 적절하게 제한될 수 밖에 없는 어떤 한계가 있어야만 할 것이다. 그러나 이 지점을 어디에 설정할 것인가?

기틀로우Gitlow의 판례에서 연방대법원은 다음과 같이 주장하였다. 즉 힘에 의한 정부의 전복을 옹호하는 것은 국가가 경찰력을 행사하여 방어해야 하는 실체적인 악의 위험을 내포하는 것이라고 입법부가 결정하였을 때, 이미 전복적 주장이 수정 제1조the First Amendment에 의하여 보호되지 못했다는 것이다. 대법원은 뚜렷한 반대의 근거가 없는 한, 입법부의 위험결정은 옳다고 가정하였다. 현재 지배적이고 당분간 이야기를 종결짓게 하는 브란덴버그Brandenburg 판례는 기틀로우 판례를 번복하고 있다(휘트니*Whitney* 판례에 대한 이의 명시적인 번복에 의하여 암시되듯이). 여기에서 대법원은 다음과 같은 원칙을 채택하고 있다. 이 원칙은 "자유로운 언론과 출판에 대한 헌법적 보장은, 폭력사용의 주장이나 범법의 주장advocacy of the use of force or of law violation이 직접적으로 즉발적인 불법적 행위를 선동 또는 야기하는 것을 목적으로 하여 그러한 행동을 선동 또는 유발할 가능성이 있는 경우를 제외하고는, 국가가 폭력사용의 주장이나 범법의 주장을 금지하거나 제한하는 것을 허용하지 않는다"[54]는 것이다. 금지된 종류의 언론은 반드시 의도적임과 동시에 즉발적인 불법상태를 목표로 해야 할 뿐만 아니라 이러한 결과가 일어날 수 있는 상황에서 이루어져야만 하는 것이다.

브란덴버그Brandendberg 판례는 몇 가지 중요한 질문에 대한 답변을 못하고 있긴 하지만, 이것은 이전의 경우보다 훨씬 더 나은 헌법적 원칙이라고 할 수 있다. 특히 이것이 뉴욕 타임스 대 썰리반의 판례New York Times

54 *Brandenburg v. Ohio*, 395 U. S. 444(1969) at 447.

v. Sullivan와 후의 **뉴욕 타임스 대 연방정부**의 판례New York Times v. United States와 함께 읽혀질 때에는 더욱 그러하다[55](이들 세 가지 판례들은 상호간에 앞에서 제기한 세 가지 정착된 사항들을 내포하고 있다). 그 이유는 브란덴버그Brandenburg 판례가 입헌적 민주주의 하에서 전복적 주장의 정당성을 인정하기 위하여 보호대상 언론의 선을 설정하고 있다는 점이다. 혁명을 주장하는 정치적 언론을 방화나 강도 또는 심지어 위험한 소동을 일으키는 행위와 유사한 것으로 생각하기 쉽다. 이러한 경우로 홈즈Holmes의 극단적으로 사소한 예에서처럼, 사람들로 붐비는 극장에서 거짓으로 "불이야"라고 외쳐서 군중을 도망치게 하는 위험한 소동을 일으킬 수 있다(이 예가 사소한 이유는 아무도 옹호하지 않는 주장에 반대하는 의미를 지니기 때문이다. 누구에 의해서도 옹호될 수 없는 견해는, 아마도 언론이라는 것은 행동이 아니며 행동만이 처벌의 대상이 된다는 이유로, 언론의 종류는 불문하고 모든 언론이 보호되어야 한다는 입장이다[56]). 그러나 혁명은 매우 특별한 범죄이다. 입헌적 정체가 법률위반에 대하여 처벌권한을 당연히 가진다고 할지라도, 이러한 법률들이 적정절차에 따라 시행되는 경우에서 조차도 다소간 정당하지 않을 수 있거나 사회에서 자신들이 압제를 받는다고 생각하는 주요 집단에게는 그렇게 여겨질 수도 있는 것이다. 역사적으로 볼 때, 저항과 혁명이 언제 정당화될

---

55 *New York Times v. United States*, 403 U.S. 713. 또한 사전적 제한(prior restraint)에 대한 보다 앞선 주요 판례인 *Near v. Minnesota*, 283 U. S. 697을 참조하라.

56 홈즈(Holmes)의 예에 대한 유사한 비판적 견해는 캘벤(Kalven)의 *A Worthy Tradition*에서도 찾아볼 수 있다. 토마스 에머슨(Thomas Emerson)은 *The System of Freedom of Expression*(New York: Random House, 1970)에서 언론과 행동을 각각 전자는 보호되어야 하는 것으로, 그리고 후자는 보호되지 않는 것으로 구분하여 자유언론의 문제를 설명하려고 한다. 그러나 스캔론(T.M. Scanlon)이 자신의 "A Theory of Freedom of Expression," *Philosophy and Public Affairs*(Winter 1972): 207~8에서 제시하듯이, 이와 같은 견해는 이러한 구분을 어떻게 할 것인가 하는 문제에 주요 부담을 경주케 하여 일반적으로 우리가 사용하는 "언론"과 "행위" 개념으로부터 멀리 이탈하기가 쉽다는 것이다. 이러한 입장의 견해가 어떻게 발전될 수 있는가에 대한 유익하고 호의적인 설명에 대해서는, Alan Fuchs, "Further Steps toward a General Theory of Freedom of Expression, *William and Mary Law Review* 18(Winter 1976)를 참조하라.

수 있는가의 문제는 가장 근원적인 정치적 문제 중의 하나이다. 최근 제기되고 있는 시민 불복종과 부정의한 전쟁으로 널리 간주되는 경우에 발생하는 양심상의 이유로 군 입대를 거절하는 문제는 매우 근본적인 문제를 제기하고 있으며, 여전히 해결되지 않은 문제이다. 따라서 방화·살인·사적 처벌 등은 범죄라는 합의가 있긴 하지만, 이러한 합의의 문제는 실상 저항과 혁명의 경우에는 다른 것이다. 특히 저항과 혁명이 심지어 적절하게 잘 통치되고 있는 민주적 정체a moderately well-governed democratic regime(질서정연한 사회a well-ordered society의 개념과는 상반되는데, 개념 규정상 질서정연한 사회에서는 그러한 문제가 발생하지 않는다)에서 조차 심각한 문제가 될 때마다 그러하다. 좀 더 정확하게 말해 보자면, 저항과 혁명은 법에 위반된다는 법적 의미에서만 범죄라는 점에 일치가 되지만, 많은 사람들에 의하여 정당성을 얻지 못하고 있는 법을 실상 위반한 것 뿐이다. 전복적 주장이 활발한 정치적 문제를 야기할 만큼 광범위하게 퍼져있다는 사실은 기본구조가 부정의하고 억압적이라고 생각하는 주요 사회단체들의 인식에 근거한 절박한 위험의 징조라고 할 수 있다. 그것은 이들이 다른 방식으로는 자신들의 불만은 해결하는 데 실패했기 때문에 보다 과감한 조치를 취할 준비가 되어 있다는 경고이기도 하다.

이 모든 것은 이미 잘 알려진 사실이다. 이 문제를 제기하는 것은 분명한 점을 상기하기 위함이다. 즉 전복적 주장은 항상 보다 넓은 의미의 포괄적인 정치적 견해의 일부일 뿐이다. 이른바 범죄적 노동조합주의criminal syndicalism(많은 역사적 사례에서 보이는 법적인 범죄)의 경우에는, 그 정치적 견해는 사회주의인데, 지금껏 형성된 가장 포괄적인 정치적 견해 중의 하나이다. 캘벤Kalven이 주장하듯이, 혁명가들은 단지 "봉기하라. 봉기하라"라고 외치지 않는다. 그들은 봉기해야 하는 이유를 제시한다.[57]

---

57 Kalven, *A Worthy Tradition*을 참조하라.

전복적 주장을 억제하는 것은 이러한 변혁 이유에 대한 토론을 억압하는 것이다. 이렇게 한다는 것은 기본구조의 정의와 그 사회정책을 판단하는 데 있어서 우리의 이성의 자유롭고 분별력 있는 공적 사용시도를 제한하는 것이다. 따라서 사상의 자유라는 기본적 자유를 위반하는 것이다.

보다 더 깊이 고려해 보면, 민주사회를 위한 정의관은 인간본성에 관한 이론을 전제로 하게 된다. 첫째, 민주사회를 위한 정의관은 먼저 인간관과 질서정연한 사회관에 의하여 제시된 이상들이 인간본성의 능력과 사회생활의 요건을 고려하여 가능성이 있는가와 관련하여 위와 같은 전제를 하게 되는 것이다.[58] 그리고 두 번째, 이것은 여기에서 가장 관련된 문제인데, 민주적 사회를 위한 정의관은 민주적 제도가 어떻게 작동할 것인지와 함께, 그것들이 얼마나 취약하고 불안정해질 수 있는가 하는 문제와 관련된 이론을 전제하고 초래할 지는 대법원은 기틀로우Gitlow 판례에서 다음과 같이 판시했다:

> 불법적 수단에 의한 조직된 정부의 전복을 사주하는 발언이 입법적 판단의 범위 내에서 이들을 처벌할 수 있도록 하는 충분한 위험을 수반하는 실체적 악(a sufficient danger of substantive evil)을 제공한다는 것은 매우 명백하다. 그러한 발언들은 그 성격상 공공의 평화와 국가의 안전에 대한 위험을 내포하고 있다.
>
> 그리고 그와 같은 발언이 어떤 효과를 부를지를 정확하게 예측할 수 없기 때문에, 즉각적 위험은 현실적이고 본질적이다. 단 하나의 혁명적 불씨가 불을 일으켜 당분간 타오르다가 모든 것을 휩쓸고 파괴하는 대화재로 발전할 수 있다.[59]

이 구절은, 홉스의 견해와 그다지 다르지 않게, 정치적 장치의 취약성과 불안정성을 잘 보여준다. 이것은 민주적 정권하에서도 휘발성을 가

---

58 “Kantian Constructivism in Moral Theory,” pp. 534~35를 보라.

59 *Gitlow v. New York*, 268 U.S. 652(1925) at 669.

지고 파괴적인 사회적 폭력이 혁명적 연설에 의하여 야기되어, 표면적인 정상적 정치생활 저변에서 부지불식간에 타오르다가 일정한 때에 이르면 갑자기 통제할 수 없을 정도의 기세로 전체 사회를 휩쓸어 버릴 수 있게 된다고 가정하고 있다. 그렇지만 만약 자유로운 정치적 언론이 보장된다면, 심각한 불평이 인식되지 않거나 급작스럽게 위험스러운 상태로 발전하게 되지는 않을 것이다. 이들 불평의 소리는 공적으로 표현될 것이며, 적정하게 잘 통치되는 체제에서는 이들의 소리는 적어도 어느 정도는 참작이 될 것이다. 더욱이 민주적 제도가 어떻게 작용하는가에 관한 이론은 로크Locke의 다음 입장에 동조해야만 할 것이다. 즉 사람들은 어떤 자연스러운 정치적 덕목을 가지고 있으며, 기본구조 내에서 자신들의 사회적 위치가 심각하게 부당하다고 느끼지 않는 한, 그리고 이러한 부당한 상태가 상당기간에 걸쳐 지속되어 다른 어떠한 수단에 의해서도 제거될 것 같지 않다고 느끼지 않는 한, 저항과 혁명의 행위에 가담하지 않게 된다는 것이다.[60] 따라서, 적절하게 잘 통치되고 있는 민주적 사회의 기본적 제도는 전복적 주장에 의하여 그렇게 쉽게 전복될 수 있을 만큼 취약하지도, 불안정하지도 않다. 사실상 그와 같은 사회에서 현명한 정치리더십은 그와 같은 주장을 근본적 변혁이 필요하다는 경고로 들을 것이다. 그리고 어떤 변화가 필요할 것인지에 대해서는 저항과 혁명의 주장을 설명하고 정당화하는데 사용되는 보다 포괄적인 정치적 견해로부터 부분적으로 찾을 수 있을 것이다.

앞의 논의를 기본적 자유의 충분한 적정 구조 내에 있는 평등한 시민들의 합리적 이익을 대표하는 입헌회의에 파견된 대표자들의 숙고와 결

60 로크의 *Second Treatise of Government*, §§223~30을 참조하라. 로크에게 있어서 자연스러운 정치적 덕의 개념에 대해서는 라슬렛(Peter Laslett)의 비판적 저서의 서문을 참조하라. Peter Laslett, *John Locke, Two Treatises of Government*(Cambridge: Cambridge University Press, 1960), pp. 108~11을 참조하라.

부시키는 문제가 남아있다. 우리는 단순히 다음과 같이 말할 뿐이다. 이러한 논의가 대표자들이 보호되어야 할 정치적 언론과 보호되지 않는 정치적 언론을 구분하는 경계선을 긋게 되는 이유를 설명해 준다. 이러한 구분은 (기틀로우의 경우처럼) 전복적 주장 그 자체에 두는 것이 아니라, (브란덴버그의 경우처럼) 즉각적이고 위법적인 폭력사용을 조장하여 그러한 결과를 달성할 가능성이 있을 경우의 전복적 주장에 초점을 둔다. 이 논의는 기본적 자유로서 정치적 언론의 자유가 그 중심범위를 보호하기 위하여 후기 단계에 어떻게 구체화되고 적용될 수 있는가의 문제를 예시해 준다. 즉 기본구조의 정의와 그 사회정책과 관련된 모든 문제들에서 우리의 이성을 자유롭게 공적으로 사용하는 문제를 잘 보여 줄 것이다.

§11. 명백하고 현존하는 위험의 원칙

정치적 언론의 자유에 대한 앞의 논의를 보충하기 위하여 이른바 명백하고 현존하는 위험의 원칙에 대하여 몇 가지 점을 논의하고자 한다. 이 원칙은 잘 알려져 있으며, 헌법적 교리의 역사에서 매우 중요한 위치를 차지하고 있다. 그런데 이 원칙이 악명을 떨치게 된 이유를 질문해 보면, 큰 교육적 효과를 알 수 있게 될 것이다. 앞으로 나는 이 원칙은 정치적 언론 그리고 특히 전복적 주장에 적용되는 것을 염두에 두고 있으며, 어떠한 경우에 그러한 언론과 전복적 주장이 제한될 수 있는지를 결정하는 것을 염두에 두고 있다는 점을 일관되게 가정하고자 한다. 나는 또한 다음과 같은 점도 가정하고 있다. 이 원칙은 언론의 내용에 관계되며, 단순히 이의 규제에 관계되는 것은 아니다. 왜냐하면 언론을 규제하기 위한 원칙으로서 이 원칙은 전혀 다른 문제를 제기할 것이며 종종 수용 가능한 것으로 판명될 수도 있다.[61]

홈즈Holmes가 솅크Schenck의 판례에서 원래 제시했던 이 원칙의 공식을 생각하면서 논의를 시작하자. 원문은 다음과 같다. "모든 경우에서 문제는 사용된 표현이 의회가 예방권을 행사할 정도의 실체적인 악을 유발시키는 명백하고도 현존하는 위험을 초래할 수 있는 그러한 상황과 특성을 지녔는가의 여부이다. 그것은 근접성proximity과 정도의 문제이다."[62] 이 원칙은 브랜덴버그Brandenburg 판례와 어떤 유사성을 가진다. "명백하고도 현존하는 위험"이라는 말은 즉각적인 불법행동imminent lawless action과 관계된다. 그러나 이러한 유사성은 기만적이다. 왜냐하면 홈즈의 원칙과 그리고 심지어는 휘트니Whitney 판례에서 브랜다이스Brandeis의 이에 대한 언명은 불만족스러운 것으로 판명되었기 때문이다. 하나의 이유로 홈즈가 정립한 원칙의 뿌리는 그의 저서인 『관습법』The Common Law에서 설명한 기도企圖의 법칙the law of attempts에 대한 자신의 설명에 근거하고 있기 때문이다.[63] 기도의 법칙이란 피고인이 행한 것과 법에 의하여 규정된 완료된 범죄 사이의 간극을 메우려고 하는 것이다. 기도에서는, 그리고 유사하게 자유언론의 경우에서는, 심각한 결과를 가져오지 않는 행동은 무시될 수 있다. 범행기도의 경우 전통적인 견해에 따르면, 특정범죄를 하려는 특수한 의도intent가 있어야 했다. 홈즈에게 있어서 의도는 그것이 행위자의 행위가 실제적인 해를 초래할 가능성을 증가시켰다는 이유로만 문제가 되었다. 언론의 자유에 적용할 경우, 이러한 견해는 무해한 연설을 관용하는 미덕을 가질 수 있으며 사상 그 자체에 대한 처벌을 정당화하지는 못하는 것이다. 그러나 이것은 정치적 언론의 헌법적 보호에 대한 불만족스러운 근거가 된다. 왜냐하면 문제가 되고 있는 정치적 언론이 얼

---

61 명백하고 현존하는 위험의 원칙에 대한 나의 설명은 Kalven, *A Worthy Tradition*과 Meiklejohn, *Free Speech and Its Relation to Self-Government*, chap. 2에 의하여 많은 영향을 받았다.

62 *Schenck v. United States*, 249 U.S. 47 at 52.

63 이 원칙의 기원의 중요성에 대해서는 Yosal Rogat, "Mr. Justice Holmes: The Judge as Spectator," *University of Chicago Law Review* 31(Winter 1964): 215~17를 참조하라.

마나 위험한가에 초점을 맞추게 함으로써, 가령 언론이 다소간 위험하다고 생각되면, 그 언론은 곧바로 일상적인 범죄처럼 되기 때문이다.

그러나 본질적인 것은 민주적 정치에서 문제가 되고 있는 언론의 종류이며, 이러한 종류의 언론의 역할이다. 그리고 "물론of course" 우리가 거부하거나, 우리의 이익에 반하는 것으로 여겨지는 교리를 표현하는 정치적 언론 모두가 아주 쉽게 위험한 것으로 여겨질 수 있다. 정의로운 헌법은 내가 "두 가지 근본적 경우the two fundamental cases"라고 부르는 것에서 지니는 중요성에 입각하여 특정 언론을 보호하고 우선성을 부여할 것이다. 홈즈의 원칙은 정치적 언론의 역할과 중요성을 간과하고 있음으로 해서, 그가 셴크Schenck와 뎁스Debs의 유죄판결을 확정하는 만장일치의 의견을 기술해야만 했으며, 에이브람스Abrams와 기틀로우Gitlow의 판례에서 마땅히 이견을 제시해야만 했던 점은 그렇게 놀라운 일은 아니다. 아마도 그는 전쟁 중이었던 당시 사회주의자였던 셴크와 뎁스의 정치연설이 충분히 위험을 초래할 수 있었다고 판단했던 것 같다. 반면, 에이브람스와 기틀로우의 경우에는, 피고인의 정치활동이 무해하다고 인식했기 때문에 의견을 달리했던 것 같다.

이러한 인상은 (위에서 인용한) 원칙 다음에 따르는 구절을 보면 더욱 확증이 간다: "국가가 전쟁 중에 있을 때 평화시에 이야기할 수 있는 많은 것들도 국가의 노력에 장애물이 될 수 있으므로, 그러한 발언들은 사람들이 싸우고 있는 한 용납될 수 없으며, 어떤 법정도 어떠한 헌법적 권리에 의하여 그것들을 보호할 수 있는 것으로 간주할 수 없다. 만약 징집봉사를 실제로 방해한다는 것이 입증된다면, 그러한 결과를 초래한 말에 대한 책임은 강화되어야 한다는 것은 허용될 수 있는 것으로 여겨진다."

뎁스Debs 판례에서의 홈즈Holmes의 의견을 들여다보면, 해당 사회주의자인 대통령 후보는 즉각적이고 무법적 폭력을 장려하거나 사주한다고 기소되지 않았으며, 따라서 명백하고 현존하는 위험을 초래했다고 할 수 없다. 대법원 의견에서 보고되었듯이, 공중연설에서 뎁스는 단지 지배계급이 자신들의 목적을 위하여 전쟁을 선포했기 때문에 노동계급은 자신의 생명 및 기타 등등을 포함한 모든 것을 상실하게 되었다고 전쟁을 공격했을 따름이다. 홈즈는 아래의 이유가 10년형을 확정해주기에 충분한 것으로 생각하였다. 그 이유는 연설의 목적이 "전쟁 일반에 대하여 반대할 뿐만 아니라 특히 이 전쟁에 반대하고 있었으며, 이 반대가 징집을 방해할 수 있는 자연스럽고 의도된 결과를 가져올 수 있도록 표현되었기 때문이라는 것이다. 만약 그러한 의도를 가졌고, 또한 모든 정황을 고려하여 그럴만한 개연성이 있다면, 그것은 일반적인 양심상의 믿음의 일반적 프로그램의 일부이며 표현에 불과하다는 이유만으로는 보호받을 수 없을 것이다."[64] 여기에서 홈즈가 말하는 자연스럽고 의도된 효과the natural and intended effect는 뎁스의 연설을 듣거나 읽은 사람이 그가 말한 바에 확신을 얻거나 고무되어 이들 스스로 행동으로 옮길 결의를 가지게 될 것을 의미하는 것은 확실하다. 홈즈가 명백하고 현존하는 위험이라고 간주하는 것은 정치적 확신과 결의의 결과들임에 틀림없다. 홈즈는, 그 사건이 이미 네 번이나 대통령 후보로 출마한 경력이 있는 정당의 지도자가 관련된 경우임에도, 뎁스의 판례에서 제기된 헌법적 문제에 의해 별 고민을 하지 않았다. 홈즈는 이 문제에 시간을 많이 할애하지 않았다. 그는 단지 위에서 방금 인용한 구절 다음에 나오는 한 문장에서 셴크Schenck의 판례가 문제를 해결했다고 말하는 것으로 만족했다. 그 문장은 다음과 같다: "피고가 의지하려는 주된 변론은 우리가 이미 다루어 거부된 바 있으며, 헌법의 수정 제1조First Amendment에 입각하여 셴크 대 연방합중국

64 *Debs v. United States*, 249 U.S. 211 at 215.

Schenck v. United States 판례에서 기각된 바 있는 사안일 뿐이다." 홈즈는 여기에서 뎁스가 자신이 기소된 법률은 수정 제1조First Amendment에 위반하여 자유언론에 간섭하기 때문에 위헌이라고 주장했다는 사실을 언급하고 있다.

휘트니Whitney 판례에서 나타나는 브랜다이스Brandeis의 견해일치는 또 다른 문제이다. 매씨즈Masses 판례에서 핸드Hand의 견해와 함께, 이것은 학설의 발달사에서 기억할 만한 단계의 하나이다. 일찍이, 브랜다이스는 자유언론의 권리the right of free speech, 교육의 권리the right to teach, 집회의 권리the right to assembly는 수정 제1조First Amendment에 의하여 보호되는 "근본적 권리fundamental rights"라고 주장했다. 이러한 권리들은 근본적이기는 하지만 절대적이지는 않다. 실제, 이러한 권리의 행사는 제한될 수 있다. 즉, "국가를 파멸과 정치적, 경제적, 도덕적 위기로부터 보호하기 위하여 필요할 경우에는 특수한 제약을 가할 수 있다"는 것이다.[65] 그런 다음, 브랜다이스는 셴크 판례의 명백하고 현존하는 위험의 원칙 공식을 언급하면서 좀 더 정확한 적용의 기준을 정하려고 한다. 다시 말하면, 위험이 명백한 것은 어느 때이며, 위험이 명백하다면 현실화되는 데 얼마나 시간이 걸리며 또한 현존하는 것이라고 할 수 있는지, 악의 수준은 어느 정도인가를 말하는 것이 자유언론에 대한 제한을 정당화하기 위해 필요하다고 한다.

브랜다이스의 의견의 강점은 민주적 정체에서의 정치적 언론의 자유의 역할에 있으며, 동시에 이 역할과 그 위험이 단순히 미래에서의 어느 시점이 아닌 절박한 것이어야 한다는 필수적 요건과의 관계를 설정하려고 하였다는 점에 있다. 그 발상은 이렇다. 악의 발생이 "토론을 할 수 있는 여유조차 없을 정도로 그렇게 급박한 경우여야 한다. 만약 토론을

---

65 274 U.S. 357 at 373. 매씨즈(Masses) 판례에서의 핸드(Hand)의 견해에 대하여는 *Masses Publishing v. Patten*, 244 Fed. 535(S.D.N.Y. 1917)를 참조하라.

통하여 거짓과 오류를 밝히고 교육의 과정에 의하여 악을 모면할 시간이 있다면, 적용되어야 할 처방은 강요된 침묵이 아니라 보다 많은 언론을 허용하는 것이다. 긴급사태만이 억압을 정당화할 수 있다. 권위가 자유와 화해하기 위해서는 이것이 원칙이 되어야 한다."[66] 다음 그는 사주incitement가 아닌 주장advocacy에 대하여 다음과 같이 말한다: "언론이 어떤 폭력이나 재산의 상실을 부를 수 있다는 것만으로 억압을 정당화할 수 없다. 국가에 대한 심각한 위해의 가능성이 있어야만 한다. 자유인들 사이에서는 범죄예방을 위한 조치는 교육과 법위반에 대한 처벌일 뿐이며, 언론과 집회의 자유의 제한은 아니다."[67] 그리고 마지막으로, 다수의견의 근거를 거부함에 있어 브랜다이스는 다음과 같이 말하고 있다: "나는, 먼 미래의 어느 날 대중행동을 통하여 프롤레타리아 혁명을 하겠다고 주장하는 정당집회가 수정 제14조Fourteenth Amendment의 보호를 받을 수 있는 권리가 아니라는 대법원의 의견에 나타난 제안에 대하여 동조할 수 없다."[68] 이것과 그 외의 모든 것들은 쉽게 말하면 명백하고 현존하는 위험의 원칙을 적용할 때 필요한 기준을 정하는 데에 있어 선행되는 문제이다.

그렇지만 덴니스Dennis 판례에서 대법원은 자유로운 정치적 언론을 보호하기 위한 기준으로서의 기능을 거세할 정도로 이 원칙을 해석하고 있다. 왜냐하면 여기에서 대법원은 이 원칙에 대한 다음과 같은 핸드Hand의 정식을 채택하고 있다: "각 사례에서 (법원은) 발생할 것 같지 않은 점improbability을 감안한 삭감된 '악'evil의 비중을 고려하여, 이 악의 위험을 예방하기 위하여 언론의 자유를 침해하는 것이 정당화 될 수 있는지의 여부를 질문해 보아야 한다."[69] 이러한 방식으로 표현된다면, 이 원칙

66 Ibid., at 377.
67 Ibid., at 378.
68 Ibid., at 379.

은 악이 즉각적일 것을 요구하지는 않는다. 비록 악이 즉각적이지 않더라도, 범위가 크고 가능성이 높은 것만으로 충분하다. 그렇게 되면 이 원칙은 이제 다음과 같은 헌법적 교리에 부합하는 의사결정 이론의 준칙과 같다. 즉 그것은 사회적 이익의 순총액the net sum of social advantages이나 또는 사회적 가치의 순수균형점the net balance of social values을 극대화하기 위해 필요한 바를 고려하여 이루어지는 모든 결정을 정당화하고 있다. 이러한 배경적 관점을 전제한다면, 위험이 엄밀한 의미에서 즉각적일 것을 요구하는 것은 불합리한 것처럼 여겨질 수 있다. 왜냐하면 사회적 이익의 순총액(또는 사회적 가치의 순수균형점)을 극대화시킨다는 원칙은 일어날 발생 개연성이 낮은 일과 미래이익의 가치가 허용하는 것에 우선하여 즉각적인 것에 더 큰 비중을 두지 않게 하기 때문이다. 정치적 언론의 자유는 다른 것들과 함께 그 자체로 수단이며 목적으로 이해되고 있다. 따라서 언론의 자유는 미래의 위험으로부터 보호하기 위하여 헌법적으로 인정된 방법이기 때문에 위험은 즉각적이어야 한다는 브랜다이스의 생각은 많은 경우 비합리적으로 보일 수 있으며, 때로는 자살적일 수 있다. 자유언론에 대한 그의 주장이 설득력을 가지기 위해서는 좀 더 상세하게 논증할 필요가 있다. 그 이유는 명백하고 현존하는 위험의 원칙은 그가 발전시키려고 하는 헌법적 교리와는 다른 견해에서 기원하기 때문이다.[70] 필요한 것은 정치적 언론의 자유를 제한하는 것을 정당화 할 수 있는 상황

---

69 341 U.S. 494 at 510, citing 183 F. 2d. at 212.

70 브랜다이스(Brandeis) 자신의 견해의 근거는 다음의 널리 알려진 말에서 가장 잘 표현되고 있다: "우리의 독립을 쟁취한 사람들은 국가의 궁극적 목적은 국민들이 자신의 능력을 최대한 발휘할 수 있도록 자유를 보장하는 것이라고 믿었다. 그리고 이러한 정부에서는 심사숙고가 자의성을 지배하여야 한다." 이 문단은 다음과 같이 끝난다: "공적 토론을 통하여 적용되는 이성의 힘을 신뢰하면서, 이들은 법에 의하여 강제된 침묵—그 최악의 형태는 힘의 주장(argument of force)—을 삼가하였다. 지배하는 다수에 의한 간헐적인 독재를 인식하면서, 그들은 언론 및 집회의 자유를 보장해야 한다고 헌법을 수정하였다." 이것만으로는 브랜다이스가 만든 명백하고도 현존하는 위험의 원칙이 가지는 결함을 치유하지 못한다는 점을 인정하는 것은 이 세련된 문단에 대한 비판이 되지는 않는다.

의 종류를 보다 분명하게 구체화시킬 필요가 있다. 브랜다이스는 "국가를 파멸과 심각한 정치적·경제적·도덕적 상해"로부터 보호하는 것에 관하여 언급하고 있다. 이 구절들은 너무 느슨하기 때문에 너무 많은 근거를 포함할 수 있다. 브랜다이스의 견해가 자유의 우선성과 조화될 수 있는지에 대하여 세밀하게 살펴보자.

본질적인 것은 내가 "필수적 종류의 헌법적 위기a constitutional crisis of the requisite kind"라고 부르는 것과 정치적·경제적·도덕적인 심각한 상해의 위기나 또는 심지어 국가의 파멸의 위협이 현존하고 있거나 예측 가능한 비상사태의 경우를 구분하는 것이다. 예를 들면, 국가가 전쟁상태에 있고 그러한 비상사태가 현존한다는 사실은 필수적 종류의 헌법적 위기도 또한 존재한다는 것을 포함하지는 않는다. 그 이유는 전복적 주장을 포함하는 정치적 언론의 자유를 제한하거나 억압하는 것은 언제나 적어도 민주주의의 부분적 정지를 암시하기 때문이다. 정치적 언론의 자유와 다른 기본적 자유에 우선성을 부여하는 헌법적 교리는 다음의 사항을 견지해야만 하는 것이다. 그러한 정지를 부과하기 위해서는 자유로운 정치제도가 더 이상 효과적으로 작동할 수 없거나, 또는 스스로 보존할 수 있는 필요한 조치를 취할 수 없는 헌법적 위기가 존재해야 하는 것이다. 자유 민주주의 제도는, 정치적 언론의 자유를 제한하지 않고도, 심각한 위기에서 필요한 조치를 취하면서 효과적으로 작동되어 왔음을 많은 역사적 사례를 통하여 볼 수 있다. 어떤 경우에는, 부과된 그러한 제한조치들이 불필요한 경우가 많았으며 비상사태를 극복하는데 어떤 기여도 하지 못하기도 하였다. 권력에 있는 당사자들이 중대한 위험이 존재해서 이것을 방지하기 위하여 필요한 조치를 취하고 있다고 말하는 것만으로는 충분하지가 않은 것이다. 잘 고안된 헌법은 비상사태를 다루기 위한 민주적 절차를 포함하고 있다. 따라서 헌법적 교리의 문제로서 자유의 우선성은 다음과 같은 것을 의미하고 있다. 민주주의 제도가 효과적으로 작동할 수 없고 비상사태를 다루는 이 제도의 절차가 제대로 작동하지 않는 헌법적 위기가 현존하는 상황의 구체적 성격에 입각하여 합당하게 논의되지 않고는 정치적 언론의 자유는 제한될 수 없다.

그런데 여기에서 제안된 헌법적 교리에서는 정치적 언론이 위험한지 여부의 문제는 특별한 중요성을 띠지 않는다. 왜냐하면 정치적 언론은 그 성격상 위험한 경우가 많거나, 또는 위험하게 여겨지는 경우가 흔하기 때문이다. 그 이유는 우리 이성의 자유로운 공적 사용은 결국 가장 근본적인 문제에 관계되고, 이렇게 하여 이루어진 결정은 매우 중대한 결과를 수반할 수 있기 때문이다. 독재적 권력과 군사적 경재적 관계에 처해 있는 어떤 민주적 인사가 다음의 사항을 결정해야만 하는 경우를 가정해보자. 즉 핵무기의 사용은 인도주의의 원칙에 어긋나기 때문에 그 사용을 포기해야만 하므로, 핵무기 감축을 위한 중대한 조치를 다른 상대국이 이에 설득되어 따를 것이라는 희망에서 이러한 조치를 일방적으로 취하게 된다면 어떻게 될 것인가? 이것은 매우 위험한 결정이 될 것이다. 그러나 이것은 이 문제를 자유롭게 토론해야 한다거나, 일단 결정된 다음에는 정부는 반드시 수행할 헌법적 의무를 져야 한다는 문제와는 무관한 것이 확실하다. 정치적 언론의 위험성 문제는 초점을 비껴나가고 있는 것이다. 자유롭게 토론되어야 할 점은 이 결정을 하는 과정에 개입될 수 있는 위험이다. 1862~64년의 남북 전쟁 당시에 치러진 자유선거는 위험하지 않았는가?

정치적 언론의 위험에 초점을 맞추는 것은 출발부터 명백하고 현존하는 위험의 원칙의 결함을 꼬집게 되었다. 이것은 다음과 같은 점을 인식하는데 실패했다. 정치적 언론의 자유를 제한하기 위해서는 민주적 정치제도를 잠정적으로 정지시켜야만 하는 헌법적 위기가 존재해야만 하는 것이다. 이 민주적 정치제도의 잠정적 정지는 이 민주적 제도자체와 함께 다른 기본권을 보존하기 위한 목적으로만 행해질 수 있는 것이다. 그러한 위기가 1862~64년간에는 존재하지 않았다. 만약 그 당시에 그러한 위기가 존재하지 않았다면, 이전이나 그 이후에도 그러한 위기는 존재하지 않았다. 셴크Schenck, 뎁스Debs, 데니스Dennis 판례가 내려질 때, 필수적인 종류의 헌법위기는 존재하지 않았으며, 자유로운 정치제도의 작동을 저해하는 정치적 상황은 일어나지 않았다. 우리 미국의 역사에서 정치적 언론의 자유와 변혁의 주장이 제한되거나 억압될 수 있는 상황이 발생된 적은 없다. 그리고 이것은, 민주주의 제도의 활발한 역사를 가진 나라에서 국민들과 제도들이 밖으로부터 전면적으로 위협을 받지 않는 한, 헌법적 위기란 결코 발생하지 않는다는 사실을 잘 보여준다. 매우 호의적인 조건 아래에서 잘 통치되고 있는 민주주의 사회에서는, 정치적 및 사회적 정의의 문제를 해결하기 위하여 실천적 목적으로 이성의 자유로운 공적 사용은 절대적인 것처럼 여겨진다.

물론, 앞의 설명은 필수적인 종류의 헌법위기와 정치적, 경제적, 도덕적인 심각한 손상의 위협이 존재하는 비상사태의 구분을 체계적으로 설명하지는 못하고 있다. 나는 단지 사실에 의거해서 또는 내가 사실로 받아들이는 것에 의거하여, 미국사의 많은 사례를 통하여 내가 제시하는 구분이 유효하며, 실제로 그러한 구분이 언제 적용될 수 있는지를 인식할 수 있다고 생각한다. 여기에서는 체계적인 설명으로 더 들어갈 수는 없다. 그러나 나는 이러한 종류의 헌법적 위기의 개념은 정치적 언론의 자유의 설명에 매우 중요한 부분이며, 우리가 이 개념을 설명할 때에는 이에 우선성을 부여케 하는 자유로운 정치적 언론에 대한 설명으로부터 출발해야만 한다고 생각한다. 공정으로서의 정의에서 이러한 종류의 언론의 자유는 기본적 자유에 속한다. 이 기본적 자유들은 절대적인 것은 아니긴 하지만, 이 기본적 자유들에 초래하는 중요한 손실을 직접 또는 간접적으로 예방하기 위해서 필요한 경우에만, 내용상에 제한을 가하는 것은(완전한 적정 구조를 유지하는 것과 부합할 수 있는 방식으로 규제되는 것과는 상반되는) 가능할 것이다. 나는 정치적 언론의 경우에 이 기본적 자유의 적용의 중심범위에서 보다 본질적인 요소를 어떻게 밝혀낼 수 있을 것인가를 보여주고자 하였다. 그런데 우리는 이 자유가 자기 제한적이거나 다른 기본적 자유의 더 중요한 확장과 상충하지 않는 한, 정치적 언론의 자유를 보장하는 완전한 적정규정을 성취하기 위한 지점까지 더 범위를 확장시키려고 하였다. 언제나 그러했듯이, 나는 이러한 판단들은, 기본적 자유의 완전한 적정구조에 있는 대표적인 평등시민의 합리적 이익을 가장 잘 개진시킬 수 있는 견지에 입각하여, 해당단계의 관점에서 대표자와 입법가들에 의해 이루어지는 것이라고 가정하고 있다. 만약 명백하고 현존하는 위험의 원칙이라는 용어를 사용하기를 고집한다면, 우리는 다음 두 가지 사항을 말해야만 한다. 첫째, 입법이 예방하려고 하는 본질적 악은 사상의 자유의 상실, 기본적 자유의 상실, 공정한 정치적 자유의 가치 상실과 같은 고차원의 특별한 종류의 것이어야 한다. 둘째, 언론의 자유를 제한하는 방법 이외에 이러한 악들을 예방할 수 있는 다른 대안이 전혀 없어야 한다. 명백하고 현존하는 위험의 원칙을 이렇게 정식화하는 것은 필수적 종류의 헌법적 위기는 자유로운 정치제도가 제대로 작동하지 않거나 이 제도가 그 자체를 보존하기 위하여 필요한 조치를 취할 수 없는 종류의 상태이어야 한다는 필수적 조건과 부합하게 된다.

§12. 정치적 자유의 공정한 가치 유지

이제 정치적 언론에 대한 앞의 논의를 두 가지 방식으로 보충하고자 한다. 첫째, 기본적 자유들은 한 가족을 형성하며, 우선성을 지니는 것은 하나의 자유 자체가 아니라 한 가족으로서의 자유이다. 비록 실질적으로 말해서 기본적 자유들의 한 두 가지는 일정한 조건 아래에서는 절대적일 수 있긴 하지만, 우선성을 가지는 것은 한 가족에 포함되는 일군의 기본적 자유들이다. 이러한 관계로, 나는 정치적 자유들의 공정한 가치를 보존하기 위하여 정치적 언론이 규제될 수 있는 방식을 매우 간략하게나마 언급하고자 한다. 물론 내가 이렇게 하는 것은 이 어려운 문제를 해결하기 위해서가 아니라, 기본적 자유들이 왜 서로서로 조정되어야 하며 개별적으로 구체화될 수 없는가를 밝히기 위함이다. 둘째, 두 번째 정의원칙과 관련된 몇 가지 (기본적이 아닌) 자유들을 살펴보는 것은 기본적 자유의 개념과 그 중요성을 명확히 하는데 있어 매우 유용한 작업이다. 이렇게 하는 것은 어떤 특정의 자유(기본적 또는 비기본적이든 간에)의 중요성이 정의의 두 원칙에 의하여 규정되는 정의로운 기본적 구조 내에서 이의 정치적 및 사회적 역할과 어떻게 결부되어 있는가를 밝혀주는 데 도움이 될 것이라고 생각한다.

이 절에서 나는 평등한 정치적 자유의 공정한 가치를 유지하는 문제로 논의를 시작하고 있다. 비록 (§7에서 말했듯이) 이 문제를 어떻게 풀 것인지를 상세하게 논하는 것은 철학적 논의의 범위를 벗어나기는 하지만, 그와 같은 논의는 필요한 제도와 법률을 정당화하는 근거를 설명할 수 있어야 한다. 앞서 말한 이유들 때문에, 정치적 캠페인과 선거비용에 대한 공공재정 지원, 기부금에 대한 각종의 제한과 여타의 규제들이 정치적 가치의 공정한 가치보장을 위하여 필수적이라고 가정하자.[71] 이러한 규정들은 다음의 세 가지 조건이 유지된다면 기본적 자유로서 정치적 언론과 출판의 자유의 중심역할과 양립할 수 있게 된다. 첫째, 언론의 내용

71 §7을 참조하라.

에는 어떠한 제약도 없어야 한다. 따라서 문제의 규정들은 특정의 정치적 교리를 다른 정치적 교리보다 선호해서는 안 된다. 다시 말하면, 이들 규정들은 일종의 선거를 위한 질서의 규칙이며 그 평등한 정치적 자유의 공정한 가치를 보장할 수 있는 정의로운 정치적 절차를 수립하기 위하여 요구되는 것이다.

둘째 조건은 제도화된 규정들은 사회의 다양한 정치집단에게 부당한 부담을 가해서는 안 되며, 이들 모두에 형평성 있게 영향을 미쳐야 한다. 솔직히 말해서, 부당한 부담으로 간주되는 것은 그 자체로서 문제가 되며, 어떤 특수한 경우라도 정치적 자유의 공정한 가치를 성취할 목적에 근거하여 답변이 주어져야만 한다. 예를 들면, 정치 후보자에 대한 개인이나 기업체로부터의 거액의 정치기부금을 금지하는 것은 부자나 재산이 많은 단체에게는 (필수적 의미에서) 부당한 부담이 아니다. 그러한 금지는 유사한 능력과 동기를 가진 시민들이 경제적 및 사회적 계급에 관계없이 정부정책에 영향을 미치고 고위직에 오를 수 있는 거의 평등한 기회를 부여하기 위해서는 필요하다. 정치적 자유의 공정한 가치를 정의하는 것은 바로 이러한 평등이다. 다른 한편, 정치연설을 위한 특정의 공공장소를 제약하는 규정은 다른 정치적 표현의 방법을 사용할 수 있을 만한 재원이 없고 이 방법 밖에 쓸 수 없는 가난한 집단에게는 부당한 부담을 안겨줄 수 있다.

마지막으로, 정치적 언론에 대한 다양한 규제는 정치적 자유의 공정한 가치를 달성하기 위해 합리적으로 설계되어야 한다. 이 목적을 달성하기 위해 필요한 제한적 규제는 최소한에 그쳐야 한다고 말하는 것은 매우 지나치긴 하지만—왜냐하면 규제의 효율성은 같지만 가장 덜 제한적인 것이 어떤 것인지 누가 알 수 있겠는가—그럼에도 불구하고, 이들 규제들은, 상당히 덜 제한적이면서 동일한 효과를 거둘 수 있는 대안이 알려지고 이용 가능해 진다면 부당한 것으로 될 것이다.

앞서 진행된 논의의 핵심은 기본적 자유들이 어떻게 하나의 군群으로서 가족을 형성하는가를 보여주는 것이었다. 이러한 가족의 성원들인 각각의 기본적 자유들은 상호조정이 되어 두 가지 근본적 경우에서 이들 자유들의 중심범위를 보장해야만 하는 것이다. 따라서 정치적 언론은, 사상의 자유라는 기본적 자유의 범주에 속하지만, 정치적 자유의 공정한 가치를 확실히 보장하기 위해 규제되어야만 한다. 이 규제들은 정치적 언론의 내용을 제한하지 않으므로 그 중심역할과 양립할 수 있다. 기본적 자유들 간의 상호조정은 가족 전체로서 기본적 자유의 우선성에 의하여 허용된 근거에 입각하여 정당화되어야 하며, 어떤 기본적 자유도 그 자체로 절대적이지 않다는 점을 유의해야만 한다. 이러한 조정은 기본적 자유를 제한하려는 모든 종류의 생각들을—정치적, 경제적 및 사회적—허용하는 이익들 간의 일반적 균형a general balancing of interests과는 현저하게 다르다. 즉 이는 얻을 수 있는 이익이나 피할 수 있는 손실이 상당히 크다고 생각되면, 내용까지도 제한하려는 생각들과는 다르다. 공정으로서의 정의에서 기본적 자유들 간의 조정은 두 가지 근본적 경우에서 그들의 역할에 의하여 구체화된 중요성에 전적으로 기초하고 있다. 그리고 이 조정은 기본적 자유의 충분한 적정구조를 구체화하는 목적에 의하여 이루어진다.

앞의 두 절에서 셴크Schenck 판례로부터 브랜덴버그Brandenburg 판례에 이르는 원칙의 발전사의 일부를 고찰하면서 행복한 결말을 보았음을 살펴보았다. 대조적으로, 버클리Buckley 판례와 이어지는 퍼스트 내셔널 뱅크First National Bank 판례에서는 매우 실망스러운 결과를 보게 된다.[72] 버클

72 *Buckley v. Valeo*, 424 U.S. 1(1976)와 *First National Bank v. Bellotti*, 435 U.S. 765(1978). Buckley 판례에 대한 논의에 관해서는, Tribe, *American Constitutional Law*, chap. 13, pp. 800~11; Skelly Wright, "Political Speech and the Constitution: Is Money Speech?" *Yale Law*

리 판례에서 대법원은 1974년의 선거법 수정안the Election Act Amendment of 1974에 의해 부과된 지출에 대한 여러가지 제한들을 비헌법적이라고 주장하였다. 이 제한들은 개인 후보자들을 지지하는 지출, 후보자 자신의 재원으로부터 나오는 지출, 그리고 선거과정에서의 총지출에 적용되었다. 대법원은 그와 같은 규정은 정치적 언론에 직접적이고 본질적 제한을 가하기 때문에 수정 제1조는 이를 허용할 수 없다고 하였다.[73] 대부분의 경우, 대법원은 정부의 일차적 이익으로 간주하는 것을 그 법에 의하여 보호하려고 하고 있는 것이다. 말하자면, 대법원은 선거과정에서 발생할 수 있는 부정부패나 부정부패의 출현을 예방하는 것을 정부의 일차적 이익으로 간주하고 있다. 대법원은 또한 그 법의 두 가지 부수적인 이익을 고려하고 있는 것이다. 즉, 정치적 캠페인에 소요되는 비용증가를 제한하고 선거결과에 영향을 줄 수 있는 시민들의 상대적 역량을 균등화시키는 두 가지 부수적인 이익을 생각하고 있다. 여기에서 나는 두 번째 부수적인 이익의 정당성에 대하여 관심을 갖고 있다. 그 이유는 이것은 정치적 자유의 공정한 가치개념에 직접적으로 해당되는 유일한 것이기 때문이다. 더욱이, 나는 의회가 입안한 조치들이 이러한 이익을 가장 효과적인 방법으

Journal 85(8)(July 1976): 1001~21을 보라. 보다 초기의 논의로는, M. A. Nicholson, "Campaign Financing and Equal Protection," *Stanford Law Review* 26(April 1974) : 815~54를 보라. *First National Bank* 판례에서 법원은, 5대4로, 국민투표제안(referendum proposals)이 기업의 재산, 사업 또는 자산에 물질적으로 영향을 미치지 않는다면, 국민투표제안에 영향을 줄 목적으로 은행이나 기업이 자금을 지출하는 것을 금하였던 매사추세츠 형법을 무효화하였다. 이 법규정은 개인들의 징세에 관련된 국민투표는 이러한 예외에 속하지 않는다고 명시하고 있다. 브렌난(Brennan)과 마샬(Marshall)이 가세한 이견에서, 화이트(White) 판사는 다수 의견의 근본적 결함은 은행과 기업에 의한 그러한 자금지출을 금지시키고자 하는 정부의 관심의 근거가 수정헌법 제1조(First Amendment)로부터 유래된다는 사실을 인식하지 못하고 있다는 점을 지적하고 있다-특히 기업지배를 예방함으로써 자유로운 정치토론을 신장시킨다는 가치로부터 그 근거를 이끌어 낸다는 점을 인식하고 있지 못한다는 것이다. 435 U.S. 765(1978) at 803~4를 참조하라. 이 저술에서의 나의 토론은 이 반대 의견에 동조하고 있으며, 그리고 257~66에 있는 버클리(Buckley) 판례에서의 화이트(White)의 이견과 그리고 287~90에 있는 마샬의 이견에 동조하고 있다.

73 *Buckley v. Valeo* at 58~59.

로 달성하기 위하여 합리적으로 형성되었는가 하는 문제는 논의의 목적과 아무런 관련이 없다고 생각하여 생략하고자 한다.

실망스러운 것은 현재의 대법원은 의회가 정치적 자유의 공정한 가치를 확립하기 위하여 노력할 수 있다는 생각을 완전히 거부하는 것 같이 보인다는 점이다. 대법원은 다음과 같이 말하고 있다: "정부가 우리 사회에서 여타 구성원의 목소리를 상대적으로 높이기 위하여 특정 요소의 언론을 제한할 수 있다는 개념은 수정 제1조의 정신과는 동떨어진 것이다."[74] 그런데 대법원은 선례를 인용하면서, 수정 제1조는 다양하고 상반된 출처로부터 나오는 정보를 최대한 널리 보급시키는 것을 보장하고, 사람들이 지지하는 정치적 및 사회적 변화를 유발할 수 있는 생각들을 무제약적으로 교환할 수 있도록 고안되었다고 주장한다.[75] 그러나 인용한 어떤 사례도 정치적 자유의 공정한 가치라는 근본문제를 다루고 있지 않다.[76] 더욱이, 대법원은 지나칠 정도로 부정부패 및 그 출현의 제거라는 소위 일차적 관심에 초점을 두고 있다. 대법원은 정치적 자유의 공정한 가치가 정당한 정치적 절차를 위하여 필요하다는 본질적 사항을 인식하지 못하고 있다. 또한 대법원은, 정치적 자유의 공정한 가치를 보장하기 위하여, 부와 재산을 많이 가진 사람들이 그에 수반되는 고도의 조직적인 기술을 사용하여 자신들에게 선거를 유리하게 전개시키는 것을 예방하는 것이 중요하다는 사실을 인식하지 못하고 있다. 이것을 달성하는 방법은 뇌물, 사기, 특수우대와 같은 사악한 행위가 아무리 일반적인 현상이라 하더라도 이러한 사악한 행위들을 관여할 필요는 없는 것이다. 정치적 확신과 목적에 대한 공감만으로 충분하다. 버클리 판례에서 대법원은 공정한 대표란 효과적으로 행사할 수 있는 영향력의 정도에 비례한다

---

74 Ibid., at 48~49.

75 Ibid., at 49~51.

76 Tribe, *American Constitutional Law*, p. 806을 보라.

는 견해를 인증하는 위험을 감행하고 있다. 이 견해에 따르면, 민주주의는 경제적 계급들 및 이익집단들 사이의 경쟁을 조정하는 것에 불과하다. 이 경쟁의 결과는 불평등할 수밖에 없는 재정자원과 기술을 사용하여 원하는 결과를 성취하려는 각자의 능력과 의지에 좌우되는 것이다.

그렇지만 정치적 자유의 공정한 가치를 수립하려는 의회의 시도가 수정 제1조에 저촉될 수밖에 없다고 대법원이 생각하는 것은 매우 놀라운 일이다. 예전의 판결들에서, 대법원은 일인일표의 원칙the principle of one person, one vote을 때로는 헌법 제1조 제2항Article I, Section 2 of the Constitution에 근거하여 확인하기도 하였으며 또 어떤 경우에는 수정 제14조the Fourteenth Amendment에 근거하여 확인하기도 하였다. 법원은 선거권에 관하여 "모든 권리의 예방약preservative of all rights"이라 하기도 하고, 웨즈버리Wesberry 판례에서는 대법원은 "투표권이 손상된다면, 설사 기본적 권리라 하더라도 다른 모든 권리들은 환상에 불과하다"[77]고 말하였다. 레이놀즈Reynolds 판례에서 대법원은 이 권리는 단순히 평등하게 계산되는 투표를 행할 권리 이상의 의미를 지닌다는 것을 인정한 바 있다. 대법원은 "모든 시민들이 국가의 일에 완전하고 효과적으로 참여하기 위해서는 … 각 시민들은 의회 구성원 선거에서 똑같이 효과적인 목소리를 낼 수 있어야 한다."[78]고 판시하였다. 대법원은 이 의견의 후반부에서 "모든 시민들을 위한 공정하고 효과적인 대표성을 확립하는 것이 의회의 기본 목적이라는 것을 인정한다면, 평등보호 조항the Equal Protection Clause은 의원선거에서 모든 투표권자들의 평등한 참여의 기회를 보장해야 한다고 결론 내리는 바이다"[79]라고 적고 있다. 따라서 근본적인 것은 공정한 대표구조에서 모든 시민들에게 완전히 평등한 효율적 목소리를 보장할 수

---

77 *Wesberry v. Sanders*, 376 U.S. 1(1964) at 17.

78 *Reynolds v. Sims*, 377 U.S. 533(1964) at 565.

79 Ibid., at 565~66.

있는 정치과정이 문제가 된다. 형식적 평등Formal equality은 충분하지 않다.

공정한 대표의 구조를 성취한다는 목적은 선거에서 정치적 언론의 한계와 규제를 정당화 할 수 있게 해주는 것 같다. 물론 이때의 한계와 규제는 앞에서 말한 세 가지 조건을 충족시킨다는 전제에서 정당화될 수 있다. 왜냐하면, 그렇지 않다면 모든 시민들의 완전하고도 효율적인 목소리를 어떻게 유지할 수 있겠는가? 이것은 한 가지 기본적 자유가 다른 기본적 자유에 대한 관계의 문제이기 때문에, 수정 제1조First Amendment에 의하여 보장되는 자유들은 다른 헌법적 요건들에 입각하여 조정되어야 한다. 이 경우에는 정치적 자유의 공정한 가치의 요건에 입각하여 조정되어야만 한다. 그렇게 하지 않으면, 헌법을 전체로서 간주하는데 실패하게 될 뿐만 아니라, 동시에 어떻게 헌법의 규정들이 기본적 자유의 완전한 적정구조의 본질적 부분으로서 정의로운 정치적 절차를 구체화하는 데에 있어 결합되어야 하는지를 인식하는데 실패하게 될 것이다.

이미 설명했듯이(§7에서), 정치적 자유의 공정한 가치를 확립하기 위하여 어떤 종류의 선거규정들이 요구되는가 하는 것은 매우 어려운 문제이다. 구체적인 선거규정을 열거하는 것은 법원의 임무는 아니나 입법부가 만든 선거규정이 헌법에 부합되어야 한다는 것을 확실히 하는 것은 대법원의 임무에 속한다. 의회가 제안했고 버클리Buckley 판례에서 뒤엎어진 규제들은 아마도 무력한 것이었을 가능성이 높다. 그러나 현재 우리의 지적 수준에서 본다면, 당시의 규제들은 모든 시민들이 더 완전하고 효과적인 목소리를 낼 수 있는 공정한 대표구조의 수립이라는 목적을 성취할 수 있는 허용 가능한 시도들이었다고 할 수 있다. 만약 대법원이 웨즈버리Wesberry 판례와 레이놀즈Reynolds 판례에서 말한 것을 의미한다면, 버클리Buckley 판례는 어떻든 간에 무너져야만 할 것이다. 수정 제1조the First

Amendment가 불평등한 자들 간의 자유로운 정치적 경쟁에서 실질적으로 행사된 영향력에 따른 대표 체제를 명령하지 않는 것과 마찬가지로, 로크너 시대에in the Lochner era 대법원이 생각했던 것처럼, 수정 제14조the Fourteenth Amendment가 경제문제에서 불평등한 자들 간의 계약의 자유와 자유경쟁의 체제를 명령하지 않는다.[80] 두 가지 사례에서 선거과정과 경제적 경쟁의 자유로운 작동의 결과들은 배경적 정의의 필수 조건이 충족되었을 때에만 수용가능하다. 더욱이 민주적 정체에서 이러한 조건의 충족은 공적으로 인준될 필요가 있다. 이것은 부패방지와 부패출현 예방보다 더 근본적인 것이다. 왜냐하면 배경적 정의가 유지되고 있다는 공적 인식이 없다면, 시민들은 분개하고 냉소적이고 무관심해질 것이기 때문이다. 부정부패를 야기하고 심각한 문제를 일으켜 사태를 통제 불능의 상태로 몰고 가는 것은 이러한 마음의 상태이다. 버클리 판례의 위험성은 이것이 로크너 시대의 과오를 반복할 수 있다는 점이며, 현재의 정치적 상황에서 본다면, 대법원이 위에서 인용한 판례들에서 말한 논거들을 본다면, 그 실수는 훨씬 더 심대할 수 있다.

§13. 제2원칙과 관련된 자유들

기본적 자유의 중요성 개념을 좀 더 분명히 설명하기 위하여, 정의의 두 번째 원칙과 연관된 몇 가지 자유들에 대하여 간략히 논의하고자 한다. 내가 생각하고 있는 예들은 광고와 관련된 사례들이다. 이들 자유들 중 몇 가지는 매우 중요하지만, 기본적 자유에 속하는 것들은 아니다. 그 이유는 이들 자유는 두 가지 근본적 경우에서 필수적인 역할과 중요성을 지니지 못하기 때문이다.

---

80 *Lochner v. New York*, 198 U.S. 45(1905).

우리는 광고가 전하고자 하는 정보가 정치적 문제인지, 취업과 직위의 제공과 관련된 문제인지, 아니면 상품판매를 위한 것인지에 따라서 세 가지로 분류할 수 있다. 정치적 광고에 대해서는 논하지 않겠다. 정치적 광고의 경우에는 문제의 규제가 앞에서 제시한 몇 가지 조건들을 충족한다면, 앞 절에서 방금 설명한 이유에 의하여 규제될 수 있다고 생각한다. 자, 이제 직업과 직위의 개설과 관련된 광고에 대하여 살펴보자. 이것들은 공정한 기회균등을 유지하는 데 있어 매우 중요한 정보를 함유하고 있다. 두 번째 정의원칙의 첫째 부분은 사회경제적 불평등은 공정한 기회평등의 조건하에 있는 모든 이들에게 개방되어 있는 직위와 직책과 결부되어야만 한다는 것을 규정하고 있다. 따라서 이러한 종류의 광고는 두 번째 정의원칙의 바로 이 부분과 관계되므로, 보호규정이 허용되어야 하는 것이다. 그래서 직업과 직책에 대한 광고를 할 때에는 특정의 지정된 종족 및 인종이나 또는 성 등의 지원자를 배제하는 내용을 포함해서는 안 된다. 이러한 제한들은 공정한 기회평등에 위배되는 것이다. 기본적 자유의 개념과 같이 공정한 기회평등의 개념은 적용의 중심범위를 갖는다. 이 적용의 중심범위는 다양한 자유들과 함께 이러한 자유들이 효과적으로 행사될 수 있는 조건들로 이루어진다. 고용기회의 광고는 이 중심범위를 보호하기 위하여 제한되고 통제될 수 있다. 기본적 자유의 경우에서와 마찬가지로, 이 적용의 범위도 정의의 다른 요건은 물론 특히 기본적 자유와 양립할 수 있는 방식으로 보존될 수 있으리라 생각한다. 여기에서 문제되고 있는 제한은 다른 기본적 자유의 경우와 대조하여 볼 때, 내용에 대한 제한임을 주의 깊게 살펴야 한다.

상품판매 광고의 경우, 두 가지 종류를 구분하여 보자. 첫 번째 종류는 알만한 소비자들이 평가기준으로 사용하고 있는 상품의 가격과 특성에 대한 정보를 포함하는 경우이다. 정의의 두 원칙이 자유시장 경제체제의 실질적 행사를 통해 가장 잘 충족된다고 가정한다면, 경제정책은 마땅히 이런 종류의 광고를 권장해야만 할 것이다. 이것은 경제체제가 사유재산제 민주주의a private-property democracy이건 자유적 사회주의 체제a liberal socialist regime이든 간에 똑같이 맞는 일이다. 시장이 실제적으로 경쟁적이고 효율적이기 위해서는 소비자는 상품의 가격과 특성에 대한 정보를 충분히 알아야 하는 것이 필요하다. 법은 부정확하거나 허위의 정보에 대하여 처벌을 부과할 수 있다. 이러한 처벌은 사상의 자유와 양심의 자유의 경우에는 할 수가 없다. 그렇지만 소비자를 보호하기 위해서는 법은 상품의 유해하고 위험스러운 특성에 관한 정보를 상표나 여타의 다른 적정한 방법을 통해 명백히 기술할 것을 요구할 수가 있다. 여기에 더하여, 법은 회사나 무역협회 또는 전문직업 협회들이 이러한 종류의 광고를 제한하거나, 또는 가담하지 못하도록 하려는 담합을 금지할 수가 있다. 예를 들면, 입법부는 상품가격과 정확한 정보들에 대하여 공중이 쉽게 접근할 수 있어야 한다는 것을 요구할 수 있다. 그와 같은 조치들은 경쟁적이고 효율적인 시장체제를 유지하는데 도움이 되며, 소비자들로 하여금 더 지혜롭고 신중한 결정을 할 수 있도록 돕는다.

두 번째 종류의 상품광고는 상대적으로 소수의 몇몇 기업이 지배하는 불완전한 독과점적 시장에 볼 수 있는 시장-전략적 광고market-strategic advertising이다. 여기에서 기업의 광고 지출의 목적은, 예를 들면, 판매량을 확장하거나 시장점유율을 늘리기 위하여 공격적이거나, 또는 해당산업에서의 기존의 입장을 유지하기 위해 방어적일 수 가 있다. 이러한 경우에 소비자들은 피상적이고 중요하지 않은 상품특성에 대한 정보 이외에는 회사 간의 상품의 특성들을 구분할 수 있는 정보를 얻을 수 없게 되는 것이 보통이다. 이때 회사들의 광고는 몇몇 슬로건이나 매혹적인 사진 등을 내걸어 회사를 신뢰할 수 있는 것으로 보이게 만듦으로써 소비자들의 선호에 영향을 미치려고 한다. 이 모든 것은 해당 회사의 상품에 대한 구매의 습관을 조장하거나 강화할 수 있도록 고안되는 것이다. 이러한 광고의 상당부분은 사회적으로 낭비적이다. 경쟁을 유지하고 시장의 불완전성을 제거하려는 질서정연한 사회는 이러한 광고를 제한할 수 있는 합당한 방법을 모색할 수 있을 것이다. 그렇게 된다면, 광고에 소요되는 비용을 재투자나 다른 유용한 사회적 목적을 위하여 사용하는 것이 가능해진다. 그래서 예를 들면, 입법부는 세제정책을 통하고 법적으로 유효한 계약을 시행함으로써 이러한 종류의 광고 지출에 제한을 가하기 위하여 업체들 상호간 합의를 권장할 수도 있다. 나는 여기에서 그러한 정책이 얼마나 실천적인가 하는 문제에 관하여 논하고자 하는 것은 아니다. 다만 이 경우에, 언론의 일종이라고 할 수 있는 광고의 권리가 계약에 의하여 어떻게 제한될 수 있으며, 그래서 이 권리가 기본적 자유와 대조하여 양도 불가능한 권리가 아니라는 점을 보여주고자 할 뿐이다.

이 마지막 사항을 설명하기 위하여 당분간 논의에서 약간 벗어나야 할 것 같다. 기본적 자유가 양도 불가능하다고 말하는 것은 기본적 자유를 어기거나 위반한 합의가 아무리 합리적이고 자발적이라고 하더라도 애초부터 무효일 수 있다는 말이다. 다시 말하면, 기본적 자유를 위반한 합의는 법률적 힘을 가지지 못하며, 어떤 시민들의 기본적 자유에 영향을 미칠 수 없다. 더욱이, 기본적 자유의 우선성은, 영향력 있는 정치적 다수가 아무리 강하고 지속적이라 하더라도 이들의 욕망 또는 지배적인 선호가 그러하다는 이유로, 다른 사람 및 다른 집단은 물론 시민 일반의 기본적 자유를 부정할 수 없다는 것을 의미하고 있다. 자유의 우선성은 다수의 호응을 얻었다는 이유로 그와 같은 고려를 하는 것을 받아들이지 않는다.

기본적 자유를 다른 사람에게 양도할 수 없는 이유에 대한 상식적 설명은 몽테스키외Montesquieu의 생각을 따른다면, 다음처럼 설명할 수 있다. 각 시민의 기본적 자유는 공적 자유의 일부a part of public liberty이므로 민주주의 국가에서는 주권의 일부a part of sovereignty이다. 헌법은 정의로운 정치적 과정을 규정하고 있는데, 이 정치적 절차에 따라 모든 시민들의 기본적 자유의 존엄성을 보장하는 한계 내에서 이 주권이 행사되는 것이다. 따라서 이러한 기본적 자유를 부인하는 합의는 주권의 집행으로 구성된 법률에 의하여 강행될 수 없다. 몽테스키외는 시민으로서의 자신의 지위를 판매한다는 것은 (그리고 이의 어떠한 부분이라도) 너무나 터무니없는 짓이기 때문에 어떤 경우에도 허용될 수 없다고 보았다. 그는 판매 당사자에게는 그 가치란 모든 가격을 넘어서는 것이라고 생각했다.[81] 공정으로서의 정의에서 이와 같은 정신은 다음처럼 설명될 수 있다. 우리는 합당하고 합리적 존재로서의 자유롭고 평등한 인격체를 모델화하기 위하여 원초적 입장이라는 개념을 사용한다. 그 다음에 그와 같은 인격체들의 합리적이고 자율적인 대표자로서의 합의당사자들이 기본적 자유와 그 우선성을 보장해 주는 정의의 두 원칙을 채택한다고 본다. 합의당사자로 하여금 이러한 자유를 보장하도록 움직이게 만든 근거들은, 합당성의 제약the constraints of the reasonable과 함께, 기본적 자유가 그러한 인격체들에게 어떠한 가치보다 우선적인 이유를 설명해준다. 그 이유는, 자유롭고 평등한 인격체로서의 시민의 대표들이 원초적 입장에서 기본구조에 적용되는 정의원칙을 채택할 때, 이들 대표들에게 이러한 기본적 자유들은 모든 가치를 넘어서기 때문이다. 따라서 사회에서의 시민들의 목적과 행위는 이러한 자유의 우선성에 복속되어야 하며, 그래서 사실상 자유롭고 평등한 인격체로서의 시민관에 예속하게 되는 것이다.

기본적 자유가 양도 불가능한 이유에 대한 이러한 설명은 질서정연

---

81 *The Spirit of the Laws*, B 15, chap. 2.

한 사회에서 조차도 일부의 시민들이 자신들의 기본적 자유들 중 한 두 가지를 스스로 제한하거나 포기하기를 원할 수 있다는 가능성을 배제하지는 않는다. 그들은 어떤 정당이나 후보에게 투표하는 것을 약속할 수 있거나, 또는 특정 정당이나 후보에게 투표하지 않는 것이 배반으로 간주될 수 있는 것과 같은 그러한 관계를 정당이나 후보자와 가질 수도 있다. 다시 말해서, 종교적 단체의 회원들은 자신들을 종교적 권위에 양심을 바친 것으로 간주할 수 있으며, 그러한 관계 때문에 교리에 의문을 자유롭게 제기할 수 없을 것으로 생각할 수도 있다. 이러한 종류의 관계는 분명 금지된 것도 아니며 일반적으로 부적절한 것도 아니다.[82]

여기에서 본질적 요점은 자유롭고 평등한 인격체로서의 시민관은 질서정연한 사회에서는 개인적, 단체적, 또는 도덕적 이상으로 요구되지 않는다는 점이다(§3, 첫째 문단을 참조). 그보다 이것은 유효한 공적 정의관을 확립하기 위하여 수용된 일종의 정치적 관점에 불과하다. 그래서 기본구조의 제도들은 기본적 자유를 철회하거나 제한하는 일을 강요하지 않는다. 시민들은 자신들이 원하는 바에 따라서 투표하고, 뜻에 따라 종교적 신앙을 바꿀 수 있다. 물론, 이는 그들이 잘못된 것으로 간주하거나 간주할 수 있는 것들, 혹은 진짜로 잘못된 것일 수도 있는 일을 할 수 있는 자유도 보호해준다(따라서, 그들은 특정한 방식으로 투표할 것이라는 약속을 깨트릴 수도 있으며, 변절할 수도 있다). 이것은 모순이 아니며, 단지 이와 같은 정치적 정의관에서 기본적 자유의 역할에 따른 결과일 뿐이다.

논의에서 벗어났지만 이제 되돌아와서 요약해보자. 다양한 종류의

82 특정 상황이나 특정 시점에 있는 시민들이 기본적 자유 중 일부의 행사에 많은 가치를 부여하지 않고, 이러한 자유들을 다양한 방법으로 제한했던 행위를 하기를 희망하는 많은 다른 이유들이 있다. 이러한 가능성들이 원초적 입장의 당사자들의 합의에 영향을 미치지 않는 한(그리고 나는 영향을 미치지 않는다고 생각한다), 이들은 기본적 자유의 양도 불가능성과는 무관한 것이다. 나는 이 점에 관한 토론에 쿠플릭(Arthur Kuflik)의 도움을 받았다.

광고를 보호하는 문제는 그것이 정치적 언론과 연관되었는지의 여부, 공정한 기회평등을 유지하는 문제, 또는 작동 가능한 경쟁적이고 효율적인 시장구조를 보존하는 문제와의 관련 여부에 따라 달라질 수 있다. 공정으로서의 정의에서 인간관은 자아가 이익(관심)의 위계질서를 매길 수 있는 능력을 가지고 있다고 가정한다. 그리고 이러한 이익의 위계질서는 원초적 입장의 특성(예를 들면, 합당한 것이 합리적인 것을 틀 지우고 복속시키는 방식에 의하여)과 정의의 두 원칙에서의 우선성에 의하여 표현된다. 정의의 제2원칙은 제1원칙에 예속된다. 그 이유는 첫 번째 원칙이 두 가지 근본적 경우에서 두 가지 도덕적 능력의 충분하고도 분별력 있는 행사를 위하여 요구되는 기본적 자유를 보장하기 때문이다. 정의의 제2원칙의 역할은 공정한 기회평등을 보장하고 사회적 및 경제적 체제를 규제하여, 사회적 자원이 적절히 사용되고 시민들의 인생목적을 위한 수단들이 효과적으로 생산되고 공정히 분배되도록 하는 것이다. 물론 정의의 두 원칙간의 이러한 역할의 구분은 숙고를 위한 지침적 틀의 일부에 불과할 뿐이다. 그럼에도 불구하고, 이 구분은 제2원칙과 결부된 기본적 자유들이 제1원칙이 보장하는 기본적 자유들보다 질서정연한 사회에서 왜 덜 중요한지를 밝혀준다.

§14. 공정으로서의 정의의 역할

나는 몇 가지 코멘트로 결론을 내려 보고자 한다. 첫째, 바로 앞의 네 절에 걸친 언론의 자유에 대한 논의는 헌법학자들이 실제로 직면하는 종류의 문제를 제시하려고 한 것이 아니라는 점을 강조해야겠다. 나의 목적은 정의의 두 원칙의 적용에 있어서 기본적 자유가 어떻게 구체화 되고 서로서로 어떻게 조정되는지를 보여주려는 것이다. 이러한 정의원칙들이 소속되는 정의관은 법학자들의 질문에 대한 답변방법으로 간주되어서는 안 될 것이다. 만약 법학자들이 설득력이 있다고 생각한다면 그들의 성찰을 안내하고, 지식을 보완하고, 판결을 보좌하는 안내 틀 정도로 생각하면 좋을 것 같다. 너무 철학적인 견해로 질문해서는 안 될 것이다. 정의관이라는 것은 다음과 같은 것을 전제할 때, 그 사회적 역할을 충족시킬 수 있게 된다. 똑같이 양심적이고 대체적으로 동일한 믿음을 공유하는 사람들이, 정의관에 의해 설정된 숙고의 틀을 수용함으로써 효과적이고 공정한 사회적 협동을 달성하는데 요구되는 충분한 정도의 판단의 수렴에 정상적으로 이르게 된다면, 정의관은 그 사회적 역할을 완성할 것이다. 기본적 자유와 그 우선성에 대한 나의 논의는 이러한 시각에서 바라보아야 한다.

이러한 맥락에서 공정으로서의 정의관은 기본적 제도들을 인격체로서의 시민의 자유와 평등에 부합되게 하려면 어떻게 구성할 것인지에 대한 합의가 부재하는 데서 나타나는 최근의 정치적 역사의 난국 상황에서 제기되었음을 상기할 필요가 있다. 따라서 공정으로서의 정의는 헌법학자들보다는 입헌정체하의 시민들에게 호소되는 문제이다. 이 논의는 시민들에게 평등한 시민으로서의 공통되고 보장된 지위를 인식시키고, 자유와 평등에 대한 특수한 이해를, 민주적 사회의 공적 문화에 내재해있는, 일반 시민들이 친숙하게 공유하고 있으며 본질적 확신으로 여겨지는 특수한 인간관과 연결시키려 하고 있다. 아마 이러한 방식으로 자유와 평등에 대한 이해와 관련된 현 난국을 적어도 해결하지는 못할지라도 지적으로는 분명하게 밝힐 수 있을 것이다. 인간관은 정치적 및 사회적 정의관의 일부라는 사실을 염두에 두는 것은 매우 중요하다. 다시 말하면, 인간관은 정치적 및 사회적 관계에서 시민들이 자신을 어떻게 간주할 것이며, 상호 어떻게 간주하여야 할 것인가를 규정해 준다. 즉 자신을 자유롭고 평등한 인격체로서 전 생애에 걸친 완전한 협동적 사회구성원에 부응할 수 있는 기본적 자유를 소유하게 되는 것이다. 정치적 정의관에서 인간관의 역할은 개인적 및 단체적 이상 또는 종교적, 도덕적 생활에서의 역할과는 뚜렷이 구분된다. 민주적 정체에서 상호존중에 기반한 관용과 사회협동의 토대는 이러한 구분을 인식하지 않는다면 위기에 처하게 된다. 왜냐하면 이런 일이 발생하게 되고 그와 같은 이상과 인생관이 정치적 형태를 취하게 되면, 협동의 공정한 관계가 협소하게 축소되고, 상이한 선관을 지닌 인격체들 간의 자유롭고 자발적인 협동은 불가능해질 수 있기 때문이다. 이 강의에서 나는 기본적 자유와 그 우선성이 어떻게 자유롭고 평등한 인간관에 따라 자신과 상호간을 간주하는 시민들 사이의 공정한 협동의 조건에 속하는지를 보여줌으로써 자유주의적 (철학적 주장으로서) 견해를 강화하려고 노력하였다.

마지막으로, 나의 논의가 많은 신세를 지고 있는 하트Hart의 논문의 결론적 구절에 관하여 고찰하고자 한다. 하트는 내가 『정의론』에서 명시적으로 주장한 기본적 자유의 우선성에 대한 근거들에 납득할 수 없다는 견해를 아주 타당하게 밝혔다. 하트는 기본적 자유의 우선성에 대한 명백하게 독단론적인 나의 주장의 경로는 내 자신이 설정한 잠재적 이상인 원초적 입장의 합의당사자 개념에 이미 묵시적으로 의존하여 설명될 수 있다고 지적하였다. 그가 생각할 때, 이 잠재적 이상은 정치적 행위와 타인에 대한 봉사를 존중하는 공적 의식을 지닌 시민의 이상이라는 것이다. 이러한 높은 공적 의식을 지닌 시민은 이러한 공적 행위의 기회를 단순한 물질적 가치와 만족을 위하여 교환하는 것을 거부할 것이라고 한다. 하트는 다음과 같이 계속하여 말한다. 물론, 이 생각은 자유주의의 주요 이상들 중의 하나라는 것이다. 그러나 문제는 나의 주장인 "자유의 우선성은, 이상이 아니라, 이익에 기초하는 것을 의도하고 있으며, 자유의 일반적 우선성은, 합리적으로 자기이익을 추구하는 모든 사람들이 가질 수 있는 것으로서, 다른 가치들에 우선한 자유에 대한 선호도를 반영하고 있다는 것을 보여주는 의미를 지닌다."[83] 그런데, 자유의 우선성의 문제가 이러한 인간의 이상을 원초적 입장의 당사자들에게 부여함으로써 주장될 수 없다고 말한 점에 있어서 하트의 입장은 옳다고 본다. 그리고 또한 어떤 의미에서 자유주의적인 인간관이 자유의 우선성 주장의 저변에 깔려 있다고 본 점에 있어서도 옳다. 그러나 이 관점은 전혀 다른 자유롭고 평등한 인간으로서의 시민관이라고 할 수 있다. 이 인간관은 합의당사자에게 임의로 부과하여 공정으로서의 정의에 들어오는 것은 아니다. 오히려, 이 관점은 수정된 기본적 가치에 대한 설명에서뿐만 아니라, 원초적 입장에서의 합의당사자들에게 적용되는 합당성의 제약조건을 통하여 들어오게 된다. 이러한 자유롭고 평등한 존재로서의 인간관은 합의당사자들이 대변하는 사람들이 두 가지 도덕적 능력과 함께 특정의 심리적 성격을 가지고 있다고 하는 사실을 합의당사자들이 인식하고 있다는 것에서 또한 나타나게 된다. 이러한 요소들이 기본적 자유와 그 우선성에 어떻게 이르는가에 대해서는 §§5와 6에서 논한 바 있다. 거기에서 합의당사자들의 숙고가 합리적이며, 대표하는 사람들의 한정적 선관에 근거한다는 것을 말하였다. 이러한 인간관은 자유주의적이라 말할 수 있다(철학적 논의의 측면에서). 왜냐하면 이 인간관은 사회적 협동에 대한 능력을 근본적인 것으로 간주하고 있으며, 그러한 사회적 협동을 할 수 있도록 하는 두 가지 도덕적 능력을 사람들에게 부여하고 있기 때문이다. 이러한 능력들은 평등의 근거를 구체화하고 있다. 따라서 시민들은 특정한 천성적인 정치적 덕목을 소유한 것으로 간주되며, 그와 같은 정치적 덕목이 없이는 자유의 체제에 대한 희망은 아주 비현실적인 것이 될 수 있다. 더욱이, 사람들은

---

83 Hart, p. 555; Daniels, p. 252.

상이하고 비교불가공약적인 선관을 가지고 있는 것으로 가정되어, 사회적 협동의 화합은 기본적 자유를 보장하는 공적 정의관에 기초하게 되는 것이다. 그렇지만 이러한 선관의 다원성에도 불구하고, 사회적 단체들 중의 사회적 연합a social union of social unions으로서의 사회개념은 인간의 다원성의 이점을 보다 포괄적인 선으로 통합 조정하는 것이 어떻게 가능한지를 잘 보여준다.

기본적 자유와 그 우선성을 위하여 고찰한 근거들은 『정의론』에서 끌어내어 발전시킨 생각들임에도 불구하고, 『정의론』에서는 이들 논의를 종합적으로 고찰하지 못했다. 나아가서, 이 자유의 우선성을 옹호하기 위해 제시한 근거들이 충분치 못했으며, 때로는 내가 의도하고자 했던 주장들과 괴리되기도 했다.[84] 나는 이 강의에서 나의 주장이 하트의 비판적 토론에 힘입어 보다 개선되었기를 희망하고 있다.

---

84 여기에서 나는 자유의 우선성의 근거들을 명시적으로 설명하고 있는 『정의론』 §82의 3~4 문단의 오류를 말하고 있다. 두 가지 주요 오류가 있었다. 첫째, 가장 중요한 근거를 명확하게 설명하지 못했다. 둘째, pp. 542~543의 제3문단에서, 기본적 자유에 대한 우리들의 관심에 상대적인 경제적 및 사회적 이익의 한계비중 체감(diminishing marginal significance of economic and social advantages to our interest in the basic liberties)의 개념을 사용하지 말았어야 했다. 여기에서 기본적 자유에 대한 관심은 이와 같은 자유들을 효과적으로 집행하는 사회적 조건이 더 완전히 실현되면 될수록 더 강해진다고 말했었다. 여기에서 사용한 한계비중(marginal significance)이라는 개념은 p. 543 제4문단에서 사용한 이익의 위계질서(a hierarchy of interests)라는 개념과는 양립할 수가 없는 것이다. 칸트적 시각에서 볼 때 요구되는 것은 자유롭고 평등한 인격체로서의 특정의 인간관에 기초하고 있는 바로 이 후자의 개념이라 하겠다. 제3문단에서 언급할 수도 있었던 한계적 변화(marginal changes)라는 개념은 기본적 자유를 완전하고도 효과적으로 행사하기 위하여 필요한 사회조건을 점진적으로 실현하는데 있어서의 한계적, 또는 단계적 변화(the marginal, or step-by-step, changes)를 의미한다. 그러나 이러한 한계적 변화는 관심들의 한계적 비중(the marginal significance of interests)과는 전혀 다른 문제이다.

강의 IX

하버마스에 대한 응답(Reply to Habermas)

이 논문은 원래 *Journal of Philosophy* 92(March 1995)에 게재되었는데, 하버마스Jürgen Habermas의 "Reconciliation Through the Public Use of Reason: Remarks on John Rawls's Political Liberalism"에 뒤 이어 곧 나온 것이다. 이 재출판을 위해, 나는 일부 미세한 편집상의 수정을 가하긴 하였지만, 내용적 수정을 한 것은 아니다. 명료하기 위해 나는 내 자신의 저술과 관련하여 언급할 때에는, 강의lecture, 절section, 문단번호paragraph numbers, 또는 강의, 절, 그리고 페이지 번호를 사용하였으며, 하버마스의 저술과 관련하여서는 페이지 번호를 사용하였다. 나는 이 응답을 쓸 때, 도움을 주었던 많은 사람들에게 매우 감사한다. 왜냐하면 나는 모르겐베써Sidney Morgenbesser의 제안으로 몇 년전에 이 응답에 관하여 생각을 하기 시작하였기 때문이다. 매카씨Thomas McCarthy는 없어서는 안 될 중요한 안내를 나에게 제공해 주었으며, 그리고 또 초기부터의 하버마스의 견해에 대한 그의 심원한 지식을 나와 함께 공유한 바 있다. 그리고 도펠트Gerald Doppelt와의 여러 차례의 토론은 처음부터 매우 유익하였다. 이후의 대화에서, 베인즈Kenneth Baynes는 항상 관대하게 조언을 하고 의논을 하여 주었다. 나는 또한 프리만Samuel Freeman과 힌쉬Wilfried Hinsch, 그리고 켈리Erin Kelly와 페리쯔David Peritz, 이들의 전 과정에 걸친 값진 도움과 논평들에 많은 도움을 받았다. 드레븐Burton Dreben에게 특별한 감사를 표하고 싶다. 그는 논문의 모든 계기에서 특히 §2에서 아주 훌륭한 비판을 해주었는데, 그곳에서 나는 정당화의 세 가지 개념을 마침내 올바르게 포착했을 것으로 희망하고 있다. 이 응답은 이들의 지칠 줄 모르는 관심과 제안의 결과로 훨씬 나아질 수 있었다. 다른 사람들에게는 논의를 전개해 가면서 나의 감사함을 표하고자 한다.

우선, 나는 하버마스에게 감사를 표하고 싶다. 무엇보다도, 그는 나의 저술에 관한 관대한 토론과 함께 예리한 논평을 해주었으며, 또한 그가 제기하는 아주 지적으로 유의미한 비판들에 대해 내가 응답을 할 수 있는 장을 설정해 준 데 대해 감사한다. 이러한 응답을 하는 것은 나에게는 정치적 자유주의*political liberalism*의 의미를 설명하고, 또한 이것을 하버마스 자신의 강력한 철학적 교리와 대조할 수 있게 하는 아주 이상적인 맥락을 제공해 주는 의미를 지닌다. 나는 그에게 또한 내가 말했던 것들을 다시 한번 생각해 보게 할 수 있도록 한 데 대해 감사를 표해야만 할 것 같다. 이 응답을 함에 있어서, 나는 나의 이론적 형성 작업들이 불분명하고 오해의 소지가 있을 뿐만 아니라, 나의 원래의 생각과는 달리 부정확하고 일관적이지 못한 점이 종종 발견된다는 점을 깨닫게 되었다. 나는 그의 이견에 직면하여 나의 견해를 표명하여 그 주장이 보다 명료해지고 정확해 질 수 있도록 함으로써 얻는 바가 매우 컸다고 할 수 있다.

하버마스에 대한 나의 응답은 §1에서 그의 견해와 나의 견해간의 주요 차이점들을 검토함으로써 시작된다. 그 차이들은 상당 부분 우리들의 상이한 목적과 동기의 결과에서 유래된다고 할 수 있다. 이것이 이루어지게 되면, 나는 그의 보다 중심적인 비판들에 대해 응답을 하려고 한다.

그렇지만, 지면상의 이유로, 나는 주로 그의 논문의 II부와 Ⅲ부에 있는 가장 중요한 비판이라고 생각되는 것에 대해 초점을 맞추려 한다. 우리는 많은 철학적 논점들에 대해 의견을 함께 하고 있다. 그렇지만, 특히 아래의 §§ 1–2에서 내가 명료히 하고자 하는 차이들이 있다는 점을 부인할 수 없다. 전체적으로, 나는 그의 저술에 관한 일부 알려진 지식을 당연하게 받아 들이며, 그래서 나의 토론의 상당부분은 그가 말한 바를 다시 일깨우는 것으로 이루어지고 있다.

§1. 두 가지 주요 차이들

하버마스의 입장과 나의 입장 간의 두 가지 주요 차이 중에서, 첫 번째 차이는 그의 입장은 포괄적이라 할 수 있는 반면, 나의 입장은 정치적인 것에 대한 설명이며 이것에 국한되어 있다. 이 첫 번째 차이는 두 번째 차이를 위한 장을 설정하고 또 이를 형성하기 때문에 보다 근본적인 것이라 할 수 있다. 이것은, 내가 그렇게 부르는, 우리들의 **대표의 장치들***devices of representation*의 대조와 관계 된다: 그의 대표의 장치는 그의 의사소통행위이론의 일부로서 간주되는 이상적 담화상황the ideal discourse situation이며, 나의 대표의 장치는 원초적 입장이다. 이 두 대표의 장치들은 상이한 목적과 역할을 지닐 뿐만 아니라, 상이한 목적을 수행하는 특징적 차이들을 보여준다.

1. 나는 정치적 자유주의[1]를 정치적인 것의 범주에 속하는 하나의

1 나는 이전 세대에서 정치적 자유주의의 교리를 명백히 제시했던 적이 있는 자유주의적 이론가에 관해 아는 바가 없다. 그렇지만, 이것은 전혀 새로운 교리라고는 할 수 없다. 비록 모든 부분은 아니라 할지라도, 나와 이러한 일반적 견해를 공유하고 있고, 또 그것을 완전히 독립적으로 개발한 이론가 두 사람이 있는데, 라모아(Charles Larmore)—예를 들어 그의 "Political Liberalism," *Political Theory* 18, no. 3(August 1990)를 참작하라—; 그리고 고 슈클라

교리로 생각한다. 정치적 자유주의는 전적으로 정치적인 것의 영역 내에서 작동하며, 정치적인 것의 영역외의 그 어떤 것에도 의존하지 않는다. 보다 친숙한 정치철학의 관점은 그 개념들, 원칙들과 이상들, 그리고 다른 요소들이 포괄적인 교리들—종교적, 형이상학적, 그리고 도덕적—의 결과로서 제시되고 있다. 대조하여, 정치적 자유주의 입장에서 제시되는 정치철학은 **자유로운 독립적 입장***freestanding*으로 간주되는 정당성과 정의의 상이한 정치적 관점들different political conceptions of right and justice로 주로 이루어지고 있다. 그래서 정치적 자유주의는 물론 자유주의적이긴 하지만, 이러한 의미의 정치철학에 해당되는 정당성과 정의의 일부 정치적 관점들은 보수적일 수도 있으며, 또한 진보적일 수도 있다. 왕의 신성권이나 심지어 독재정치의 관점들 역시 여기에 해당될 수 있다. 비록 마지막 두 개의 사례에서 여기에 해당되는 정체들이 우리가 익숙한 역사적, 종교적 및 철학적 정당화가 결여되어 있긴 하지만, 이들 정체들은 자유로운 독립적 입장의 정치적 정당성 및 정의의 관점들을—설득력이 떨어지긴 하지만[2]—가지고 있다고 할 수 있는데, 그래서 정치철학에 해당된다고 할 수

(Judith Shklar—그녀의 "The Liberalism of Fear," in Nancy Rosenblum, ed., *Liberalism and the Moral Life*(Cambridge: Harvard University Press, 1989)를 참작하라—가 있다. 적어도 정치적 자유주의의 두 가지 측면은 또한 애커만(Bruce Ackerman)의 *Social Justice in the Liberal State*(New Haven: Yale University Press, 1980)에서도 발견되고 있다. 해당 저서 pp. 357~61에서 애커만은 자신의 중립성의 원칙(his principle of neutrality)에 의해 규율되고 있는 정치적 토론의 상대적 자율성을 언급하고 나서 이러한 정치적 담론의 발상에 이르는 다양한 방법을 논하고 있다. 여기에서 언급되고 있는 것은 또한 자신의 심의민주주의(deliberative democracy)의 설명에서 표현된 코헨(Joshua cohen)의 입장과도 관계된다. 그의 논문 "Deliberation and Democratic Legitimacy," in Alan Hamlin and Philip Pettit, eds., *The Good Polity*(Cambridge: Blackwell, 1989), 그리고 그의 다른 논문 "Notes on Deliberative Democracy"(unpublished, 1989)을 참조하라. 왜 정치적 자유주의가 훨씬 이전에 고안되지 못했는지는 나에게는 큰 의문으로 다가온다. 정치적 생활에서 합당한 다원주의 현실을 고려할 때, 자유주의의 발상을 제시하는 것은 아주 자연스럽게 여겨진다. 그리고 이 자유주의 개념은, 이전의 이론가들이 발견할 수도 있었던, 내 역시 알아보지 못했던, 심각한 결함들을 지니고 있으며, 이러한 심각한 결함들은 이들 이론가들로 하여금 그러한 자유주의에 대한 생각을 잊어버리게 한 것은 아닌가?

2 이것은 왕의 신성권이나 독재정치의 교리가 어떤 방식으로든 정치적인 것(the political)을 벗어나지 않고서 설득력을 지닐 수 있는지의 의문을 제기한다. 그 답변은 민주주의에 이르는 조건

있다.

그래서, 정치철학 내에서 다양한 자유로운 입장의 정치적 정의관들 중에서, 일부는 자유주의적이며, 또 일부는 자유주의적이 아닐 수 있게 된다. 나는 공정으로서 정의는 민주정체에 적합한 자유주의적 정의관을 고안해 내는 것으로 생각한다: 해당 정치관 또는 일부 유사한 견해에 의해 규제되는 민주정체에서 존재하는 합당한 모든 포괄적 교리들에 의해 지지될 수 있는—그래서 그렇게 되기를 바라는—그러한 정의관이다. 다른 자유주의적 정치관들은 다소간 다른 원칙들과 요소들을 지닌다. 그러나 나는 매 경우에 이들의 원칙들은 특정한 권리, 자유 및 기회들을 명시하고, 다른 요구들에 비해 이러한 권리, 자유 및 기회들에 우선성을 부여하며, 그리고 모든 시민들로 하여금 자신의 자유들을 본질적으로 그리고 효과적으로 행사할 수 있도록 하여주는 세부 규정들을 만드는 것으로 가정한다.[3]

그 중심적 발상은 정치적 자유주의는 정치적인 것의 범주 내에서 움직이는 것이며 철학은 그 자체로 남겨둔다. 그것은 모든 종류의 교리들—종교적, 형이상학적, 도덕적—을 직접 관여하지 않고 이들 자신의 고유한 발전 및 해석의 오래된 전통들에 맡겨둔다. 정치철학은 그러한 모든 교리들과는 별개로 진행되며, 자유로운 독립적 입장으로서 자기 자신의 고유한 언어로 자신의 입장을 제시한다. 그래서, 그것은 어떤 포괄적 교리에 호소하거나, 아니면 이들 포괄적 교리들을 비판하거나 거부함으로써 자신의 경우를 주장하지 않는다. 물론, 정치적으로 말하자면, 그러한 교리들이 합당해야 하는 것을 전제한다(원문 Ⅱ: 3). 사람들과 결부시켜

들에 관하여 어떤 등불을 제시하게 되는 것은 아닌가?

3 이러한 정치적 자유주의 정치관들은 익히 알고 있는 칸트(Immanuel Kant)와 밀(J. S. Mill)의 자유주의와는 구분된다. 이들의 입장들은 분명히 정치적인 것의 범위를 넘어나는 것으로, 포괄적 교리에 해당되는 도덕적 가치들로서의 자율성(autonomy)과 개인성(individuality)의 개념에 의존하고 있다.

말한다면, 합당한 것의 개념의 두 가지 기본적 요소들은, 첫째, 자유롭고 평등한 존재로서 타인들 또한 지지할 수 있는 사회적 협동의 공정한 조건들을 제안하고, 동시에 타인들도 그렇게 하리라는 것이 전제된다면, 비록 자기 자신의 이익에 반한다고 할지라도, 이러한 공정한 조건들에 입각하여 행동할 자발성, 그리고 두 번째, 판단의 부담the burdens of judgment을 인정하고(원문 Ⅱ: 2–3), 다른 포괄적 교리들에 대한 (관용을 포함하여) 자신의 태도들로 인한 결과들을 받아들이는 것이라고 할 수 있다. 정치적 자유주의는, 포괄적 견해들이 합당하지 않고 또 민주정체의 여러 변형된 모습들의 기본적인 본질적 요건들을 거부할 때 필요한 조치를 취할 경우를 제외하고, 포괄적 교리들의 영역에 관하여 단언적 주장을 하는 것을 삼간다. 그렇게 하는 것은 일부분 철학을 그 자체로 남겨두고 관여하지 않는 것이라고 할 수 있다.

이러한 목적들과 함께, 정치적 자유주의는 정치적 정의관을 다음 세 가지 특징으로 규정한다.

a. 그것은 (공정으로서의 정의가 민주사회에 적용되는 경우에서 가정되듯이) 우선적으로 사회의 기본구조에 적용된다. 이 기본구조는 주요 정치적, 경제적 및 사회적 제도들, 그리고 이들이 하나의 통합된 사회적 협동의 체계로 결합하는 방식으로 이루어진다.
b. 그것은 어떤 특정한 종교적, 철학적 및 도덕적인 포괄적 교리들과는 독립적으로 형성될 수 있다. 비록 우리가 정치적 자유주의가 하나 또는 그 이상의 포괄적 교리들로부터 도출될 수도 있거나 혹은 이들에 의해 지지될 수 있거나, 아니면 다른 방식으로 이들 교리들과 결부될 수 있긴 하지만(사실상, 우리는 정치적 자유주의가 그렇게 하여 수많은 그러한 포괄적 교리들과 연결될 수 있기를 바란다), 그것은 그러한 어떤 포괄적 교리의 입장에 의존하거나 또는 그러한 포괄적 교리를 미

리 가정하여 제시되는 것은 아니다.

c. 정치적 자유주의의 근본적 개념들은—사회적 협동의 공정한 체계로서의 정치사회, 합당하고 합리적이며 자유롭고 평등한 존재로서의 시민들의 개념들과 같은—모두 정치적인 것의 범주에 속하는 것이며, 나아가서 민주사회의 공적 정치문화, 그리고 그 헌법 및 기본적 법의 해석의 전통들뿐만 아니라, 민주사회의 주요 역사적 문헌들 및 널리 알려진 정치적 저술들로 볼 때, 익숙한 것들이다.

이러한 특징들은 정치적 정의관이 자유로운 독립적인 입장에 있다는 방식을 예시해 준다.

2. 반면에, 하버마스의 입장은 하나의 포괄적 입장으로서, 정치철학의 범주를 훨씬 넘어서 있는 많은 것들을 포함하고 있다. 사실상, 그의 의사소통행위 이론theory of communicative action의 목적은 이론이성theoretical reason 뿐만 아니라 실천이성practical reason 양자 모두에 해당되는 의미, 추론 및 진리 또는 타당성에 대한 일반적 설명을 제시하려는 것이라고 할 수 있다. 그것은 도덕적 주장에 있어서 자연주의naturalism와 정서주의emotivism를 거부하고 이론이성 및 실천이성 양자에 대한 완전한 옹호를 제시하려고 한다. 더욱이, 하버마스는 종종 종교적 및 형이상학적 견해들을 비판하는데, 이들에 대하여 상세한 반대의 주장을 함에 있어 그렇게 많은 시간을 들이는 것 같지는 않다. 오히려 그는 이들을 제쳐두는데—아니면 때때로 이들을 일축한다—, 그는 이성적 담론과 의사소통행위의 전제에 대한 자신의 철학적 분석의 관점에서 보았을 때, 그것들을 사용할 수 없으며 신뢰할만한 독립적인 장점들을 지니고 있지 않은 것으로 간주한다.

나는 『사실성과 타당성』*Faktizität und Geltung*[4]에 있는 두개의 문단을 언

급하려 한다. 서문에 나오는 문단을 보자:

> 담론이론은 이 자기이해 [민주국가의 보편주의적인 도덕적 의식과 그 자유주의적 제도들에 대한 자기이해]를 재구성하려고 한다. 그것은 과학적인 귀납적 결과들(scientific reductions)과 심미적인 동화(aesthetic assimilations) 양자에 대항할 수 있도록 민주국가의 본질적 의미와 논리를 강화하려고 한다. 다른 그 어떤 세기보다도 우리들에게 현존하는 비이성(existing unreason)의 혹독한 참상을 우리에게 더 절실하게 가르쳐 주었던 그러한 세기 이후에, 이성에 대한 본질주의적 신뢰의 마지막 잔재들은 사라졌다.[5] 이제 근대성(modernity)은, 이제 이성의 우연성을 인식하여, 절차적 이성(procedural reason), 즉 이성 자신을 스스로 시험해 보는 이성에 더욱더 의존하게 되었다. 이제 이성의 비판은 이성 그 자체에 대한 비판의 작업이 되고 있다: 이러한 칸트적인 이중적 의미는 우리가 호소할 수 있는 보다 고차원이나 보다 심오한 실재(reality)가 존재하지 않는다는 아주 급진적인 반플라톤주의적 통찰(antiPlatonic insight)에 기인한다–우리들이 이미 언어적으로 구조화된 우리의 삶의 양식에 처해져 있는 현실을 발견하게 된다(FG 11).

이제, 종교적 또는 형이상학적 교리들에 호소하지 않는 것으로 해석되는, 정치적 자유주의는 이러한 문단에서 정치적 정의[6]에 상응하는 어떤

4 Frankfurt am Main: Suhrkamp, 1992(이후로는 인용시에는 FG로 그리고 본문에서는 *Between Facts and Norms*로 표기하겠다). 레그(William Rehg)는 그 저서의 전부를 번역하였는데, 나는 그와 매카티(Thomas McCarthy)에게 번역본 1부(*Between Facts and Norms* [Cambridge: MIT Press, 출판예정])를 준데 대하여 감사를 표하고 싶다. 그 번역본이 없었다면, 나는 아마도 이 길고도 긴 복잡한 저술에 대해 이해를 할 수 없었을지 모른다. 나는 이 저술에 대해 수차례 언급할 것이기 때문에, 이 때 독일어 원본의 해당 페이지를 준거로 제시하려고 한다.

5 이 문단에는 두 개의 이상한 구절들이 있다: '현존하는 비이성'(existing unreason), 그리고 '이성에 대한 본질주의적 신뢰'(essentialist trust in reason). 그렇지만 하버마스는 'existierrender Unvernunft'와 'essentialischen Vernunftvertrauens'를 각각 사용하며, 그래서 레그(Rehg)의 번역은 정확하다. 전자의 용어로 나는 하버마스가 이성(Vernunft)을 위반하는 인간 제도와 행위의 현실이 존재하는 것을 의미하는 것으로, 후자로 (플라톤적 Platonic) 본질을 올바르게 파악할 수 있는 우리 이성에 대한 신뢰로 가정하려고 한다.

점들을 언급할 수 있을지도 모르지만, 거기에는 근본적 차이가 있을 수 있다. 그 이유는 자유로운 독립적인 정치관을 제시함에 있어 그리고 그것을 넘어나지 않은 한도 내에서, 그러한 정치관을 자신의 포괄적 교리와 부합시키기 위해, 자신의 포괄적 교리를 넘어서거나 또는 보다 깊숙이 개입하는of going beyond, or of going deeper 자신의 방식을 형성하는 것은 시민사회의 시민들과 협회들에게 완전해 개방되어 있는 문제이기 때문이다. 정치적 자유주의는, 포괄적 교리들이 정치적으로 합당할 경우, 이들을 어떤 방식으로든 결코 부인하거나 의문을 제기하지 않는다. 이 기본적 쟁점에 대해 하버마스 자신이 상이한 입장을 견지하는 것은 그의 포괄적 견해의 부분이라 할 수 있다: 그는 보다 고차원 또는 보다 심원한 교리들은 그 자체의 입장으로 어떤 논리적 힘을 결여하고 있는 것으로 말하는 것처럼 여겨진다. 그는 자신이 말하는 본질주의적인 플라톤적 이성의 개념an essentialist Platonic idea of reason을 거부하고 있는 것으로 여겨진다. 그는 그러한 본질주의적 이성이 스스로를 시험하고 그리고 그 자신의 비판의 판단자가 되는 절차적 이성에 의해 대체되어야만 한다고 강하게 주장한다.

『사실성과 타당성』Between Facts and Norms의 제5장에 있는 다른 문단에서, 이상적 담론상황이 어떻게 진행될 수 있는지를 설명한 후에, 그는 담론의 원칙the principle of discourse은 규범과 가치들이 제1당사자 복수의 관점the point of view of the first-person plural으로부터 판단되어야만 한다고 강조하고 있다.

> 주장화(argumentation)의 실천들은 그 자체가 공동으로 실천되고, 보편적인 역할수행을 할 수 있는 그러한 것이 되어야 한다고 권장한다. 의사소통 행위의 일상적 형태(the reflexive form of communicative action)로서, 주장화는 참여자 관점들의

---

6 이것은 '공정으로서의 정의가 정치적이며 형이상학적이 아니다'라는 바로 그러한 언술의 의미이다.

완전한 전환가능성(reversability)에 의해 사회적 존재론적으로(socio-ontologically) 자신을 차별화시키고 있으며, 이것은 집단적 숙고의 고차원적인 상호주관성(the higher-level intersubjectivity of the deliberating collective)을 이끌어 내게 된다. 이러한 방식을 통하여, 헤겔의 구체적 보편성인 [인륜성](Sittlichkeit)[7]이 모든 실체적인 요소들이 정제되는 의사소통구조로 승화되기에 이른다(FG 280).

그래서, 하버마스에 따르면, 헤겔의 인륜성의 견해의 실체주의적 요소들은, 분명히 윤리적 삶의 하나의 형이상학적 교리(다양한 가능한 예들 중의 하나)라고 할 수 있는데, 이것들은—이것들이 타당성이 있는 한—이상적 담론의 절차적 전제조건들을 구비한 의사소통행위로 완전하게 승화된다는 것(나는 그가 의사소통 행위의 이론에 의해 표현가능해지거나 표명될 수 있을 것을 의미하는 것으로 해석하고자 한다)이다. 내가 생각하기에, 하버마스 자신의 교리는 광범위한 헤겔적 의미에 속하는 하나의 논리하고 할 수 있다: (이론이성과 실천이성의) 이성적 담론의 전제조건들에 대한 하나의 철학적 분석이라 할 수 있는데, 그것은 그 자체 내에 종교적 및 형이상학적 교리들의 실체적 요소들로 주장할 수 있는 모든 요소들을 담지하고 있다. 그의 주장은 다음의 의미에서 형이상학적이라 할 수 있다: 그것은 실재하는 것what there is에 대한 설명을 제시하고 있다.[8]—자신의 생활세계에서 의사소통 행위에 참여하고 있는 인간들. '실체substance'와 '실체적substantial'이 무엇을 의미하는지에 관하여, 하버마스

---

7 나는 이 구체적 보편성(concrete universal)은, *Philosophy of Right*에서 설명된 헤겔의 인륜성(Sittlichkeit)의 개념에 관계된다고 생각한다.

8 나는 형이상학이란 근본적이고, 완전한 일반적 진술들을 포함하여, 적어도 실재하는 것에 대한 일반적 설명이라는 것이라고 생각한다-예를 들어, '모든 사건에는 원인이라는 것이 있다' 그리고 '모든 사건은 공간과 시간 속에서 일어난다'거나, 또는 이러한 것들과 결부되어 있을 수 있다와 같은 진술들을 들 수 있다. 그렇게 보았을 때, 콰인(W. V. Quine) 또한 형이상학자이다. 특정한 형이상학적 교리를 거부하는 것은 또 다른 의미의 형이상학을 주장하는 것에 불과하다.

가 다음과 같은 무언가를 의미하는 것으로 추측해 본다: 무언가를 하는 자신들의 가장 기본적인 방식—이상적 담론을 미리 전제하고 있는 자신의 의사소통행위, 또는 자유롭고 평등한 시민들 간의 공정한 협동의 체계로서의 자신들의 사회관—은 본질을 파악하거나 아니면 형이상학적 실체에 근원을 두고 있는 플라톤적 이성에 의해 식별될 수 있는 그 자체를 넘어서는 기반을 필요로 한다고 사람들이 흔히 생각한다는 것이다. 생각을 통해, 우리는 종교적 또는 형이상학적 교리 이면이나 보다 깊이 이들 내면으로 들어가 확실한 기반을 추적할 수 있다는 것이다. 이러한 실재가 또한 도덕적 동기를 제공해 주리라고 기대되고 있다.[9] 이러한 기반들 없이는 모든 것은 우리들에게 불안정스럽게 여겨져서 우리는 일종의 정신적 혼란 vertigo—기댈 곳이 없이 버려진 느낌—을 겪게 될 것이다. 그러나 하버마스는 "이러한 자유의 정신적 혼란에서 민주적 과정 그 자체—권리의 체계the system of rights로 이미 그 의미가 요약된 절차—외에는 어떤 고정된 지점이 더 이상 존재하지 않는다"고 주장한다(FG 229)[10](나는 §5의 끝 부분에서 이러한 하버마스의 견해를 다시 언급하려 한다).

앞에서 이루진 논평들은 하버마스의 마지막 두 문단들(131)과 관계된다. 여기에서 그는 우리 둘은 각각 자신의 견해를 상대방의 견해 보다 더 과도하지 않은 것modest으로 간주하고 있다고 말한다. 그는 자신의 견해가 나의 견해 보다 덜 과도한 것으로 생각한다. 그 이유는 그의 견해가

9 이러한 점들에 대해, FG 86ff.에서 이루어지는 드워킨(Ronald Dworkin)에 대한 그의 논평을 참조하라.

10 다른 예는 허바마스가 말한 바(130), "일단 공적 및 사적 자율성(나는 이 개념들을 §§3과 4에서 논하려 한다)이 담론이론적 민주주의 설명에 부합하는 법과 정치제도들로 수용이 되면, '기본적인 자유적 권리들의 규범적 실체가 주권 시민들의 공적 이성의 법적 제도화를 매개하는 불가피한 수단에 이미 포함되게 된다는 것은 명백해진다' 하는 데에서 찾아 볼 수 있다." 위 본문에서 인용된 정신적 혼란(vertigo)에 해당되는 단어는 *der Taumel*인데, 그것은 현기증으로 비틀거림(reeling), 어질어질함(giddness), 또는 비유적 의미에서, 정신착란(delirium), 황홀(ecstasy), 광란(frenzy)을 의미할 수 있다. 레그(Rehg)의 'vertigo' 번역은 여기에서 적절한 것으로 여겨진다.

실체의 문제들을 자유롭고 평등한, 그리고 현실에서 생활하고 있는 참여자들이 참가하는 실제적인 자유로운 토론—인공적 산물로서의 원초적 입장과는 반대되는 것으로서—을 통한 결과에 의해 결정되도록 하는 절차주의적인 교리라는 취지에서 그러하다는 것이다. 그는 말하기를, 자신은 도덕 철학을 도덕적 관점의 명시적 제시와 민주적 정당화의 절차 및 이성적 담론과 협상의 조건들의 분석에 국한하는 것으로 제안한다. 대조하여, 그는 나의 견해가 보다 야심찬 과제의 성격을 띠고 있는 것으로 생각한다. 그 이유는 민주사회의 기본구조에 적합한 정치적 정의관을 형성하는 것을 희망하고 있기 때문이라는 것이다. 이 작업은 그가 생각하기에 불가피하게 근본적인 실체적인 관점들을 포함하게 되는데, 이것은 다만 현실적인 참여당사자들 만이 결정할 수 있는 보다 큰 문제들을 제기하게 된다는 것이다.

동시에, 하버마스는 내가 나의 견해를 자신의 것보다 덜 과도한 것으로 간주하고 있다고 생각한다: 나의 견해는 전적으로 정치적 정의관을 목적으로 하는 것이지, 포괄적 교리를 목적으로 하지 않는다. 그렇지만, 그는 내가 그렇게 하는데 실패하고 있다고 생각한다. 나의 정치적 정의관은, 내가 바라는 것처럼, 사실상 자유로운 독립적 입장이 아니라는 것이다. 왜냐하면, 내가 좋아하든 좋아하지 않든 간에, 정치적 자유주의에서의 인간관은 정치철학의 범주를 넘고 있다고 생각하기 때문이다. 더욱이, 그는 정치적 구성주의political constructivism는 합리성rationality과 진리truth와 같은 철학적 문제들을 함유하고 있다고 주장한다. 그리고 그는 또한, 칸트와 함께, 내가 공정으로서의 정의와 그렇게 고안된 이상들 내에 이미 사실상 자리잡고 있는 선험적이고 형이상학적인 이성관a conception of a priori and metaphysical reason을 표현하고 있다고 생각할 수도 있다.

나는 이러한 점들을 부인한다. 철학적 인간관the philosophical conception of the person은 정치적 자유주의에서는 자유롭고 평등한 존재로서의 정치적 시민관the political conception of citizens as free and equal으로 대치되고 있다. 정치적 구성주의에 관하여 말한다면, 그 과제는 정치적 정의원칙들의 내용을 합당하고 합리적 존재로서의 시민과과 결부시키는 것에 있다. 이 주장은 원문 Ⅲ: 1~3에 제시되어 있다. 그것은 플라톤적 그리고 칸트적 이성에 의존하는 것은 아니다–혹은 만약 그렇다 한다면, 그것은 하버마스가 하는 것과 같은 방식으로 그렇게 하는 것이다. 수긍할 수 있는 견해라면 어떠한 것도 내가 사용하는 의미의 합당성과 합리성의 개념 없이는 성립할 수 없을 것이다. 만약 이 주장이 플라톤과 칸트의 이성관을 함유하고 있다면, 그것은 논리와 수학에서 아주 가장 단순한 조그만 일부에 불과하다. 나는 §2에서 이 문제로 다시 돌아오겠다.

3. 내가 이미 말한 것처럼, 하버마스와 나의 입장의 두 번째 차이에 대한 논의의 장은 이미 첫 번째 차이에 의해 이미 준비되어 있는 셈이다. 그 이유는 대표representation의 두 가지 분석적 장치들—이상적 담화상황과 원초적 입장[11]—간의 차이들은 상이한 입장의 위치들을 반영하고 있는데, 하나는 포괄적 교리에 처해 있고, 다른 하나는 정치적인 것에 국한되어 있다.

원초적 입장은 추론을 형성하는데 사용되는 분석적 장치이다. 그 추론은 다음과 같다. 우리가—자유롭고 평등하고, 합당하고 합리적인 존재로서 간주되는 시민들로 이루어진 민주사회에 적합한 가장 합당한 정치적 정의의 원칙들은 무엇인가?—라는 질문을 제기할 때, 그 답은 이러한

11 나는 여태껏 이 점에 관하여 명료하게 밝힌 적이 없는데, 보다 유용한 비교가 이상적 담화상황과 시민사회의 시민들의 입장간의 차이, 즉 하버마스와 나의 차이에 관해 가능할 것이라고 잠시 생각해 보았다. 후자에 관해, "Kantian Constructivism in Moral Theory," the *Journal of Philosophy* 77(September 1980), 533f, 그리고 Ⅰ: 4.6을 참조하라. 나는 이 주제에 관한 유용한 일치에 대한 맨들(Jon Mandle)의 입장에 도움을 받았다.

정치적 정의의 원칙들은 대표의 장치에 의해 제시된다는 것이다. 이 대표의 장치에서는 합리적인 당사자들(시민들의 신탁자로서, 각자에 대한 신탁자)이 합당한 조건들 속에 위치하고, 이러한 조건들에 의해 절대적으로 제약을 받게 된다는 것이다. 그래서, 자유롭고 평등한 시민들은 합당성과 합리성을 모두 갖춘 그러한 시민들을 대표하게 하는 조건하에서 정치적 원칙들에 관해 스스로 합의에 이르게 되는 존재로서 상정되는 것이다. 그렇게 합의된 정의원칙들이 사실상 가장 합당한 원칙들일 것이라고 하는 것은 하나의 추론일 뿐이다. 그 이유는 그것은 물론 그렇지 않을 수도 있기 때문이다. 우리들은 그것을 상이한 일반성의 수준에 있는 우리의 숙고된 판단들의 고정적 관점에 비추어 확인 해 볼 필요가 반드시 있다. 우리는 또한 이러한 원칙들이 어떻게 민주적 제도들에 잘 적용될 수 있는지, 그리고 그 결과들이 어떨 것인지를 검토해야만 한다. 그렇게 하여 이 원칙들이 적절한 반성적 평형과정을 통해 우리의 숙고된 판단들과 실제로 어떻게 잘 부합할 수 있는지를 확인해야만 하는 것이다.[12] 어떤 방향에서이든, 우리는 우리의 판단들을 수정해야 되는 경우가 발생할 수 있다.

하버마스의 의사소통행위 이론은 이상적 담론상황이라는 분석적 장치를 제시하고 있는데, 이것은 이론이성과 실천이성 양자 모두의 판단들의 진리성과 타당성에 대한 설명을 제공하고 있다. 그것은 강력한 이성들에 의해 규제되는 이성적이고 자유로운 토론의 전제조건들을 완전히 제시해내려고 한다. 그렇게 하여, 모든 필요한 조건들이 모든 실제적인 참가자들에 의해 완전히 현실적으로 구현되고 완전히 존중된다면, 이들의 이성적 합의는 진리 또는 타당성을 보증하는 것으로 기능하게 되는 것이다. 뒤집어 얘기한다면, 종류가 무엇이든지 간에 어떤 진술이 진리라거나, 또는 규범적 판단이 타당성이 있다고 주장하는 것은 그것이, 이상적으로 표

12 반성적 평형(reflective equilibrium)에 관한 보다 상세한 설명으로 이 절의 각주 16을 참조하라.

현된 모든 조건들이 획득할 수 있는 정도로, 담론 상황에 있는 참가자들에 의해 수용될 수 있을 것이라고 주장하는 것을 의미한다. 내가 이미 언급했듯이, 그의 교리는 광범위한 헤겔적 의미에 있는 논리의 하나이다: 즉 그 자체 내에 종교 및 형이상학적 교리들의 모든 자명한 실체적 요인들을 내포하고 있는 이성적 담론의 전제조건들에 대한 철학적 분석이다.

어떠한 관점에서 이 두 가지의 대표의 장치들을 논의해야만 하는가? 그리고 어떠한 관점에서 이 양자 간 사이에 토론이 이루어지는가? 언제나, 우리는 우리가 어느 지점에 있는지 그리고 어디서부터 말해야 하는지에 유의해야만 할 필요가 있다. 이러한 모든 문제들에 대해 그 답은 동일하다: 모든 논의들은 시민사회의 문화, 즉 하버마스가 소위 말하는 공론장*public sphere*[13]에 있는 시민들의 관점으로부터 비롯되어야 하는 것이다. 거기에서는 시민들로서 우리들은 공정으로서 정의가 어떻게 형성될 수 있는지, 그리고 공정으로서 정의의 이모저모가 수용될 수 있는지—예를 들자면, 원초적 입장의 설정에 관한 세부사항들이 적절히 설정되었는지, 그리고 선택된 원칙들이 지지될 수 있는 지—를 논의하게 된다. 같은 방식으로, 담론의 이상과 이의 절차주의적 관점의 민주적 제도들의 요구

---

13 FG, 8장과 그리고 상당히 초기저술(1962)인 *Structural Transformation of the Public Sphere*, T. Burger trans.(Cambridge: MIT Press, 1989)를 참조하라. 여기에서 용어가 방해가 될 수 있다. 정치적 자유주의의 공적 이성은 하버마스의 공론장과 혼동이 될 수도 있다. 그러나 이 두 개념이 같은 것은 아니다. 이 저술에서 공적 이성은 입법가, 행정가(예를 들자면, 대통령), 그리고 판사(특히 하나를 든다면, 연방대법원의 판사들)의 추론이라 할 수 있다. 그것은 또한 정치적 선거에서의 후보자들 및 정당의 지도자들 및 이들의 선거운동에서 활동하고 있는 다른 사람들의 추론뿐만 아니라, 헌법적 본질들과 기본적 정의의 문제들에 관한 투표를 할 때의 시민들의 추론을 포함한다. 공적 이성의 이상은 모든 이러한 경우들에 있어서 동일한 요건들을 지니는 것은 아니다. 하버마스의 공론장에 관해 말하자면, 내가 이 저서의 Ⅰ: 2.3에서 말하는 배경적 문화(the background culture)와 상당히 유사하다. 사실 이곳에서는 시민성의 의무를 지닌 공적 이성이 적용되지 않는다. 우리는 이점에는 동의를 하고 있다. 나는 그가 이러한 공적이성의 이상(원문 129~30)을 받아들일지에 대해서는 명확히 알 수 없다. FG에 있는 그의 진술의 일부(원문 18, 84, 152, 492, 534f.)는 확실히 그것을 시사하고 있는 것으로 보여 지는데, 나는 그것이 그의 견해와 양립할 수 있으리라곤 생각하지 않는다. 유감스럽게도 나는 이 문제를 여기에서 토론할 수가 없다.

들이 논의될 수 있다. 이 배경적 문화는 모든 종류의 포괄적 교리들을 포함하고 있다는 사실을 명심해 보라. 여기에서 포괄적 교리들은 가르쳐지고, 설명이 되고, 또 상호간에 논쟁이 붙으며, 자신의 입장을 주장한다.-이 과정은 사회가 생명력과 정신이 살아 있는 한 끝이 없이 무한정 지속되는 것이다. 이것은 사회적인 것의 문화이지, 공적으로 정치적인 것의 문화는 아니다. 이것은 수많은 협회—대학과 교회들, 학문적 및 과학적 협회들—가 있는 일상생활의 문화이며, 관념과 교리들에 대한 끝없는 정치적 토론들은 어느 곳에서나 볼 수 있는 흔한 일이다.

시민사회의 관점은 모든 시민들을 포함한다. 하버마스의 이상적 담화상황처럼, 그 핵심은 대화dialogue인데, 사실상 합동적 대화omnilogue[14]이다. 여기에는 전문가가 따로 없다: 철학자가 다른 시민들보다 무슨 특별한 권위를 지니는 것도 아니다. 정치철학을 연구하는 사람들이 때로는 어떤 것들에 대해 더 많이 알 수도 있겠지만, 다른 사람들 역시도 그럴 가능성이 있는 것이다. 모든 사람들은 사회에 현존하는 인간이성의 권위에 동등하게 호소하게 된다. 다른 시민들이 관심을 가지게 되면, 저술된

---

14 나는 코스가아드(Christine Korsgaard)에게 이 용어에 관한 비난을 하고 싶다. 하버마스는 자주 원초적 입장이 독백적(monological)이지 대화적이지 못하다고 말한다. 그 이유는 당사자들이 사실 동일한 이성들을 지니며 그래서 동일한 원칙들을 선정하게 되기 때문이라는 것이다. 이것은 말하자면, 정치적 정의관을 결정하는 것을 현존하는 사회의 시민들에게 맡기는 것이 아니라, 전문가로서 "철학자"(philosopher)에게 맡기게 되는 심각한 결함을 지니게 된다는 것이다. 하버마스의 *Moralbewusstein and kommunikatives Handeln*(Frankfurt am Main: Suhrkamp, 1983)을 참조하라. 세 번째 논문은 "Diskursethik: Notizen zu einen Begründungsprogramm)"이라는 제목으로 되어 있다. *Moral Consciousness and Communicative Action* [C. Lenhardt and S. W. Nicholsen, trans.(Cambridge: MIT Press, 1990)]이라는 제목의 영어번역본, 그리고 "주석"(Notes)으로서 세 번째 논문을 참고한다. 그의 이견("Notes," pp. 66ff.)에 대한 내가 하는 응답은 표현의 장치로서의 원초적 입장과 이를 통해 산출되는 원칙들의 장점들을 판단하는 사람은 당신과 나—그리고 모든 장시간에 걸친 모든 시민들, 즉 하나하나 그리고 이러 저러한 협회에 속한 시민들—이라는 것이다. 나는 원초적 입장이 표현의 장치로서의 그 건전성을 의문시 하는 방식으로 독백적이라고 하는 점을 부인한다. 또한 그의 저술 *Erläuterungen zur Discursethik*(Frankfurt am Main: Suhrkamp, 1991), 크로닌(Ciaran Cronin)이 자신의 서론과 함께 번역한 *Justification and Application*(Cambridge: MIT Press, 1993)이 있다.

것—다른 저술들은 물론 『정의론』*A Theory of Justice*[15]—은 그 관심이 사라질 때까지 현존하는 공적 토론의 일부가 될 수 있다. 시민들의 토론은 합당하고 심의적으로 진행될 수도 있지만, 반드시 그럴 필요는 없으며, 적어도 적정수준의 민주정체에서는 언론의 자유를 보장하는 효과적인 법에 의해 보호될 수 있다. 주장은 때로는 아주 고차원의 개방성과 공정성으로 진전될 수 있을 뿐만 아니라, 진리truth에 대한 관심—또는 해당 토론이 정치적인 것과 관계될 때, 합당성reasonableness에 대한 관심을 보여 줄 수도 있다. 그 주장이 어느 정도의 고차원에 도달할는지는 참여자들의 덕성과 지성에 좌우되리라는 점은 매우 분명하다.

그 주장은 규범적인 성격을 지니며 이상들과 가치와 관계된다. 정치적 자유주의에서는 그것이 정치적인 것에 국한되지만, 담론윤리에서는 그렇지 않다. 어떠한 민주적 교리라도 그렇게 해야만 하는 것처럼, 시민사회에 있는 청중들에게 이러한 주장을 제시함에 있어, 공정으로서 정의는 다양한 근본적인 정치적 개념들—공정한 협동체계로서의 시민사회, 자유롭고 평등한 시민들, 그리고 질서정연한 사회의 정치적 개념들—을 상세히 규정하고 있으며, 그런 다음, 이 개념들을 결합시켜 입헌민주정체의 기본구조에 적합한 합당하고 완전한 정치적 정의관을 형성할 수 있기를 희망하는 것이다. 이것이 바로 그 주된 목적이다: 시민들이 숙고할 수 있도록, 시민사회에 있는 청중들에게 제시되고 이들에 의해 이해되어야 하는 것이다. 합당한 것의 전반적 기준은 일반적이고 광범위한 반성적 평형상태general and wide reflective equilibrium인데 비해,[16] 우리는 하버마스의

---

15 Cambridge: Harvard, 1971(이후로는 *Theory*로 축약)

16 나는 여기에서 광범위하고 일반적인 반성적 평형상태 개념에 대해 두 가지 언술을 추가하고 한다. 광범위한 반성적 평형상태(한 시민의 경우에 비추어 본다면)는 그 시민이 대안적 정의관들과 이 정의관들을 옹호하는 다양한 논변들의 설득력을 아주 신중하게 검토하여 도달하게 되는 그러한 반성적 평형상태를 의미한다. 보다 상술한다면, 해당 시민이 우리의 철학적 전통에서 찾아볼 수 있는 주요 정치적 정의관들을 숙고해 보고, 그리고 이것들을 옹호하는 상이한 철학적 및 여타의 근거들의 설득력을 평가하는 것을 의미하는 것이다. 우리는 이 시민의

견해에서는 도덕적 진리 또는 타당성의 테스트는, 모든 필요조건들이 충족되어야 하는 이상적 담화상황에서 완전한 이성적 인정이라는 점을 우리는 살펴 본 바 있다. 반성적 평형상태는 이 점에서 그의 테스트와 유사성이 있다: 그것은 우리가 결코 도달할 수 없는 무한성의 한 지점이라 할 수 있다. 그렇지만 우리는 토론을 통해, 우리의 이상들, 원칙들 및 판단들이 보다 합당한 것으로 여겨져서 우리가 이것들을 그 이전의 상태 보다는 훨씬 더 근거가 있는 것으로 간주하게 된다는 의미에서 그 지점에 보다 근접해 갈 수 있을 것이다.

§2. 중첩적 합의와 정당화

1. 그의 두 번째 절에서, 하버마스는 두 가지 문제를 제기한다.[17] 첫 번째 질문은 중첩적 합의가 이미 합당한 것으로 정당화된 것으로 간주된 정치적 정의관의 정당화에 추가적 의미가 있는지의 여부와 관계된다. 다른 말로 하자면, 그는 합의에 속하는 교리들이 더 이상 자유롭고 독립적

일반적 신념들, 제1원칙들, 특수한 판단들이 마침내 하나의 일관성을 갖추게 되는 것을 가정해 보는 것이다. 이 반성적 평형상태는, 광범위한 범위에 이르는 숙고 및 이 숙고 이전에 진행되었던 수많은 관점의 변화들을 감안한다면, 광범위 하다고 할 수 있다. 광범위하고 협소하지 않은 반성적 평형상태(협소한 반성적 평형상태에서는 우리는 단지 우리 자신의 판단에만 유의를 한다)는 아주 중요한 철학적 개념이라고 평범히 말할 수 있다.

질서정연한 사회가 공적인 정치적 정의관에 의해 효과적으로 규제되는 사회라는 점을 다시 기억해 보자. 그러한 사회의 각 시민은 광범위한 반성적 평형상태에 도달한 것으로 생각해 보자. 시민들은 자신들이 동일한 공적인 정치적 정의관을 수용하고 있다는 점을 인정하기 때문에, 반성적 평형상태는 또한 일반적이다: 동일한 정의관이 각자의 숙고된 판단을 통하여 수용되고 있다. 그래서, 시민들은 일반적이고 광범위한, 또는 완전한 반성적 평형상태(full reflective equilibrium)로도 지칭할 수 있는 평형상태에 도달하게 된다. 그러한 사회에서, 모든 시민들이 자신들의 정치적 정의의 요구들을 심판할 수 있는 공적인 관점이 존재할 뿐만 아니라, 이러한 공적 관점은 완전한 평형상태에 있는 모든 시민들에 의해 수용될 수 있는 것으로 상호적으로 인정되고 있다. 이 평형상태는 완전히 상호주관적이라 할 수 있다: 즉 각 시민은 모든 다른 시민의 추론과 주장들을 고려하게 된다.

17 나는 이 절의 이전의 초안에 관하여 힌쉬(Wolfried Hinsch)와 마르네프(Peter de Msarneffe)와 함께 한 귀중한 토론으로부터 많은 것을 얻은 바 있다.

인 정치관의 정당화를 강화하고 심화시키는지, 또는 이 교리들이 사회적 안정의 필요한 조건을 구성하는지의 여부에 대한 질문을 한다(119~22). 이러한 질문들을 나는 하버마스가 사실상 다음의 질문을 제기하는 것으로 받아 들인다: 중첩적 합의 내에 있는 교리들이 정치적 관점—시민들이 일단 해당 정치관을 합당하고 자유롭고 독립적인 것으로 간주한다면—의 정당화에 주는 의미는 무엇인가?

두 번째 질문은 정치적 자유주의는 '합당한reasonable'의 용어를 어떤 의미로 사용하는가?: 이 용어가 정치적 및 도덕적 판단들의 타당성을 표현하는 것인가 또는 이 용어는 단순히 계몽적 관용enlightened tolerance의 반성적 태도를 표현하는 것인가(123~26)?

하버마스의 두 질문은 서로 긴밀히 연결되어 있다. 이 두 질문에 대한 답변은 정치적 자유주의가 세 개의 서로 다른 종류의 정당화 개념과 두 종류의 합의의 개념, 그리고 이러한 개념들을 정당한 이유에 입각한 안정성의 개념 및 정당성의 개념과 연결시키는 방식에서 찾을 수 있다. 나는 다음의 순서로 세 가지 종류의 정당성 개념에 대한 설명으로부터 시작하고자 한다: 첫째, 정치관의 **적정수준의** 정당화*pro tanto* justification of the political conception, 둘째, 사회에 있는 개인에 의한 정치관의 완전한 정당화, 그리고 끝으로, 정치사회에 의한 정치관의 공적 정당화. 나는 그리고 나서 순서에 따라 다른 개념들을 설명하려 한다.

우선, **적정수준의** 정당화*pro tanto* justification에 관해 논해보자. 공적 이성에서 정치관의 정당화는 오직 정치적 가치들만 고려하며, 나는 적정하게 제시된 정치관은 완전한 것으로 가정한다(Ⅳ: 4.3, Ⅵ: 7.2). 즉 한 정치관에 의해 구체화된 정치적 가치들은 적합하게 배열되었거나 또는 균형성을 지닐 수 있게 되어서, 이러한 정치적 가치들만으로도 헌법적 본질들과 기본적 정의와 관계된 모든 또는 거의 모든 문제에 대해 공적 이성에 의해 합당한 해답을 제시할 수 있게 된다. 이것이 적정수준의 정당화의 의미이다. 어떤 정치관이 항상 합당한 해답을 제시할 수 있는지의 여부를 살펴보기 위해 광범위한 정치적 문제들을 검토함으로써, 그 정치관이 완전한지의 여부를 확인해 볼 수 있게 된다. 그러나, 정치적 정당화는 적정수준pro tanto이기 때문에, 그 정당화는, 모든 가치들을 고려하게 되면, 시민들의 포괄적 교리들에 의해 거절될 수도 있다.

둘째, 완전한 정당화full justification는 시민사회의 구성원들로서 개별 시민들에 의해 수행될 수 있다(우리는 개별 시민은 정치관과 포괄적 교리 모두를 수용한다[18]). 이 경우에, 해당 시민은 어떤 정치관을 수용하고 진리성을 띠거나 합당성을 지닌 자신의 포괄적 교리에 해당 정치관을 특정한 방식으로 내재화함으로써 그 정당화를 충족시킬 수 있다. 그것은 해당 교리들이 허용하는 것에 의해 좌우된다. 일부는 그 정치관이 비록 다른 사람들에 의해 수용이 되지 않다 하더라도, 해당 정치관이 충분하게 정당화된 것으로 간주할 수도 있다. 우리의 견해가 다른 사람들에 의해 지지되고 있는지의 여부가 우리 자신의 입장에서 그 완전한 정당화를 중지시킬 정도의 충분한 근거로 제시될 수는 없다.

그래서, 어떻게 정치적 정의의 요구들이 비정치적 가치들과 대비하여 질서를 이루고 형량 평가되어야 하는가의 문제를 말하는 것은 개별적 입장이든 아니면 단체의 일원이든 시민들 각자의 입장에 달린 것이다. 특정 정치관은 그러한 문제들에서 어떤 지침을 제시하지 않는다. 그 이유는 그 정치관은 비정치적 가치들이 어떻게 고려될 수 있는지의 문제에 관해 언급하지 않기 때문이다. 이러한 지침은 시민들의 포괄적 교리들에게 속하는 것이다. 정치적 정의관이 심지어 불가지론적 입장을 포함하여, 어떤 특정한 포괄적 교리들에 의존하고 있지 않다고 하는 점을 다시 생각해 보

---

18 일부 시민들은 불가지론(agnosticism)이나 회의론(scepticism)과 같은 아마도 무 교리적 입장(a null doctrine)을 제외하고서도, 포괄적 교리를 지니고 있지 않을 수도 있다.

자. 그러나 비록 정치적 정의관이 자유로운 독립적 입장이라 하더라도, 이것이 정치적 정의관이 다양한 방식으로—전체적 배치를 이루거나, 또는 하나의 기준단위module[19]로서 삽입되어—시민들이 수용하고 있는 상이한 포괄적 교리들 속으로 내재화될 수 없다는 것을 의미하는 것은 아니다.

세 번째이자 마지막은 정치사회에 의한 공적 정당화이다. 이것은 정치적 자유주의의 기본적 개념이며 다른 세 가지 개념들: 합당한 중첩적 합의, 정당한 이유에 의한 안정성, 그리고 정당성의 개념들-과 조화를 이루어 작동한다. 공적 정당화는 정치사회의 모든 합당한 구성원들이 공유된 정치관의 정당화를 수행하게 될 때 발생한다. 공유된 정치관의 정당화의 수행은 해당 정치관을 시민들의 각자의 상이한 합당한 포괄적 교리들 속으로 내재화함으로써 이루어질 수 있다. 이 경우에, 합당한 시민들은 서로를 해당 정치관을 지지하는 합당한 포괄적 교리들을 지닌 존재로서 간주하고, 이 상호적 고려는 정치사회의 공적 문화의 도덕적 특성을 결정하게 된다. 여기에서 핵심적인 초점은 정치사회에 적용되는 특정 정치관의 공적 정당화가 합당한 포괄적 교리들에 의존하긴 하지만, 이 정당화가 간접적 방식으로만 이루어진다는 점이다. 즉 이러한 교리들의 명시적 내용들은 공적 정당화에서 규범적 역할을 하지 않는다. 시민들은 다른 시민들의 교리들의 내용을 깊숙이 검토하지 않으며, 그래서 정치적인 것의 범위내에서 머무르고 있다. 오히려, 이들 시민들은 합당한 중첩적 합의 자체의 사실—존재the fact—the existence—of the reasonable overlapping consensus itself—만을 고려하고 여기에 상당한 비중을 부여한다.[20]

---

19 이 구절은 I: 2.2, Ⅳ: 3.1에서 두 번 사용된 바 있다. 기하학에서 하나의 집단이 특정 부류의 집단들로 이루어진 각각의 집단에서 하위의 집단으로 포함될 수 있다는 방식으로 또한 이것을 설명할 수도 있을 것이다.

20 여기에서 나는 합당한 포괄적 교리 그리고 이들 간에 형성되는 중첩적 합의의 존재를 바로 정치적인 것은 물론, 나아가서 다원주의적 민주적 사회의 문화적 특성에 관한 사실들로 가정한다.

이러한 공적 정당화의 기본적 사례[21]는 공유된 정치관이 공통적 근거가 되고 집단적으로 간주되는 모든 합당한 시민들 (그러나 법인체 *a corporate body*[22]로서 행동하는 것이 아닌) 자신들 각각의 합당한 포괄적 교리들에 근거하여 특정 정치관을 수용함에 있어 일반적이고 광범위한 평형상태에 있는 경우를 들 수 있다. 합당한 중첩적 합의가 이루어질 때에만, 정치사회의 정치적 정의관이 공적으로—결코 최종적인 것은 아니겠지만—정당화 될 수 있게 된다. 우리들이 다른 합당한 시민들의 숙고된

그리고 이러한 사실들은 다른 여타의 사실들과 같이 활용될 수 있다. 이러한 사실들을 언급하는 것, 또는 이러한 것들에 관한 가정들을 하는 것이 종교적, 형이상학적, 또는 그러한 교리들의 도덕적 내용들에 의존하는 것을 의미하는 것은 아니다.

21 공적 정당화를 정치적 자유주의의 적합한 기본적 사례로서 지칭한다. 그 이유는 그(정치적 자유주의) 교리 자체에서의 자신의 역할과 그리고 합당한 중첩적 합의, 정당한 이유에 입각한 안정성 및 정당성의 개념들과의 관계성 때문에 그렇게 언급한다. 바로 이러한 정당화의 개념은『정의론』Ⅲ의 근본적 관점을 재구성하는 작업의 일부라고 할 수 있으며, 그리고 사회적 연합체들의 사회적 연합(a social union of social unions)의 개념과 이의 동반적 개념인 안정성(stability)에 관해 논의하고 있는 79절(section 79)에 표현되어 있는데, 이 안정성의 개념은 옳음(정당성)과 선의 일치(the congruence of the right and the good)에 의존하고 있다. [이 마지막 개념에 관해 *Chicago-Kent Law Review* 69, no. 3(1994): 619~68, sects. Ⅰ~Ⅱ에 있는 프리만(Samuel Freeman)의 설명을 참조하라. 그렇지만, 이러한(『정의론』에서의) 관점은 모든 사람들이 동일한 포괄적 교리를 가지고 있다는 가정에 입각하고 있으며, 그래서 그 관점은 우리가 일단 합당한 다원주의의 현실(the fact of reasonable pluralism)을 인정한다면 더 이상 정치적 이상으로서 기능할 수 없게 된다. 합당한 다원주의의 현실은 바로 정의의 두 원칙에 의해 요구되는 정치사회의 공적 문화의 특징을 표현하는 것이다. 그래서 이제 우리는 다른 문제에 직면하게 되며, 합당한 중첩적 합의와 여타의 개념들을 대신 사용하게 된다. 일단 우리가 우리 과제의 상이한 성격을 알게 되면, 이러한 추가적 개념들을 도입하게 되는 이유들을 잘 이해할 수 있게 될 것이다. 예를 들어, 왜 정치적 정당화가 (정치적 가치들에 국한되는) 적정수준(pro tanto)이어야 하는지의 이유를 이해 할 수 있게 된다. 그것은 이견들에 대한 답변을 제시하려는 것이 아니라, (한편으로는) 공정으로서의 정의가 하나의 포괄적 교리가 되는 데 필요한 문화적 조건들과 (다른 한편으로는) 정의의 두 원칙에 의해 보장된 자유의 요건들 사이의 기본적인 본질적 갈등(나중에 깨닫게 되었는데)을 조정해 보려는 시도라 할 수 있다. 이렇게 이해를 한다면, 그 복잡한 것들은—만약 그러하다면—더 이상 놀라운 일은 아니다.

22 나는 이 용어로 어떤 정치관을 투표 행위를 통해 결정하는 정치체제는 없다는 점을 의미하고자 한다. 그렇게 하는 것은 합당성의 개념에 반하는 것이다. 정치적 정의관(the conception of political justice)이 투표로 이루어질 수 없다는 것은 마치 공리(axioms), 원칙들(principles), 그리고 수학 또는 논리에서의 추론의 규칙들(rules of inference)이 투표로 결정될 수 없는 것과 마찬 가지이다.

판단들을 인정해야만 하는 점을 인정한다면, 이것(합당한 중첩적 합의를 통한 공적 정당화)이야말로 공적 정당화에 관한 일반적이고 광범위한 반성적 평형상태가 바로 우리가 어떤 특정 시기에 획득할 수 있는 특정 정치관에 대한 가장 최선의 정당화를 제공해 준다는 것을 말해 준다.[23] 그렇다면, 합당한 중첩적 합의가 없이는 정치사회에 대한 공적 정당화는 있을 수 없으며, 그러한 공적 정당화는 또한 정당한 이유에 입각한 안정과 정당성의 개념들과 결부되어 있는 것이다.

첫째, 나는, 여기에서 오해가 치명적일 수 있기 때문에, 두 가지의 다른 종류의 안정성의 개념을 구별하여 설명해 보고자 한다. 하나의 안정성의 개념은 정치가의 과제가 합의를 모색하는 것에 있는 일상정치에서부터 찾을 수 있다. 다양한 기존의 이해관계와 요구에 유의하여, 특정 정치가가 다수를 획득하기 위해 연립을 형성하거나, 모든 사람 또는 상당수의 사람들이 지지할 수는 정책을 만들어 내려고 한다. 이러한 합의의 개념은 이미 현실적으로 존재하거나 또는 잠재되어 있는 중첩의 개념an idea of overlap이며, 정치인들이 직각적으로 알고 있는 현존의 이해관계들을 함께 조율하는 정치인의 기술에 의해 표명될 수 있다. 정치적 자유주의에서 바로 구분되는 다른 합의의 개념—내가 **합당한 중첩적 합의***reasonable overlapping consensus*로 부르는 개념—은 정치적 정의관이 우선적으로 자유로운 독립적 입장의 견해로서 고안된 것이다. 이것은 현존하는 포괄적 교리들을 염두에 두지 않고, 또는 이들에 부합시키려 하지 않고, 또는 심지어 그러한 포괄적 교리들이 무엇인지도 알려고도 하지 않는, 적정수준으로pro tanto 정당화 될 수 있는 견해이다(I: 6.4). 이 개념은 특정 정의관을 지지하는 모든 합당한 포괄적 교리들의 입장에 어떤 장애도 주지 않으려고 한다. 방해를 하지 않기 위해, 그 정치관으로부터 정치적인 것의 범위를 넘

23 §1에 있는 위의 각주 16에서의 나의 설명을 참조하라.

어서고, 그리고 모든 합당한 교리들이 합당하게 지지할 것으로 기대되지 않는(만약 그렇게 한다면 상호성의 개념을 위반하게 되는), 그러한 발상을 제거해 버리는 것이다. 특정 정치관이 이러한 조건들을 충족시키고 또한 완결된다면, 우리는 사회의 합당한 시민들이 수용하고 있는 합당한 포괄적 교리들이 그 정치관을 지지할 수 있고, 또 사실상 해당 정치관이 그러한 포괄적 교리들을 자신에게 부합할 수 있도록 하는 역량을 가지게 되기를 희망하는 것이다(Ⅳ: 6~7).

합당한 중첩적 합의의 정치사회학을 논해 보자: 시민들의 수보다 포괄적 교리의 수가 훨씬 적기 때문에, 후자의 시민들은 이들이 가지는 교리에 따라 집단으로 분류될 수 있다. 이러한 숫자적 사실에 의해 허용되는 단순화 보다 더 중요한 것은 시민들이 다양한 협회들의 구성원들이라는 점이다. 수많은 경우에 있어서, 시민들은 이러한 다양한 협회에 태어나면서 가입되어 있으며, 그리고 이러한 협회들로부터, 항상 그렇다고는 할 수는 없지만, 보통 자신들의 포괄적 교리들을 습득하게 된다(Ⅳ: 6). 상이한 협회들이 가지고 있고 또 선전하는 포괄적 교리들은—예를 들어, 모든 종류의 종교적 협회들을 생각해 보라—공적 정당화를 가능하게 하는데 있어 기본적인 사회적 역할을 수행한다. 이것은 시민들이 어떻게 자신들의 포괄적 교리들을 습득할 수 있는지를 보여준다. 더욱이, 이러한 교리들은 자신의 현재의 지지자들인 구성원들과 별개로 자신 고유의 생명력과 역사를 지니고 있으며, 한 세대를 지나 다음 세대로 지속되는 것이다. 이러한 교리들간의 합의는 다양한 협회들의 성격에 그 뿌리를 두고 있다는 점은 매우 중요하며, 이것이 바로 민주적 정체의 정치사회학에 관한 기본적 사실—사회적 화합에 대한 심원하고 지속적인 기반을 제공해 주는데 결정적인—이다.

합당한 다원주의라는 특징을 지닌 민주적 사회에서, 정당한 이유에 입각한 안정성이 적어도 가능하다는 것을 보여주는 것 또한 공적 정당화의 일부라고 할 수 있다.[24] 그 이유는, 시민들이 합당하지만 상이한 포괄적 교리들을 수용할 때, 특정 정치관에 대한 중첩적 합의가 가능한지의 여부를 살펴보는 것은 공정으로서 정의 (또는 다른 특정한 합당한 교리)를 제안하는 충분한 이유들이 있는지를 검토해 보는 하나의 방식이라는 데 있다. 즉 그러한 공정으로서의 정의가 다른 시민들의 내면에 깊이 뿌리를 내린 종교적 및 철학적 신념들을 비판하거나 거부하지 않고 이들 시민들 앞에서 진지하게 수용될 수 있는지를 검토해 보는 것이다.[25] 만약 우리가 공정으로서의 정의를 자신들을 유효하게 규제할 정치관으로 다양한 합당한 사람들이 함께 수용할 만한 적절한 이유들이 있는 그러한 사례를 만들 수 있다면, 그러면 강제적인 정치적 권력을 상호간에 정당성 있게 행사—시민들로서 투표를 통해 불가피하게 행사하는 것과 같은—할 수 있게 하는 조건들이 충족되게 된다(Ⅳ: 1.3−4). 그러한 주장은, 만약 성공적이라면, 우리들이 어떻게 정치적 정의관을 시민들의 공유된 이성들의 기반으로 합당하게 수용하고 호소할 수 있는지를 보여주게 된다. 이렇게 하는 과정에 있어서, 우리 시민들은 우리와 마찬가지로 합당성을 지닌 다른 사람들도 또한 그 동일한 기반을 수용하고 인정할 수 있을 것을 내내 가정하고 있는 것이다. 합당한 다원주의의 현실에도 불구하고, 민주적 정당성에 관한 조건들이 충족될 수 있게 된다.[26]

그러한 합당한 합의를 지닌 정치사회가 이루어진다면, 정치적 자유주의는 이러한 사회의 시민들로서 우리는 현대 민주주의에 살고 있는 우

---

24 여기에서 나는 정치적 자유주의 관점 내부로부터 말하고 있다. 어떤 시민이 그 시민의 포괄적 교리내부로부터 동일한 것을 말하는지의 여부는 그 교리 자체(의 성격)에 좌우된다.

25 내가 §1에서 언급한 바와 같이, 하버마스의 포괄적 교리는 이것을 위반하고 있다.

26 이 문단에서, 나는 1994년 4월, 로스 앤젤레스(Los Angeles)에서의 힐(Thomas Hill)의 토론에 도움을 얻고 있다. 그 토론은 안정성에 대한 관심이 어떻게 공적 정당화와 중첩적 합의의 개념들과 연결되었는지에 관한 것이었다. 그는 내가 그렇게 명백히 밝히지 못했던 문제의 측면들을 부각시켰다.

리들에게 가능할 수 있는 사회적 화합의 가장 심원하고 합당한 기반을 성취하였다고 말할 수 있게 된다.[27] 이러한 화합은, 아래에서 설명하는 것처럼, 바로 정당한 이유에 입각한 안정성을 성취하게 한다.[28]

a. 사회의 기본구조는 가장 합당한 정치적 정의관에 의해 효과적으로 규제되고 있다.
b. 이 정치적 정의관은 사회에 있는 모든 합당한 포괄적 교리들로 이루어진 중첩적 합의에 의해 지지되고 있으며, 그러한 정의관을 거부하는 자들에 비해 중첩적 합의를 이루는 포괄적 교리들은 지속적으로 다수를 이룬다.
c. 헌법적 본질들과 기본적 정의의 문제가 쟁점으로 대두될 때, 공적인 정치적 토론들은 항상 (또는 거의 항상), 가장 합당한 정치적 정의관에 의하거나, 또는 한 가족 부류에 속할 수 있는 그러한 정의관들에 의해 구체화된 이유들(reasons)을 근거로 하여 합당하게 결정에 도달 할 수 있을 것이다.

두 가지 논평을 하여 보자. 하나는 이 화합의 기반은 가장 합당한

---

27 I. 1.3~4에서, 나는 이제 이렇게 명명된 이 견해의 목적이 최선으로 표현되지 못했다고 생각한다. 거기에서 본문은 합당한 다원주의 조건하에서 안정성이 어떻게 성취될 수 있는지에 초점을 두고 있는 것처럼 여겨지지만, 그 질문은 홉스적인 흥미 없는 시시한 답의 성격을 지니고 있다. 오히려, 여기에서의 내용은 합당한 다원주의의 현실을 전제할 때 사회적 화합의 가장 합당한 기반이 무엇이냐에 관한 질문에 대한 답변을 제시하려 한다. 『정치적 자유주의』 IV: Preface, V. 7.1-2를 참조하라. 일단 우리가 이 질문에 답하게 된다면, 우리는 또한 내가 제기한 다른 두 가지 질문들에 대해 답변을 제시할 수 있을 것이다. 즉 자유롭고 평등한 존재로서 민주정체의 시민들 간에 사회적 협동의 공정한 조건들을 규정하는 가장 합당한 정의관은 무엇인가? 자유로운 제도의 불가피한 결과로 나타나는 합당한 다원주의를 전제할 때, 무엇이 관용의 기반이 되는가?

28 일단 정당한 이유에 입각한 안정성이 성취되고, 이러한 사회적 화합의 기반이 유지된다면, 정치적 자유주의는 "각자 자신의 이해의 법정에서"(at the tribunal of each person's understanding) 수긍될 수 있는 방식으로 사회적 세계를 정당화하려는 전통적인 자유주의적 요구를 충족시킬 수 있기를 희망하는 것이다. "각자 자신의 이해의 법정에서"은 왈드론(Jeremy Waldron)이 자신의 저서 *Liberal Rights*(New York: Cambridge University Press, 1993), p. 61에서 그렇게 표현하였다.

것이라는 점이다. 그 이유는 해당 정치적 정의관이 가장 합당하기 때문이다—즉 (특정 정치관이 합당한 이유는) 사회에 있는 모든 합당한(또는 합당한) 포괄적 교리들이 승인하거나, 또는 특정한 방식으로 지지하기 때문이다. 두 번째 논평은 이러한 사회적 화합의 기반은 가장 근원적이라고 할 수 있다. 그 이유는 특정 정치관의 근본적 개념들은 합당한 포괄적 교리들에 의해 지지되고, 그리고 이러한 교리들은 시민들이 자신의 가장 근원적인 신념들—종교적, 철학적 그리고 도덕적인—로 간주되는 바를 표현하고 있기 때문이다. 이것으로부터 정당한 이유에 입각한 안정성이 도출된다. 그 대조 점은 바로 다음과 같은 사회인데, 여기에서는 시민들이 자신의 완전한 정당화들로 인해 집단별로 나누어질 때, 이들 간의 정치관들은 하나의 공유된 정치관으로 내재화되거나 또는 서로 연결되었다고 할 수 없는 사회이다. 이 경우에는 단지 잠정적 타협a *modus vivendi* 만이 존재하며, 사회의 안정성은 우연적이고 아마도 요동치는 상황에서 힘의 균형balance of force에 좌우되게 된다.

앞의 세 가지 종류의 정당화에 대한 이러한 설명들은 다음과 같은 중대한 문제를 제기할 수 있는 것으로 여겨질 수 있다. 즉 누군가 다음과 같이 의문을 제기할 수도 있다: 만약에 정치적 정당화가 항상 적정수준*pro tanto*이라면, 정치적 정의관에 대한 공적 정당화가 어떻게 수행될 수 있는가? 물론 이에 대한 답변은 합당한 중첩적 합의의 존재와 공적 지식에 의해 제시될 수 있다. 이 경우에, 시민들은 자신들의 공유된 정치관을 자신들의 합당한 포괄적 신념들 속으로 내재화시키게 된다. 그렇게 되면, 우리는 시민들이 (자신의 포괄적 교리의 관점에 입각하여) 정치적 가치들political values이 정치적 가치들과 상충될 수 있는 비정치적 가치들nonpolitical values이 무엇이든지간에 이를 능가하거나, 아니면 정상적으로 (항상 그렇지는 않겠지만) 이들에 앞서 우선성을 지닌다는 점을 판단하게 될 수 있

기를 희망하는 것이다.[29]

만약에 이것을 희망하는 것이 비현실적인 것처럼 여겨진다면, 두 가지 점들이 왜 그렇지 않을 수 있는 지를 시사해 준다. 첫째, 합당한 포괄적 교리를 지닌 사람들은 어떠한 정치적 조건들에 입각하여 현존하는 자유로운 사회에서 여타의 다른 그러한 포괄적 교리들과 함께 살 수 있는 지를 스스로에게 물어 보아야만 한다. 합당한 시민들은 합당한 포괄적 교리를 지니고 있기 때문에(Ⅱ: 3.1), 이들은 공정한 정치적 협동의 조건들을 구체화하는 정치적 정의관을 제시하거나 지지할 준비가 되어 있다고 할 수 있다. 그래서, 이들은, 자신의 합당한 포괄적 교리 내부로부터, 정치적 가치들이 자신들의 정치적 및 사회적 실존의 틀 뿐만 아니라 모든 합당한 당사자들이 합당하게 지지 할 수 있을 것으로 기대되는 조건들에 입각한 공유된 공적 생활의 틀을 통하여 실현되어야 할 매우 중대한 가치들이라는 점을 판단하리라는 점은 매우 당연하다.

둘째, 우리는 마침내 정당성legitimacy의 개념에 이르게 되었다: 합당한 시민들은 이 정당성의 개념을 정치적 권위political authority의 일반적 구조에 적용되는 것으로 이해한다(Ⅳ: 1.2~3). 이들은, 정치적 생활에 있어서, 만장일치란 기본적 문제에 관해 기대된다 하더라도 아주 드물게 이루어지는 것이며, 그래서 민주정체의 헌법은 결정에 도달할 수 있도록 하기 위해 다수결majority 또는 다른 단순다수 투표plurality voting의 절차들을

29 Ⅳ: 5에서 이러한 취지의 몇몇 설명이 이루어지고 있다. 만약 사람들이 합당한 중첩적 합의의 이러한 배경적 조건에 유의하지 못한다면, 해당 본문에서의 그 주장이, 그 자체로만 본다면, 모든 다른 인간적 신념들에 앞서 정의로운 기본제도에 대한 의무들을 우선적으로 서열화 하는 또 다른 하나의 포괄적인 도덕적 관점을 표현하는 것에 불과한 것으로 여겨질 수 있다. 그렇다면, 다른 어떤 방식으로, 모든 가치들 중의 하부 영역에 속하는 것이라고 할 수 있는, 정치적인 것의 가치들이 이 정치적 가치들과 상충할 수 있는 다른 가치들이 무엇이든지 간에 그러한(비정치적) 가치들을 정상적으로 능가하는 것이 어떻게 가능할 수 있을까? 그렇지만, 합당한 중첩적 합의가 획득될 수 있다는 가정, 그리고 해당 본문이 사회의 구성원들에 의해 수행된 정치관의 공적 정당화를 언급하고 있다는 점을 사람들이 간과할 때에는, 그러한 난처하고 곤란한 주장이 대두될 수 있다.

포함할 수밖에 없다는 점을 잘 알고 있다. 그러한 제도적 장치들을 제안하지 않거나 지지하지 않는 것은 합당하지 않은 것이라 할 수 있다. 그러면, 정치권력의 행사는 헌법에 따라 근본적 경우에 있어서 행사될 때에만 정당하다고 우리는 말하게 된다. 이 때 헌법의 본질들은 자유롭고 평등한 존재로서 모든 합당한 시민들이 지지할 것으로 합당하게 기대될 수 있는 것들이다. 그래서, 시민들은, 한편으로는 공정한 선거와 입법적 다수에 관한 절차를 구비하고 있는 헌법을 (충분히) 정의롭고 정당한 것으로 수용하는 것, 그리고 다른 한편으로 특정한 규정이나 결정(심지어 정의롭지 못한 것으로 여겨질 때조차도[30])을 특정한 정책의 사안에 있어서[31] 받아들이는 것, 이 양자에 대한 아주 익숙한 차이를 인지하고 있는 것이다 (나는 §5.3에서 정당성의 개념에 관해 다시 논하겠다).

그래서 평화주의자들인 퀘이커교도들Quakers은 전쟁에 가담하는 것을 거부한다. 그렇지만, 그들은 또한 입헌적 정체를 지지하고 다수결 또는 단순다수 규칙의 정당성을 받아들이다. 이들이 민주적 인민들이 합당하게 결정할 수 있는 전쟁 수행에 종사하는 것을 거부하긴 하지만, 이들은 여전히 민주적 제도들과 이 제도들에 내재한 기본적 가치들을 수용할 것이다. 이들은 한 국민의 투표를 통한 전쟁 결정의 가능성이 민주적 정부를 반대하는 충분한 이유가 된다고는 생각하지 않는다.

왜 전쟁참가를 금지하는 퀘이커 교도들의 종교적 교리가 자신들의 (입헌정체에 대한) 믿음을 의문시 하지 않는지에 대해 누군가 질문을 제기할 수도 있을 것이다. 그렇지만, 우리의 종교는 많은 것들을 강요할 수 있다. 종교는 입헌적 정부에 대한 우리의 지지를 필요로 할 수 있다. 그

---

30 인간이 만든 규정과 법들이 우리의 시각에서 아주 엄격하게 정의로워야만 한다고 일반적으로 기대하는 것은 합당하지 않다고 할 수 있다. 그렇긴 하지만, 나는 여기에서 합당한 일탈(reasonable deviation)의 정도가 어디까지 허용될 수 있느냐 하는 문제에 대한 논의는 할 수 없다.

31 햄프셔(Stuart Hampshire)가 이 점을 올바르게 지적하고 있다. *New York Review of Books* (August 12, 1993), p. 44에서 이루어진 이 저술에 관한 그의 서평을 참조하라.

이유는 이 입헌정부가 모든 가능한 정치체제 중에서 종교적 훈령religious injunction에 가장 부합할 수 있도록 우리 자신뿐만 아니라 타자의 기본적 권리와 근본적 이익들을 동등하게 관심을 기울일 수 있는 정부이기 때문이다. 어떠한 합당한 교리들의 경우에서이든 마찬가지로, 수많은 정치적 및 비정치적 가치들은 자신의 교리체계 내에서 표현되고 질서를 이루고 있다. 이 점을 인정한다면, 정의롭고 지속적인 입헌 정부에 대한 신뢰는 종교적 교리 내에서 살아남을 수 있게 된다.[32] 이것은 정치적 가치들이 어떻게 입헌체제 자체를 유지하는데 있어서 우선적일 수 있는지를 보여준다. 그렇긴 하지만, 특정한 규정들과 결정들은 거부될 수도 있으며, 시민불복종이나 양심적 거부conscientious refusal에 의해 이의가 제기되는 것이 필요할 수도 있다.

여태까지 우리가 논의해 온 바는 정당화되고 자유로운 독립적 입장의 정치관의 발상을 보다 상세히 설명해 주는 것이며, 하버마스의 첫 번째 질문, "중첩적 합의의 개념이 정치적 정의관의 정당화에 대한 추가적인 설명인지, 아니면 사회적 조건의 필요조건을 단순히 제시한 것인지"에 대하여 우리들로 하여금 답변을 할 수 있도록 하여준다. 그의 첫 번째 질문에 대한 답변은 정당화의 세 번째 개념—공적 정당화의 개념—그리고 그것(공적 정당화)이 합당한 중첩적 합의, 정당한 이유에 입각한 안정성, 정당성의 세 가지 추가적인 개념들과 연결되어 있는지에 의해 제시될 수 있다.

2. 우리는 이제 하버마스의 두 번째 질문인 "정치적 자유주의는 '합당한reasonable'의 용어를 도덕적 판단의 진리성 도는 타당성을 표현하는가, 아니면 단순히 관용에 대한 반성적 태도를 단순히 표현하기 위해 사용하는 것인가?"에 대하여 간략히 논의할 수 있겠다.

---

32 동등한 고려들이. 적절히 조정된다면, 민주적 정체에 의해 지지되고 있는 낙태의 권리를 거부하는 사람들의 경우에도 적용될 수 있다.

나는 내가 이미 말해 왔던 것 이상으로 부연할 내용이 없는 것 같다. 정치적 자유주의는 자신의 정치적 (항상 도덕적인) 판단에 적용되는 도덕적 진리moral truth의 개념은 사용하지 않는다. 여기에서 정치적 자유주의는 정치적 판단들이 합당하거나 또는 합당하지 않다고 말할 뿐이며, 정치적 이상, 원칙 및 규준들을 합당한 것의 기준으로 제시할 뿐이다. 이러한 기준들은 또 다시 시민으로서 합당한 인격적 존재의 두 가지 기본적 특징들과 결부되어 있다: 첫째, 공정한 사회적 협동의 조건들로서, 자신들이 생각하기에 다른 평등한 시민들도 자신들과 마찬가지로 합당하게 수용할 수 있을 것으로 여겨지는 것을 제안하고, 만약 이것이 수용이 된다면, 이를 준수하려는 자발성이다. 둘째, 판단의 부담the burdens of judgment을 인정하고 그 결과들을 수용하려는 자발성이다. 헌법적 본질들과 기본적 정의의 문제들을 논의하는 정치적 목적을 위해서는, 정치적 자유주의는 이러한 합당한 것의 개념을 충분한 것으로 간주한다. 그렇지만, 진리의 개념의 사용을 거부한다거나 문제시 하는 것은 아니며, 단지 포괄적 교리들이 이 진리의 개념을 사용하거나 부인하든, 아니면 대신 다른 어떤 개념을 사용하든 이들에게 맡겨 버리는 것이다. 끝으로, 물론, 합당한 것의 개념은 관용에 대해 반성적 입장reflective attitude to toleration을 취한다. 그 이유는 이 (합당한 것의) 개념은 판단의 부담을 인정하고 이 점은 또 다시 양심의 자유와 사상의 자유로 연결되기 때문이다(Ⅱ: 2-4).

그렇지만, 하버마스는 정치적 자유주의는 진리의 문제들과 철학적 인간관을 피할 수 없다고 주장한다(131). 나는 앞서서 왜 피할 수 없는지를 알지 못하겠다고 지적한 바 있다. 정치적 자유주의는 이러한 두 개념들에 대한 의존하는 것을 피하고 다른 개념들로 대치한다—하나는 합당한 것의 개념이며, 다른 하나는 자유롭고 평등하게 간주되는 시민들로서의 인간관이다. 우리가 시민사회에서 공정으로서의 정의, 또는 어떤 다른 정치관을 설정하고자 할 때, 이러한 개념들은 항상 정치관 그 자체 내에 있는 관점들과 원칙들에 의해 묘사되고 표현된다. 이러한 방식으로 진행되는 것이 만족스럽지 못하거나 또는 특정한 방식으로 실패하는 것으로 여겨지는 한, 정치적 자유주의는 근거를 제시하지 못하게 된다. 나는 합당한 것의 개념이 이글에서 제시하는 것 이상으로 보다 완전한 검토를 필요로 한다는 점을 알고 있다. 그렇지만, 나는 합당한 것이 진리적인 것과 합리적인 것 이 양자 모두와 구분되는 주요 차이들이 합당한 중첩적 합의에 의해 확보되는 사회적 화합의 개념의 적실성을 보여주기에 충분할 정도로 분명하다고 생각한다. 사람들이 계속하여 진리와 철학적인 인간 개념의 문제들을 제기할 것이고 정치적 자유주의가 이러한 문제들을 논의하지 않는다고 비난할 것이라는 점은 확실하다. 구체적인 설명이 없는 상태에서, 이러한 비난들은 (근거 있는) 이견이 되기에는 부족하다고 생각한다.

§3. 현대인의 자유와 인민의 의지

1. 이 절에서, 자신의 견해의 요약에 앞서 제기된 하버마스의 이견(130−1)에 대한 나의 답변을 시작하려 하며, 다음 절에서는, 하버마스가 그 요약에서 말한 바를 시작으로 하여 나의 응답을 마무리 하고자 한다. 해당 이견들은 두 개의 아주 익숙한 종류의 기본적 권리와 자유basic rights and liberties—즉 소위 고대인의 자유the liberties of the ancients와 현대인의 자유the liberties of the moderns—에서 올바른 관계가 무엇이냐 하는 문제와 관계 된다. 하버마스도 동일한 근원으로부터 이 두 가지 종류의 권리 모두를 도출해 내려고 하는 루소와 칸트의 희망을 내가 공유하고 있다는 점을 인정하고 있다. 이 점은 이 두 종류의 자유 모두가 원초

적 입장에서 채택된 정의의 제1원칙에 동등하게 나타나고 있다는 사실에서 제시되고 있다. 이 두 종류의 자유가 동일한 근원을 지닌다고 하는 것은, 그가 생각하기에, 현대인의 자유가 시민들의 자기 결정이라는 정치적 과정에서 외부적 제약조건으로 부과되어서는 안 된다는 것을 의미한다. 그리고 나서 그는 공정으로서의 정치적 정의관의 두 단계*Zweistufig* 특징(127~8)을 언급한다. 이것을 나는 그가 다음 내용을 의미하는 것으로 받아들인다. 즉 공정으로서의 정치적 정의관이, 무지의 장막에 예속되는 평등한 존재로서의 당사자들에 의해 일거에 모두를 위해 선택되는 원초적 입장이라는 가상적 상황으로 시작되어, 다음으로 실제적인 정치적 생활의 조건하에서 그러한 동일한 원칙들을 시민들이 일상적으로 적용하는 단계로 옮겨 간다는 것이다.[33] 해당 정치관의 두 단계 특징은 현대인의 자유적 권리들에게 우선적 성격을 지니게 만듦으로써 민주적 과정을 열등한 지위로 강등시킨다고 그는 생각한다(127~8). 이 마지막 진술을 나는 거부하고자 한다.

하버마스는 또한 정치적 자율성의 개념으로부터 출발하여 원초적 입장의 수준에서 그것(자율성)을 모델화하고 있다는 점을 인정하고 있다. 그러나 이러한 자율성의 형식이 바로 원초적 입장에서 그래서 이론적 의미에서 그가 말하는 "가상적 현실virtual existence"로 부여되고 있다면, 그러한 형태의 자율성은 "정당하게 형성된 사회의 중심에서 충분히 발현된 것"이 아니라고 한다. 이러한 주장에 대한 이유는 한 긴 문장에서 설명되고 있다. 나는 세 부분으로 나누어서이긴 하지만, 거의 전부를 인용하고, 각 부분에 대해 독립적으로 논평을 하려한다. 나는 '무지의 장막이 더 높이 올려 진다면For the higher the veil of ignorance'(128)로 시작하여 '모든 정치적 의지 형성에 앞서서prior to all political will formation'(129)로 끝나는 문

33 나는 이 점에 관한 분명한 설명에 관해 미켈만(Frank Michelman)에게 감사한다.

단을 언급하고자 한다. 이 문단은 기본적 자유들 간의 관계에 대한 나의 토론의 기초가 된다. 그 문단은 일부 애매모호한 진술들을 포함하고 있으며, 나는 그의 입장을 적절히 이해하지 못할까 걱정된다. 일관하여, 해당 문단은 우리들의 입장이 어떻게 연결되어 있는지에 관한 심각한 질문들을 제기한다.

2. 나는 내가 말하는 **4단계 과정***four-stage sequence*의 개념에 대한 명백한 오해라는 점에서 부터 시작하려고 한다. 설사 단지 그렇게 오해한다 할지라도, 나는 그것에 대해 설명해야만 한다. 그 문장은 다음과 같이 진행 된다:

> 무지의 장막이 더 높이 올려 져서 롤즈의 시민들이 보다 더 실제적인 육신의 모습을 띠게 된다면, 이들은 이론에서 기대되고 또 이미 자신들이 통제할 수 없는 정도로 제도적으로 정착된 원칙들과 규범들에 더 깊이 예속되어 있음을 발견하게 될 것이다(128).

두 가지 본질적 문제를 논해 보자. 첫째, 해당 4단계 과정은 실제적인 정치적 과정을 묘사하는 것도 아니며, 또한 순전히 이론적인 것도 아니다. 오히려, 그것은 공정으로서의 정의의 일부이며, 공정으로서의 정의를 받아들이는 시민사회의 시민들이 공정으로서의 정의의 개념과 원칙들을 적용함에 있어 사용하도록 되어 있는 사고의 틀의 일부를 구성한다. 그것은 어떠한 종류의 규범과 정보가, 정치적 판단의 주제와 맥락에 따라, 정의에 대한 정치적 판단political judgments of justice을 지도해야 하는지를 보여준다.

우리들은 당사들이 정의의 원칙들을 선정하는 원초적 입장에서 시작한다. 다음으로, 제헌회의constitutional convention의 단계로 옮겨 간다. 여기에서—우리 자신들을 대표자로서 간주하여—이미 우리가 획득한 정의의 원칙들에 비추어 헌법의 원칙들과 규칙들을 기초하게 된다. 이 이후에 우리는 말하자면, 헌법이 허용하고 또한 정의의 원칙들이 요구하고 허용하는 한도 내에서 법을 만드는 입법자가 된다.[34] 마지막으로, 우리는 사법부의 일원으로서 헌법과 법을 해석하는 판사의 역할을 담당하게 된다. 상이한 수준과 종류의 정보가 각 단계에서 필요로 하며, 각각의 경우에 우리들로 하여금 그 (정의의 두) 원칙들을 현명하게 적용할 수 있게 고안되어 있다. 즉 합리적이지만, 그러나 우리 자신의 특별한 이익을 편애하거나 또는 우리의 친구들이나 종교, 우리의 사회적 지위나 정당과 같은 우리가 소속되어 있는 집단의 사람들의 이익에 유리하게 하는 편파적인 결정이 아닌 결정을 내리도록 하게 한다.

이러한 틀은 원초적 입장의 개념을 확장하여, 정의의 원칙들을 적용할 때 필요에 따라 그 발상을 상이한 배경에 조정시키는 것이다. 헌법을 판단함에 있어, 말하자면, 우리는 우리의 정의의 원칙뿐만 아니라, 우리 사회에 관한 일반적 정보를 따라야만 하는 것이다. 이러한 일반적 정보는 헌법의 입안자들이 알고자 하는 그러한 종류의 것이다—즉 그것은 이 때 우리에게 허용되는 것인데, 그렇지만, 앞에서 언급하였듯이, 우리 자신과 우리의 연루관계에 관한 특수한 정보가 아니다. 이러한 종류의 적절한 정보는, 충분한 지성과 이성의 능력을 가정한다면, 우리의 판단이 공정하고 합당하리라는 것을 보장해주는 것으로 생각되어질 수 있다. 그리고 정

34 여기에는 내가 여기에서 단지 언급할 수 있는 아주 복잡한 문제가 있다. 즉 헌법적 본질과 기본적 정의 문제를 다루는 입법과, 다른 한편 대표들을 통하여 발생하는 시민사회내의 다양한 이해관계들 사이의 정치적 협상 문제를 다루는 입법 간에는 중요한 차이가 있다. 후자의 입법의 종류는 입법부와 시민사회내의 모두에서 공정한 협상의 틀을 마련하는 것이 요구된다. 이러한 복잡성은 아주 막대한 중요성을 지닌다고 할 수 있다. 그 이유는 이러한 구분을 하고 그리고 대표적인 사례를 통해 그것을 예시하는데 필요한 기준을 구체화하는 것은 매우 어려운 문제이기 때문이다.

의의 원칙들을 준수하면서, 우리들로 하여금 정의로운 헌법을 입안하도록 또 다른 단계에서 유사하게 우리들을 지도하게 될 것이다(『정의론』, § 31). 여기에서 나는 곤란한 질문 하나를 생략하려 한다: 사회들이라는 것이 항상 그러하듯이, 마치 미국 사회가 1787~91[35] 기간에 그랬던 것처럼(그리고 아직도 여전히 그러하지만)—예를 들자면, 노예제라든가 여성 및 재산적 조건을 충족하지 못한 사람들에 대한 참정권의 거부—현존하는 사회가 심각한 부정의를 내포하고 있을 때, 적절한 정보란 어떠한 것인가? 일부 사람들은 다음과 같이 생각하기도 한다. 즉 노예제를 배척하는 어떠한 헌법도 당시에는 채택될 수 없었는데, 그러한 지식정보은 적실성이 있는가? 『정의론』은 모든 그러한 정보는 무관한 것으로 간주하고, 정의로운 헌법이 실현될 수 있을 것이라는 점을 가정한다. 그러한 내가 말하는 합당하게 우호적인 조건reasonably favorable conditions하에서 정의로운 헌법이 어떤 것인지를 고안해 낸 이후에, 『정의론』은, 시민사회의 관점에서 보아 정의로운 헌법이 충분히 실현될 수 없다 할지라도, 일단 장기적 정치적 개혁의 목적으로 설정한다. 하버마스의 용어를 빌린다면, 그것은 수행되어야 할 과제인 것이다(FG 163).

두 번째 점은 첫 번째 점과 관련이 되는데, 정치적 직책이나 시민사회에 있는 시민들이 이 틀을 사용할 때, 자신들이 속해 있는 제도들이 시민들의 통제를 넘어서 이론적 입장에서 이들 제도들을 구현해 낸 일개 정치철학자의 작업의 산물이 아니라는 점이다. 오히려, 그러한 제도들은 우리가 제도 하에서 자라면서 우리들에게 전수되어온 과거 세대들의 업적인 것이다. 우리들은 이 제도들을 철이 들어서 평가하고 또 이에 따라 행

35 나는 이 기간을 헌법제정회의(the constitutional convention)로부터 권리장전(the Bill of Rights)의 비준에 이르는 전체기간을 포함하는 의미로 사용한다. 이 절과 다음의 절들에서, 나는 헌법(constitutional law)에 의미를 지니는 이것과 함께 많은 다른 유용한 제안들에 대해 플레밍(James Fleming)에게 감사를 표하며, 나는 그 모든 제안들을 받아들였다.

동하는 것이다. 이 모든 것은 4단계 과정의 목적과 사용이 명백해지면 보다 더 명료해 지게 될 것이다.[36] 오해를 불러일으킬 수 있는 점은 바로 다음과 같은 생각이다. 즉 대표의 장치로서 원초적 입장과 같은 추상적 개념을 사용하여, 합의당사자들이 자신들의 (정의)원칙들을 선정하는 것을 영속적인 구속력을 지니는 것으로 이해한다고 상상함으로써, 공정으로서 정의가 시민들의 정의관이 일거에 모든 사람들에게 적용되는 것으로 고정될 수 있다고 가정하고 있는 것이 명백하다고 생각하는 점이다. 이러한 오해는 우리가 시민사회에 살고 있고 또 다른 관점과 마찬가지로 정치적 정의관이 항상 우리의 반성적인 숙고된 판단에 의해 점검될 수 있다는 점을 간과하고 있다. 여기에서 영속성의 개념the idea of perpetuity을 사용하는 것은, 우리가 합리적 (합당한 존재가 아닌) 당사자들이 (정의)원칙들을 선정한다는 것을 상상할 때, 자신들의 선택이 영속적으로 지속된다는 것을 가정하고 이들로 하여금 그렇게 하도록 하는 것이 합당한 조건이 된다는 점을 말하고자 하는 하나의 방법일 뿐이라는 것이다. 우리의 정의의 개념들은 이런 방식으로 고정되는 것이다: 우리는 정의 개념들을 우리의 합리적 이익은 물론 우리가 좋아하는 방식으로 우리의 상황에 대한 지식에 부합하도록 변경시킬 수는 없는 문제이다.[37] 물론, 그러한 정의개념들을 우리의 숙고된 판단에 의해 점검해 보는 것은 또 다른 문제이다.

3. 하버마스의 이견의 다음의 측면은 정치적 자율성의 의미와 그것이 어떻게 실현될 수 있는지에 관한 질문을 제기한다. 해당 질문은 정의로운 헌법 하에서 시민들은 "자신들의 시민사회의 시민적 생활에서 원초

---

36 이 문단과 다음 문단에서의 두 가지 점들에 관해, 『정의론』, §31, pp. 196f.와 200f.를 참조하라.

37 마지막 두 문단에서, 나는 나의 4단계 과정의 틀에 대한 하버마스의 우려들을 다룰 수 있기를 희망한다. 나는 매카씨(McCarthy)와 미켈만(Michelman)에게 유익한 논의에 대해 감사한다.

적 입장의 급진적인 민주적 불씨the radical democratic embers of the original position를 재 점화할 수 없다"(128)는 생각에 의해 잘 표현될 수 있다. 이 발상은 해당 문단의 두 번째 부분에서 더 충분히 표현되어 있다. 그래서 "그들의 통제의 범위를 넘어서beyond their control" 다음에 우리는 다음과 같은 내용을 보게 된다:

> 이러한 방식으로 그 이론은 시민들에게서 각 세대에서 자신들이 새롭게 융합해야 할 통찰들의 너무 많은 부분을 박탈해 버리고 있다. 정의론의 관점에서 본다면, 민주적 헌법을 입안하는 행위는 이미 형성된 정의로운 사회의 제도적 조건들 하에서는 (더 이상) 반복될 수 없을 뿐만 아니라, 기본적 권리의 체제를 실현하는 과정은 현재의 입장에 근거하여 더 이상 보장될 수 없게 된다. 시민들이, 그럼에도 불구하고 변천하는 역사적 상황들이 요구하는 바에 따라, 이러한 과정을 개방적이고 미완결적인 것으로 경험하는 것은 가능하지 않다. 이들은 자신들의 시민적 생활에서 원초적 입장의 급진적인 민주적 불씨를 재점화 할 수 없게 된다. 그 이유는, 자신들의 관점에서 보았을 때, 모든 정당화의 **본질적** 담론들(*essential* discourses of legitimation)은 이미 이론 내에서 이루어 졌으며, 시민들은 단지 헌법에서 이미 여과시킨 이론의 결과들만을 직면하게 되기 때문이다. 해당 시민들이 특정의 헌법을 하나의 **기획**(*project*)으로서 고안해 낼 수 없기 때문에, 이성의 공적 사용은 실질적으로 정치적 자율성을 현재적으로 행사하는 의미를 지니지 못하게 되고, 단지 비폭력적인 **정치적 안정성의 보존**(*the nonviolent preservation of political stability*)을 촉진하게 될 뿐이다(128).

첫째, 자율성의 의미에 관해 언급해 보자. 정치적 자유주의에서, 자율성은 정치적인 것으로, 그렇지만 도덕적 자율성이 아닌 것으로 설명되고 있다(Ⅱ: 6). 후자의 도덕적 자율성은 보다 광범위한 개념으로 칸트와 밀과 결부된 종류의 포괄적 교리들에 해당된다. 정치적 자율성은 다양한 정치적 제도들과 실천들의 입장에서 규정된 것으로서, 입헌정체를 수행함에 있어 시민들의 생각과 행위—시민들의 토론, 심의 및 결정들—에서 특정한 시민들의 정치적 덕목을 통하여 표현되는 것이다. 이것으로 정치적 자유주의에는 충분한 것이다.

이러한 설명을 염두에 둔다면, 정의로운 사회의 시민들이 "시민적 생활에 있어서 원초적 입장의 급진적인 민주적 불씨를 재 점화" 할 수 없게 된다고 말하는 것이 무엇을 의미하는 지는 명백하지 않다. 우리들은 다음과 같은 의문을 제기하게 된다: 왜 (민주적 불씨를 재 점화) 할 수 없다는 말인가? 우리들은 위에서 4단계 과정을 논하는 가운데 시민들이 끊임없이 정치적 원칙들과 사회정책의 문제들을 토론한다는 점을 살펴보았다. 더욱이, 우리들은 어떤 실제적인 사회가 다소간 부정의롭다는 점—통상은 더 심각하게 부정의롭다—을 가정할 수 있으며, 그래서 그러한 토론들은 더욱더 필요한 것이다. 어떤 (인간적) 이론도 현존하는 상황 하에서 이러한 문제들에 관계되는 모든 필요한 고려들을 예측한다는 것은 가능하지가 않으며, 또한 현존하는 제도적 장치들을 개선하는 데 필요한 그러한 개혁들이 미리 예견될 수 있는 것 또한 아니다. 정의로운 헌법의 이상은 항상 미래지향적으로 입안되어야 할 그 무엇이라고 말할 수 있다. 이러한 점들에 관해, 하버마스도 동의하고 있는 것으로 여겨진다:

> 시민불복종의 정당화는 헌법을 미완의 기획으로 간주하는 역동적인 이해에 입각하고 있다. 이러한 장기적인 관점에서 본다면, 민주적 입헌 국가는 완결된 구조를 대표하는 것이 아니라, 그것은 민감하고 무엇보다도 오류가능성이 있으며 수정 가능한 기획이라 할 수 있다. 그 목적은 변화하는 상황에 따라 **새롭게**(*anew*) 권리의 체제(the system of rights)를 실현하는 것이다. 즉 권리의 체제를 더 낫게 해석하거나,

> 그것을 보다 적절하게 제도화하거나, 그리고 그 내용을 보다 진보적으로 입안해 내는 것이다. 이것이 바로 시민들의 관점이다. 시민들이란 권리의 체제를 실현하는데 실질적으로 관계되어 있으며, 상이한 맥락을 염두에 두고, 사회적 사실성과 타당성 간의 긴장을 극복하고자 하는 존재이다(FG 464).

하버마스는 공정으로서의 정의가 다소간 그가 여기에서 말한 바와 양립할 수 없는 것으로 생각하고 있는 것으로 여겨진다. 그는 (언급한 첫 문단에서) 이미 존재하는 정의로운 사회 (내가 생각하기에, 정의로운 헌법과 기본구조를 포함하고 있는) 뿐만 아니라 또한 "정당화의 본질적 담론들 *essential* discourses of legitimation"을 언급하고 있다. 그는 (정의론에서의) 헌법은 하나의 기획으로서—즉 아직 달성되어야 그 무엇으로서—간주될 수 없으며, 그래서 공적 이성이 정치적 자율성의 행사에 관여할 수 없게 되며 단지 정치적 안정의 보존에만 관여한다고 말하고 있다. 아마도 그는 시민들은 단지 위에서부터 바닥까지from top to bottom—즉, 자신들의 근본적 토론으로부터, 즉 자신들의 "정당화의 본질적 담론들"로부터 발생하는 헌법이 자신들에게 주어질 때, 그리고 모든 하위 단계에서 유사한 과정이 이루어졌을 때—자율적인 경우에만, 정치적으로 자율적일 수 있다는 것을 의미하는 것으로 생각된다. 그런데, 공정으로서의 정의에서 이상적으로 묘사된 질서정연한 사회에서, 시민들 자신들이 이미 획득한 정의로운 헌법을 가지게 되었을 경우, 자신들이 정의로운 헌법으로 간주하는 바가 실제적으로 자신들에 의해 스스로에게 제시될 수 있는 것이 아니기 때문에, 진보적인 민주적 불씨가 재 점화 될 수 없다고 생각하고 있는지 의심스럽다.

그렇지만, 만약에 이것이 곤란한 점이라면, 설명하기 어려운 문제는 아니다. 정치적 자율성의 개념을 보다 명료히 하기 위해, 첫째, 시민들이 자신들의 자유와 평등을 보장하고, 기본구조를 규제하는 하위의 법률과 법칙을 모두 갖추고 있는 합당하게 정의로운 헌법 하에서 함께 살 때 완전한 정치적 자율성을 획득한다고 말할 수 있다. 그리고 덧붙여서, 시민들이 또한 이러한 헌법과 그 법률을 충분히 이해하고 지지할 뿐만 아니라, 변화하는 사회적 상황에 부응하여, 시민들의 정의감과 다른 정치적 덕목들에 의해 항상 적합하게 영향을 받아, 헌법과 그 법률을 조정하고 개정할 수 있을 때, 완전한 자율성을 행사한다고 할 수 있다. 여기에 덧붙여서, 둘째, 해당 헌법과 법률이 다양한 방식으로 부정의하고 불완전할 때마다, 이성을 지닌 시민들이, 자신들의 역사적 및 사회적 상황에서 자신들의 완전한 자율성을 합당하고 합리적으로 주장할 수 있는 것으로 간주되는 바를 행함으로써 보다 자율적이 될 수 있기를 추구한다는 점이다. 그래서 이 경우에, 정의로운 체제는 하버마스가 말하는 하나의 기획이라 할 수 있다. 이 점을 공정으로서 정의는 동의하고 있다.

그렇지만, 헌법이 정의로울 때조차도, 우리는 다음과 같은 질문을 하게 된다: 왜 시민들은 완전히 자율적일 수 없는가? 루소의 『사회계약론』 *The Social Contract*의 시민들은, 입법자the Legislator가 원래 이들 시민들에게 정의로운 헌법을 제공하고 이 헌법 하에서 시민들이 예속되어 성장해 왔다고 해서, 완전히 자율적일 수 없다고 할 수 있는가? 지난 과거의 기억할 만한 중요한 그러한 행위가, 시민들이 지금 정의로운 헌법을 이해하고 지혜롭고 현명하게 이를 집행할 수 있다면, 어떤 차이를 만든다는 말인가?[38] 어떻게 입법자의 지혜가 시민들에게서 자신들이 수 세대를 걸쳐서 스스로를 위해 융합해 왔던 통찰들을 박탈할 수 있다고 말할 수 있을까? 왜 그러한 통찰들이 이러한 제도들과 결부된 시민들의 반성과 경험에 의해, 그리고 시민들이 헌법의 설계의 근거들을 이해하게 될 때, 융합 수용

38 『사회계약론』(*The Social Contract*), bk. II, ch. 7을 참조하라.

될 수 없다고 할 수 있는가? 칸트의 『도덕의 형이상학적 기초』Groundwork가 우리들이 그 저술에 대한 숙고를 통해 도덕법칙에 대한 통찰을 획득하는 것을 박탈하는 것인가? 분명 그렇지가 않다. (이러한 문제와 관련하여) 왜 헌법의 정의를 이해하는 것이 차이가 난다고 할 수 있는가?

더욱이, 모든 세대가 합당한 결론으로 모든 본질적인 정당화의 담론들을 수행하고, 그리고 나서 스스로 각자의 세대에게 새로운 정의로운 헌법을 제시하도록 요구되는 것은 아니다. 어떤 한 세대가 이러한 것을 수행할 수 있는지의 여부는 그 자체 세대 홀로만이 아닌 사회의 역사에 의해 결정되는 문제이다: 즉 1787~91 기간의 건국자들이 당시의 건국자들이 되었던 것은 그들 자신만이 아닌 그 시대까지 이르게 된 역사의 과정에 의해 결정되었던 것이다. 이러한 의미에서, 정의로운 입헌정체에 이미 살고 있는 사람들은 정의로운 헌법을 입안할 수 없게 된다. 그렇지만, 이들은 충분히 그 헌법을 반성하고, 지지하고, 그래서 필요한 모든 방식으로 자유롭게 그 헌법을 집행할 수 있게 된다. 우리가 이미 정의로운 헌법을 가지고 있고 그리고 충분히 이해하고 이에 따라 행동할 때, 합당하고 합리적인 정의로운 헌법을 우리 스스로에게 실제로 부여하는 것과 관계하여 무엇이 우리에게 특별한 의미를 주는 것인가? 정치적 자율성이 우리들의 자유를 표현해 주긴 하지만, 정치적 자율성의 행위들을 극대화하는 것이 여타 다른 종류의 자유의 경우보다 더 합당하다고 할 수 없다. 그러나 우리는 그렇게 하는 것이 적절할 때, 다만 그렇게 행동하는 것이다. 아마도, 하버마스는 내가 위의 §3.2에서 설명하는 것처럼, 4단계 과정이 해석되었을 때조차도, 그 4단계 과정을 숙고를 할 수 있는 틀로서 이해하는 것에 대해 이견을 제기할 수도 있겠지만, 그는 그 일련의 과정에서 너무 한정적이고 제약적인 것처럼 여겨지는 무지의 장막이 점차적으로 옮어지는 모습을 볼 수 있을 것이다.

4. 나는 그 문단(128~29)의 세 번째이자 마지막 부분, 후에 추가 설명에 의해 보충되었는데, 이 문제로 논의를 옮기고자 한다. 하버마스는 그가 상술하고 있는 결과들은 나의 의도는 아니었다는 점을 인정하고 있다. 그러나 그는 나의 견해들이 그러한 결과를 가져오게 될 것이라고 생각한다. 이것은 다음과 같이 제시되고 있다.

> 시민들의 정치적 정체성과 비공적 정체성 간의 엄격한 구분에 의해. 롤즈에 따르면, 이 경계는 민주적 의사결정을 제약하는 기본적 자유적 권리들에 의해, 그리고 이와 함께, 모든 정치적 의지 형성에 선행하는 것으로서, **애초부터**(*from the beginning*), 정치적인 것의 영역(the sphere of the political)에 의해 설정되고 있다(128~29).

추가적인 구절(129)은 다음과 같이 기술되고 있다:

> 그런데 이 두 개의 정체성은 두 개의 영역 [하나는 정치적 가치들에 의해 규정되는 영역과 다른 하나는 비공적 가치들에 의해 규정되는 영역]에 대한 준거점들이 되고 있다. 전자는 정치적 참여와 의사소통의 권리에 의해 구성되고, 후자는 기본적인 자유적 권리들에 의해 보호된다. 이러한 방식으로 사적 영역 [나는 비공적 영역으로 말하고자 한다]에 대한 헌법적 보호는, '정치적 자유들의 역할이 … 다른 자유들을 보존하는데 있어 매우 수단적이긴' 하지만, 우선성을 누리고 있다.[39] 그렇게 해서,

39 여기에서 하버마스는 『정치적 자유주의』의 Ⅷ: 2: 299, "Basic Liberties and Their Priority"(기본적 자유와 그 우선성)로부터 인용을 하고 있다. 하버마스가 인용하고 있는 문단의 요지는 모든 기본적 자유들이 동일한 이유로 중요하다거나 소중히 여겨지는 것은 아니라는 점을 말하고 있다. 자유주의 전통의 한 입장은 꽁스땅(Benjamin Constant)이 말하는 "고대인의 자유들"(liberties of the ancients)에 우선하여 "현대인의 자유들"(the liberties of the moderns)을 중요시 하고 있다. 이 전통에서는 정치적 자유들의 역할이란 아마도 여타의 다른 자유들을 보존하는데 있어 크게 수단적 의미를 지닌다고 할 수 있다. 그런데 나는 "비록 이 견해가 옳다고 할지라도, 모든 기본적 자유들 중에 정치적 자유들을 포함하고 자유의 우선성(the priority of liberty)에 입각하여 이 정치적 자유들을 보호하는 것을 금지하는 것은 아니다. 그 이유는 이러한 자유들에 우선성을 부여하기 위해, 정치적 자유들은 다른 여타의 기본적 자유들을 보

> 정치적 가치 영역과 관련하여, 전정치적인 자유들의 영역(a prepolitical domain of liberties)의 범위가 설정되는데, 이것은 민주적 의사결정이 미치지 않는 영역으로 되어 있다(129).

나는 첫 번째 인용의 거의 끝자락에 있는 이탤릭체로 된 구절의 의미에 관한 논의로부터 시작하려 한다. 하버마스는 "애초부터from the beginning"라는 것은 모든 의지 형성에 선행한다는 것을 의미하는 것으로 말하고 있다. 만약 그렇다면, 그가 말하는 것은 그러한 이유로는 공정으로서의 정의에는 정확히 들어 맞는다고 할 수 없다. 배경적 문화에 있는 시민들의 관점에서 본다면, 원초적 입장에서 정의의 원칙들을 선정한 후에, 우리들은 권리장전과 다른 규정들을 통해, 다수결 입법이 어떻게 양심의 자유 및 언론과 사상의 자유와 같은 그러한 기본적 자유들에 부담을 부여할 수 있는지에 대해서는, 다수결입법을 제한하는 헌법을 채택하게 된

장하기 위한 본질적인 헌법적 수단으로서 충분히 중요할 필요가 있을 뿐이기 때문이다..."라고 말하고 싶다. 나는 정치적 자유들이 순전히 수단적이라고 말하고자 하는 것은 아니며, 또한 대부분의 사람들의 생활에서 어떤 중요성을 지니지 않는다고 말하려는 것 또한 아니다. 사실상, 나는 정치적 자유들은 적어도 다음 두 가지 점에서 본질적인 정치적 가치를 지닌다고 주장하고 싶다: 첫째, 정치적 생활에 이러저러한 방식으로 개입하고 있는 수많은 시민들의 생활에서 의미심장하거나 또는 심지어 지배적 역할을 하고 있다는 점에서 그러하다; 그리고, 두 번째로, 정치적 자유들이란, 존중이 되어 진다면, 시민들의 자존감(self-respect)의 사회적 기반의 하나가 되며, 이렇게 하여, 다른 것들과 함께, 기본적 가치(a primary good)가 되기 때문이다. V: 6과 『정의론』 233f.를 참조하라. 여기에서 나는 다음과 같이 말하고 있다: "물론 자치정부에 대한 근거들은 순전히 수단적인 것만은 아니다." 그리고 나서, 시민들의 자존감, 시민생활의 도덕적 성격, 우리의 도덕적 및 지성적 감수성의 행사 등등의 역할에 관해 간략히 언급한 후에, 나는 다음과 같이 결론적으로 말하고 있다: "[이러한 고려들]은 평등한 자유는 단순히 수단적인 것만은 아니다." 이 문단에서 나는 실제로 '자부심'(self-esteem)을 사용하고 있으며 '자존감'(self-respect)을 사용하고 있지 않다. 그러나 나는 이제, 삭스(David Sachs) 덕분에, 자부심과 자존감이 상이한 개념이라는 것을 깨닫게 되었다. 나는 마땅히 한 용어를 적절한 것으로 선택해서 이것을 고수해야만 했었다. 스타일이 비난받을 만하다.) 나는 거기에서 공적인 정치적 공간의 특징들이 (정치사회의) 인민들의 역할에 어떤 것이어야 하는 지에 관해 어떠한 입장도 취하려고 하지 않았다. 이것은 4단계의 과정에서 본다면 헌법제정회의 단계에 속하는 질문으로, 나는 그것을 큰 문제로 생각하지 않았다.

다는 것을 가정한 바 있다. 이러한 방식으로 그 헌법은 입법에서 표현된 인민주권popular sovereignty을 제한하고 있다. 공정으로서의 정의에서는, 이러한 기본적 자유들이 전정치적 영역prepolitical domain에 속하는 것은 아니다. 비정치적 가치들도 그렇게 간주되지 않는다. 그렇지만, 비공적 가치들이 특정한 포괄적 교리(예를 들자면 합리적 직관주의 또는 자연법과 같은)에서는 그렇게 여겨질 수도 있다. 그 이유는 이 비공적 가치들이 정치적 가치들보다 존재적으로 선행하는 것이며, 그러한 이유로 인해 정치적 가치들보다 우선한다고 주장할 수도 있기 때문이다. 일부 시민들이 의심할 여지없이 그러한 견해를 가지고 있지만, 그것은 다른 문제이다. 그것은 공정으로서의 정의의 일부가 아니다. 이러한 관점은, 시간에 걸쳐 시민들의 숙고와 판단들에 기초하여, 기본적 자유들이 헌법 속으로 수용되어 헌법적 권리들로 보호되어야 한다는 점을 허용하게 된다—그러나 반드시 그래야 하는 것은 아니다. 그렇다면, 다수결 원칙을 제한하는 헌법을 지지하는 것이 인민의 의지에 선행하여 이루어진다고 할 필요는 없게 되며, 이렇게 하여 그 헌법이 인민주권에 대한 외부적 제약을 표현하고 있다고 할 필요는 없게 된다. 그것은 헌법의 비준이나 신규의 수정조항들의 제정과 같은 민주적 절차를 통해 표현된 인민의 의지라고 할 수 있다. 우리가 4단계의 과정을 시민들로서 정치적 판단들에 대해 우선적 질서를 부여하는 대표의 장치로서의 틀로서 간주하게 되면, 문제는 훨씬 더 명료해 진다.

이 모든 것은 내가 Ⅵ: 6에서 살펴보게 될 입헌적 정치constitutional politics와 통상적 정치normal politics 간의 차이를 통해 보다 명료해 질 수 있을 것이다.[40] 우리들은 로크에서 발견되는 이중적 입헌민주주의의 개

---

40 여기에서 나는 애커만(Ackerman)의 유익한 *We The People, Volume* Ⅰ: *Foundations* (Cambridge: Harvard University Press, 1991)에 입각하고 있다. 그렇지만, 입헌민주주의의 개념은, 굳이 애커만의 보다 구체적 의미의 이중주의(dualism)를 지지하지 않는다 하더라도, 위

념을 가정한다: 그것은 헌법을 구성하고, 비준하고, 그리고 수정할 수 있는 인민들의 헌법제정권constituent power을 일상 정치에서 보는 입법자들과 행정수반들의 통상적 권력과 구분하고 있다. 그리고 그것은 또한 인민의 상위법higher law과 입법체의 일상적 법ordinary law과 구분하고 있다(231ff.). 의회의 최우선성은 부인된다. 미국의 입헌 역사에 있어서 세 번의 가장 혁신적 기간들은, 말하자면, 1787~91 기간의 건국Founding, 재건기간Reconstruction, 그리고 다른 의미에서 뉴딜the New Deal이라고 할 수 있다.[41] 이 모든 시기에 있어, 근본적인 정치적 토론들이 광범위하게 진행되었으며, 이 토론들은 유권자들이 헌법적 변화를 확인하고 요구하였을 때, 그러한 변화가 제안되고 끝내 채택됨으로써, 세 가지의 예들을 제공하기에 이르렀다. 확실히 이러한 사례들은 기본적 권리의 헌법적 보호가 하버마스가 말하는 의지 형성에 선행하지 않는다는 점을 보여준다. 1789년의 6월부터 9월에 이르는 기간에, 반연방주의자들the Anti-Federalists에게 약속하였던 대로, 의회를 통해 권리의 장전the Bill of Rights을 주도하는 매디슨James Madison의 예를 언급하는 것으로 충분할 것이다. 그들에게 약

본문의 일반적 의미에서 본다면 이중주의적이라고 할 수 있다. 애커만의 이중주의는 조항 V(Article V)의 공식적인 수정 절차를 떠나서 발생하는 헌법에 대한 "구조적 수정"(structural amendment)을 허용하고 있다. 뉴딜(the New Deal)과 같은 정치적 운동은, 말하자면 판사들이 헌법에 관해 부여하는 지배적 해석들을 변화시키는데 있어 아주 중요한 영향력을 미칠 수 있다. 그러나 수정조항들은 그 외의 사항이라고 다시 말할 수 있다. 나는 또한 (그가 이해하는 바대로) 그의 이중주의(dualism)와 권리근원주의(rights foundationalism)간의 구분을 수용하지 않으려 한다. 그는, 비록 권리근원주의는 요구하지 않지만, 이중주의는 조항 V(Article V)의 절차에 따른 어떤 헌법수정도 헌법적으로 유효하다는 점을 요구한다고 생각한다. 238f.에서 나는 다르게 주장한다. 나는 이러한 문제들에 대해 (여기에서 더 이상) 논의할 수는 없으며, 단지 하버마스의 관심에 의미를 지니는 점만을 말하고자 한다. 더 이상의 논의로 프리만(Freeman), "Original Meaning, Democratic Interpretation, and the Constitution," *Philosophy and Public Affairs* 21(Winter 1992): 3~42; 그리고 플레밍(Fleming), "Constructing the Substantive Constitution," *Texas Law Review* 72 (December 1993): 211~304, 287n380, 290n400을 참조하라. 나는 이러한 문제들을 명료하게 해 주는 가치 있는 충고와 교신에 대해 플레밍에게 감사를 표한다. 나는 이러한 충고와 교신을 통해 많이 배웠다.

41 여기에서 나는 애커만(Ackerman)을 따르고 있다.

속이 되지 않았다면, 그 헌법은 비준이 되지 않았을 수도 있다.[42]

그렇다면, 4단계 과정은 현대인의 자유들이 인민의 헌법제정 의지에 예속된다는 발상과 부합하게 된다. 그러한 4단계 과정의 입장에 말한다면, 인민—더 좋게 표현한다면, 만약 공정으로서의 정의를 수용하는 사람들이 있다면, 그러한 시민들—은 헌법제정회의의 단계에서 판단을 하게 될 것이다. 내가 생각하기에, 하버마스는 나의 견해에서 현대인의 자유들은 일종의 자연법으로 간주되고 있는 것으로 생각하는 것 같다. 그래서 그의 해석에 의한 칸트의 경우에서처럼, 현대인의 자유들은 외부적인 실체적 개념들로서, 인민의 공적 의지에 대한 제약 조건을 부과하게 되는 것이다.[43] 오히려, 공정으로서의 정의는 정치적 정의관으로서, 물론 도덕적 관점이긴 하지만, 그것은 자연법 교리의 예라고 할 수는 없다. 공정으로서의 정의는 그러한 입장을 부인하지도 않으며 또한 주장하지도 않는다. 나의 응답에서, 그러한 정치적 정의관의 내부적 관점으로부터 본다면, 현대인의 자유들이, 하버마스가 이의를 제기하는 것처럼, 인민들의 헌법제정 의지에 대한 사전적 제약 조건들을 부과하는 것이 아니라고 단순히 소견을 진술하여 왔을 뿐이다.[44]

---

42 Stanley Elkins and Eric McKittrick, *The Age of Federalism*(New York: Oxford, 1993), pp. 58~75를 참조하라.

43 하버마스는 나를 칸트와 함께 자연법 이론가로 언급하고 있다. FG 110.

44 이것은 미켈만(Michelman)이 자신의 논문 "Law's Republic," *The Yale Law Journal* 97(July 1988): 1493~1537, pp. 1499f.에서 표현한 견해와 일치한다. 거기에서 미켈만은 다음과 같이 말하고 있다: "나는 미국적 입헌주의—학문적 입헌이론, 변호사들과 판사들의 직업적 실천, 그리고 크게는 미국인들의 일상적인 자기이해에서 표명된 것으로서—가 정치적 자유에 관련된 두 가지 전제들에 입각하고 있다고 간주한다: 첫째, 미국 인민들은 자신들이 집단적으로 스스로에 의해 통치되고 있는 한, 정치적으로 자유로우며, 둘째, 미국 인민들은 사람이 아니라 법에 의해 통치되고 있다는 점에서 정치적으로 자유롭다. 나는 미국적인 입헌적 토론에서 진지하고, 방해적이지 않은 참가자라면 그 누구도 이 두 가지 공언된 신념 어느 것도 아주 자유롭게 거부할 수 없을 것이라는 점을 당연하게 생각한다. 나는 이 두 가지 공언을 전제로 받아들이고, 이 양자의 상호적인 복잡한 관계는 물론, 그래서 이의 의미는 끝없는 논쟁의 대상이 된다."

만약 이것이 옳다면, 하버마스는 아마도 공정으로서의 정의에 이의가 없게 될 것이다. 그러나 그는 그가 생각하기에 공정으로서의 정의가 유도하는 헌법을 거부할 수도 있을 것인데, 물론 나는 그 헌법이 고대인의 자유와 현대인의 자유 모두를 잘 보장할 수 있을 것으로 생각한다. 아마 그는 다음과 같이 가정할 수도 있을 것이다. 『정의론』, 4장Chapter Ⅳ에서 사용된 예시적 발상들이 미국 헌법에서 추출되었기 때문에, 공정으로서의 정의가 정당화하려고 하는 헌법이 (미국 헌법과) 매우 유사하며, 그래서 그것은 동일한 이견에 노정될 수밖에 없을 것이다. 그렇지만, 그와 나는 있는 그대로의 미국 헌법의 정의 문제를 논의하고 있는 것은 아니라, 공정으로서의 정의가 그가 중요하게 생각하는 인민주권popular sovereignty을 허용하고 그리고 이와 모순 없이 양립할 수 있는지에 관해 논의하고 있다. 나는 공정으로서의 정의가 인민주권과 양립할 수 있다고 주장해 왔다. 그리고 나는, 그가 이견을 제기하는 것처럼, 사회적 협동의 체제로서 우리의 현존의 헌법과 사회의 기본구조에 대해, 정의의 두 원칙으로부터 (나의 경우에) 도출해 낼 수 있는, 이견들을 가지고 있다. 다음 세 가지 점을 언급하고자 한다: 현재의 체제는 애처롭게도 정치적 선거에서 공적 자금 지원에 실패를 함으로써, 공정한 정치적 자유의 행사에 있어서 심각한 불균형을 초래하고 있다; 현재의 체제는 소득과 부의 (비교할 수 없을 정도의) 광범위한 불균형적 분배를 허용함으로써 고용과 교육에 있어 공정한 기회평등을 심각하게 저해하고 있는데, 이 모두는 경제적 및 사회적 평등의 기반을 손상하고 있다; 그리고 또한 현재의 체제는 (사적으로) 보험에 가입하지 못한 많은 사람들을 위한 의료보장제도health care와 같은 중요한 헌법적 본질(의 실현)을 위한 규정들을 갖추고 있지 못하다. 그렇지만, 이러한 긴급한 문제들은, 원초적 입장의 장치, 이것과 담론 이론과의 관계, 정의의 두 원칙과 4단계 과정, 그리고 고대인의 자유와 현대인의 자유간의 관계와 같이, 하버마스가 제기하는 철학적 주제들과는 관계가 없다.

하버마스는 제퍼슨Jefferson의 발상과 다소 유사한 생각들을 받아들이고 있는 것 같다. 제퍼슨은 이 문제에 아주 심각하게 고민을 해 왔던 것으로 여겨진다. 1816년에 커치발Kercheval에게 보내는 편지에서, 제퍼슨은 버지니아 헌법의 개정에 관한 그의 생각들을 논의하고, 자신의 區 행정단위체계ward scheme의 요소들을 제시하고 있다. 이 구 단위체계는 州 counties를 더 작은 단위인 구로 나누어서 모든 시민들이 구 단위에서부터 주 단위 및 그 이상의 상위 단위에 이르는 문제들에 대해 참석하여 자신의 의견들을 제시할 수 있도록 하게 하려는 것이었다. 이러한 구 단위들은 아마도 일종의 협의의 위계체계hierarchy of consultation와 함께, 인민들이 평등한 시민으로서 자신들을 표현할 수 있는 필요한 공적 공간을 제공하기 위한 것이다. 이것은 버지니아 헌법은 물론 미국 헌법에도 결여되어 있는 규정이다. 헌법제정회의를 19년 또는 20년 마다 개최해서, 지난 세대는 이 문제(각 세대의 헌법 선택권)에 대해 아무런 권리가 없기 때문에, 각 세대가 그들 자신의 헌법을 선택할 수 있도록 하는 (또한 커치발에게 보내는 편지에도 있는) 제퍼슨의 발상을 다시 회상해 보자.[45] 나는 제

---

45 *Thomas Jefferson: Writings*, Merrill Peterson, ed.(New York: Viking, 1984), pp. 1399f.와 1401f. 각각을 참조하라. 또한 1789년 9월 6일에 매디슨(James Madison)에게 보내는 제퍼슨의 편지를 참조하라. 이 편지에서 그는 "이 세상은 사용권의 의미에서 살아있는 자들에게 속한다"(the earth belongs in usufruct to the living), 그리고 죽은 자들(the dead)은 이 세상에 대해 권리도 권한도 가지고 있지 않다고 말하고 있다(ibid., p. 959). 인간의 한 세대가 다른 세대를 구속할 수는 없다. 이러한 관계에서, 아렌트는 입헌정부를 확립하려고 하는 혁명적 정신의 풀기 어려워 보이는 곤혹성에 관해 언급하고 있다. 이 곤혹성은 어떻게 영구한 체제 내에서 혁명적 정신을 수용할 것인가 하는 문제이다. 그녀는 또한 제퍼슨의 헌법을 신성스러운 숭배의 대상으로 간주하는 자들에 대한 제퍼슨의 적대주의는 자신의 세대만이 "이 세상을 다시 시작하는 것"(to begin the world over again)을 할 수 있어야만 한다는 부정의(injustice)한 입장에 대한 분노의 감정에 근거해 있다는 점을 시사한다. "이 세상을 다시 시작하는 것"이라는 구절은 페인(Thomas Paine)의 *Common Sense*에서 가져 온 것이다. 또한 아렌트의 *On Revolution*(New York, Viking, 1963), p. 235를 참조하라. 그렇지만, 이러한 부정의의 감정은

퍼슨의 견해들이 정의로운 사회에서 진보적인 민주적 불씨를 재 점화 하는 것에 관한 하버마스의 언급에 대해 시사점을 줄 수 있기 때문에 이를 언급할 뿐이다.

나는 또한 가장 적절한 헌법의 설계는 정치철학만의 고려들에 의해 해결될 수 있는 문제는 아니며, 정치적 및 사회적 제도들의 범위와 한계를 이해하고, 그리고 어떻게 이 제도들이 효과적으로 작동할 수 있도록 만들 수 있을 것인가 하는 것에 좌우되는 문제라고 주장한다. 이러한 점들은 역사와 제도들이 어떻게 구성될 것인지에 좌우된다. 물론, 여기에서 진리의 개념이 적용된다. 나는 §4.3에서 헌법적 설계의 문제를 다시 논하려 한다.

§4. 자유들의 기원들

1. 내가 §3에서 제기하였던 자유들에 관한 하버마스의 이견의 첫 번째 부분은 그의 비판의 끝 무렵에 있는 간단한 요약[46]과 관계되어 있다. 그것은 그가 말하는 사적 자율성과 공적 자율성의 변증법적 관계와 연관된다(130~31). 나는 이 요약문에 대해 토론함으로써 나의 응답을 마무리 하려 한다. 그 요약문은 『사실성과 타당성』(FG)의 중심적 주장으로부터 나오는 설명들을 포함하고 있는데,[47] 그 핵심적 부분들은 주로 해당

완전히 잘못된 것이며, 양식 있게 받아들여질 수는 없다. (나는 내가 칸트가 아니며, 또한 세익스피어나 모차르트도 아니라는 것을 푸념하면서도 나의 인생을 보내는 것이 더 낫다). 인민들의 정치적 자율성에 기회를 줄 수 있는 적절한 공적인 정치적 공간을 발견하는 문제의 곤혹성에 관해, 나는, 앞서의 본문이 말하는 것처럼, 그 문제는 바로 헌법적 고안(constitutional design)의 문제이며, 풀기 어려운 곤혹성에 대한 어떠한 감정도 착각이라고 생각하며, 이 점에 대해 아렌트가 동의하지 않을 것으로 여겨지지는 않는다.

46 해당 요약문은 '정의론'(A theory of justice)(130)이라는 단어들로 시작하며 '현재의 맥락에서'(in the present context)(131)라는 단어들로 끝나고 있다.

47 *Philosophy and Social Criticism*, 20, no(1994): 21~44, p. 41에 있는 라스무센(David Rasmussen)의 논평을 참조하라.

저서의 3~4장에서 제시되고 있다. 그 내용은 또한 9장에서, 그리고 또한 "후기Postscript"[48]에서 다시 논의되고 있다. 이러한 이유로, 나는 하버마스가 지칭한 역사적 교리로서의 자유주의liberalism as a historical doctrine에 대한 그의 이견에 관한 나의 응답을 마무리함에 있어 후자("후기")에서 나오는 일부 언급들을 검토함으로써 시작하려고 한다.[49]

하버마스는 정치철학사의 전 역사에 걸쳐서, 자유주의적 저술가와 시민공화주의적 저술가들 모두 공적 자율성과 사적 자율성의 내부적 관계를 이해하지 못했다고 생각한다. 예를 들어, 그는 자유주의적 저술가들은 전형적으로 이 두 가지 형태의 자율성의 관계를, 현대인의 자유에 의해 구체화되는 사적 자율성이, 예를 들자면, 생명, 자유, (개인적personal[50]) 재산에 대한 권리, 그리고 "익명적인anonymous"[51] 법치rule of law에 대한 권리로 표현될 수 있는 인권human rights에 입각해 있다는 방식으로 간주하고 있다고 주장한다. 반면에, 시민들의 공적(정치적) 자율성은 인민주권의 원칙으로부터 도출되며, 민주적 법으로 표현되고 있다. 그는, 철학적 전통에서, 이 두 종류의 자율성의 관계가 "해결되지 못한 경쟁관계unresolved competition"의 특징을 지닌다고 생각한다("후기" Ⅲ: 1).

---

48 "후기"(1993년 9월에 작성된)는 『사실성과 타당성』(FG)의 후기인쇄판(Auflage), 661~80에 첨부되어 있다. 레그(Rehg)에 의한 번역은 지금은 *Philosophy and Social Criticism*, 20, no. 4(October 1994): 133~50에 수록되어 있다. 나는 이것의 페이지 조판 교정본(page proofs)을 보내준데 대해 라스무센(Rasmussen)에게 감사한다.

49 나는 "후기"의 레그(Rehg) 번역본의 절과 문단 번호로 참고하고자 한다. 중심적 주장을 요약하는 주 절은 Ⅲ에서 제시되고 있다. 그것은 8개의 문단으로 이루어지고 있다: 처음의 4문단은 중심적 주장을 설명하고 있는 반면, 다음의 4문단은 회페(Otfried Höffe)와 라모아(Larmore) 이 두 사람의 비판에 대한 응답으로 이루어지는데, 각각 2문단을 할애하고 있다.

50 나는 이 '개인적'(personal)이라는 단어를 삽입한다. 그 이유는 공정으로서의 정의는 생산수단의 소유권에 대한 권리를 포함하지 않기 때문이다. 『정의론』 270~74를 참조하라.

51 이것은 번역자의 용어이다. 독일어로는 "eine anonyme *Herrschaft der Gesetz*"로 되어 있다. 내가 생각하기에, 번역자는 이 구절을 법치를 그러한 의미를 뜻하는 것으로 이해하고 있다. 즉, 그것은 익명적이거나 이름이 없는 것이다(경제학에서 그것은 브랜드 이름이 없는 상품을 의미하는 것과 마찬가지이다). 그것은 왕의 법도 아니며, 입법체의 법도 아니다.

이러한 결함은 19세기 이래 자유주의가 다수결 원칙의 폭정이라는 크나큰 위험을 호소하고, 인권의 우선성을 인민주권에 대한 제약조건으로 단순히 부과하게 되었던 사실에서 살펴 볼 수 있다. 다른 한편으로는, 아리스토텔레스의 전통에 있는 시민적 공화주의는 오래토록 현대인의 자유 보다 고대인의 자유에 우선성을 부여해 왔다. 로크와 칸트와는 달리, 하버마스는 현대인의 권리들이 자연법이나 정언명령과 같은 도덕적 관점에 입각한 도덕적 권리라는 점을 인정하지 않는다. 그는, 자유주의는, 그러한 권리들의 근거를 도덕성에 둠으로써, 법적 질서를 외부적 근거에 예속시키고, 그렇게 함으로써 정당한 민주적 법에 대한 제약을 부과하게 되기에 이르는 반면, 루소와 시민적 공화주의의 입장은 고대인의 자유를 공동선의 기풍을 지닌 특정 공동체의 윤리적 가치에 근거를 둠으로써, 그러한 자유들이 특수하고 지역적인 가치에 뿌리를 두고 있다고 주장한다.

그가 생각하는 이 두 가지 입장의 오류 사이를 오가면서, 하버마스는 공적 자율성의 자유들과 사적 자율성의 자유들을 "동근원적co-original"이고 "동등한 비중equal weight"을 지닌 것으로 간주하여, 어느 것이 우선적이지도 않으며, 서로 상대방에 어떤 부과를 하는 관계가 아니라고 말한다(FG 135). 그 요점은, 공적 자율성과 사적 자율성의 내부적 관계가 두 가지 형태의 자율성 사이의 미해결된 경쟁관계unresolved competition를 제거한다는 점이다. 사실, 이 두 자율성간의 내부적 관계는 칸트와 루소조차도 형성하려 하였지만, 표현해 내기에는 결정적 통찰을 놓쳤던 문제이다. 그런데, 하버마스가 그렇게 생각한 이유는, 일단 이 두 자유간의 내부적 관계가 이해된다면, 우리는 이 두 자유가 상호적으로 서로를 미리 전제하게 된다는 점을 알 수 있게 되기 때문이라는 것이다: 즉, 이 내재적 관계를 받아들인다면, 우리가 만약 한 형태의 자율성을 가진다면, 우리는 (자연스레) 다른 자율성을 가지게 되며—그리고 어느 자율성도 (상대방에 의해) 제약을 받을 필요가 없게 되기 때문이라고 한다. 담론이론적 관점의 민주주의the discourse-theoretic conception of democracy에서는 조화와 균형이 지배하며 양자(두 자율성)는 충분히 실현된다고 한다.[52]

하버마스는 인권이 도덕적 권리moral rights로서 정당화 될 수 있는지에 관해 의문을 제기하지 않는다. 단지 그의 요점은, 우리가 일단 인권을 항상 국가의 권력에 의해 강제되고 제재를 가하는 성격을 지닌 실정법에 속하는 것으로 생각한다면, 인권이란 외부적 기관에 의해 민주정체의 입법에 부과될 수 없다고 한다. 이것은 분명 맞는다고 할 수 있다: 다음과 같은 경우를 가정해 보자(우리가 그렇게 한번 거칠게 상상해 보자). 칸트 당시의 프러시아 수상이, 국왕의 비호에 힘입어, 모든 시행된 법은 칸트의 사회계약의 원칙Kant's principle of the social contract에 부합해야 한다는 것을 보장하는 조치를 취하는 경우를 상상해 보자.[53] 만약 그렇다면, 자유롭고 평등한 시민들은—말하자면 적절한 숙고를 거쳐—이들 법에 아마 동의를 할 수 있을 것이다. 그렇지만, 시민들이 자신들 스스로가 이러한 법들을 자유롭게 토론하고, 투표하고, 시행하지 않았기 때문에, 시민들은 정치적으로 자율적이지 못하며, 그래서 스스로를 정치적으로 자유롭다고 간주할 수 없게 될 것이다. 반면에, 하버마스는 주권적인 입법자로서, 그리고 완전히 정치적으로 자율적인, 민주적 시민조차도 그러한 인권을 위반하는 어떠한 것도 시행해서는 안 된다고 말한다. 여기에서 그는 자유주의가 딜레마에 봉착하게 된다고 생각한다("후기" Ⅲ: 2). 이의 해결은 오래토록 정치철학 논의에서 벗어나 있었으며, 자유들을 미해결의 경쟁관계로 남겨 두게 되었다고 한다. 내가 생각하기에, 그가 주장하는 딜레마는 인

52 앞선 세 문단은 "후기" Ⅲ: 1에 대한 해석을 제시하고 있다. 또한 FG 129~35, 49ff.를 참조하라.

53 *Metaphysics of Morals*, doctrine of Rights, sects, 47, 52, 그리고 sec. 49 이후에 나오는 일반적 논평에 있는 Remark D, 그리고 "Theory and Practice," Akademie Edition Ⅷ: 289f., 297f.를 참조하라.

권이 민주정체에서 공적 자율성의 행사에 대한 외부적 제약 조건이 되어서는 안 되지만, 공적 자율성은—아무리 크다고 할지라도—법에 의해 그러한 권리들을 위반하는 것이 정당화 될 수 없다고 하는 점에 있다.

2. 여기에서 하버마스가 말하고자 하는 것으로 여겨지는 바에 반대하여, 나는 단순히 내가 이해하는 바대로 자유주의를 옹호하고자 한다. 그래서, 첫째, 나는 자유주의가 정치적 자율성과 사적 자율성을 미해결의 경쟁관계로 방치하고 있다는 점을 부인한다. 둘째, 자유주의가 직면하고 있는 것으로 말해지는 하버마스가 주장하는 딜레마는 진정한 의미의 딜레마라 할 수 없다. 그 이유는 두 가지 명제가 모두 당연히 옳기 때문이다. 셋째, 내가 자유주의가 공정으로서의 정의와 로크에서 근원을 찾을 수 있는 다른 자유주의적 교리들에서 찾을 수 있는 것이기를 희망하는 것처럼, 적정하게 해석된 자유주의에서는, 공적 자율성과 사적 자율성 또한 동근원적co-original이며 동등한 비중equal weight을 지니고 있어서(하버마스의 용어를 사용하자면), 어느 것도 상대방에게 외부적 제약 조건이 되지 않는다. 나는 이 마지막 문제부터 시작하고자 한다.

나는 적정하게 해석된 자유주의에서 공적 자율성과 사적 자율성이 동근원적이며 동등한 비중을 지니고 있다는 점을 명백히 하기 위하여, 공정으로서의 정의와 하버마스의 견해간의 세 가지 대비적 유사성을 제시하고자 한다. 내가 생각하기에, 이 유사성은 다음과 같이 나타난다. 공정으로서의 정의는 물론 여타의 다른 자유주의적 견해도 하버마스가 말하는 고대인의 자유와 현대인의 자유 간의 내부적 관계, 또는 상호적인 사전적 가정을 하버마스가 자신의 담론이론적 입장에 의해 인정하는 것 못지 않게 인정하고 있다. 나는 해당 요약문의 첫 번째 문단을 마무리하는 문장으로 우선 시작하려 한다:[54]

> 그런데 그 근본적 질문은 다음과 같다: 자유롭고 평등한 시민들이 실정적이고 강제적인 법이라는 정당한 수단을 통해 자신들의 공존을 규제하기를 원한다면, 어떠한 권리들을 서로에게 상호적으로 부여 해야만 하는가?(130)

하버마스는 이 질문을 자기이해적 민주주의the self-understanding democracy에 대한 자신의 해석을 위한 출발점으로 삼고 있다(FG 109).

이제 이 설명은, 물론 똑같다고는 할 수 없겠지만, 시민들이 원초적 입장과 거기에서 추정적으로 선정된 원칙들의 장점들을 논의하고 수용할 때 시민사회에서 나타나게 되는 상황과 유사하지 않다고 할 수 있는가?[55] 시민들의 신탁자citizens' trustees로서의 (원초적 입장의) 당사자들은 시민들의 근본적 이익을 가장 잘 보호하고 신장하는, 그리고 서로 상호간에 인정할 수 있는 (기본적) 자유의 체계the scheme of (basic) liberties를 구체화 하는 정의원칙들을 선정하는 것이 아닌가? 또한, 여기에서도, 고대인의 자유와 현대인의 자유는 동근원적이며 동등한 비중을 지니고 있어, 어느 것도 서로의 우위를 자랑할 수 없다. 공적 자율성과 사적 자율성 모두 정의 제1원칙에서 나란히 제시되고 있으며 우열 순위가 매겨져 있지 않다. 이러한 두 가지 자유들은 보다 더 심도 있는 의미에서도 동근원적이라 할 수 있다. 즉 두 가지 종류의 자유는 각각 정의감의 능력the capacity for a sense of justice과 가치관의 형성 능력the capacity for a conception of the good으로 표현되는 두 가지 도덕적 능력tow moral powers의 하나 또

54 이 문장은 "후기" Ⅱ: 2.3에 있는 문장과 유사하다: "현대적 자연법의 주요 질문은 새로운 담론이론적 전제로 재정립될 수 있다: 만약에 시민들이 자신들을 법적 연합체들 간의 자발적 협회(a voluntary association of legal consociates)로 구성해 들어가고 실정법이라는 수단을 통해 함께 생활하는 것을 정당하게 규제하기로 결정한다면, 어떠한 권리들을 시민들 상호간에 서로 인정을 해야 하는가?"

55 우리가 이미 살펴보았듯이, 이러한 토론들이 어디에서 발생하는가는 매우 중요한 문제이다. 공정으로서의 정의에서는, 이러한 토론들이 시민사회에 있는 시민들 간에—너와 나의 관점—발생한다. 나는 하버마스의 경우에서도 똑 같다고 생각한다.

는 둘 모두에 그 뿌리를 두고 있다. 앞에서와 같이, 두 가지 도덕적 능력 그 자체들은 우선순위가 매겨져 있지 않으며, 양자 모두 정치적 인간관의 본질적 특징이 되고 있는데, 각각의 능력은 그 자체의 고차원적인 관심을 지닌다.[56]

3. 공정으로서의 정의에 있는 두 번째 유사성은 공정으로서 정의 또한 하버마스의 견해만큼이나 두 단계 구성과정을 지니고 있다.[57] 그 유사성은 공정으로서의 정의를 받아들이는 시민사회에 있는 사람들은 시민들의 권리를 결정하기 위하여 대표의 장치로서 원초적 입장을 사용한다는 점이다. 그 시민들은 서로를 평등한 존재로서 인정하고 이들의 권리는 민주정체에 의해 보장되어야만 하는 사람들이다. 그런 다음, 정의의 두 원칙이 획득이 되면(1원칙에 대한 강조를 하는), 우리는 4단계의 과정에 따라(§3.2), 헌법제정회의에의 대표로서 옮겨 가게 된다. 이 지점에서, 하버마스의 견해에서와 같이, 우리들은 "미리 가정된 국가권력을 헌법적으로 규정the constitutional disciplining of the presupposed state power하는 과정으로 진전하게 된다."("후기" Ⅲ: 8). 공정으로서의 정의에서는, 우리는 처음에는 생각 속에서 그리고 잇따르는 실천을 통해 헌법을 채택하게 된다. 이 헌법에서, 내가 말한 것처럼, 우리는 기본적 자유들을 (헌법에) 새겨 반영하거나 그렇게 하지 않을 수도 있다. 그렇게 함으로써 의회의 입법권을 미리 가정된 국가 권력을 통제하고 규제하는 방식 중의 하나로서 특정

56 특정 시점에 사람들이 가지게 되는 한정적인 가치관에 의해 주어지는 세 번째의 고차원적 관심이 있다. 그러나 이러한 관심이 두 가지 도덕적 능력의 고차원적 관심에 예속되고, 또 그렇기 때문에 그것은 합당하고 합리적인 것이 틀림없기 때문에, 나는 여기에서 이 관심에 대해 더 이상 논의하지 않으려 한다.

57 이 두 단계 구성과정의 개념은 요약적 주장에 암묵적으로 제시되고 있다(129~30). 그것은 'eine zweistufige Reconstruktion'라는 구절을 통해 간단히 묘사되고 있다("후기" Ⅲ: 8). 나는 구성(construction)과 재구성(reconstruction)이 어떻게 다른지에 관해 분명하게 알 수가 없다. 그것이 여기에서 적절한가?

한 헌법적 제약들에 예속시킬 수 있게 된다. 이러한 권능이 공정으로서의 정의에서는 미리 가정되어 있다. 왜냐하면, 애초부터 (§1) 우리는 사회의 기본구조에 적용되는 원칙들 및 이상들과 그리고 이의 주요 정치 및 사회적 제도들을, 이미 특정한 형태로 존재하고 있는 점을 감안하여, 다루고 있기 때문이다.

하버마스가 자유주의적 권리들이 자신의 견해에서 근원적인originary 것이 아니고, 오히려 상호적으로 인정된 자유들의 변형으로부터 발생하는 것이라고 말할 때("후기" Ⅲ: 8), 해당 본문은 그가 이미 헌법에 내재화된 권리의 형태, 즉 말하자면, 미국의 권리장전the American Bill of Rights 또는 독일의 기본법the German *Grundgesetz*의 권리들과 같은, 국가에 대항하는 권리로 언급하고 있다는 점을 보여준다. 그는 그의 첫 단계에서 사람들이 원초적으로 서로에게 인정할 수 있는 개인적 권리들을 논하고 있지 않다.[58] 이러한 후자의 권리들은, 우리가 거기에서부터 출발한다는 의미에서 근원적이라 할 수 있다. 이것은 마치 정의의 제1원칙에 포함되는 기본적 권리들은 근원적이라고 말할 수도 있는 것과 일맥상통한다. 이러한 원칙들의 기본적 자유들은 어떻게 입법과 제도들이 작동해야 하는지에 관한 견해와 더불어, 헌법제정회의에서 성문헌법에 그러한 자유들을 내재화시킬 수 있게 하는 근거들로 인용될 수 있을 것이다. 또는 하버마스의 용어로는, 이들 권리들이 그렇게 변환되어 나타날 수 있을 것이다. 이러한 기본적 자유들(하버마스의 처음으로 인정된 권리initially ceded rights와 유사한)은 (그의 의미에서) 근원적이지만, 그러나 입법에 대한 제약 조건들은 아니다. 그는 그러한 권리들이 도덕적 권리들의 질서와 또한 적절하게 연결될 수 있다는 점에 대해 의문을 제기하지 않는다. 오히려, 그의 견해는(나도 동의하고 있는데), 이러한 관계를 획득하는 것 그 자체가, 법으로

---

58 나는 이점을 이해하는데 있어 매카씨(McCarthy)에게 도움을 받았다.

서 이 자유들을 민주사회에서 강제적으로 시행하는 것을 정당화하기에는 충분하지 않다는 점이다. 그는 또한 그러한 관계(기본적 권리와 도덕적 권리의 관계)에 대한 시민들의 합당한 신념이 민주적 토의에 있어서 특정한 사적 권리들을 구체화하려는 시민들의 주장을 지지해 주는 좋은 이유들에 속할 수 있다고 하는 점에 대해 의문을 제기하지 않는 것 같다.

이 모든 것이 맞는다면, 하버마스는 공정으로서의 정의나, 그가 시민공화주의자civic republican로 간주하고 있는 미켈만Frank Michelman, 또는 사실상 수많은 다른 자유주의 입장들과 다를 바가 없다. 하버마스의 견해와 우리들의 견해 (미국의 헌법적 교리의 많은 부분과 함께) 모두는 현대인의 자유들이 헌법에 수용되어야 하는지의 여부는 민주적 인민의 헌법제정 권한[59]에 의해 결정되어야 하는 문제라는 점에 동의하고 있다. 이것은 로크Locke를 거쳐 로손George Lawson에서부터 유래되는 헌법적 교리의 입장과 유사한 노선이라고 할 수 있다.[60] 나는 자유주의에 관한 하버마스의 견해가 이러한 역사적 전통과는 부합하지 않는다고 생각한다.

더욱이, §3에서 언급되었던, 실질적 중요성에 관한 질문은 바로 이러한 자유들이 헌법에 수용됨으로써 보다 더 잘 보장되고 보호될 수 있는 지의 여부에 관한 것이다. 이 질문은 헌법적 고안constitutional design의 문제라고 할 수 있다. 물론, 그에 대한 답변은 옳음과 정의의 원칙들principles of right and justice을 미리 가정하는 것이다. 그러나 이것은 또한 역사적 연구를 필요로 하며, 특정한 패턴의 역사적, 문화적 및 사회적 여건들

---

59 민주적 인민의 헌법제정권한에 관한 로크의 견해에 관하여, *Second Treatise*: 134, 141. 나는 이것은 인민의 연방주의적 교리(the Federalist doctrine of the people)에 부합한다고 덧붙여 말하고 싶다. *The Creation of the American Republic*, 1776~1787(New York: Norton, 1969)에 있는 우드(Gordon Wood)의 뛰어난 설명을 참고하라. 특히 7~9와 13장에서 해당 내용의 좋은 부분을 제시해 주고 있다.

60 이 점에 대해, Julian Franklin, *Sovereignty of the People*(New York: Cambridge University Press, 1978)를 참고하라. 여기에서 *Second Treatise*에 있는 로크의 견해를 1650년대의 로손(Lawson)의 논문에 근원하여 추적하고 있다.

하에서 발생하는 민주적 제도들의 실질적인 업적물들을 올바르게 파악하는 것이 요구된다. 공정으로서의 정의에서는, 이 문제는 헌법제정회의에서, 그 찬성과 반대의 입장을 바로 헌법제정의 관점에 비추어서 평가하여 이루어져야 할 판단이다. 여기에서 의견의 차이들은, 상당부분, 우리가 헌법의 효과성the effectiveness of constitution을 높이기 위해 역사적 경험을 어떻게 평가하느냐, 그리고 헌법적 보호들 그 자체가 스스로의 근본적 결함들, 즉 민주주의 자체를 약화시키는 효과들과 같은 그러한 심각한 문제가 있느냐 하는 문제에 좌우되어 나타난다. 입법을 제한하는 것이 첫눈에 보아 아무리 매력적인 것으로 여겨질 수 있다 하더라도, 증거, 역사적 사례들, 그리고 정치적 및 사회적 사상의 검토는 다른 방향을 제시해 줄 수도 있다. 요점은 헌법적 고안은 철학적 관점의 민주주의—자유주의적 또는 담론이론적 또는 여타의 관점—에 의해서만 해결될 수 있는 문제가 아니다. 또한 사례들 하나하나에 대한 정밀한 분석이 없이, 그리고 또한 해당 사회의 특수한 정치사 및 민주적 문화들을 고려하지 않고, 정치적 및 사회적 연구에만 의존해서 해결될 수 있는 문제도 아니다. 그래서 나는 자유주의에서 (그리고 마찬가지로 하버마스의 견해에서도) 고대인의 자유와 현대인의 자유간의 미해결의 경쟁관계는 존재하지 않으며, 오히려 이 방향 또는 저 방향으로 증거를 저울질 해 보는 문제라고 생각한다. 이 경우는 사유재산제적 민주주의private-property democracy 대 자유주의적 사회주의liberal socialism 간의 (『정의론』에서 논의되었던) 문제와 꼭 일치한다(『정의론』 270~74).

그래서, 나는 자유주의가 정치적 자율성과 사적 자율성을 미해결의 경쟁관계로 남겨두고 있다는 점을 부인하다. 이것이 나의 첫 번째 주장이다. 두 번째 주장은 자유주의가 추정컨대 직면하는 딜레마는, 내가 말해 왔던 것처럼, 다음 두 가지 명제가 맞기 때문에 진정한 딜레마라는 것이다. 하나의 명제는 다음과 같이 말하고 있다: 어떠한 도덕적 법도 주권적인 민주적 국민에 외부적으로 부과되어서는 안 된다. 그리고 다른 하나는 다음과 같이 말한다: 주권적 국민은 그러한 도덕적 법을 위반하는 어떠한 법도 정의롭게*justly* 제정할 수는 없다(그러나 정당하게*legitimately* 제정할 수는 있다).[61] 이러한 설명들은, 민주적이든 아니면 다른 형태이든 막론하고, 모든 정부의 정치적 정의에 대한 위험성을 단순히 표현해 준다. 그 이유는, 정당한(또는 정의로운) 법들이 항상 시행되고 또 정의로운 권리들이 항상 존중되는 것을 보장해 줄 수 있는 어떠한 인간제도(정치적 또는 사회적, 사법적 또는 교회조직이든)도 없기 때문이다. 여기에 덧붙여 말한다면: 확실히, 그리고 의문의 여지가 없는 것은, 한 단일 개인으로서는 고립해 있을 수 있으며, 또 법과 정부가 잘못되어 있고 부정의하다고 말함에 있어서 옳을 수도 있다는 것이다. 두 가지 형태의 자율성의 동근원성co-originality과 동등한 비중equal weight이라는 특별한 교리가 이러한 사실을 설명하는 데에는 아무 필요가 없다. 모든 주요한 자유주의적 및 시민적 공화주의의 저술가들이 이 점을 이해하지 못했다고 하는 것은 믿기가 어렵다. 이것은 정의를 획득하기 위해 어떻게 권력을 법과 결합시킬 것인가 하는 아주 오래된 문제와 관계된다.

4. 공정으로서의 정의, 그리고 공적 자율성과 사적 자율성이 동근원적이며 동시에 동등한 비중을 지닌다는 발상, 이 양자 간의 세 번째 유사성은 다음과 같다. 나는 하버마스에게서는 두 가지 형태의 자율성간의 내부적 관계를 담론이론이 민주적 법의 정당성을 재구성하는 방식에서 찾고 있는 것으로 생각한다. 공정으로서의 정의에서는, 두 가지 형태의 자율성은 또한 내부적으로 연결되어 있는데, 그것은 이 양자의 관계를 관점

61 정당성(legitimacy)은 이 점(도덕적 법을 위반하는 법 제정)에 대한 여지를 허용한다. 아래의 § 5를 참고하라.

이 하나의 이상으로서as an ideal 결합되는 방식으로 이해하는 의미를 지닌다. 공정으로서의 정의에서의 기본적 권리들과 자유들의 체계의 근원은 사회적 협동의 공정한 체계로서의 사회의 개념, 또한 합당한 조건들에 예속되는 협동의 조건들을 선정하는 합리적 대표자들로서의 시민의 개념에서 유래되어 나오는 것이다. 그러한 협동에 개입하고 있는 참여자들로서, 시민들은 세 가지 고차원적인 관심들과 함께 두 가지 도덕적 능력을 필수적으로 갖추고 있는 것으로 설명되고 있다. 세 가지 고차원적 관심과 함께 두 가지 도덕적 능력은 이들로 하여금 그렇게 고안된 사회에 참가할 수 있도록 해 주는 역할을 한다. 이 두 가지 능력은 정의감의 능력과 가치관의 형성 능력이다. 첫 번째의 정의감의 능력은 합당성the reasonable과 짝 지울 수 있다—다른 사람들도 그렇게 하리라 가정하면서, 사회적 협동의 공정한 조건들을 제안하고 이에 따라 행동하는 능력. 두 번째의 가치관의 형성 능력은 합리성the rational[62]과 짝 지울 수 있다—그러한 공정한 협동의 조건들 내에서만 추구되는 합리적이고 일관성 있는 가치관을 가질 수 있는 능력.

여기에서부터 그 (공정으로서의 정의의) 발상은 이러한 기본적 자유들을 두 가지 자유로 이루어진 완전한 적정한 체계로 연결시키는 것이다. 이 과정이 내가 여기에서 단지 제시하는 6단계로 이루어지고 있다:

a. 모든 시민들을 위해, 두 가지 근본적 경우에서 두 가지 도덕적 능력을 적절히 개발하고 충분하고 현명하게 사용할 수 있도록 하는데 필요한 사회적 조건들을 구체화한다(Ⅷ: 8: 332).[63]

---

62 나는 여기에서 합리성(the rational)의 개념을 원초적 입장에서 사용되었던 합리성의 개념 보다 더 광범위하고 심도 있는 개념이라고 언급하고자 한다. 원초적 입장에서는 보다 협의의 의미로 사용되었다. 나는 이 차이점을 여기에서 추적할 수는 없다.

63 이것은 “Basic Liberties and Their Priority”(1982)와 관계되는데, 이 논문은 변경 없이 강의 Ⅷ로 수록되어 있다.

b. 두 가지 근본적 경우에서 두 가지 도덕적 능력의 행사를 보호하고 허용하는데 필요한 권리들과 자유들을 확인해 낸다. 첫 번째 경우는 정의의 원칙들을 사회의 기본구조와 이의 사회적 정책들에 적용하는 문제와 관계된다. 정치적 자유와 정치적 언론과 사상의 자유가 여기에서는 본질적이다. 두 번째 경우는 숙고적 이성(deliberative reason)을 전 인생에 걸쳐 자신의 행동을 관리하는데 적용하는 문제와 관계된다. 보다 일반적으로 양심의 자유와 사상의 자유가 여기에서 집회결사의 자유와 함께 들어오게 된다(Ⅷ: 8: 332).

c. 자유들은 서로 갈등적일 수밖에 없으며, 어떤 자유도 다른 자유들과의 관계에서 절대적일 수 없기 때문에, 우리들은 각 자유의 중심 범위가 작동가능한 기본구조에서 동시적으로 실현될 수 있는지의 여부를 점검해 보아야만 한다(Ⅷ: 2: 297f.). 여기에서의 요점은 그렇게 실현될 수 있다고 단순하게 말할 수 없다는 점이다: 그것은 이러한 자유들의 중심 범위는 물론 이 중심 범위들이 정의의 두 원칙을 충족하는 작동 가능한 제도에서 서로 어떻게 조율될 수 있는지를 구체적으로 설명함으로써 보여 질 수 있다.[64]

d. 기본적 자유들의 목록을 작성하는 데 있어 두 가지 방법—하나는 역사적이고 다른 하나는 이론적인—을 사용한다. 역사적인 방법에서, 우리는 민주적 사회들의 헌법들을 면밀히 살펴보고, 통상적으로 보호되고 있는 자유들의 목록을 만들고, 그리고 역사적으로 잘 작동하였던 민주사회들에 있어서 이들의 역할을 검토해 본다. 이론적 방법에 있어서, 우리들은 전 인생에 걸쳐서 두 가지 도덕적 능력의 적정한 계발과 행사에 결정적으로 중요한 자유들이 어떤 것인지를 고려해 본

64 『정의론』의 목적은 이러한 제도들을 구체적 모습으로 제시해 보는 것이다. 그것은 195쪽에서, 제2부(제도론)의 목적은 정의의 두 원칙을 충족하는 제도들의 기본구조를 기술함으로써 정의의 원칙의 내용을 제시하는 것에 있다고 말한다. 해당 본문이 설명하는 것처럼, 제도들은 작동가능한 정의관을 규정한다. 즉 작동 가능한 정치관은 실제적인 제도를 통해 설정될 수 있는 것으로서, 무엇을 시민들이 알 수 있을 것으로 기대되고 또한 어떻게 시민들이 (해당 정의관에 대한) 동기부여가 될 수 있는지를 전제로 하여 만들어 질 수 있는 정의관이다. 이 마지막 부분은 Ⅲ에서 논의되고 있다. 나는 하버마스가 『사실성과 타당성』(FG), ch. 2.2에서 『정의론』은 추상적이며 이러한 문제들을 무시하고 있다고 말하고 있기 때문에 굳이 이러한 점을 언급한다.

다(Ⅷ: 1: 292f.).

e. 정의의 원칙들이 정상적인 조건하에서 작동할 수 있도록 하게 하는 정의의 원칙들의 상세한 내용들을 보다 더 구체화하기 위하여 (기본적 자유들과 공정한 기회들을 포함하는) 기본적 가치(primary goods)의 개념을 도입한다. 우리가 알고 있는 기본적 권리들, 자유들, 그리고 기회들은 평등한 것이며, 시민들은 이들을 효과적으로 행사할 수 있도록 하는 충분한 전목적적 수단들(all-purpose means)을 갖출 수 있도록 한다. 그러나, 정의의 원칙들이 사용될 수 있도록 하기 위해서는, 이러한 권리들, 자유들, 그리고 수단들은 보다 구체적으로 어떠한 것인가? 기본적 가치들은 이러한 질문에 대한 답을 제공해 준다(Ⅴ: 3~4). 이러한 것이 이루어지게 되면, 정의의 원칙들은 우리들로 하여금 합당하게 우호적인 조건 하에서, 적절한 과정을 거쳐, 현재 우리가 살고 있는 사회에서부터 출발하여, 정치적 및 사회적 제도들로 이루어진 정의로운 체제를 확립하는 방향으로 안내할 수 있게 될 것이다. 이 정치적 및 사회적 제도들로 이루어진 정의로운 체제에서는 고대인의 자유는 물론 현대인의 자유의 중심 범위를 보호할 수 있게 될 것이다.

f. 끝으로 이러한 정의의 원칙들이 원초적 입장에서 자유롭고 평등한 존재로 간주되고 동시에 특정한 한정된 가치관과 함께 두 가지 도덕적 능력을 지닌, 사회에 있는 시민들의 위탁자들에 의해 채택될 것이라는 점을 보여준다.

이러한 방식으로, 두 가지 형태의 자율성에 속하는 각각의 부류들은 정치적 정의관으로서 공정으로서의 정의를 구성하는 수단으로 내적으로 연결되어져 왔다. 이러한 형태의 자유주의는, 말하자면, 두 가지 자유들의 관계를 미해결의 경쟁 상태로 방치하고 있는 것은 아니다. 실제적 사례들은 종종 이 두 자유들 간의 갈등을 노정시키기도 한다. 그리고 어떠한 헌법적 또는 다른 형태의 고안의 체제도 이것을 완전히 피할 수는 없다. 다른 어떤 입장과 마찬가지로 하버마스의 견해 역시 마찬가지이다. 하버마스기 이 점을 부인하리라 생각하지 않는다.

공적 자율성과 사적 자율성간의 동근원적이고 동등한 비중을 지닌다는 것과 관계된 하버마스의 견해와 나의 견해간의 차이가 무엇인지에 관한 질문에 대해, 나 역시 확실치 않다. 그의 견해가 포괄적이긴 하지만(§1), 우리 모두는 두 가지 형태의 자율성간의 내재적 관계를 기반으로 하는 규범적 민주주의 이상을 공유하고 있으며, 이러한 이상들은 여러가지 면에서 유사하다 할 수 있다. (그러나) 그의 이상은 (적어도) 나에게는 너무 광범위하게 개괄적으로 그려져서 어떤 부류의 자유들로 그의 담론 절차가 유도하려는 지를 예견할 수 없는 것으로 여겨진다. 사실상, 그것이 매우 구체화된 어떤 결론으로 유도할 수 있을 지는 명확해 보이지 않는다.[65]

5. 마지막 질문을 다루어 보자. 하버마스를 그의 문자 그대로 이해한다면, 그는 두 가지 형태의 자율성의 내재적 관계를 "**정치적 자율성을 행사하는 양식의 규범적 내용**the normative content of the *mode of exercising political autonomy*"에 의존하고 있는 것으로 생각하고 있는 것 같다(FG 133). 그런데 이제, 왜 정치적인 것에 대한 강조는 하는가? 그는 정말로, 여태까지 두 가지 종류의 자율성이 동근원적이고 동등한 비중을 지니고 있다고 이야기 해오면서, 정치적 자율성이 우선적이고 기본적인 역할을 한다는 점을 의도적으로 시사 하고 있는 것인가? 그렇다면, 왜 그것(정치적 자율성)은, 자신의 관점에서, 두 가지 방식(동근원적이고 동등한 비중)으로 동등하게 가고 있지 않는가?

어떤 경우에서든, 공정으로서의 정의는, 가령 사적 자율성의 자유들이 내부적으로 정치적 자율성과 관계되어 있고, 이에 근거하고 있는 것으

---

65 솔직히 인정컨대, 나 자신도 이러한 점의 많은 부분을 해결하지 못했다. 그러나 특정한 기본적 자유들과 이들이 적용되었던 사례들을 Ⅷ, "Basic Liberties"에서 약간 논의하였다.

로 간주될 수 있다고 하더라도, 그러한 자유들은 그 관계에만 근거하고 있지 않다는 점을 주장한다. 이것이 그러한 이유는 공정으로서의 정의에서의 현대인의 자유들은 그 독자적인 고유한 근거를 두 번째의 도덕적 능력에 두고 있기 때문인데, 이 두 번째의 도덕적 능력은 그 자체의 한정적인 가치관(비록 원초적인 입장에서는 알려져 있지 않지만)을 지니고 있는 것이다. 더욱이, 두 번째 도덕적 능력과 이와 결부된 두 가지의 고차원적 관심들은, 기본적 자유의 체제에서, 사회적, 문화적 및 정신적 생활을 지닌 시민사회의 구성원들로서 개인적 인격체의 보호와 자유들을 독립적으로 표현해 주고 있다. 사회의 이러한 부분은 문화적 단체와 과학적 협회, 대학과 교회, 이러저러한 형태의 메디아 같이, 다 열거하자면 끝이 없는, 모든 종류의 단체들과 협회들을 포함한다. 그러한 것들이 바로 시민들의 행위들이라고 할 수 있는데, 시민들의 입장에서 이러한 행위들이 지니는 가치와 의미는, 사적 자율성의 권리들을 위한 결정적 기반은 아니라 하더라도, 적어도 충분한 권리들을 구성한다는 점이다. 왜냐하면, 하버마스가 인정하듯이(FG 165), 정치적 민주주의는 그 지속적인 생명을, 민주주의를 지탱하게 하는 자유로운 배경적 문화에 의존하고 있기 때문이다. 그렇지만, 이 배경적 문화는, 합당한 시민들에 의해 민주주의 제도들이, 자신들의 포괄적 교리들에 의해 규정되고 동시에 정치적 정의관에 의해 허용되는 것으로서, 자신들이 적정한 형태의 가치로 간주하고 있는 바를 지지해 준다고 여겨지지 않는다면, 그 정치적 민주주의를 지탱해 나가지 못하게 될 것이다. 그래서 설령 정치적 자유들political liberties로 연결되는 이 내부적 관계가 시민적 자유들civic liberties을 도출해 내는 충분한 담론이론적 근거가 된다고 할지라도, 바로 그것이 후자의 시민적 자유들이, 적어도 동등하게 충분한, 또 다른 정당화의 근거를 지닌다는 점을 막을 수는 없다. 나는 시민적 자유들이 또 다른 정당화의 근거를 지니고 있다고 생각한다.

하버마스의 외견상으로 여겨지는 정치적인 것에 대한 강조(만약 그가 의도한다면)는, 시민적 인본주의civic humanism의 개념이 맞는 것으로 가정이 된다면, 그럴 경우에만 설득력을 지니게 될 수 있다: 즉, 인간이 자신들의 완전한 실현, 곧 자신의 최선의 가치를 성취할 수 있는 행위는 바로 정치적 생활의 활동에 있다. 평범하게 말하면, 정치적 생활에 관계하는 것이 많은 사람들의 가치관들의 합당한 부분이 될 수 있으며, 일부 사람들에게는, 워싱톤George Washington과 링컨Abraham Lincoln과 같은 위대한 정치가가 증명하는 것처럼, 사실상 위대한 가치가 될 수 있다. 여전히, 공정으로서의 정의는 그러한 선언을 거부한다. 공정으로서의 정의는 시민사회의 가치를 공적 생활의 가치에 예속시키는 것을 잘못된 것으로 간주한다.

§5. 절차적 정의(Procedural Justice) 대 실체적 정의(Substantive Justice)

1. 이 절에서, 나는, 공정으로서의 정의가 절차적이라고 보다는 실체적이라는 하버마스의 이견에 응답을 함으로써 자유주의에 대한 나의 옹호(나의 경우에는 정치적 자유주의의 옹호)를 마무리 지으려 한다. 그의 절차 이론이 말하고 있는 다음 점을 자시 생각해 보자:

> (절차이론은) 이성의 공적 사용(public use of reason)의 절차적 측면에 전적으로 초점을 맞추고 있으며, 이(이성의 공적 사용)의 [정당한 legitimate[66]] 법적 제도화의 개념으로부터 권리의 체제(system of rights)를 도출해 낸다. 그것(절차이론)은 [공정

66 우리는 여기에서 정당한(legitimate)(의 개념)이 필요한가?

> 으로서의 정의 보다] 더 많은 질문들을 열어둔다. 왜냐하면 그것은 합리적 의견과 의지 형성의 **과정**(*process*)에 더 많은 것을 맡겨 버리기 때문이다. 철학은, 롤즈의 관점에서처럼, 그것(철학)이 정의로운 사회의 이상을 정교화하려고 주장하는 한편, 그리고 나서 시민들이 이 발상을 현존하는 제도적 장치들과 정책들을 평가하기 위하여 강령(platform)으로 사용하려 할 때, 상이한 이론적 부담들을 어깨에 짊어지게 된다(131).

나는 나의 응답을 자유주의에 대한 옹호로 간주한다. 그 이유는 어떠한 자유주의적 입장도 실체적일 수밖에 없으며, 그리고 자유주의가 그러한 점에서 옳다고 생각한다. 더욱이, 나는 하버마스의 입장이, 비록 실체적인 요소는 다를지 몰라도, 왜 또한 실체적이지 않은지를 잘 모르겠다.

나는 내가 절차적 정의와 실체적 정의간의 구분을, 각각, 절차의 정의(또는 공정성)*the justice[or fairness] of a procedure*과 그 내용의 정의(또는 공정성)*the justice[or fairness] of its outcome* 간의 구분으로 간주하고 있다는 점을 설명함으로써 시작하려 한다.[67] 이 두 종류의 정의는, 각각, 절차the procedure와 결과the outcome의 특정한 가치들을 예시해 준다. 그리고 이 두 종류의 가치들은, 절차의 정의가 항상 (도박과 같은 특별한 경우를 제외한다면) 그 절차를 통해서 예견될 수 있는 결과의 정의 또는 실체적 정의substantive justice에 의존하고 있다는 의미에서, 동행 관계인 것이다. 그래서, 절차적 정의와 실체적 정의는 서로 연결되어 있어 분리될 수가 없다. 이것은 여전히 공정한 절차 그 자체에 본질적인 가치들이 있다는 점을 인정한다—예로서, 자신의 경우를 제시할 수 있도록 동등한 기회를 모든 사람들에게 부여함으로써 공평성의 가치the value of impartiality를 지

---

67 여기에서 나는 위의 각주 31에서 인용되었던, *New York Review of Books*(August12, 1993), p. 44에 있는 햄프셔(Hampshire)의 논평문에 있는 그의 구분을 따르고 있다.

니는 절차를 들 수 있다.[68]

절차적 정의와 실체적 정의간의 관계는 절차적 정의를 포함하는 두 가지 분명한 경우를 간략히 되짚어 봄으로써 설명될 수 있다.[69] 첫 번째 경우는 케이크를 나누는 아주 상식적인 절차에 의해 예시되는 완전 절차적 정의perfect procedural justice이다. 이 절차는 단지 그것이 수용될 수 있는 공정한 결과 즉 평등한 분배equal division를 항상 가져올 수 있기 때문에 완전 절차적 정의를 예시해 준다. 만약 이것이 공정한 결과를 가져오지 못한다면, 그것은 정의를 위한 절차가 아닌 그 밖의 다른 무엇을 위한 절차가 될 것이다. 똑같은 점이 형사 재판criminal trial에도 해당되는데, 이것은 불완전한 절차적 정의imperfect procedural justice의 경우이다. 그것은, 어떠한 재판절차도, 해당 법이 아무리 정의롭고 효과적으로 그것(재판절차)을 규정한다—증거의 규칙과 재판 당사자들의 권리 및 의무, 이 모든 것을 합당하게 제시한다—고 해도, 피고인이 범죄를 범하고 또 범했

---

68 나는 코헨(Cohen)의 "Pluralism and Proceduralism," *Chicago-Kent Law Review* 69(1994): 589~618에 도움을 받은 바 크다. 이것은 이 문제에 대한 매우 철저하고 통찰력 있는 논의이며, 나는 많은 점에서 이에 의존하고 있다. 이 논문의 전반적 주제는, 절차적 정의는 실체적 정의에 의존하고 있기 때문에, 실체적 문제에 대한 중첩적 합의는, 일반적으로, 절차적 정의에 대한 합의 보다 더 이상적(utopian)이라고 할 수 없다는 점이다: 헌법적 합의(a constitutional consensus)는 이미 실체적 문제들에 대한 상당한 합의를 시사하고 있다. 그래서 코헨은 절차적 정의가, 일반적으로, 실체적 정의와 독립적이기 때문에, 덜 부담스러운 요구라고(less demanding) 하는 실체적 정의에 대한 반대를 거부한다. 이 관점은 본문 Ⅳ: 6~7에 있는 헌법적 합의를 절차적 합의로 추동하는 경향이 있다는 견해와 잘 부합한다. 나는 거기에서는 코헨의 주장이 당시 나를 완전히 벗어나 있었기에 때문에 그의 주장을 이용하지 못했다. 절차적 정의의 주제는 베이츠(Charles Beitz)에 의해 그의 저서 *Political Equality*(Princeton: Princeton University Press, 1989), ch. 4에서도 아주 훌륭하게 논의되고 있다. 거기에서 그는 내가 여기에서 따르고 있는 주제를 제시하고 있다: 절차적 정의의 정의는 부분적으로 그 결과의 정의에 의존한다는 것이다. 엘라이(John Hart Ely)의 *Democracy and Distrust*(Cambridge: Harvard University Press, 1985)의 이러한 노선들에 따른 비판으로, Dworkin, *A Matter of Principle*(Cambridge: Harvard University Press, 1985), ch. 2, pp. 57~69; Laurence Tribe, *Constitutional Choices*(Cambridge: Harvard University Press, 1985), ch. 2: "The Pointless Flight from Substance," pp. 9~20을 참조하라.

69 나는 『정의론』 84~87에서 (도박을 포함하여) 이 두 경우를 논의한 바 있다.

을 경우에만 피고자에게 유죄를 선고하는 것이 보장되기 어렵기 때문에, 불완전한 것이다. 그렇지만, 앞의 경우와 마찬가지로, 형사재판의 절차가, 적어도 상당한 시간에, 그것이 올바른 결정에 이를 수 있도록 분별력 있게 입안되지 않는다면, 그 형사재판의 절차는 정의롭지 못한 것—공정한 재판의 절차가 아닌 것—이라고 할 수 있다. 우리는 거기에 오판들이 꽤 있으리라는 점을 알고 있다. 그것은, 부분적으로는 유죄를 결정하는 기준을 매우 높게 설정하여 무고한 사람들을 유죄 판결하는 것을 피하려고 하는 데에 있기도 할 것이며, 또는 불가피한 인간적 오류가능성과 증거에서 예측하기 어려운 우연성들로 인해 부분적으로 유래될 수도 있다. 그렇지만, 이러한 오판들은 그렇게 빈번하게 발생할 수는 없을 것이다. 만역 그렇지 않다면, 이 재판 절차는 더 이상 정의롭다고 할 수 없을 것이다.

자주, 이것은 그 논란이 절차적 정의와 실체적 정의에 관한 것인 것처럼 여겨질 수 있다. 그렇지만, 그렇지 않은 것으로 판명된다. 양측 (절차적 정의 입장과 실체적 정의 입장) 모두 절차적 정의는 실체적 정의에 의존하고 있다는 점에 동의하고, 단지 그 외의 다른 어떤 점에 의견의 차이를 보인다. 특정 형태의 다수결 원칙 민주주의를 촉구하고 제도적 장치—권력분립, 특정 문제들에 대한 강한 다수결 장치들supermajorities, 권리장전 또는 사법심사제도와 같은—를 지닌 입헌민주주의를 민주적 원칙과 양립할 수 없거나 아니면 불필요한 것으로 여겨 거부하는 다원주의적 민주적 견해들pluralist democratic views을 한번 생각해 보자. 이러한 입장들은 다수결 원칙을 정치적 및 사회적 갈등을 해결하기 위한 공적인 정치적 제도들에 구체화된 공정한 절차로 간주한다. 절차의 일부 특징들은 민주주의 자체를 규정하는 것이며, 그 절차 자체의 양상들을 구체화 하는 역할을 한다: 예를 들자면, 투표권, 다수결 원칙, 정치적 언론의 자유, 정치적 직책에 입후보하고 이를 누릴 수 있는 권리가 있다. 민주적 정부가 민주적이기 위해서는 이러한 권리들을 수용해야만 한다. 이러한 권리들은 민주적 제도를 구체화 하는 본질적인 요소들이다.[70]

다수결주의자들과 입헌주의자들 간의 논쟁은 정부의 공인된 절차의 일부로서 명료하게 되어 있지 않은 기본적 권리들과 자유들—예를 들자면, 비정치적 언론 및 도덕적, 철학적 및 도덕적 사상의 자유, 그리고 양심의 자유와 자유로운 종교 활동—에 관하여 발생한다. 이러한 종류의 기본적 자유와 권리들은 그 자체로서 민주적 절차를 규정하는 개념은 아니다. 다수결 원칙의 정의를 전제한다면, 다수결주의자들과 입헌주의자들 간의 쟁점은 그것(다수결 원칙)이 공정한 절차를 제공하여 이러한 다른 권리들과 자유들을 보호할 수 있느냐의 여부에 관한 문제에 있다.

다수결주의자들은 다수결 원칙은 공정하며, 그것이 정의로운 입법과 동시에 합당한 결과를 산출해 낼 수 있도록 하는데 필요한 모든 권리들을 포함한다고 말한다. 입헌주의자들은 다수결 원칙은 받아들여질 만하지 않다고 말한다. 즉 다수결 원칙에 대한 헌법적으로 인정된 제약조건들이 갖추어지지 않는 한, 기본적 자유들과 다른 자유들은 적절히 보호될 수 없을 것이라고 말한다. 또한 민주주의도 역시 견고하게 유지될 수도 없으며 인민의 자발적 동의를 획득하지 못하게 될 것이다. 이에 대해, 다수결주의자들은 그들은 비정치적인 언론, 사상과 양심의 자유, 자유로운 종교행사의 근본적 의미를 충분히 수용한다고 응답하고 있다. 이들은 오히려 헌법적 제약들이 불필요하며, 진정한 민주적 사회와 문화에서는 그러한 권리들과 자유들은 유권자들에 의해 존중될 것이라고 주장한다. 이들은, 인민이 기본적 자유들에 대한 제약들을 존중하도록 하려면, 우리들은 어떤 경우에서나 유권자의 (자유로운) 정신에 의존해야 하며, 헌법적 장치들에 의존하는 것은 민주주의 그 자체를 쇠약하게 만드는 효과를

---

70 Robert Dahl, *Democracy and Its Critics*(New Haven: Yale University Press, 1989), pp. 167ff. 를 참조하라.

지닌다고 말한다.

다수결주의자들과 입헌주의자들 모두 그 논쟁점이 다수결 민주주의가 그 결과에 있어서 정의롭거나 또는 실체적으로 정의로운 가의 여부에 달여 있다는 점에는 동의할 수 있을may agree[71] 것이다. 다수결주의자들은 민주주의가 순전히 절차적이라고는 주장하지 않는다: 이들은 다수결 민주주의가 그 결과에 있어서도 정의로울 뿐만 아니라, 헌법적 장치들은 불필요하며, 또한 만약 있다고 하더라도, 그것은 오히려 더 나쁜 결과를 가져올 것[72]이라는 점을 주장하지 않고서는, 다수결 민주주의를 입헌주의자들로부터 옹호할 수 없다는 점을 잘 알고 있다. 이 논쟁은 정치적 제도들이 실제로 어떻게 잘 작동하느냐에 관한 근본적 문제들에 달려 있으며, 이러한 문제들에 대한 우리들의 대략적 지식에 달려 있는 문제이다.

2. 이러한 우회의 과정을 거친 후에도, 하버마스는 자신의 견해가 절차적이기만 하다고 말할 수 있을까? 확실히, 그는 자신의 담론이론적 발상을 도덕적 관점의 분석과 민주적 정당화의 절차에만 국한되어 있다고 생각한다. 그리고 그는 "지금 여기에서here and now" 답변을 요구하는 실체적인 문제들을 시민들의 다소간의 수준 있는 토론enlightened discussions에 의해 해결될 문제로 맡겨둔다. 그러나 이 입장의 어떠한 점도 그가 실체적 내용에 의존하는 것을 피할 수 있다는 것을 의미하지는 않는다.

그는, 일단 이상화된 점들이 담론 절차에 부과되면, 그로 인해 내용

---

71 나는 여기에서 '(동의) 할 수 있을 것'(may)라고 말하는 이유는 일부의 사람들은 (여전히) 다수결 원칙이 그 자체로 최종적인 통치적 규범(the final and governing norm)이라고 주장할 수도 있기 때문이다.

72 나는 이 점이 달(Dahl)이 *Democracy and Its Critics*에서 하고 있는 그러한 종류의 주장이라고 생각한다. 그는 비정치적 권리들과 자유들의 심대한 중요성을 부인하지 않고 있다. 오히려 그는, 일반적 정치적 견해로서, 유사한 헌법적 장치들에 대한 그 효과성과 필요성에 대해 의문을 제기하고 있다. 11~13장들을 참조하라.

의 요소들이 그 절차에 자리 잡게 된다는 점을 인식하고 있다(FG 18). 더욱이, 그렇게 형성된 이상적 절차는 그의 민주주의의 개념에서 본질적인 것이 된다. 그 이유는 공적 토론의 과정이 이상적 담론의 조건들을 충족시키는 정도에 의해서만, 그것이 합당한 결과를 가져오는 것이 보장될 수 있다는 생각이 기본적 발상이기 때문이다. 보다 평등하고 공평적일수록, 그 과정은 보다 개방되고 또 강제 받는 참여자의 수가 보다 적게 될 것이며, 또한 보다 많은 사람들이 보다 훌륭한 주장의 설득력에 의해 기꺼이 지도될 것이다. 그렇게 되면 진정으로 일반화될 수 있는 관심들만 관계되어 영향 받는 모든 사람들에 의해 수용될 가능성이 높아질 것이다. 여기에서 즉석에서 절차의 가치들로 여겨질 수 있는 다음 5가지 가치들—공평성과 평등, 개방성(누구도 배제되지 않고 또한 어떠한 유관 정보도 배제되지 않는)과 강제의 배제, 그리고 만장일치—이 있는데, 이것들은 서로 결합되어 일반화될 수 있는 관심들에 대한 토론을 통하여 모든 참가자들의 합의로 이끌어 내게 하는 것이다. 이 결과는 분명 실체적이다. 그 이유는 그 결과가 시민들의 일반적 관심사가 충족되어지는 상황과 관계되기 때문이다. 더욱이, 앞에서 언급한 5가지 가치들 모두는, 일단 그러한 가치들이 절차의 일부로 수용되는 이유가 그 절차들이 해당 결과들을 정의롭거나 합당한 것으로 간주하게끔 하는데 필요하기 때문이라 한다면, 실체적 판단들과 연결되어 있다. 그 경우에, 우리들은 그러한 결과들에 대한 우리의 판단들과 브합하는 절차들을 형성하게 된다.

더 나아가서, 하버마스는 민주적 절차들을 통해 작동하는 공적 이성의 결과들은 합당하고 정당하다고 주장한다. 예를 들어, 그는 자유들의 평등한 분배는 "정치적 의지 형성의 결과들이 합당하다outcomes of political will formation are reasonable"라는 가정을 지지하는 민주적 절차에 의해서 수행될 수 있다고 말한다("후기" Ⅲ: 3~4). 이것은 그가 그러한 결과들을 평가할 수 있는 합당성의 개념an idea of reasonableness을 미리 가정하고 있으며, 그의 견해가 실체적이라는 점을 말해 준다. 절차적 정당성(또는 정의)이 실체적 정의를 덜 추구하고 실체적 정의 없이 그 자체로 설 수 있다고 생각하는 것은 상식적인 실수(그가 그러한 실수를 한다고 내가 말하는 것은 아니다)라고 할 수 있다: 절차적 정당성은 그렇게 할 수는 없는 것이다.[73]

사실, 나는 하버마스가 자신의 견해가 실체적이라는 점을 인식하고 있다고 생각한다. 그 이유는 그가 단지 자신의 견해가 나의 견해 보다 더 평상적modest이며, 또한 "더 많은 것을 합리적 (합당한) 의견 및 의지 형성의 과정*process*에 맡겨 둠으로써, 많은 문제들을 개방적으로 열어 두고" 있다고 말하고 있기 때문이다. 그는 자신의 견해가 모든 실체적 문제들을 토론에 맡겨버린다고 말하고 있지는 않다. 『사실성과 타당성』Between Facts and Norms의 마지막 문단에서 하버마스는 그의 설명이 단순히 형식적일 수만은 없다는 점을 인정하고 있다:[74]

> 법치(the rule of law) 그 자체처럼, [절차적 법적 패러다임]은 하나의 교조적 핵심(a dogmatic core)을 함유하고 있다: (그것은) 자율성의 개념인데, 이에 따라 인간은 자신들 간에 상호주관적으로 획득한 통찰에 부응하여 자신들 스스로에게 부과하는 그러한 규정들에 단지 복종하는 한에서만, 자유로운 주체로 행동할 수 있다는 것이다. 우리들은 이것이 단지 유해하지 않다는 의미에서 "교조적"이라는 점을 인정해야만 한다. 왜냐하면, 이 개념은 사실성과 타당성간의 긴장을 표현해 주고 있기 때문이다. 이 긴장은 "언어적으로 구성된 사회문화적 형태의 삶이라는 사실(the fact of

---

73 햄프셔(Hampshire)의 *Innocence and Experience*(Cambridge: Harvard University Press, 1989) 관하여, 자신의 논문 "Pluralism and Proceduralism," pp. 589~94, 599f, 607~10에서 이루어진 코헨(Cohen)의 논의를 참조하라.

74 나는 베인즈(Baynes)에게 이 마지막 문단의 중요성에 대하여 나의 주목을 요구한 점에 대하여 감사를 표한다.

the linguistic constitution of sociocultural forms of life)로서 '주어지는'(given) 것인데, 이 언어적 구성의 사회문화적 삶의 형태를 통하여 우리의 정체성을 개발시켜 온 **우리들에게는**(*for us*), 그러한 삶의 형태를 회피할 수 없다는 점을 말해주고 있다(FG 536f.).

일부 문제들은 추정컨대 도덕적 관점과 민주적 정당성의 절차에 대한 철학적 분석을 통해 해결되어 왔다. 그 철학적 분석은 더 많이 하느냐 더 적게 하느냐의 문제이기 때문에, 두 가지 관점 모두에 있는 실체적 요소들이 제시되고, 비교되고, 그리고 특정 방식으로 측정되는 복잡한 검토를 필요로 한다.[75] 이것은 각 입장이 정확히 어떤 문제들을 토론에 부치고 어떠한 조건하에서 하는지에 관한 비교를 요구한다. 나는 그러한 비교를 여기에서 시도할 수는 없다.

끝으로, 내가 §1에서 지적하였듯이 시민사회의 시민들은 공정으로서의 정의의 개념을 "현존하는 제도적 장치들과 정책들을 판단하기 위하여 [전문가로서 철학자에 의해 자신들에게 제시된] 강령platform으로서" 단순히 사용하지 않는다는 점이다. 공정으로서의 정의에서는 철학적 전문가들이란 없다. 절대 그렇지가 않다! 그러나 시민들은 결국 자신들의 생각에서는 물론 자신들의 추론을 위한 어떤 근거에서 옳음과 정의right and justice의 일부 발상들을 가질 수밖에 없다. 그리고 철학의 학도들은 이러한 발상들을 형성하는데 참여하게 된다. 그렇지만, 다른 사람들과 함께 시민들로서 참여해야 하는 것이다.

---

75 이 점은 매카티(McCArthy)의 입장에 동의하고 있다. 그는, 하버마스의 견해와 나의 견해를 비교함에 있어, 하버마스에게는 절차적 정의와 실체적 정의간의 차이는 정도의 문제라고 말한다. 그의 "Kantian Constructivism and Reconstructivism: Rawls and Habermas in Dialogue," *Ethics* 105, no. 1(October 1994): 44~63, p. 59, fn. 13을 참조하라. 나는 베인즈(Baynes)에게 이 점을 포함하고 있는 유익한 답신에 대해 또한 감사한다. *Companion to Habermas* (Cambridge University Press에서 곧 출판될)를 위한 『사실성과 타당성』(FG)에 관한 그의 토론에서 그는 이 문제에 관해 더 깊이 있는 논평을 할 것이다.

3. 마무리하기 전에, 나는 하버마스의 견해가 "전적으로 이성의 공적 사용의 절차적 측면에만exclusively on the procedural aspects of the public use of reason" 초점을 두고 있을 것으로 간주될 수 있는 방식에 관해 언급하고자 한다(131). 그 점은 정의justice 보다는 정당성legitimacy의 개념을 규칙적으로 사용하고 있는 점에 의해 제시된다. 내가 정당성의 개념을 여기에서 언급하는 것은, 그것legitimacy이 그의 개념(나는 그것이 그의 개념이 아니라고 생각한다)이기 때문이 아니라, 그것이 그 자체의 관심을 지니고 있기 때문이다. 가령 정당성을 지닐 수 있도록 민주적인 정치적 제도들을 설계하고, 그러한 제도들에 따라 이루어진 정치적 결정들과 제정된 법률들은 정당성을 지닌다는 것을 염두에 두고 있다고 가정해 보자. 이것은 정당성의 개념에 초점을 두고 있는 것이며—그리고 정의에 두고 있는 것은 아니다.

우리가 '정당한 것legitimate'과 '정의로운 것just'을 동일한 것으로 생각할 수 있을 때에는, 정의 보다는 정당성에 초점을 두는 것은 작은 문제a minor point처럼 여겨질 수 있다. 정당성을 지닌 왕이나 여왕이 정의롭고 효과적인 정부just and effective government에 의해 통치할 수도 있을 것이다. 그러나 그런데 이들이 그렇게 하지 않을 수도 있으며, 정당하다legitimately 할지라도 반드시 정의롭게justly 통치한다는 보장은 없는 것이다. 이들이 정당성이 있다는 것은 그들의 계보pedigree와 관계된 무엇을 말할 수도 있다: 즉 이들이 자신의 직위에 어떻게 이르게 되었는가. 이것은 이들이, 예를 들자면, 영국이나 프랑스 황실의 규칙과 전통에 따라 그 왕좌의 정당한 계승자인지의 여부의 문제와 관계된다.

정당성의 개념의 중요한 측면은 이것이 통치자들이 어떻게 잘 통치하고 어느 정도까지 이들이 관용될 수 있는지에 관해 특정한 여유범위를 허용하고 있다는 점이다. 동등한 주장이 민주정체에서도 해당될 수 있다. 어떤 민주정체가, 그의 헌법이 특별한 비준을 거치는 헌정회의에서 유권자(인민)에 의해 처음 지지되었을 때에서부터 비롯되었기 때문에, 정당성이 있으며 그러한 오랜 전통에 부합한다고 할 수도 있다. 그렇지만, 그러한 민주정체는 바로 정의롭지 않거나, 정의롭게 되는 것이 매우 어려울 수도 있다. 하물며 그 법률들과 정책들도 마찬가지일 것이다. 확고한 소수자들에 의해 통과된 법률들이, 가령 수많은 사람들이 이의를 제기하고 그 법률들이 부정의unjust하거나 아니면 옳지 않은wrong 것으로 올바르게 판단을 내릴 때조차도, 정당성이 있는 것으로 간주될 수 있다.

그래서 정당성은 정의 보다는 약한 개념이며 무엇이 행해질 수 있는가에 대해 보다 약한 조건을 부과한다. 그것은, 물론 정의와 본질적인 관련성이 있긴 하지만, 또한 제도적인 성격을 지닌다. 우선, 민주적 결정들과 법들이, 정의로운 것이기 때문 보다는 용인된 민주적 절차에 부합하여 정당하게 제정되었기 때문에, 정당하다는 점에 대해 우선 주목해 보자. 그 민주적 절차를 규정하는 헌법이, 모든 인간 제도가 그렇듯이 비록 완벽하게 정의로울 수는 없겠지만, 충분하게 정의로운 것이야 한다는 것은 매우 중요하다. 그러나, 그 헌법이 상황과 사회적 여건들을 감안하여 충분히 정의롭다고 한다면, 그것은 정의롭지 못할 수도 있으며, 여전히 정당할 수는 있다. 정당한 절차는 그러한 헌법에 부응하여 만들어진 정당한 법과 정책들을 만들어 내게 된다. 그리고 정당한 절차들이란 관습적으로 오랫동안 확립되어 그렇게 인정된 것일 수 있다. 그러한 민주적 절차들은 물론 그러한 법들이, 가령 아주 심대하게 부정의로울 수는 없는 것이 또한 사실이라 할지라도, 엄격한 정의의 기준에 의한다면 반드시 정의롭다고는 할 수 없다. 어떤 점에서는, 정당한 민주적 절차의 결과들의 부정의는 그 절차의 정당성을 훼손시키고, 그래서 정치적 헌법 그 자체의 부정의도 민주적 절차의 정당성을 훼손시킬 수 있는 것이다. 그러나 이 논점에 도달하기 전에, 정당한 절차의 결과들은, 그것이 무엇이든지간에, 정당하다는 주장이 있다. 이 주장은 우리에게 순수 절차적인 민주적 정당성을 제시하는 것이며, 심지어 정의는 절차적으로 구체화될 수 없다는 점을 인정하면서도, 정의로부터 그 절차를 구분시키고 있다. 정당성은 정의가 허용하지 못할 미결정 범위의 부정의an undetermined injustice를 허용하게 된다.

정당성의 개념이 명백히 정의와 연결되어 있긴 하지만, (§2에서 간략히 언급하였던) 민주적 제도들에서 정당성의 특별한 역할이, 정치적 생활에 있어 갈등과 불일치들이 만장일치를 불가능하게 만들거나 거의 기대하기 힘들게 할 경우에, 결정을 내릴 수 있게 만드는 적절한 절차를 권위적으로 인정하는 것이라는 점은 주목할 만하다. 그래서, 그것(정당성)은 상이한 규모의 다수투표pluralities를 지니는 수많은 다른 형태의 절차들을 사안에 따른 정당한 결정들을 내리는 것으로 간주하고 있다: 다양한 종류의 위원회와 입법체들로부터 총선과 헌법을 수정하는 정교한 헌법적 절차들을 들 수 있다. 정당한 절차는, 집단적인 결정들이 이루어져야만 하는데 합의가 통상 결여되어 있을 경우에, 자유롭고 평등한 존재로서 모든 사람들이 합당하게 수용할 수 있는 절차를 의미한다. 판단의 부담들은 모든 측으로부터 이성과 선의가 있을 때조차도 그러한 절차에 이르게 된다.[76]

4. 그렇지만, 절차적 정당성의 개념에 관하여 심각한 의문들이 있다. 절차적 정당성은 합당하게 질서정연한 사회를 위해서는 아주 수긍할 만

---

76 나는 힌쉬(Hinsch)에게 정당성의 의미와 역할, 그리고 정의의 개념과 정당성의 개념의 구분에 관한 값진 논의에 대해 감사한다. 민주적 정당성에 관한 그의 *Habilitationshrift*(1995)를 참조하라. 나는 또한 에슈출랜드(David Estuland)에게, 이 저서의 본문, 특히 Ⅳ~VI에서 사용되었던 이 개념에 관한 그의 귀중한 미출판 논문에 대해 감사를 표한다.

하다. 그 이유는 잘 형성된 적정수준의 민주적 제도들을 통하여, 합당하고 합리적인 시민들은, 물론 항상 정의로운 것만은 아니라고 하더라도, 거의 항상 정당성을 지닌 법과 정책들을 제정할 것이기 때문이다. 그렇지만, 이러한 정당성의 보장은 해당 사회가 질서정연하지 못하게 되는 정도에 따라 점차적으로 약화될 것이다. 그러한 이유는, 우리가 살펴보았듯이, 법적 제정들의 정당성은 헌법(성문 또는 불문을 막론하고 어떠한 형태이든지 간에)의 정의에 좌우되기 때문이다. 즉 헌법이 정의로부터 멀어지면 멀어질수록, 결과들의 부정의는 점점 더 크게 나타날 것이다. 법들이 정당하게 되려면, 그것들이 지나치게 부정의 해서는 안 된다. 헌법적 정치적 절차들은 사실상—정상적이고 적정한 상황하에서는—정당성과 관련하여 순수하게 절차적일 수 있다. 모든 인간의 정치적 절차들의 불완전성을 고려해 볼 때, 정치적 정의와 관련하여서는 그러한 절차는 있을 수 없으며, 어떠한 절차도 그 절차의 실체적 내용을 스스로 결정할 수 없을 것이다. 그래서, 우리는 항상 우리의 실체적인 정의의 판단에 의존하게 된다.[77]

또 다른 심각한 의문은, 실제상 입헌 민주주의는, 그 입법이 정당성

---

77 나는 하버마스가 정치적 정의와 정당성간의 이러한 구분에 동의하리라 생각한다. 그 이유는 한 곳에서 그가 특정한 법률의 제정의 정당성과 헌법 자체의 정당성 양자 모두를 논의하면서, 이 양자 모두가 정의 또는 정당화에 의존하고 있다고 설명하고 있기 때문이다. 또는 그가 *The Theory of Communicative Action, Volume 2: System and Lifeworld*, McCarthy, trans.(Boston: Beacon, 1987), p. 178에서 다음과 같이 말하고 있다: "법률제정의 원칙과 정당화의 원칙은 상호적으로 서로를 필요로 한다. 법체계 전체는 정당화의 기본적 원칙들(the basic principles of legitimation)에 뿌리를 두어야 할 필요가 있다." 하버마스는 여기에서 베버(Max Weber)의 입장에 반대하여 주장하고 있는 것으로 보인다. 베버는 정당성을 인민들에 의한 자신의 정치적 및 사회적 제도의 수용을 의미하는 것으로 이해하였다. 하버마스가 올바르게 주장하듯이, 정당화가 결여된 수용 그 자체는 충분하지가 않다. 왜냐하면 그것은 너무 많은 것을 허용할 수 있기 때문이다. 나는 단지 다음 사항을 덧붙이고자 한다(하버마스도 동의하리라고 나는 생각한다). 즉 그러한 제도들은 완전하게 정의로울 필요는 없게 되며, 그리고 상황에 따라 부정의하지만 여전히 정당할 수도 있게 된다. 나는 페리츠(Peritz)에게 그가 나에게 이 점을 가리켜 준데 대하여 감사하는데, 그의 하버마스의 이해는 아주 귀중한 것으로 간주되어 왔다.

이 허용하는 범위는 거스르지 않았다는 것을 확신할 수 있게 할 정도로, 하버마스의 의사소통적 담론 이상communicative ideal of discourse에 충분히 근접하는 자신의 정치적 절차들과 토론들을 갖출 수가 없었다는 점이다. 의회들과 다른 기관들이 자신의 업무를 수행하고 있는 실질적인 정치적 조건들은 필연적으로 그러한 이상으로부터 크게 이탈시키게 만든다. 하나는 시간의 압력the pressure of time이다: 토론은 질서의 규칙the rules of order에 의해 규제되어야만 하고, 적정한 과정을 거쳐 종결되어야 하며, 투표가 행해져야만 한다. 어느 누구도 모든 증거를 조사하고 평가할 수가 없으며, 종종 그 증거는 너무 많아서 심지어 다 읽고 이해하기 조차 어렵다. 입법자들은 드물지 않게 대체적으로 암흑 속에서 결정을 하고 투표를 해야만 하는 실정이다. 아니면, 언제나 공평하다고 할 수 없는 자신들의 정당지도자들과 유권자들이 원하는 바에 부합하여 결정을 내리고 투표를 하여야만 한다. 잘 기획된 정치적 절차들이 이러저러한 결함들을 완화시키는 경우에서 조차, 우리는 어떤 입법 절차가, 가령 정당성의 관점에서 정상적으로 절차적이라 하더라도, 정의의 관점에서 정의로운 것으로 사려있게 기대할 수는 없는 것이다. 이러한 격차는 항상 너무 크게 될 것이다.

이상적 담론에서의 추론의 절차와 주장에 대한 하버마스의 설명은 또한 불완전하다. 어떠한 형태의 주장이 사용되는지가 분명하지가 않다. 그렇지만, 이러한 것들이 중요하게 그 결과를 결정하는 것이다. 그가 제시하는 것으로 여겨지는 것처럼, 우리들은 각자의 관심들은 이상적 담론에서 동등한 고려가 배려되어야만 한다고 생각해야만 하지 않을까? 어떤 것이 유관성이 있는 적절한 관심들인가? 아니면, 동등한 고려의 원칙the principle of equal consideration을 적용함에 있어서 자주 행해지는 것처럼, 모든 관심들이 고려되어야만 하는가? 이것은 아마도 최대한의 이익계산the greatest balance of interests을 충족시키는 하나의 공리주의 원칙을 산출해 낼 수도 있을 것이다. 다른 한편, 심의적 관점의 민주주의(이에 대해 하버마스는 상당한 공감을 나타낸다)는 시민들이 입법을 지지하는데 사용할 수 있는 이성들을 동등한 존재로서 다른 시민들을 인정하는 것과 부합할 수 있는 이성들에 국한시키고 있다. 여기에 바로 차별을 지지하는 법들 laws supporting discrimination을 옹호하는 주장들과 관계된 곤란점이 나타난다.[78] 그 핵심적 발상은 심의민주주의, 그리고 정치적 자유주의 또한 유관한 인간적 이익들(관심들)을 특정 종류의 근본적 이익들 또는 기본적 가치들primary goods에 국한 시키고 있으며, 이성들은 시민들의 평등한 존재로서 상호인정과 부합해야만 할 것을 요구하고 있다는 점이다. 이 점은 수용 가능한 이성들에 대한 그러한 실체적 지침들이 없이는 어떠한 제도적 절차라도 "무가치한 정보를 넣으면 무가치한 결과가 나온다garbage in, garbage out"의 금언을 무효로 할 수 없게 된다. 입헌 민주주의 조건들이 집단들로 하여금, 자신들이 영향력이 있으려고 한다면, 보다 타협적이고 합당한 견해들을 주장하도록 하는 경향이 있지만, 다른 한편 시민들이 (앞에서 언급한) 그러한 지침들을 자각하지 못하고 있는 투표에서는 입장들과 이성들이 뒤섞여, 비록 그러한 절차의 결과들이 정당성이 있다고 할 지라도, 부정의로 쉽게 연결될 수 있게 된다.

끝으로, 모든 제도적 절차를 통한 법률제정과 입법행위는 시민들에 의한 문제 제기에 개방적인 것으로 항상 간주될 수 있어야만 한다는 점이다. 정치적 권위가 자신들로부터 유래될 뿐만 아니라 자신들의 이름으로 정치적 권위가 하는 바에 대하여 책임이 있다는 점을 인식하고 있다는 것은, 집단적으로뿐만 아니라 개인적으로 자신들에 대한 시민의 자각의 일부라고 할 수 있다. 정치적 권위는 신비한 것도 아니며, 또한 시민들의 상식적 목적들의 입장에서 이해할 수 없는 상징이나 의식들에 의해서 신성

---

78 *Journal of Politics* 53, no.1(October 1991): 221~25, p. 223f.에 있는 달(Dahl)의 *Democracy and Its Critics*에 대한 코헨(Cohen)의 논평을 참조하라.

시 되는 것도 아니다. 하버마스가 이 점에 이견을 보이지 않으리라는 점은 명백하다. 그렇지만, 그것은 다음과 같은 점을 의미한다. 자신들의 고정된 관점을 지닌 우리들의 숙고된 판단들—예를 들자면, 몹쓸 제도들인 노예제와 농노제, 종교적 박해, 노동계급의 예속, 여성의 억압, 그리고 무한정의 막대한 재산의 축적, 이와 함께 끔직한 잔인성과 고문, 지배력 행사의 즐거움의 죄악—은 어떤 순수히 절차적인 것으로 주장될 수 있는 정당성과 정치적 정의의 개념들의 착각적 양상들을 보여줌으로써 실체적 억제 장치로 배경적으로 작용하게 된다.

나는 이 절에서 공정으로서의 정의가 실체적이며 절차적이지 않다는 이견에 의해 내가 나의 마음을 바꾸지 않고 동요되지 않는 이유를 설명하기 위해 이러한 문제들에 깊이 들어가 설명하여 왔다. 그 이유는, 내가 이러한 개념들을 이해하듯이, 그것(공정으로서의 정의)이 달리 설명될 수 없기 때문이다. 나는 하버마스의 교리 또한 내가 설명하였던 의미에서 실체적이며, 그가 이 점을 부인하지 않으리라고 생각한다. 그렇기 때문에, 하버마스의 입장은 다른 의미에서 절차적이라 할 수 있다. 나는 『사실성과 타당성』*Between Facts and Norms*에서 두 절을 인용하였던 §1로 되돌아가서 다음과 같이 추론해 본다. '실체적substantive'과 '실질적substantial'인 용어를 통해 하버마스가 종교적 및 형이상학적 교리들의 요소들이나 아니면 특정한 공동체와 전통의 사상과 문화에 수용된 요소들, 혹은 아마도 양자 모두를 의미하고 있는 것으로 추정해 본다. 그의 주요 발상은 다음과 같은 것으로 추측해 본다. 일단 생각, 이성 및 행동의 선가정들the presuppositions의 형태와 구조—이론적인 것은 물론 실제적인—가 자신의 의사소통행위 이론에 의해 적절히 제시되고 분석이 된다면, 종교적 및 철학적 교리들, 그리고 공동체의 전통들과 같은 것들의 모든 실체적인 것으로 주장되는 요소들이 그러한 선가정들의 형태와 구조 속으로 흡수되어(또는 승화되어) 왔다고 생각하는 것이다. 이것은 다음과 같은 것을 의미한다. 즉 실체적 요소들이 옳음과 정의의 문제에 있어서 도덕적 정당화에 타당성과 설득력을 지니고 있는 정도까지는,[79] 실체적 요소들의 영향력은 그러한 형태와 구조를 추론하는 과정을 통하여 충분히 포착되고 옹호될 수 있다는 것을 의미한다. 왜냐하면, 그러한 선가정들은 형식적이고 보편적인 것formal and universal으로서, 모든 사유와 행동에 적용되는 이성의 종류들이기 때문이다.[80] 공정으로서의 정의는 실체적인데, 내가 그렇게 묘사해서가 아니라(비록 그렇게 묘사되어 있긴 하지만), 그것(공정으로서의 정의)이 자유적 사상의 전통들과 민주적 사회들의 정치문화를 지닌 보다 광범위한 공동체로부터 발생하고 이들에 속한다는 의미를 지니기 때문이다. 그렇기에 공정으로서의 정의는 적정하게 형식적이고 진정으로 보편적이라고 할 수 없으며, 그래서 의사소통행위 이론에 의해 확립된 (하버마스가 자주 말하는) 준초월적 선가정들the quasi-transcendental presuppositions의 일부가 되지 못한다.

정치적 교리의 하나a political doctrine인 공정으로서의 정의는 사상과 행동의 형식과 구조적 선가정들을 설명하려는 그러한 어떤 포괄적 입장의 일부가 되기를 바라지 않는다. 오히려, 내가 설명하였듯이, 공정으로서의 정의는 그러한 교리들을 있는 그대로 인정하고, 다만, 정치적으로 말해서, 합당하지 않을 경우에만, 이들을 비판하는 것을 염두에 두고 있다.[81] 이처럼 다른 방식으로, 나는 하버마스의 예리한 비판으로 부터 공

---

79 하버마스는 윤리학, 또는 개인들과 집단들이 가지고 있는 윤리적 가치들에 관해 말하고 있지 않다. 이러한 것들이 정당하고 정당화된 법의 범위 내에서 추구될 수 있다.

80 예를 들어, *Justification and Application*의 첫 논문, 즉 "On the Pragmatics, the Ethical, and the Moral Employments of Practical Reason,"의 제목으로 되어 있는 논문에서 그는 실천이성의 4가지 종류의 형태를 제시하고 있다. pp. 1~17을 참조하라.

81 유관된 이견이 *Deutsche Zeitschrift für Philosophie* 41(1993): 321~27에 있는 하버마스의 『사실성과 타당성』(FG)에 대한 심도있는 논평을 통해 라모아(Larmore)에 의해 이루어지고 있다. 보다 긴 영문논평이 *European Journal of Philosophy*(April 1995)에 나타난다.

정으로서의 정의에서 발견되는 그러한 자유주의를 옹호하려고 애써 왔다. 그래서, 나는 공정으로서의 자유주의에서는 현대인의 자유들이 미리 가정된 것이 아니며, 모든 의지 형성에 선행하는 것도 아니라는 점을 보여주려고 노력하였다. 나는 더 나아가서 공정으로서의 정의에서는 공적 자율성과 사적 자율성간의 내재적 관계가 있으며, 이 양자는 동근원적이라고 설명하였다.

나는 마찬가지로, 또한 일부 미국의 시민적 공화주의의 법적 사상에서 발견할 수 있는 경향, 즉 사적 자율성(현대인의 자유들)의 근거를 공적 자율성(고대인의 자유들)과의 (이들의) 연계성에서 찾는 것에 대해 거부를 해야만 할 것 같다. 내가 §4.3에서 지적하였듯이, 사적 자율성은 두 번째 도덕적 능력(가치관의 형성 능력)에서 더 충분한 근거가 있다. 고대인의 자유와 현대인의 자유가 적정하게 동근원적이며 동평등적co-original and co-equal인 상태를 유지하기 위해서는, 우리들은 어느 것도 상대방으로부터 도출되거나 환원될 수 있는 것이 아니라는 점을 인식할 필요가 있다. 내가 언급한 바 있는 하버마스와의 또 다른 가능한 차이는 제도적인 것으로서, 헌법제정constitutional design의 문제이다. 비록 이 문제가 하버마스의 비판의 대상은 아니지만, 나는 그것(헌법 제정)이 어떤 경우에서도 철학 하나에 의해서 해결될 수 있는 문제(나는 물론 하버마스가 그렇게 말하리라고 가정하지 않는다)가 아니라는 점을 강조한다. 철학이란, 항상 그러하듯이, 비판적이고 분별력 있는 판단의 정치적 원칙들을 제시하는데 단지 도움을 줄 수 있을 뿐이다.

§6. 결론

내가 아직 상세하게 논의하지 않았던 유관된 문제가 하나 남아 있다. 그것은 입헌민주주의와 결부된 정치제도들이 어떻게 정확하게 인민주권의 개념과 양립할 수 있도록 이해될 수 있느냐 하는 문제이다. 우리가 만약 인민주권을 자유롭고 개방적인 광범위한 토론을 준수하는 다수결 원칙과 같은 것과 결부시킨다면, 그러면 거기에는 적어도 명백한 곤란점이 있다. 이 곤란점은 하버마스가 "정치적 자율성의 형태는 … 정의롭게 구성된 사회의 핵심에서는 충분히 표현되지 않는다"(128)라고 말할 때, 그가 지칭하고 있는 바의 한 양상이라 할 수 있다. 입헌민주주의와 인민주권과의 양립 가능성을 나는 이중적 민주주의dualist democracy의 개념으로 시사한 바 있다. 나는 이중적 민주주의 개념을 §3.4에서 논의한 바 있으며, 거기에서 이 개념에 대한 논의가 자연스럽게 일어나게 되었다. 입헌민주주의와 인민주권간의 양립가능성은 너무 큰 질문이라서 나의 응답에서는 다루지 못했다: 그것은 헌법적 결정을 하는데 있어 민주적 인민의 헌법제정 권력의 행사에 적합한 제도들의 특별한 양상에 대한 판단과 설명을 요구한다. 헌법적 결정의 문제는 헌법적 결정을 통해 설정되는 기본 틀 내에서 이루어지는 일상적인 민주정치의 제도들과 대비된다. 그러나 나는 여기에서 이 문제(의 중요성)에 대한 인정을 표현하기를 원한다.[82]

자신의 서론적인 언급들을 마무리함에 있어, 하버마스는 공정으로서의 정의의 제도들에 대해 공감하고 이의 본질적인 결론들을 맞는 것으로 간주하기 때문에, 그는 자신의 이견이 한 가족 언쟁의 범위 내에 머물러 있다고 말한다. 그의 의심들은 내가 나의 입장을 가장 절실한 방식으로 설명하고 있는 여부에 국한된다. 그래서 그의 비판들이 심각한 도전적 쟁점들을 제시하고 있는 한, 하버마스의 강도 높은 비판은 공정으로서의 정의가 자신의 강점을 보여줄 수 있는 경우를 제공하는 것으로 여겨질 수 있기를 그가 의미하고 있는 것으로 생각된다. 나는 진정으로 아주 정

---

82 나는 드워킨(Dworkin), 네이글(Thomas Nagel), 그리고 세이저(Lawrence Sager)에게 그 문제를 강조한데 대해 감사한다. 나는 세이저의 유익한 이후의 논의에 감사한다.

중하게 제시한 하버마스의 비판을 받아들이고, 나는 이 비판들이 제시하는 도전에 부응하고자 하여 왔다. 나의 응답들을 형성함에 있어서, 나는 나의 견해의 많은 측면들을 다시 생각해 보고 또 재검토를 하게 되었다고 처음에 내가 한 말을 되풀이 하고자 한다. 이제 나는 과거 보다는 나의 입장을 더 잘 이해하게 되었다고 생각한다. 나는 이점에 대해 앞으로 하버마스에게 항상 빚을 지는 입장에 있게 될 것이다.

제 4 부

공적 이성의 재조명

"공적 이성의 재조명"에 대한 서문

롤즈의 병환이 그로 하여금 이 기획을 완결하는 것을 방해하기 전에, 그는 『정치적 자유주의』*Political Liberalism*의 수정에 관한 작업을 하여 왔다. 1998년 7월에, 콜롬비아 대학 출판부Columbia University Press의 편집자에게 편지를 써서, 정치적 자유주의의 수정판과 자신이 의도하고 있는 변경사항의 일부를 제안하는 이유들을 설명하였다. 그의 서한은, 처음 *Chicago Law Review*(Summer 1997)에 출판되었던, 롤즈의 논문, "공적 이성의 재조명The Idea of Public Reason Revisited"과 함께 여기에 수록되어 있다. 이 논문은 수정 사항들의 여러 문제와 관계되어 있는 바로 그 출발점이었다고 할 수 있다. 그의 서한에서 밝히듯이, 롤즈는 이 논문을, 특히 공적 이성과 종교적 견해들과의 양립가능성에 관계하여, 공적 이성과 정치적 자유주의에 관한 자신의 입장들을 가장 잘 진술한 것으로 간주하고 있었다.

1998년 7월 14일

존경하는 앤(Ann)에게

나는 왜 내가 정치적 자유주의의 개정판을 제안하려고 하는지와 함께 그 주요 변경사항들이 어떤 것이 될지에 관하여 편지를 쓴다.

나는 여러 곳에서, 1997년 여름 *Chicago Law Review*에 게재되었던, "공정 이성의 재조명The Idea of Public Reason Revisited"의 거의 모두를 수용해 왔다. 이의 상당 부분은 수정된 「강의 VI」에 나타나고 있다. 나의 생각은 시간이 지남에 따라 끊임없이 변하고 있으며, 그리고 나는 이 시카고 논문이 내가 공적 이성의 개념과 정치적 자유주의에 관해 쓴 훨씬 가장 좋은 설명이라고 생각한다. 많은 사람들이 마치 처음으로 이 논문을 이제 이해하게 된 것 같이, 이 논문을 나에게 이야기 하고 또 그것에 관해 찬사를 하였다. 이 논문은 일정 수의 새로운 개념들을 함유하고 있으며, 공적 이성의 역할의 성격을 크게 변경시키고 있다. 특히, 나는 공적 이성과 정치적 자유주의가 주요 종교들에 지니는 관계를 강조하고 있는데, 주요 종교들은 교회의 권위와 신성한 경전에 기초하고 있으며, 그렇기 때문에 그 자체로는 자유적이지 못하다. 그럼에도 불구하고, 나는, (종교적) 원리주의fundamentalism를 제외하고, 이들은 입헌적 민주정체를 지지할 수 있을 것이라고 주장한다. 이점은 제2회 바티칸 공의회Vatican II이래 카톨릭교Catholicism, 신교Protestantism의 상당부분, 유대교Judaism 및 이슬람교Islam에게는 사실이다. 그래서, 공적 이성과 정치적 자유주의는 우리가 살고 있는 현대 세상의 아주 논쟁적인 문제들에 관련하여 상당한 적실성을 지닌다.

나의 사고와 주장들에 있어서 위에서 언급한 정련화 작업에 따라 필요하게 이루어진 주요 추가 및 수정 사항들은 제외하더라도, 이러한 생각들이 표현되고 있는 어휘뿐만 아니라, 철학적 용어들이 전달하는 사고의 방식들에도 변화를 가하였다. 예를 들어, 원래의 본문을 통하여, 실천이성의 원칙들 또는 단순히 실천이성의 개념이 종종 나타나는데, 이것은 대부분 독자들에게 칸트의 실천이성의 개념들이 사용된 것으로 제시되었다. 많은 독자들이 나의 견해가 칸트의 견해이거나 칸트의 견해에 유사하다는 생각을 하게 되었다. 그러나 그것은 아주 심각한 오해이다. 모든 이러한 구절들은 삭제되고, 대신 다른 구절들이 도입되었다. 그 점은 이제 명백해졌다. 또 다른 예는 정치적 구성주의political constructivism의 개념과 관계되는데, 이 용어는 원래 본문 전체에 걸쳐 나타나고 있다. 이 개념은 이제 「강의 Ⅲ」, §1~4에서만 논의되고 있다. 다양한 다른 개념들이, 맥락에 따라, 그 밖의 다른 곳에서도 대신 사용되고 있다. 마지막 한 예로서, 공정으로서의 정의의 개념을 언급하고자 한다. 많은 독자들이 이 저서(『정치적 자유주의』)가 이 개념(공정의로서의 정의)에 관한 것이라고 생각하도록 잘못 유도되었는데, 그렇지가 않다. 정치적 자유주의는 일군(한 가족군)의 자유주의적 발상의 정치적 정의a family of reasonable liberal ideas of political justice에 관한 것이다. 이러한 점들이 이제 초반의 쪽들에서 상세히 설명되고 있다. 공정으로서의 정의 그 자체는 이제 다른 자유주의적 정치적 관점들과 함께 단순히 그러한 정치적 관점의 하나로서 보다 작은 역할을 하고 있다.

세 번째 주요 변화는 「강의 Ⅶ」(1978년 논문으로부터 재 인쇄된)에 있는데, 이 「강의 Ⅶ」은 여성주의feminism에 관한 "공적 이성의 재조명The Idea of Public Reason Revisited"으로부터(가져 온) 7페이지에 이르는 새로운 절을 포함하게 될 것이다. 이것은 내가 이전에는 한 번도 써 본적이 없는 주제이다. 그러나 나는 종종 이 주제에 관해 강의를 한 적은 있다. 다른 수정 사항들뿐만 아니라, "기본적 자유들과 그 우선성The Basic Liberties and Their Priority"에 관한 「강의 Ⅷ」(1982년 논문으로부터 재 인쇄된)에서도 추가적인 수정 사항들이 포함되게 될 것이다. 「강의 Ⅸ」, "Reply to Habermas"는, 하버마스에게 경의를 표하여, 내가 손을 대어서는 안된다고 느껴지지만, 나는 내가 지금 가하고 싶은 특정한 수정사항들을 주석을 통해 설명할 것 같다. 그것이 인쇄될 당시(1995년 3월)에, 나는 나의 현재의 저술에서 발견되는 몇몇 발상들을 활용하지 못했다.

저서 전체에 걸쳐, 이 저서가 보다 명료하게 읽혀질 수 있도록 편집상의 수정 사항들이 가해져서, 보다 쉽게 읽혀 질 수 있기를 바란다. 나의 안사람인 마디Mardy는 내가 이 작업을 할 수 있도록 하는데 있어 크나큰 힘이 되어 왔으며, 나는 통상 그녀의 의견을 따랐다.

최선의 관심으로,

잭(Jack)

공적 이성의 재조명(1977)

나는 공적 이성의 개념을 질서정연한 입헌 민주사회관에 속하는 것으로 이해한다.[1] 이 공적 이성의 형태와 내용—시민들이 공적 이성을 이해하는 방식과 공적 이성이 시민들의 정치적 관계를 해석하는 방법—은 민주주의 그 자체의 개념의 일부이다. 왜냐하면, 민주주의의 기본적 특징이 합당한 다원주의의 현실the fact of reasonable pluralism이기 때문이다–합당한 다원의주의의 현실이란 서로 충돌하지만 합당한 종교적, 철학적, 도덕적 포괄적 교리들[2]의 다원성이 자유로운 제도문화의 정상적인 결과임을 의미한다.[3] 시민들은 화해 불가능한 포괄적 교리들에 입

---

1 이에 대해 자세한 것은 『정치적 자유주의』(*Political Liberalism*, New York: Columbia University Press, paperback edition, 1996)의 「강의 Ⅵ」, sec.8.5를 참조하라. 「정치적 자유주의」에서 참고할 사항들은 강의(lecture)와 절(section)의 형식으로 제시되며, 완전한 강의와 절, 단락이 제시되지 않을 때는 쪽 번호를 제시할 것이다. 1996년에 출간된 페이퍼백 판본(일반보급판)의 『정치적 자유주의』에는 정치적 자유주의의 특정한 측면들을 더욱 명료하게 하기 위해 새로운 두 번째 서문을 포함시켰다. 이 서문의 5절(pp. 1~1vii)은 공적 이성의 개념을 논의하고 있으며 이 개념을 주장함에 있어 내가 가했던 몇 가지 변화를 개략적으로 설명하고 있다. 여기에서 제시한 내용들 안에서 (역자: 공적 이성의 개념의) 변화가 생겨나며 더욱 정교하게 만들어졌다. 그리고 이러한 변화들은 이 논의의 완벽한 이해를 위해 중요하다. 페이퍼백(paperback)의 쪽 매김은 원본인 양장판본과 동일하다.

2 나는 "교리"(신념, doctrine)라는 용어를 모든 종류의 포괄적 견해에 대해, "관conception"이라는 용어를 정치관(a political conception)과 시민으로서 인간관(the conception of the person as citizen)과 같은 정치관의 구성 부분들에 대해 사용한다. "개념(발상)idea"이라는 용어는 일반적 용어로 사용되며 문맥에 따라 다르게 언급될 수 있다.

3 물론, 모든 사회는 수많은 합당하지 않은 교리들 doctrine을 포함하고 있다. 그러나 이 논문에서 나는 이상적인 규범적 민주정부관에 관심을 갖는다. 즉 합당한 시민들의 행위와 그들이 추구하는 원칙들에 관심을 기울이고 있다. 그리고 시민들이 추종하는 원칙들이 지배력과 통제력을 가진다는 것을 가정한다. 어느 정도까지 합당하지 않은 교리들의 활동이 허용되고 이러

각하여서는 합의에 이를 수 없거나 심지어 상호이해에 조차 이를 수 없다는 점을 인식하고 있다. 이 관점에서 본다면, 근본적 정치 문제들이 중대한 관건이 되었을 때, 시민들은 서로에게 합당하게 제시할 수 있는 적절한 이성의 형태가 어떤 것인지를 고려할 필요가 있게 된다. 나는 진리나 옳음truth or right에 대한 포괄적 교리들을, 공적 이성 내에서 시민으로써 다른 시민들에게 제시하는 정치적으로 합당한 것이란 개념an idea of the politically reasonable으로 대체할 것을 제안한다.[4]

공적 이성의 개념에서 핵심적인 것은 다음과 같다. 공적 이성은 어떠한, 종교적이든 비종교적이든, 포괄적인 교리들이 공적 이성의 본질과 민주정체와 양립할 수 없는 경우를 제외하고는, 그것들을 비판하거나 공격하지 않는다는 점이다. 기본적인 필요조건은 바로 합당한 교리들이 입헌민주정체를 받아들이고 민주체제에 동반되는 정당한 법을 받아들이는 것이다. 민주사회들 내에서도, 각 사회내부에서 영향력 있고 활동적인 특정한 교리들이 어떤 것인가에 있어선—마치 유럽과 미국, 이스라엘, 인도에서 시행되는 서구적 민주주의가 차이를 보이는 것처럼—서로 차이를 보이기는 하겠지만, 적합한 공적 이성의 개념을 찾는 일은 이 모든 민주사회들이 당면하고 있는 과제이다.

§1. 공적 이성의 개념

1. 공적 이성의 개념은, 아주 심오한 수준에서, 입헌민주정부와 시민간의 관계 및 시민들 자신의 상호관계를 결정하는 기본적인 도덕 및 정치적 가치들을 구체적으로 규정한다. 요약하자면, 공적 이성의 개념은 정

한 교리들이 관용될 수 있는지는 정의의 원칙들과 이 정의원칙들이 허용하는 행위의 종류에 따라 결정된다.

4 §6.2를 보라.

치적 관계가 어떻게 이해되어야 하느냐에 관심을 갖는다. 상호성의 기준criterion of reciprocity[5]에 근거한 입헌 민주주의를 거부하는 사람들은 공적 이성이란 개념 자체를 거부할 것이다. 이들에게는 정치적 관계는, 특정한 종교적 혹은 세속적 공동체에 속하는 사람들인가 또는 그렇지 않은 사람들인가에 따라, 친구 아니면 적의 관계가 될 것이다. 아니면 정치관계는 완전한 진리를 위한 세계를 획득하기 위한 냉혹한 투쟁이 될 수 있다. 정치적 자유주의는 이러한 방식으로 생각하는 사람들에 대하여 관여하지 않는다. 정치에서 완전한 진리를 구현하려는 욕망은 민주적 시민권democratic citizenship과 어울리는 공적 이성의 개념과는 양립할 수 없다.

공적 이성의 개념은 명확한 구조를 가지고 있다. 만약 공적 이성의 한 두 측면이 무시된다면, 공적 이성이 합당하지 않은 것처럼 여겨질 수도 있다. 이것은 마치, 공적 이성이 배경문화the background culture[6]에 적용되었을 때, 공적 이성이 합당하지 않은 것으로 여겨지는 것과 마찬가지이다. 공적 이성은 다음의 다섯 가지 다른 측면들을 가지고 있다. (1) 공적 이성이 적용되는 근본적인 정치적 문제. (2) 공적 이성이 적용되는 사람(정부 공무원들과 공직 후보자들). (3) 일련의 합당한 정치적 정의관에 의해 주어진 공적 이성의 내용. (4) 민주적 국민에 적용되는 정당한 법의 형식에 수용되는 강제적 규범에 대한 토론에서 상기의 관점들의 적용. (5) 시민들의 정의관들에서부터 도출되는 원칙들이 상호성의 기준을 충족시키는지에 대한 시민들의 감시.

이런 (형태의) 이성은 다음 세 가지 방식에서 공적이다. 첫째, 자유롭고 평등한 시민들의 이성으로서 공중의 이성이다. 둘째, 이 이성이 다루는 주제가 근본적 정치적 정의의 문제와 관련된 공공선이다. 이 정치적 정의와 관련된 문제들은 두 가지 종류로서, 헌법적 본질constitutional

---

5 §1.2를 보라.

6 각주 12~15번과 관계된 본문을 보라.

essentials과 기본적 정의의 문제matters of basic justice[7]이다. 셋째, 이 이성의 본질nature과 내용이 상호성의 기준을 만족시킬 것이라고 합당하게 생각되는 일련의 합당한 정치적 정의관에 입각한 공적 추론public reasoning을 통해 표현된다는 점에서 공적이다.

공적 이성의 개념은 근본적인 문제에 대한 모든 정치적 토론에 적용되는 것이 아니며, 단지 내가 공적 정치 공개토론public political forum[8]이라고 언급하는 것 내에서 이루어지는 질문과 관련된 토론에만 적용된다는 점을 인식하는 것은 필수적이다. 이 공개토론forum은 세 부분으로 나눌 수 있다. 첫째, 판결에 임하는 판사들의 담론, 특히 대법원의 판사들의 논변이다. 둘째, 정부 공직자들, 특히 행정수반들과 입법가들의 담론이다. 마지막으로, 공직 입후보자들과 그들의 선거운동 매니저의 담론으로, 특히 이들의 공적 연설, 정당 강령, 정치적 발언들에서 나타나는 담론이다.[9] 우리들은 이 세 가지를 구분할 필요가 있는 데, 그 이유는 내가 뒤에서 분명히 하고 있듯이, 공적 이성의 개념이 이 세 가지 경우는 물론 다른 경우에 똑같은 방식으로 적용되는 것이 아니기 때문이다.[10] 내가 광

---

7 이 문제들에 대해서는 『정치적 자유주의』 「강의 5」, 5절, 227~230쪽에서 설명하고 있다. 대법원이나 유사한 기구가 헌법을 해석할 수 있음을 가정할 때, 헌법적 본질constitutional essentials(역자: 헌법의 기본틀을 형성하는 가장 근본적인 내용들을 의미함)은 어떠한 정치적 권리 및 자유가 합당하게 성문 헌법에 포함될 수 있는가 라는 질문과 관련되어 있다. 기본적 정의의 문제(matters of basic justice)는 사회의 기본구조와 관련이 있다. 그래서 기본적 정의의 문제는 기본적인 경제적 정의와 사회적 정의의 문제뿐만 아니라, 헌법이 다루지 않는 다른 것들에도 관련된다.

8 이 용어에 대해 확립된 의미는 없다. 내가 사용하는 용어는 독특한 것이 아니라고 생각한다.

9 여기에서 우리는 공직 후보와 그들의 캠페인을 관리하는 사람과 다른 정치적인 일에 일반적으로 종사하는 시민들을 구별하는 선이 어디인가라는 질문에 직면하게 된다. 우리는 공직 후보와 캠페인을 운영하는 사람들로 하여금 공직 후보를 대신해서 말하고 행했던 것들에 대해 책임을 지게 함으로써 이 문제를 해결한다.

10 이 주제에 관한 저자들은, 예를 들어, "공적 토론장the public square," "공적 공개토론the public forum" 등과 같은 공적 토론의 구성부분들에 대한 용어들을 종종 구분하지 않고 사용한다. 나는 좀 더 세밀한 구분이 필요하다고 생각하는 점에서 그리나왈트(Kent Greenawalt)의 입장을 따르고 있다. Kent Greenawalt, *Religious Convictions and Political Choice*(Oxford: Oxford University Press, 1988), pp. 226~227을 보라(예를 들어, 종교 지도자가 낙태를 반대

범위한 견해의 공적정치문화the wide view of public political culture[11]라고 부르는 것을 논의할 때, 공적 이성의 개념이 다른 이들보다 판사들에게 더욱 엄격하게 적용됨을 보게 될 것이다. 그러나 이런 이성에 대한 공적 정당화의 필요조건은 항상 동일하다는 점도 보게 될 것이다.

이렇듯 세 부분으로 이루어진 공적 정치 공개토론과는 다른 성격을 가지며 분리되는 것이 내가 배경문화the background culture라고 부르는 것이다.[12] 이것은 시민사회의 문화이다. 민주주의에서 이 문화는, 정치적이든 혹은 종교적이든, 어느 하나의 중심적인 개념이나 원칙에 의해 지도될 수 있는 것이 아니다. 각각 내부적인 삶의 형태를 지닌 시민사회의 수많은 다양한 기구들과 단체들이 우리가 익히 알고 있는 사상 및 언론의 자유와 자유로운 결사의 권리를 보장하는 법의 틀 내에 존재하고 있다.[13] 공적 이성의 개념은 많은 형태의 비공적 이성이 존재하는 배경문화에 적용되지 않을 뿐만 아니라, 또한 어떤 종류의 대중 매체에도 적용되지 않는다.[14] 때때로 공적 이성의 개념을 거부하는 것처럼 보이는 사람들은, 사실상 배경문화 내에서 충분한 공개토론에 대한 필요를 역설하는 것을 의미하는 것이라고 할 수 있다.[15] 정치적 자유주의는 이것에 충분히 동의한다.

하는 조직에 대해 설교하거나 장려하는 것과 주요한 정치적 운동을 이끌거나 공직에 입후보하는 것 간의 차이에 대한 설명을 참조하라.)

11 §4를 보라.

12 『정치적 자유주의』의 「강의 I」, 2.3절, p. 14를 보라.

13 배경문화(background culture)에는 교회와 모든 종류의 협회들뿐만 아니라, 대학교, 전문학교, 과학 및 다른 학회와 같은 모든 수준의 학술 관련 기관이 포함되어 있다. 비공적 정치문화(the nonpublic political culture)는 공적 정치문화와 배경문화 사이에서 매개역할을 한다. 비공적 문화는 신문, 저널, 잡지, 텔레비전, 라디오 등과 같은 모든 종류의 대중매체(media)로 구성된다. 이러한 구분을 하버마스의 "공론장"public sphere과 비교해 보라. 『정치적 자유주의』의 제IX강 1.3절 p. 182, 각주 13번을 보라.

14 Ibid., 「강의 VI」, sec. 3, pp. 220~222을 보라.

15 David Hollenbach, S.J., "Civil Society: Beyond the Public-Private Dichotomy," *The Responsive Community*, 5(Winter 1994~1995): 15를 참조하라. 예를 들어, 그는 다음과 같이 말한다: "공동선에 대한 대화와 논쟁의 발단이 최초로 시작되는 곳은 입법부나 정치적 영역 political sphere(협소하게 정의하자면, 이익과 권력이 심판되는 영역)이 아닐 것이다. 오히려, 공동선에

마지막으로, 공적 이성의 이상the *ideal* of public reason은 앞에서 제시된 다섯 가지 특징을 갖는 공적 이성의 개념과는 구별된다. 이 이상은 공직 후보자뿐만 아니라 판사, 입법가, 행정수반, 여타 정부 공무원들이 공적 이성의 개념에 따라 행동하고 이를 준수하며, 자신들이 가장 합당한 것으로 여기는 정치적 정의관의 관점에서, 근본적인 정치적 입장을 지지하는 자신들의 논거를 다른 시민들에게 설명할 때 실현되거나 충족된다. 이 방식으로 그들은 시민 상호간에 그리고 다른 시민들에 대하여 내가 시민성의 의무duty of civility라고 말하고자 하는 것을 이행하게 된다. 따라서 판사, 입법가, 행정수반들이 공적 이성에서 시작하고 그것에 따라서 행동하고 추구하는지는 그들이 매일하는 의사표현과 행동에서 지속적으로 나타나게 된다.

그렇다면, 정부 공직자들이 아닌 시민들은 어떻게 공적 이성의 이상을 실현하는가? 대의제 정부에서 시민들은 특정한 법에 대해서가 아니라 행정수반, 입법가 등과 같은 대표자를 선출하기 위해 투표를 한다(주나 지방 수준에서, 주민투표의 질문에 대하여 직접적으로 투표를 하는 경우는 제외한다. 이 주민투표에서 제기되는 문제들이 근본적인 문제에 해당되는 경우는 매우 드물다). 이 질문에 대답하기 위하여, 우리는 이상적으로 볼 때 시민들이 그들이 입법가인 것처럼*as if they were legislators* 자신들을 생각할 수 있다고 말한다. 그리고 그들 스스로에게 상호성의 기준을 만족시키는 이성이 지지하는 법령statutes이 무엇인지를 질문할 수 있다. 즉 자신들이 법률로 제정하기에 가장 합당한 것이 무엇인지를 생각할 것이라고 말

대한 대화와 논쟁은 시민사회의 구성요소에서 자유로이 개진될 것이다. 시민사회의 구성요소는 문화적 의미와 가치의 기초적 담지자로서 대학, 종교적 공동체, 예술의 세계, 진지한 언론계를 들 수 있다. 그리고 이러한 대화와 논쟁은, 사려 깊은 사람들이 좋은 삶의 의미에 대한 자신들의 믿음을, 다른 전통을 지니는 다른 사람들이 지지하는 공동선에 대한 이해와 직면하게 될 때, 지적이고 비판적으로 조우시킬 때마다 발생한다. 요약하자면, 공동선에 대한 대화와 논쟁은 좋은 삶의 의미에 대한 교육과 심각한 탐문이 있는 곳이면 언제든 생겨난다."(ibid., p. 22)

한다.[16] 시민들이 그들 자신을 이상적 입법가로 생각하고, 공적 이성을 위반하는 정부관료나 공직 후보를 거부하는 기풍이 굳건하고 광범위하게 자리 잡을 때, 이런 기풍은 민주주의의 정치적·사회적 뿌리의 하나가 된다. 이런 기풍은 민주주의의 힘과 활력을 지속적으로 유지하는데 절대 필요하다.[17] 이런 방식으로 시민들은 정부 공직자들이 공적 이성을 지키도록 자신들이 할 수 있는 일을 함으로써 시민성의 의무를 수행하고 공적 이성의 개념을 지지하게 된다. 다른 정치적 권리들 및 의무들과 마찬가지로, 이 시민성의 의무는 본질적으로 도덕적 의무이다. 나는 시민성의 의무는 법적 의무가 아니라는 점을 강조하고자 한다. 그 경우에는 (시민성의 의무를 법적 의무로 간주하게 될 경우에는) 언론의 자유와 양립할 수 없는 경우가 있을 수 있기 때문이다.

2. 나는 이제 공적 이성의 세 번째, 네 번째, 다섯 번째 측면을 논하고자 한다. 공적 이성의 개념은 입헌 민주주의 내의 민주적 시민(권리)관a conception of democratic citizenship에서 비롯된다. 이 시민권citizenship의 근본적 정치 관계는 두 가지 특별한 특징을 지닌다. 첫째, 이것은 사회의 기본구조 내의 시민관계로 우리는 출생함으로써 이 기본구조에 진입하고 사망함으로써 벗어난다.[18] 둘째, 이것은 하나의 집단체a collective body로서 궁극적인 정치권력을 행사하는 자유롭고 평등한 시민의 관계이다. 이

16 이 기준과 칸트의 원초적 계약의 원칙(principle of original contract) 사이에는 몇 가지 유사한 점이 있다. Immanuel Kant, *The Metaphysics of Morals: Metaphysical First Principles of the Doctrine of Right*, secs. 47~49(Ak. 6: 315~318), ed. and tras. Mary Gregor(Cambridge: Cambridge University Press, 1996), pp. 92~95와 Immanuel Kant, *On the Common Saying: "This May be True in Theory, But it Does not Apply in Practice,"* pt.Ⅱ(Ak. Ⅷ: 289~306) in *Kant: Political Writings*, ed Hans Riss, trans. H. B. Nisbet(Cambridge: Cambridge University Press, 2d ed., 1991), pp. 73~87을 보라.

17 또한 §4.2를 보라.

18 『정치적 자유주의』에서 「강의Ⅰ」, 2.1, p. 12를 보라. 사망에 의한 탈퇴는 「강의 Ⅳ」, 1.2, p. 136 n 4를 보라.

러한 두 특징은 곧 다음과 같은 질문을 제기한다. 헌법적 본질과 기본 정의의 문제가 위험에 처해 있을 때, 깊이 연관되어 있는 시민들이 어떻게 그들의 입헌 민주정체의 구조를 존중하고, 입헌 민주정체의 구조 하에 제정된 성문율statutes과 법을 준수하도록 구속할 수 있을 것인가? 합당한 다원주의의 사실은 이 문제를 더욱 심각하게 제기한다. 그 이유는 합당한 다원주의의 사실은 각자의 종교적 또는 비종교적인 포괄적 신념에서 비롯되는 시민들 간의 차이가 서로 화해 불가능한 것일 수도 있음을 의미하기 때문이다. 그렇다면, 도대체 어떤 이상과 원칙들을 근거로, 궁극적 정치권력을 동등하게 공유하고 있는 시민들이, 각자가 자신의 정치적 결정을 모든 이들에게 합당하게 정당화시킬 수 있도록 정치권력을 행사할 수 있을 것인가?

이 질문에 대답하기 위해 우리는 다음과 같이 말한다. 다음과 같은 경우에 시민들은 합당하다고 할 수 있다. 세대를 넘어서는 사회 협동체계 내에서 시민들이 서로를 자유롭고 평등한 존재로 여기면서, 그들이 가장 합당한 정치적 정의관이라고 생각하는 것에 근거하여 공정한 협동조건을 서로에게 제시할 준비가 되어 있을 때, 시민들은 합당하다. 또한 다른 시민들도 역시 그러한 조건을 받아들인다고 전제하면, 심지어 특정한 상황 하에서 자신들의 이익에 손해가 있을 수 있음에도 그러한 조건을 따를 것임에 동의할 때, 시민들은 합당하다. 상호성의 기준은 다음과 같은 점을 요구한다. 즉 그러한 조건들이 공정한 협동의 가장 합당한 조건들로서 제안되었을 때, 해당 조건을 제안하는 사람들은 최소한 이 제안의 조건을 받아들이는 다른 이들에게도 합당하다고 여길 수 있는 것을 제안해야 한다. 여기에서 이 조건을 받아들이는 사람들은 적어도 억압되거나 조작되지 않는, 또는 열등한 정치적 사회적 지위의 압력 하에 있지 않는 자유롭고 평등한 시민들로 간주된다.[19] 물론 시민들은 어느 정치적 정의관이 가장 합당한지에 대하여 의견을 달리할 것이다. 이들은 비록 가까스로 겨우 합의에 도달할 지라도, 모두가 합당하다는 데는 동의할 것이다.

그러므로 헌법적 본질 또는 기본적 정의의 문제에 대하여, 모든 해당 정부공직자들이 공적 이성에서 시작해서 그것에 따라서 행동하고 추구할 때, 그리고 모든 합당한 시민들이 그들 자신을 공적 이성을 따르는 입법가의 입장에 서있는 것처럼 이상적으로 생각할 때, 다수의 의견을 표현해 내는 법 제정은 정당한 법이 된다. 각 개인들은 이것을 가장 합당한 것 또는 가장 적절한 것이 아니라고 생각할 수도 있다. 그러나 이렇게 제정된 법은 정치적(도덕적)으로 시민으로서의 개인을 구속하게 되며, 또 그 자체로 그렇게 받아들여지게 된다. 각 개인은 모든 사람들이 적어도 합당하게 의사를 표현하고 투표했다고 생각한다. 그렇기 때문에 모든 사람들은 공적 이성을 추종하고 시민성에 대한 그들의 의무를 존중한 것이 된다.

따라서 상호성의 기준에 근거한 정치적 정당성의 개념은 다음과 같은 것이다. 우리의 정치권력 행사는, 진심으로 우리의 정치적 행동과 관련해 스스로 제시하는 근거들이—우리가 그 근거들을 정부공직자로서 진술한다고 가정한다면—충분하다고 진심으로 믿을 때, 또한 우리가 다른 시민들도 역시 합당하게 그러한 이성을 받아들일 것이라고 역시 합당하게 생각하는 경우에만, 적절하다. 이 기준은 두 수준에서 적용된다. 하나는 헌법 구조 그 자체에 대해서이며, 다른 하나는 이 헌법구조에 부합하여 제정된 특정한 성문율과 법에 대해서 적용된다. 합당한 정치관이 되기 위해서는, 정치관들은 이러한 원칙만을 만족시키는 헌법만을 정당화시켜

---

19 굿만(Amy Gutmann)과 톰슨(Dennis Thomson)에게 상호성의 개념은 중요하다. 『민주주의와 견해의 불일치』(*Democracy and Disagreement*, Cambridge, Mass: Harvard University Press, 1996), chaps. 1~2와 그밖에 다른 여러 곳을 참조하라. 그러나, 우리의 입장에서 쓰는 상호성의 개념은 그 의미와 배경에서 이와 동일하지 않다. 정치적 자유주의에서 사용하는 공적 이성은 순수하게 정치적이다. 그렇지만 정치적 가치들은 본질적으로 도덕적이라고 할 수 있다. 반면에 굿만과 톰슨의 설명은 더욱 일반적이며 포괄적 신념에 근거하여 이루어지는 것으로 여겨진다.

야 하는 것이다.

공적 이성에서 표현된 상호성 기준의 역할을 더욱 명확히 하기 위해선, 상호성의 역할이 입헌민주정체 내의 정치관계의 본질을 시민적 유대감civic friendship의 하나로 규정하고 있다는 점에 주목해야 한다. 왜냐하면, 정부 공무원들이 공적 사고를 함에 있어 상호성에 근거하고 시민들이 이를 지지할 때, 상호성의 기준은 이들의 근본적 제도들의 형태를 갖추게 되기 때문이다. 쉬운 사례 하나를 들어보자. 우리가 일부 시민들의 종교적 자유가 거부되어야 한다고 주장한다면, 우리는 그들이 납득할 수 있는 이유—세르베투스Servetus가 칼뱅Calvin이 왜 그를 화형시키려고 하였는지 이해할 수 있었던 것처럼—뿐만 아니라, 자유롭고 평등한 시민으로서 그들이 역시 합당하게 받아들일 수 있으리라고 합당하게 생각될 수 있는 이유를 우리가 제시할 수 있어야만 한다**역자**: 종교개혁을 수행한 칼뱅이 삼위일체를 부정한 동료 세르베투스를 처형한 사건이다. 칼뱅은 세르베투스가 '영원한'을 의미하는 '셈피테르누스'라는 용어를 하나님에게만 사용하고, 하나님의 아들인 예수의 이름 앞에는 붙이지 않았다해서 그를 화형시켰다. 당시 비엔나에서 엄격한 종교적 규율을 지키기 위해 종교 재판 등을 통해 많은 인명을 희생시킨 탓인지, 이 사건은 볼테르 등을 통해 캘빈이 동료인 세르베투스를 배신한 종교적으로 가장 비겁한 사례로 알려져 있다. 한편으로는 칼뱅의 입장에서 세르베투스의 삼위일체에 대한 부정이 니케아 회의에서 합의된 종교적 합의 사항에 대한 파기 행위로 종교적 권위를 부정하는 행위였기에 칼뱅이 세르베투스를 처형하고자 했다고 한다. 실제 칼뱅은 세르베투스가 사형되길 원했지만 화형은 피할 수 있도록 노력했으며, 사형장에서 세르베투스가 처형되는 마지막 순간까지 신념을 바꾸도록 설득했지만 세르베투스가 자신의 대한 신념을 포기하지 않았다고 알려져 있다. 기본적 자유가 거부되어질 때마다 상호성의 기준은 일반적으로 침해된다. 무슨 근거에 입각하여, 상호성의 기준을 만족시키면서 동시에 일부 개인들의 종교적 자유를 거부하고, 타자들을 노예로 구속하고, 투표권에 대하여 재산 요건을 부과하고, 여성의 참정권을 거부하는 것과 같은 행위들을 정당화시킬 수 있단 말인가?

공적 이성의 개념은 심오한 수준에서 기본 정치적 가치들을 규정하고 어떻게 정치적 관계들이 이해되는지를 명확히 하고 있기 때문에, 근본적 정치적 문제들이 자유롭고 평등한 모든 시민들이 공유하는 이성에 따라서가 아니라, 완전한 진리에 대한 시민 자신들의 개념—종교적 또는 세속적인 포괄적 교리를 포함하는—에 입각하여 그들이 최상의 근거라고 여기는 것들에 따라 해결되어야 한다고 믿는 사람들은 당연히 공적 이성의 개념을 거부할 것이다. 그러나 정치적 자유주의는 정치에서 완전한 진리에 대한 이러한 주장을 민주적 시민권 및 정당한 법의 개념과 양립할 수 없는 것으로 간주한다.

3. 민주주의는 고대 그리스에서 시작되어 오늘날에 이르는 긴 역사를 가지고 있으며 민주주의에 대해서도 많은 다른 개념들이 있다.[20] 여기에서 나는 심의민주주의deliberative democracy의 한 형태로 이해될 수 있는 질서정연한 입헌민주주의a well-ordered constitutional democracy—이 용어는 내가 이 논문을 시작할 때 사용하였다—를 다루고 있다. 심의 민주주의를 규정하는 개념은 심의deliberation 개념 그 자체이다.

시민들이 정치적 문제들과 관련된 심의를 할 때, 그들은 의견을 교환하고 자신의 지지 근거들을 토론한다. 이들은 자신들의 정치적 의견이 다

20 민주주의에 대한 유익한 역사적 개관을 위해서 데이비드 헬드(David Held)의 『민주주의의 모델*Models of Democracy*』, 2nd ed.(Stanford: Stanford University Press, 1997)를 참고하라. 헬드는 고대 폴리스부터 현대에 이르기까지 수많은 모델을 다루고 있다. 이 책에서 헬드는 오늘날 민주주의는 어떤 의미를 가져야만 하는가라는 질문으로 결론을 짓는다. 고대 폴리스와 현대 민주주의의 모델 사이에, 그는 슘페터(Schumpeter)의 경쟁적인 엘리트적 민주주의관(conception of competitive elite democracy) 뿐만 아니라 고전적 공화주의(classical republicanism)와 고전적 자유주의(classical liberalism)를 다루고 있다. 플라톤과 아리스토텔레스, 파두아의 마르실리우스(Marsilius of Padua)와 마키아벨리, 홉스와 매디슨, 벤담 및 제임스 밀과 존 스튜어트 밀 등이 그가 논의하는 있는 인물들이다. 사회주의 및 공산주의와 함께 마르크스에 대해서도 논하고 있다. 이 인물들은 특징적인 제도와 그 제도들의 역할에 입각한 도식화된 모델과 병렬 배치되어 있다.

른 시민들과의 토론을 통해 수정될 수 있음을 가정한다. 따라서 이러한 의견들은 단순히 자신들이 가지고 있는 사적 또는 비정치적 이익에 입각한 고정된 결과가 아니다. 이 지점에서 공적 이성은 아주 결정적이다. 왜냐하면 공적 이성이 시민들의 헌법적 본질과 기본적 정의와 관련된 사고를 특징 짓기 때문이다. 여기에서 나는 심의 민주주의의 본질을 완전하게 논의할 수는 없지만, 공적 이성의 보다 폭 넓은 지위와 역할을 보여주는 몇 가지 핵심적인 사항들에 주목하고자 한다.

심의민주주의에는 세 가지 본질적 요소가 있다. 첫 번째 본질적 요소는 공적 이성의 개념an idea of public reason이다.[21] 하지만 공적 이성의 모든 개념들이 동일한 것은 아니다(심의 민주주의의 두 번째 본질적 요소는 심의적 입법 체제deliberative legislative bodies의 설립을 구체화하는 하나의 틀로서 입헌민주제도a framework of constitutional democratic institutions이다). 세 번째가 일반적으로 공적 이성을 준수하고 정치적 행동에서 공적 이성의 이상을 실현하려고 하는 시민들의 지식과 열망이다. 이러한 본질들이 갖는 직접적인 함의는 선거에서 공적 자금지원public financing, 그리고 공적 정체와 관련된 근본적인 문제와 쟁점에 관하여 질서 있고 심각한 토론을 할 수 있는 공적 기회를 제공하는 것이다. 공적 심의는, 민주주의의 기본 특징으로서 인정되고 또한 돈의 저주로부터도 자유로워질 수 있도록, 반드시 (제도적으로) 가능해질 수 있도록 되어야만 한다.[22] 그렇게

---

21 심의 민주주의는 시민들이 자신의 정치적 의견을 지지하기 위해 제시하는 근거들에 제한을 가한다. 이 제한은 그 근거들이 다른 시민들을 평등한 존재로 간주하는 것에 위배되어서는 안 된다는 것이다. Joshua Cohen, "Deliberation and Democratic Legitimacy," in Alan Hamlin and Philip Petit, eds., *The Good Polity: Normative Analysis of the State* (Oxford: Basil Blackwell, 1989), pp. 17, 21, 24와 Joshua Cohen, Comment, "Review Symposium on *Democracy and Its Critics*," *Journal of Politics*, 53(1991): 223~224, Joshua Cohen, "Democracy and Liberty," in Jon Elster, ed., *Deliberative Democracy*(New York: Cambridge University Press, 1998)를 보라.

22 Ronald Dworkin, "The Curse of American Politics," *New York Review of Books*, October 17, 1996, p. 19를 보라(왜 "돈이 민주과정에 대한 가장 커다란 위협"인가를 설명하고 있다). 드

되지 않으면, 공적 토론과 심의가 배제되지 않는다 하더라도, 선거전에서 큰 기부를 통해 공적 토론과 심의를 왜곡하는 단체 혹은 다른 방식으로 조직화된 이익집단들이 정치를 지배하기 십상이다.

심의민주주의는 또한, 입헌 민주정부의 기본적 측면에서 모든 시민들에 대한 광범위한 교육이 없고, 그리고 긴급한 문제들에 대한 정보를 공중이 가지고 있지 못하다면, 중요한 정치적 및 사회적 결정이 단순하게 이루어 질 수 없다는 점을 인식하고 있다. 심지어 건전한 변화와 개혁을 추구하기를 바라는 장기적 안목의 정치지도자라 할지라도, (적절한) 정보가 결여된 냉소적인 공중들로 하여금 그러한 변화와 개혁을 받아들이도록 납득시킬 수 없게 되는 것이다. 예를 들어, 사회보장제도Social Security에 있어 이미 주장되고 있는 위험 도래에 대처하는 아주 이치에 맞는 제안들이 있다고 하자**역자**: 예를 들어 노령의 인구가 늘어나는 대신 이들의 노후를 뒷받침할 젊은 세대의 인구가 급감하는 현상으로 인해 사회보장제도가 제대로 작동할 수 없다는 주장. 이러한 제안들로 혜택의 증진 수준을 낮추고, 은퇴 연령을 점차적으로 올리고, 단지 몇 주일이나 며칠 동안 생명을 연장시키기 위해서 쓰이는 말기 환자에 대한 값비싼 의료보장expensive terminal medical care에 제한을 부과하고, 미래에 세금을 크게 인상하기보다는 현재 세금을 올리는 것들이 있다.[23] 그러나, 현실이 항상 그렇듯이, '정치의 커다란 게임great game of politics'을 따르는

워킨은 또한 *Buckley v. Valeo*(*in United States Supreme Court Report*, 424(1976): 1의 판례에 있어 대법원의 심대한 실수에 대하여 강력하게 반대하고 있다. Dworkin, *New York Review of Books*, pp. 21~24를 참조하라. 이와 함께 또한 『정치적 자유주의』「강의 Ⅷ」, 제12절, pp. 359~363를 참조하라.[벅클리(사례)는 "실망스러운"(dismaying) 것으로서, "로크너 시대(Lochner era)의 실수를 반복하는" 위험을 불러일으키고 있다.]

23 Paul Krugman, "Demographics and Destiny," *New York Times Book Review*, October 20, 1996, p. 12를 보라. 이 논문은 Peter G. Peterson, *Will America Grow Up Before It Grows Old? How the Coming Social Security Crisis Threatens You, Your Family, and Your Country* (New York: Random House, 1996)와 Charles R. Morris, *The AARP: America's Most Powerful Lobby and Clash of Generations*(New York: Times Books, 1996)에 있는 제안들을 검토, 설명하고 있다.

사람들은 이러한 사리에 맞는 제안들 중의 어느 것도 실제로 수용되지 않으리란 것을 알고 있다. 이러한 이야기는 (국제 연합과 같은) 국제기구들에 대한 지지, 적절하게 쓰이는 해외 원조, 국내외에서 인권에 대한 관심의 중요성에 대한 것들에도 똑같이 적용될 수 있다. 선거전에 자금을 조달하기 위해 돈을 지속적으로 추구해서는 정치체제가 순조롭게 기능 할 수 없다. 이렇게 되면 그러한 정치체제의 심의적 권력deliberative powers은 무력해 진다.

§2. 공적 이성의 내용

1. 시민들은 자신이 진지하게 가장 합당하다고 생각하는 정치적 정의관 틀 내에서 심의·숙고할 때, 공적 이성에 가담하게 된다. 가장 합당하다고 여겨지는 정치적 정의관은 자유롭고 평등한 시민으로서 다른 사람들이 합당하게 지지할 것으로 기대되는 정치적 가치들을 표명한다. 우리들 각자는 이러한 기준을 만족시킬 수 있도록 우리가 호소할 수 있는 원칙과 지침을 가지고 있어야만 한다. 나는 지금까지 그러한 정치적 원칙들과 지침을 구체화할 수 있는 한 방법으로, 『정치적 자유주의』에서 원초적 상황이라 부르는 곳에서 그러한 원칙과 지침들이 합의될 수 있다는 것을 보여주고자 하였다.[24] 일부 사람들은 이러한 원칙을 확정하는 데 다른 방식이 더 합당하다고 생각할 수 있다. 그래서 공적 이성의 내용은 단일한 정치적 정의관이 아니라 일군의 정치적 정의관들에 의해 제시된다. 자유주의에는 여러가지가 있으며, 이 자유주의와 관련된 관점들에도 여러가지가 있다. 그렇기 때문에 수많은 형태의 공적 이성이 일군의 합당한 정치관을 통해 구체화될 수 있다. 공정으로서의 정의justice as fairness 역시

---

24 *Political Liberalism*, lecture I, sec. 4, pp. 22~28.

그것의 장점이 무엇이든지 간에 이런 정의관 중 하나에 불과하다. 이러한 다양한 형태(의 정치관)들을 한정 지을 수 있는 특징은 상호성의 기준the criterion of reciprocity이다. 이 기준은 자신들을 합당하고 합리적인 존재로 생각하는 자유롭고 평등한 시민들 간에 적용되는 것으로 간주된다. 이러한 정치관들은 다음의 세 가지 특징을 갖는다.

> 첫째, 특정한 기본적 권리, 자유, 기회를 구체적으로 열거하는 목록(우리가 익히 알고 있는 입헌정체에서 볼 수 있는 것들).
> 둘째, 이러한 기본적 권리, 자유, 기회에 대한 특별한 우선성의 부여. 이 우선성은 특별히 일반적 가치(general good) 및 완전주의적 가치(perfectionist values)에 대한 주장과 대비하여 강조된다.
> 셋째, 모든 시민들이 자신들의 자유를 효과적으로 행사할 수 있도록 하는 전목적적 수단(all–purpose means)을 적절히 보장하는 조치.[25]

이러한 자유주의들의 각각은 자유롭고 평등한 시민의 개념과 그리고 세대를 넘어서는 공정한 협동의 체계로서 사회의 개념을 기본적인 것으로 지지한다. 그러나 이러한 개념들을 여러가지 방법으로 해석할 수 있기 때문에, 정의의 원칙에 대한 상이한 공식화와 공적 이성에 대한 상이한 내용이 생겨난다. 정치관들은, 심지어 그들이 동일한 정치적 원칙 및 가치들을 구체화할 때조차, 이것들에 우선순위를 부과하고 그 비중을 검토하는 방식에 있어 역시 차이를 보인다. 나는 또한 이러한 자유주의들이 실체적인 정의의 원칙을 함유하고 있으며 그래서 절차적 정의 이상의 것을 다룬다고 가정한다. 이러한 자유주의들은 평등한 시민의 종교적 자유뿐만 아니라 이들의 예술적 표현의 자유를 구체화해야 한다. 또한 공정한

---

25 여기에서 나는 *Political Liberalism*, lecture Ⅰ, sec. 1.2, p. 6과 lecture Ⅳ, sec. 5.3, pp. 156~157에 있는 정의를 따랐다.

기회를 포함하고 전목적적 수단을 적절한 수준으로 보장하는 실체적 개념의 공정성 및 기타 등등을 구체화 할 것이 요구된다.[26]

그런데, 정치적 자유주의는 공적 이성을 하나의 선호된 정치적 정의관의 형태로 확고하게 고정시키려고 하지 않는다.[27] 그것은 사리에 맞는 접근이 아니다. 예를 들어, 정치적 자유주의는 하버마스의 담론 관점의 정당성Habermas's discourse conception of legitimacy을 인정한다(이것은 때때로 자유주의적이라고 보다는 급진적인 민주주의로 간주되기도 한다).[28]

---

26 일부 사람들은 합당한 다원주의의 현실은 포괄적 교리들 간의 공정한 판결이 실질적인 것이 아니라 단지 절차적인 것을 의미하게 한다고 생각할 수 있다. 햄프셔(Stuart Hampshire)는 *Innocent and Experience*(Cambridge, Mass.: Harvard University Press, 1989)에서 이러한 견해를 강력히 주장했다. 그렇지만, 나는 위의 본문에서 몇 가지 형태의 자유주의가 각각 실체적인 정치관임을 가정하고 있다. 이러한 문제를 전반적으로 다룬 것으로는 Joshua Cohen, "Pluralism and Proceduralism," *Chicago-Kent Law Review*, 69, no. 3(1994), pp. 589~618의 논의를 참조하라.

27 *Political Liberalism*, lecture Ⅳ, sec. 7.4에서 제시했듯이, 나는 공정으로서의 정의(justice as fairness)가 일군의 정치관 내에서 어떤 특별한 위치를 차지하고 있다고 생각한다. 그러나 이러한 나의 견해가 정치적 자유주의와 공적 이성의 개념에서 근본적인 것은 아니다.

28 Jürgen Habermas, *Between Facts and Norms: Contributions to a Discourse Theory of Law and Democracy*, trans. William Rehg(Cambridge, Mass.: MIT Press, 1996), pp. 107~109를 참조하라. 벤하비브(Seyla Benhabib)는 *Situating the Self: Gender, Community, and Postmodernism in Contemporary Ethics*(London: Routledge, 1992)에서 공론장(public space) 모델에 관한 논의에서 다음과 같이 말한다: "담론 모델은 우리 사회들의 일반적 경향뿐만 아니라 여성운동과 같은 신사회 운동의 해방적 열망과 부합할 수 있는 유일한 것이다"(p. 113). 그녀는 이전에 자신이 이름붙인 아렌트(Arendt)의 경쟁적 논쟁관(agonistic conception)과 정치적 자유주의의 관점을 고려했다. 그러나 나는 그녀의 관점과 정치적 자유주의 및 공적 이성의 관점간의 차이를 구별하는 것이 용이하지 않다고 생각한다. 그 이유는 그녀가 공론장(public sphere)을 하버마스가 의미하는 것, 즉 정치적 자유주의에서는, 공적 이성의 이상이 적용되지 않는, 시민사회의 배경문화로 부르는 것을 의미하는 것으로 나타나기 때문이다. 따라서 정치적 자유주의는 그녀가 생각하는 방식으로 제한하고 있지 않다. 또한, 내가 이해할 수 있는 한도에서는, 벤하비브는 공적 이성의 내용에 속하는 옳음과 정의의 특정 원칙들은 여성운동이 제기하는 문제들을 처리할 수 있는 것으로 해석될 수 없다는 것(왜 그렇게 해석될 수 있는지)을 보여주려 하지 않는다. 나는(벤하비브처럼) 그렇게 해석될 수 있는지에 대해 의심을 하고 있다. 똑같은 주장이 벤하비브의 이전 언급에도 적용된다. 이 언급들은 Seyla Benhabib, "Liberal Dialogue versus a Critical Theory of Discursive Legitimation," in *Liberalism and the Moral Life*, ed. Nancy Rosenblum(Cambridge, Mass.: Harvard University Press, 1989), pp. 143, pp. 154~156에 나타나 있다. 여기에서 여성운동의 문제들에 대해 유사한 방식으로 논의하고 있다.

뿐만 아니라 공동선과 연대에 대한 카톨릭의 견해가 정치적 가치의 관점에서 표현이 된다면, 그것들을 인정한다.[29] 비록 상대적으로 장기간에 걸쳐 지배적인 정치관이 거의 없고, 심지어 하나의 정치관이 특별히 중심적인 위치를 점하고 있는 것처럼 보일지라도, 인정할 수 있는 공적 이성의 몇 가지 형태가 항상 있다. 게다가, 새로운 변형된 형태들이 수시로 제안될 수 있으며 낡은 것들은 더 이상 대표적인 것이 될 수 없을 것이다. 공적 이성이 그럴 수 있다는 것은 매우 중요하다. 그렇지 않다면, 사회적 변화로부터 부상하는 집단이나 관심들의 주장이 억압될 수 있으며 그들이 적절한 정치적 발언권을 얻지 못할 수도 있다.[30]

2. 우리는 공적 이성을 때때로 세속적 이성secular reason과 세속적 가치secular values로 부르는 것들과 구별해야만 한다. 이것들은 공적 이성과 동일하지 않다. 왜냐하면 내가 세속적 이성을 포괄적인 비종교적 교리들의 관점에서 사고하는 것으로 정의하기 때문이다. 이러한 교리들과 가치들은 공적 이성의 목적과 부합하기에는 너무 광범위하다. 정치적 가치들이 아무리 우리의 이성과 상식적 숙고에 비추어 성취가능하고 접근할 수 있는 것들이라 할지라도, 이 정치적 가치들은 도덕적 교리들이 아니다.[31] 도덕적 교리들은 종교와 제1철학first philosophy과 동격이다. 대조적으로,

---

29 아리스토텔레스와 토마스 아퀴나스에서 비롯된 공동선의 개념은 상당부분의 카톨릭의 도덕 사상과 정치사상에서 본질적인 것이다. 예를 들어, John Finnis, *Natural Law and Natural Right*(Oxford: Clarendon Press, 1980), pp. 153~156, 160과 Jacques Maritain, *Man and State*(Chicago: University of Chicago Press, 1951), pp. 108~114를 보라. 아퀴나스는 때때로 모호한 반면, 피니스는 매우 분명하다.

30 그러므로, 정치적 자유주의가 새롭고 변화된 정치적 정의관들을 허용하지 않는다고 하는 왈드론(Waldron)의 비판은 부정확한 것이다. Jeremy Waldron, "Religious Contributions in Public Deliberation," *San Diego Law Review*, 30(1993), pp. 837~838을 보라. 그리고 Lawrence B. Solum, "Novel Public Reasons," *Loyola LA Law Review*, 29(1996), p. 1460에 있는 왈드론의 비판에 대한 답변을 참조하라.("공적 이성의 자유주의적 이상에 대한 일반적 수용은 정치적 담론의 건강한 발전을 허용할 것이다.")

31 각주 2)에서 "교리(doctrine)"에 대한 나의 정의를 참조하라.

자유적 정치적 원칙들과 가치들은, 본질적으로 도덕적 가치임에도, 자유적 정치적 정의관을 통해 구체화되며 정치적인 것의 범주에 해당된다. 이러한 정치관들은 세 가지 특징을 갖는다.

> 첫째, 이 정치관들의 원칙들은 기본적 정치 및 사회적 제도(사회의 기본구조)에 적용된다.
>
> 둘째, 이 정치관들은(물론, 이들이 교리들 간의 합당한 중첩적 합의를 통해 지지될 수 있음에도 불구하고) 특정한 포괄적 교리들과 결부되지 않고 독립적으로 표현된다.
>
> 셋째, 이러한 정치관들은 입헌정체의 공적 정치문화에 내재된 근본적 개념들에 근거하여 입안될 수 있다. 이 근본적 개념들은 자유롭고 평등한 인간으로서의 시민관, 공정한 협동의 체계로서의 사회관과 같은 것이다.

그러므로 공적 이성의 내용은 이러한 조건들을 충족하는 일련의 자유적 정치적 정의관의 원칙들과 가치들을 통해 마련된다. 공적 이성에 입각하는 것은, 근본적인 정치적 문제에 대해 토론할 때, 이러한 정치관 중 하나(이 정치관의 이상과 원칙들, 기준들과 가치들)에 호소하는 것이다. 이러한 요건은 여전히 우리로 하여금 종교적 또는 비종교적인 포괄적 교리들을 정치적 논의로 언제든지 도입할 수 있게 한다. 이는 물론, 적절한 과정을 거쳐, 우리의 합당한 교리들이 이를 지지할 수 있도록, 우리가 원칙과 정책들의 근거가 되는 타당한 공적 이유들을 제공해야 함을 전제로 한다. 나는 이러한 필요조건을 단서*the proviso*로서 언급하며, 이것을 아래에서 상세히 다루겠다.[32]

공적 사고public reasoning의 한 특징은 이 과정이 완전히 정치적 정의관 내에서 진행된다는 점이다. 정치적 가치들의 예들에는 미국 헌법의 서

---

32 §4를 보라.

문이 언급하고 있는 것을 들 수 있는데, 보다 완전한 연방, 정의, 국내적 안정, 공동 방어, 일반 복지, 우리 자신과 우리의 후손들에 대한 자유의 축복들이 포함된다. 이 정치적 가치들은 이러한 항목 하에 다른 가치들을 포함한다. 예를 들어, 정의라는 항목 아래에 우리는 평등한 기본적 자유, 기회평등, 소득과 조세의 분배와 관련된 이상ideal, 그 외의 다른 많은 가치들을 포함할 수 있다.

공적 이성의 정치적 가치는 정치제도 내에서 실현되고 정치제도의 특징을 규정한다는 점에서 다른 가치들과 구별된다. 이것은 이러한 유사한 가치들이 다른 사회 형태들을 특징지울 수 없다는 것을 의미하는 것은 아니다. 효과성effectiveness과 효율성efficiency의 가치들은 사회 기본구조의 정치적 제도뿐만이 아니라 팀teams이나 클럽club과 같은 사회적 조직의 특징을 규정할 수 있다. 그러나 어떤 가치가 온당히 정치적 가치가 되는 것은, 그(가치의) 사회적 형태 그 자체가 정치적인 것이 될 때에만 그렇게 된다. 말하자면 어떤 가치가 기본구조나 이의 정치 및 사회 제도 내에서 달성될 때 그러한 가치는 정치적인 것이 된다. (그렇다면) 자연스럽게, 귀족정치aristocracy, 조합적 과두정치corporate oligarchy, 독재정치autocracy, 절대독재정치dictatorship 등을 포함하는 많은 정치관들이 비자유주의적이라는 점을 한번 생각해 볼 수 있다. 이러한 모든 정치관들은 정치적인 것의 범주category of the political에 속한다.[33] 그렇지만, 우리는 단지 입헌 민주정체에 합당한 정치관들에만 관심을 가진다. 앞선 문단에서 분명히 하고 있는 것처럼, 이러한 것들은 합당한 자유적 정치관이 표현하는 이상이며 원칙이다.

3. 공적 이성의 또 다른 본질적 특징은 공적 이성의 정치관이 완비되

---

33 *Political Liberalism*, lecture Ⅸ, sec. 1.1, pp. 374~375를 보라.

어야만 한다는 점이다. 이는 각 정치관이 탐문의 지침guidelines of inquiry과 함께, 원칙, 기준 및 이상들을 구체적으로 명시해야만 함을 의미한다. 이렇게 함으로써 이 정치관이 규정하는 가치들이 적절한 순서로 배열되거나 결합될 수 있도록 해야 한다. 이렇게 하면 정치관이 규정하는 가치들은 헌법적 본질과 기본적 정의의 문제에 관계되는 모든 문제 또는 거의 모든 문제에 합당한 해결책을 제시할 수 있을 것이다. 여기에서 가치들 간의 서열배정은 정치관 그 자체 내의 구조 및 특징에 입각하여 결정된다. 이러한 가치들 간의 서열배정은 시민들이 가지고 있는 포괄적 교리 내에서 이들 가치들의 순서가 어떻게 배열되어 있는가에 따라 결정되는 것이 아니다. 정치적 가치들의 배열은 그것들을 서로 분리 독립하거나, 또는 어떤 한정된 맥락과 분리 독립하여 설정되어서는 안 된다. 정치적 가치들은 포괄적 교리가 무대 뒤에서 조작할 수 있는 꼭두각시 인형이 아니다.[34] 공적 이성이 합당한 것으로 여기는 질서 부여라면, 이러한 질서 부여는 포괄적 교리들이 왜곡할 수 없다. 그리고 공적 이성은 사실상 정치적 가치들에 대한 질서부여를 합당한 것(또는 합당하지 않은 것)으로서 파악할 수 있다. 그 이유는 제도의 구조들이 검토될 수 있도록 개방되고, 정치적 질서부여에 내재한 잘못된 점과 오차들이 드러날 수 있기 때문이다. 그러므로 우리는 정치적 가치들에 대한 질서부여가 특정한 합당한 교리들에 의해 왜곡되지 않으리라고 자신할 수 있다[유일한 왜곡의 기준(이 될 수 있는 것)은 정치적 가치들에 대한 질서의 부여 그 자체가 합당하지 않다는 주장이라는 것을 나는 강조한다].

완결성completeness의 중요성은, 어떤 정치관이 완결되지 않는다면, 해당 정치관에 입각하여 근본적인 정치적 문제들에 대한 토론이 실행될 수 없기 때문에, 해당 정치관이 적절한 사고의 체계가 될 수 없다는

34 이 생각은 마르네프(Peter de Marneffe)에게서 빌려왔다.

데 있다.[35] 공적 이성 내에서 우리가 할 수 없는 것은 직접 우리의 포괄적 교리 또는 이 포괄적 교리의 일부에 근거하여 하나 또는 그 이상의 정치적 원칙 및 가치들로 직접 진전하여, 이 원칙 및 가치들이 지지하는 특정한 정치제도를 도출하려 하는 것이다. 대신, 우리는 우선적으로 완비된 정치관의 기본 개념에 대하여 작업하고, 그것에 근거하여 원칙들과 이상들을 정교화하고, 이 원칙과 이상들이 제시하는 주장을 행사해야만 한다. 그렇게 하지 않는다면, 공적 이성은 너무 즉흥적이고 단편적인 주장을 허용하게 된다.

4. 이제 나는 공적 이성의 좀 더 상세한 내용을 보여주기 위해 몇 가지 예들이 될 수 있는 정치적 원칙들과 가치들에 주목하려 한다. 그리고 특히 상호성의 기준이 적용 가능하면서도 위배되기 쉬운 다양한 방식들에 주목하려 한다.

---

35 여기에서 상이한 정치적 정의관은 헌법적 본질과 기본 정의의 문제들에 대하여 상이한 해석을 주장할 것임에 주목하라. 또한 동일한 정치관에 대해서도 상이한 해석들이 있을 수 있는데, 이 정치관의 개념과 가치들이 다른 방식으로 이해될 수 있기 때문이다. 그리고 어떤 정치관이 끝나는 곳과 이것에 대한 해석이 시작되는 곳에 분명한 경계가 있는 것은 아니다. 그리고 그것이 필요한 것도 아니다. 그렇지만, 항상 그러하듯이, 정치관은 이것의 가능한 해석을 매우 제한한다. 그렇지 않다면 토론과 주장을 진행할 수 없다. 예로써, 교회와 국가의 분리는 물론, 무종교도 인정하는 자유를 포함하는 종교의 자유를 선언하는 헌법은 교회 학교들이 공적 자금을 지원 받을 수 있는지에 대한 질문과 만약 그럴 수 있다면 어떤 방식으로 해야 하는지에 대한 질문에는 여지를 남겨두는 것처럼 보인다. 하나의 해석이 공적 자금을 허용하고, 다른 하나는 허용하지 않는다면, 이 차이는 동일한 정치관을 해석하는 방법에서의 차이로 여겨질 수 있다. 또는 대안적으로 두 개의 정치관 사이의 차이로 여겨질 수 있다. 특별한 구체적 규정이 없는 한, 우리가 이것을 어떻게 지칭하든 문제가 되지 않는다. 중요한 점은 공적 이성의 내용이 일련의 정치관들이기 때문에, 그 내용이 우리가 필요한 해석을 허용한다는 점이다. 이것은 우리가 고정된 관점에 사로잡혀 있는 것이 아님을 보여준다. 나아가서 하나의 해석에 집착하는 것도 아니라는 것을 강조한다. 이것은 Kent Greenawalt, *Private Consciences and Public Reasons*(Oxford: Oxford University Press, 1995), pp. 113~120에 대한 논평이다. 이 책은 『정치적 자유주의』가 정치적 관점들의 해석을 결정하는 문제를 해결하는 데 있어 난점이 있다고 주장한다.

(a) 첫 번째 예로서, 자율성의 가치를 고려해보자. 이것은 두 가지 형태를 취할 수 있다. 하나는 정치적 자율성이다. 이것은 법률상의 독립, 시민지위 및 시민들의 정치권력의 행사에 있어서 타인들과의 평등한 공유에 대한 확실한 보장으로 표현된다. 다른 하나는 순수하게 도덕적인 것이다. 이 자율성은, 밀의 개인성의 이상Mill's ideal of individuality[36]과 같이, 우리들의 심오한 목적과 이상들을 비판적으로 검토해 보는 특정한 삶의 방식과 반성들을 의미하는 특징이 있다. 우리가 순수한 도덕적 가치로서 본다면 자율성을 어떤 형태로 생각한다 하더라도, 합당한 다원주의의 전제하에서는 이 자율성이 상호성의 제약을 충족시킬 수는 없다. 예를 들어, 특정한 종교적 교리를 보유하고 있는 사람들은 상호성의 제약을 거부할 수 있다. 그러므로, 정치적 자율성은 정치적 가치인 반면, 도덕적 자율성은 정치적 가치가 아니다.

(b) 두 번째 예로서, 우리가 익히 알고 있는 선한 사마리아인협회the Good Samaritan의 이야기를 생각해보자. 그러한 가치들이 단순한 종교적 또는 철학적 가치가 아니라 정치적 가치에 적절하게 호소하고 있는가? 어떤 제안을 함에 있어, 광범위한 관점의 공적 정치문화는 우리가 복음의 이야기를 도입할 수 있도록 허락하고 있긴 하지만, 공적 이성은 우리가 우리의 제안을 적절한 정치적 가치의 관점에서 정당화할 것을 요구한다.[37]

(c) 세 번째 예로서, 소득의 공정한 분배를 논의함에 있어 공적에 근거appeals to desert할 것을 요구하는 경우를 생각해보자: 사람들은 이상적으로 말하자면 분배는 공적에 상응해야만 한다고 버릇처럼 말한다. 이들이 말하는 공적이란 어떤 의미의 공적일까? 이들이 의미하는 것은, 재판

---

36 John Stuart Mill, *On Liberty*(1859), ch. 3, pars. 1~9, in *Collected Works of John Stuart Mill*, ed. John M. Robson(Toronto: University of Toronto Press, 1977), vol. 18, pp. 260~275.

37 §4.1의 단서(the proviso)와 복음 이야기를 인용하는 예를 참조하라. 광범위한 관점의 공적 정치문화에 대한 상세한 설명에 관하여, 일반적으로 §4를 보면 된다.

관이 판단을 할 수 있는 자질을 가져야만 하듯이, 다양한 공직에 있는 사람들은 이에 상응하는 필수적인 자질을 가져야만 하며, 그리고 모든 이들은 선망의 대상이 되는 지위에 대한 자격을 갖출 수 있는 공정한 기회를 가져야만 한다는 것인가? 이것은 사실상 정치적 가치이다. 그러나 도덕적 공적moral desert에 따른 분배는, 모든 점을 고려해 볼 때, 정치적 가치는 아니다. 도덕적 공적은 여기에서 인격의 도덕적 가치를 의미한다. 포괄적 교리를 포함하여 도덕적 가치는 정치적 가치가 아니다. 이것은 가능한 정치적 사회적 목표가 아니다.

(d) 마지막으로, 가족과 인간생활에 대한 국가의 관심을 고려해보자. 염원하는 정치적 가치를 어떻게 올바르게 구체화시킬 것인가? 전통적으로, 이러한 정치적 가치는 매우 광범위하게 규정되어져 왔다. 그러나 민주정체에서 정부의 정당한 관심은 공법과 정책이 질서정연한 방식으로 장기간에 걸쳐 정치사회를 재생산하기 위해 필요한 제도들을 뒷받침하고 규제하도록 하는데 있다. 이러한 것들에는 (정의로운 형태의) 가족, 아이들을 양육하고 교육시키기 위한 제도적 장치들, 공중의 건강을 위한 일반적 제도들이 포함된다. 이러한 체계적인 유지와 규제는 정치원칙과 가치들에 달려 있다. 그 이유는 정치사회는 영구히 존재하고, 그래서 그 자신과 세대를 넘어서 제도와 문화를 유지하는 것으로 간주되기 때문이다. 이러한 관심을 전제로 한다면, 정부는 구체적인 형태의 가족생활이나 성별사이의 관계에 대해서는 특별한 관심을 기울이지 않을 것으로 여겨진다. 다만 가족생활의 특정한 형태나 성별간의 관계가 어떤 식으로든 장기적으로 질서정연한 사회의 재생산에 영향을 주는 경우에는 관심을 가지게 될 것이다. 그러므로 일부일처제 그 자체에 대한 호소, 또는 동성결혼에 대한 반대는, 가족에 대한 정부의 정당한 관심 내에 속하는 문제로서, 종교적 또는 포괄적인 도덕적 교리를 반영하게 될 것이다. 따라서 국가의 이러한

관심은 부적절하게 규정된 것으로 여겨질 수도 있다. 물론 이렇게 명확하게 규정하는 것이 통과해야 할 다른 정치적 가치들이 있을 수 있다. 예를 들어, 일부일처제가 여성의 평등을 위해 필수적인가, 또는 동성 간의 결혼이 아이들의 양육과 교육에 파괴적인가 하는 문제들이 있다.[38]

5. 네 가지 예들은 내가 앞에서 세속적 이성이라고 불렀던 것과 대조되는 점을 보여 준다.[39] 민주사회에서 법 제정을 정당화하는데 있어 종교적 이성과 종파적 교리들에 호소해서는 안 된다 할지라도, 건전한 세속적 주장들sound secular arguments에는 호소할 수 있다는 견해가 종종 제시되곤 한다.[40] 그러나, 무엇이 세속적 주장인가? 일부 사람들은 반성적이고 비판적이며 공적으로 지성적이며 합리적인 주장을 세속적 주장으로 생각한다. 말하자면, 동성애 관계를 가치 없거나 타락적인 것으로 격하시키는 주장들을 들 수 있다.[41] 물론 이러한 주장의 일부는 반성적이고 합리적인 세속적 이성일 수 있다. 그럼에도 불구하고, 정치적 자유주의의 핵심적 특징은 모든 이러한 주장을, 종교적 주장과 마찬가지로, 동일한 방식으로 바라본다는 것이다. 그러므로 이러한 세속적인 철학적 교리

---

38 물론, 여기에서 이 문제를 해결하려고 시도하지 않는다. 왜냐하면 우리는 공적 사고와 관련이 있는 그런 종류의 이성과 고려들에만 관심을 가지기 때문이다.

39 §2.2를 보라.

40 Robert Audi, "The Place of Religious Argument in a Free and Democratic Society," *San Diego Law Review*, 30(1993), p. 677를 보라. 여기에서 아우디는 세속적 이성을 다음과 같이 정의하고 있다: "세속적 이성은 대략 그 규범적 영향력이 분명하게 신의 존재나 신학적 사려에 의존하지 않는 것이며 또는 종교적 권위에 입각한 개인이나 제도의 결정에 의존하지 않는 이성이다."(p. 692). 이 정의는 비종교적인 포괄적 교리의 측면에서의 세속적 이성과 공적 이성의 내용 안에서 순수한 정치관의 측면에서 표현되는 세속적 이성 간의 차이에 대해 모호하다. 세속적 이성 역시 종교적 이성과 함께 허용되어야만 한다는 아우디의 견해는 내가 §4.1에서 단서라고 부르는 것과 유사한 역할을 지닌다고 할 수 있다.

41 피니스(John Finnis)의 주장에 대한 페리(Michael Perry)의 논의를 보라. 그는 이러한 관계가 인간 선(human good)과 양립할 수 있다는 것을 부인한다. *Religion in Politics: Constitutional and Moral Perspectives*(Oxford: oxford University Press, 1997), chap. 3, pp. 85~86.

들은 공적 이성을 제공하지 않는다. 이러한 종류의 세속적 개념과 사고는 제1철학과 도덕적 교리에 속하며, 정치적인 것의 영역의 외부에 있다.

그러므로 시민간의 동성애 관계를 범죄로 볼 것인지를 고려함에 있어, 문제는 이러한 관계가 건전한 철학적이며 비종교적 견해가 규정하는 완전한 인간 선full human good이라는 가치 있는 개념에 근거해 배제될 것인지 여부에 있는 것도 아니며, 또한 종교적 신념을 가진 자들이 이것을 범죄로 간주하는가에 있는 것도 아니다. 문제의 핵심은 무엇보다도 그러한 관계를 금지하는 입헌 기구가 자유롭고 평등한 민주적 시민들의 시민권을 침해하는가의 여부에 있다.[42] 이 문제는 시민권을 명확히 규정하는 합당한 정치적 정의관을 요구한다. 그리고 이러한 시민권에 대한 규정은 항상 헌법적 본질의 문제가 된다.

§3. 민주주의에서 종교와 공적 이성

1. 광범위한 관점의 공적 정치문화 개념을 점검하기 전에, 우리는 다음과 같은 질문을 해 본다. 예를 들어, 교회나 성경과 같은 종교적 권위에 기반을 둔 종교적 교리들을 지닌 사람들이 합당한 입헌 민주정체를 뒷받침하는 합당한 정치관을 동시에 지지하는 것이 어떻게 가능한가? 이러한 교리들이 여전히 정당한 이유에 입각한 자유적 정치관과 양립 가능한가? 이러한 양립성을 획득하기 위해선, 이러한 교리들이 민주정부를 단순히 잠정적 타협modus vivendi으로 받아들이는 것으로는 충분하지 않다. 신앙을 지닌 시민으로서 종교적 교리를 가지고 있는 시민들을 언급하기 위해, 다

---

42 여기에서 나는 "The Difficulty of Tolerance," in *Toleration: An Elusive Virtue*, ed. David Heyd(Princeton: Princeton University Press, 1996), pp. 226~239에 나타난 스캔론(T.M. Scanlon)의 견해를 따르고 있다. 이 논문의 전체는 매우 유익한데, 특히 3절, 230~233쪽의 논의가 여기에서 적절하다.

음과 같은 질문을 해보자: 신앙을 지닌 시민들이 어떻게 민주사회의 진정한 성원이 될 수 있는가? 민주사회의 진정한 시민은 사회의 본질적인 정치적 이상과 가치들을 지지해야 하며, 단순히 정치적 및 사회적 역학관계에 따라 이러한 이상과 가치들에 순응해서는 안 된다. 좀 더 예리하게 표현해보자: 비종교적(세속적)인 구성원뿐만 아니라 종교적 신념이 있는 시민들이 그들의 포괄적 교리가 어떤 입헌정체 아래에서 번영할 수 없거나 심지어는 쇠약해질 수 있을 때, 그 입헌정체를 지지하는 것이 어떻게 가능—또는 가능—한가? 이 마지막 질문은 정당한 법을 결정함에 있어 정당성 개념과 공적 이성의 역할의 중요성을 새롭게 불러일으킨다.

질문을 명확하게 하기 위해서 다음 두 가지 예를 고려해보자. 첫 번째는 16세기와 17세기의 카톨릭교도들과 신교도들의 예이다. 당시에는 관용의 원칙이 단지 잠정적 타협modus vivendi으로 존중되었다.[43] 관용의 원칙이 단지 잠정적 타협으로 존중된다는 것은 어느 한쪽 파벌이 완전하게 주도권을 장악하게 되면, 그 편은 자신들 스스로의 종교적 교리를 유일하게 용인될 수 있는 종교적 신념으로 강요할 수 있게 된다는 것을 의미한다. 수많은 종파들 모두 이러한 태도를 공유하고 이들이 자신들 종파의 상대적 숫자가 먼 장래에도 크게 변하지 않을 것이라고 가정하는 사회에서는 미합중국의 헌법과 유사한 헌법체계를 가지게 될 것이다. 즉 첨예하게 분열된 종교집단들에게 정치권력에 있어서 다소간의 평등을 보장하면서 종교적 자유를 충분히 보장할 수 있을 것이다. 늘 그렇듯이, 헌법은 시민의 평화를 유지하는 계약으로서 존중된다.[44] 이러한 사회에서는 정치적 쟁점은 정치적 개념과 가치들에 입각하여 논의될 것이다. 이렇게 하는 것이 종교적 갈등을 초래하지 않고 분파의 적대감을 자극하지 않을 것이다.

---

43 *Political Liberalism*, lecture Ⅳ, sec. 3.4, p. 148을 참조하라.

44 Greenawalt, *Private Consciences and Public Reasons*, 16~18, 21~22쪽에서 그린너월트가 제시한 다양한 열렬한 신자들의 사회(the society of Diverse Fervent Believers)의 예를 보라.

여기에서 공적 이성의 역할은 단지 분열을 잠재우고 사회의 안정성을 조장하는 데 기여하게 된다. 그렇지만, 이 경우에 우리는 민주사회의 정치적 (도덕적) 이상과 가치에 대한 확고한 신념이 보장하는 것과 같은 정당한 이유에 입각한 안정성을 확립하지는 못할 것이다.

두 번째 예에서도 역시 우리는 정당한 이유에 입각한 안정성을 확립하지 못한다. 두 번째 예는 다음과 같은 민주사회이다. 이 사회는 종교적, 정치적, 시민적 자유들을 보장하는 실질적인 헌법조항들을 정치적 (도덕적) 원칙으로 받아들인다. 그러나 이때, 이러한 헌법원칙들에 대한 시민들의 신념은 아주 제한적이어서 아무도 자신의 종교적 또는 비종교적인 교리가 영향력과 숫자에 있어서 기반을 상실하는 것을 받아들이려 하지 않는다. 나아가서 이들 시민들은 법이 자신들이 유지하는 입장의 기반을 약화시킨다고 생각하면 그러한 법에 저항하거나 복종하지 않으려 할 것이다. 그리고 이들 시민들은 종교 및 다른 자유들의 완전한 영역이 언제나 유지되고 또한 문제의 교리에 대한 보장이 완전하게 이루어질 때조차도 이러한 저항과 불복종을 행사한다. 여기에서 다시 민주주의는 조건적으로 받아들여지는 것이며 정당한 이유에 입각하여 수용되는 것도 아니다.

이러한 예들이 공유하고 있는 점은 사회가 분리된 집단들로 나뉘어져 있다는 것이다. 각 집단은 다른 집단의 이익과 구별되고 상반되는 그들 스스로의 근본적인 이익을 가지고 있다. 이들은 자신들의 근본적 이익을 위해 정당한 민주적인 법을 저항하거나 위반할 준비가 되어 있다. 첫 번째 예에서, 그 이익은 종교의 헤게모니를 확립하는 가운데 생기는 종교의 이익이다. 반면 두 번째에서 이익은 해당 교리의 근본적 이익이다. 이런 이익은 종교적이든 비종교적이든 자신의 입장을 강화하기 위해 어느 정도의 성공과 영향력을 유지하려는 데에서 대두된다. 입헌정체는 모든 허용 할 수 있는 교리들에 대하여 권리와 자유를 완전하게 보장할 수 있고, 그럼으로써 우리의 자유와 안정을 보호할 수 있다. 그렇지만, 민주주의라고 하는 것은 우리들 각자가 다른 사람들과 마찬가지로 평등한 시민의 한 사람으로서 정당한 법의 책무들을 받아들일 것을 절대적으로 요구한다.[45] 아무도 자신들의 종교적 혹은 비종교적 교리들이 위험에 처하도록 방치하리라고 생각할 수 없지만, 우리들의 종교적 헤게모니를 확립하게 위해 헌법을 바꾸려 한다거나, 종교의 영향력과 번영을 보장하기 위해 우리의 책무들을 제한하려는 바램은 영원히 포기해야만 한다. 그러한 바램과 목적을 유지하는 것은 모든 자유롭고 평등한 시민들에 적용되는 평등한 기본적 자유의 발상과 양립하지 않을 것이다.

2. 우리가 앞서 질문했던 것을 확장시켜보자: 종교적 교리뿐만 아니라 비종교적인 (세속적) 교리들을 지닌 사람들이, 자신들의 포괄적 교리들이 번성할 수 없거나 나아가서 사실상 쇠퇴한다는 것이 예측되는 경우에서도, 그러한 입헌정체를 지지하는 것이 어떻게 가능—또 이것이 정말 가능—할까? 여기에서 이에 대한 답변은 종교적 또는 비종교적 교리들이 다음과 같은 점을 이해하고 수용하는 것에 달려있다. 즉 이들이 합당한 입헌 민주주의를 지지하는 방법 이외에는, 자신들 교리의 추종자들의 자유를 자유롭고 평등한 다른 합당한 시민들의 평등한 자유와 공정하게 양립시킬 수 있는 방법이란 없다는 점이다. 입헌민주정체를 지지함에 있어, 어떤 종교적 교리는 이러 저러한 것은 절대신God이 우리의 자유에 제약을 부과하는 사항들이라고 주장할 것이며, 어떤 비종교적 교리는 또 다른 방식으로 자신의 입장을 표명할 것이다.[46] 그러나, 어느 쪽의 경우에도,

---

45 *Political Liberalism*, *lecture* V, sec. 6, pp. 195~200을 보라.

46 종교가 어떻게 이러한 것을 하는지에 대한 예는 다음을 참조하라. Abdullahi Ahmed An-Na'im은 그의 저서 *Toward an Islamic Reformation: Civil Liberties, Human Rights, and International Law*(Syracuse: Syracuse University Press, 1990), pp. 52~57에서 이슬람교도들의 신성법인 샤리아(Shari'a)에 대한 전통적인 해석을 재해석하려는 발상을 도입하고 있다. 그의 해석이

이러한 교리들은 합당한 민주사회에서 양심의 자유와 관용의 원칙이 모든 시민들에 대한 평등한 정의와 결합될 수 있는 방식을 상이하게 형성할 것이다. 그러므로 관용의 원칙과 양심의 자유는 어떤 입헌 민주적 관점에서도 본질적인 위치를 차지해야만 한다. 이것들은 모든 시민들이 수용할 수 있는 근본적 기반을 설정한다. 이 근본적 기반은 공정하게 교리들 상호간의 경쟁관계를 규제해 주는 역할을 한다.

여기에서 관용의 두 가지 개념을 살펴보자. 하나는 순수하게 정치적인 것이다. 정치적 개념의 관용은 합당한 정치적 정의관에 부합하여 종교적 자유를 보호하는 권리와 의무로 표현된다. 다른 하나는 순수하게 정치적인 것은 아니다. 이것은 종교적 또는 비종교적 교리 내에서 비롯되어 표

이슬람교도들에게 받아들여지기 위해서는, 그 해석은 반드시 Shari'a에 대하여 정확하고 탁월한 해석으로 제시되어야만 할 것이다. 안-나임(An-Na'im)의 해석의 기본적 발상은 고인이 된 수단의 저자 Ustadh Mahmoud Mohamed Taha를 따르고 있다. 그의 해석의 발상은 다음과 같다. Shari'a에 대한 전통적 이해는 무하마드의 후기 메디나 시기(the later Medina period of Muhammad)의 가르침에 의존하여왔다. 그러나 무하마드의 초창기인 메카 기간(the earlier Mecca period of Muhammad)의 가르침이 이슬람의 영원하고 근본적인 가르침이라는 것이다. 안-나임은 다음과 같이 주장한다. 탁월한 메카시기의 가르침과 원칙들이 보다 현실주의적이고 실제적인(당시 17세기의 역사적 맥락에서) 메디나 시기의 가르침을 옹호하여 거부되기에 이르렀다고 한다. 그 이유는 사회가 아직 이러한 탁월한(메카 시기의) 가르침을 실행할 준비가 되어 있지 않기 때문이라는 것이다. 이제는 역사적 조건들이 많이 변했기 때문에, 무슬림 교도들은 Shari'a 해석에 있어 초기 메카시기의 가르침을 따라야 한다고 안-나임은 생각한다. 이렇게 해석하여, 그는 Shari'a가 입헌민주주의를 지지한다고 주장한다(ibid., pp. 69~100).

특히, Shari'a에 대한 초기의 메카해석은 남성과 여성의 평등을 지지한다. 그리고 신앙과 종교의 문제에서 완전한 선택의 자유를 지지한다. 이 두 가지 점 모두 법 앞에서의 입헌적 평등의 원칙과 부합된다. 안-나임은 다음과 같이 기술한다: "코란(Qua'an)은 입헌주의(constitutionalism)를 언급하지 않는다. 그러나 인간의 합리적 생각과 경험은 코란이 제시하는 정당하고 훌륭한 사회를 실현시키기 위해 입헌주의가 필요하다는 점을 보여준다. 입헌주의에 대한 이슬람의 정당화와 지지는 매우 중요하며 이슬람교도들에게도 적절하다. 비이슬람교도들도 자신들 고유의 세속적 정당화나 다른 종류의 정당화를 할 수 있을 것이다. 모든 사람들이, 완전한 평등과 성 및 종교에 근거한 차별을 금지하는 것을 함유하고 있는, 입헌주의의 원리와 특정한 원칙들에 합의를 하게 된다면, 각자는 이러한 합의에 이르게 되는 자신들 고유의 근거들을 가지고 있을 것이다."(ibid., p. 100).(이것은 중첩적 합의 *overlapping consensus*의 완벽한 예라고 생각된다.) 나는 나에게 안-나임의 저서에 대한 정보를 준 빌그라미(Akeel Bilgrami)에게 감사한다. 나는 또한 모타헤데(Roy Mottahedeh)의 유용한 토론에 감사한다.

현된 것이다. 예를 들어, 위에서 말했듯이, 그렇게 하는 것이 절대신이 우리의 자유에 부여한 제한이라는 말하는 경우를 들 수 있다. 이렇게 말하는 것은 내가 추측으로부터 사고reasoning from conjecture라고 부르던 것의 한 예라고 할 수 있다.[47] 이 경우 우리는 우리가 믿고 있는 것이나 추측하는 것 또는 다른 사람들의 종교적 또는 철학적인 기본 교리에서부터 출발하여, 다른 사람들이 생각하는 것이 무엇이든지 간에 이것들이 합당한 정치적 정의관을 여전히 지지할 수 있다는 것을 보여주고자 노력한다. (여기에서) 우리는 관용의 근거를 주장하는 것이 아니라, 단지 관용을 자신들의 포괄적 교리와 양립할 수 있는 것으로 그들이 주장할 수 있는 것으로서 제시하고 있다.

§4. 광범위한 관점의 공적 정치문화

1. 이제 우리는 내가 광범위한 관점의 공적 정치문화라고 부르는 것에 대하여 살펴보고자 한다. 특히 이것의 두 가지 측면에 대하여 논의하겠다. 첫 번째 측면은 종교적 또는 비종교적인 합당한 포괄적 교리들이 언제든지 공적인 정치적 토론에 도입될 수 있다는 것이다. 단지 적절한 절차를 통해 적절한 정치적 이유들—그리고 전적으로 포괄적 교리들에 근거하는 이유들이 아닌 것—을 제시해야만 함이 전제된다. 물론 이 정치적 이유들은 도입된 포괄적 교리들이 무엇이든지 간에 지지될 만한 것으로 말해진다면 무엇이든 충분히 지지할 수 있어야 한다. 적절한 정치적 이유들을 제시해야 하는 규정을 나는 단서*the proviso*라고 언급한다. 그리고 이 단서는 배경문화와 구별되는 공적 정치문화를 규정한다.[48] 내가 고려

---

47 §4.3을 보라.

48 *Political Liberalism*, lecture I sec. 2.3, pp. 13~14를 보라. 여기에서 배경문화(background culture)와 공적 정치문화(public political culture)를 대조하고 있다.

하는 두 번째 측면은 포괄적 교리들을 공적 정치토론에 도입하기 위한 명확한 긍정적 이유들이 있을 수 있다는 점이다. 나는 이 두 가지 측면을 차례로 논의하겠다.

어떻게 단서를 만족시킬 수 있는가에 대한 많은 질문이 제기 될 것은 명백하다.[49] 질문을 들자면, 언제 이것을 만족시켜야 하는가? 현재 또는 어느 먼 훗날? 또한 단서를 준수해야 할 의무는 누구에게 있는가? 단서가 선의로 적절하게 준수되어야 한다는 원칙이 명백하게 확립되어야 한다는 것은 매우 중요하다. 그러나 어떻게 단서를 만족시키는가에 대한 세부사항들은 실제적으로 입안되어야만 한다. 이런 일은 미리 주어진 명료한 일련의 법칙으로 쉽게 규제될 수 있는 문제는 아니다. 세부사항들이 어떻게 입안될 것인가는 공적 정치문화의 본질에 따라 결정되며, 선의의 사려와 이해가 요구된다. 또한 종교적이고 세속적 교리들을 공적 정치문화 내부로 도입하는 것이, 단서들이 충족된다면, 공적 이성 자체 내에서 이루어지는 정당화의 본질과 내용을 변질시키지 않을 것이라는 점을 유념하는 것이 중요하다. 이러한 정당화는 여전히 일련의 합당한 정치적 정의관의 관점에서 이루어진다. 그렇지만, 종교적 또는 세속적 교리들 그 자체가 어떻게 표현되어야 하는가에 대한 제약 또는 요구는 없다. 이러한 교리들은, 예를 들자면, 논리적으로 정확한 몇 가지 기준에 의한 것이어야 한다든지, 또는 합리적 평가의 기준을 통과해야 한다든지, 아니면 증거를 제시하여 입증할 수 있어야 한다는 등 그러할 필요가 없다.[50] 이런 교리들이 그러할 필요가 있는지의 여부는 이것을 제시해야 하는 사람들이 담당할 문제이다. 마찬가지로 자신의 입장이 어떻게 받아들여지기를 원하는

---

49 여기에서 나는 톰슨(Dennis Thompson)과의 값진 토론에 도움을 받고 있다.

50 그리나왈트(Greenawalt)는 갬웰(Franklin Gamwel)과 페리(Michael Perry)의 입장에 관하여 논의하고 있다. 이들은 종교적 입장이 제시되는 방법에 대하여 명백하게 그러한 제약들을 부과할 것을 주장한다. Greenawalt, *Private Consciences and Public Reasons*, pp. 85~95를 보라.

지도 이들이 해결해야 할 문제이다. 통상적으로 말한다면, 이러한 교리들이 자신들의 견해를 보다 광범위한 청중들이 수긍하게 할 수 있는 실천적인 이유들을 제시해야 할 것이다.

2. 광범위한 관점의 공적 정치문화[51]에서 표현되는 종교적 및 비종교적 교리들에 대한 시민들의 상호이해는 그들의 정치관에 대한 민주 시민들의 헌신allegiance의 뿌리가 그들 각자의 종교적 및 비종교적인 포괄적 교리에 근거하고 있음을 인정한다. 이러한 방식으로 공적 이성의 민주적 이상에 대한 시민들의 신뢰는 정당한 이유에 입각해 강화된다. 우리는 사회의 합당한 정치관을 지지하는 합당한 포괄적 교리들을 합당한 정치관들의 활력적인 사회기반으로서, 이들 정치관들에 지속적인 생기와 활력을 불어넣어 주는 것으로 생각할 수 있다. 이러한 교리들이 상기의 단서를 받아들이고 정치적 토론에 임하게 되면, 입헌민주주의에 대한 공약commitment to constitutional democracy은 공적으로 명백해진다.[52]

---

51 다시, 항상 그렇듯이, 이것이 배경 문화와 구별되는 점은 강조하건대 배경문화에는 제약이 없다는 것이다.

52 정치적 자유주의는 이러한 민주주의의 사회적 뿌리에 대한 설명들을 발전시키지 않으며 민주주의의 종교적 및 다른 지지근거들을 발굴해 내는 논의를 하지 않는다고 종종 비판되고 있다. 그렇지만 정치적 자유주의는 이러한 민주주의의 사회적 뿌리를 인정할 뿐만 아니라 그 중요성도 강조한다. 종교적 자유가 인정되지 않고 보존되지 않는 사회에서는 관용과 종교의 자유에 입각한 정치관이 가능하지 않으리라는 점은 명백하다. 그렇기 때문에, 정치적 자유주의는 홀렌바하(David Holenbach, S. J.)의 입장에 동조한다. 그는 다음과 같이 기술하고 있다: "[아퀴나스가 제기한 변혁들]중에서 중요하게 여겨볼 점은 한 국민의 정치적 생활은 이들 국민이 달성할 수 있는 가치를 최상으로 실현하는 것이 아니라고 주장한 점이다-이 통찰은 제한정부의 입헌이론들의 기초에 내재되어 있다. 그리고 비록 교회가 현대의 상당 기간에 걸쳐 자유주의적 발견이라고 할 수 있는 현대적 자유들을 거부하긴 하였지만, 자유주의는 카톨릭주의(Catholicism)를 우리가 살고 있는 금세기의 후반에 다시 한번 변혁시키고 있다. 제 2 의 바티칸 공의회(the Second Vatican Council)이래 카톨릭 교회의 역사뿐만 아니라 사회 및 지성사에서 볼 수 있는 이러한 사건들에 대한 기억은 나에게 다음과 같은 희망을 갖게 한다. 즉 좋은 삶(the good life)에 대한 상이한 입장을 가지고 있는 공동체들이, 만약 이들이 이러한 자신들의 입장에 대하여 대화와 주장을 과감히 하려 한다면, 어느 지점에선가 서로 만날 수 있으리라는 희망을 준다." David Hollenbach, "Contexts of the Political Role of Religion: Civil

이러한 공약을 알게 되면, 정부 공무원들과 시민들은 시민성의 의무를 더욱 존중하게 될 것이다. 그리고 이들이 공적 이성의 이상을 추구하는 일은 그러한 이상이 추구하는 종류의 사회를 조성할 수 있도록 하는데 도움이 된다. 시민들이 상호간의 합당한 포괄적 교리들을 상호 이해한다는 점들은 그러한 교리들을 도입할 수 있도록 하는 데 유익한 긍정적 근거를 제시할 것이다. 이는, 마치 공적토론에 포괄적 교리가 개입되는 것은 어떤 경우에도 불가피한 것으로 간주하는, 그러한 단순한 방어적 근거가 아니다

예를 들어, 교회운영 학교church schools에 대한 공적 지원을 해야 하는가와 같은 매우 논쟁적인 정치적 쟁점을 들어보자.[53] 서로 상반된 입장에 있는 사람들은 기본적인 헌법적 및 정치적 가치들에 대한 상대방의 헌신을 쉽사리 의심한다. 그러므로 쌍방 모두 종교적이든 세속적이든 간에 자신의 포괄적 교리들을 도입하는 것이 현명하다. 이렇게 하면 이들이 자신의 입장이 실제로 어떻게 그러한 기본적인 정치적 가치들을 지지하는지에 관하여 상대방에게 설명할 수 있는 길을 열어주게 될 것이다. 또한 노예제도 폐지론자Abolitionists와 시민권리운동Civil Rights Movement에 종사했던 사람들을 들어보자.[54] 그들의 경우에는, 이들이 가지고 있던 교리의 종교적 뿌리를 그들이 얼마나 강조했었던지 간에, 우리의 단서가 충

Society and Culture," *San Diego Law Review*, 30(1993): 891. 공적 이성의 관점이 입헌민주주의의 이러한 사회적 기원들의 중요성을 인식해야만 하고 그리고 이 기원들이 어떻게 입헌민주주의의 제도에 활력을 불어넣을 수 있는지에 유념해야만 하지만, 공적 이성 자체가 이러한 문제들에 대한 연구를 수행할 필요는 없다. 이러한 점을 더 숙고해야 할 필요성에 대하여 나는 와이쓰만(Paul Weithman)에 도움을 받고 있다.

53 *Political Liberalism*, lecture Ⅵ, sec. 8.2, pp. 248~249을 참조하라.

54 Ibid., lecture Ⅵ, sec. 8.3, pp. 249~251를 참조하라. 나는 노예제도 폐지론자와 킹이 그들 자신들이 우리가 말하는 단서의 목적을 이행했다고 생각했는지에 대해서는 모른다. 그러나 그들이 실제로 그러했든 아니든, 그들은 그럴 수 있었다고 생각한다. 그리고 그들이 공적 이성의 개념을 알고 받아들였다면, 그들은 자신을 단서의 목적을 이행하는 자로 생각했을 것이다. 나는 이 점에 대하여 와이쓰만(Paul Weithman)에게 감사한다.

족되었다고 본다. 왜냐하면 이들 교리들이 기본적인 입헌적 가치들을 지지했고—그들 자신들이 주장했듯이—또한 합당한 정치적 정의관들을 지지했기 때문이다.

3. 공적 추론public reasoning은 공적 정당화를 목적으로 한다. 우리들은 정치적 정의관에 호소한다. 그리고 확인할 수 있는 증거와 공적 견해에 알려진 사실들에 호소한다. 이렇게 하는 목적은 가장 합당한 정치적 제도 및 정책들이라고 생각하는 것이 무엇인지에 대한 결론에 도달하기 위해서이다. 정치적 정당화는 단지 유효한 추론이 아니라 다른 이들에게 제기하는 주장이다. 정치적 정당화는 우리가 이미 수용하고 있고 그리고 다른 사람들이 합당하게 받아들일 수 있는 전제로부터 출발하여, 이들 다른 사람들이 또한 합당하게 받아들일 수 있는 것으로 생각되는 결론에 도달하는 과정으로 진행된다. 이 정치적 정당화는 시민성의 의무를 충족시킨다. 왜냐하면 적절한 과정을 통해 우리의 단서가 충족되기 때문이다.

공적 추론의 한 형태를 나타내는 것이 아님에도, 역시 언급할 수 있는 두 가지 다른 형태의 담론discourses이 있다. 하나는 선언declaration이다. 이것은 여기에서 우리가 각자 우리 자신의 종교적 혹은 비종교적인 포괄적 교리를 선언하는 것을 의미한다. 우리는 다른 이들이 이것을 공유하기를 기대하지 않는다. 오히려, 우리 각자는, 우리 자신의 교리에 근거해서, 어떻게 우리가 원칙 및 이상을 지닌 합당한 공적 정치적 정의관을 지지할 수 있고 지지하는지를 보여준다. 이것을 행하는 목적은 다른 포괄적 교리들을 인정하는 다른 사람들에게 우리들 각자가 일련의 합당한 관점들에 속하는 하나의 합당한 정치관을 지지하고 있다는 것을 보여주려는 것이다. 광범위한 관점에서 볼 때, 사마리아인 협회의 복음 우화를 인용하는 신앙을 지닌 시민들은 거기에서 멈추지 않고, 더 나아가서 정치적 가치의 관점에서 우화의 결론에 대한 공적 정당화를 하려할 것이다.[55] 이러한 방식으로 서로 다른 교리들을 가지고 있는 시민들은 (서로를) 재확인 하게 되고, 이것은 시민 유대friendship의 결속을 강화시킨다.[56]

두 번째 형태는 추측conjecture으로 다음과 같이 정의 된다: 우리가, 다른 사람들의 종교적 또는 세속적인 기본적 교리라고 믿거나 추측하는 것에 근거해서 주장하며, 그들이 무엇을 생각하든지 간에 그들 역시 공적 이성에 대한 기반을 제공할 수 있는 합당한 정치관을 여전히 지지할 수 있다는 것을 그들에게 보여주고자 시도하는 것을 말한다. 이렇게 함으로써 공적 이성의 이상은 강화된다. 그렇지만, (이런 일을 할 때) 추측이 진실하고 조작되지 말아야 한다는 것은 매우 중요하다. 우리는 공개적으로 우리의 의도를 설명하고 그리고 우리 주장이 근거하고 있는 전제를 강력하게 단언하는 것이 아니라는 점을 표명해야만 한다. 뿐만 아니라 다른 사람들의 입장에서 있을 수 있는 오해를 불식시키기 위해 이러한 일을 진행하고 있다는 점을 명백히 해야 한다. 이것은 아마도 우리들 자신에게도 해당될 것이다.[57]

---

55 누가 복음(Luke) 10: 29~37. 복음 이야기가 칸트의 『도덕의 형이상학적 기초』(Grundlegung)의 네 번째 예에서 볼 수 있는 상호 원조의 불완전한 도덕적 의무를 지지하는데 어떻게 사용되었는가를 이해하는 일은 쉬운 일이다. Immanuel Kant, *Groundwork for the Metaphysics of Morals*, Ak. 4: 423, in *Practical Philosophy*, trans. Mary Gregor (Cambridge: Cambridge University Press, 1996)를 참조하라. 단지 정치적 가치의 관점에서 적합한 예를 공식화하기 위하여, 차등원칙(the difference principle)의 변형 또는 일부 유사한 다른 개념의 변형들을 참조하라. 이 차등원칙을 가난한 자들에 대한 특별한 배려를 하는 것으로 이해할 수 있다. 이것은 마치 카톨릭의 사회원칙에서 나타나는 것과 유사하다. *A Theory of Justice*, sec. 13(여기에서 차등원칙을 정의하고 있다)을 참고하라.

56 이러한 형태의 담론의 적절성에 대해서는, 라모어(Charles Larmore)와의 토론이 도움이 되었다.

57 나는 "증언"(witnessing)이라고 부르는 다른 형태의 담론을 언급하고자 한다. 이것은 이상적이고, 정치적으로 질서 정연하며, 완전하게 정당한 사회에서 전형적으로 발생한다. 이 사회에서는 모든 투표들이 시민들의 가장 합당한 정치적 정의관에 부합하여 이루어지는 시민들의 투표 행위의 결과로 나타난다. 그럼에도 불구하고, 일부 시민들은 그들이 기존의 제도, 정책, 또는 제정된 법률과는 원칙적으로 의견을 달리한다는 것을 표현해야만 한다고 느끼는 경우가 있을 수 있다. 나는 퀘이커 교도들이 입헌 민주주의를 받아들이며 정당한 법을 준수한다고 가정한다. 그러나 동시에 그들의 평화주의의 종교적 기반을 합당하게 표현할 수 있다고 가정한다(이

§5. 기본구조의 일부로서의 가족

1. 공적 이성의 사용과 범위를 한층 더 설명하기 위해서, 이제 나는 가족이라는 한 단일 제도에 대한 일련의 질문들을 다루려고 한다.[58] 이 질문들을 고려하기 위해 특정한 정치적 정의관을 이용하고 이것이 사회의 기본구조 내에서 가족에게 부여한 역할을 살펴볼 것이다. 공적 이성의 내용이 상호성의 기준을 만족시키는 모든 합당한 정치관을 통해 결정되기 때문에, 이러한 정치적 정의관이 다루는 가족에 대한 일련의 질문들은 전체적으로 보아 공적 이성에 근거해 이해되는 토론과 논쟁을 위한 충분한 공간을 필요로 할 것이다.

에 상응하는 예로서 낙태에 대한 카톨릭의 반대 입장이 §6.1에서 언급되고 있다). 그러나 '증언'은 시민불복종과는 다르다. 증언은 (자유적) 정치적 정의관의 원칙과 가치에 호소하지 않는다. 대체로 이런 시민들은 입헌 민주사회를 지지하는 합당한 정치적 정의관을 인정하고 있지만, 이들은 다른 시민들이 그들의 강력한 반대의 깊은 기반을 알 수 있도록 해야 할 뿐만 아니라 그렇게 함으로써 그들의 신앙심에 대한 증언을 해야만 한다고 느낀다. 동시에 증언을 하는 사람들은 공적 이성의 개념을 받아들인다. 그들은 모든 합당한 시민들이 의식적으로 공적 이성을 따르고 있는 투표의 결과가 틀릴 수도 있으며 진실이 아닐 수도 있다고 생각할 수 있겠지만, 투표의 결과를 정당한 법으로 인정하고 위반하지 않아야 하는 의무를 받아들인다. 이러한 사회에는, 엄격히 말하자면, 시민 불복종과 양심적 거부의 경우가 발생할 여지가 없다. 시민불복증과 양심적 거부는 내가 완벽하게 정당하다고는 할 수 없지만 거의 정당하다고 부르는 사회(a nearly just, but not fully just, society)를 요구한다. *A Theory of Justice*, sec. 55를 보라.

58 나는 밀(J. S. Mill)의 획기적인 저작 *The Subject of Women*(1869) in *Collected Works of John Stuart Mill*, Vol. 21이 적정 수준의 자유주의적 정의관(내가 공정으로서의 정의라고 부르는 것을 포함하여)이 남성뿐만 아니라 여성에 대한 평등한 정의를 포함하고 있음을 분명히 하고 있다고 생각해왔다. 인정하건대, 『정의론』(*A Theory of Justice*)이 이 문제에 대하여 보다 명백했어야만 했다. 그러나 이것은 나의 실수이며 정치적 자유주의 그 자체의 실수는 아니다. 여성에 대한 평등한 정의에 관한 자유주의적 설명은 다음의 저작들에 의해 더욱 활성화 되어 왔다. Susan Moller Okin, *Justice, Gender, and the Family*(New York: Basic Books, 1989); Linda C. MaClain, "Automatic Man' Revisited: Liberalism, Connection, and Feminist Jurisprudence," *Southern California Law Review*, 65(1992): 1171; Martha Nussbaum, *Sex and Social Justice*(Oxford: Oxford University Press, 1998), a collection of Her Essays from 1990 to 1996, including "The Feminist Critique of Liberalism," Her Oxford Amnesty Lecture for 1996; and Sharon A. Lloyd, "Situating a Feminist Criticism of John Rawls's *Political Liberalism*," *Loyola LA Law Review*, 28(1995): 1319. 나는 이들의 저작들로부터 많은 것을 얻었다.

가족은 사회기본구조의 일부분이다. 그 이유는 가족의 주된 역할 중의 하나가 한 세대로부터 다음 세대로 이어지는 사회와 그 사회의 문화를 질서 있게 생산하고 재생산하는 기반이 되기 때문이다. 정치사회는 항상 세대를 넘어서 무한하게 전개되는 사회협동의 체계로 간주된다. 사회의 모든 일들이 다 종결되어 사회가 사라지게 되는 미래의 시기가 도래할 것이라는 생각은 정치사회관에는 적합하지 않다. 그러므로 노동력의 재생산reproductive labor은 사회적으로 필수적인 노동력socially necessary labor이라고 할 수 있다. 이점을 인정한다면, 가족의 중심적 역할은 합당하고 효과적인 방식으로 자녀들을 양육하고 보호하는 것을 수행하여, 자녀들이 폭넓은 문화 속에서 도덕적으로 발전하고 교육을 받을 수 있도록 보장하는 것이다.[59] 시민들은 정치 및 사회적 제도들을 지지하는 정의와 정치적 가치들에 대한 의식을 갖추고 있어야만 한다. 가족은 지속적인 사회를 유지하기 위하여, 적절한 수의 그럴 능력이 있는 시민들의 양성과 발전을 보장해야만 한다.[60]

이러한 요건들은 기회의 평등을 달성하기 위한 노력들을 포함하여, 기본구조의 모든 제도적 장치들을 제한한다. 가족은 이러한 목적을 달성할 수 있는 방식에 대하여 제약을 부과한다. 정의의 원칙들은 이러한 제약을 고려할 수 있도록 고안되어야 한다. 여기에서 내가 이러한 복잡한 일들을 계속 논의할 수는 없다. 그러나 아이들로서 우리는 연장자들(일반

---

59 *A Theory of Justice*, secs. 70~76을 보라(도덕적 발전의 단계와 공정으로서의 정의에 대하여 이 단계들의 관련성을 논의하고 있다).

60 그렇지만, 가족이 이러한 일들을 효과적으로 수행할 수 있도록 조정되고 다른 정치적 가치들을 위배하지 않는다면, 특정한 형태의 가족제도(일부일처, 異性가족, 또는 그 밖의 다른 형태)가 정치적 정의관에 의해 요구되는 것은 아니다. 이런 소견이 공정으로서의 정의(justice as fairness)가 게이(gay)나 레즈비언(lesbian)들의 권리와 의무의 문제를 다루는 방식, 그리고 이러한 권리와 의무들이 가족에 영향을 주는 방식을 어떻게 설정하는지에 주목하라. 만약, 이들의 권리와 의무가 질서정연한 가족생활과 아이들의 교육과 양립할 수 있다면, 이 권리와 의무는, 다른 사정이 같다면, 충분히 받아들여질 수 있다.

적으로 부모들)이 특정한 도덕적 사회적 권위를 가지고 있는 조그만 친밀한 집단 내에서 자란다고 가정한다.

2. 공적 이성이 가족에 적용되기 위해서는 가족은 적어도 부분적으로나마 정치적 정의에 관한 문제로 여겨져야 한다. 가족을 정치적 정의의 문제가 아니라고 생각할 수도 있다.[61] 정의의 원칙들이 가족에 적용되지 않으며 나아가 그러한 원칙들이 여성과 그들의 아이들에 대한 평등한 정의를 보장하지 않는다고 생각할 수도 있다. 이것은 잘못된 착상인데 이런 착상은 다음과 같이 제기될 수 있다. 정치적 정의의 우선적 주제는 사회의 기본구조이다. 이 사회의 기본구조는 사회의 중심적 제도들을 장기간에 걸쳐 작동하는 통일된 사회적 협동의 체계 속으로 정비하는 것으로 이해된다. 정치적 정의관의 원칙은 이 구조에 직접적으로 적용된다. 그러나 정치적 정의관의 원칙이 사회구조 내에 있는 많은 협회들의 내부 생활에 대해서 직접적으로 적용되는 것은 아니다. 이 협회들 가운데 가족이 포함된다. 그러므로 일부 사람들은 그러한 원칙들이 가족의 내부 생활에 직접 적으로 적용되는 것이 아니라면, 이러한 원칙들이 남편들과 함께 살아가는 아내들에 대하여 평등한 정의를 보장할 수 없다고 생각할 수 있다.

대부분 동일한 문제들이, 교회이든 대학이든, 전문적이거나 과학적인 협회이든, 기업이든 노동조합을 막론하고, 모든 협회들과 관련해서 제기된다. 이러한 측면에서 보면 가족은 독특한 것이 아니다. 다음과 같이 설명해보자. 정치적 정의의 자유적 원칙들은 교회의 관리가 민주적이기를 요구하지 않는다. 주교들과 추기경들이 반드시 선출되어야 할 필요는 없다. 직책에 대하여 교회 직위의 위계제도에 결부된 이익배분이 어떤 구체화된 원칙을 만족시켜야 할 이유는 없다. 차등원칙을 충족시켜야 할 이

61 Okin, *Justice, Gender, and the Family*, pp. 90~93을 보라.

유는 더욱 없다.[62] 이것은 정치적 정의의 원칙들이 어떻게 교회의 내부 생활에 적용되지 않는지를 보여준다. 그리고 그렇게 정의원칙이 적용되어야 하는 것이 어떻게 바람직하지 않은지, 또는 양심의 자유와 결사의 자유와 어떻게 양립하지 않는지를 보여준다.

반면에, 정치적 정의의 원칙들은 교회의 관리에 적용되는 특정의 본질적 제약을 부과한다. 교회는 불관용을 효과적으로 실천해서는 안 된다. 그 이유는, 정의의 원칙들이 요구하는 것처럼, 공공법은 이단과 배교를 범죄로 인정하지 않기 때문이다. 그리고 교회의 구성원들은 언제나 자신들의 신념을 자유로이 버릴 수 있다. 그러므로 정의의 원칙들이 교회의 내부적 생활에 직접적으로 적용되지 않음에도, 이 원칙들은 모든 교회와 협회들에 적용되는 제약들을 통해 그들 구성원의 권리와 자유를 보호한다. 이것이 다음 사항을 부인하는 것은 아니다. 즉, 모든 협회와 조직들에게는 아니라 할지라도, 이들 대부분에게 뿐만 아니라 다양한 종류의 개인들의 관계에 직접적으로 적용되는 적절한 정의관들appropriate conceptions of justice이 있을 수 있다. 그렇지만, 이러한 정의관들은 정치적 정의관political conceptions이라고 할 수 없다. 각각의 경우에, 적절한 정의관이 무엇인지는, 해당 협회, 단체, 관계의 성격과 역할에 따라 각 개별 사례에서 새로이 검토되어야 할 개별적이고 부차적인 문제이다.

이제 가족에 대해 고려해보도록 하자. 여기에서도 발상은 위 경우와 동일하다. 정치 원칙들은 가족의 내부 생활에 직접적으로 적용되지 않는다. 그러나 기본구조의 제도로서 가족에 대하여 본질적인 제약을 부여하며, 그럼으로써 모든 가족의 구성원에 대하여 기본적 권리와 정치적 자유, 개인적 자유와 기회를 보장한다. 내가 말해왔던 것처럼, 정치원칙들은

---

62 차등원칙(the difference principle)은 *A Theory of Justice*, sec. 13에 정의되어 있다.

가족의 구성원인 평등한 시민들의 기본적 권리를 명백히 규정함으로써 이러한 것들을 보장한다. 기본구조의 부분으로서 가족제도는 가족성원이지만 시민으로서 가지는 이러한 자유를 침해할 수 없다. 아내들은 남편들과 동등한 시민이기 때문에 그들은 남편들과 마찬가지로 동일한 모든 기본적 권리와 자유, 기회를 갖는다. 정의의 다른 원칙들의 올바른 적용과 더불어 이것은 가족성원들의 평등과 독립을 충분하게 보장할 것이다.

이 경우를 다른 방식으로 표현해 보자. 시민으로서 관점과 가족의 구성원 및 다른 협회의 구성원으로서의 관점을 구별해 보자.[63] 시민으로서 우리는 정치적 정의관이 구체화한 제약을 협회에 부과할 수 있는 이유를 가지고 있다. 반면 협회의 구성원으로서 우리는, 해당 협회에 대하여 적절한 자유롭고 풍요로운 내부적 생활을 영위할 수 있는 여유를 남겨둘 수 있도록, 그러한 제약을 제한할 (필요한) 이유를 가지게 된다. 여기서 다시 우리는 서로 다른 종류의 원칙들 상호간의 노동 분업의 필요성을 살펴볼 수 있다. 우리는—분배정의의 원칙을 포함해서—정치적 정의원칙들이 가족의 내부 생활에 직접적으로 적용되기를 원하지 않는다.

이러한 원칙들은 우리의 자녀들을 어떻게 양육할 것인가에 관하여 알려주지 않는다. 그리고 우리는 정치적 원칙에 따라 우리의 아이들을 양육할 것을 요구받지도 않는다. 여기에서 그러한 원칙들은 부적절하다. 부모들이 자녀를 대할 때 특정 정의관(또는 공정관)에 따르고 적절한 존중해야 함은 확실하다. 그러나 이것은 분명한 한계 내에서 이루어져야 한다. 이는 정치적 원칙들이 규정할 문제가 아니다. 어린이들에 대한 남용 및 방치의 금지 등은 제약사항으로서 가족법의 매우 중요한 부분임이 분명하다. 그러나 어느 지점에서는 사회는 성숙한 가족 구성원의 자연적 애정과

63 나는 이 생각을 코헨(Joshua Cohen)에게서 빌려왔다. "Okin on Justice, Gender, and Family," *Canadian Journal of Philosophy*, 22(1992): 278.

선의에 뒷받침되어야 한다.[64]

정의원칙들이 아내들도 시민의 모든 권리를 가져야한다고 요구하는 것과 마찬가지로, 정의원칙들은 사회의 미래 시민으로서 그러한 기본적 권리를 가지는 어린이들의 입장에 서서 가족에 대한 제약을 부과한다. 여성에 대한 아주 오래 지속되어 온 역사적인 부정의는 과거로부터 지금껏 여성들이 아이들을 기르고 양육하며 보살피는 일을 감수하도록 하는 부당한 부담을 시켜왔으며, 지금도 계속 이러한 부담을 감내하라고 하고 있다. 심지어 이들이 이혼을 규제하는 법률로 인해 더욱 큰 불이익을 입을 때, 이러한 부담은 그들을 아주 취약한 입장에 처하게 한다. 이러한 부정의는 여성에게 뿐만 아니라 아이들에게도 가혹한 부담을 준다. 이러한 부정의는 활성적인 민주사회의 미래 시민들에게 요구되는 정치적 덕목을 습득할 수 있는 아이들의 능력을 약화시키는 경향이 있다. 밀Mill은 그가 살던 시대에 가족이란 남성 독재체재를 위한 학교라고 주장했다: 가족은 민주주의와 양립할 수 없는 감정과 행동의 방식과 사상의 습관을 주입하였다.[65] 만일 그렇다면, 합당한 입헌 민주사회를 요구하는 정의원칙들에 가족제도의 개혁을 명백하게 요구할 수 있다.

3. 보다 일반적으로, 정치적 자유주의가 기본구조에 적용될 수 있는 정치적 정의를 기본구조 내에 있는 다양한 협회에 적용할 수 있는 다른 정의관들과 구별할 때, 정치적 자유주의는 정치적 영역과 비정치적 영역을 각각 자신만의 독특한 원칙들에 의해서만 지배되는 서로 분리 독립 된 두 개의 공간으로 간주하지 않는다. 비록 유일하게 기본구조가 정의의 우

---

64 샌들(Michael Sandel)은 공정으로서 정의의 두 원칙이 일반적으로 가족을 포함하는 협회에도 적용되는 것으로 가정한다. Michael J. Sandal, *Liberalism and the Limits of Justice* (Cambridge: Cambridge University Press, 1982), pp. 283~298을 보라.

65 Mill, *Subjection of Women*, chap. 2, pp. 283~298.

선적인 주제일지라도, 정의원칙들은 여전히 가족과 모든 다른 협회에 대하여 본질적인 제약을 부과한다. 가족 및 다른 협회의 성인 구성원들은 우선적으로 평등한 시민이다: 이것이 그들의 기본적 지위이다. 그들이 관련되어 있는 제도나 협회들은 시민으로 자신들이 지니는 권리를 위반할 수는 없다.

소위 영역a domain, 또는 생활 영역a sphere of life은 정치적 정의관과 별도로 분리되어 미리 주어진 것이 아니다. 영역은 하나의 공간space이나 장소place가 아니다. 영역은 오히려 단순히 정치적 정의의 원칙이 어떻게 기본구조에 직접적으로 적용되고 기본구조 내에 있는 협회에 간접적으로 적용되고 있는지의 결과 또는 결론이다. 평등한 기본적 자유와 시민들의 기회를 규정하는 원칙들은 소위 모든 영역 내외에 걸쳐서 적용된다. 여성의 평등한 권리와 미래 시민으로서 어린이들의 기본적 권리는 양도될 수 없는 것이며, 이들이 어디에 있든지 간에 보호되어야 한다. 그들의 권리와 자유를 제한하는 성적 구별gender distinction은 배제된다.[66] 그래서 정치적인 것과 공적인 것의 영역, 비공적인 것과 사적인 것의 영역은 모두 정의관과 정의원칙들의 내용과 적용에 해당된다. 만약 소위 사적 영역이 정의로부터 면제된 공간이라고 주장된다면 그런 것들은 없다.

기본구조는 단일한 사회체계이다. 이의 각 부분은 나머지들에게 영향을 줄 수 있다. 이 단일한 사회체계의 정치적 정의의 기본원칙들은 주요한 모든 기본구조의 주요 부분을 구체화하고, 그의 기본적 권리들은 전 범위에 미친다. 가족은 장기간에 걸쳐 성 역할에 근거한 노동의 사회적 분업을 생산하는 체계의 한 부분(그렇지만 주요 부분)일 뿐이다. 일부 사람들은 다음과 같이 주장해 왔다. 즉 시장에서의 여성에 대한 차별이 가족 내에서 역사적으로 형성된 노동의 성 역할 분업the historical gendered

66 *A Theory of Justice*, sec. 16, p. 99를 보라.

division of labor을 야기한 핵심이라는 것이다. 이러한 사회적 차별의 결과로 나타나는 성간의 임금차별은 어머니들이 아버지들보다 집에서 아이들과 오랫동안 시간을 보내는 것이 경제적으로 사리에 맞는 것으로 여기게 하였다. 반면에, 일부 사람들은 가족 그 자체가 성의 불평등의 핵심the linchpin of gender injustice[67]이라고 믿는다. 그러나 자유주의적 정의관은 가족들 내부의 일부 성에 근거한 전통적인 노동 분업을 허용할 수도 있는데—가령, 이러한 가족내부의 성에 근거한 노동 분업이 종교에 근거한 경우를 가정해 볼 수 있다—, 다만 그 조건은 이것이 완전히 자발적인 것이어야 하며, 어떤 부정의의 결과로 나타나거나 아니면 어떤 부정의를 초래해서는 안 된다는 점이다. 이러한 노동 분업이 이러한 경우에 완전히 자발적이라고 말하는 것은 이러한 분업이 사람들의 종교적 기반에 근거해 채택되었다는 것을 의미한다. 이것은 정치적 관점에서 본다면 자발적인 것으로 간주된다.[68] 이러한 노동 분업은 사회체계내의 다른 곳에서 다양한 다른 차별형태들이 가족 내에서 남편과 아내의 성적 노동 분업을 합리적으로 만들고 비용을 감소시키기 때문에 채택된 것은 아니다.

일부 사람들은 성 역할에 의한 노동 분업이 최소화된 사회를 원한다. 그러나 정치적 자유주의에서는 이러한 분업이 금지된다고 말할 수는

---

67 이것은 오킨(Okin)의 용어이다. Okin, *Justice, Gender, and the Family*, pp. 6, 14, 170을 보라.

68 이 점에 대해서는 *Political Liberalism*, lecture Ⅵ, sec. 3.2, pp. 221~222를 보라. 이것이 적절하게 자발적인지 아닌지, 만약 그렇다면 어떤 조건하에서 그런지는 논쟁적인 문제이다. 요약하자면 이 문제는 다음과 같이 설명되는 합당한 것(the reasonable)과 합리적인 것(the rational) 사이의 구별과 관련이 있다. 어떤 행위가 한 측면에서 자발적이지만, 다른 측면에서는 자발적이 아닐 수 있다. 해당 행위가 합리적 의미에서 자발적일 수 있다. 심지어 불공정한 조건들을 포함하는 상황에서조차 합리적인 것을 하는 행위를 들 수 있다. 또는 해당 행위가 합당성의 의미에서 자발적일 수 있다: 주변의 모든 조건이 공정할 때 합리적인 일을 하는 것을 들 수 있다. 분명한 것은 본문은 "자발적"(voluntary)이라는 말을 두 번째 의미로 사용하고 있다: 주변의 모든 조건들이 합당하거나 공정할 때 누군가의 종교를 인정하는 것은 자발적임을 의미한다. 이러한 언급 중에서 나는 자발성(voluntariness)의 주관적인 조건들(이것이 무엇이든)이 존재한다는 점을 가정하고, 단지 객관적인 조건들에 주목해왔다. 충분한 논의를 하기 위해서는 더 멀리 나아가야 할 것 같다.

없다. 가족 내에서 노동의 평등한 분업이 명백하게 강제되어야 한다고 주장할 수도 없다. 또한 어떤 형식으로든 가족 내 평등한 노동 분업이 이루어지지 않는 경우, 이 평등한 노동 분업을 행하지 않는 사람들을 법을 통해 처벌해야 한다고 주장할 수도 없다. 이러한 주장은 배제된다. 그 이유는 문제의 노동 분업이 종교의 자유를 포함하는 기본적 자유와 연결되어 있기 때문이다. 그러므로 정치적 자유주의에서 성 역할에 근거한 노동 분업을 최소화하려고 한다는 것은 (최소한적으로) 여전히 허용되는 노동 분업이 자발적이어야 하는 사회적 조건에 도달하려고 한다는 것을 의미한다. 이것은 성 역할에 근거한 노동 분업이 상당히 지속될 수 있다는 점을 원칙적으로 허용하는 것이다. 완전하게 없어져야 할 것은 비자발적인 노동 분업이다.

그러므로 가족은 단일 체계—기본구조—가 남성과 여성 모두에게 평등한 정의를 제공할 수 있는지를 알 수 있는 중대한 사례가 될 수 있다. 가족 내에서 성 역할에 근거한 노동의 분업이 실제로 완전하게 자발적이라면, 해당 단일 체계가 남성과 여성 양자에게 공정한 기회의 평등을 실현할 수 있다고 생각할 수 있는 단서가 된다.

4. 민주주의가 모든 시민들의 완전한 평등을 목적으로 하고 여성에게도 마찬가지이기 때문에 민주주의는 이런 목적을 이룰 수 있는 제도적 장치들을 갖추고 있어야만 한다. 만약 여성의 불평등의 주된 원인이 아니라 하더라도, 그 기본 원인이 가족 내에서 이루어지는 전통적인 노동분업에서 아이들을 임신하고 양육하며 보살피는 일에 대한 여성들의 과다한 부담에 있다면, 그들의 부담을 평등하게 해주거나 그 부담에 대해서 여성들에게 보상을 해줄 수 있는 조치들이 필요하다.[69] 특정한 역사적 조건

69 Victor R. Fuchs, *Woman's Quest for Economic Equality*(Cambridge, Mass.: Harvard University Press, 1988)를 참조하라. 3, 4장에서 주된 원인이, 종종 주장되듯이, 사용자 차별에 있지

내에서 이것을 행하는 최선의 방법은 정치철학이 결정할 문제가 아니다. 그러나 현재의 공통적 주장은, 규범이나 지침으로서, 법이 (여성이 여전히 아직도 일반적인 그러한 부담을 지고 있을 때) 아이들을 양육하는 여성의 일에 대한 정당한 권리로 결혼 생활 동안 남편들이 벌어들인 수입을 동등하게 공유할 수 있도록 해야 한다는 것이다. 이혼을 해야 한다면 여성은 결혼생활 동안 가족의 자산 중에 불어난 가치에 대하여 평등한 할당 몫을 받아야만 한다.

이러한 규범에서 한 치라도 벗어난다면, 그것에 대한 특별하고 명확한 정당화가 요구된다. 남편들이 수입능력이 있음에도 가족을 떠남으로써 그의 아내와 아이들이 이전 보다 훨씬 못한 수입을 가지는 상태로 버려 둘 수 있다는 것은 참을 수 없을 만큼 정당하지 않은 것으로 보인다. 강제적으로 스스로 생활을 꾸려 나가야하는 그들의 경제적 위치는 종종 불확실하다. 이러한 것을 허용하는 사회는 여자들에 대한 배려를 전혀 하지 않는 것이며, 여성의 평등권에 대한 관심은 말할 것도 없다. 심지어 아이들과 아이들의 미래에 대한 관심조차도 없다.

이 중대한 문제는 간단히 말해 무엇이 성 역할에 입각한 구조화된 제도gender-structured institution를 통해 다루어져야 하는가의 문제라고 할 수 있다. 그 제도들의 윤곽을 어떻게 잡을 것인가? 만일, 성 역할 체제 gender system가 미래 시민으로서 아이들의 평등한 기본적 자유와 기회뿐만 아니라 여성들의 평등한 기본적 자유와 기회에 불리한 영향을 주는 사회적 제도들이 무엇이든지 간에 다 포함이 된다면, 마땅히 그러한 체제는 정의의 원칙들에 의한 비판의 대상이 되어야 한다. 이 문제는 이러한 정의원칙들의 이행이 성 역할 체제의 결함을 교정하는데 충분한 것인가 하는 문제로 전환된다. 그 교정은 부분적으로 사회적 이론과 인간 심리

않다는 점을 주장하기 위한 증거를 요약하면서, 7장과 8장에서는 무엇이 행해져야하는가를 제안하고 있다.

학 또는 다른 상당한 것에 달려있다. 이것을 정의관 하나만으로는 해결할 수가 없다.

가족에 대한 이런 견해에 대한 결론을 내림에 있어, 나는 이제껏 특별한 결론들을 이끌어내기 위해 완벽한 주장을 하려고 했던 것이 아님을 밝혀야만 할 것이다. 다시 말해, 오히려 나는 단순하게 어떻게 정치적 정의관과 정치적 가치들의 순서 배열이 단일한 제도의 기본적 제도에 적용되고 있으며, (전체는 아니라 할지라도) 이 제도의 다양한 측면들의 많은 부분을 다룰 수 있을 것인가를 설명하려고 하였다. 내가 말했던 것처럼, 이러한 가치들은 이러한 가치들이 함유된 특별한 정치관 내에서 하나의 질서를 갖추고 배열된다.[70] 이러한 가치들 중에는 여성의 자유와 평등, 미래의 시민으로서 아이들의 평등, 종교의 자유, 끝으로 가족의 가치가 있다. 가족의 가치는 사회와 한 세대로부터 다음 세대로 이어지는 문화의 생산과 재생산을 질서정연하게 보장하는 것에 있다. 이러한 가치들은 모든 시민들에게 공적 이성을 제공한다. 이러한 가치들은 마찬가지 정도로 공정으로서의 정의뿐만 아니라 합당한 정치관에 요구되고 있다.

§6. 공적 이성에 관한 질문

이제 나는 공적 이성에 관한 다양한 질문과 불신을 살펴보고 이것들을 완화시켜보도록 하겠다.

1. 첫째, 공적 이성의 개념이 정치적 논쟁과 토론을 위해 유용한 논제들과 고려를 부당하게 제한할 것이며, 대신 우리가 소위 제약 없는 열린 견해라고 부르는 것을 선택해야만 한다는 주장이 이견으로 제기될 수

---

70 §2.3을 보라.

있다. 이제 나는 이 주장을 반박하기 위해 두 가지 예에 대해 논의하고자 한다.

(a) 공적 이성이 너무 제한적이라고 생각하는 이유는 공적 이성이 잘못된 방식으로 정치적 문제들을 미리 앞서서 설정하고 있다고 가정하는 데 있다. 이러한 반대를 설명하기 위해서, 학교에서의 기도의식school prayer에 대한 문제들을 고려해보자. 이 문제에 대한 자유주의 입장은 공립학교에서 행하는 기도의식의 허용을 거부할 수 있을 것으로 생각된다. 그러나 왜 거부해야만 하는가? 우리는 이 질문을 해결하기 위해 호소할 수 있는 모든 정치적 가치들은 물론 결정적인 이유들이 어느 쪽에 해당 되는지를 고려해 보아야만 한다. 버지니아에서 성공회 교회Anglican Church의 설립과 학교 내의 종교문제에 관하여 1784~1785년 패트릭 헨리Patrick Henry와 제임스 매디슨James Madison 간에 있었던 유명한 논쟁은 거의 완전히 정치적 가치들을 근거로 이루어 졌다. 성공회 교회의 설립을 지지하는 헨리의 주장은 다음과 같은 견해에 기반하고 있다: “기독교 지식은 사람들의 도덕을 교정하고 그들의 악을 억제하며 사회의 평화를 보존하는 자연적인 경향을 가지고 있다. 이러한 기독교 지식은 학식 있는 교사들이 되기 위한 적정한 성직 서임 없이는 효과적으로 실현될 수 없다.”[71] 헨리는 기독교 지식 자체를 선으로써 주장하는 것이 아니라, 오히려 시민들의 선과 평화를 애호하는 행위라는 기본 정치적 가치를 달성하기 위한 효과적인 하나의 방법으로 주장했다. 그러므로 나는 그가 “악”으

---

71 Thomas J. Curry, *The First Freedoms: Church and State in America to the Passage of the First Amendment*(Oxford: Oxford University Press, 1986), pp. 139~148을 보라. 140쪽에 나오는 인용된 표현은 제안되었던 “Bill Establishing a Provision for the Teachers of the Christian Religion”(1784) 서문에서 따왔다. 당시 유명했던 헨리(Patrick Henry)는 제퍼슨(Jefferson)의 “Bill for Establishing Religious Freedom”(1779)에 대하여 가장 심각한 반론을 제기하였다. 제퍼슨(Jefferson)의 “Bill for Establishing Religious Freedom”은 1786년 버지니아 회의(Virginia Assembly)에 다시 도입되었을 때 채택되었다. Curry, *The First Freedoms*, p. 146.

로 의미했던 것들이, 적어도 부분적으로는, 정치적 자유주의에서 발견되며[72] 다른 민주주의의 관점들에 의해 표현되는 정치적 덕목들에 상반되는 그러한 행동들이라고 본다.

정치적 정의가 요구하는 모든 제한을 만족시키는 기도의식이 이루어질 수 있는가 하는 명백한 난제는 젖혀두고, 메디슨이 헨리의 법안에 반대한 견해는 종교의식의 확립이 질서 있는 시민 사회를 유지하는데 필요한 것인가 하는 문제에 크게 근거하고 있다. 그는 이것이 시민사회를 유지하는데 필요한 것이 아니라고 결론을 내렸다. 매디슨의 반대는 또한 종교의식의 국교화가 사회 및 종교 그 자체의 통합에 미쳤던 역사적으로 나타난 결과에도 근거하고 있었다. 그는 국가종교가 없었던 식민지역들의 번성을 잘 알고 있었다. 특히 펜실바니아가 그러했다. 그는 적대적인 로마제국에 대해 반대했던 초기 기독교의 힘과 지난 과거 국교 제도들의 부패[73]를 인용하였다. 조그만 자세히 들여다보면, 비록 모든 것은 아닐지라도 이러한 주장의 대부분을 공적 이성의 정치적 가치의 관점에서 표현할 수 있음을 알 수 있다.

학교 기도의식의 예에서 특별히 관심을 끄는 것은 이 예가 공적 이성

---

72 이러한 덕목들에 대한 논의는 *Political Liberalism*, lecture V, sec. 5.4, pp. 194~195를 보라.

73 James Madison, *Memorial and Remonstrance*(1785), in *The Mind of the Founders*, ed. Marvin Meyers(Indianpolis: Bobbs-Merill, 1973) p. 8~16을 보라. 여섯 번째 단락은 제국에 대해 반대한 초기 기독교 신앙의 용기를 언급하고 있는 반면, 일곱 번째와 열 한 번째 단락은 지난 종교의 국교 제도가 국가와 종교 양자에 상호적으로 미친 부패에 대하여 언급하고 있다. 매디슨(Madison)과 그가 프린스턴(College of New Jersey)에서 만났던 펜실바니아의 윌리엄 브래드포드(William Bradford) 간의 서신 가운데, 종교의 국교 제도가 없는 펜실바니아의 자유와 번영을 칭찬하고 찬양하고 있다. *The Papers of James Madison*, vol. 1, ed. William T. Hutchinson and William M. E. Rachal(Chicago: The University of Chicago , 1962)를 보라. 그리고 특별히 Madison의 1 December 1773, ibid., pp. 100~101; 24 January 1774, ibid., pp. 104~106; and 1 April 1774, ibid., pp. 111~113의 편지들을 보라. 메디슨에게 온 브래드포드의 1774년 3월 4일의 편지는 펜실바니아의 진수로써 자유를 언급하고 있다. ibid., p. 109. 매디슨의 주장은 내가 아래에 언급하는 토크빌(Tocqueville)의 주장과 유사하다. 역시 Curry, *The First Freedoms*, pp. 142~148을 보라.

의 개념이 특별한 구체적인 정치적 제도 혹은 정책들에 대한 견해가 아님을 밝혀준다는 점이다. 오히려, 공적 이성은, 시민들이 근본적인 정치적 문제들에 관계된 정부의 강제적 권력을 요구하는 법과 정책들을 지지할 때, 시민들 상호간에 이에 대한 정치적 정당화를 제시함에 있어 시민들이 호소하는 이성들의 종류와 관련된 견해다. 그리고 이 예가 또 다른 특별한 관심을 끄는 것은, 합당한 다원주의의 사실을 전제한다면, 국가와 교회의 분리를 지지하는 원칙들은 모든 자유롭고 평등한 시민들이 인정할 수 있는 것이어야만 한다는 사실을 강조하는데 기여하고 있다는 점이다.

교회와 국가를 분리하는 이유는 다른 이유와 함께 다음과 같은 것에 있다: 이런 분리가 국가로부터 종교를 보호하고 종교로부터 국가를 보호하기 때문이다. 이러한 분리는 교회로부터 시민들을 보호하고[74] 시민들 상호간을 보호한다. 정치적 자유주의가 개인주의적 정의관이라고 말하는 것은 잘못이다. 그 이유는 정치적 자유주의의 목적이 자유 안에서 협회 및 개인들의 다양한 이익들을 보호하는 데 있기 때문이다. 그리고 교회와 국가의 분리가 우선적으로 세속적 문화를 보호하기 위한 것이라고 생각하는 것도 중대한 실수이다. 물론 정치적 자유주의는 그러한 문화를 보호한다. 그러나 그것은 단지 모든 종교를 보호하는 그 이상도 그 이하도 아니다. 미국에서 종교의 활력과 광범위한 용인은 마치 이것이 미국 사람들의 특별한 덕목의 표시인 것처럼 종종 논평되곤 한다. 아마도 그럴 수 있지만, 이것은 역시 이 나라에서 다양한 종교들이 수정헌법 1조 First Amendment를 통해 국가로부터 보호되어 왔다는 사실과 관련이 있을 것이다. 그리고 그 어떤 종교도 국가권력의 장악과 사용을 통해 다른 종교를 지배하거나 억압할 수 없었다는 사실과도 관련이 있을 수 있다.[75]

---

74 신앙을 바꿀 수 있는 자유를 보호함으로써 교회로부터 시민들을 보호할 수 있다. 이단과 배교는 범죄가 아니다.

75 여기에서 내가 언급하는 것은 4세기의 콘스탄티누스(Constantine) 황제의 초기 시절부터, 기

공화국(미국) 초기 이래로 일부 사람들이 이러한 목적을 염두에 두었던 것은 의심할 여지가 없지만, 국가와 교회의 분리는 심각한 도전을 받지는 않았다. 사실상, 토크빌은 이 나라에서 민주주의가 힘을 발휘하는 주된 원인 중에는 교회와 국가의 분리가 있었다고 생각하였다.[76] 정치적 자유

독교가 배교를 처벌하고 자신들이 잘못된 교리로 여기는 것들을 종교전쟁과 박해를 통해 억누르려 하였다는 사실이다(예를 들어, 13세기에 이노센트 3세(Innocent Ⅲ)에 의해 주도된 남프랑스의 종교개혁자들인 알비주아파(Albigenses)에 반대하는 십자군 전쟁이 있다). 이를 행하기 위해서 국가의 강제력이 필요했다. 교황 그레고리 9세(Pope Gregory Ⅸ)가 제도화한 이단에 대한 종교재판은 16세기와 17세기 동안 벌어진 종교의 전쟁(Wars of Religion) 전반에 걸쳐 매우 활발하였다. 대부분의 미국 식민지들이 일부 몇 가지 종류의 종교를 국교화[뉴잉글랜드에서 조합교회주의(congregationalist)와 남부에서의 감독교회주의(Episcopalian)] 하였던 반면, 미연방(the United States) 차원에서는 종교 분파의 다원성과 이들이 승인하였던 수정헌법 제1조 덕분에 종교의 국교화는 전혀 없었다. 박해의 열정은 기독교의 거대한 저주였다. 이것은 루터(Luther)와 칼뱅(Calvin) 및 프로테스탄트 개혁가들에 의해 공유되었으며, 이것은 제2차 바티칸 공의회(Vatican Ⅱ)때까지 기독교 교회에서 급진적으로 바뀌지 않았다. 종교의 자유에 대한 공의회의 선언—*Dignitatis Humanae*—에서, 가톨릭 교회 그 자체는 입헌 민주 정체에서 발견되는 종교의 자유의 원칙을 인정하였다. 그 공의회는 인간 개인의 존엄에 입각한 종교적 자유의 윤리원칙, 종교 문제에 대한 정부의 개입한계와 관련된 정치적 원칙, 정치 및 사회적 세계와 관련하여 교회의 자유에 대한 신학적 원칙을 선언하였다. 그들의 신념이 무엇이건 모든 사람들은 동일한 조건의 종교적 자유의 권리를 갖는다. "Declaration on Religious Freedom(*Dignitatis Humanae*): On the Right of the Person and of Communities to Social and Civil Freedom in Matters Religious"(1965), in Walter Abbott, S. J., ed., *The Documents of Vatican* Ⅱ(New York: Geoffrey Chapman, 1966), pp. 692~696. 머레이(John Courtney Murray, S. J.)는 다음과 같이 말하고 있다: "오랜 동안 지속되었던 모호함이 마침내 분명해졌다. 교회는 이중적 잣대로 세속적 질서를 다루지 않는다. 이중적 기준은 카톨릭이 소수파의 입장에 서게 되면 카톨릭교회에 대한 자유를 주장하고, 반대로 다수파의 입장에 서게 되면 카톨릭교회의 특권과 소수 종파에 대한 불관용을 주장한다." John Courtney Murray, "Religious Freedom," in Abbott, ed., *Documents of Vatican* Ⅱ, p. 673. Paul E. Sigmund, "Catholicism and Liberal Democracy," in *Catholicism and Liberalism: Contributions to American Public Philosophy*, ed. R. Bruce Douglas and David Hollenbach, S.J.(Cambridge: Cambridge University Press, 1994)에서 특히 pp. 233~239에 있는 유익한 논의를 보라.

76 Alexis de Tocqueville, *Democracy in America*, vol. 1, ed. j. p. Mayer, trans. George Lawrence(New York: Perennial Library, 1988), pp. 294~301. "미국에서 종교를 강력하게 만드는 주된 원인"("The Main Cause That Make Religion Powerful,")을 논하는 가운데, 토크빌은 다음과 같이 말한다: "카톨릭 성직자들 모두가 그들의 국가에 대한 종교의 조용한 우세의 주된 이유가 국가와 교회의 완전한 분리에 있다고 생각하고 있다. 내가 미국에 머무르는 동안 내내 나는, 일반인이든 성직자이든지 불문하고, 이것에 동의하지 않는 어느 누구도 만나지 못했다"(p. 295). 그는 계속해서 다음과 같이 말한다: "공포와 신앙을 가지고 인간의 영혼을 지배하는 세속의 정부와 긴밀하게 연결된 종교들이 있어 왔다. 그러나 종교가 그러한 동맹을 맺

주의는 이 전제를 받아들이는 많은 다른 자유주의의 견해에 동의한다.[77] 일부 신앙심이 깊은 시민들은 이러한 분리가 종교에 대해 적대적이라고 느껴왔으며 이것을 바꾸려고 노력하여 왔다. 나는 그들이 이 국가에서 종교가 힘을 발휘하는 주된 원인을 파악하는데 실패했다고 생각한다. 그리고 토크빌이 말했듯이, 그들이 정치권력에서의 일시적 이득을 위해 종교를 위태로운 경지에 빠지게 한다고 믿는다.

(b) 다른 이들은 공적 이성이 너무 제약적이라고 생각할 수 있다. 그 근거로 아마도 공적 이성이 논쟁적 문제를 교착상태stand-off[78]에 이르게 하여, 이에 대한 결정을 내리는 데 실패할 수도 있기 때문이라고 한다. 어떤 의미에서는, 교착상태는 도덕적 및 정치적 사고뿐만 아니라 과학과 상식을 포함하는 사고의 모든 형태에서 사실상 일어날 수 있다. 그렇지만, 이점은 관계가 없다. 적절한 비교는 법을 제정하는 입법자와 사건을 판결하는 판사들이 의사결정을 해야만 하는 그런 상황에 해당된다. 여기에서 특정한 정치적 행위규칙이 이미 설정되어 있어야만 하며, 모든 사람들이 의사결정이 이루어지는 과정을 합당하게 인정할 수 있어야만 한다. 공적

었을 때, 나는 이것이 어떤 사람이 저지를 수 있는 것과 동일한 실수를 할 것이라고 말하는 것을 두려워하지 않는다. 이것은 현재를 위해 미래를 희생한다. 그리고 권리를 주장할 수 없는 권력을 얻음으로써, 이것은 자신의 정당한 권위를 위태롭게 한다. 그러므로 종교는 지배자의 물리적 힘을 공유하게 되면 (필연적으로) 그들에 반대하여 생겨날 일부 적대감에 대한 부담을 지지 않을 수 없다"(p. 297). 그는 이러한 관찰들이 민주 국가에 더욱 더 잘 적용된다고 언급한다. 왜냐하면 종교가 정치적 권력을 추구할 경우, 종교는 특정한 정당에 자신을 결부시켜야 하며, 이렇게 하면 종교에 대한 적대감이라는 부담을 가지게 되기 때문이다(p. 298). 유럽에서 종교의 쇠퇴의 원인을 언급하면서, 그는 다음과 같이 결론을 내린다: "나는 이런 우연하고 특별한 원인이 바로 정치와 종교의 밀접한 결합이라는 것을 심각하게 확신한다. 유럽의 기독교는 그 자체가 세속의 권력들과 긴밀하게 결합하는 것을 허용해왔다"(pp. 300~301). 정치적 자유주의는 토크빌의 견해를 받아들이며, 종교적이든 세속적인든, 포괄적 교리들 간의 평화의 기반을, 가능한 한도로, 설명하는 것으로서 간주한다.

77 이 점에서 정치적 자유주의는 로크(Locke), 몽테스키외(Montesquieu), 콘스탄트(Constant), 칸트(Kant), 헤겔(Hegel), 밀(Mill)에 동의한다.

78 나는 이 용어(교착상태 stand-off)를 퀸(Philip Quinn)으로부터 취하였다. 이 개념은 *Political Liberalism*, lecture Ⅵ, sec. 7.1~2, pp. 240~241에 나타난다.

이성이 시민성의 의무를 가지는 시민의 공적 지위를 사건을 판결하는 의무를 가진 판사들의 공적 지위와 유사하게 여긴다는 점을 다시 생각해 보라. 판사들이 법령을 해석함에 있어 인정된 기준으로써 판례라는 법적 근거와 다른 적절한 근거들을 가지고 판단할 수 있듯이, 헌법적 본질과 기본적 정의의 문제가 쟁점이 되었을 때마다 시민들은 공적 이성에 기반을 두어 사고하고 상호성의 기준을 지표로 삼아야 한다.

그러므로 교착상태에 이른 것처럼 보일 때, 다시 말해 법적 논쟁에서 양쪽이 팽팽히 맞서 있다고 보일 때, 판사들은 단순하게 그들 자신의 정치적 견해에 호소하여 사건들을 해결할 수 없다. 이렇게 하는 것은 판사들이 자신의 의무를 위반하는 것이다. 공적 이성도 마찬가지이다: 교착상태가 발생했을 때, 만약 시민들이 그들의 포괄적 견해가 기반하고 있는 근본적 이유들grounding reasons을 제시한다면,[79] 상호성의 원칙이 위반된다. 공적 이성의 관점에서 볼 때, 시민들은 그들이 진심으로 가장 합당하다고 생각하는 정치적 가치에 질서를 부여하기 위해 투표해야만 한다. 그렇지 않다면 상호성의 기준을 만족시키는 방식에 따른 정치권력을 행사하는데 실패한다.

특별히, 낙태문제와 같이 격렬하게 논쟁이 벌어지는 문제들이 발생했을 경우, 상이한 정치관이 서로 교착상태에 빠질 가능성이 높다. 이 경우 시민들은 정치적 가치들에 대한 자기 자신의 우선순위에 입각하여 해당 문제에 대하여 투표를 해야 한다.[80] 사실상, 이것은 견해들 간의 만장

---

79 내가 "근본적 근거들"(grounding reasons)이라는 용어를 사용하는 까닭은 이러한 근거들에 호소하는 많은 사람들이 이러한 근거들을 공적 이성의 이상 및 원리와 정치적 정의관의—종교적, 철학적, 또는 도덕적으로—적합한 기반 또는 진실한 기반으로 보기 때문이다.

80 일부 사람들은 *Political Liberalism*, lecture Ⅵ, sec. 7.2, pp. 243~244에 있는 각주를 임신기간의 첫 1/3 기간 동안에는 낙태권을 옹호하는 주장으로 이해하면서 아주 자연스럽게 읽었을 것이라고 생각한다. 그러나 해당 각주가 임신 첫 1/3 기간의 낙태권을 옹호함을 의미하지는 않는다(이것은 나의 의견을 표현한 것이다. 그러나 나의 의견은 주장이 아니다). 이런 의심을 사게 된 것은 나의 실수다. 해당 각주의 의도는 본문에 있는 다음의 진술을 예증하고 확증

일치가 기대되지 않는 매우 정상적인 경우이다.

합당한 정치적 정의관들이 항상 동일한 결론에 이르지는 않으며,[81] 또한 동일한 관점을 가진 시민들도 특정한 문제에 대해 항상 동일한 결론에 도달하지 않는다. 그렇지만, 투표의 결과는, 내가 앞에서 말했듯이, 다음 조건이 전제된다면 정당한 것으로 간주되어야 한다. 그 조건은 다른 합당한 시민들의 지지를 받고 있는, 합당하게 정의로운 입헌 체제의 모든 정부 공무원들이 진실하게 공적 이성의 개념에 부응하여 투표해야 한다는 것이다. 이것이 투표결과가 진실하다거나 정확하다는 것을 의미하지는 않는다. 이것은, 다수결 원칙에 따라 시민들에 대한 구속력이 생기게 되므로, 합당하며 정당하다고 할 수 있다.

물론, 로마 가톨릭 교회가 낙태권을 승인하는 결정을 거부할 수 있듯이, 일부 사람들은 정당한 결정을 거부할 수 있을 것이다. 그들은 공적 이성 내에서 어떤 정당한 결정을 거부하기 위한 주장을 펼 수 있으며 다

하기 위한 것이었다. 이 진술에 각주가 붙여졌다: "공적 이성과 충돌하는 유일한 포괄적인 교리들이란「해당 쟁점에 대해」정치적 가치들의 합당한 균형적 비중검토(또는 적절한 순서배열)을 지지할 수 없는 교리들이다." 내가 의미했던 바를 설명하기 위해, 나는 곤란한 논쟁인 낙태권을 옹호할 수 있는 세 가지 정치적 가치들(물론, 더 이상 있을 수 있다)을 사용했다. 정치적 가치들이 도대체 낙태문제에 적용될 수 있다는 것이 가당하지 않은 것으로 여겨질 수도 있다. 그러한 정치적 가치들에 대한 좀 더 상세한 해석이 이루어져서, 공적 이성 내에 적절히 수용발전 된다면, 합당한 주장을 제시할 수 있을 것으로 생각한다. 나는 이것이 가장 합당하거나 결정적인 주장이라고 말하지 않는다. 나는 비록 그런 가장 합당한 것이 존재한다고 할지라도 무엇이 그렇게 될지를 모른다.(그러한 보다 상세한 해석의 한 예로, Judith Jarvis Thomson, "Abortion," *Boston Review*, 20[Summer 1995]: 11을 참조하라. 나는 거기에 몇 가지 추가사항을 부가하고 싶기도 하다.) 예증의 목적에 대하여, 지금 다음과 같이 가정해보자. 낙태에 대한 권리를 옹호할 수 있는 공적 이성 내에서 합당한 주장이 있다. 그러나 이에 상응하여, 공적 이성 내에서 그러한 낙태권리의 거부를 주장할 수 있는 정치적 가치들의 합당한 균형적 비중검토 또는 순위배열은 없다. 그렇다면, 이런 경우에는, 단지 이런 경우에서만, 낙태권을 거부하는 포괄적 교리는 공적 이성을 위배하게 된다. 그러나 포괄적 교리가 다른 견해들 보다 더 낫게, 또는 적어도 마찬가지로 광범위한 공적 이성의 단서를 더욱 잘 만족시킨다면, 또는 최소한 만족시킨다면, 이것은 공적 이성 내에서 자신의 경우를 해결하게 되는 것이다. 물론 포괄적 교리는 단순한 의미에서 부당하지 않은데도 하나 혹은 몇 가지 쟁점에 대하여 부당해 지는 경우가 발생할 수도 있다.

81 *Political liberalism*, lecture Ⅵ, sec. 7.1, pp. 240~241을 보라.

수의 지지를 획득하는데 실패할 수도 있다.[82] 그러나, 그들은 자신들 스스로 낙태에 대한 권리를 행사할 필요는 없다. 그들은 낙태권이 정당한 정치제도와 공적 이성에 입각하여 제정된 정당한 법에 속하는 것으로 인정할 수 있다. 그렇기 때문에, 강제력을 행사하여 그 권리를 거부하지 않을 것이다. 강제력을 통한 저항은 합당하지 못하다: 강제력을 통해 자기 자신의 포괄적 교리를 부과하려고 시도하는 것은 자기 자신의 포괄적 교리들을 강제력으로 부과하려고 하는 것을 의미한다. 이 경우, 문제는 공적 이성을 적어도 부당하지는 않은 것으로 준수하는 대다수의 다른 시민들이 해당 포괄적 교리들을 받아들이지 않는다는 점에 있다. 가톨릭교도들도 공적 이성에 부합하여 낙태권에 반대하는 주장을 일관되게 할 수 있음이 확실하다. 모든 공적 이성에서 사유과정은 결코 폐쇄적으로 일단락 되는 것은 아니다. 이것은 어떤 형태의 사유과정도 폐쇄적으로 일단락되지 않는 것과 마찬가지이다. 나아가서, 가톨릭교회의 비공적 이성이 자신의 구성원들에게 그들의 교리를 따르라고 요구하는 것 역시 자신들이 또한 존중하는 공적 이성과 완전하게 부합할 수 있어야 한다.[83]

---

82 이러한 주장에 대해서는 Cardinal Joseph Bernadin, "The Consistent Ethics: What sort of Framework?" *Origins*, 16(October 30, 1986): 347~350을 참조하라. 베르나딘 추기경이 제시한 공적 질서의 개념은 공적 평화, 인권의 본질적 보호, 법의 공동체 내에서 도덕적 행동의 기준을 일반적으로 받아들이는 것이란 세 가지 정치적 가치를 포함하고 있다. 더 나아가, 그는 모든 도덕적 명령들이 시민들을 제한할 수 있는 성문법으로 전환될 수 있는 것이 아니란 점을 인정한다. 그는 인간 생활과 기본적 인권을 보호하는 것이 정치적·사회적 질서의 본질적인 것이라고 생각한다. 그는 낙태의 권리에 대한 거부의 입장을 이러한 세 가지 가치에 입각하여 정당화하고자 한다. 물론, 나는 여기에서 그의 주장을 평가하려는 것이 아니다. 나는 그의 주장이 특정 형태의 공적 이성의 입장에서 명백하게 제시되었다는 점을 말하고 있다. 그의 주장이 자체로 합당한지, 또는 이것이 다른 입장에 서 있는 주장들보다 보다 합당한지의 여부는 다른 문제이다. 공적 이성 내에서 이루어지고 있는 다른 형태의 사고에서 보는 것과 마찬가지로, 그의 추론 역시 논리적 오류 또는 실수가 있을 수도 있다.

83 내가 알고 있는 한, 이 견해는 피임과 관련하여 교회가 취해야할 입장에 대한 머레이 신부(Father John Courtney Murray)의 견해와 비슷하다. 머레이 신부의 입장에 대해서는, *We Hold These Truths: Catholic Reflections on the American Proposition*(New York: Sheed and Ward, 1960), pp. 157~158을 보라. 그리고 또한 꾸오모(Mario Cuomo)의 1984년 노틀담 강의의 낙태에 대한 강연을 참조하라. 이것은 *More Than Words: The Speeches of Mario*

나는 낙태문제 그 자체를 논의하려는 것이 아니다. 왜냐하면, 나의 관심이 낙태문제에 있는 것이 아니라, 오히려 정치적 자유주의가 공적 이성의 이상이 항상 의견들 간의 일반적 일치에 이르러야만 한다는 것을 주장하지 않는다는 점과 함께, 정치적 자유주의가 이러한 입장을 주장하지 않는다고 해서 잘못된 것도 아니란 점을 강조하려는 데 있기 때문이다. 시민들은 토론과 논쟁을 통해 배우고 이익을 얻는다. 그리고 이들의 논쟁이 공적 이성을 추종할 때, 이들은 사회의 정치문화를 서로 가르쳐 주게 되며 의견의 일치를 이룰 수 없을 때에도 상호간의 이해를 심화시켜주게 된다.

2. 교착상태에 근거해 공적 이성을 반대하는 일부 주장은 공적 이성에 대한 보다 일반적인 반대에 이른다. 공적 이성이 기반하고 있는 일련의 합당한 정치적 정의관의 내용이 그 자체로 너무 편협하다는 것이다. 이러한 반대의 입장은 우리가 우리의 견해에 대해 진실 또는 근본적 근거들을 언제나 제시해야 한다고 주장한다. 다시 말해 이러한 반대는 우리가 우리의 포괄적 교리에 입각하여 볼 때처럼, 진실한 것the true 또는 올바른 것the right을 표현해야만 한다고 주장한다.

그러나 도입부에 말했듯이, 공적 이성에서는 포괄적 교리에 근거한 진실 또는 옳음의 개념은 시민의 자격을 지닌 시민들에게 제시되는 정치적으로 합당한 것의 개념으로 대체된다. 이러한 조치는 모든 사람들이 자유롭고 평등한 시민으로서 공유할 수 있는 정치적 사고의 기반을 확립하기 위해 필요하다. 정치 및 사회 제도—정치적 및 사회적 세계의 기본구조를 위한—에 대한 공적 정당화를 추구하고 있기 때문에 우리는 개인

Cuomo(New York: St. Martin's, 1993), pp. 32~51에 있다. 그리핀(Leslie Griffin)과 와이쓰만(Paul Weithman)은 이 주석과 앞선 주석에서 관련된 논점들을 내가 논의하고 명확히 하는데 도움을 주었으며 머레이 신부의 견해를 알게 해주었다.

들persons을 시민으로서 간주한다. 이것은 각각의 개인들에게 동등한 기본적인 정치적 지위를 부여한다. 모든 시민들에게 이유들을 제시함에 있어서, 우리는 개인들을 사회적으로 위치 지워졌거나 또는 다른 방식으로 자리를 잡고 있는 것으로 간주하지 않는다. 이것은 개인들을 어느 계급에 속하는지, 어느 정도의 재산을 가지고 있는지, 어느 만큼의 수입을 올리는 집단에 속하는지, 또는 어떤 포괄적 교리를 가지고 있는지를 가지고 판단하지 않음을 의미한다. 어떤 점에 있어서는 우리가 개개인 또는 각 집단의 이익을 고려할 수밖에 없겠지만, 우리는 이러한 각 개인이나 각 집단의 이익에 호소하지 않는다. 오히려, 우리는 사람들을 합당하고 합리적이며, 자유롭고 평등한 시민으로 생각한다. 이러한 시민들은 두 가지의 도덕적 능력[84]을 가지고 있으며, 어떤 주어진 순간에, 어떤 특정한 선관a determinate conception of the good을 가지고 있다. 이러한 선관은 시간이 경과함에 따라 변할 수 있다. 시민들의 이러한 특징은 이미 사회적 협동의 공정한 체계에 참여하고 근본적 정치적 문제에 대한 그들의 결정에 대해 공적 정당화를 추구하고 또한 제시하는 존재에 이미 함축되어 있다.

나는 공적 이성의 개념이 수많은 종류의 비공적 이성과 완전하게 양립할 수 있다는 점을 강조한다.[85] 이러한 비공적 이성들은 시민사회내의 수많은 협회들의 내부 생활에 속한다. 물론 이것들은 모두가 동일한 것은 아니다. 자신들 구성원들이 공유하는 상이한 종교단체들의 상이한 비공적 이성은 과학적 협회scientific societies들의 비공적 이성이 아니다. 우리는 사회에서 모든 시민들이 공유할 수 있는 정당화의 공적 기반을 모색하려 하기 때문에, 여기저기에 흩어져 있는 특정한 개인과 집단에게 정당화를,

84 두 가지 도덕적 능력, 즉 정의관에 대한 능력과 선관의 능력은 *Political Liberalism*에서 논의되고 있다. 특히, lecture Ⅰ, sec. 3.2, p. 19; lecture Ⅱ, sec. 7.1, p. 81; lecture Ⅲ, sec. 3.3, pp. 103~14; lecture Ⅲ, sec.4.1, p. 108을 보라.

85 Ibid., lecture Ⅵ, sec. 4, pp. 223~227.

모두를 포함할 수 있을 때가지 제공하는 방법으론, 모든 시민들에게 공적 정당화를 제공할 순 없을 것이다. 우리가 모든 개인들의 본성이 동일하다는 것을 가정하지 않는다면, 사회에 있는 모든 개인들에 관하여 말하는 것은 여전히 너무 광범위한 것이다. 정치철학에서 우리 본성의 개념이 하는 역할 중 하나는 표준적, 표본적, 또는 유형적 방식으로 사람들을 간주함으로써 이들이 동일한 종류의 이성들을 받아들일 것이라는 식으로 생각하는 것이다.[86] 그러나, 정치적 자유주의에서는 우리는 신학적이거나 세속적인 교리뿐만 아니라 이런 종류의 자연적 및 심리학적 입장을 피하고자 한다. 우리는 인간 본성에 대한 설명은 젖혀두고 대신에 시민으로서 정치적 인간관에 근거하고자 한다.

3. 전반적으로 내가 강조해 왔듯이, 자유롭고 평등한 시민들이 포괄적 교리와 정치관 양자를 인정한다는 것이 정치적 자유주의의 핵심이다. 그렇지만, 포괄적 교리와 이에 수반되는 정치관 사이의 관계를 설정하는 것은 쉽게 말해 잘못 이해된 것이다.

정치적 자유주의가 포괄적 교리들 간의 합당한 중첩적 합의를 이야기 할 때,[87] 이것은 종교적 및 비종교적 교리를 막론하고 모든 교리들이 입헌 민주사회를 보장하는 정치적 정의관을 지지한다는 것을 의미한다. 이 정치적 정의관의 원칙, 이상, 기준들은 상호성의 기준을 만족시킨다.

---

86 때때로 "표준화하다"(normalize)라는 용어가 이 맥락에서 사용된다. 예를 들어, 사람들은 종교적 또는 철학적인 종류의 어떤 근본적인 이익이나 다른 자연적 종류의 어떤 기본적 필요를 가지고 있다는 식으로 보는 것이다. 그리고, 이들은 자아실현(self-realization)의 어떤 전형적인 패턴을 가지고 있을 수 있다고 본다. 토마스 주의자는 우리는 언제나, 우리에게 알려져 있지 않지만, 그 밖의 모든 것 위에 존재하는, 신의 세계(*Visio Dei*)를 소망해야 한다고 말할 것이다. 플라톤 주의자들은 선의 세계(vision of the good)를 추구해야한다고 말할 것이다. 마르크스주의자들은 우리가 유적 존재로서 자아실현(self-realization as species-being)을 목표로 해야 한다고 말할 것이다.

87 이러한 합의의 개념은『정치적 자유주의』(*Political Liberalism*)의 여러 군데에서 논의되고 있다. 특히 lecture Ⅳ와 색인을 참고하라.

그렇게 하여, 모든 합당한 교리들은 이에 상응하는 정치 제도를 가지고 있는 사회를 수용하게 된다. 이러한 제도들은 양심의 자유와 종교의 자유를 포함하여 모든 시민들에 대한 평등한 기본 권리와 자유들을 보장한다.[88] 반면 그러한 민주 사회를 지지할 수 없는 포괄적 교리는 합당하지 못하다고 할 수 있다. 그들의 원칙과 이상은 상호성의 기준을 만족시키지 못하며, 다양한 방식으로 평등한 기본적 권리를 확립하는 데 실패하게 된다. 예로서, 많은 근본주의적인 종교적 교리들, 군주의 신성권 및 다양한 형태의 귀족정치aristocracy들의 교리 등을 생각해 볼 수 있다. 많은 독재정치autocracy와 독재정부dictatorship의 경우도 간과하지 말아야 한다.

더욱이, 합당한 포괄적 교리 내에서 이루어지는 진실한 판단은 이와 관련된 정치관 내에서 이루어진 합당한 판단과 절대로 갈등을 빚지 않는다. 정치관의 합당한 판단은 여전히 포괄적 교리를 통해 진실하고 올바른 것으로 확인되어야만 한다. 물론 자신들의 포괄적 교리를 승인할지, 수정할지, 아니면 바꿀 것인지는 시민들 자신에게 달려 있다. 그들의 교리는 입헌 민주사회의 정치적 가치를 무시하거나 무가치한 것으로 생각할 수도 있다. 그러나 시민들은 그러한 교리들이 합당한 것이라고 주장할 수 없다. 상호성의 기준이 공적 이성과 공적 이성의 내용을 규정하는 본질적인 구성요소이기 때문에, 정치적 자유주의는 그러한 교리들 모두를 합당하지 않은 것으로 거부한다.

합당한 포괄적 교리 내에서, 특히 종교적 교리 내에서 가치의 우선순위는 우리가 기대하는 것이 아닐 수도 있다. 그래서, 우리가 구원이라든지 영원한 삶과 같은 그러한 가치—신의세계*Visio Dei*—를 초월적*transendent*이라고 부른다고 가정해보자. 이러한 가치는, 말하자면, 입헌 민주사회의 합당한 정치적 가치보다 더 높은 차원에 있거나 우월하다고 할 수 있다.

---

88 Ibid,. p. xviii(paperback edition)를 보라.

합당한 정치적 가치들은 세속적인 가치이며 그러므로 그러한 초월적 가치들 보다 다른 차원, 다시 말해, 보다 하위의 차원에 있다. 이렇듯 합당한 정치적 가치들이 저차원에 있다는 것이 종교적 교리의 초월적 가치들이 이 가치들을 유린할 수 있음을 의미하지는 않는다. 사실, 합당한 포괄적 교리 내에서는 합당한 정치적 가치들이 유린되지 않는다. 합당한 정치적 가치들을 유린하는 것을 허용하는 교리는 비합당한 교리이다. 이것이 바로 정치적 자유주의에서 설정된 정치적으로 합당한 것의 개념의 결과이다. 다음 이미 말했던 바를 다시 생각해 보자: 입헌 민주체제를 지지함에 있어, 종교적 교리는 그러한 것이 신이 우리의 자유에 대해 부과해 놓은 한계들이라고 말할 수 있을 것이다.[89]

더한 심각한 오해를 하는 이들은 공적 이성 내에서의 주장이 1858년의 링컨Lincoln과 더글라스Douglas의 논쟁[90]에서 더글라스에 반대했던 링컨의 입장을 편들 수 없게 될 것이라고 주장한다. 그러나 왜 안 되는가? 분명 그들은 노예제도의 권리 및 부당한 잘못들에 관한 근본적인 정치 원칙에 대해 논쟁하고 있었다. 노예제도의 거부는 평등한 기본적 자유라는 헌법적 본질을 보호하려는 명백한 경우이기 때문에, 확실히 링컨의 견해는—가장 합당했던 것이라고 할 수는 없다 할지라도—합당했던 반면, 더글라스는 그렇지 않았다고 할 수 있다. 따라서 링컨의 견해는 어떠한 합당한 포괄적 교리에 의해서도 지지될 수 있다. 그렇기 때문에, 그의 견해가 노예폐지론자들과 시민권리운동Civil Rights Movement의 종교적 교리

---

89 §3.2를 보라. 종종 왜 정치적 자유주의가 정치적 가치에다 그러한 고도의 가치를 부과하는지가 의문시되고 있다. 이러한 질문은 마치 정치적 가치를 초월적 가치에 비교하여 평가함으로써만 그러한 고도의 가치 부과가 가능한 것처럼 여기고 있다. 그러나 정치적 자유주의는 본문에서 보듯이 이런 비교를 하지 않는다. 또 그럴 필요도 없다.

90 이것에 대해서는, Michael J. Sandel, "Review of Political Liberalism," *Harvard Law Review*, 107(1994): 1778~1782와 보다 최근의 Michael J. Sandel, *Democracy's Discontent: America in Search of a Public Philosophy*(Cambridge: Mass: Harvard University Press, 1996), pp. 21~23을 보라.

와 조화될 수 있다는 것이 놀라운 일이 아니다. 정치 생활에서 공적 이성의 힘을 설명하기 위해 그 무엇이 더 나은 예가 될 수 있겠는가?[91]

4. 세 번째 일반적인 반대는 공적 이성의 개념이 잘 확립된 입헌 민주사회에서는 필요하지 않으며 어떠한 목적에도 이바지하지 못한다는 것이다. 공적 이성의 한계와 제약들은, 사회가 극심하게 분할되어 있고 많은 적대적인 종교적 협회와 세속적 집단을 포함하고 있을 때, 우선적으로 유용하다. 물론 이때 종교적 협회들과 세속적 집단들은 각자가 정치 세력을 장악하고자 노력한다. 유럽의 민주국가들과 미국의 정치사회들을 보면 이러한 우려들은, 세 번째 반대 입장이 주장하는 것처럼, 쓸데없는 것으로 보여 질 수 있다.

그렇지만, 이러한 반대는 부정확하며 사회학적으로 결함이 있다. 공적 이성에 대한 시민들의 확고한 준수와 시민성의 의무에 대한 존중이 없다면, 교리들 간의 분열과 적대감은 아직 나타나지 않았다 할지라도 일정한 시간이 경과하면 나타날 수밖에 없기 때문이다. 교리들 간의 조화와 화합은 물론 국민이 공적 이성을 수용하는 것은 불행하게도 사회생활의 영원한 조건이 아니다. 오히려, 조화와 화합은 공적 정치문화의 활력과 공적 이성의 이상에 헌신하고 이것을 실현하는 시민들에게 근거한다. 시

91 아마도 일부 사람들은 정치관이 (도덕적인) 옳고 그름의 문제가 아니라고 생각할 것이다. 만약 그렇다면, 그것은 실수이며 명확하게 틀린 것이다. 내가 처음부터 강조해왔듯이, 정치적 정의관은 그 자체로써 본질적으로 도덕적인 발상이다. 정치적 정의관은 그 자체로서 일종의 규범적인 가치이다. 다른 한편으로, 일부 사람들은 적절한 정치관이 사람들이 현존하는 제도—말하자면, 실제정치에 의해 주어진 정치적인 것—를 실제로 어떻게 확립하느냐에 따라 결정될 것이라고 생각할 수 있다. 이 후자의 견해에 입각하면, 1858년에 노예제도가 널리 퍼져 있었던 상황은 (오히려) 노예에 대한 링컨의 비판은 단지 옳고 그름의 문제에 불과한 도덕적이었을 뿐, 분명히 정치의 문제는 아니었다는 것을 시사한다. 정치적인 것이 사람들의 실제정치에 의해 결정되는 것이라고 말하는 것은 "정치적"(political)이라는 용어를 사용하는 용법의 하나가 될 수 있다. 그러나 그렇게 사용하게 되면 정치적인 것의 개념은 더 이상 규범적인 개념이 되지 않으며, 더 이상 공적 이성의 부분이 될 수 없다. 우리는 정치적인 것의 개념을 근본적 범주인 동시에 본질적 도덕적 가치로서의 정치적 정의관을 포함하는 것으로 고수해야만 한다.

민들이 공적 이성의 이상을 인정(해야)하는 핵심을 깨닫지 못하고 무시하게 된다면, 이들은 아주 쉽게 고통과 분노로 빠져들게 될 것이다.

이 절에서 우리가 시작했던 곳으로 돌아가 보자. 나는 공적 이성이 제한적이지 않다는 것을 어떻게 증명해야 할 지 모르겠다. 그리고 공적 이성의 형태가 적절하게 기술될 수 있을지도 모르겠다. 그러나 나는 이러한 일이 달성될 수 없다는 것에 대해서는 의아해 한다. 내가 믿는 바로는 많은 다수의 경우들이 공적 이성의 틀에 부합된다면, 이것은 심각한 문제가 아니다. 그리고 모든 것에 적합하지 않은 경우들은, 왜 그런 경우들이 어려움을 유발했는지 우리가 이해할 수 있도록 하며, 그러한 경우가 발생했을 때 우리가 어떻게 대처해야하는지를 보여주는 특별한 특징을 가지고 있을 것이다. 이것은 공적 이성의 틀에 적합하지 않은 헌법적 본질과 기본적 정의의 중요한 경우에 해당하는 예들이 있는가라는 일반적인 질문을 제기한다. 그리고 만약 그렇다면, 그런 경우들이 어려움을 초래하는 이유는 무엇인가라는 질문을 불러일으킨다. 이 글에서는 이러한 질문들을 더 이상 탐구하지 않는다.

§7. 결론

1. 여태까지, 나는 다음과 같은 현대 세계에서 우리를 고통스럽게 할 정도로 어려운 질문에 대하여 관심을 기울여 왔다: 민주주의와 종교적 혹은 비종교적인 포괄적 교리들이 양립할 수 있는가? 만약 그렇다면 어떻게 가능한가? 지금 이 순간에도 종교와 민주주의 사이의 수많은 갈등이 이러한 질문을 제기하고 있다. 이 질문에 답하기 위해서, 정치적 자유주의는 자립적인 정치적 정의관a self-standing political conception of justice과 포괄적 교리를 구별한다. 물론 교회의 권위나 성경에 의존하는 종교적 교리

들은 자유주의적인 포괄적 교리들이 아니다. 말하자면, 종교적 교리의 주된 종교적이고 도덕적인 가치들은, 말하자면 칸트나 밀의 교리들이 아니다. 그럼에도 종교적 교리는 입헌민주사회를 지지하고 이 사회의 공적 이성을 인정할 수 있다. 여기에서 공적 이성이 정치적 개념이라는 것과 이것이 정치적인 것의 영역에 속한다는 것은 기본적 사항이다. 공적 이성의 내용은 상호성의 기준을 만족시키는 일군의 (자유주의적) 정치적 정의관을 통해 마련된다. 공적 이성은, 종교적 믿음과 명령이 종교의 자유와 양심의 자유를 포함하는 근본적인 헌법상의 자유들과 양립하는 한, 이러한 종교적 믿음과 명령들을 침해하지 않는다. 종교와 민주주의 사이에는 어떠한 전쟁도 없으며 필요하지도 않다. 이런 측면에서, 정치적 자유주의는 정통적 기독교orthodox Christianity를 역사적으로 공격했었던 계몽적인 자유주의Enlightenment Liberalism와 분명하게 다르며 이를 거부한다.

입헌민주사회에서는 합당한 정의원칙들의 경계 내에서 민주주의와 합당한 종교적 교리간의 갈등은 물론 합당한 종교적 교리들 그 자체간의 갈등을 크게 완화하고 억제할 수 있다. 이러한 완화는 관용의 개념에 기인하고 있다. 나는 다음의 두 개념의 관용을 구분해 왔다.[92] 하나는 순수하게 정치적인 것으로, 합당한 정치적 정의관에 부합하여 종교적 자유를 보호하는 권리와 의무의 관점에서 표현되는 것이다.[93] 다른 하나는 순

---

92 §3.2를 보라.

93 *Political Liberalism*, lecture Ⅱ, sec. 3.2~4, pp. 60~62를 보라. 주된 사항들은 다음과 같이 요약해서 제시될 수 있다. (1) 합당한 사람들이 모든 동일한 포괄적 교리를 인정하는 것이 아니다. 이것은 판단의 부담의 결과이다. 각주 95)를 보라. (2) 많은 합당한 교리들이 승인된다. 하지만(포괄적 교리 내에 근거하여 판단할 때) 이러한 모든 교리들이 진실하거나 옳은 것은 아니다. (3) 합당한 포괄적 교리 중 어느 하나를 인정하는 것이 합당하지 않은 것은 아니다. (4) 자신의 것과 다른 합당한 교리를 인정하는 사람들은 역시 합당하다고 우리는 인정한다. 그렇지만 분명한 것은 합당하지 않은 바로 그러한 이성에게는 합당하지 않을 것이다. (5) 어떤 교리의 합당함을 인지하고 그것에 대한 우리의 신념을 인정하는 것을 넘어선다고 하더라도, 우리가 반드시 합당하지 않게 되는 것은 아니다. (6) 합당한 사람들은 합당하지만 자신들과 다른 교리들을 억압하기 위해 자신들이 소유하고 있는 정치권력을 사용하는 것을 합당하지 않다고 생각한다.

수하게 정치적이지는 않지만, 종교적 혹은 비종교적 교리 내에서 비롯되어 표현된 것이다. 그렇지만, 정치관의 합당한 판단a reasonable judgment of the political conception은 여전히 합당한 포괄적 교리에 입각하여 진실하거나 또는 올바른 것으로서 확인이 되어야 한다.[94] 그런데, 나는 합당한 포괄적 교리들은 관용을 옹호하는 정치적 주장의 일부 형태를 받아들인다고 가정한다. 물론 시민들은 관용과 입헌민주사회의 다른 요소들에 대한 근본적 이유들grounding reasons이 정치적이 아니라 오히려 그들의 종교적 혹은 비종교적 교리에 근거하고 있다고 생각할 수 있다. 그들은 이러한 이유들이 진실하거나 올바른 이유라고 당연히 말할 것이다. 그리고 그들은 정치적 이유들을 피상적인 것으로 보고, 근본적 이유들을 더욱 심오한 것으로 볼 수도 있을 것이다. 그렇지만 여기에는 어떤 갈등도 없을 것으로 생각한다. 단순하게 말하자면, 한편으로 정치적 정의관 내에서 이루어지는 판단과 다른 한편으로는 포괄적 교리들 내에 이루어지는 판단이 일치할 것이기 때문이다.

그러나 공적 이성을 통한 화해reconciliation에 대한 한계들이 존재한다. 세 가지 종류의 갈등이 시민들 간에 불화를 일으킬 수 있다: 첫째는 화해 불가능한 포괄적 교리들에서 비롯된 갈등들이다. 둘째는 사회적 지위, 계급 위치, 또는 직업, 또는 민족성, 성, 인종에서 오는 차이들에서 비롯된 갈등들이다. 마지막으로 판단의 부담에서 비롯되는 갈등들이다.[95] 정치적 자유주의는 우선적으로 첫 번째 종류의 갈등에 관심을 기울인다. 정치적 자유주의는, 비록 우리의 포괄적 교리들이 화해할 수 없고 타협할 수 없다고 할지라도, 합당한 교리들을 가지고 있는 시민들이 정치

94 §6.3을 보라.

95 판단의 부담은 *Political Liberalism*, lecture Ⅱ, sec. 2에서 논의되고 있다. 개략적으로 이러한 부담은 합당하고 합리적인 개인들 간의 합당한 불일치의 원천 또는 원인이다. 이 부담은 다른 종류의 증거와 다른 종류의 가치의 비중을 형량 비교하는 것과 관련된다. 그리고 이러한 것들은 이론적 판단과 실천적 판단 양자 모두에 영향을 미친다.

적 정의관의 관점에서 주어진 공적 이성과 같은 다른 종류의 이성을 공유할 수 있음을 주장한다. 나는 또한 그러한 사회가 시민들의 근본적 이익들—정치적, 경제적, 사회적—의 갈등과 관계된 두 번째 종류의 갈등을 해결할 수 있다고 믿는다. 우리가 합당한 정의원칙을 받아들이고 그것들이 (가장 합당한 것은 아닐지라도) 합당하다는 것을 인정하고, 우리의 정치 및 사회적 제도들이 그것들을 만족한다는 것을 알거나 합당하게 믿고 있다면, 두 번째 종류의 갈등은 발생할 필요가 없거나, 설사 발생한다 하더라도 그렇게 강력하게 발생하지는 않을 것이다. 정치적 자유주의는 명시적으로 이러한 갈등들을 고려하는 것이 아니며, 이러한 갈등은 공정으로서 정의나 일부 다른 합당한 정치적 정의관을 통해 고려될 수 있도록 남겨둔다. 마지막으로, 판단의 부담으로부터 비롯된 갈등들은 항상 존재하며 가능한 합의의 범위를 제한한다.

2. 합당한 포괄적 교리들은 입헌 민주정체의 본질적 요소들을 거부하지 않는다.[96] 더욱이, 합당한 사람들은 두 가지 방식으로 특징지을 수 있다. 첫째, 합당한 사람들은 평등한 사람들 간의 사회적 협동을 위한 공정한 조건을 제안할 준비가 되어있으며, 다른 사람들이 이 조건을 준수한다면 (심지어 그들의 이익이 되지 않는다 할지라도) 자신들 역시 협동의 조건들을 준수한다.[97] 둘째, 합당한 사람들은 판단의 부담의 결과를 인정하고 받아들인다. 이것은 입헌민주사회의 합당한 관용의 개념으로 연결된다.[98] 마지막으로 우리는 합당한 시민들이 정치적 권위의 일반적 구조에 적용되는 것으로 이해하는 정당한 법의 개념the idea of legitimate law에 도달하게 된다. 합당한 시민들은, 정치생활에서 만장일치가 기대된다 하

---

96 Ibid., p. xviii.

97 Ibid,. lecture Ⅱ, sec. 1.1, pp. 49~50.

98 Ibid,. lecture Ⅱ, secs. 2~3.4, pp. 54~62.

더라도 이런 일은 드물게 일어나는 것이기 때문에, 합당한 민주헌법은 결정에 도달하기 위해 다수결원칙이나 다른 다수득표절차와 같은 것을 포함해야 함을 알고 있다.[100]

정치적으로 합당한 것의 개념은, 기본적 정치문제들이 중대한 쟁점이 되었을 때, 공적 이성의 관점을 지향할 것이다. 물론 근본주의적인 종교적 교리들과 전제적 및 독재적 지배자들은 공적 이성과 심의 민주주의의 발상을 거부할 것이다. 그들은 민주주의가 그들의 종교와 상반되는 문화에 이르게 된다고 말할 것이다. 또는 민주주의가 단지 전제적이고 독재적인 통치만이 지킬 수 있는 가치들을 거부한다고 말할 것이다.[101] 그들은 종교적으로 진실하거나 철학적으로 진실한 것은 정치적으로 합당한 것에 우선한다고 단언한다. 우리는 그러한 교리들이 정치적으로 합당하지 않다고 명료히 말한다. 정치적 자유주의 내에서는 더 이상 대답해야할 것은 없다.

서두에서[102] 나는 모든 실제사회들에서는, 그 사회의 합당한 시민들이 그 사회를 얼마나 지배하고 통제하고 있든 간에, 민주사회와는 양립할 수 없는 수많은 합당하지 않은 교리들이 있다는 것이 통상적이라는 사실에 주목한 바 있다. 근본주의적 종교와 같은 종교적 교리들이나, 전제정치와 독재정부와 같은 비종교적 (세속적) 교리들이 그 예라고 할 수 있다. 금세기에는 (특히) 후자의 합당하지 않은 교리들의 끔직한 예들이 나타난 바 있다. 지금 이 공적 이성을 설명하는 데에 있어 우리는 합당한 것의 개념과 합당한 시민들의 역할에 대하여 초점을 맞추어왔지만, 입헌민주정체에서 부당한 교리들이 얼마나 더 활동적일 수 있으며, 얼마나 더 관용

---

99 Ibid,. lecture Ⅳ, secs. 1.2~3, pp. 135~137.

100 Ibid,. lecture Ⅸ, sec. 2.1, p. 393.

101 민주주의에 대한 종교적 반대뿐만 아니라 민주주의에 대한 독재주의의 반대 양자 모두 공적 사고에 근거해 이루어질 수 없다는 점을 살펴보라.

102 각주 3)을 보라.

될 수 있는지 하는 문제가 새삼 다른 질문을 제기하는 것은 아니다. 합당한 교리에 대한 관용과 합당하지 않은 교리에 적용되는 관용에 대한 설명이 따로 있는 것이 아니다. 두 경우 모두 적절한 정치적 정의원칙들은 물론 이 원칙들이 허용하는 행위를 통해 해결될 것이다.[103] 합당하지 않은 교리들은 민주제도에 위협이 된다. 합당하지 않은 교리들이 잠정적 타협 modus vivendi이 아니고서야 입헌정체를 준수하는 일은 불가능하기 때문이다. 이들의 존재는 공적 이성의 이상과 정당한 법의 개념을 갖춘 합당한 민주사회를 완전하게 실현하려는 목표에 제약이 된다. 그러나 이 사실이 공적 이성의 개념에 결함이 있다거나 또는 실패했다는 의미는 아니다. 오히려 이것은 공적 이성이 달성할 수 있는 것에 대한 제약사항들이 있음을 보여준다. 그러나 이것이 최대한 가능한 정도로 공적 이성의 이상을 실현하려는 시도의 심대한 가치나 중요성을 감소시키지는 않는다.

3. 나는 『정의론』과 『정치적 자유주의』 사이의 근본적인 차이점을 지적함으로써 끝을 맺고자 한다. 『정의론』은 명백하게 로크, 루소, 칸트가 제시한 사회계약의 개념으로부터 논의를 발전시키려한 것이다. 이 저술은 정의이론의 하나인데, 사회계약이론에 흔히 아주 치명적인 것으로 생각되었던 반대의견들을 극복하고, 나아가서 오랫동안 지배적 전통의 공리주의 보다 우월하다는 것을 입증하려 하고 있다. 『정의론』은 그러한 이론의 기본적 특징을 제시하고자 하였다. 그 목적은 이 이론을 정의에 관한 우리의 일상적인 숙고된 판단에 최적으로 부합시키고 이렇게 함으로써 민주사회에 적용되는 가장 적절한 도덕적 기초를 제공하려는 것이었다. 나아가서, 공정으로서의 정의justice as fairness가 『정의론』에서는 포괄적인 자유적 교리로 제시되었다(그러나 "포괄적 교리"라는 용어를 그 책에서 사용

---

103 *A Theory of Justice*, sec. 35(on toleration of the intolerant); *Political Liberalism*, lecture V. sec. 6.2, pp. 197~199를 보라.

하고 있지 않다). 그 저술에서는 질서정연한 사회의 모든 구성원들이 동일한 이 포괄적인 자유적 교리를 승인하는 것으로 되어 있다. 이런 종류의 질서정연한 사회는 합당한 다원주의의 사실과 모순되기에 『정치적 자유주의』는 그러한 사회를 불가능한 것으로 간주하고 있다.

그래서 『정치적 자유주의』는 다음과 같은 다른 질문을 다룬다: 종교적 또는 비종교적인 포괄적 교리들을 가지고 있는 사람들, 그리고 특히 교회나 성경 같은 종교적 권위에 근거를 둔 특정한 교리를 지닌 사람들이, 입헌 민주사회를 유지시키는 합당한 정치적 정의관을 지지하는 것이 어떻게 가능한가? 그 정치관은 자유적이면서도 자립적이지만 포괄적인 것으로 간주되지 않는다. 반면에 종교적 교리들은 포괄적이지만 자유적이지 않다. 상기의 두 권의 책은 공적 이성의 발상을 가지고 있음에도, 양자는 비대칭적이다. 『정의론』에서 공적 이성은 포괄적인 자유주의적 교리로서 제시되었다. 반면, 『정치적 자유주의』에서 공적 이성은 자유롭고 평등한 시민들이 공유한 정치적 가치들에 관하여 사고하는 하나의 방법이다. 자유롭고 평등한 시민들은 포괄적 교리들이 민주정체와 양립할 수 있는 한, 다른 시민들의 포괄적 교리들을 침해하지 않는다. 『정치적 자유주의』에서 질서정연한 입헌 민주사회는 이 사회를 지배하고 통제하는 시민들이 화해 불가능하지만 합당한 포괄적 교리들을 인정하고 이에 근거하여 행동하는 사회이다. 이러한 교리들은 역으로 합당한 정치관들—비록 반드시 가장 합당한 것은 아니라 할지라도—을 지지한다. 이 합당한 정치관들은 사회의 기본구조 내의 시민들의 기본적 권리들 및 자유들, 기회들을 구체적으로 규정한다.

1998년 번역판 서문

정치철학이란 '정치의 본질'을 규명하는 탐구의 과정과 관련된다. 정치의 본질이 무엇인가에 대한 물음은 두 가지로 나누어진다. 하나는 '정치란 실제로 어떠한 것인가'와 다른 하나는 '정치란 어떠한 것이 되어야 하는가'에 대한 규명이다.

전자의 규명은 오늘날 정치학의 경험적 연구와 관련이 된다. 정치학의 경험적 연구는 외견상 정치철학으로부터 분리되어 독립적 영역을 형성하고 있는 것같이 여겨진다. 그러나 경험적 연구도 기본적으로 이러한 경험적 연구가 기초하고 있는 근본 출발점을 분석하기 위해서는 철학적 조명을 피하기 어렵다. 즉, 경험적 연구가 전제하는 근본적 가정들은 기본적으로 철학적 조명을 통해서 그 타당성이 논의될 수 있기 때문이다. 후자의 바람직한 정치는 무엇인가에 대한 규명은 정치학의 규범적 연구에 해당된다. 정치철학의 중심적 작업은 후자에 집중되어 있다. 결국, 정치의 본질에 대한 규명과 이해는 이 두 작업 모두에 의존하여 파악할 때 보다 완전한 이해에 근접할 수 있을 것이다.

정치학의 규범적 연구로서 바람직한 정치질서의 탐구에 대한 해답의 추구는 여러가지 방향에서 접근이 가능할 것이다. 규범적 연구의 대표적인 것으로서 두 가지를 들 수 있다. 하나는 이상적인 정치질서와 원리를 추구해 가는 것이고, 다른 하나는 현실에 나타난 정치제도를 비교하여 보다 나은 형태의 정치질서를 찾아나가는 것이다. 전자의 접근의 예는 플라톤의 이론에서, 후자의 보다 현실적인 접근은 아리스토텔레스에서 찾아볼 수 있을 것이다. 이러한 바람직한 정치질서의 탐구에서 대표적으로 시도되고 있는 물음은 '정의Justice'란 무엇인가에 대한 해답의 추구와 깊은 관련을 갖는다. 정의의 논쟁은 규범적 정치 이론에서 하나의 중심적 논의를 이루고 있다. 예를 들어, 플라톤의 국가론은 '정의란 무엇인가'가 논의의 출발점이 되고 있다. 또한, 동양의 유가적 전통에서도 논어의 '政者 正也'라는 귀절이나 맹자에서의 왕도王道와 패도霸道의 구분은 기본적으로 규범정치학의 영역에 속하며 또한 정의의 논쟁과 유관하다고 생각한다. 오늘날에는 정의의 문제는 분배정의distributive justice의 논쟁으로 그 관심이 집중되는 경향을 보이고 있다.

정의의 논쟁은 근본적으로 정의가 객관적 질서를 갖춘 형태로 존재하느냐 하는 존재론적 논의에서부터 출발할 수 있을 것이다. 만약 객관적 질서로서 정의의 형태가 존재한다면, 다음에 따르는 질문은 이를 어떻게 알 것인가 하는 인식론적 의문이 뒤따를 것이다. 만약 이러한 객관적 질서로서의 정의의 존재론적 의미를 부인하게 된다면, 어떠한 방법으로 바람직한 정치질서의 문제에 답할 수 있겠느냐 하는 의문이 제기된다. 규범적 연구로서의 정치철학은 이러한 문제에 대한 특정의 입장과 해석을 취함으로써 시작된다. 이러한 근본문제에 대한 출발은 정치철학자에 따라 상이하게 나타난다. 이러한 상이한 입장은 상이한 이론체계로서 표현된다.

자유주의 정치철학의 본질은 역시 정치학의 규범적 문제의 해결에 있다고 할 것이다. 자유주의란 기본적으로 인간의 자유의 근원에 철학적, 이론적 탐색을 경주하고, 이를 토대로 하여 인간의 자유를 중시하고 실현할 수 있는 정치질서와 원리를 탐구하는 입장으로 규정할 수 있다. 이러한 자유주의 정치철학은 상기의 근본적 문제들에 대하여 일군一群의 기본적 입장을 공유하는 이론적 패러다임이라고 할 수 있다. 이러한 공유하는 이론적 가정에도 불구하고, 자유주의 내에서도 여러가지 이론들이 존재한다. 즉, 인간의 자유에 대한 이해와 이를 출발점으로 하는 정치원리와 질서를 어떻게 체계화할 것인가에 대하여 이론가들의 입장이 다르게 나타날 수 있다. 이것이 자유주의 패러다임 내에 상이한 이론들이 존재하는 이유이다.

존 롤즈의 『정치적 자유주의』*Political Liberalism*, 1993는 바로 이러한 탐색의 결과라고 할 수 있다. 롤즈의 이론은 현대 자유주의 논의에서 중심적 위치를 차지하고 있다. 롤즈의 접근과 방법론을 이해하는 것은 자유주의 정치철학을 이해할 수 있는 접근로임에 틀림없다. 동시에 롤즈의 정치적 자유주의는 넓게는 정치철학의 한 작업이다. 따라서, 롤즈의 정치적 자유주의를 이해하는 것은 또한 정치철학에 대한 이해의 하나의 접근로임에도 틀림없다. 그렇지만 롤즈의 이론이 유일한 자유주의 입장은 아니며, 동시에 정치철학 그 자체를 의미하는 것도 아니다. 롤즈의 이론적 체계를 정치철학을 종결짓는 작업으로 결론짓는 것은 무엇보다도 위험할 것이다. 정치철학적 작업은 항상 개방적이어야 한다. 이 개방성을 부인할 때 정치철학적 작업은 멈추게 될 것이다.

롤즈의 『정치적 자유주의』가 정치철학의 한 작업임과 동시에 자유주의의 이론적 탐색의 하나의 결과임에는 분명하지만, 그러나 롤즈의 이론이 갖는 이론적 강점과 정치적 자유주의에서 논의되는 이론의 탁월성은 롤즈의 이론을 현대 자유주의의 중심적 이론으로 위치시키기에 큰 무리가 없는 것 같다.

롤즈의 『정치적 자유주의』는 실상 그의 책 『정의론』*A Theory of Justice*, 1971에 대한 그간의 수많은 탁월한 이론가들의 많은 비판에 대한 답변이라고 생각된다. 동시에 자신이 생각하기에 『정의론』에서 불충분하였던 부분에 대한 새로운 논의를 정리한 것으로 이해할 수 있다. 따라서, 『정의론』과 『정치적 자유주의』에서의 롤즈의 입장에 대한 연속성과 차이성을 논의할 수 있을 것이다. 이 점에 대하여 여러가지 입장이 나타날 수 있겠지만, 하나 분명한 점은 정치사회의 운영원칙의 수립에 대한 입장에서 형이상학적이 아닌 정치적 접근을 시도하고 있다는 점이다. 이것이 그 자신의 용어로 정치적 구성주의Political constructivism라는 이론적 입장으로 표현되고, 동시에 '정치적 자유주의'가 책의 제목이 되는 소이이다.

『정의론』과 『정치적 자유주의』의 차이점은 다음과 같이 말할 수 있을 것이다. 우선, 『정치적 자유주의』에서 합당한 다원주의로부터 중첩적 합의의 가능성을 제시하여 질서정연한 민주적 사회의 안정성의 문제를 해결하고자 하였던 점은 『정의론』에서의 원초적 입장original position으로부터 정의의 두 원칙을 도출하였던 것에 비해 보다 현실적인 정치적 정의관으로 제시하고 있다는 점일 것이다. 그리고 정치적 자유주의에서 중첩적 합의overlapping consensus의 가능성을 제시함에 있어 합리성과 합당성의 구분은 정의론에서 나타난 롤즈의 이론적 입장을 보다 공적인 정치관으로 승격시켜 놓고 있다. 이러한 공적 정치적 정의관을 정립함에 있어, 공적 이성의 역할을 강조하고 이러한 공적 이성의 근거들을 민주사회의 오랜 역사적, 문화적 전통에서 찾아내는 것은 정치철학을 보다 현실과 근접시켜 놓는 시도라고 할 수 있다. 끝으로, 원초적 입장을 대표의 장치로서 이해하여 『정의론』에 나타났던 원초적 입장의 추상성의 문제를 보다 현실적인 합의의 장치로 해석하는 점 등을 들 수 있을 것이다.

이러한 점들과 관련하여, 정치적 자유주의 이론에서 나타난 롤즈의 탁월성은 다음과 같이 몇가지로 압축할 수 있다. 우선, 정치적 문제를 종교나 도덕, 그리고 형이상학으로부터 분리시켜 정치영역 자체에서의 해결을 시도하고 있다는 점에서 정치철학의 독립성과 자율성을 보다 부각시켜 놓은 것을 들 수 있다. 또한, 이러한 정치적 해결의 구체적 방법으로서 정치생활에 관계되는 기본원칙을 확립하는 데 있어 정치영역 자체에서의 당사자 간의 합의의 방법을 제시하고 있는 점을 추가할 수 있을 것이다. 이러한 합의의 구체적 방법을 제시함에 있어 합의에 임하는 당사자에게 요구되는 도덕적 능력, 즉 가치관의 능력과 정의감의 능력을 제시하고, 동시에 합의의 조건에서는 대표의 장치로서의 원초적 입장을 정의론에서의 논의를 그대로 계승함으로써 공정한 합의가 이루어질 수 있는 상황을 제시하고 있다. 이러한 합의에 임하는 당사자에게 요구되는 도덕적 능력과 공정한 합의의 상황인 원초적 입장을 대표의 장치로 활용함에 있어 나타나는 롤즈의 탁월성과 지적 기민성은 합리적인 것the rational과 합당한 것the reasonable, 즉 합리성과 합당성 간의 구분에서 찾아볼 수 있을 것이다. 합리성은 개인이 가치관을 형성 및 추구하고 개인의 이익을 극대화할 수 있는 능력으로 표현되고 있다. 합당성은 정치사회의 여러 시민이 공존할 수 있는 논리로서 정의감으로 대표되고 있다. 이러한 구분을 통해 합리성이 합당성에 의해 제약을 받는다는 양자의 관계를 설정함으로써 개인성과 공공성의 문제를 해결하고 있다.

이러한 롤즈의 해결방법은 그의 문제의식을 따르자면, "자유롭고 평등한 존재로서, 전생애에 걸쳐 사회의 완전한 협력적 구성원인 시민 상호 간의 세대에 걸친 공정한 사회적 협력의 조건을 규정하는 가장 적합한 정치관은 무엇인가"에 대한 해답을 제시하고 있는 것이다. 이러한 해결은 현대 자유민주사회의 특징으로서 롤즈가 규정하는 합당한 다원주의의 현실the fact of reasonable pluralism, 즉 합당하지만 화해불가능한 종교적, 철학적, 도덕적 교리들religious, philosophical, moral doctrines 간의 다원성의 사회에서 합당한 해결책이라고 할 수 있는 중첩적 합의의 가능성을 제시하고 있는 것이다. 이 중첩적 합의의 내용이 바로 롤즈가 『정의론』에서의 정의의 두 원칙을 약간 수정하여 『정치적 자유주의』에서 제시하는 정의의 두 원칙two principles of justice이라고 할 수 있다.

이러한 해결의 방법은 점차 민주주의가 발전하고 자유가 확장되고 있는 한국 사회에서도 앞으로 직면하게 될 문제의 해결에 많은 시사점을 던져 줄 것으로 생각한다. 오늘날 우리의 일상생활에는 서구적인 자유주의적 행태가 의식적, 무의식적으로 나타나고 있다. 실제 생활영역에서의 자유주의의 확산은 우리 사회의 정치적 운영에 긍정적, 부정적 영향을 미친다고 생각된다. 자유주의적 행태의 확산이 원래의 서구적 의미의 자유주의를 그대로 반영하는지의 여부는 논란의 대상이 되나, 이것은 이미 우리 사회의 하나의 현실로 자리잡고 있다. 이러한 일상생활 영역에서의 자유주의 확산과 더불어 우리의 학계에서도 자유주의에 대한 이론적 소개와 철학적 반성작업이 진행되고 있다. 롤즈의 『정치적 자유주의』의 번역은 이러한 학문적 노력에 한 보탬을 하고자 하는 생각에서 시도되었다.

역자는 롤즈의 정치적 자유주의가 우리 사회의 문제해결에 그대로 적용될 수 있으리라고는 생각하지 않는다. 그렇지만 롤즈의 정치적 자유주의의 입장은 우리 사회의 문제 해결에 많은 시사점을 던져 줄 수 있을 것으로 기대한다. 동시에 『정의론』과 『정치적 자유주의』에서 표현되는 롤즈의 이론적 입장은 분명 미국에서의 자유주의의 논의의 중심을 이루고 있다는 것은 부인하기 어려울 것이다. 따라서, 롤즈의 정치적 자유주의에 대한 이해는 자유주의 정치철학에 대한 이해는 물론 정치철학적 작업에 대한 이해에 아주 유용한 길잡이가 되리라 생각한다.

역자는 박사학위 과정에서 롤즈의 『정의론』를 처음 접하게 되면서 개인적으로 많은 관심을 기울이게 되었으며, 『정의론』의 이론체계에 매료된 바 있다. 이러한 관심과 매료는『정치적 자유주의』에서 나타난 롤즈의 견해에서 보다 강화되는 것 같다. 이러한 개인적 매료와 병행하여, 일종의 반작용으로서 이러한 사로잡힘으로부터 벗어나려고 하고 있지만 아직도 롤즈의 그물에서 헤어나지 못한 것 같다. 롤즈의『정치적 자유주의』의 책을 처음 접하게 된 것은 1993년도 여름이었던 것으로 기억된다. 당시 연세대 대학원의 정치학과에서 역자의 강의를 들었던 조성준 군이 여름방학 기간중에 미국에 들렀다가 역자에게 구입해주었다. 이 책을 접하는 순간 번역을 하고 싶다는 생각이 들어 여러 차례 출판관계의 해결을 시도하다가, 작년 후반기에 동명사에 근무하는 대학동기인 임종은 실장의 도움으로 판권문제가 해결되어 구체적인 번역작업이 지난 겨울방학에 시작되었다. 처음에는 이 책을 약 3개월 동안 집중적으로 번역하면 마무리 될 것으로 생각하였다. 그러나 번역에 필요한 시간은 역자가 예상했던 것 이상으로 소요되어 약 1년이 넘게 지연되었다. 지난 일년간의 공휴일은 아마도 이 책의 번역에 거의 할애되었다고 해도 과언이 아니다.

그렇지만 사실상 이 책의 번역은 연세대 대학원 정치학과에서 역자의 강의인 '정치이론과 철학'과 '정의와 평등' 과목을 수강했던 대학원생을 중심으로 한 공동번역이라고 할 수 있다. 이들의 일차적 초고번역을 기초로 한 교정작업을 통하여 번역이 점차 완성단계에 이르렀다. 실상, 역자의 초고번역은 이 책의 일부분에 속하며, 교정작업에서 여러가지 번역상의 문제를 가다듬는 데 최종적인 점검을 하였다. 이 최종적 점검을 하는 데 있어, 가능한한 단어 하나라도 생략하지 않으려고 하였으며, 문장 하나 하나를 대조해 가면서 수정하였다. 그렇게 하여 롤즈가『정치적 자유주의』에서 의도하였던 바를 그대로 우리말로 재현할 수 있도록 최선의 노력을 하였다. 그렇지만 여러가지 번역상의 오류가 있으리라고 예측된다. 이러한 번역상의 오류와 책임은 전적으로 역자의 짧은 지식과 무지의 소치로 관대한 이해를 바라며, 동시에 학문적인 문제와 번역상의 오류들에 대하여 제현의 질타를 겸허히 기다린다.

초고번역 및 교정작업에 참여하였던 사람들은 다음과 같다. 번역을 시작할 당시 북경대학에서 박사후 연구를 막 시작하려던 오문환 박사, 연세대 대학원 사회복지학과 박사과정의 남찬섭 군, 연세대 대학원 철학과 석사과정의 김기호 군, 연세대 대학원 정치학과의 김동수 군, 김강석 군, 이영준 군, 최은정 양, 김만권 군, 연세대 대학원 석사과정을 졸업한 김희정 양과 김철현 군, 그리고 후에 교정작업에 정치학과 석사과정의 안성윤 양이 참가하였다. 이들 중의 상당수는 번역이 진행되는 동안 신분이 변경되기도 하였다. 남찬섭 군은 박사과정에서 박사로, 김기호 군은 대학원 철학과를 마치고 다시 정치학과로, 김강석, 김동수, 이영준, 최은정은 석사과정을 졸업하고, 김만권 군은 현재 미국에서 대학원 과정을 공부할 준비를 하는 등의 변화가 발생하였다. 이들의 헌신적 노력과 도움에 대하여 감사를 드린다. 또한 1997년 가을학기에 학부의 '정치이론과 철학' 과목을 수강하면서, 아직 미진한 번역초고를 읽고 수업시간에 발표 및 토론을 하였던 학생들에게도 감사한다. 그리고 이 책의 용어해석의 문제에 자문해준 많은 분들에게도 감사를 드린다.

끝으로, 이 책의 출판문제를 해결해 준 동명사의 최국주 사장님과 교정에서 번역상의 많은 문제를 상세하게 지적해 줌으로써 이 책이 일반인들에게 보다 쉽게 읽힐 수 있도록하여 준 신종섭 씨 그리고 편집부 여러분에게 감사를 드리고 싶다.

이 번역본에 많은 해석상의 결함과 오류가 포함되어 있을 것으로 생각하지만, 전문가뿐만 아니라 학생 및 일반인들에게 널리 읽혀져서 자유주의에 대한 이해뿐만 아니라 정치철학에 대한 이해의 기초가 되었으면

한다. 이러한 것은 역자가 이 책을 번역하게 된 근본적인 동기이다.

1998년 2월 28일

옮긴이 장동진

인명색인

용어색인

ㄱ

ㄴ

ㄷ

ㅇ

ㅈ

ㅊ

ㅋ

ㅌ

ㅍ

ㅎ

1~9